DAS GROSSE LEHRBUCH DER ASTROLOGIE

Frances Sakoian · Louis S. Acker

DAS GROSSE LEHRBUCH DER ASTROLOGIE

Wie man Horoskope stellt
und nach neuesten
wissenschaftlichen Erkenntnissen
Charakter und Schicksal
deutet

1983 Lizenzausgabe
für Manfred Pawlak Verlagsgesellschaft mbH, Herrsching
Aus dem Amerikanischen übersetzt und für die deutschsprachigen Länder
bearbeitet von Eva und Matthias Güldenstein
Titel des Originals: »The Astrologer's Handbook«

Umschlag: Bine Cordes, Weyarn
ISBN: 3-88199-100-X
Druck: Mladinska knjiga, Ljubljana

INHALT

EINLEITUNG

Dieses Buch ist die Frucht langjähriger, in der Praxis gesammelter individueller Erfahrung und durch ausgedehnte gemeinschaftliche Studien gewonnener Erkenntnisse. Es wurde geschrieben, um sowohl dem interessierten Laien wie auch dem erfahrenen Astrologen das Wissen zu vermitteln, das zur Aufzeichnung und Auslegung von Horoskopen nötig ist.

Wer wirklich tiefer in ein persönliches Horoskop eindringen will, sollte sich nicht scheuen, selber die nötigen Werte nach der im 2. Kapitel beschriebenen Methode zu errechnen. Denn mit dem schrittweisen Zusammensetzen des Geburtsbildes zeichnen sich bereits die Umrisse der Persönlichkeit ab, deren Charakter und Schicksal in ihrer ganzen Vielschichtigkeit analysiert werden sollen. Wer es jedoch aus irgendeinem Grund vorzieht, diese erste Stufe zu überspringen, kann sich heutzutage die mathematischen Vorarbeiten auch von einem spezialisierten Computer abnehmen lassen und sich auf die Interpretation beschränken.

Wichtigste Voraussetzung für die Deutung des Horoskops ist die richtige Deutung der Aspekte. Auf diese wird daher in diesem Buch besonderer Wert gelegt. Nachdem im I. Teil auf die Bedeutung von Sonnenzeichen, Aszendenten, Planetenstellungen und Feldern eingegangen wurde, befaßt sich der ganze II. Teil mit der Auslegung sämtlicher Aspekte. Im Unterschied zu der herkömmlichen Art, die Aspekte summarisch in zwei große Kategorien – günstige und ungünstige Aspekte – einzuteilen, werden hier Konjunktionen, Sextile, Trigone, Quadrate und Oppositionen eingehend behandelt. So wird deutlich, wie alle Kombinationen zwischen Planeten, Knoten oder Eckpunkten durch die Art des jeweiligen Aspekts ihre ganz bestimmte Färbung erhalten. So gelten z. B. Quadrate und Oppositionen als Spannungsaspekte, doch wirken sie sich auf ganz verschiedene Weise aus. Während das Quadrat sich auf Hindernisse bezieht, die sich dem Ehrgeiz des Geborenen in den Weg stellen, betrifft die Opposition Probleme in den mitmenschlichen Beziehungen.

Mit Hilfe dieses Buches ist es also möglich, die Bestandteile, die zur Deutung des eigenen – oder jedes anderen – Horoskops nötig sind, zusammenzustellen. Mit dem Sammeln aller Deutungshinweise sind jedoch erst die Grundlagen geschaffen, auf denen ein in sich geschlossenes Menschenbild aufgebaut werden kann. Mit zunehmender Übung können die Einzelaussagen immer besser zu einem Ganzen verschmolzen werden. Dem erfahrenen Astrologen dagegen dürften die Deutungshinweise neue Anregungen vermitteln und das Buch zu einem nützlichen Nachschlagewerk zur Selbstkontrolle machen.

Es gibt keinen Bereich menschlicher Erfahrung, auf den die Astrologie nicht in irgendeiner Weise anwendbar ist. Dieses Buch möchte Einsichten in die Gesetze des eigenen Bewußtseins geben, so daß der Leser erkennt, wie sehr jeder einzelne von uns Teil eines allgemeinen höheren Bewußtseins ist, aus dem heraus unser Leben gestaltet wird.

Erster Teil
Die Grundlagen

1. ALLGEMEINE EINFÜHRUNG

Die Tierkreiszeichen

Ein *Horoskop* ist die schematische Darstellung der Konstellationen von *Sonne, Mond und Planeten* am Himmel zu einem ganz bestimmten Zeitpunkt – der genauen Geburtszeit – und von einem exakt berechneten Punkt – dem Geburtsort – aus gesehen. Dieses Schema besteht aus einem in 360 ° eingeteilten Kreis, der die scheinbare Jahresbahn der Sonne darstellt, die von den Astronomen *Ekliptik* genannt wird und in Wirklichkeit der Ebene der Erdbahn um die Sonne entspricht. Die Astrologen unterteilen den Sonnenweg in zwölf Abschnitte zu je 30 °, die *zwölf Tierkreis- oder Sonnenzeichen.* Diese Sonnenbahnabschnitte stimmen mit den gleichnamigen, aber verschieden großen *Sternbildern des Fixsternhimmels* nicht überein. Der Sektor, in dem sich die Sonne im Augenblick der Geburt befindet, bestimmt das Sonnenzeichen der Geburt. Wer z. B. Anfang Oktober geboren ist, bei dem steht die Sonne zu diesem Zeitpunkt im siebenten Zeichen, in der Waage. Das Sonnenzeichen des Betreffenden ist demnach die Waage.

Der in der westlichen Astrologie allgemein geltende *Tierkreis* nimmt seinen *Anfang* mit der *Frühlings-Tagundnachtgleiche (Äquinoktikum).* Das ist die Stellung der Sonne zu dem Zeitpunkt im Frühling, wenn Tag und Nacht überall auf der Erde gleich lang sind, was jedes Jahr etwa um den 20./21. März der Fall ist. Astronomisch wird der Frühlingsäquinoktialpunkt als der Ort im Raum definiert, wo die Erdbahnebene (die Ekliptik) die in den Himmelsraum fortgesetzte gedachte Äquatorebene der Erde (den Himmelsäquator) schneidet (Abb. 1). Die Frühlings-Tagundnachtgleiche findet statt, wenn die Sonne auf ihrer scheinbaren Reise entlang der Ekliptik von einer Stellung südlich des Äquators zu einer nördlich des Äquators vorrückt (von der Erde aus gesehen, die sich ja um die Sonne bewegt). In der Astrologie wird dieser Punkt 0 ° (null Grad) Widder genannt. Dies ist der Anfang des bei uns üblichen Tierkreises, auf dem das Buch aufgebaut ist (Abb. 2).

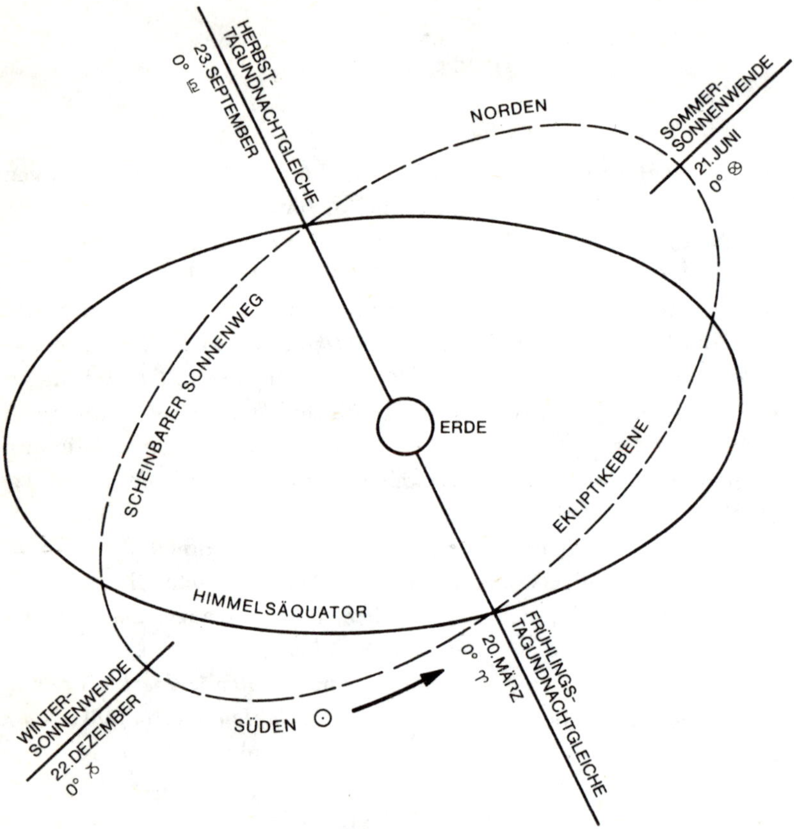

Abb. 1

Die Anfangszeitpunkte der vier Jahreszeiten (Frühlingsäquinoktium, Sommersonnenwende, Herbstäquinoktium und Wintersonnenwende) bezeichnen das Eintreten der Sonne in die vier Kardinalzeichen Widder, Krebs, Waage und Steinbock. Es sind dies die vier Eck- oder Angelpunkte (lat. cardo = Türangel) des Tierkreises.

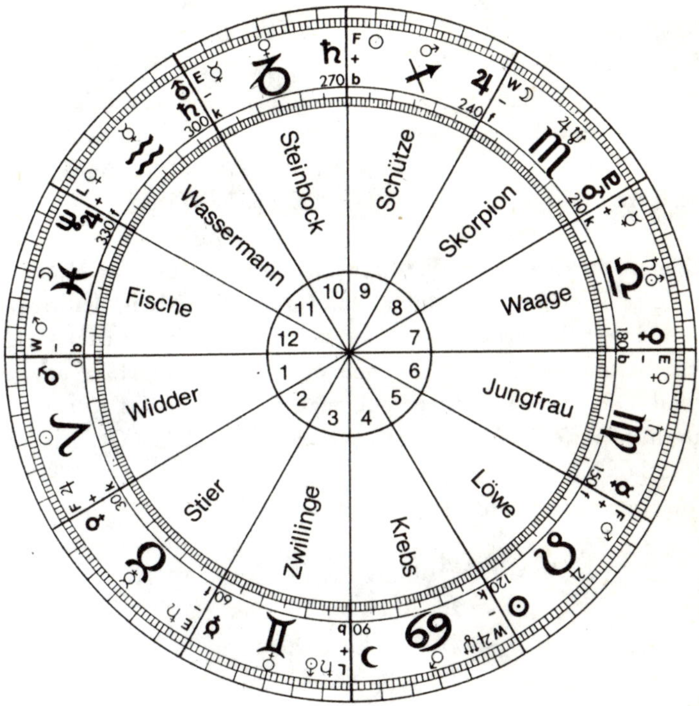

Abb. 2. Der «natürliche» Tierkreis

In der Fachsprache der Astrologen hat das Horoskop verschiedene Namen: Geburtsbild, Kosmogramm, Thema, Radix, Nativität. Die Reihenfolge der Tierkreiszeichen bleibt jedoch immer gleich (in Klammer die lat. Namen):

1. Widder (Aries)
2. Stier (Taurus)
3. Zwillinge (Gemini)
4. Krebs (Cancer)
5. Löwe (Leo)
6. Jungfrau (Virgo)
7. Waage (Libra)
8. Skorpion (Scorpio)
9. Schütze (Sagittarius)
10. Steinbock (Capricornus)
11. Wassermann (Aquarius)
12. Fische (Pisces)

Die Sonne durchläuft ein Tierkreiszeichen etwa in einem Monat. Wegen Verschiebungen, die durch Schaltjahre, Einteilung der Zeitzonen oder andere Faktoren entstehen, kann der Zeitpunkt, zu dem die Sonne in ein bestimmtes Tierkreiszeichen eintritt, nur ungefähr angegeben werden. Die genauen Zeiten muß man in der für das entsprechende Jahr gültigen *Ephemeride* (Jahrbuch mit den täglichen Gestirnständen) nachschlagen (siehe 2. Kapitel).

Die ungefähren Daten der Sonnenzeichen sind:

Widder	21. März bis 19. April
Stier	20. April bis 20. Mai
Zwillinge	21. Mai bis 21. Juni
Krebs	22. Juni bis 22. Juli
Löwe	23. Juli bis 22. August
Jungfrau	23. August bis 22. September
Waage	23. September bis 22. Oktober
Skorpion	23. Oktober bis 21. November
Schütze	22. November bis 21. Dezember
Steinbock	22. Dezember bis 19. Januar
Wassermann	20. Januar bis 18. Februar
Fische	19. Februar bis 20. März

Die Sonne steht entweder in dem einen oder dem anderen Zeichen, niemals in beiden zugleich. Die *Trennungslinie zwischen zwei Zeichen* wird meist als *Spitze* bezeichnet. Bei Geburten, wo die Sonne auf eine – oder nahe einer – Zeichenspitze zu stehen kommt, kann das Sonnenzeichen nur auf Grund eines mathematisch exakt berechneten Horoskops bestimmt werden (siehe 2. Kapitel). Für eine genaue Berechnung muß man Jahr, Monat, Tag, Stunde und wenn möglich auch die Minute der Geburt kennen, ferner den Geburtsort.

Jedes der zwölf Tierkreiszeichen stellt gewisse typische positive und negative Züge menschlicher Verhaltensweisen und Entwicklungsmöglichkeiten dar. Im Horoskop jedes Menschen sind alle zwölf Tierkreiszeichen enthalten. Ihre Wirkung auf die verschiedenen Lebensbereiche des Geborenen wird durch die Stellung der Planeten in den einzelnen Zeichen und das Zusammenwirken von Tierkreiszeichen und Schicksalsfeldern bestimmt.

Die Felder oder Häuser

Auch die Felder (oft Häuser genannt) unterteilen das Horoskop in *zwölf Abschnitte.* Jedem Feld entspricht ein Zeichen des Tierkreises. Im Unterschied zu den Tierkreiszeichen, die durch die Jahresbewegung der Erde um die Sonne bestimmt werden, stellen aber die Felder den 24stündigen Tageszyklus dar, in dem die Erde sich einmal um ihre eigene Achse dreht. Die Trennungslinien zwischen den zwölf Feldern werden ebenfalls Spitzen genannt. Die *Spitze des ersten Feldes* wird durch den Punkt im Raum bestimmt, wo der Osthorizont zur Zeit und am Ort der Geburt die Ekliptik schneidet. An diesem »Ostpunkt« oder *Aszendent* (= Aufgangspunkt) kann sich deshalb jedes der zwölf Tierkreiszeichen befinden. Welches das Aszendent-Zeichen ist, hängt im einzelnen Fall von Zeit und Ort der Geburt ab.

Das aufgehende Zeichen, der Aszendent, gibt an, wie sich die Persönlichkeit zeigt, ihre typischen Eigenschaften, Fähigkeiten und Erscheinungsformen. Er beschreibt auch das frühkindliche Milieu der betreffenden Person.

Auf dieses erste Feld folgen die weiteren elf Felder, wobei jedes ein anderes Lebensgebiet repräsentiert, zum Beispiel Besitzverhältnisse, Heirat, Beruf, Heim, Freundschaften usw. (siehe Abb. 3 und 5. Kapitel).

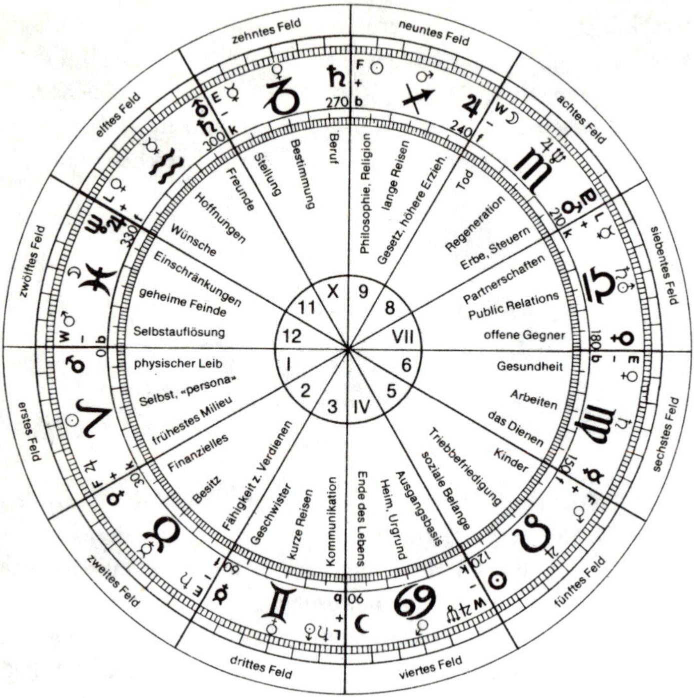

Abb. 3. Die Felder-(der Häuser)Einteilung

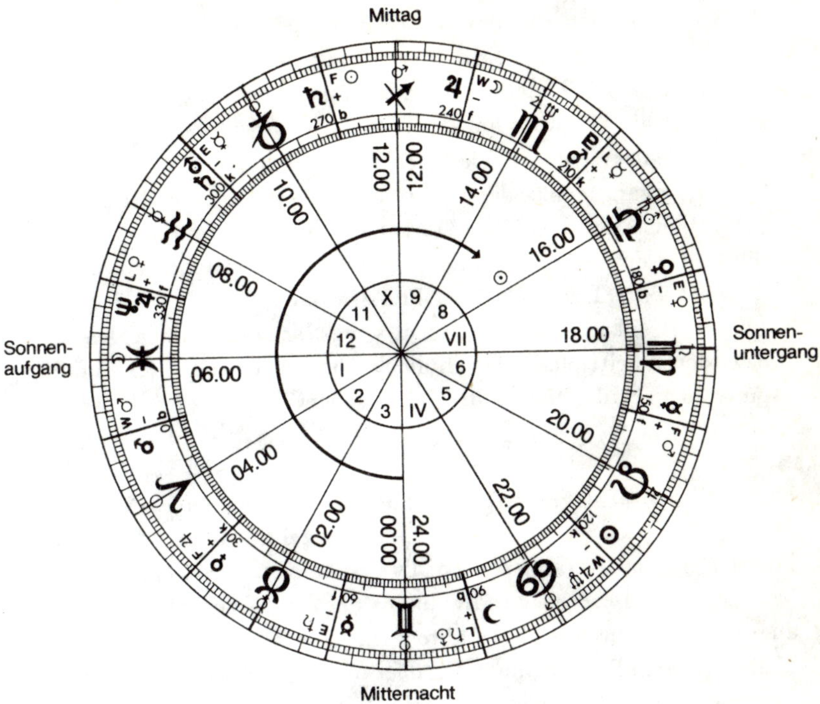

Abb. 4. Ungefähre Felderstellung für eine Geburt am 8. Oktober 16.00 Uhr

Die wichtigsten *vier* Felder werden *Kardinal- oder Eckfelder* genannt (und meistens mit römischen Ziffern I, IV, VII und X bezeichnet). Es sind dies:

- die Spitze des ersten Feldes (der Ostpunkt oder *Aszendent*)
- die Spitze des vierten Feldes (das *IC*, lat. Imum coeli, d. h. die *Himmelstiefe*. Es ist die Stelle, wo die Meridianebene unterhalb der Horizontebene die Ekliptik schneidet.)
- die Spitze des siebten Feldes (der Westpunkt oder *Deszendent*, d. h. der Untergangspunkt der Gestirne am Westhorizont. Er liegt am Schnittpunkt des westlichen Horizonts mit der Ekliptik.)
- die Spitze des zehnten Feldes (das *MC*, lat. Medium coeli, d. h. die *Himmelsmitte*. Das MC ist der Punkt, wo der Meridian – eine Kreislinie, die senkrecht zum Horizont vom Nordpunkt durch den Zenit bzw. den Scheitelpunkt des Himmels über dem Beobachter zum Südpunkt, dem Nadir, führt – die Ekliptikebene schneidet.)

Die restlichen acht Felderspitzen sind zwischen diesen Eckfeldspitzen in ungefähr gleichmäßigen Abständen verteilt. An der Spitze jedes Feldes steht ein Tierkreiszeichen. Dieses Zeichen bestimmt, in welcher Weise sich im Leben des Individuums der durch das betreffende Feld angezeigte Lebensbereich gestalten wird.

Sind Sie zum Beispiel am 8. Oktober um 4 Uhr nachmittags zur Welt gekommen, so liegt Ihr Sonnenzeichen (Waage) im achten Feld (Abb. 4). Ausgehend von der Waage an der Spitze des 8. Feldes, verteilen sich die anderen Tierkreiszeichen folgendermaßen: Skorpion (Spitze des 9. Feldes), Schütze (10. Feld), Steinbock (11. Feld), Wassermann (12. Feld), Fische (1. Feld = Aszendent), Widder (2. Feld), Stier (3. Feld), Zwillinge (4. Feld), Krebs (5. Feld), Löwe (6. Feld) und Jungfrau (7. Feld). Auf diese Weise kann man ungefähr den Aszendenten abschätzen, doch ist die Methode nicht exakt genug für eine richtige Horoskopberechnung. Sie kann höchstens eine Hilfe bei der Überprüfung des genau errechneten Horoskops sein.

Wenn Sie Ihr Sonnenzeichen bestimmt und sich über die Felder orientiert haben, lesen Sie im 4. Kapitel, wie sich die Kombination von Aszendent und Felderspitzen auf die Wesensart Ihres Sonnenzeichens auswirkt. Wenn Sie – um beim obigen Beispiel zu bleiben – ein Fisch sind (d. h. Aszendent Fische), lesen Sie unter «Bedeutung der Felder beim Aszendenten Fische» nach.

Dreieck- und Viereck-Gruppierungen

Die *Tierkreiszeichen* werden – nach ihrer geometrischen Anordnung im Zodiak – in *zwei wichtige Gruppen* eingeteilt: die Dreiecksgruppierung, die sich auf die Tönung durch das Temperament bezieht, und die Vierecksgruppierung, die bestimmte Grundformen der Verhaltensweise zum Ausdruck bringt. Es gibt *vier Dreiergruppen*, deren jede *einem der vier Elemente Feuer, Erde, Luft und Wasser zugeordnet* ist und drei Tierkreiszeichen enthält (Abb. 5). Demgegenüber gibt es *drei Vierergruppen* mit je vier Tierkreiszeichen, die man als *kardinal, fest* und *beweglich* bezeichnet (Abb. 6). Sollte sich eine Mehrzahl von Planeten (zu denen in der Astrologie auch Sonne und Mond gezählt werden) in Zeichen finden, die zusammen eine dieser Gruppierungen bilden, so wird sich in bestimmten Lebensbereichen und -phasen der entsprechende Faktor deutlich bemerkbar machen.

Beginnen wir mit den *Dreiecksgruppierungen* und den Elementen: Feuer, Erde, Luft und Wasser. Zum *Feuerdreieck* gehören Widder, Löwe und Schütze. Personen mit einer Feuerbetonung streben nach einer Führungsposition im Leben. Im *Widder* zeigt sich dieser Wunsch in der Entschlossenheit, mit der neue Unternehmungen und Wagnisse vorangetrieben werden. *Löwen* besitzen die managerartige Fähigkeit, als zentrale Figur des Geschehens zu fungieren, um die herum sich eine Organisation oder eine Gruppe von Menschen zusammenfindet. *Schützen* schließlich haben die Gabe, als führende Persönlichkeiten auf den Gebieten der Religion, der Philosophie, des Rechts oder der höheren Erziehung zu wirken; ihr Hauptaugenmerk gilt den Ideen, auf denen sich die menschliche Gesellschaft und Kultur aufbaut.

Feuerzeichenbetonte Menschen sind positiv, aggressiv, hitzig, schöpferisch und männlich in ihrem Ausdruck. Diese Eigenschaften zeigen

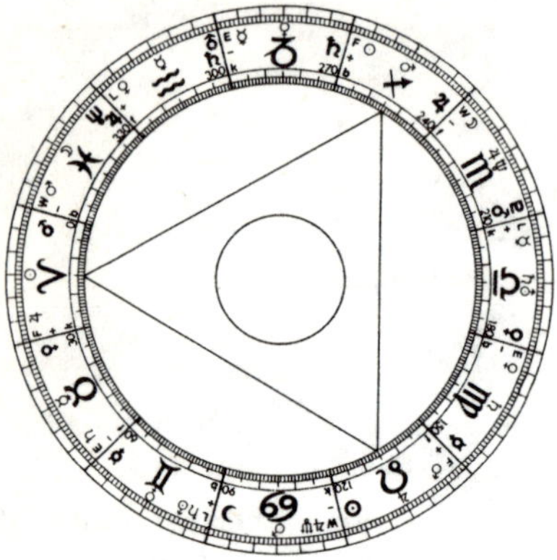

Feuer-Dreieck

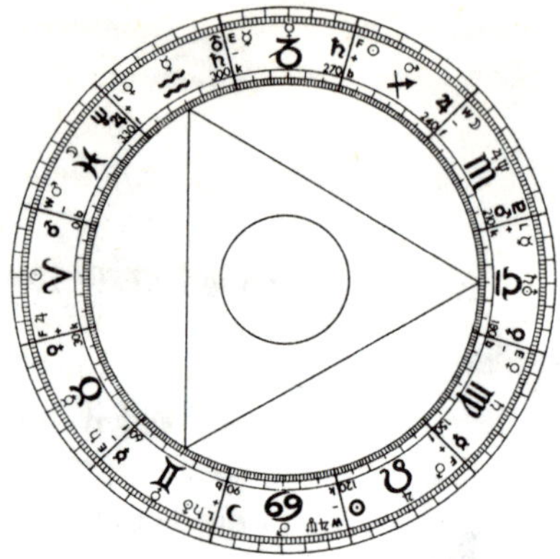

Luft-Dreieck

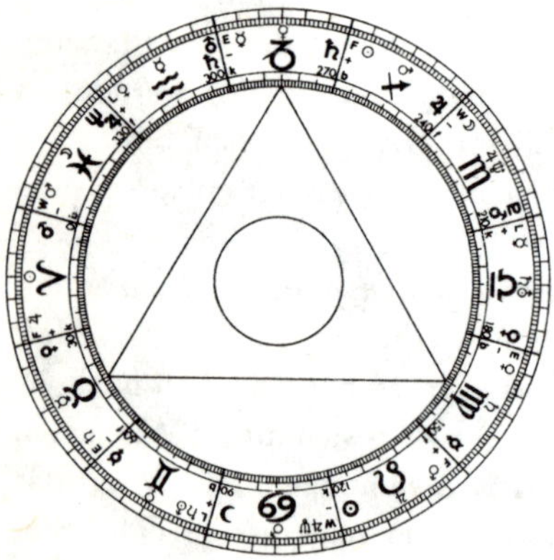

Erde-Dreieck

Wasser-Dreieck

Abb. 5. Die Dreiecke der Elemente

sich auf den Lebensgebieten, die im Horoskop von Feuerzeichen besetzt sind.

Zum *Erddreieck* gehören Stier, Jungfrau und Steinbock. Das wichtigste gemeinsame Merkmal ist ihre Hinwendung zum Praktischen. Sie zeigen Geschick im Gebrauch von Materialien aller Art ebenso wie im Umgang mit geldlichen Mitteln. In welchen Feldern auch immer die Erdzeichen stehen mögen, wenn sie betont sind, bedeuten sie praktisches Geschick.

Die praktischen Fähigkeiten des *Stiers* zeigen sich darin, wie es ihm gelingt, mit Geld und Gut umzugehen und Besitz zu verwalten und anzuhäufen. Bei der *Jungfrau* macht sich die stoffliche Begabung in ihrer praktischen Vernunft und ihrem handwerklichen Geschick bemerkbar. Außerdem kümmert sie sich auch um die angemessene Pflege unseres wertvollsten materiellen Besitzes: unseres Körpers. Bei *Steinböcken* schließlich kann die praktische Seite darin zum Ausdruck kommen, wie sie weitgespannte Geschäfts- oder Regierungsunternehmungen organisieren und leiten oder – ganz allgemein gesprochen – ein Geschäft aufbauen und führen.

Zum *Luftdreieck* gehören Zwillinge, Waage und Wassermann. Sie haben mit den geistigen Fähigkeiten des Menschen zu tun, mit allem, was intellektuelle und gesellschaftliche Beziehungen, das heißt Kommunikation im weitesten Sinne, anbelangt. Bei Luftzeichen überwiegen immer in der einen oder anderen Art intellektuelle und geistige Interessen. In allen Lebensbereichen, die in Ihrem Horoskop durch Luftzeichen besetzt sind, werden Sie gesellige und intellektuelle Fähigkeiten beweisen.

Bei den *Zwillingen* zeigt sich das in der Begabung, Informationen einzuholen, zu verwenden und weiterzugeben. Dazu kommt eine gewisse Originalität im Ummodeln von Ideen. Die *Waage* hat die Fähigkeit, abzuwägen und auszubalancieren; sie ist begabt zum Vermitteln gerechter Ausgleiche. Sie besitzt auch einen guten Spürsinn für mitmenschliche Beziehungen, was in einem natürlichen Talent für Psychologie und verwandte Gebiete zum Ausdruck kommt. Der *Wassermann* hat ein intuitives Gefühl für allumfassende Prinzipien und ist um das Wohlergehen der Menschheit bemüht.

Das vierte Dreieck bilden die drei *Wasserzeichen* Krebs, Skorpion und Fische. Sie sind mit dem Bereich der Gefühle und Empfindungen verbunden. Dementsprechend haben sie mit Sensibilität, Intuition und den tieferen seelischen Aspekten des Lebens zu tun. In den Feldern, die Wasserzeichen unterstehen, werden sich immer tiefe Gefühle bemerkbar machen.

Beim *Krebs* äußern sich die Empfindungen als inniges Gefühl für Heim und Familie. Im *Skorpion* spürt man sie als starke Beziehung zum Tod, zum kollektiven Unbewußten, zu allen tiefen verborgenen Quellen und Geheimnissen des Lebendigen. *Fische* haben oft ein mystisches Gefühl gegenüber dem Unendlichen und sind durch unbewußten telepathischen Austausch mit andern Menschen verbunden. (Dies führt auch zu einem stark mitfühlenden Gewahrsein der Umwelt.) Diese Feinfühligkeit bedingt eine außerordentliche Beeindruckbarkeit, so daß die Fische sehr stark vom Unbewußten her beeinflußt sind.

Bei den *Vierecksgruppierungen* handelt es sich jeweils um vier Tierkreiszeichen, die eine bestimmte Weise des Handelns, des Verhaltens und der Anpassungsmöglichkeit an äußere Umstände gemeinsam haben. Es werden kardinale, feste und bewegliche Zeichen unterschieden (gelegentlich auch kardinales, fixes und gemeinschaftliches Kreuz genannt).

Die *Kardinalzeichen* sind *Widder, Krebs, Waage* und *Steinbock*. Menschen, bei denen diese Zeichen betont sind, haben die Fähigkeit, unmittelbar und entscheidend auf vorhandene Umstände einzuwirken. Sie erfassen eine gegebene Situation realistisch und erkennen die sich bietenden Handlungsmöglichkeiten. In allen Feldern oder Lebensgebieten, die unter Kardinalzeichen stehen, wird der Geborene Aktivität begrüßen und fähig sein, neue Unternehmungen einzuleiten und zu organisieren. Positiver Ausdruck dieser Zeichen ist der aufbauende Unternehmungsgeist; im negativen kann er aber zu übersteigerter Betriebsamkeit werden.

Das *feste (fixe) Viereck* besteht aus *Stier, Löwe, Skorpion* und *Wassermann*. Wer unter diesen Zeichen geboren ist, erreicht seine Ziele durch Ausdauer und Beharrlichkeit. Der Erfolg stellt sich bei ihm ein, weil er auch über lange Zeiträume hinweg Durchhaltekraft besitzt. Menschen des festen Vierecks sind zielbewußt und in diesem Sinne zukunftsorientiert. Ihre positiven Eigenschaften sind Beständigkeit und Verläßlichkeit, ihre negativen Starrköpfigkeit und Steifheit. Sie lassen sich nicht leicht ablenken, wenn sie sich einmal etwas in den Kopf ge-

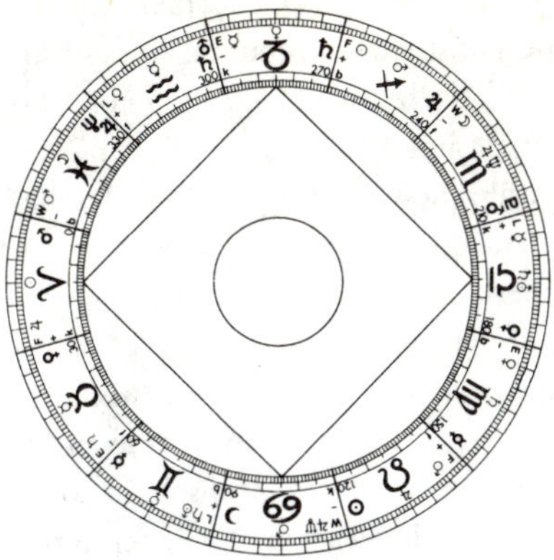

Kardinal-(Haupt-, Eck-)Zeichen

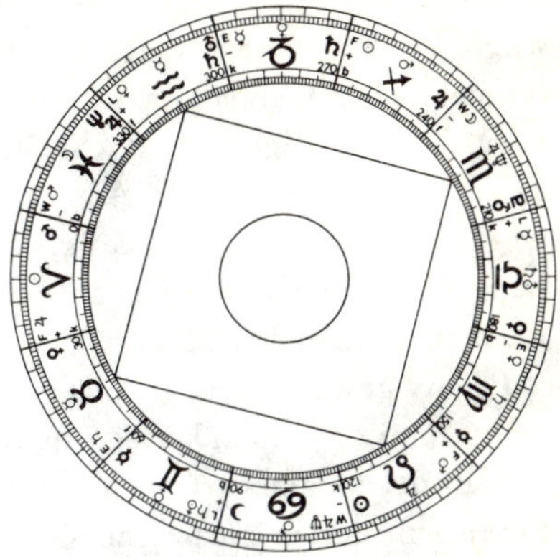

feste (fixe) Zeichen

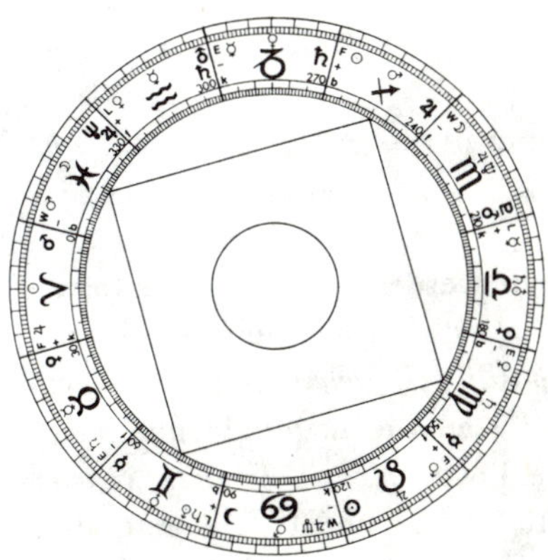

bewegliche (gemeinschaftliche)
Zeichen

Abb. 6. Die Vierecke (Kreuze) der Eigenschaften

setzt haben. Auf allen Lebensgebieten, in denen im Horoskop die festen Zeichen Bedeutung haben, wird der Horoskopeigner anhaltende Anstrengungen unternehmen.

Die Zeichen *Zwillinge, Jungfrau, Schütze* und *Fische* formen das *bewegliche Viereck.* Sie zeigen eine Fülle von Erfahrungen an, die auf allen möglichen Gebieten gesammelt und genützt werden, sowie eine dazugehörige geistige Beweglichkeit. Bei Betonung der beweglichen Zeichen zeigt sich eine gute Anpassungsfähigkeit. Die Menschen des beweglichen Vierecks sind fähig, sich wie ein Chamäleon ihrer Umgebung und den Umständen anzugleichen. Sie können, wenn es darauf ankommt, äußerst flexibel und einfallsreich sein.

Positiv gesehen, könnte man sie ideenreich und anpassungsfähig nennen, negativ gesehen, können sie nervös sein, zu sehr besorgt und unfähig, in der Gegenwart zu leben. Jedenfalls wird ein Mensch in allen Bereichen, deren entsprechende Felder mit beweglichen Tierkreiszeichen besetzt sind, Anpassungsfähigkeit zeigen.

Einteilung in männliche und weibliche Zeichen

Die Tierkreiszeichen werden auch in männliche (oder positive) und weibliche (oder negative) Zeichen unterteilt.

Als *männliche/positive Zeichen* werden *die Feuer- und Luftzeichen* angesehen. Sie umfassen die ungerade numerierten Tierkreiszeichen (Widder, Zwillinge, Löwe, Waage, Schütze, Wassermann) und entsprechen den Feldern 1, 3, 5, 7, 9 und 11. Die unter diesen Zeichen Geborenen sind aggressiv, ergreifen gern von sich aus die Initiative; sie ziehen es vor, zielstrebig zu handeln, statt passiv abzuwarten. In allen Lebensbereichen, die in Ihrem Horoskop durch positive Zeichen besetzt sind, werden Sie am ehesten die Initiative ergreifen oder ihre Ziele aktiv verfolgen.

Ein starkes Überwiegen von Planeten in männlichen Zeichen deutet auf eine Persönlichkeit, die sich aus eigener Kraft vorwärtsbringt und dazu neigt, «den Stier bei den Hörnern zu packen». Im Horoskop eines

Mannes ist eine solche Betonung günstig, in dem einer Frau jedoch zeigt sie an, daß sie mehr zu aggressivem Verhalten neigt, als das beim weiblichen Geschlecht für angemessen gehalten wird.

Als *negative oder weibliche Zeichen* gelten alle jene, die zum *Erd- und Wasserdreieck* gehören. Es sind dies die geraden Nummern des Zodiaks (Stier, Krebs, Jungfrau, Skorpion, Steinbock, Fische), die den Feldern 2, 4, 6, 8, 10 und 12 entsprechen.

Die negativen/weiblichen Zeichen drücken Passivität aus. Obwohl Menschen, die unter ihnen geboren sind, gelegentlich gezwungenermaßen aktiv handeln können, warten sie im allgemeinen doch lieber ab und lassen die Dinge an sich herankommen, bevor sie sich zum Handeln entschließen. Sie verhalten sich in diesem Sinne passiv und reagieren hauptsächlich auf das mehr oder weniger zufällige Geschehen. Sie haben eher die Tendenz, Dinge, die sie wünschen, anzuziehen, als sich aufzumachen und zu versuchen, sie zu erobern.

Wenn eine starke Planetenbetonung der negativen, passiven Zeichen vorliegt, wird diese Persönlichkeit wahrscheinlich wenig Aggressionen und Initiative zeigen, jedoch eine große Stärke im geduldigen Hinnehmen aufweisen. Eine Betonung dieser Zeichen im weiblichen Horoskop wird als angemessen betrachtet, es macht besonders feminin; im Horoskop eines Mannes kann sie jedoch Verweiblichung und Mangel an Angriffslust und Unternehmungsgeist bedeuten.

Die Aspekte

Die acht Planeten, mit denen wir es in der Astrologie – neben Mond und Sonne – zu tun haben, bewegen sich alle mit verschiedenen Geschwindigkeiten ungefähr in der gleichen Raumebene um die Sonne. Als Ergebnis dieser Planetenbewegungen bilden sich zwischen einzelnen Planeten, von der Erde aus gesehen, verschiedene Winkel, die man in Graden, Minuten und Sekunden mißt. So wie man in der Geometrie einen Winkel an dem Teil eines Kreisbogens mißt, der zwischen zwei sich im Mittelpunkt schneidenden Geraden liegt, so ergibt sich für die

Astrologie das Winkelmaß zwischen zwei Planeten aus der Neigung zweier gedachter Geraden, deren Schnittpunkt der Geburtsort auf der Erde ist.

Diese *Winkelverbindungen zwischen Planeten* werden Aspekte genannt, wobei solche Winkel entweder von zwei Planeten zueinander oder von einem Planeten zu einem bestimmten Punkt im Horoskop (z. B. einer Feldspitze) gebildet werden können.

Bestimmte Winkelverbindungen spielen eine besonders wichtige Rolle, nämlich die Winkel von 0 °, 60 °, 90 °, 120 ° und 180 °. Sie sind die *fünf sogenannten Hauptaspekte*, die als *Konjunktion, Sextil, Quadrat, Trigon* und *Opposition* bezeichnet werden. (Es gibt noch einige Nebenaspekte, auf die wir in diesem Buch jedoch nicht eingehen.)

Aspekt	*Winkelgrad*	*Symbol*	*Bedeutung* (d. h. Einfluß)
Konjunktion	0 (im gleichen Grad)	☌	wechselnd (Ausdruck, Handlung)
Sextil	60	✳	günstig (Gelegenheit, Ideen)
Quadrat	90	□	ungünstig, disharmonisch (Ziele, Ambitionen)
Trigon	120	△	harmonisch (Kreativität, Ausdehnung)
Opposition	180	☍	gegensätzlich (Beziehungen)

Die Konjunktion tritt ein, wenn von der Erde aus gesehen zwei Planeten genau hintereinander stehen. Bei der idealen Konjunktion bestehen 0 ° Abstand. Allerdings haben alle Aspekte einen gewissen Umkreis (*Orb* oder *Orbis* genannt), innerhalb dessen der Aspekt immer noch gilt.

Bei den fünf Hauptaspekten ist eine Abweichung von plus oder minus sechs Grad von der genauen Anzahl Winkelgrade des Aspekts erlaubt (also ein Orbis von 6 °). Sollten Sonne oder Mond an dem Aspekt beteiligt sein, wird sogar ein Orbis von 10 ° zugelassen.

Die *Konjunktion* (☌) ist ein dynamischer Aspekt, weil sie eine stark konzentrierte Ausdrucksmöglichkeit darstellt, verbunden mit einer Tendenz zum unmittelbaren Handeln und zur dramatischen Selbstdarstellung. Die beiden Planeten in Konjunktion zeigen eine ganz bestimmte Eigenart der betreffenden Person (für die genaue Auslegung siehe 11. und 12. Kapitel). Eine Anleitung für Deutung und Integration von Aspekten wird im 9. Kapitel gegeben.

Das *Sextil* (✳) umfaßt 60 ° oder einen Sechstelkreis. Die Stellung eines Planeten in einem Zeichen wird durch die Anzahl Grade und Minuten angegeben, die er vom Anfang dieses Zeichens entfernt steht. Diese Zahl kann 30 ° 0' nie überschreiten, weil jedes Zeichen nur dreißig Grad umfaßt. Planeten, die miteinander ein Sextil bilden, stehen zwei Zeichen voneinander entfernt in ungefähr den gleichen Graden ihrer jeweiligen Zeichen – mit einer Abweichung von höchstens 6 ° mehr oder 6 ° weniger. Steht ein Planet gerade am Anfang des einen Zeichens und ein zweiter ganz am Ende des folgenden Zeichens, kann es vorkommen, daß sie trotzdem noch ein Sextil bilden, das man dann als «verborgenen» Aspekt oder, anders ausgedrückt, als einen Aspekt «außer Zeichen» bezeichnet. In diesem speziellen Fall stehen die beiden Planeten, die das Sextil bilden, in benachbarten Zeichen, während sonst normalerweise mindestens ein Zeichen dazwischenliegt. Das Sextil stellt ein fortwährendes Sichbieten von Gelegenheiten und Ideen dar, das, wenn man es ausnützt, zur Verwirklichung der persönlichen Ziele beitragen kann.

Das *Quadrat* (□) stellt einen 90 °-Winkel dar, also einen Viertelkreis. Die es bildenden Planeten stehen normalerweise in den annähernd gleichen Graden von Zeichen, die drei Zeichen voneinander entfernt sind (oder zwei Zeichen zwischen sich haben). Befindet sich nur ein Zeichen dazwischen, spricht man wieder von einem verborgenen Aspekt. Ein Quadrat bezeichnet die Lebensgebiete, auf denen man Verbesserungen vorzunehmen hat und wo es ungeheurer Anstrengungen bedarf, wenn man hier einen Gewinn erzielen will.

Das *Trigon* (△) ist ein Winkel von 120 °, also ein Drittelkreis. Die Planeten eines Trigonaspekts stehen gewöhnlich in entsprechenden Graden von Zeichen, die vier Zeichen voneinander entfernt sind (oder drei Zeichen zwischen sich haben). Bilden sie einen verborgenen Aspekt, liegen nur zwei Zeichen dazwischen. Das Trigon bedeutet schöpferische Kraft und Ausdehnung; es ist der harmonischste und glückhafteste aller Aspekte.

Die *Opposition* (☍) bezeichnet eine Winkelbeziehung von 180 ° zwischen zwei Planeten, also einen Halbkreis. Die beiden Planeten stehen gewöhnlich in entsprechenden Graden zweier sich im Tierkreis gegenüberliegender Zeichen, so daß sie automatisch sechs Zeichen auseinanderliegen oder fünf Zeichen zwischen sich haben. Bei einem verborgenen Aspekt liegen nur vier Zeichen dazwischen. Eine Opposition zeigt eine Situation an, in der man mit anderen zusammenarbeiten oder sich von ihnen trennen muß.

Es ist wichtig, sich zu merken, daß bei der Berechnung der Aspekte immer nur die Zeichen eine Rolle spielen, nicht die Felder, die ja bedeutend mehr oder weniger als 30 Grade umfassen können. In dem allgemein verwendeten Feldersystem nach Placidus kann in extrem nördlichen Breiten ein Feld zwei Zeichen enthalten oder ein Zeichen gleichzeitig an den Spitzen zweier Felder stehen.

2. DIE BERECHNUNG DES HOROSKOPS

Die exakte Berechnung eines Horoskops ist zwar keine Hexerei und verlangt auch keineswegs Kenntnisse in höherer Mathematik; dennoch sollte man sie ernst nehmen, denn sie ist die Voraussetzung für die genaue Auslegung. Natürlich gibt es abgekürzte Berechnungsverfahren. Sie sollten aber kein solches anwenden, solange Sie nicht sehr gut beurteilen können, wie groß dadurch die Abweichung vom exakten Wert wird. Die Genauigkeit der Rechenmethode sollte sich im Rahmen der Genauigkeit der Zeitangabe bewegen. Begnügen Sie sich nicht mit einem «ungefähren» Horoskop.

Wenn Sie sich an die nachstehend beschriebene Berechnungsart halten, werden Sie immer genau berechnete Horoskope erhalten.

Nötige Informationen und Hilfsmittel

Geburtszeit

Ein Horoskop ist die Darstellung des Himmels im Geburtsaugenblick vom Geburtsort aus gesehen. Die Planetenstellungen müssen in bezug auf die Ekliptik (den Tierkreis) und auf den Horizont (die Felder) bestimmt werden. Deshalb wird zur Berechnung die genaue Geburtszeit und der Geburtsort benötigt.

Als Geburtszeit wird im allgemeinen der Zeitpunkt angesehen, zu dem das Neugeborene erstmals selbständig atmet und der Blutfluß in der Nabelschnur stockt. Im Spital wird die Zeit heute meist auf volle fünf Minuten auf- oder abgerundet notiert und dann auf dem Geburtsschein verzeichnet.

Es ist erfahrungsgemäß besser, den Geburtsschein zu Rate zu ziehen – das gute Gedächtnis des Geborenen selbst oder der Mutter erweisen sich oft als wenig verläßlich. Sie notieren sich also Jahr, Monat, Tag, Stunde und Minute der Geburt.

Geburtsort

Da man die geographische Länge und Breite des Geburtsortes kennen sollte, empfiehlt es sich, bei kleineren, wenig bekannten Orten nach der nächstgelegenen größeren Stadt zu fragen. Sie notieren also den Geburtsort, eventuell die nächste größere Stadt.

Ephemeriden

Ephemeriden sind Tabellen, die die Planetenstellungen in den Tierkreiszeichen jeweils für jeden Tag eines Jahres angeben sowie die dazugehörige Sternzeit. In erster Linie zu empfehlen sind *Die Deutsche Ephemeride* (von 1850–1980, 6 Bde.) aus dem O. W. Barth-Verlag, München; ferner die *Metz-Ephemeride* (von 1890–2000, 2 Bde.) aus dem Metz-Verlag, Zürich, oder die *Golgge* – Ephemeride (1961–1980, 4 Bde.) aus dem H. Bauer Verlag, Freiburg.

Häusertabellen (Feldertabellen)

In den meisten Ephemeriden finden sich einzelne Feldertabellen. Für die südlicheren Breiten (Österreich und Schweiz) genügen diese jedoch nicht. Die deutschsprachigen Tabellen nach Placidus (wie die von Brandler-Pracht im Falken-Verlag, Berlin, herausgegebenen) sind alle vergriffen bzw. nur noch antiquarisch erhältlich. Zu empfehlen sind aber die beiden englischen Tabellensammlungen: *Raphael's Tables of Houses for Northern Latitudes* und *Raphael's Tables of Houses for Great Britain,* beide bei W. Foulsham & Co., London, erschienen.

Einige moderne Astrologen verwenden die *Häusertabellen des Ge-*

burtsortes für 0° – 60° nördlicher Breite von Dr. Werner A. Koch und Elisabeth Schaeck, erschienen im Verlag E. Schaeck, Neunkirchen/Saar. Bei diesen Tabellen weichen die Angaben für die Felder 2, 3, 4, 6 und entsprechend 8, 9, 11, 12 geringfügig von der Berechnung nach Placidus ab. Die Abweichungen sind aber nicht gravierend, und man kann auch diese Tabellen mit gutem Gewissen empfehlen.

Länge und Breite

In den Barth- und Metz-Ephemeriden finden Sie im Anhang die Längen und Breiten der wichtigsten Städte Europas angegeben. Die geographische Breite wird jeweils in Plus-Graden (nördlich) und Minus-Graden (südlich) angegeben. Die Länge jedoch in Stunden, Minuten und Sekunden östlich oder westlich von Greenwich. Sie können diese Daten jedoch auch selbst jedem Atlas mit Gradeinteilung entnehmen. Die Zeit von Greenwich berechnet sich für Grade östlich *plus* vier Minuten pro Grad, für Grade westlich *minus* vier Minuten pro Grad. So entspricht die Mitteleuropäische Zeit (MEZ) dem Meridian von Görlitz, 15° östlich von Greenwich, was eine Verschiebung von 60 Minuten oder einer Stunde gegenüber der Greenwich-Zeit (GT) bedeutet: GT + 1 Std. = MEZ; MEZ – 1 Std. = GT.

Zeitumstellungen

Einige Länder haben während des Krieges, aber auch zu anderen Zeiten die sogenannte «Sommerzeit» eingeführt, bei der die Normalzeit um eine Stunde vorverschoben wurde. Bei Geburten, die in solche Zeiträume fallen, muß diese Verschiebung miteingerechnet werden. In den Metz-Ephemeriden finden sich im Anhang Angaben über die verschiedenen Zeiteinteilungen und -verschiebungen der meisten Länder, die allerdings nicht vollständig sind. Doris Doane's *Time Changes in the USA* und *Time Changes Outside the USA* sollen diesbezüglich die besten erhältlichen Nachschlagewerke sein.

Bei Daten um 1890 und früher handelt es sich bei den Angaben meist um die Ortszeit (Lokalzeit). Man beachte die Einführungsdaten der jeweiligen Standardzeiten (Normalzeiten).

Rechenhilfsmittel

In den meisten Ephemeriden finden sich Tabellen zur Berechnung der Planetenstände (z. B. «Bewegung der Sonne, des Mondes, der Planeten» und «Diurnal-Logarithmen»). Wer gewohnt ist, mit Rechenschieber oder – besonders geeignet – Rechenscheibe zu rechnen, kommt vermutlich mit diesen Hilfsmitteln schneller ans Ziel. Für ungeübte Rechner tut jedoch die im folgenden beschriebene Handrechenmethode durchaus den Dienst.

Praktisches Vorgehen

An einem konkreten *Beispiel* soll gezeigt werden, wie schrittweise die *Berechnung für eine am 5. Juni 1942 um 9.30 Uhr vormittags in Basel (Schweiz) geborene Person* zu erfolgen hat.

1. Errechnen Sie die richtige *Geburtszeit:* Es handelt sich bei der Zeitangabe um MEZ, wobei jedoch zu berücksichtigen ist, daß in der Schweiz vom 4. 5. 42 bis 5. 10. 42 Sommerzeit herrschte. Die Geburt erfolgte also um 08.30 MEZ oder 07.30 GT.
2. Bestimmen Sie *Länge und Breite des Geburtsortes:* Einem Atlas läßt sich entnehmen, daß Basel auf ca. $47^1/_2°$ nördlicher Breite und ca. $7^1/_2°$ östlicher Länge liegt, woraus sich eine Abweichung der Ortszeit von der GT von plus ($7^1/_2$ x 4 Min. =) 30 Minuten errechnen läßt. Die Angaben für Basel in der Tabelle der geographischen Positionen im Anhang der Barth-Ephemeride lauten: Breite + 47.33,4; Länge ö 00h 30m 20s. Die Abweichung der aus dem Aatlas entnommenen und berechneten Daten von den genauen Daten ist also sehr gering. Demnach ist die *Ortszeit der Geburt* GT + 30 Min., d. h. 07.30 + 30 = 08.00.
3. Stellen Sie die *Sternzeit* (Sideral Time, ST) der der Geburtszeit am nächsten stehenden Mitternacht fest (bzw. des nächsten Mittags bei den auf Mittag berechneten Ephemeriden). Dies ist in unserem Fall die Sternzeit der Mitternacht vom 5. Juni 1942. Sie beträgt: 16h 51m 09s.

4. Um die *Sternzeit der Geburtsstunde zu erhalten,* stellen Sie zunächst fest wieviel Zeit *vor* bzw. *nach* der unter 3. gewählten Mitternacht (bzw. Mittag) die Geburt in Ortszeit stattgefunden hat. Hier: 00.00 (Mitternacht) bis 08.00 = 8 Stunden *nach* Mitternacht.
(Wollte man allerdings ganz genau sein, so müßte man, da die Sternzeit der Geburtsstunde am Geburtsort von der Sternzeit um Mitternacht in Greenwich geringfügig abweicht, auch noch die sogenannte *Sternzeitkorrektur* berücksichtigen. Da diese Abweichung jedoch nie größer als zwei Minuten ist, fällt dieser «Fehler» bei einer ohnehin nur auf fünf Minuten genau angegebenen Geburtszeit nicht sehr ins Gewicht.)
Da also die Geburt *nach* Mitternacht vom 5. 6. 42 stattgefunden hat, muß die oben errechnete Stundenzahl zu der Sternzeit von 3. *hinzugezählt* werden. (Bei einer Geburt *vor* Mitternacht müßte die entsprechende Stundenzahl von 24.00 abgezogen werden. Das gleiche gilt sinngemäß für die von Mittag – 12.00 – ausgehenden Berechnungen.)
Sollte die Zahl der Sternzeit zu klein sein, um die nötige Stundenzahl abzuziehen, zählt man zuerst noch 24 Stunden hinzu. Ist das Ergebnis (wie im vorliegenden Fall) größer als 24 Stunden, so müssen 24 Stunden davon abgezogen werden. Also:

+08.00	abgerundete Sternzeit der Mitternacht vom 5. 6. 42
16.51	Ortszeit der Geburt *nach* Mitternacht
24.51	
—24.00	
00.51	Sternzeit der Geburtsstunde

5. Suchen Sie nun in der Häuser- (bzw. Felder-)tabelle die Breitenangabe, die derjenigen des Geburtsortes am nächsten kommt. In der Raphael-Tabelle ist das für Basel mit 47 ° 33' die Tabelle 47 ° 29' für Budapest. In dieser Tabelle suchen Sie die Sternzeit, die der unter 4. berechneten am nächsten kommt, in unserem Fall also 00.51.32. Dazu gehört der Aszendent 3 ° 14' Löwe.
Wenn Sie Tabellen haben, die Angaben für jeden Breitengrad enthalten, muß für eine exakte Felderberechnung folgende Überlegung angestellt werden:
Da (in unserem Beispiel) Basel ziemlich genau in der Mitte zwischen dem 47. und 48. Breitengrad liegt, müssen wir zwischen den beiden für diese Breitengrade angegebenen Zahlen interpolieren, also zwischen ♌ (Löwe) 2° 56' (47. Breitengrad) und ♌ 3° 34' (48. Brei-

tengrad); die Differenz beträgt 38 Minuten. Wir zählen also die Hälfte bzw. 19 Minuten zu dem Wert des 47. Breitengrads hinzu und erhalten nun die *Spitze des 1. Feldes:*

	2° 56'
+	19'
	3° 15'

respektive auch den *Aszendenten* (Löwe). Meist genügt es, die Felderspitzen auf Grade genau anzugeben, so daß die Angabe 3° Löwe ausreicht.

6. Sobald wir die Spitze des 1. Feldes (Hauses) kennen, können wir auch die andern Felder bestimmen. In den Tabellen sind die *Felderspitzen* in nachstehender *Reihenfolge* angegeben: 10., 11., 12., 1., 2., 3. Feld. Die Spitzen der Felder 4 bis 9 liegen den angegebenen genau gegenüber. Für *unser Beispiel* sähe die Verteilung wie folgt aus:

Spitze	10. Feld (M.C.)	14°	♈	(Widder)
	11. Feld	22°	♉	(Stier)
	12. Feld	2°	♋	(Krebs)
	1. Feld (Aszendent)	3°	♌	(Löwe) genauer 3° 15'
	2. Feld	21°	♌	(Löwe)
	3. Feld	14°	♍	(Jungfrau)
	4. Feld (I C)	14°	♎	(Waage)
	5. Feld	22°	♏	(Skorpion)
	6. Feld	2°	♑	(Steinbock)
	7. Feld (Deszendent)	3°	♒	(Wassermann) genauer 3° 15'
	8. Feld	21°	♒	(Wassermann)
	9. Feld	14°	♓	(Fische)

7. Als nächstes müssen wir die *Planetenstellungen* berechnen. Dabei gehen wir von der Greenwichzeit (GT) der Geburt aus (da die Ephemeriden mit GT rechnen), in unserem Fall 7.30 Uhr.

   Man berechnet zunächst, wie unter 4., die Zeitdifferenz zwischen der Geburts-GT und der am nächsten gelegenen Mitternacht (bzw. Mittag). In unserem Fall fand die Geburt 7 Stunden 30 Minuten *nach* der Mitternacht vom 5. 6. 1942 statt, die Differenz ist somit +07.30. Dieser Zeitunterschied muß für jeden Planeten in die Grade seiner Bewegung während dieser Zeit umgerechnet und vom Mitternachtswert (bzw. Mittagswert) abgezogen oder hinzugezählt werden. Das nachfolgende Beispiel wird dies verdeutlichen.

   Wir beginnen mit der Sonne. In der Ephemeride finden wir für jeden Tag einen Sonnenstand angegeben. Da aber die Geburtszeit gewöhnlich zwischen zwei Gestirnständen liegt, müssen wir wie beim Aszendenten den genauen Wert durch Interpolieren errechnen. Das gilt ebenso für alle anderen Planeten sowie für den Mond.

Wie weit ein Planet sich in 24 Stunden bewegt, wird aus der Differenz seiner Stellung von Mitternacht zu Mitternacht (bzw. Mittag) ersichtlich. Für unseren Fall haben wir den Stand der Sonne

vom *5. Juni* und *6. Juni*
13° 42' 7" ♊ (Zwillinge) 14° 39' 33" ♊ (Zwillinge)

Demnach hat die Sonne sich um 58'34" (d. h. nicht ganz einen Grad) weiterbewegt. Welche Distanz hat sie also von Mitternacht bis zur Geburtszeit um 7.30 zurückgelegt:

$\frac{58'34''}{24} = 2'26''$ (Weg der Sonne pro Stunde an diesem Tag)

zu 7 Stunden 7 x 2'26" = 16'22"
+ 1/2 Std. = 1'13"
17'35"

Diese Zahl wird zum Sonnenstand vom 5. Juni hinzugezählt:

13° 42'07"
+ 17'35"
13° 59'42" ♊ (Zwillinge)

Damit haben wir den *genauen Sonnenstand* zur Geburtszeit.

Auf dieselbe Weise werden auch die Stellungen der Planeten Merkur, Venus, Mars und allenfalls noch Jupiter berechnet. Die übrigen Planeten bewegen sich so langsam, daß sie sich innerhalb von 24 Stunden kaum um ein paar Minuten verschieben. In einigen Ephemeriden sind die Stellungen von Pluto und den Mondknoten (Schnittpunkte der Mondbahn mit der Ekliptikebene) in größeren Zeitabständen angegeben. In diesem Fall muß sinngemäß interpoliert werden.

Ist ein Planet «rückläufig», d. h. bewegt er sich von der Erde aus gesehen scheinbar rückwärts durch den Tierkreis, so wird dies durch ein tiefgestelltes R angegeben. Die Berechnung erfolgt dann mit umgekehrten Vorzeichen (in unserem Beispiel bei Merkur). Bewegt sich ein Planet nach einer «Rücklaufperiode» wieder vorwärts, wird das in der Ephemeride durch ein D angezeigt. (In unserem Fall ist Neptun am 5. 6. noch rückläufig, geht aber vom 8. 6. an wieder vorwärts.)

Als weiteres Beispiel sei hier noch die Berechnung der *Mondstellung* angeführt. (Achtung: Beim Mond werden meistens die Werte in Abständen von 12 Stunden angegeben. Unsere Berechnung beruht jedoch auf einem Unterschied von 24 Stunden.)

5. Juni	2° 41' ♓ (Fische)
6. Juni	15° 57'
in 24 Stunden	13° 16'
in 2 Stunden	$\frac{13° 16'}{12}$ = 1° 6' (in 1 Std. 33')
	(in $1/2$ Std. 16')
bis 6.00 Uhr	1° 6' x 3 = 3° 18'
+ 1 Stunde	33'
+ $1/2$ Stunde	16'
bis 7.30 Uhr	4° 07'
Mondstellung 5. Juni Mitternacht	2° 31'
+ Weg in $7\frac{1}{2}$ Stunden	4° 07'
Stand des Mondes zur Zeit der Geburt	6° 48' ♓ (Fische)

Für die anderen Planeten ergeben sich in unserem Beispiel folgende Werte.

Sonne	☉	13° 59'42"	Zwillinge ♊
Mond	☽	6° 48'	Fische ♓
Merkur	☿ R	24° 51'	Zwillinge ♊
Venus	♀	3° 46'	Stier ♉
Mars	♂	24° 32'	Krebs ♋
Jupiter	♃	28° 50'	Zwillinge ♊
Saturn	♄	3° 32'	Zwillinge ♊
Uranus	♅	1° 14'	Zwillinge ♊
Neptun	♆ R	27° 06'	Jungfrau ♍
Pluto	♇	3° 58'	Löwe ♌
Mondknoten	☊	8° 37'	Jungfrau (nördl. Drachenkopf)
Mondknoten	☋	8° 37'	Fische (südl. Drachenschwanz)

8. Sind alle nötigen Werte errechnet, kann das Horoskop aufgezeichnet werden (Abb. 7). Das Horoskopschema kann man sich selbst mit dem Zirkel konstruieren, vorgedruckt kaufen oder sich als Stempel beschaffen. Einige Autoren bevorzugen ein Schema, das die Felder als feste Koordinaten verwendet und die entsprechenden Zeichen und Grade an deren Spitzen notiert.

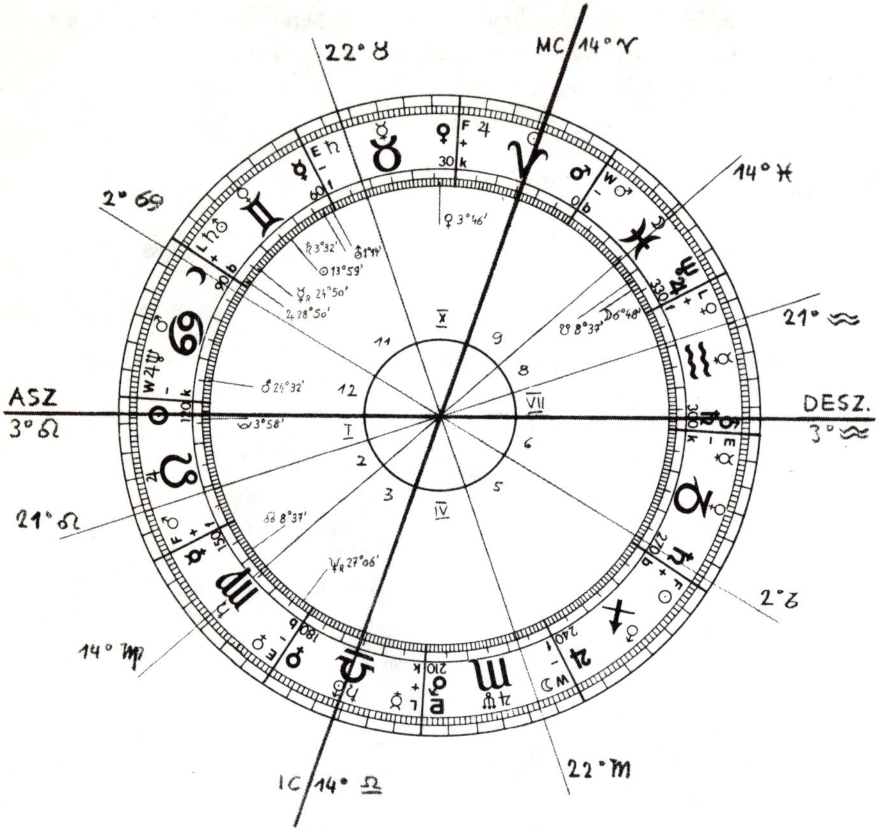

Abb. 7. Horoskop für Monika P., geb. 5. Juni 1942, 09.30 Uhr vormittags in Basel/CH

Zur Interpretation des Horoskops von Monika P.

*Planetenstellungen**

Sonne	3°	Zwillinge	(44)	11. Feld	(123)
Mond	6°	Fische	(131)	8. Feld	(135)
Merkur	24°	Zwillinge	(140)	11. Feld	(157)
Venus	3°	Stier	(159)	10. Feld	(176)
Mars	24°	Krebs	(180)	12. Feld	(197)
Jupiter	28°	Zwillinge	(201)	11. Feld	(220)
Saturn	3°	Zwillinge	(225)	11. Feld	(243)
Uranus	1°	Zwillinge	(247)	11. Feld	(262)
Neptun	27°	Jungfrau	(265)	3. Feld	(270)
Pluto	3°	Löwe	(279)	1. Feld	(283)
N. Mondkn.	8°	Jungfrau		2. Feld	
S. Mondkn.	8°	Fische		8. Feld	

Zeichen an den Felderspitzen

Löwe an der Spitze des 1. Feldes (76) Aszendent
Löwe an der Spitze des 2. Feldes (74)
Jungfrau an der Spitze des 3. Feldes (74)
Waage an der Spitze des 4. Feldes (74) Imum Coeli (IC)
Skorpion an der Spitze des 5. Feldes (74)
(Schütze eingeschlossen im 5. Feld)
Steinbock an der Spitze des 6. Feldes (77)
Wassermann an der Spitze des 7. Feldes (78) Deszendent
Wassermann an der Spitze des 8. Feldes (75)
Fische an der Spitze des 9. Feldes (75)
Widder an der Spitze des 10. Feldes (76) Medium Coeli (MC)
Stier an der Spitze des 12. Feldes (76)
(Zwillinge eingeschlossen im 11. Feld)
Krebs an der Spitze des 12. Feldes (79)

* Die Zahlen in Klammern bezeichnen die Buchseite, auf der Sie die entsprechende Deutung finden.

Aspekte

Sonnenaspekte:	Sonne	Sextil MC, (408)
	Sonne	Quadrat N.+S. Mondknoten (440)
	Sonne	Quadrat Mond (436)
Mondaspekte:	Mond	Konjunktion S./N. Mondkn. (355)
	Mond	Sextil Venus (409)
	Mond	Quadrat Saturn (444)
	Mond	Quadrat Uranus (445)
Merkuraspekte:	Merkur	Konjunktion Jupiter (359)
	Merkur	Quadrat Neptun (451)
Venusaspekte:	Venus	Quadrat Asz. (459)
	Venus	Quadrat Pluto (458)
	Venus	Trigon N. Mondknoten (498)
	Venus	Sextil Jupiter (418) (verborgener Asp.)
Marsaspekte:	Mars	Sextil Neptun (423)
Jupiteraspekte:	Jupiter	Quadrat Neptun (467)
Saturnaspekte:	Saturn	Konjunktion Uranus (382)
	Saturn	Sextil Asz. (430)
	Saturn	Sextil Pluto (429)
	Saturn	Quadrat N./S. Mondknoten (472)
Uranusaspekte:	Uranus	Sextil Asz. (432)
	Uranus	Sextil Pluto (431)
	Uranus	Trigon Neptun (510) (verborg. Asp.)
Neptunaspekte:		keine
Plutoaspekte:	Pluto	Konjunktion Asz. (398)

Planetenverteilung

1 Feuerzeichen; 2 Erdzeichen; 5 Luftzeichen; 2 Wasserzeichen;
1 Kardinalzeichen; 2 Fixe Zeichen; 7 Bewegliche Zeichen.

3. DIE SONNE IN DEN ZEICHEN

Das *Sonnenzeichen* ist der *wichtigste Einzelfaktor* bei der Deutung des Horoskops. Es weist auf die Art und Weise hin, wie ein Mensch seine inneren Kräfte und sein schöpferisches Vermögen für die eigene Entwicklung einsetzt und zum Ausdruck bringt. Das Sonnenzeichen versinnbildlicht auch die Entwicklungsstufe, auf der der Horoskopträger in seiner jetzigen Inkarnation steht, ebenso wie die Aufgaben, die er zu bewältigen hat.

Das Sonnenzeichen bestimmt die dynamische Willensäußerung, die sich dann in den Stellungen und Aspekten der anderen Planeten im Horoskop zeigt. Der Wille, geprägt durch den Einfluß der Sonne, ist ein grundlegender Bestandteil des Bewußtseins, der auch auf alle anderen Verhaltensweisen abfärbt.

WIDDER

21. März bis 19. April

Kardinalzeichen, Feuer
Herrscher: Mars, Pluto

Kennworte: Initiative, Aktivität, Unternehmungsgeist

Widder, das erste Zeichen des Tierkreises, ist das Zeichen des Neubeginns. Es symbolisiert einen neuen Zyklus in der persönlichen Weiterentwicklung. Der Widdermensch ist aggressiv und sagt alles geradeheraus. Sein Motto ist: «Ich bin.»

Widder sprudeln über von schöpferischer Energie und Enthusiasmus (der Widder ist ein Feuerzeichen und wird von Mars und Pluto beherrscht); und weil der Widder ein Kardinalzeichen ist, stellen sich die Widdergeborenen stets neue Aufgaben, die sie so lange fesseln, bis der Reiz des Neuen verflogen ist.

Menschen dieses Zeichens haben ein ungeheures inneres Bedürfnis, sich durch Aktivität im Leben zu bestätigen. Widdergeborene geben sich nicht damit zufrieden, über ihre Bedürfnisse zu sprechen, sie drängen darauf, sie in die Tat umzusetzen.

Wenn der Widdergeborene lernt, erst zu überlegen, bevor er etwas unternimmt, wird ihm sein energiegeladenes Naturell helfen, vieles zu erreichen. Seine Impulsivität und die Unfähigkeit, auf den Rat anderer zu hören, bringt ihn jedoch leicht in Schwierigkeiten. Der Widdermensch neigt aus Ungeduld dazu, die Weiterführung der von ihm begonnenen Unternehmen anderen zu überlassen, vornehmlich den festen und beweglichen Zeichen.

Da er sehr ehrgeizig ist, möchte der Widdergeborene stets der Erste und Beste sein. Er ist eine ausgesprochene Führernatur; Ruhm und Anerkennung sind ihm wichtiger als Vermögen und Bequemlichkeit. Doch gerade weil er so sehr von dem Wunsch nach Autorität und Überlegenheit beseelt ist, geschieht es leicht, daß er allzu aggressiv wird und im Umgang mit anderen lieber gewaltsam anstatt vernünftig und diplomatisch vorgeht. Wenn er nicht über genügend Klugheit und Erfahrung verfügt, benimmt er sich oft recht töricht. Einen Großteil seiner Kraft schöpft der Widdermensch aber daraus, daß er sich einfach nicht geschlagen gibt. Fehlschläge können ihn niemals entmutigen, und er wird immer nach neuen Ausdrucksmöglichkeiten suchen.

Was der Widdermensch lernen muß, ist liebevolles Verhalten, damit er rücksichtsvoll und freundlich Kontakt zu anderen aufnehmen kann. Wenn er die Folgen seiner Handlungsweise überdenkt, wird er diese Aufgabe meistern.

Der höher entwickelte Ariestypus verfügt über große Willenskraft, Selbstvertrauen in seine geistigen Fähigkeiten und ein großartiges Regenerationsvermögen; dies alles verdankt er der in diesem Zeichen erhöhten Sonne.

STIER

20. April bis 20. Mai

Festes Zeichen, Erde
Herrscher: Venus

Kennworte: Besitztümer, Entschlossenheit, Praxisbezogenheit

Stier ist das Zeichen der zweckgerichteten Entschlossenheit und Kraft. Und da dieses Zeichen ein Erdzeichen ist, sind Stiere dazu auserkoren, materielle Dinge in den Griff zu bekommen, sie zu meistern. Das Element Erde verhilft dem Stier zu großem Geschick in praktischen Dingen. Er strebt nach geistiger Wahrheit, indem er die praktischen Seiten des Lebens zu bewältigen sucht. Der Stiergeborene liebt die guten Dinge dieses Lebens und erstrebt häufig den Erwerb materieller Güter. Kennzeichen für den Stier ist das Motto: «Ich habe.»

Der in diesem Zeichen Geborene schätzt auch Bequemlichkeit, Zufriedenheit und Vergnügen. Alles, was diese Bedürfnisse zu stillen vermag, ist von großer Wichtigkeit für den Stier, und er wird viel Energie darauf verwenden, es sich zu verschaffen. Hat der Stiermensch einmal sein Ziel erreicht, kann ihn keine Macht der Welt dazu bewegen, seine Interessen anderswo einzusetzen. Der Stiergeborene achtet darauf, daß nichts und niemand sich dem in den Weg stellt, was er anstrebt. Er will Geld, nicht um des Geldes willen, sondern damit er sich an den Dingen erfreuen kann, deren Erwerb ihm dieses Geld ermöglicht.

Da Venus die Herrscherin des Zeichens ist, weiß der Stier gute Formen und schöne Dinge zu schätzen, vor allem, wenn sein Tastsinn angesprochen wird. Der Stiergeborene hat eine Vorliebe für gute Kleidung und läßt sich vom Aussehen anderer stark beeindrucken.

Die größte Rolle im Leben des Stiermenschen spielt die Sicherheit, die emotionale wie die materielle. Der Stier meidet jede feste Bindung, bis er weiß, ob ihm eine Person, Situation oder Beziehung nützlich sein kann. Da er jedoch einen ausgeprägten Sinn für Loyalität hat, belädt er sich oft mit den Kümmernissen und Problemen seiner Freunde. Der Stiergeborene kann oft unglaublich eifersüchtig sein. Die Gefühle und Zuneigungen eines anderen betrachtet er als sein Eigentum. Diese besitzergreifende Haltung entspringt seinem Bedürfnis nach Sicherheit.

Da Stiere stark gefühlsbetonte und empfindsame Naturen sind, denen es auch nicht an geistigen Gaben fehlt, fühlen sie sich oft unglücklich, wenn sie unter ihrem Stand geheiratet haben.

Über seine inneren Beweggründe ist sich der Stiermensch nicht immer im klaren. Selbsterkenntnis ist ihm nicht so wichtig. Der Stiergeborene ist mit großer Willenskraft ausgestattet, die es ihm erlaubt, über lange Zeiträume, ja sogar über Jahre hinaus vorauszuplanen. So steuert er emsig und unbeirrt, von seinem Besitzinstinkt geleitet, auf sein Ziel zu. Meistens sind seine Bemühungen von Erfolg gekrönt.

Stiermenschen haben ihre eigene Art, Dinge anzupacken, und wenn man reibungslos mit ihnen auskommen will, tut man gut daran, sich nicht in ihre Angelegenheiten einzumischen oder zu versuchen, sie umzustimmen.

ZWILLINGE

21. Mai bis 21. Juni

Bewegliches Zeichen, Luft
Herrscher: Merkur

Kennworte: Geistigkeit,
Beweglichkeit, Nonkonformismus

Unter dem intellektuellen Luftzeichen der Zwillinge Geborene werden von Merkur beherrscht und zeichnen sich durch rasches Denken und Handeln aus. Kennzeichnend für den Zwillingstypus ist das Motto: «Ich denke.»

Da Merkur mit Verständigung und Verhandlung zu tun hat, muß der Zwilling beurteilen und einordnen. Damit seine Kontakte für ihn sinnvoll werden, braucht der Zwillingsmensch Worte und Ideengebäude. Die Sprache ist für ihn von besonderer Bedeutung, dient sie ihm doch als Rahmen für seine Unternehmungen. Worte sind Rettungsanker oder Sicherungen, während die Gedanken beständig von einem Punkt zum anderen springen. Die Redegewandtheit des Zwillings ist eine positive Eigenschaft, doch sollte er nie vergessen, welchen Schaden er anrichten kann, wenn er seine Zunge nicht im Zaum hält.

Zwillinge dürsten nach Wissen und sind begierig, zu lernen. Im allgemeinen ist die Lernfähigkeit bei ihnen hochentwickelt. Ihre Erfindungsgabe und Vorstellungskraft befähigt sie zu schriftstellerischer Tätigkeit, zum Experimentieren und zu Kritik. Bildung ist daher für sie von Anfang an wichtig. Ist ihre Ausbildung unzureichend, machen sie häufig anderen das Leben zur Qual. Haben sie jedoch eine gute Schulung erfahren, dann können sie im Umgang angenehm und kultiviert sein.

Die Laune des Augenblicks bestimmt die Haltung des Zwillingsgeborenen; daher ist seine Persönlichkeit so ambivalent. Abwechslung ist das Salz des Lebens, findet er, und diese Lebenseinstellung kann zu Übertreibungen führen. Wenn die Dinge nicht so laufen, wie er will, wird der Zwillingsmensch schnell depressiv. Am wohlsten fühlt er sich, wenn er mehrere Interessengebiete hat.

Der Zustand stets gespannter Aufmerksamkeit läßt beim Zwillingstypus keine geistige oder körperliche Ruhe aufkommen. In schwierigen Situationen verliert er daher auch selten den Überblick, und seine Findigkeit entdeckt immer neue Lösungsmöglichkeiten.

Da das Zeichen Zwillinge Hände, Arme und auch die Nerven regiert, macht es den Zwillingsgeborenen viel Freude, wenn sie ihren Ideen mit den Händen Form und Gestalt verleihen können – und an Ideen und Einfällen mangelt es ihnen wahrlich nicht!

Zwillingsgeborene müssen darauf achten, daß Körper und Geist auch einmal ruhen sollen. Ein guter Anfang wäre der Versuch, Hände und Füße ruhig zu halten und langsam zu essen. Diese Übung würde ihnen helfen, sich auch in Augenblicken des Zorns oder größter seelischer Spannung zu beherrschen.

Zwillingsgeborene erfreuen sich großer Beliebtheit, vor allem da sie eine brillante Unterhaltung pflegen, gesellig und zuvorkommend sind und Feingefühl besitzen. Sie schätzen es jedoch gar nicht, an einem bestimmten Ort oder eine bestimmte Person gebunden zu sein. Ihre Häuslichkeit läßt daher einiges zu wünschen übrig. Sie sind von einer unersättlichen Neugier und stets auf der Suche nach persönlicher geistiger Sicherheit inmitten ihrer stets wechselnden Erfahrungen. Sie lieben das Reisen und Tapetenwechsel.

Obwohl sie sich von materiellen Gütern nicht sonderlich angezogen fühlen, bedeutet Geld für sie doch Macht und Freiheit und ist daher von Reiz.

Als Kinder sind die Zwillingsgeborenen so charmant und einfallsreich, daß Eltern und Erzieher häufig vor ihren Fehlern beide Augen zudrücken. Man sollte jedoch frühzeitig erzieherisch auf sie einwirken, da sich ihre schlechten Eigenschaften in späteren Jahren nur sehr schwer korrigieren lassen. Sind sie einmal erwachsen, müssen sie aus eigener Willenskraft Disziplin aufbringen. Gelingt ihnen dies, so erwächst daraus eine schöpferische Kraft und Originalität, die in geschäftlichen wie künstlerischen Belangen ihren Niederschlag findet.

Zwillinge sind die Nonkonformisten des Tierkreises. Sie müssen ihr Anderssein pflegen und sich von ihrer Umwelt unterscheiden. Sie empfinden, daß sie sich – sollen ihre Fähigkeiten zur vollen Entfaltung kommen – aus jeder nur möglichen Abhängigkeit lösen müssen. Sie lehnen sich gegen alles Festgefahrene auf, wobei sie häufig Regeln verletzen und sich den Behörden widersetzen. Zwillinge lassen sich ihre Individualität von nichts und niemandem nehmen. Sie werden niemals etwas unternehmen, nur weil jemand es will oder eine Konvention es so vorschreibt. Mit zunehmendem Alter gelangen sie jedoch zur Erkenntnis, daß es ohne Zusammenarbeit auch keine Selbsterfüllung geben kann. Die Luftzeichen lassen den einzelnen erkennen, daß sein Schicksal mit dem der ganzen Menschheit verbunden ist.

Wenn die Zwillinge ihre Mängel und negativen Tendenzen überwinden lernen, werden ihnen die schönen Begabungen, die ihnen in die Wiege gelegt wurden, beim Erreichen hoher Ziele helfen.

KREBS

22. Juni bis 22. Juli

Kardinalzeichen, Wasser
Herrscher: Mond

Kennworte: Häuslichkeit, Empfindsamkeit, Treue

Krebse sind im Zeichen der starken Gefühlsbetonung geboren. Typisch für den Krebs ist das Motto: «Ich fühle.»

Krebs ist das stärkste der Wasserzeichen. Es begünstigt Frauen mehr als Männer, weil es von allen Tierkreiszeichen am meisten mit Häuslichkeit und Familie zu tun hat.

Beim Krebs sind Beschützer- und Abwehrinstinkte, die auf Sicherheit im materiellen und häuslichen Bereich abzielen, stark ausgeprägt. Er ist außerordentlich empfindsam und fürchtet den Spott. Die Schale, das Symbol des Krebses, versinnbildlicht den Panzer, unter dem sich höchste Empfindsamkeit und Scheu sowie physische und psychische Verletzlichkeit verbergen. Um sich vor seelischem Verletztwerden zu schützen, zieht sich der Krebs zurück und sucht Sicherheit in der Einsamkeit. Diese Neigung ist um so bedauerlicher, als der Krebs ein starkes Bedürfnis nach Heim und Familie hat. Für ihn ist die Welt nicht vollkommen, solange er nicht seine ganze Beschützerfreude für seine Familie ausleben kann.

Weil ihm Sicherheit ein so großes Bedürfnis ist, wird der Krebs alles unternehmen, um diese Sicherheit zu schaffen und zu bewahren. Er setzt selten Geld aufs Spiel, höchstens wenn er genügend auf der hohen Kante liegen hat. Auch dann dient das Spielen um Geld in den seltensten Fällen dem Broterwerb, da der Krebsgeborene seine Sicherheit nur ungern gefährdet. Wenn seine zukünftige Sicherstellung jedoch ein Risiko erfordert, ist er bereit, dieses Risiko einzugehen – wenn möglich mit dem Geld eines anderen. In einem solchen Fall geht der Krebs sehr sorgfältig mit den ihm anvertrauten Finanzen zu Werke, denn er hat anderen gegenüber ein großes Verantwortungsbewußtsein. Er wird stets seine Schulden bezahlen und erwartet von anderen das gleiche.

Krebstypen haben ein kompliziertes Innenleben; manchmal machen sie den Eindruck, als verfügten sie über Riesenkräfte, dann wieder sind sie schwach wie ein Kind. Die Wechselhaftigkeit ist darauf zurückzuführen, daß die Sonne in diesem Zeichen ihre Richtung ändert: Sie hat am nördlichen Himmel den höchsten Punkt erreicht und bewegt sich nun wieder südwärts. (Wie der Krebs stehen auch die Himmelskörper still, wenn sie ihre Richtung ändern.) In diese Zeit fallen die längsten Tage des Jahres.

In der Regel sind Krebstypen voll guten Willens, ihr wechselhafter Mond läßt sie jedoch einmal liebenswürdig und aufgeschlossen erscheinen (besonders, wenn sie ein bestimmtes Ziel vor Augen haben), dann wieder sind sie melancholisch, introvertiert und zurückhaltend.

Sie verfügen anerkanntermaßen über diplomatisches Geschick, und daher erreichen sie auch meistens ihr Ziel. Wenn sie sich jedoch verletzt fühlen, können sie sich manchmal ganz unsinnig verhalten und sind unfähig, mit anderen zusammenzuarbeiten. Es kann passieren, daß sie sich in höchstem Maße kindisch und störrisch aufführen – dies ist einer ihrer gravierendsten Fehler, den sie überwinden lernen sollten.

Krebsgeborene machen einen sanften und ruhigen Eindruck, doch ihre Gedanken und Gefühle lassen sich nur schwer ausloten. Da nur wenige Menschen die Gefühle von Krebsgeborenen wirklich begreifen, wird Krebsen nur selten das nötige Verständnis entgegengebracht.

Krebskinder sind von Natur aus zart, liebevoll und hingebend, immer bereit zu helfen. Krebseltern bringen allen in ihrer Umgebung herzliche Wärme entgegen. Doch kann darin auch eine Gefahr liegen.

Krebsmenschen wollen ihre Lieben voll und ganz für sich haben. Man kann von Menschen dieses Zeichens sagen, daß bei ihnen eine Liebe, wenn sie einmal begonnen hat, niemals endet. Groll und Ärger kann sie zu grausamen Feinden werden lassen, doch sie hören nie auf zu lieben. Diese unerschütterliche Zuneigung kommt in ihrer Vielschichtigkeit der Mutterliebe gleich. Der elterliche Instinkt dieses Zeichens ist so groß, daß man den Krebs mit einer Mutter vergleichen kann, die ihre Söhne auch dann noch liebt, wenn sie von ihnen schlecht behandelt wird. Familientradition und -geschichte bedeuten den Krebsmenschen sehr viel. Sie sind Patrioten und haben ein gutes Gedächtnis für vergangene Geschehnisse.

Geistiges oder körperliches Unbehagen sucht der Krebsgeborene mit allen Mitteln zu vermeiden. Da Ordnung und Reinlichkeit hervorstechende Eigenschaften dieses Zeichens sind, verabscheut der Krebs alle Tätigkeiten, die absolute Sauberkeit unmöglich machen. Er bevorzugt eine verfeinerte Atmosphäre.

Da der Krebs über eine sehr starke Vorstellungsgabe verfügt, sollte er tunlichst jeden Gedanken an Krankheit vermeiden. Er muß auch lernen, im richtigen Augenblick ja oder nein zu sagen und seine Neigung zu Launenhaftigkeit, Intoleranz, Ängstlichkeit und übertriebener Gefühlsbetontheit zu beherrschen.

Dem Krebsmenschen fehlt eine gewisse Selbstironie. Er neigt zu Selbstzufriedenheit und Ichbezogenheit. Andererseits kann er in seiner stillen Art aber auch recht hilflos sein. Seine Eitelkeit ist nicht unbeträchtlich; auch liebt er Kleider und nichtige kleine Dinge, die helfen, den Schein zu wahren.

Krebsgeborene beherrschen die Kunst des passiven Widerstandes bis zur Perfektion. Damit verfügen sie über eine wirksame Waffe, die alles Unangenehme von ihnen fernhält.

Mit Freundlichkeit lassen sich Krebsmenschen leicht lenken, da sie im Grunde sehr verständnisvoll sind. Setzt man sie jedoch unter Druck, verharren sie regungslos.

Sie lassen sich nicht gerne vorschreiben, wie sie etwas anpacken müssen; sie wollen ihre Aufgaben selbständig lösen, da die Ideen anderer sie verwirren. Gelegentlich scheuen sie Verantwortung. Wenn sie jedoch ein Unterfangen in Angriff nehmen, das Verantwortung erfordert, dann sind sie pünktlich, zuverlässig und tüchtig und bringen das Unternehmen zu einem erfolgreichen Abschluß.

LÖWE

23. Juli bis 22. August

Festes Zeichen, Feuer
Herrscher: Sonne

Kennwort: Vitalität, Autorität, Macht

Löwemenschen sind unter dem Zeichen der Großmütigkeit und der stolzen Gefühle geboren. Das Zeichen Löwe versinnbildlicht das Streben des Menschen nach Selbstverwirklichung, nach der Entfaltung des inneren Machtprinzips.

Löwe ist ein Feuerzeichen, das von der Sonne beherrscht wird. Es ist die Aufgabe der Sonne, Wärme, Licht und Leben zu spenden, sie ist die Wohltäterin aller Lebewesen. In unserem Planetensystem ist sie der Mittelpunkt, um den die Planeten ihre Bahn ziehen. Löwemenschen sind, wie gesagt, großmütig. Sie müssen im Scheinwerferlicht stehen, und wenn sie das erreicht haben, dann wollen sie auch groß auftreten. Sie genießen es, im Mittelpunkt der Aufmerksamkeit zu stehen.

Die Vorsehung hilft den Löwemenschen, wenn sie dieser Hilfe am meisten bedürfen. Ganz neue Tätigkeitsbereiche eröffnen sich ihnen zu Zeiten, in denen sich keine sichtbaren Lösungen für ihre Probleme abzuzeichnen scheinen. Wie die Sonne alles, selbst den dunkelsten Winkel in helles Licht taucht, so stellt sie auch den Löwen ins Licht.

Das Heim und die persönliche Unabhängigkeit sind dem Löwemenschen wichtig. Er hat das Bedürfnis, Neues zu schaffen und zu erzeugen, auf geistigem Gebiet wie auch rein körperlich.

Das Zeichen Löwe regiert das Herz. Daher geben die Löwegeborenen mit vollen Händen: ihre Zeit, ihr Geld und ihr Wissen, ohne auch nur einen Augenblick an sich selbst zu denken.

Der Löwemensch fühlt sich stark zum anderen Geschlecht hingezogen. Doch er tut gut daran, sein liebebedürftiges Naturell im Zaum zu halten, da er sonst manchen Kummer erfahren könnte. (Die Franzosen werden vom Zeichen Löwe beherrscht und sind in diesem Punkt ein typisches Beispiel dafür.)

Ganz unbewußt neigen Löwen zu der Ansicht, daß «die Mittel den Zweck heiligen». Für sie ist Geld nur wichtig als Mittel, um ihre Ziele zu erreichen.

Sie gehen davon aus, daß andere die gleiche Auffassung von Lauterkeit haben wie sie selbst, und sind in der Folge allzu vertrauensvoll.

Sie haben eine Abneigung gegen Wiederholungen. Sobald sie einmal begriffen haben, worum es geht, werden sie in Diskussionen sehr ungeduldig und oftmals starrköpfig.

Menschen, die die Meinung eines Löwegeborenen nicht teilen, sollten sehr vorsichtig und taktvoll vorgehen, denn ein Löwemensch wird nur dann einzulenken bereit sein, wenn seine Würde nicht angetastet wird. Er möchte, daß die anderen Menschen eine gute Meinung von ihm haben, und da er große Anstrengungen darauf verwendet, dieses Ziel zu erreichen, gelingt ihm dies meist auch. Der Löwemensch ist sich seiner Wirkung auf andere wohl bewußt und überlegt stets, wie er einen noch besseren Eindruck machen könnte. (Was jedoch nicht etwa heißt, daß er in sich gehen oder sich mit seiner Wesensart auseinandersetzen würde, um seinen Charakter zu verbessern.)

Der Löwegeborene hat einen so ausgeprägten Sinn für Dramatik, daß die vornehme Rolle, die er anfänglich nur spielt, allmählich für ihn eine eigene Wirklichkeit wird. Auch die Selbstachtung ist von großer Wichtigkeit für ihn – Selbstbejahung tritt an die Stelle des Gewissens. Ein Löwemensch wird alles tun, was er persönlich für richtig hält – wenn nötig sogar auf Kosten des öffentlichen Beifalls. Wird er in eine Situation gedrängt, die ihn einengt, dann verabscheut und vernachlässigt er seine Arbeit.

Das Symbol dieses Zeichens ist der Löwe, der Erhabenheit, Macht und Würde verkörpert. Das Zeichen Löwe ist ein königliches Zeichen, und in jeder Bewegung bringt der Löwegeborene einen Stolz und eine Würde zum Ausdruck, die dem aufmerksamen Beobachter kaum entgehen kann. Macht steigert das Selbstbewußtsein des Löwemenschen.

Solange der Löwegeborene das Gefühl hat, in seiner Stellung Macht und Verantwortung zu tragen, wird er nichts unversucht lassen, das in ihn gesetzte Vertrauen zu rechtfertigen. Er bewährt sich in verantwortungsvollen und leitenden Positionen und bringt seine schöpferische Kraft zum Ausdruck, indem er Maßstäbe setzt. Bleibt sein Wunsch nach Autorität unerfüllt, kann sich daraus eventuell eine gewisse Indolenz, Trägheit, Triebhaftigkeit und Unbeständigkeit entwickeln.

Bei Frauen, die in diesem Zeichen geboren wurden, besteht die Tendenz, in der Ehe die Rolle des dominierenden Partners zu übernehmen. Sie werden zu reißenden Bestien, wenn es darum geht, ihre Kinder zu verteidigen. Man mag einer Löwenmutter zu nahe treten, aber niemals ihren Kindern.

Löwemenschen sind praktisch veranlagt, philosophisch und geistig interessiert. Diese Eigenschaften wie auch ihr Enthusiasmus und ihr Erfindungsgeist befähigen sie, die öffentliche Meinung zu beeinflussen. Sind sie beherrscht und gut unterrichtet, dann gibt es niemanden, der mächtiger und nützlicher wäre und fähiger, die Mitmenschen zu beschenken.

Sie sind mutig und verwegen, doch sie kämpfen niemals unfair, auch wenn sie noch so viele Trümpfe in der Hand haben. Ist der Sieg auf ihrer Seite, sind sie großmütig; sind sie die Unterlegenen, so geben sie sich ungeschlagen. Typisch für den Löwen ist der Satz: «Ich will.»

JUNGFRAU

23. August bis 22. September

Bewegliches Zeichen, Erde
Herrscher: Merkur

Kennworte:
Unterscheidungsvermögen,
Ordnungssinn,
Dienstleistung

Für den im Erdzeichen Jungfrau Geborenen ist die Arbeit das Salz des Lebens. Da Merkur die Jungfrau regiert, ist dieser Geborene stets auf der Suche nach Wissen, um die Materie der Kontrolle des Geistes unterzuordnen. Dieses beständige Suchen lehrt den Jungfraumenschen, daß der Verstand ein guter Diener, aber ein schlechter Herr ist, vor allem, wenn sich der Verstand die Oberhoheit des Geistes anmaßt. Die Jungfrau muß lernen, daß der Körper zwar dem Geist, der Geist aber letzten Endes der Vergeistigung zu dienen hat.

Das Symbol dieses Zeichens ist eine Jungfrau, die Kornähren in der Hand hält. Die Ähren versinnbildlichen die Weisheit, die auf dem Akker der Erfahrung geerntet wird.

Jungfrauen verrichten ihre Arbeit mit peinlicher Sorgfalt, wobei sie dem Detail große Aufmerksamkeit schenken; sie arbeiten gründlich und genau. Sie schaffen gerne Ordnung im Chaos. Und da sie die Arbeit schätzen und ausgesprochen respektieren, werden sie nichts unversucht lassen, einem Freund eine Stelle zu verschaffen; nur selten jedoch werden sie einen Finger rühren, um jemandem zu helfen, der in

Schwierigkeiten gerät, weil er nicht arbeiten will. Für den Jungfraumenschen ist die wahre Aristokratie die Aristokratie der Arbeit.

Die Jungfrau ist jedoch viel zu praktisch veranlagt und zu intelligent, als daß sie sich von irgend jemand zum Märtyrer machen ließe. Wenn die an sie gestellten Anforderungen zu hoch oder unvernünftig sind, dann sagt sie mit voller Überzeugung nein.

In seiner positivsten Form steht dieses Zeichen für Tüchtigkeit und hervorragende Pflichterfüllung. Manchmal jedoch bewirkt es ein eingeengtes Gesichtsfeld: Das Individuum ist außerstande, über etwas anderes als eine Arbeit zu sprechen, und läßt jegliches Interesse an Dingen vermissen, die nicht in diesem Arbeitsbereich liegen.

Jungfrauen unterziehen ihre Welt einer mikroskopisch genauen Analyse. Gelegentlich aber verstricken sie sich so in Unwesentliches, daß sie unfähig sind, die Bedeutung eines Problems in seiner Ganzheit zu erfassen. Höher entwickelte Jungfrautypen lernen mit der Zeit, zwischen Wesentlichem und Unwesentlichem zu unterscheiden. Sind sie einmal dazu imstande, haben Jungfrauen die Möglichkeit, große Gelehrte, konstruktive Kritiker und hervorragende Herausgeber zu werden – wobei die Perfektion stets eine große Rolle spielt. Typisch für die Jungfrau ist das Motto: «Ich analysiere.»

Der Jungfraumensch sollte jedoch nicht in den Fehler verfallen, einen brillanten Intellekt und die damit zusammenhängende Fähigkeit zur Kritik für göttliche Weisheit zu halten. Er muß lernen, seine eigene Leistung wie auch die Leistung der anderen vollkommen objektiv und leidenschaftslos zu beurteilen.

Am besten kommen die Fähigkeiten des Jungfraumenschen in Berufen zur Geltung, die auf irgendeine Weise mit Dienstleistungen zu tun haben. Auch kann er sein Ego weit zurückstellen, wenn er der Meinung ist, daß seine Arbeit dies wert ist.

Die Jungfrau regiert die Gesundheit. In dieser Phase seiner Entwicklung muß der Jungfraugeborene daher lernen, daß kluge Menschen ihre körperlichen Kräfte nicht in Kummer, Sorgen und zuviel Arbeit erschöpfen. Unnötige Ängste und Kümmernisse können zu einer teilweisen Invalidität führen. Trotz allem verfügt dieses Zeichen über eine großartige körperliche Widerstandsfähigkeit gegen Krankheit, sobald der Geist diszipliniert ist.

Der Körper der Jungfrau lehnt jede Art von künstlicher Nahrung und Medikamenten ab. Ist der Jungfraumensch verärgert oder in großer seelischer Not, kann sich Essen für ihn als schädlich erweisen.

Das Zeichen Jungfrau ist ein Erdzeichen; folglich bewundert der Jungfraugeborene materiellen Fortschritt. Er liebt gutes Essen und schätzt Bequemlichkeit und gute Kleidung. Viele in diesem Zeichen Geborene nehmen eine führende Stellung in der Modebranche ein. Der Jungfraumensch kauft prinzipiell nur Markenartikel. Schludrige Arbeit kann die Jungfrau nicht ausstehen! Der Jungfraugeborene muß sich davor hüten, zur Klatschbase zu werden und über Leute herzuziehen, die scheinbar – was das gute Aussehen anbelangt – nicht an sein eigenes Niveau heranreichen.

Dem Jungfraumenschen fällt es schwer, Ersparnisse zu horten, da seine Ausgaben übermäßig hoch sind. Er muß ein System entwickeln, wie er unnötige Ausgaben vermeiden kann, denn wenn er auch manchmal Sparanwandlungen hat, so sind diese doch nie von langer Dauer.

Vielen Jungfraugeborenen sind Liebesabenteuer gleichgültig, sie bleiben aus freien Stücken unverheiratet; niemand kann ihnen punkto Perfektion das Wasser reichen.

Beredte Worte, gleich Perlen aneinandergereiht, machen auf den Jungfraugeborenen großen Eindruck. Ihr Klang ist Musik in seinen Ohren, und er zieht diese Ausdrucksform weniger subtilen Zeichen der Zuneigung vor.

Verheiratete Frauen dieses Zeichens sind meist aktiver als ihr Ehepartner. Sie machen sich zum wahren Oberhaupt der Familie, kommandieren ihren Mann und alle anderen herum und übernehmen die Verantwortung für ihr Heim und ihre Lieben.

WAAGE

23. September bis 22. Oktober

Kardinalzeichen, Luft
Herrscher: Venus

Kennworte: Harmonie, Kameradschaft, Gleichgewicht

Das Zeichen Waage wird von der Venus regiert, die den Horoskopeignern Charme und Anmut verleiht, gepaart mit dem Wunsch nach Beliebtheit und Anerkennung durch andere. Die hochentwickelten Waagegeborenen werden jedoch niemals einen Grundsatz aufgeben, nur um Zustimmung und Beifall zu erlangen, denn sie wissen aus Erfahrung, daß aus einem solchen zweckgerichteten Verhalten letztendlich nur Demütigung resultieren kann.

Da das Zeichen Waage ein Kardinalzeichen ist, sind Waagemenschen gegenwartsbezogen und unternehmungsfreudig. Doch suchen sie für ihre Aktivitäten meist die Mitarbeit anderer, da sie das einmal Begonnene nicht gern allein weiterführen.

Waagemenschen haben ein ganz besonderes Bedürfnis nach Partnerschaft, um wirkliche Erfüllung zu finden. Doch müssen sie ihre Individualität innerhalb ihrer Beziehungen wahren können. Ehe und Partnerschaft sind für Waagemenschen von vordringlicher Bedeutung.

Gesellschaftliche Beziehungen und Kontakte mit der Öffentlichkeit sind ganz typisch für den Waagemenschen. Er wirkt daher mit Vorliebe in juristischen Berufen und Public Relations oder beschäftigt sich mit darstellenden Künsten, Musik und Partnerschaften, die eine enge Zusammenarbeit erfordern.

Der Sinn für Gerechtigkeit und Fair play ist bei den Waagemenschen dank der Erhöhung des Saturn in diesem Zeichen stark ausgeprägt. Folglich erwarten sie auch von ihren Partnern, daß sie ebenso hart arbeiten wie sie selber. Im Gegensatz zu der Behauptung vieler Astrologen sind Waagemenschen gerade aufgrund dieses Saturneinflusses alles andere als faul. Je höher der Waagemensch entwickelt ist, um so intensiver wird er arbeiten, vor allem nach seinem neunundzwanzigsten Lebensjahr (da Saturn einen Zyklus von neunundzwanzig Jahren hat und in der Waage erhöht ist).

Die Waage ist ein Luftzeichen; bei den in ihr Geborenen ist daher der Intellekt betont, und sie sind stets aktiv auf der Suche nach Wissen, neuen Ideen und geistiger Anregung. Sie haben eine besondere Gabe, alle gesellschaftlichen Vorkommnisse in ihrer Umgebung zu analysieren. Zudem interessieren sie sich lebhaft für alle Belange der Psychologie und der zwischenmenschlichen Beziehungen. Sie vermögen daher andere zu beraten und versuchen häufig, ihren Mitmenschen bei der Lösung persönlicher Probleme zu helfen. In vielen Fällen spielen sie die Rolle eines Friedensstifters. Typisch für die Waage ist das Motto: «Ich gleiche aus.»

Es geschieht selten, daß ein Waagegeborener seinem Ärger Luft macht – die Waage wird schließlich von der Venus regiert –, doch wenn er einmal die Beherrschung verliert, entfesselt er einen Sturm und läßt nichts, aber auch gar nichts ungesagt. Noch nach fünfzig Jahren weiß der Waagemensch genau, was und unter welchen Umständen einst zu ihm gesagt worden ist, und er unterläßt es nicht, dem anderen seine damaligen Äußerungen vorzuhalten. Doch sein Zorn verraucht schnell, zurück bleibt ein niedergeschlagener Mensch.

SKORPION

23. Oktober bis 21. November

Festes Zeichen, Wasser
Herrscher: Pluto, Mars

Kennworte: Regeneration, Findigkeit, Verschwiegenheit

In mancher Hinsicht ist der Skorpion das machtvollste Zeichen des Tierkreises, denn er wird von Mars und Pluto beherrscht, während Uranus, der Planet, der plötzlich Energien freisetzt, in diesem Zeichen erhöht ist.

Grundlegende Umwandlungsprozesse auf allen Ebenen gehören zum Skorpion, und zwar weit mehr als zu jedem anderen Zeichen. Diese Wandlung kann auf einer hohen oder niederen Stufe stattfinden, je nachdem, welche Motive dahinterstecken. In der Regel bemüht sich der Skorpion jedoch darum, den Status quo zu vervollkommnen.

Skorpiongeborene verfügen über Kraft, Willensstärke und ausgeprägte emotionale Antriebe. Ihr Leben besteht häufig in einem unablässigen Kampf, diese Antriebe durch den schöpferischen Einsatz des Willens unter Kontrolle zu bekommen.

Da dieses Zeichen so stark von Begierde und Sexualtrieb geprägt ist, sind Skorpione leidenschaftliche Liebespartner. Gerät diese Liebesglut außer Kontrolle, kann das zu Besitzgier, Eifersucht und Gewalttätigkeit führen. Kein Zeichen kann im guten oder bösen Sinn so mächtig sein wie der Skorpion.

Da Skorpione alle ihnen zur Verfügung stehende Energie einsetzen, ist es von entscheidender Bedeutung, daß sie von Anfang an den richtigen Weg einschlagen. Sie nehmen das Leben niemals auf die leichte Schulter, und was immer sie auch beginnen, es ist ihnen ernst damit. Ihr Wunsch, alles perfekt zu machen, hindert sie daran, anderen Verantwortung zu übertragen, so daß sie sich bei ihrer Suche nach Vollkommenheit bis ins kleinste Detail meistens überarbeiten.

Hochentwickelte Skorpione sind die glühendsten Verfechter der Gerechtigkeit, auch wenn sie dem Tode ins Auge sehen müssen. Anders als der Widder, der ja ebenfalls von Mars und Pluto beherrscht wird, verfügt der im Zeichen Skorpion Geborene über ein ungeheures Stehvermögen, weil es sich beim Skorpion um ein festes Zeichen handelt. Der Skorpion wird stets bis zum bitteren Ende durchhalten, mögen Anstrengungen und Opfer auch noch so groß sein.

Obwohl Skorpiongeborene jede Schwäche bei sich selbst verachten und auch bei anderen nicht schätzen, sind sie oft doch sehr großmütig und mitfühlend und unternehmen alles, um anderen zu helfen. Sie erwarten jedoch, daß der Betroffene, sobald er Hilfe erhalten hat, unabhängig auf beiden Füßen steht und sich fortan selbst weiterhilft.

Diplomatie ist nicht gerade ihre Stärke, da sie ihre Ansichten und Gefühle gerne unverblümt und wahrheitsgetreu äußern. Lieber hüllen sie sich in Schweigen, als daß sie ihre eigene Meinung und ihre Empfindungen verwässert zum Ausdruck bringen.

Es drängt sie, den Dingen auf den Grund zu gehen und den Kern einer Sache zu erfassen. Ihre Begabung liegt daher vor allem auf dem Gebiet der Entdeckung, Wissenschaft, Forschung und der Untersuchung okkulter Phänomene.

Der Skorpiongeborene neigt zu größter Verschwiegenheit, und wehe dem, der seine Geheimnisse verrät oder seinen Zorn auf sich lädt. Im Kampf kennt der Skorpion keine Gnade und erwartet auch keine. Wer mit einem Skorpion die Klinge kreuzen will, sollte sich wohl vorsehen.

Der Skorpionmensch ist meist robust und kräftig gebaut. Häufig ist ihm ein durchdringender Blick eigen, etwas Mystisches umgibt ihn, und er strahlt eine starke persönliche Anziehungskraft aus.

Er verfügt über ein großes Einfühlungsvermögen, so daß er die Gedankengänge anderer zu ergründen und die Betreffenden dazu zu bewegen vermag, geheime Informationen preiszugeben.

Ist der Skorpiongeborene geistig hochstehend, schöpft er aus seiner Fähigkeit, die wesentlichen schöpferischen und regenerierenden Kräfte der Natur anzapfen zu können, ungeheure Energie. Seine Leistungen scheinen daher manchmal fast ans Wunderbare zu grenzen.

Angst vor dem Tod ist ihm fremd, da er ein mystisches Verständnis für das ewige «Stirb und Werde» besitzt. Typisch für den Skorpion ist der Satz: «Ich begehre.»

SCHÜTZE

22. November bis 21. Dezember

Bewegliches Zeichen, Feuer
Herrscher: Jupiter

Kennworte: Ehrgeiz, Freiheitsliebe, Forscherdrang

Der Schütze, im Zeichen der Ehrlichkeit und Offenheit geboren, wird durch einen Pfeil dargestellt, der unbeirrt ins Ziel schwirrt. Der Schütze liebt nichts so sehr wie Freiheit und Unabhängigkeit.

Der Schütze ist tatkräftig und hat ein offenes, aufgeschlossenes Wesen. Seine Ziele erreicht er mit der Kraft seines positiven Denkens. Der wohltätige Jupiter, Herrscher und Beschützer dieses Zeichens, sorgt stets für Hilfe, wenn sie vonnöten ist, und sei es manchmal auch erst in allerletzter Minute.

Der Schütze ist von Natur aus ein verantwortungsbewußter Mensch, der sich über das Wohl der Gesellschaft wie auch über sein eigenes Dasein Gedanken macht. Selbst wenn er im landläufigen Sinn ungebildet sein sollte, ist er mit abstrakten Gedankengängen, Grundsätzen und Anschauungen vertraut.

Er ist ehrlich, gerecht und großmütig, weil ihm Anerkennung und Harmonie in seiner Umgebung am Herzen liegen. Er läuft jedoch Gefahr, engstirnig und bigott zu werden, falls er sich allzu kleinlichen gesellschaftlichen Normen verpflichtet.

Obwohl dieses Zeichen von einem starken Idealismus geprägt ist, können weniger entwickelte Schützenmenschen zu religiösen Fanatikern und blinden Anhängern etablierter Philosophien und Dogmen werden. Solche Menschen müssen sich in Toleranz üben.

Behutsamkeit und Vorsicht spielen im Leben des Schützen eine recht untergeordnete Rolle. Er neigt dazu, voreilige Schlüsse zu ziehen. Da er sehr geradeheraus ist, sind seine Handlungen über allen Verdacht erhaben. Wer sich mit einem Schützen zusammenschließt, tut gut daran, sich ein dickes Fell zuzulegen, denn er wird stets die ungeschminkte Wahrheit zu hören bekommen. Feinden gegenüber kann er gnadenlos sein. Überfällt ihn jedoch die Angst, kann es zu schweren Depressionen kommen.

Aufgrund intuitiven Erfassens der vorherrschenden Denkrichtungen hat der Schütze die Fähigkeit, zukünftige Entwicklungen vorauszusehen, wobei seine Einsichten geradezu an Prophetie grenzen. Er ist sich vollauf der Tatsache bewußt, daß die Erscheinungsformen der Zivilisation das Ergebnis menschlichen Denkens und Handelns sind. Typisch für den Schützen ist der Satz: «Ich sehe.»

Schützen wagen sich in ganz neue Gebiete vor, von denen niemand auch nur zu träumen wagte, denn sie sind von dem Wunsch beseelt, alles genauestens zu wissen, zu erfahren, sich darin zu versuchen und im Abenteuer Spannung und Aufregung zu finden. Sie bereisen gerne fremde Kontinente, sei es in Wirklichkeit oder in Gedanken oder beides. Sie genießen es, wenn andere ihre Qualitäten und ihre Arbeit anerkennen. Dank ihrer schöpferischen Kräfte vermögen sie ihr Ego zu erweitern.

Die weiblichen Vertreterinnen dieses Zeichens schätzen in der Regel die Hausarbeit nicht sonderlich, dafür um so mehr ihre Unabhängigkeit. Trotzdem sind sie charmante und angenehme Partnerinnen.

STEINBOCK

22. Dezember bis 19. Januar

Kardinalzeichen, Erde
Herrscher: Saturn

Kennworte: Ehrgeiz, Beständigkeit, Gewissenhaftigkeit, Organisation

Da Steinbockmenschen in einem Erdzeichen geboren sind, werden sie sich nie damit zufriedengeben, nur so in den Tag hinein zu leben. Sie haben ständig das Gefühl, etwas werden zu müssen. Es drängt sie, eine besondere Leistung zu erbringen, irgendeinen Besitz ihr eigen zu nennen, um den sie sich kümmern, oder eine Verpflichtung zu übernehmen, die sie erfüllen müssen, sei es im Geschäftsleben, in der Politik oder auf sozialem oder intellektuellem Gebiet.

Diese Menschen besitzen hervorragende intuitive Fähigkeiten, die sie im Kampf um persönliche Unabhängigkeit und wirtschaftliche Sicherstellung einsetzen. Wie das Symbol dieses Zeichens, der Steinbock, sind sie ausdauernd und beharrlich und stehen mit beiden Füßen im Leben. Sie lieben Recht und Gesetz und vertreten gebieterisch die Ansicht, daß eine Vorschrift Vorschrift sei und ein Befehl Befehl. Da sie Vertreter eines Erdzeichens sind, gilt ihnen Vernunft als oberstes Gebot.

Der Steinbockgeborene ist in praktischen Dingen bewandert, nicht weil er ein entsprechendes Studium betreibt, sondern durch die Lektüre von Aufsätzen und durch Gespräche. Seine Vor- und Umsicht ermöglicht ihm, alles Gesehene, Gehörte oder Erlernte nutzbringend anzuwenden; er studiert keineswegs um des Studierens willen. Typisch für den Steinbock ist der Satz: «Ich gebrauche.»

Steinbockmenschen streben unbeirrt dem Gipfel zu und lassen sich durch keinerlei Hindernisse von ihrem Weg abbringen. Sie sind zu äußerst harter Arbeit fähig und sich voll bewußt, daß Erfolg materielle Sicherstellung bedeutet; ihre Arbeit und Planung sind auch dementsprechend programmiert. Sie vertreten zudem den Standpunkt, daß die Welt ihnen für ihren tatkräftigen Einsatz etwas schuldet.

Sie haben großes Vertrauen in ihre eigene Kraft, sind realistisch und vorsichtig. Sie möchten auf niemandes Gunst angewiesen sein und führen infolgedessen einen harten, aber nicht unfairen Kampf. Sie finden auch für die schwierigsten Probleme stets eine geeignete Lösung und vermögen Pannen geschickt zu beheben.

Sie sind ordentlich und methodisch in ihrer Arbeit und entwickeln sich zuhause manchmal zu Sklaventreibern. Ihrer Meinung nach muß der Haushalt von A bis Z organisiert sein und perfekt funktionieren.

Steinbockgeborene eignen sich hervorragend für leitende Positionen und bleiben in der Regel nur kurze Zeit in untergeordneten Stellungen.

Sie mögen den Eindruck erwecken, als seien sie sanft wie Tauben, doch packen sie gegebenenfalls die Gelegenheit beim Schopf und übernehmen den Chefposten, ohne auch nur mit der Wimper zu zucken.

Ein Steinbock wird niemals freiwillig zurückweichen. Er klettert auf der Erfolgsleiter empor, indem er sich abwechselnd von seinem Streben nach Sicherheit und seinem Ehrgeiz leiten läßt.

Sein Wunsch nach Geld ist stark ausgeprägt, denn er ist in einem langlebigen Zeichen geboren und fürchtet, im Alter von anderen abhängig zu werden. Dieses Bedürfnis nach Sicherheit läßt ihn manchmal so sparsam sein, daß es schon fast an Geiz und Habgier grenzt.

In seiner Jugend ist der Steinbockmensch alt, im Alter ist er jung. Im Kindesalter kann seine Gesundheit zu wünschen übrig lassen; hat er jedoch die frühen Jahre unbeschadet überstanden, besteht für ihn Aussicht auf ein langes Leben.

Da Saturn den Steinbock regiert, besteht bei diesen Menschen eine Neigung zu Melancholie und auch zu Einsamkeit. Gelegentlich benehmen sie sich so, als ob auf dieser Welt jeder ganz auf sich allein gestellt wäre. Im Grunde genommen sind sie aber sehr empfindsam und haben ein starkes Verlangen nach Anerkennung.

WASSERMANN

20. Januar bis 18. Februar

Festes Zeichen, Luft
Herrscher: Uranus

Kennworte: Menschenfreundlichkeit, Unabhängigkeit, Originalität

Das Symbol der im Zeichen der Brüderlichkeit Geborenen ist der Wasserträger, der über die Menschheit die Schale der Lebenskraft und geistigen Energie ausgießt. Da der Planet Uranus den Wassermann regiert, sind Freundschaft und Kameradschaft von größter Wichtigkeit für den Wassermanngeborenen. Wen der Wassermann zum Freund wählt, der kann seiner unverbrüchlichen Loyalität sicher sein.

Wassermanntypen – in einem festen Zeichen geboren – besitzen ein exzentrisches Temperament, Entschlossenheit und Starrköpfigkeit. Sie haben manchmal den Eindruck, daß die andern ihren Ideen zu wenig Verständnis entgegenbringen und fühlen sich gekränkt. Als Folge davon brechen sie eine Auseinandersetzung vom Zaun und fordern die andern zum Widerspruch heraus. Sie gehen oft sogar so weit, solche Leute fallen zu lassen, weil sie ihrem eigenen intellektuellen Niveau nicht entsprechen. Typisch für den Wassermann ist der Satz: «Ich weiß.»

Der Wassermann ist weder affektiert noch ein Snob, aber er hegt eine Abneigung gegen billige Nachahmung und jede Form von Heuchelei. Für ihn gilt das Prinzip der absoluten Gleichberechtigung. Da er seine Sicherheit aus dem Zusammensein mit anderen schöpft, ist er von einer spezifischen Umgebung ziemlich unabhängig.

Menschen, die im Zeichen des Wassermanns geboren wurden, werden im Leben niemals einsam sein. Der Einfluß von Uranus bringt es mit sich, daß die Wassermanngeborenen es genießen, neue Menschen kennenzulernen und Gedanken auszutauschen. Der Gruppeninstinkt des Wassermanns wird ihn stets zu anderen Menschen führen – sofern sie nicht von selbst zu ihm kommen. Die freundschaftlichen Beziehungen bestehen zu Menschen beiderlei Geschlechts, und sie werden auch nach einer Heirat nicht aufgegeben. Da der Wassermann ein Luftzeichen mit Betonung des Intellekts ist, erfolgt die Kommunikation auf einer geistigen Ebene.

Wassermanngeborene lieben die Schönheit der Natur, doch möchten sie sie gerne auf bequeme Art bewundern können. Sie hegen ein Verlangen nach materiellen Besitztümern, sind aber nicht habgierig. Sportliche Betätigung sagt ihnen im allgemeinen wenig, es sei denn als Zuschauer. Ihre Interessen liegen mehr auf geistigem als auf körperlichem Gebiet.

Frauen dieses Zeichens sollten sich davor hüten, ihre Probleme allzusehr zu übertreiben. Man verzeiht ihnen jedoch diese Neigung, denn mit ihrer Liebenswürdigkeit und ihrer lebhaften Art, sich auszudrükken, üben sie eine große Anziehungskraft aus.

Die zur Schau getragene Ruhe des Wassermanns trügt; er kann sich manchmal ganz krank und elend fühlen vor lauter Angst. Da er seine Arbeit sehr ernst nimmt, ist er selten frei von Nervosität und Besorgnis. Am besten arbeitet er gemeinsam mit anderen oder im Dienste von Organisationen, die irgendein Ideal verwirklichen wollen. Bei Tätigkeiten dieser Art finden sein ausgezeichnetes Gedächtnis, seine Intuition, sein Wissen, seine Freiheitsliebe und seine Menschlichkeit eine geeignete Ausdrucksmöglichkeit.

Sein Interesse und sein Mitempfinden für menschliche Probleme tragen ihm die Achtung und das Vertrauen seiner Umwelt ein. Sein Mitgefühl ist unpersönlich und sein Verständnis rational gesteuert, doch ist er einmal an einer Sache interessiert, erweist sich der Wassermann als unermüdlicher Arbeiter.

FISCHE

19. Februar bis 20. März

Bewegliches Zeichen, Wasser
Herrscher: Neptun und Jupiter

Kennwort: Mitgefühl,
Universalität, Entsagung

Das Zeichen Fische ist ein hochsensibles Zeichen, und die in diesem Zeichen Geborenen reagieren sehr stark auf die Gedanken und Empfindungen anderer Menschen. Ganz unbewußt nehmen sie die Ideen und Vorstellungen ihrer Umgebung in sich auf.

Sie sind verzweifelt darum bemüht, das Richtige zu tun, doch ihre Willenskraft ist meist nicht sehr groß. Sie lassen sich daher leicht von äußeren Umständen beeinflussen. Sie müssen lernen, auf eigenen Füßen zu stehen und mit schlichter Zuversicht dem Unbekannten ins Antlitz zu blicken.

Dieses Tierkreiszeichen wird durch zwei Fische symbolisiert, von denen der eine stromaufwärts, der andere stromabwärts schwimmt, was die krasse Gefühlsambivalenz der Fischegeborenen zum Ausdruck bringt. Sie sind offensichtlich unfähig, Entscheidungen zu treffen.

Den Fischemenschen umgibt stets eine gewisse Müdigkeit, die ihn jede größere Anstrengung und sportliche Betätigung vermeiden läßt. Er ist in keiner Weise kämpferisch veranlagt. Seine Abneigung gegen Auseinandersetzungen macht ihn oft unentschlossen. Meist erduldet er lieber Unrecht, als sich für seine Rechte zu wehren. Verliert er aber einmal die Geduld, kann er so sehr in Wut geraten, daß er nicht mehr zu beruhigen ist. Der Fischegeborene kann starrköpfig sein und läßt dann nicht mit sich reden.

Jupiter ist einer der Herrscher des Zeichens Fische, und da er als Beschützer wirkt, gibt er den Fischegeborenen den notwendigen Glauben, um ihre Vitalität und den Sinn für die Bedeutung ihrer Person aufrechtzuerhalten.

Ihr Liebreiz, ihr Humor und ihre Anteilnahme öffnen den Fischegeborenen viele Türen. Ihr freundliches, bescheidenes Wesen verleitet sie jedoch oft dazu, den Dingen ihren Lauf zu lassen, was andere, praktischer veranlagte Naturen in höchstem Maße irritieren kann. Andererseits erweisen sie sich auch als tüchtig und exakt, wie es der Ambivalenz dieses Zeichens entspricht.

Die Gemütslage der Fischegeborenen schwankt zwischen kräftigem Optimismus und schwarzem Pessimismus. Das mag für jene verwirrend sein, die ganz in der Welt des Alltäglichen aufgehen und nicht verstehen können, wie es möglich ist, daß sich Menschen, die in einem empfindsamen Zeichen geboren wurden, in dem Unternehmen «Leben» verlieren können.

Im allgemeinen strebt der Fischegeborene nicht nach materiellem oder monetärem Erwerb. Allerdings kann er in jüngeren Jahren den Eindruck eines Materialisten machen, da er instinktiv erkennt, daß die Suche nach dem Ich nur dann erfolgreich sein kann, wenn körperliche Bedürfnisse nicht eine ständige Quelle der Sorge darstellen. Der Fischegeborene muß lernen, mit seinen eigenen Besitztümern wie auch mit denen anderer sorgfältiger umzugehen.

Sein Gewahrwerden der feinen unterschwelligen Strömungen in den zwischenmenschlichen Beziehungen läßt ihn eher distanziert erscheinen. Der Fischegeborene ist gezwungen, seine Individualität zu wahren – er muß der leisen, aber eindringlichen inneren Stimme gehorchen. Wenn er versucht, seinen Gedanken Zügel anzulegen, ist er todunglücklich.

Fischegeborene bewegen sich gerne in einer Traumwelt, in der sie das eigene Ich vergessen können. Läßt sich diese Neigung fördern, kontrollieren und lenken, dann ergeben sich daraus außerordentliche schauspielerische Fähigkeiten. Künstler, Dichter, Musiker und Bildhauer werden in diesem Zeichen geboren, ebenso viele ausgezeichnete und originelle Tänzer. Musikalität scheint den Fischemenschen angeboren, denn auch zahlreiche berühmte und hervorragende Sänger unterstehen diesem Zeichen.

Da Neptun, dieser Planet der Vorstellungskraft, die Fische regiert, haben Fischegeborene eine mehr als lebhafte Phantasie. Sie sind in der Lage, die Schwierigkeiten im Leben eines Menschen zu erkennen und zu verstehen, und sie spüren voraus, welch schmerzliche Wirkung Worte und Taten auf andere haben.

Neptun gibt den Fischegeborenen großes Mitgefühl für alles menschliche Leid und Elend. Darum sind sie ehrlich bemüht, den Mitmenschen Heilung und Erleichterung zu verschaffen. Viele dieser Geborenen arbeiten freiwillig unter den schlimmsten Bedingungen oder sind bereit, alles anzunehmen, was die Last anderer erleichtern hilft. Fischegeborene aus den unterschiedlichsten Kreisen widmen ihre Kraft und Zeit den Kranken und Verzweifelten, ohne je an ein Entgelt in irgendeiner Form zu denken.

Haben Fischegeborene voll und ganz zu sich selbst gefunden, dann sind sie liebenswert, selbstlos, hingebungsvoll und bereit, sich für die anderen aufzuopfern. Das Bewußtsein der Fischemenschen will sich ausweiten und mit allem Lebendigen verschmelzen, und ihre Gefühle sind voll Innigkeit und Zärtlichkeit. Fischemenschen verschließen ihre Augen vor allen Mängeln derer, denen ihre Liebe und ihr Vertrauen gilt.

Charakterliche Mängel bei den Fischegeborenen zeigen sich vor allem in bezug auf ihren Fatalismus; sie müssen deshalb einsehen lernen, daß sie nicht machtlos an irgendein Schicksal gebunden sind, auf das sie keinen Einfluß haben. Sie müssen sich selbst realistisch betrachten, um alle ihnen zur Verfügung stehenden Möglichkeiten wirklich voll nutzen zu können.

Sie fühlen sich verwirrt, wenn sie nicht alle Zusammenhänge erfassen und sich ihnen stellen können. Sobald ihnen dies aber gelungen ist, gehen sie im Dienen auf, und ein Glanz liegt über der ganzen Welt bis hinunter zu den alleralltäglichsten Dingen. Typisch für den Fischemensch ist der Satz: «Ich glaube.»

4. DIE FELDER IN BEZIEHUNG ZUM ASZENDENTEN

Der nach der Sonne wichtigste Faktor eines Horoskops ist der Aszendent. Da er, wie im 1. Kapitel beschrieben, die Spitze des I. Feldes (bzw. Hauses) bestimmt, richtet sich nach ihm auch die natürliche Folge der Felder und deren Bedeutung. Das Beziehungsgefüge der Felder wechselt also mit dem jeweiligen Aszendenten. Aus Platzgründen können hier nur die wichtigsten Elemente, die sich aus einer bestimmten Konstellation der Felder und Zeichen ergeben) behandelt werden.

Weil das meistverwendete Feldersystem (nach Placidus) Felder uneinheitlicher Größe benützt, kann es vorkommen, daß in einem Horoskop ein Zeichen in einem Feld eingeschlossen ist, wenn dieses mehr als 30 ° mißt. Dann befindet sich das Zeichen innerhalb des Feldes, jedoch nicht am Anfang resp. an der Spitze dieses Feldes. Umgekehrt kann auch ein Zeichen an den Spitzen zweier Felder erscheinen, wenn ein Feld weniger als 30 ° umfaßt. In jedem Fall wird aber ein Teil des Zeichens in dem Feld zu finden sein, das ihm nach dem natürlichen Beziehungsgefüge zugeordnet ist. Alle Horoskope mit Widder am Aszendenten werden zum Beispiel irgendwo im zweiten Feld den Stier aufweisen, wenn auch nicht unbedingt an der Spitze. Allerdings gilt dies nicht für extreme nördliche oder südliche Breiten, in denen das placidianische Feldersystem ohnehin hinfällig wird.

Die Bedeutung der Felder beim Aszendenten Widder

Widder an der Spitze des ersten Feldes

Widder stürmen mit intensiver Energie und Urkraft voran. Ihre Entschlossenheit ermöglicht es ihnen, augenblicklich jeden Einfall in die Tat umzusetzen. Widder verlieren keine Zeit. Sie sind voller Wetteifer und haben den Drang, sich in allem, was sie tun, auszuzeichnen. Sie müssen sich durch unermüdliche Aktivität vor sich selbst bestätigen.

Stier an der Spitze des zweiten Feldes

Da der Widder praktisch veranlagt und willens ist, sich den Geschäfts- oder sonstigen Berufsgepflogenheiten anzupassen, fällt es ihm leicht, Geld zu verdienen, Er neigt allerdings dazu, seine Einnahmen für Luxusgüter zu verschwenden. Er legt besonderen Wert auf Werkzeuge, die er zur Ausübung seines Berufes braucht.

Zwillinge an der Spitze des dritten Feldes

Der Widder schätzt es, wenn er aufgrund seiner Originalität und Individualität bekannt ist. Er ist intelligent und gewandt im Ausdruck, und es schmeichelt ihm, wenn die andern dies anerkennen. Widder diskutieren gerne mit Verwandten und Bekannten über ihre Vorstellungen, doch sollten sie darauf achten, ihre Gedanken zu ordnen und zu konzentrieren, um sie fruchtbar zu machen.

Krebs an der Spitze des vierten Feldes

Das häusliche Leben bietet dem Widder tiefe gefühlsmäßige Befriedigung. Die Zuneigung zur Familie ist die Grundlage aller seiner Unternehmungen.

Löwe an der Spitze des fünften Feldes

Widder sind feurige Liebhaber. Sie identifizieren sich stark mit ihren Kindern und möchten stolz auf sie sein. Ihr ständiger Zustrom an schöpferischer Energie äußert sich oft in künstlerischer Weise. Sie zeichnen sich gerne in Sport und Wettbewerb aus. Sie können eine glückliche Hand für Spekulationen haben, obwohl sie sich in der Regel nicht damit abgeben.

Jungfrau an der Spitze des sechsten Feldes

Sorgfalt und Genauigkeit sind kennzeichnend für die Arbeit des Widders, die in mancher Hinsicht von höchster Qualität ist. Sie wird von ihm jedoch häufig nicht zu Ende geführt, sei es, weil ihn sein Hang zum Perfektionismus in Zeitnot bringt, oder weil seine anfängliche Begeisterung verflogen ist.

Waage an der Spitze des siebten Feldes

Widder heiraten häufig ohne gründliche Überlegung, was später leicht zu Streitigkeiten führt. Sie neigen dazu, sanfte und verletzliche Ehegatten zu wählen. Ihre Partner sind meist geschickt im Umgang mit anderen Menschen und darauf bedacht, sich der Welt von ihrer guten Seite zu zeigen.

Skorpion an der Spitze des achten Feldes

Vielfach ergeben sich beim Widder bezüglich der Finanzen des Partners Konflikte und Geheimniskrämerei. Zu Schwierigkeiten kommt es auch vor allem in Dingen, die mit Todesfällen zu tun haben, wie Vermächtnisse und Erbschaften.

Schütze an der Spitze des neunten Feldes

Dem Widder ist ein starker, hingebungsvoller Glaube eigen, der sich gewöhnlich im Rahmen des Konventionellen hält. Er hat eine natürliche Neigung zu Philosophie und höherer Bildung. Er sehnt sich nach immer neuen «Weidegründen» und wird immer wieder von plötzlicher Wanderlust gepackt.

Steinbock an der Spitze des zehnten Feldes

Widder sind ehrgeizig und möchten im beruflichen Wettstreit eine führende Stellung erobern. Es fehlt ihnen jedoch gelegentlich an der nötigen Geduld, sich den für eine Beförderung maßgebenden Vorgesetzten unterzuordnen.

Wassermann an der Spitze des elften Feldes

Trotz seiner Fähigkeit, leicht Freundschaft zu schließen und in einer Gruppe mitzuarbeiten – besonders auch mit jungen Leuten – hindert den Widdergeborenen sein starker Individualismus nicht selten daran, viele Freunde zu haben. Auch sind seine Freundschaftsbeziehungen wechselhaft.

Fische an der Spitze des zwölften Feldes

Dem Widdergeborenen ist eine unbewußte natürliche Klugheit zu eigen, die nicht gleich in Erscheinung tritt. Er fühlt sich der ganzen Menschheit verbunden, doch kommt er sich dabei sehr einsam vor. Verwirrungen im unbewußten Bereich können sich für ihn verderblich auswirken.

Die Bedeutung der Felder beim Aszendenten Stier

Stier an der Spitze des ersten Feldes

Der Stier investiert seine Kraft in Geldgeschäften und in der Verarbeitung von Rohmaterial. Er liebt die guten Dinge des Lebens und bringt in irgendeiner Form Schönheit auch selber schöpferisch hervor.

Zwillinge an der Spitze des zweiten Feldes

Der Stier verdient sein Geld dank seinen originellen Ideen und seinem praktischen Verstand, der ihm erlaubt, die materiellen Möglichkeiten voll auszuschöpfen. Er ist nie auf eine einzige Finanzquelle angewiesen.

Krebs an der Spitze des dritten Feldes

Eine mütterliche, bzw. väterliche Haltung gegenüber Geschwistern und Nachbarn überwiegt. Die mitmenschlichen Beziehungen sind sehr wechselhaft. Wenn der Stiergeborene reist, so geschieht es meist in Zusammenhang mit Geld- und anderen Geschäften.

Löwe an der Spitze des vierten Feldes

Für den Stiergeborenen sind Heim und Familie Ausdruck seiner Lebensenergie. Er stellt sein Heim und damit seine schöpferischen Möglichkeiten und seinen Status zur Schau. Er behandelt seine Gäste mit warmem Entgegenkommen und bewirtet sie verschwenderisch.

Jungfrau an der Spitze des fünften Feldes

Der Stier zeichnet sich aus durch gründliches analytisches Denken und eine bis ins kleinste Detail gehende Aufmerksamkeit. Auch in gesellschaftlichen Belangen ist er ein Perfektionist, der darauf achtet, daß alles am richtigen Platz und bis ins letzte organisiert ist. Er neigt dazu, in Herzensangelegenheiten allzu kritisch zu sein. Der im Stier Geborene möchte alles so vollkommen haben, daß seine Lieben sich unter seinem stets wachsamen Auge meist recht unbehaglich fühlen.

Waage an der Spitze des sechsten Feldes

In allem, was mit Dienstleistungen zu tun hat, arbeitet der Stiergeborene erfolgreich mit anderen zusammen. Er schätzt ein harmonisches Teamwork, was wahrscheinlich einer der Hauptgründe seines finanziellen Erfolges ist. Als Unternehmer ist er gerecht und behandelt seine Angestellten als Gleichberechtigte.

Skorpion an der Spitze des siebten Feldes

Der Stiergeborene fühlt sich zu Macht und Rang hingezogen. Er braucht einen energischen Partner mit schöpferischen Ausdrucksmöglichkeiten und Durchhaltevermögen. Im Zusammenleben mit dem Partner muß er sich vor Eifersucht, Streitlust und einer besitzergreifenden Haltung in acht nehmen. Mit dem Regenerationsbedürfnis des Skorpions in bezug auf Partner und Umwelt stimmt die Notwendigkeit der geistigen Unabhängigkeit des Stiergeborenen überein.

Schütze an der Spitze des achten Feldes

Mit großer juristischer Aktivität ist in bezug auf Testamente, Versicherungen und gemeinsame Finanzen zu rechnen. Häufig macht der Stier vorteilhafte Erbschaften. Seine Partner sind für gewöhnlich finanziell zuverlässig und helfen beim materiellen Fortkommen mit.

Steinbock an der Spitze des neunten Feldes

Der Stiergeborene ist sehr traditionsgebunden und konservativ. Seine philosophische und religiöse Weltanschauung wird durch seinen Materialismus stark eingeschränkt. Er bringt seine humanitären Instinkte im Beruf zum Ausdruck.

Wassermann an der Spitze des zehnten Feldes

Der Stiergeborene arbeitet beruflich gern in Gruppen; daher seine Beteiligung an großen Verbänden und Gemeinschaftsunternehmungen. Er schätzt den Ruf, mit Leuten in Verbindung zu stehen, die sowohl prominent und zuverlässig als auch ungewöhnlich und einfallsreich sind.

Fische an der Spitze des elften Feldes

Der Stier verhält sich seinen Freunden gegenüber großzügig und genießt es, seine Freude an allem Schönen mit ihnen zu teilen. Manchmal ist er jedoch in der Wahl seiner Freunde etwas unklug und muß dann herbe Enttäuschungen erleben.

Widder an der Spitze des zwölften Feldes

Seine Impulsivität und Dickköpfigkeit können dem Stier verderblich werden, obwohl Mut und Entschlossenheit seine heimliche Stütze sind. Neue Unternehmungen fängt er lieber heimlich an, um vor Konkurrenten sicher zu sein.

Die Bedeutung der Felder beim Aszendenten Zwillinge

Zwillinge an der Spitze des ersten Feldes

Zwillinge sind originelle und schöpferische Denker und dominieren in ihren Kreisen durch ihren Intellekt. Sie haben die Fähigkeit, ihren Ideen Gestalt zu verleihen und sie wissenschaftlich zu formulieren. Da sie sich mit ihren Ideen identifizieren, entspricht ihnen die intellektuelle Ausdrucksform am besten.

Krebs an der Spitze des zweiten Feldes

Zwillinge kommen dank ihrer Wendigkeit und ihrem Spürsinn zu Geld. Sie wissen instinktiv, was anderen zu deren Gedeihen und Weiterentwicklung not tut, und schlagen aus der Befriedigung dieser Bedürfnisse Kapital. Gefühl und Gelderwerb sind daher eng miteinander verknüpft. Meist haben sie sich eine «eiserne Reserve» angelegt, an die sie gefühlsmäßig gebunden sind und die sie um jeden Preis verteidigen.

Löwe an der Spitze des dritten Feldes

Zwillinge bringen ihre innere Kraft in Form schöpferischen Denkens zum Ausdruck und verwirklichen ihre Ideen voller Energie. Sie denken in weiträumigen und dramatischen Begriffen. Ihr geistiger Einfallsreichtum äußert sich oft in künstlerischen Gestaltungen. Sie reisen gerne, sei es einfach zum Vergnügen, sei es zwecks schöpferischer Inspiration oder weil sie ihre Freunde und Bekannten in aller Welt besuchen wollen.

Jungfrau an der Spitze des vierten Feldes

Zwillinge arbeiten beruflich am liebsten zu Hause. Sie stehen ihrer Familie gerne zu Diensten, sind aber anspruchsvoll und kritisch in allen Dingen, die das Heim betreffen. Wie der Mond sind auch die Zwillinge ständig in Bewegung und verbinden Besuche nach Möglichkeit mit finanziellen Belangen.

Waage an der Spitze des fünften Feldes

Zwillinge investieren ihre schöpferische Energie mit Vorliebe in Partnerschaften. Sie fühlen sich von kultivierten, anmutigen und harmonischen Menschen angezogen. Sie sind ausgesprochene Musikliebhaber und freuen sich an intellektuellen Auseinandersetzungen im gesellschaftlichen Kreis. Sie verfügen über viel künstlerisches Geschick, das aber ihren Mitmenschen meist verborgen bleibt. Ihre schöpferischen Fähigkeiten sind sowohl geistiger als auch emotionaler Natur.

Skorpion an der Spitze des sechsten Feldes

Diese Zwillinge müssen sich durch Arbeit und Dienstleistungen regenerieren. Nur wenn sie ihre Ideen auf eine praktische Art und Weise wirksam einsetzen können, besteht für sie die Möglichkeit, sich zu ändern und das Leben neu zu beginnen. Das Zeichen Zwillinge regiert das Nervensystem; und die Stellung des sechsten Feldes im stark emotional betonten Skorpion deutet darauf hin, daß es für die Gesundheit des Geborenen ausschlaggebend ist, ob er seine Wünsche und Bedürfnisse zum Ausdruck bringen kann oder verdrängen muß.

Schütze an der Spitze des siebenten Feldes

Zwillinge neigen dazu, ethischen, religiösen und philosophischen Wertvorstellungen bei der Wahl persönlicher Beziehungen große Bedeutung beizumessen. Sie haben meist eine glückliche Hand bei der Wahl ihrer Ehepartner und gute Beziehungen zu einer breiten Öffentlichkeit.

Steinbock an der Spitze des achten Feldes

Zwillinge müssen sich bei jeder Art von Partnerschaft ihren gerechten Anteil verdienen, oder sie finden keine Erfüllung. Sollte ihnen eine Erbschaft zufallen, müssen sie meist mit Verzögerungen und Rechtsstreitigkeiten rechnen. Zwillinge schützen sich, indem sie Versicherungen abschließen.

Wassermann an der Spitze des neunten Feldes

Meist vertreten Zwillinge progressive, ungewöhnliche und freidenkerische Ansichten über Religion, Philosophie und höhere Bildung. Sie schließen sich Leuten an, die auf diesen Gebieten zu tun haben. Sie haben großes Interesse an fremden Kulturen und forschen auf Reisen und im Studium stets nach dem Ungewöhnlichen. Da ihre Eingebungen sie meist blitzartig überfallen, begeben sie sich manchmal ohne besondere Vorbereitungen plötzlich auf ausgedehnte Reisen.

Fische an der Spitze des zehnten Feldes

Zwillinge neigen dazu, etwas weltfremd und verträumt zu sein und richten sich in bezug auf ihre Arbeit und ihren Ruf in der Öffentlichkeit nicht immer nach praktischen Gesichtspunkten. Sie weichen gerne aus und lassen sich in Berufsangelegenheiten nur schwer festlegen. Im Zusammenhang mit ihrem Beruf und Ansehen passieren oft seltsame Dinge. Auf alle Fälle ist ihre berufliche Tätigkeit irgendwie geheimnisumwittert.

Widder an der Spitze des elften Feldes

Zwillinge sind stets bemüht, neue Freundschaften einzugehen. Sie schließen sich immer neuen Gruppen an und vernachlässigen alte Freunde, um zu einem späteren Zeitpunkt erneut Kontakt mit ihnen aufzunehmen. Liebend gerne organisieren sie Gruppenunternehmungen. Sie geben ihren Hoffnungen und Wünschen energisch Ausdruck und versuchen häufig, auf gänzlich neue Weise an ihr Ziel zu gelangen.

Stier an der Spitze des zwölften Feldes

Frühere Verhältnisse, die sich nicht ohne weiteres ändern lassen, üben ihre Wirkung auf die Zwillingegeborenen aus. Das Unterbewußtsein macht sich meist stärker geltend als das Bewußtsein. Die unbewußten materialistischen Wünsche bringen die Zwillingegeborenen häufig zu Fall.

Die Bedeutung der Felder beim Aszendenten Krebs

Krebs an der Spitze des ersten Feldes

Krebse sind wankelmütig, aber leidenschaftlich in ihren Gefühlen, die sie gerne auf romantische und dramatische Weise zum Ausdruck bringen. Der Willen unterstützt ihre Emotionen. Sie identifizieren sich sehr stark mit ihrer Familie und allen Familienangelegenheiten.

Löwe an der Spitze des zweiten Feldes

Krebse können in finanziellen Angelegenheiten sehr erfolgreich sein, doch wollen sie ihr Geld für Kinder, Familie und Heim verwenden. Sie verdienen ihr Geld meist dadurch, daß sie an einflußreichen Stellen eingesetzt werden.

Jungfrau an der Spitze des dritten Feldes

Krebse drücken sich schriftlich und mündlich klar und deutlich aus und formulieren ihre Ideen genau, wobei dieselben immer praktisch und durchführbar sind. Große und kleine Reisen werden bis in alle Details geplant und organisiert. Geschwistern und Nachbarn gegenüber neigen Krebse zu Kritik.

Waage an der Spitze des vierten Feldes

Der Krebs legt großen Wert auf Kunst, Schönheit und Kultiviertheit in seinem Heim. Er hängt sehr an schönen Gegenständen, mit denen er sich umgibt. Seine Familie gilt ihm als Partnerschaft, in der Gerechtigkeit und Fairneß für alle Mitglieder selbstverständlich sein sollen, andernfalls tauchen emotionale Schwierigkeiten auf, die das Gleichgewicht stören und den Hausfrieden beeinträchtigen.

Skorpion an der Spitze des fünften Feldes

Die Kinder von Krebsgeborenen sind starker Emotionalität ausgesetzt. Der Krebsgeborene ist zwar sehr großzügig und tut alles in seiner

Macht stehende für seine Kinder, muß aber versuchen, seine übergroße Besorgtheit unter Kontrolle zu halten, um die Entwicklung seiner Kinder nicht zu gefährden. In seinem Liebesleben ist er äußerst sinnlich und neigt zu Eifersucht. Schauspieler mit dieser Konstellation zeigen große Gefühlsintensität auf der Bühne.

Schütze an der Spitze des sechsten Feldes

Da der Krebsgeborene sehr hilfreich ist, reift seine geistige Persönlichkeit im Dienst am andern. Allerdings muß er bei seiner Arbeit vollkommen frei seiner eigenen Eingebung folgen können. Er glaubt an Heilung durch den Geist und an die Macht des positiven Denkens. Er arbeitet hart und selbstlos für andere in der Überzeugung, daß einem einzelnen helfen auch allen helfen bedeutet.

Steinbock an der Spitze des siebenten Feldes

Er hat die Tendez, beim Eingehen von Partnerschaften vorsichtig und zurückhaltend und im öffentlichen Auftreten scheu zu sein. Große Menschenansammlungen erschrecken den Krebsgeborenen, weshalb er sie nach Möglichkeit meidet. Eine Ehe geht er vorsichtig, oft auch spät oder aus Prestigegründen ein.

Wassermann an der Spitze des achten Feldes

Krebse interessieren sich für die geistigen Aspekte des Lebens. Viele von ihnen sind medial begabt. Sie sind oft Treuhänder für Hinterlassenschaften. Wenn jemand aus ihrem engeren Freundeskreis stirbt, berührt sie dies tiefer, als sie nach außen hin zeigen.

Fische an der Spitze des neunten Feldes

Religion spielt im Leben der Krebsgeborenen eine große Rolle, wobei ihr Glauben einen Zug ins Mystische hat. Höhere Eingebungen helfen ihnen bei der Lösung ihrer Probleme. Viele Krebsgeborene haben Bücher mit mystischem Inhalt geschrieben, die emotional ansprechen. Sie lieben lange Seereisen.

Widder an der Spitze des zehnten Feldes

Krebsgeborene müssen in ihrem Beruf hart arbeiten und verwenden ungeheure Energie auf ihre Arbeit. Dabei sind sie in allem, was ihre berufliche Tätigkeit und ihr öffentliches Ansehen anbelangt, von großer Impulsivität. Als Angestellte fühlen sie sich durch barsche und ungerechte Behandlung seitens ihrer Vorgesetzten schnell verletzt.

Stier an der Spitze des elften Feldes

Krebse wirken auf künstlerisch begabte, ausgeglichene und wohlhabende Menschen sehr anziehend. Das ist einer der tiefsten Gründe für ihre Fähigkeit, Reichtum anzuhäufen und Geldquellen zu erschließen. Sie machen sich häufig die Hilfe ihrer wohlhabenden Freunde zunutze, um ihre genauestens ausgetüftelten Pläne zu finanzieren.

Zwillinge an der Spitze des zwölften Feldes

Die geheime Stärke des Krebses besteht darin, daß er seine Gedanken für sich behalten kann. Er gibt sich somit selbst den nötigen Impuls zu Wachstum und Reife; trotzdem kann er es nicht lassen, in selbstzerstörerischer Weise seine Gefühlsproblematik bloßzulegen, und spricht oft aus, was besser verschwiegen bliebe.

Die Bedeutung der Felder beim Aszendenten Löwe

Löwe an der Spitze des ersten Feldes J + A

Löwen geben sich in der Regel voller Würde, Energie und Willen, sind aber manchmal abrupt und anmaßend. Sie äußern sich, wann immer es ihnen paßt, und mischen sich manchmal in Dinge oder Situationen ein, ohne dazu aufgefordert worden zu sein.

Jungfrau an der Spitze des zweiten Feldes

Es besteht die Tendenz, in Geldangelegenheiten kleinlich und peinlich genau zu sein. Da Löwegeborene Zusammenarbeit schätzen, schließen sie Freunde in ihre finanziellen Pläne mit ein, oder sie verdienen ihr Geld in großen Körperschaften und Gruppenunternehmungen.

Waage an der Spitze des dritten Feldes

Löwen äußern ihre Gedanken auf anmutige Weise. Sie sind freundlich und gerecht zu Geschwistern und Nachbarn. Sie reisen gerne luxuriös. Wenn sie schriftstellerisch tätig sind, tun sie sich bei ihren Publikationen gern mit einem Partner zusammen.

Skorpion an der Spitze des vierten Feldes

Löwen brummen viel in ihrer Familie; das ist nun einmal die Natur dieses Tieres. Aber Brummen ist das Privileg des Königs. Außenstehende täten gut daran, den Mitgliedern der Löwenfamilie nicht zu nahe zu treten, sonst müßten sie erfahren, was es heißt, von einem Löwen gestellt zu werden. Man findet oft sehr viel Aktivität in solch einem Löwenheim, und jeder Löwe braucht irgendwo seine private Höhle, in die er sich zurückziehen kann.

Schütze an der Spitze des fünften Feldes

Es ist dem Löwen wichtig, das Beste für seine Kinder zu beschaffen, auch wenn sie dabei verwöhnt werden. Löwen sind künstlerische und schöpferische Naturen und meist leidenschaftlich veranlagt. Sie genießen es, prächtige Empfänge zu geben, und würden ihr letztes Geld hergeben, um ein einmaliges Fest zu bieten. Aktive Beteiligung an Sport oder Religion ist charakteristisch. Der Löwe schätzt besonders religiöse und philosophische Dramen, weil sie ihm Einsicht in die tiefere Bedeutung des Lebens geben.

Steinbock an der Spitze des sechsten Feldes

Der Löwegeborene nimmt seinen Beruf sehr ernst. Wer sich über seinen Arbeitseinsatz lustig macht, wird es wiederum mit einem Löwen zu tun kriegen. Wenn Löwen arbeiten, arbeiten sie hart und planmäßig.

Wassermann an der Spitze des siebenten Feldes

Bei Partnerschaftsbeziehungen beansprucht der Löwe eine gewisse Unabhängigkeit. Er ist andern Menschen wohlgesinnt und kümmert sich um seinen Nächsten. Ganz instinktiv will er bei Partnerschaften der Mittelpunkt sein, und wenn er verheiratet ist, will er ohne bestimmten Grund über alles und jedes, was im Familienkreis vorgeht, Bescheid wissen. Schließlich muß der König wissen, was die Königin treibt!

Fische an der Spitze des achten Feldes

Auch Löwen wissen, daß wir Menschen sterblich sind, aber sie verschwenden keinen Gedanken an den Tod, sie halten sich an das Leben und unternehmen alles, um es zu verlängern. Männliche Löwen sind oft tablettensüchtig, und sei es auch, daß sie nur Vitamine und Mineralstoffe zu sich nehmen. Im Zusammenhang mit Erbschaften zeigen sich meist eigentümliche Umstände, und in vielen Fällen ist die Erbschaft schon zerronnen, noch bevor sie die Geborenen angetreten haben.

Widder an der Spitze des neunten Feldes

Löwegeborene wissen instinktiv, daß alles Irdische seinen Ursprung im Ewigen hat. Aus dieser visionären Sicht heraus bevorzugen sie in ihrem schöpferischen Ausdruck dramatische Gestaltungen. Zwang durch überkommene religiöse Formen schätzen sie nicht. Viele der mittelalterlichen Kreuzfahrerkönige waren Löwen, und noch heute unternehmen Löwen oft Kreuzzüge für ihre Ideale.

Stier an der Spitze des zehnten Feldes

Der Gelderwerb des Löwen dient vor allem dem hohen Lebensstandard, der seinem Bild von einer würdigen Selbstdarstellung entspricht. Sein sehnlichster Wunsch ist es, prominent und reich zu sein.

Zwillinge an der Spitze des elften Feldes

Der Löwegeborene wählt sich intelligente und geistreiche Menschen zu Freunden, deren Ideen ihm zu der erstrebten Macht verhelfen können.

Bei seinen Freundschaften spielen Abwechslung und intellektuelle Anregung eine wesentliche Rolle.

Krebs an der Spitze des zwölften Feldes

Löwen brauchen Zurückgezogenheit und eine private Atmosphäre in ihrem häuslichen Kreis. Ihr Heim dient ihnen als Ort der inneren Sammlung und geistigen Suche. Löwegeborene erscheinen stark und unempfindlich gegenüber Kritik, doch in Wirklichkeit sind sie erstaunlich launisch und verwundbar in ihren Gefühlen. Sie zeigen selten, wie tief Ablehnung und Zurückweisung sie verletzt.

Die Bedeutung der Felder beim Aszendenten Jungfrau

Jungfrau an der Spitze des ersten Feldes

Der Scharfsinn der Jungfrau zeigt sich in praktischen Dingen. Sie geht bei der Entwicklung und Ausführung von Ideen systematisch und planmäßig vor. Jede Einzelheit wird registriert und genau analysiert. Darauf beruht der Erfolg dieser Menschen. Das Ziel der Jungfrau ist Vollkommenheit. Was sie auch tut, es ist ohne Fehl. Qualität geht vor Quantität.

Waage an der Spitze des zweiten Feldes

Jungfrauen lassen sich durch ihren Partner, häufig den Gatten, in Risiken verwickeln. Sie scheinen die Fähigkeit zu besitzen, Geld irgendwie anzuziehen. So können sie sich die schönen und angenehmen Dinge des Lebens leisten, doch haben sie darin keine Linie, da sie zwischen Bescheidenheit und Verschwendung schwanken.

Skorpion an der Spitze des dritten Feldes

Jungfraugeborene sind energisch, äußerst findig und schöpferisch im Denken. Ihre Sprache und Kommunikation zeichnen sich durch Bündigkeit und Offenheit aus: Wohlformulierte Worte sind Balsam und schöne Musik für ihre Ohren.

Schütze an der Spitze des vierten Feldes

Ein geräumiges und behagliches Heim ist wichtig für den Jungfraugeborenen. Er schätzt es, jedem Ding einen bestimmten Platz zuweisen zu können, und achtet sorgfältig darauf, daß auch alles am richtigen Ort ist. Besucher werden voller Großzügigkeit empfangen, doch noch freigebiger ist der Jungfraugeborene gegenüber den eigenen Familienangehörigen, die im übrigen meist ausgezeichnet miteinander auskommen.

Steinbock an der Spitze des fünften Feldes

Jungfraugeborene sind in bezug auf Sex und Romantik eher prüde, doch trotz des kühlen Eindrucks, den sie erwecken, ist Sexualität sehr wichtig für sie. Sie verwirklichen ihre Bestrebungen oft mit Hilfe des geliebten Partners oder leiblicher und geistiger Kinder. Sie sind äußerst vorsichtig im Bereich der Spekulation und lassen sich auf keinerlei Risiken ein. Sie suchen ernsthafte und besinnliche Zerstreuung und lieben harte Arbeit.

Wassermann an der Spitze des sechsten Feldes

Jungfraugeborene sind schöpferisch und originell in ihrer Arbeit, wobei sie Mitarbeiter wie Freunde behandeln und Gruppenprojekte schätzen. Sie verlieren aber das Interesse an einem Unternehmen, wenn die übrigen Teilnehmer nicht bereit sind, bis zum Ende durchzuhalten. Sie sind in ihrem Beruf im allgemeinen methodisch und technisch versiert und oft auch sehr erfinderisch. Sie sind gerne bereit, dem Mitmenschen einen Dienst zu erweisen.

Fische an der Spitze des siebenten Feldes

Es ist vielfach der Partner, der dem Jungfraugeborenen neue Interessengebiete erschließt; er verhilft ihm zu einem umfassenderen menschlichen Verständnis und einer reicheren Gefühlswelt im Partnerschaftsbezug. Jungfraugeborene ziehen Menschen an, die bei weitem nicht so systematisch sind wie sie selbst.

Widder an der Spitze des achten Feldes

Jungfraugeborenen drohen Unfälle und Fiebererkrankungen, die ihr ganzes Leben verändern können, wenn sie nicht vorsichtig sind. Im Zusammenhang mit Erbschaften kann es zu ausgedehnten Rechtsstreitigkeiten kommen. Auch bezüglich gemeinschaftlicher Finanzen können sich Unstimmigkeiten ergeben. Da Jungfraugeborene sich am besten durch entschlossenes Handeln regenerieren, ist es das beste für sie, wenn sie neue Pläne in Angriff nehmen oder die begonnenen Pläne anderer zu Ende führen können.

Stier an der Spitze des neunten Feldes

Die Philosophie der Jungfraugeborenen stützt sich auf das Schöne und das Praktische. Ihre sozialen und religiösen Vorstellungen sind wirklichkeitsbezogen, und sie sind kaum dazu bereit, ihre diesbezüglichen Ansichten zu ändern. Sie bestehen darauf, Finanzen wie auch Beziehungen gerecht zu handhaben.

Zwillinge an der Spitze des zehnten Feldes

Jungfraugeborene ergreifen Berufe, in denen sie Kopf und Hände gebrauchen können, um ihre originellen Ideen in die Tat umzusetzen. Sie verdanken ihrem Einfallsreichtum Ruhm und Anerkennung. Häufig sind sie in mehr als einem Beruf tätig, und sie haben gerne mit vielen Menschen zu tun.

Krebs an der Spitze des elften Feldes

Jungfraugeborene behandeln ihre Freunde wie Familienmitglieder. Sie entwickeln außerordentlich starke Gefühlsbindungen an Freunde, wie auch an Gruppen und Organisationen, denen sie angehören. Sie laden ihre Freunde gerne zu sich nach Hause ein, wo sich eine rege Gruppenaktivität entfaltet.

Löwe an der Spitze des zwölften Feldes

Jungfraugeborene besitzen eine erstaunliche innere Kraft, die sich jedoch erst im Ernstfall zeigt; darin liegt ihr starker unbewußter Halt begründet. Was sie zu Fall bringen könnte, sind ihr Stolz und ihr versteckter Egoismus.

Die Bedeutung der Felder beim Aszendenten Waage

Waage an der Spitze des ersten Feldes

Waagemenschen bringen ihre Persönlichkeit in der Zusammenarbeit mit andern zum Ausdruck; sie müssen in andern ihren Brennpunkt finden, sich in andern spiegeln. Ihre Handlungen erwecken den Eindruck von Schönheit und Anmut, gepaart mit Disziplin, Strenge und einem stark entwickelten Gerechtigkeitssinn. Ihre größte Tugend liegt in ihrer Begabung; sich in die Haut der andern versetzen und deren Standpunkt verstehen zu können. Waagegeborene sind nicht gerne allein; sie fühlen sich verloren, wenn sie ganz auf sich selbst angewiesen sind.

Skorpion an der Spitze des zweiten Feldes

Waagegeborene sind einfallsreich und setzen sich durch, wenn es gilt, zu Geld zu kommen. Sie haben das Geschick, aus wertlosem Zeug etwas wirklich Wertvolles herzustellen. Sie geben ihr Geld sehr schnell wieder aus, sind aber weit stärker am ästhetischen als am materiellen Wert ihrer Besitztümer interessiert. Oft beschaffen Partner das Geld, das die Waagegeborenen für erlesene Dinge brauchen. Sie sind jederzeit bereit, diese Besitztümer mit ihren Partnern und auch mit Freunden zu teilen.

Schütze an der Spitze des dritten Feldes

Waagegeborene sind philosophisch und visionär im Ausdruck ihrer Gedanken und Ideen. Sie interessieren sich für Religion und soziale Werte und vor allem auch für Ideen, die sich für eine umfassendere soziale Ordnung als nützlich erweisen. Sie sind großzügig gegenüber Geschwistern und Nachbarn. Sie reisen gerne an neue, unbekannte Orte, sei es in Gedanken oder in Wirklichkeit. Oft stehen sie mit Menschen aus fernen Ländern in Verbindung.

Steinbock an der Spitze des vierten Feldes

Weil sie jedes Ding an seinem Platz vorfinden wollen, legen Waagegeborene Wert auf Disziplin und einen gut organisierten Haushalt. Aber keine Ordnung ist ihnen je gut genug. Ihr Heim ist gewissermaßen ihre Welt, und sie wenden ein großes Maß an Arbeit dafür auf. Obwohl ihre Familie eher konservativ und nüchtern eingestellt ist, legen sie Wert darauf, daß ihr Haus dafür bekannt ist, etwas zum Leben der Gemeinschaft beizutragen.

Wassermann an der Spitze des fünften Feldes

Waagegeborene mögen aufregende und eigenartige Liebespartner. Sie lieben nichtalltägliche Beschäftigungen, sind gerne mit Freunden zusammen und aktiv an Gruppenunternehmen beteiligt. Ihre Kinder sind eine seltsame Mischung von Originalität und geistiger Disziplin, doch ist ihre körperliche Konstitution vielfach nicht so kräftig wie ihr Wille. In der Kunst und beim Theater gilt ihr Interesse vor allem dem Aufbau; darum ziehen sie Stücke vor, die sowohl unüblich als auch dramatisch sind.

Fische an der Spitze des sechsten Feldes

Was Arbeit und Dienst am Mitmenschen betrifft, so verlangen die Umstände vom Waagegeborenen selbstlose Hingabe. Er ist seinen Mitarbeitern und Angestellten gegenüber sehr verständnisvoll, doch nimmt er manchmal mehr Arbeit auf sich, als er bewältigen kann. Dadurch stiftet er Verwirrung und schafft Probleme. Es besteht die Gefahr von Hypochondrie, wenn er versucht, sich aus seiner beruflichen Verantwortung zu flüchten. Seine Gesundheit hängt eng mit seinem Gemütszustand zusammen.

Widder an der Spitze des siebenten Feldes

Waagegeborene können recht angriffig werden, um die Mitarbeit und Aufmerksamkeit anderer zu erringen. Sie sind auch fähig, andere zu Leistungen anzuregen, ohne daß diese sich dessen überhaupt bewußt werden. Partner von Waagegeborenen müssen begreifen, daß sie den Frieden nur wahren können, wenn sie ständig höchst aktiv sind und hart arbeiten.

Stier an der Spitze des achten Feldes

Waagegeborene sind bereit, ihren Partnern beim Geldverdienen zu helfen, doch ihr Sinn für das Schöne verführt sie dazu, das Geld für schmückendes Beiwerk auszugeben. Sie haben auch die Fähigkeit, andern unbekannte Quellen des Wohlstands zu erschließen. Sie sterben meist ruhig, und ihre Unternehmungen beginnen und enden friedlich.

Zwillinge an der Spitze des neunten Feldes

Waagegeborene fordern eine pragmatische und logisch verständliche Religion und Philosophie. Viele Waagegeborene schreiben und diskutieren auch gerne über diese Dinge. Im Zusammenhang mit religiösen Aktivitäten ergeben sich zahlreiche Wechsel.

Krebs an der Spitze des zehnten Feldes

In bezug auf ihren Ruf und ihr Ansehen in der Öffentlichkeit sind Waagegeborene besonders empfindlich. Es ist ihnen wichtig, als verantwortlich und geachtet zu gelten. Berufliche Tätigkeit und häusliches Leben sind in mannigfacher Weise miteinander verknüpft. Waagemenschen arbeiten beruflich oft mit einem Partner zusammen.

Löwe an der Spitze des elften Feldes

Da er von außen einen Zustrom an Kraft und Sicherheit braucht, pflegt der Waagegeborene Freundschaften mit einflußreichen, genial veranlagten und schöpferischen Menschen, wobei sein eigener schöpferischer Selbstausdruck häufig mit diesen Freunden in Zusammenhang steht.

Jungfrau an der Spitze des zwölften Feldes

Waagegeborene schaden sich selbst, weil sie dazu neigen, sich allzuviele Sorgen zu machen und belanglose Dinge allzu wichtig zu nehmen. Andrerseits besteht ihre geheime Stärke darin, zweitrangigen, von anderen nicht beachteten Details die notwendige Aufmerksamkeit zu schenken. Alle ihre Unternehmungen sind in den wesentlichen Punkten gut geplant und organisiert.

Die Bedeutung der Felder beim Aszendenten Skorpion

Skorpion an der Spitze des ersten Feldes

Skorpione äußern sich voller Energie und Willenskraft; sie sind bereit, ihr Leben aufs Spiel zu setzen, um ihr Ziel zu erreichen. Es ist unnütz, ihnen die Undurchführbarkeit eines Unternehmens klarmachen zu wollen; entweder werden sie es schaffen oder bei dem Versuch zugrunde gehen. Ihre Zielvorstellungen werden von intensiven Gefühlen und fester Entschlossenheit verstärkt. Sie haben die Fähigkeit, verborgene Kraftquellen zu erschließen, um ihre Vorhaben durchzuführen.

Schütze an der Spitze des zweiten Feldes

Im allgemeinen sind Skorpione in finanzieller Hinsicht vom Glück begünstigt; sie verstehen es, ihr Geld zu vermehren und gleichzeitig ihr Tätigkeitsfeld zu erweitern. Sie verfügen meist über angemessene Mittel, um die gesteckten Ziele zu erreichen. Religiöse Institutionen und Bildungsstätten werden von ihnen oft finanziell unterstützt. Manchmal finden wir in diesem Zeichen Wirtschaftstheoretiker.

Steinbock an der Spitze des dritten Feldes

Skorpione sind vorsichtig in der Äußerung ihrer Gedanken. Sie sagen oder schreiben nichts ohne triftigen Grund, was ihnen den Ruf von Verschwiegenheit einträgt. Da ihre Worte sorgfältig auf größte Wirkung berechnet sind, erscheinen sie in ihren Aussagen meist etwas kurz angebunden; hier zeigt sich der Stachel des Skorpions.

Wassermann an der Spitze des vierten Feldes

Die häuslichen und familiären Verhältnisse des Skorpions sind meist recht ungewöhnlich. Er trifft seine Freunde lieber bei sich zu Hause, als daß er sie besucht.

Fische an der Spitze des fünften Feldes

Skorpione sind in Herzensangelegenheiten erstaunlich sentimental; sie kümmern sich selbstlos um geliebte Menschen, werden aber oft enttäuscht. Skorpione lieben Zurückgezogenheit und Muße, um sich dem Studium der Mystik zu widmen.

Widder an der Spitze des sechsten Feldes

Wenn es gilt, scheinbar unlösbare Aufgaben zu bewältigen, bewähren sich Skorpione dank ihrer Energie und ihrem Einfallsreichtum ausgezeichnet. Da sie leistungsfähiger sind als in anderen Zeichen Geborene, scheinen sie stets aus eigenem Antrieb zu handeln. Sie sind geborene Führernaturen und neigen dazu, Untergebene und Mitarbeiter etwas herrisch zu behandeln. Sie helfen anderen gerne aus der Patsche, erwarten aber, daß diese genügend Kraft und Selbständigkeit aufbringen, um allein weiterzumachen, wenn das Schlimmste überstanden ist.

Stier an der Spitze des siebenten Feldes

Skorpione ziehen meist reiche Ehepartner an. Sie sind für partnerschaftliche Zusammenarbeit, erwarten aber irgendeinen praktischen Gewinn davon. Sie geben Geld für hübsche, qualitativ hochstehende Dinge aus. Auch gegenüber ihrem Partner sind sie nicht knauserig, und es erfüllt sie mit Stolz, wenn er gut aussieht.

Zwillinge an der Spitze des achten Feldes

Skorpiongeborenen fehlt es nie an Einfällen bezüglich der Verwendung gemeinsamer Finanzen. Sie befassen sich oft mit dem Problem des Todes und mit den Angelegenheiten Verstorbener. Sie sind an allem Geheimnisvollen geistig interessiert.

Krebs an der Spitze des neunten Feldes

In Fragen der Religion und Philosophie sind Skorpione gefühlsbetont und unnachgiebig. Eine seelische Wahrnehmung läßt sie gewisse Dinge vorausahnen, doch halten sie unverbrüchlich an der Familienreligion fest. In der Regel reisen sie am liebsten per Schiff.

Löwe an der Spitze des zehnten Feldes

Da Skorpione ehrgeizig in ihrem Beruf und stolz auf ihr gesellschaftliches Ansehen sind, findet man sie oft an führenden Stellen, als Autoritäten, die um ihrer Talente willen bewundert werden.

Jungfrau an der Spitze des elften Feldes

Skorpione strengen sich für ihre Freunde an, vor allem für jene, die Hilfe brauchen. Sie schließen Freundschaft mit Menschen, die sie durch ihre Arbeit kennenlernen, und machen sich deren praktische Ideen und Fertigkeiten zunutze.

Waage an der Spitze des zwölften Feldes

Skorpione, die die Abgeschiedenheit schöner Orte lieben, sind meist feinfühliger und zartbesaiteter, als sie die anderen glauben machen wollen. Ihre verborgene Stärke beruht auf einem angeborenen Sinn für Gerechtigkeit und faires Verhalten. Gefahr droht ihnen durch ihren meist uneingestandenen Hang zum Luxus.

Die Bedeutung der Felder beim Aszendenten Schütze

Schütze an der Spitze des ersten Feldes

Schützen sind Optimisten, ihr Ehrgeiz gilt hohen Zielen. Sie erscheinen freundlich, interessiert und jovial, neigen jedoch dazu, alles für selbstverständlich hinzunehmen und nur an sich selbst zu denken. Ihr Einfluß beruht auf ihrer Gabe, andere Menschen für ein Denksystem zu gewinnen, das ihnen selbst Vorteile bietet. Trotzdem ist der Optimismus des Schützegeborenen eine Quelle der Inspiration für alle, die mit ihm zu tun haben.

Steinbock an der Spitze des zweiten Feldes

In Geldangelegenheiten sind Schützen verantwortungsbewußt, praktisch und ehrgeizig. Sie machen keine leichtfertigen oder überstürzten Ausgaben, weil sie spüren, daß sie ihr Geld für bleibende Werte ausgeben sollten. Sie sind häufig sehr bescheiden.

Wassermann an der Spitze des dritten Feldes

Bei dieser Konstellation sind Schützen fähig, ihre Ideen auf spannende und geistreiche Art darzulegen. Sie haben blitzartige intuitive Einfälle, die sie auch praktisch auszuwerten verstehen. Sie sind fortschrittlich im Denken, bestehen aber darauf, daß Ideen eine praktische Funktion haben müssen, die sich auf langbewährte Werte stützt. Menschlichkeit ist ihnen wichtig. Zu Geschwistern und Nachbarn, die ganz unerwartet im Leben des Schützen auftauchen und wieder verschwinden, unterhalten sie ungewöhnliche und seltsame Beziehungen.

Fische an der Spitze des vierten Feldes

Das Heim der Schützen ist oft eine Stätte der Zurückgezogenheit, ganz der Rückschau vorbehalten. Manchmal leben sie in Wohnhäusern, die von Institutionen zur Verfügung gestellt werden, zum Beispiel in Pfarrhäusern, Ashrams oder Universitätsunterkünften. Auf jeden Fall genießen sie Stille und Zurückgezogenheit in ihrem Heim.

Widder an der Spitze des fünften Feldes

Schützegeborene verwenden viel Energie auf eine schöpferische Tätigkeit und entwerfen zahlreiche Pläne. In bezug auf Liebe und Romantik sind sie leidenschaftlich und draufgängerisch. Sie lieben Sport, insbesondere Wett- und Kampfsportarten wie Boxen, Ringen und Fußball. Gegenüber Kindern nehmen sie eine dominierende Haltung ein, doch können sie zu gleicher Zeit auch großzügig sein.

Stier an der Spitze des sechsten Feldes

Der Schütze leistet praktische Arbeit, doch hat er eine besondere Vorliebe für Unterfangen, die er für ästhetisch und künstlerisch hält. Harte Arbeit vollbringt er nur, wenn er sich finanziellen Gewinn davon versprechen kann. Gesundheitlich ist er im allgemeinen robust, vorausgesetzt, daß er sich nicht überißt oder zu bequem wird.

Zwillinge an der Spitze des siebenten Feldes

Häufig findet man im Leben eines Schützegeborenen mehr als eine einzige Ehe oder Partnerschaft, da der Schütze gern nach neuen Erlebnissen Ausschau hält. Obwohl der Schütze an und für sich ein Einzelgänger ist, fesselt er kluge und wendige Leute, die ihm praktisch beistehen können. Scharfsinn und Intelligenz prägen seine Beziehungen zu einer breiten Öffentlichkeit. Es ist jedoch häufig der Fall, daß er es lieber sieht, wenn sein Partner ihn und seine Ideen vertritt.

Krebs an der Spitze des achten Feldes

Schützen sind in bezug auf ihren eigenen Tod sehr gefühlsbetont. Es ist für sie wesentlich, daß man sich ihrer nach ihrem Tod voller Liebe und Zärtlichkeit erinnert. Sie brauchen die Gewißheit, daß ihre Geschäfte geregelt und ihre Lieben wohlversorgt sind. Im Falle gemeinsamer Finanzen verdient der Partner meist das Geld, das die Schützegeborenen zu ihrer eigenen Besserstellung anlegen.

Löwe an der Spitze des neunten Feldes

Auch wenn diese Menschen nicht nach Ruhm zu streben scheinen, drängt ihr Unterbewußtsein, überhaupt ihre ganze Lebenseinstellung sie doch dazu, dieses Ziel zu erreichen und wichtige Stellungen auf den ihnen gemäßen Gebieten einzunehmen. Schützegeborene verwenden die Kraft ihres Daseins auf ihre Philosophie. Viele unternehmen weite Reisen, sei es wirklich oder in Gedanken. Ihr Blick ist stets auf ferne Ziele gerichtet.

Jungfrau an der Spitze des zehnten Feldes

Schützegeborene legen meist ganz besonderen Wert auf ihr Ansehen. Sie erscheinen umsichtig, tüchtig und wohlorganisiert und wirken in ihrem beruflichen Aufgabenkreis eher kalt, distanziert und kritisch.

Waage an der Spitze des elften Feldes

Menschen mit dieser Konstellation erreichen ihre Ziele oft dadurch, daß sie sich mit ungewöhnlichen, anziehenden, künstlerisch veranlagten und wohlwollenden Freunden umgeben, die zuverlässig und wohlhabend sind. Sie heiraten meist einen Freund oder den Freund eines Partners.

Skorpion an der Spitze des zwölften Feldes

Was dem Schützen hilft, ist seine Begabung, Werte zu erkennen, die andere übersehen haben. Schützen haben auch die Gabe, verborgene Talente in anderen zu fördern. Versteckter Groll und heimliche Liebesgeschichten können sie zu Fall bringen.

Die Bedeutung der Felder beim Aszendenten Steinbock

Steinbock an der Spitze des ersten Feldes

Disziplin, systematische Anstrengung, harte Arbeit und Geduld sind die charakteristischen Eigenschaften des Steinbocks. Alles, was er unternimmt, hat seinen Zweck und dient dazu, ein bestimmtes praktisches

Ziel zu erreichen. Sein Naturell ist ernsthaft, nüchtern, etwas melancholisch und zurückhaltend.

Wassermann an der Spitze des zweiten Feldes

Diese Menschen verdienen ihr Geld auf originelle und ungewöhnliche Art in Verbindung mit Gruppen und Organisationen. Sie sind häufig an Körperschaftsunternehmen beteiligt, wobei sie dadurch zu finanziellem Erfolg kommen, daß sie kostspielige Neuerungen mit äußerst kunstvoller Technik auf ihren Gebieten einführen.

Fische an der Spitze des dritten Feldes

In dieser Stellung Geborene sind überraschend geheimnisvoll und in ihrem Tun und Denken in hohem Grade gefühlsbetont. Ihre Ideen basieren in vielen Fällen auf intuitiven Eingebungen. Steinbockgeborene organisieren ihre Vorhaben und Vorstellungen im verborgenen und sind bei ihrer Gedankenarbeit am liebsten allein.

Widder an der Spitze des vierten Feldes

In Angelegenheiten, die Heim und Familie betreffen, ist der Steinbockgeborene angriffslustig. Sein Heim wird manchmal zum Schlachtfeld für emotionale Auseinandersetzungen. Meist sind überall elektrische Apparate und technische Vorrichtungen zu finden.

Stier an der Spitze des fünften Feldes

Steinbockgeborene sind in Liebesangelegenheiten sinnlich und romantisch. Ihre Liebe und Zuneigung zu ihren Kindern ist beständig und stark. Sie sind stolz auf ihre Kinder, besonders wenn deren Erfolg ihnen selbst höheres Ansehen verleiht. Die Kinder sollen alle Annehmlichkeiten des Lebens genießen können, wie auch Steinbockgeborene selbst eine luxuriöse Umgebung und gutes Essen schätzen. Sie haben ein Faible für Malerei, Bildhauerei und Musik.

Zwillinge an der Spitze des sechsten Feldes

In der Organisation ihrer Arbeit sind Steinbockgeborene wendig und erfinderisch; sie können auch mehrere Tätigkeiten zu gleicher Zeit ausüben. Ihre brüderliche Haltung Mitarbeitern und Angestellten gegenüber ist eines der Geheimnisse für ihr Geschick und ihre Fähigkeiten im Management. Ihre Ideen zur Steigerung der Leistungsfähigkeit sind zahllos.

Krebs an der Spitze des siebenten Feldes

Steinbockgeborene sind gefühlsmäßig stark an ihre Gatten und Partner gebunden, doch die Tatsache, daß die Partner oft auch emotional von ihnen abhängig sind, wirft zuweilen Probleme auf. Überdies sind Steinbockgeborene auch in ihren Beziehungen zur Außenwelt und zu ihren guten Freunden, die sie als Familienmitglieder betrachten, sehr gefühlsgebunden.

Löwe an der Spitze des achten Feldes

Da Steinbockgeborene das Sonnenzeichen Löwe an der Spitze des achten Feldes haben, liegt ein langes Leben vor ihnen. (Die Sonne ist Lebensspender und verzögert den Tod.) Selbst wenn sie großzügig sind, möchten Steinbockgeborene die gemeinsamen Geldmittel kontrollieren. Auch die Verteilung der Güter von Verstorbenen überwachen sie gerne. In vielen Fällen sind Steinbockgeborene leitende Angestellte bei Versicherungsgesellschaften.

Jungfrau an der Spitze des neunten Feldes

Die Lebenseinstellung des Steinbockgeborenen basiert auf Leistungsfähigkeit und harter Arbeit. Seine Ideen sind praktischer Natur und lassen sich im bestehenden sozialen Gefüge verwenden. Um eine Weltanschauung respektieren zu können, muß sie für ihn bis ins kleinste Detail logisch und konsequent sein. Da er Einzelheiten wahrnimmt und zu forschen befähigt ist, finden sich ausgezeichnete Rechtsgelehrte unter den Steinböcken.

Waage an der Spitze des zehnten Feldes

Steinbockgeborene haben oft Berufspartner. Sie sind charmant, vermögen mit Geschick Leute in einflußreichen Stellungen für sich zu gewinnen und kommen auf diese Art voran. Da sie in beruflichen Dingen einen ausgeprägten Sinn für Ethik haben, genießen sie meist einen guten Ruf und Ansehen in der Gemeinschaft.

Skorpion an der Spitze des elften Feldes

Menschen mit dieser Konstellation umgeben sich gern mit dynamischen, unternehmungslustigen und mächtigen Freunden, die viele der schwierigen Unternehmungen an die Hand nehmen, für die der Steinbockgeborene selbst zu vorsichtig und zurückhaltend ist. Sie finden stets Leute, die ihre Absichten oder Wünsche ausführen. Nur selten wählen Steinbockgeborene schwache Wesen zu Freunden.

Schütze an der Spitze des zwölften Feldes

Allein und fern der Geschäftswelt ist der Steinbockgeborene philosophisch orientiert. Seine Lebensphilosophie lenkt und inspiriert unterschwellig sein Denken. Schwierigkeiten können aus hochfliegenden Plänen resultieren, die er unter den gegebenen Umständen nicht zu verwirklichen vermag.

Die Bedeutung der Felder beim Aszendenten Wassermann

Wassermann an der Spitze des ersten Feldes

Wassermanngeborene sind originell, schöpferisch, unabhängig und von dem Wunsche beseelt, mit etwas Eigenem, Einzigartigem einen Beitrag zum Gemeinwohl zu leisten. Sie lieben außerdem Spässe und Vergnügen sowie den Kontakt mit den Mitmenschen und sind auf eine unpersönliche Art freundlich. Sie sind bescheiden und schätzen es nicht, ungebührende Aufmerksamkeit auf sich zu ziehen. Sie möchten lieber geliebt als bewundert werden. Sie schöpfen ihre Stärke und Kraft aus der Gruppentätigkeit im engen Freundeskreis.

Fische an der Spitze des zweiten Feldes

Zuviel Großzügigkeit in beruflichen und finanziellen Angelegenheiten machen den Wassermanngeborenen lax und unpraktisch, doch ist es oft gerade diese großzügige Einstellung, die ihm in finanziellen Dingen Glück bringt. Wassermanngeborene schätzen die schönen und guten Dinge, die das Leben bietet, doch streben sie niemals gierig danach.

Widder an der Spitze des dritten Feldes

Wassermanngeborene können aggressiv und rechthaberisch sein, wenn es um ihre Lieblingstheorien und -vorstellungen geht. Sie neigen dazu, Spannungen zu schaffen und Rivalitäten zwischen Geschwistern anzustacheln. Sie sind intellektuell schöpferisch und können gegebenenfalls neue Ausdrucks- und Anwendungsmöglichkeiten aufzeigen.

Stier an der Spitze des vierten Feldes

Da Wassermanngeborene ein elegantes Heim bewundern, verwenden sie einen großen Teil ihrer finanziellen Mittel darauf, sich eine schöne und persönliche Wohnatmosphäre zu schaffen, in der sie dann Kunst und Musik genießen. Im Heim findet der unpersönliche Mutter- oder Vaterinstinkt des Wassermannes seine Ausdrucksmöglichkeit in der Fürsorge für seine Familie.

Zwillinge an der Spitze des fünften Feldes

Liebesleidenschaft ist kein Charakteristikum des Wassermanns. Er findet Vergnügen an intellektuellen Studien und schätzt intelligente Gefährten, mit denen er eine geschwisterliche Beziehung eingehen kann. Wassermanngeborene können ihren Lieben gegenüber sehr kritisch sein. Ihre Kinder, in vielen Fällen Zwillinge, sind von außergewöhnlicher Intelligenz.

Krebs an der Spitze des sechsten Feldes

Weil Wassermanngeborene Gruppeninstinkt besitzen, arbeiten sie dort, wo sich andere Menschen befinden und rege Aktivität herrscht; sie sehen dabei ihre Mitarbeiter als Familienmitglieder an. Ihre Arbeit steht oft in Zusammenhang mit dem Leben in Stadt und Gemeinde. Ihre Gesundheit ist von ihrem Gemütszustand abhängig. Sind sie gefühlsmäßig erregt, so schlägt es ihnen möglicherweise auf den Magen, obwohl sie es selten nach außen hin zeigen.

Löwe an der Spitze des siebenten Feldes

Kraftvolle und gut gestellte Ehe- und Geschäftspartner fühlen sich zu Wassermanngeborenen hingezogen und beherrschen sie gelegentlich auch. Wassermanngeborene sind jedoch sehr unabhängig, so daß diese Beherrschung nie zur Unterdrückung wird. Die Ehepartner sind meist sehr verliebt und haben ihren eigenen Platz an der Sonne.

Jungfrau an der Spitze des achten Feldes

Das ständige Fragen nach Gesundheit und Tod macht den Wassermann versicherungsbedürftig. In gefährlichen Situationen, in denen Unfälle passieren könnten, ist er stets wachsam. Sein Partner hilft ihm mit praktischen Ideen und Dienstleistungen, das Familieneinkommen zu vergrößern.

Waage an der Spitze des neunten Feldes

Weltanschauung und Religion des Wassermannes liegt das Harmonische und Schöne zugrunde. Er unternimmt gerne Vergnügungsreisen mit Partner oder lieben Freunden. Viele Wassermanngeborene heiraten in ferne Länder oder ehelichen Ausländer. Sie wählen mit Vorliebe gebildete und kultivierte Menschen.

Skorpion an der Spitze des zehnten Feldes

Im Lauf der Geschichte sind viele Wassermanngeborene Revolutionäre gewesen, weil sie mit dem herkömmlichen Regime und den Autoritäten, die Macht über sie haben, schlecht stehen. Wassermanngeborene wollen weder beherrschen noch beherrscht werden. Die Möglichkeit zur Selbsterneuerung finden sie am besten in ihrem Beruf, in dem sie oft berühmt werden.

Schütze an der Spitze des elften Feldes

Wassermanngeborene lieben den Umgang mit berühmten und optimistischen Freunden, die sie zu größeren Taten anspornen. Sie haben meist zahlreiche Freunde. Wassermanngeborene treten vielen großen Organisationen bei, die ihnen helfen, sich persönlich zu entwickeln.

Steinbock an der Spitze des zwölften Feldes

Wassermanngeborene sind konservativer, als sie zugeben möchten. Unbewußte Ängste wirken sich manchmal hemmend aus, doch schöpfen die Wassermanngeborenen verborgene Kraft aus der Disziplin, die sie zu harter Arbeit hinter den Kulissen befähigt. Man kann ihnen Geheimnisse anvertrauen, und sie arbeiten auch häufig an geheimen Projekten.

Die Bedeutung der Felder beim Aszendenten Fische

Fische an der Spitze des ersten Feldes

Fische sind mitfühlend, anpassungsfähig, ätherisch und visionär. Was sie erreichen, verdanken sie ihrem feinen Empfinden für unterschwellige Strömungen. Ihre mystische Innenschau erlaubt es ihnen, die Feinheiten der menschlichen Natur intuitiv zu erfassen. Sie besitzen auch künstlerisches und musikalisches Talent.

Widder an der Spitze des zweiten Feldes

Fische kommen durch neue Projekte zu Geld. Sie verwenden beachtliche Energien auf finanzielle Dinge und geben ihr Geld impulsiv, manchmal unmäßig, aus. Sie neigen dazu, die Tatsachen, mit denen die Wirklichkeit sie konfrontiert, zu ignorieren, und suchen beständig nach neuen Bereichen für finanzielle Unternehmungen.

Stier an der Spitze des dritten Feldes

Da sie ihre Gedanken langsam und überlegt formen, ändern Fische ihre Meinung nur widerwillig, wenn sie einmal einen Entschluß gefaßt haben. Ihr Denken konzentriert sich auf Geldgewinn oder künstlerische Bestrebungen.

Zwillinge an der Spitze des vierten Feldes

Fischegeborene reisen viel und wechseln häufig ihren Wohnsitz, wobei die Tendenz besteht, zwei Heimstätten einzurichten. Meist findet man eine große Bibliothek im Heim der Fischegeborenen. Sie pflegen einen äußerst regen Gedankenaustausch mit Familienmitgliedern und setzen sich intensiv mit häuslichen Angelegenheiten auseinander.

Krebs an der Spitze des fünften Feldes

Menschen mit dieser Stellung hegen höchst emotionale und sentimentale Gefühle für ihre Lieben, die sie wie seltene Gemälde als Heiligtum bewahren. Fische essen gerne üppig und neigen zu Übergewicht. Familienkontakte machen ihnen Freude, und ihren Kindern gegenüber sind sie fürsorglich. Viele Fischegeborene wenden sich Frauen zu, die sie an ihre Mütter erinnern.

Löwe an der Spitze des sechsten Feldes

Die sonst so sanften Fischegeborenen können Mitarbeitern und Untergebenen gegenüber recht herrschsüchtig sein; ein Gefühl der Autorität erfüllt sie, wo es um Arbeit und Dienstleistung geht. Sie sonnen sich im Ruhm der Opfer, die sie in ihrem Beruf und Dienst erbringen müssen. Ihre Krankheiten sind oft psychosomatischer Natur und dienen dazu, Aufmerksamkeit zu erwecken. Ihre Vitalität ist meist nicht sehr groß, da der Neptuneinfluß auf ihr erstes Feld sie ihre Energien verzetteln läßt.

Jungfrau an der Spitze des siebenten Feldes

Fischegeborene wirken anziehend auf hart und genau arbeitende, tüchtige Partner, die ihnen ihre praktischen Angelegenheiten regeln helfen.

Waage an der Spitze des achten Feldes

Die Partner von Fischen tragen häufig zum gemeinsamen Vermögen bei. Fischegeborene schätzen die Erfahrung, mit andern zusammenzuarbeiten, um bessere Methoden zum Geldverdienen herauszufinden. Sie profitieren auch von Versicherungen und Vermächtnissen.

Skorpion an der Spitze des neunten Feldes

Diese Menschen sind religiös und philosophisch stark engagiert und lassen sich gerne in Streitgespräche über Glaubensfragen ein. Wenn sie in irgendeinen Rechtshandel verwickelt sind, bringen sie meist heftige Proteste an.

Schütze an der Spitze des zehnten Feldes

Fischegeborene können in leitender Stellung, für die sie ein gutes Maß an Voraussicht mitbringen, erfolgreich sein, doch sind sie nicht immer praktisch veranlagt. In vielen Fällen umfassen ihre Arbeitsgebiete Erziehung, Religion und Reisen, wobei sie durch ihre religiösen und geistigen Erkenntnisse zu Ruhm und Ansehen gelangen. Sie schätzen es, als menschenfreundlich zu gelten, und sind großmütig in ihren beruflichen Kontakten.

Steinbock an der Spitze des elften Feldes

Da die Hoffnungen und Wünsche der Fischegeborenen von dem Wunsch nach Sicherheit beherrscht werden, wählen sie beständige, konservative und angesehene Leute zu Freunden.

Wassermann an der Spitze des zwölften Feldes

Fischegeborene schaden sich selbst, indem sie ihre Kollegen mit ihren Problemen belasten und sich ihre Freunde durch das ständige Verlangen nach Mitgefühl und Unterstützung entfremden. Andererseits kann ihnen die geistige Verbindung mit Freunden eine verborgene Stütze sein. Fischegeborene haben den unbewußten Wunsch, der Menschheit zu dienen, und eine intuitive Gabe, die tieferen Schichten des Bewußtseins anzuzapfen.

5. DIE FELDER, IHRE BEDEUTUNG FÜR DEN MENSCHEN UND SEINE UMWELT

Eine wichtige Rolle für die Interpretation eines Horoskops spielen die 12 Felder (oder Häuser), die sich auf die verschiedenen Lebensbereiche des Geborenen beziehen und sozusagen den «irdischen» Schicksalskreis darstellen. Aus den Feldern ersieht man, wie sich die typischen Eigenschaften eines Menschen, die durch Tierkreiszeichen und Planeten angedeutet sind, in seinem täglichen Handeln und Erleben ausdrücken.

Die astrologischen Felder zeigen, wie die Schwingungsmuster, die von Planeten und Tierkreiszeichen zusammen gebildet werden, zum Aurafeld der Erde in Beziehung treten. Die Erde ist der Ort, wo wir unser Leben leben; sie ist der entscheidende Faktor für die alltägliche, praktische Verwirklichung der andern astrologischen Kräfte.

Die Felder werden durch Raumkoordinaten bestimmt, welche Tierkreiszeichen- und Planetenstellungen auf die Horizontebene des Geburtsortes ausrichten. Die Schnittpunkte dieser Horizontebene mit der Ekliptik sind im Osten der Aszendent und im Westen der Deszendent. Dazu kommen die beiden Schnittpunkte der Meridianebene mit der Ekliptik, wobei der obere MC (Medium coeli), der untere IC (Imum coeli) heißt. Aszendent (Spitze des I. Feldes), IC (Spitze des IV. Feldes), Deszendent (Spitze des VII. Feldes) und MC (Spitze des X. Feldes) sind die vier Angelpunkte des Horoskops, die sogenannten «Eckfeld»-Spitzen, die als die wichtigsten und empfindlichsten Punkte des Geburtsbildes angesehen werden. Die übrigen acht Felderspitzen teilen die vier Quadranten – die Räume zwischen den Eckfeldspitzen – in drei Sektoren (Kreisabschnitte) von annähernd gleicher Größe, die sogenannten Felder. Die vier Quadranten mit je drei Feldern ergeben zusammen die zwölf Felder des Horoskops. Sie werden, beginnend mit dem Aszendenten, entgegen dem Uhrzeigersinn numeriert (mit römischen Ziffern) und umfassen im Prinzip je einen Zwölftelabschnitt des Kreises, was in unseren geographischen Breiten zwischen 15 und 45 Grad variiert.

Wenn die Geburtszeit nicht bekannt ist, kann die Stellung der Sonne als Aszendent angenommen werden. Bei dieser Art von «Sonnenhoroskop» kommt allerdings vorwiegend zum Ausdruck, wie sich die Angelegenheiten der Persönlichkeit von der schöpferischen Selbstdarstellung her entfalten und nicht von der Umweltsituation her, wie das bei den normalen Feldern der Fall wäre.

Die im folgenden angeführte Zuordnung von Zeichen und Planeten entspricht der des «natürlichen Tierkreises» (s. Abb. 2). Im individuellen Horoskop ist die Verteilung selbstverständlich jeweils anders.

Das erste Feld

Zeichen: Widder; Herrscher: Mars, Pluto; erhöht: Sonne

Die Spitze des ersten Feldes ist der Aszendent. Sein Motto lautet: «Ich bin.» Das Zeichen an der Spitze des ersten Feldes wird *aufsteigendes Zeichen* genannt. Es ist dies *der wichtigste und empfindlichste Punkt* im ganzen Horoskop. Er bildet den Bezugspunkt des Individuums zu seinem Leben: sein Selbstverständnis, die Art, wie es seine Erfahrungen verarbeitet und auf Umweltreize reagiert.

Jeder Planet, der im ersten Feld steht, besonders in Konjunktion mit dem Aszendenten, ist im höchsten Maß bedeutsam für den Grundcharakter des Geborenen und die Art seines Bewußtseins. Weitere Faktoren, die für die Deutung des ersten Feldes eine Rolle spielen, sind: das Zeichen an seiner Spitze; der Herrscher dieses Zeichens; jeder Planet, der einen Hauptaspekt zum Aszendenten bildet, und der Dispositor (siehe 7. Kap.) des Herrschers des Aszendentenzeichens.

Die genannten Faktoren, die das erste Feld bestimmen, zeigen die äußere Erscheinung und die persönlichen Eigenheiten des Geborenen an. (Die Zeichen und Felder, in denen die Sonne und der Mond stehen, geben ebenfalls Aufschluß über den physischen Grundtypus des Geborenen.) Die körperlichen Eigenschaften sind der Ausdruck seiner Lebenskraft, seines Ichs, und sind ein Gradmessen sowohl für seine Gesundheit und Vitalität als auch für die auf sie wirkenden Einflüsse.

Das erste Feld zeigt auch das früheste Milieu des Geborenen, die ersten auf ihn wirkenden Umwelteinflüsse, was sich mit der Entsprechung des ersten Feldes zum Tierkreiszeichen Widder begründen läßt, dem Zeichen des Neubeginns. (Der Aszendent ist im Horoskop der Hauptbezugspunkt und entspricht dem Frühlingsäquinoktialpunkt von null Grad Widder im Tierkreis, auf den als zentralen Knotenpunkt alle Kraftfelder des Zodiaks geometrisch und harmonisch ausgerichtet sind.)

Die Sonne, die im Widder erhöht ist, verkörpert den Schöpferwillen und das lebengebende Prinzip. Sie hat ebenfalls eine starke Beziehung zum Aszendenten und zum ersten Feld. Deshalb wird jemand, der die Sonne in Konjunktion oder sonst in einem starken Aspekt zum Aszendenten hat, sehr wahrscheinlich ein selbstbewußtes und kraftvolles Wesen sein, das einen starken Willen und eine positive Lebenseinstellung besitzt.

Mars und Pluto, die beiden Herrscher des Widders, haben ebenfalls starke Affinität zum ersten Feld und zum Aszendenten. Mars ist der Planet des physischen Handelns, das auf Wunschvorstellungen basiert, während Pluto der Planet der gedanklichen Energiesteuerung ist, die auf Willenskraft und Entschlossenheit beruht. Diese beiden Planeten äußerer und innerer Aktivität sind noch stärker zu bewerten, wenn sie irgendwie mit dem Aszendenten oder dem ersten Feld verbunden sind.

Das zweite Feld

Zeichen: Stier; Herrscher: Venus; erhöht: Mond

Das zweite Feld hat mit den materiellen Mitteln zu tun, die der Mensch (I. Feld) benötigt, um sich zu erhalten. Das Motto für das zweite Feld lautet: «Ich habe.» Materielle Vorräte anzuzapfen oder anzulegen, erfordert im allgemeinen dauernde, nicht nachlassende Anstrengungen. Und das zweite Feld steht in Beziehung zum Zeichen Stier, dem beständigsten aller Zeichen, denn es ist ja ein Erdzeichen (Erde ist das feste

Element) und damit das stabilste der vier Zeichen des fixen (festen) Vierecks. Die für die Erhaltung der persönlichen Existenz und Selbstdarstellung notwendigen Mittel stammen von der Erde. Das zweite Feld hat mit der Fähigkeit des Geborenen zu tun, Geld zu verdienen, um sich die Güter anschaffen zu können, die er braucht oder zu brauchen meint. Das zweite Feld zeigt nicht nur an, in welchem Maß und auf welche Weise der Geborene Güter erwerben, verwalten und verwenden kann, sondern es gibt auch Hinweise auf Menge und Art des beweglichen Besitzes, den er erwirbt.

Das Zeichen an der Spitze des zweiten Feldes, sein Herrscher, die Planeten, die seine Dispositoren sind, und die Zeichenstellungen und Aspekte der Planeten, die im zweiten Feld stehen, geben alle Hinweise darauf, wie der Geborene Gut und Geld erwirbt und verwendet. Diese Faktoren zeigen auch an, welche Probleme und Umstände bei diesen Vorgängen auftreten können. Auch Aspekte auf den Zeichenherrscher der zweiten Feldspitze können von Bedeutung sein.

Weil Venus (die Herrscherin von Stier) und Mond (der im Stier erhöht ist) im natürlichen Tierkreis mit dem zweiten Feld verbunden sind, können auch diese Planeten Aufschluß über die Angelegenheiten des zweiten Feldes geben.

Da der Erwerb von materiellen Gütern eine Zusammenarbeit verschiedenster menschlicher Kräfte erfordert, bringt das zweite Feld auch zum Ausdruck, daß der Geborene lernen muß, gegenüber seinen Mitmenschen und der Gesellschaft als Ganzem die Verantwortung des Sachwalters zu übernehmen. Wenn jemand für sich selbst Sicherheit und Frieden verwirklichen will, muß er auch für diejenigen, die von ihm abhängig sind, sichere Lebensgrundlagen schaffen.

Letztlich müssen die Geborenen durch die Erfahrungen des zweiten Feldes lernen, daß sie nicht selbstsüchtig Reichtum zu ihrem eigenen Vergnügen und Genuß anhäufen, sondern die erworbenen Mittel dazu verwenden sollen, um – je nach ihrem Vermögen – möglichst vielen Mitmenschen zu Nahrung, Unterkunft, Kleidung und Bildung zu verhelfen. Diejenigen, denen sie helfen können, werden ihrerseits wieder dazu beitragen, die menschliche Weiterentwicklung zu fördern.

Das dritte Feld

Zeichen: Zwillinge; Herrscher: Merkur

Das Motto des dritten Feldes lautet: «Ich denke.» Der Geborene muß aufgrund möglichst genauer Wahrnehmung, Erfahrung und Logik entscheiden, welche Methoden am wertvollsten sind, um mit den durch das zweite Feld repräsentierten Gütern umzugehen, und zu welchem Zweck diese Mittel verwendet werden sollen. Das setzt die Fähigkeit zu klarem Denken voraus: die Domäne des dritten Feldes. Es ist das denkende Bewußtsein, das beurteilt und entscheidet, worauf sich die Aufmerksamkeit und dann die seelische Energie richten sollen.

Wir erschaffen uns dauernd selbst im Bilde dessen, worauf unsere Gedanken gerichtet sind. Die emotionalen Reaktionen und das Handeln des Individuums folgen automatisch dem Grundmuster, das durch die Denkstruktur angelegt ist, und verstärken es damit gleichzeitig. So schaffen sich die Menschen durch ihre Gedankenmuster selbst ihr Geschick und erbauen sich ihren eigenen Himmel – oder ihre Hölle. Hier muß nun der unterscheidende Faktor des Merkur eingesetzt werden, um den Gedanken und Handlungen eine positive Richtung zu geben.

Weil das Zeichen des dritten Feldes, die Zwillinge, vom Merkur beherrscht ist, hat dieses Feld mit der Aufnahme, Verarbeitung und Weitergabe von Informationen zu tun. Es ist das Feld des praktischen Verstandes, und da zur Übermittlung mitmenschliche Beziehungen notwendig sind, ist es auch dieses dritte Feld, das den Kontakt zu Geschwistern, nahen Verwandten, Nachbarn und allgemein zu Menschen ausdrückt, mit denen man täglich Gedanken austauscht.

Das dritte Feld, sein Herrscher, die Planeten im dritten Feld sowie die Aspekte, die sie empfangen, geben wichtige Aufschlüsse über die Fähigkeit des Geborenen, zu denken und sich mitzuteilen, seine Art, Gedanken auszudrücken, und seine geistigen Reaktionen auf die Umwelt. Auch die Stellung und Aspekte des Merkur sind in dieser Hinsicht nicht unwichtig.

Unter das dritte Feld fallen Zeitschriften, Zeitungen, Bücher, das Schreiben, Briefe, Telefon, Fernsehen, Radio und das Sprechen, alles was der zwischenmenschlichen Verständigung und dem Informationsaustausch dient. So gehören zum dritten Feld auch die kleinen Ortsveränderungen, das Kommen und Gehen, das uns mit Menschen in Kontakt bringt, die wir durch unser Denken beeinflussen und die umgekehrt uns beeinflussen.

Das dritte Feld zeigt an, welches geistige Rüstzeug der Geborene bei seiner Geburt mitbekommen hat; dies entspricht allerdings nicht ganz dem vollen Ausmaß des reifen Geistes, der gelernt hat, kraft einer höheren Intuition, die ihn mit dem universellen Bewußtsein verbindet, die Grenzen des eigenen Ichs zu überschreiten. (Diese Intuitionsfähigkeit ist mit dem Bewußtsein einer allgemeinen Gesellschaftsordnung verbunden und wird durch die Herrschaft des Jupiter über den Schützen und das neunte Feld ausgedrückt. Zu ihrer Blüte gelangt diese Intuition in den Fischen und im zwölften Feld, wo die unbegrenzte höhere Intuitionsgabe des Neptun das Feld beherrscht. Der Geist wird vollendet und vorbereitet für den Einfluß höherer Weisheit durch kluges und zielgerichtetes Arbeiten und Denken, wie es im Zeichen Jungfrau und dem sechsten Feld ausgedrückt ist, die auch von Merkur beherrscht werden.)

Das dritte Feld ist also erst der Beginn der Entfaltung des Geistes. Hier beschränkt er sich noch auf das praktische Alltagsdenken. Diese Einschränkung schmälert aber keineswegs die Bedeutung dieses Feldes im Vergleich zu den andern geistigen (beweglichen) Feldern. Ohne klare Logik, Wahrnehmung und Kommunikation verkümmern die höheren intuitiven Fähigkeiten, indem sie die Neigung zu abergläubischen Vorstellungen und Irrlehren fördern und ihre Funktion, zum Wohl der Menschheit beizutragen, einbüßen. Deshalb ist die Entwicklung eines sachlichen und logischen, auf die Praxis bezogenen Urteilsvermögens, wie es vom dritten Feld repräsentiert wird, die notwendige Vorbedingung für jede höhere geistige Entwicklung.

Das vierte Feld

Zeichen: Krebs; Herrscher: Mond; erhöht: Jupiter und Neptun

Das vierte Feld umfaßt die Umweltbedingungen, die wir uns selbst geschaffen haben, in erster Linie das Zuhause. Wenn wir uns Güter aneignen, bauen wir uns eine Ausgangsbasis auf, die für uns einen sicheren Hort darstellt. Dieses Prinzip wird am deutlichsten im Heim verkörpert, dem Ort, wo wir die Dinge, durch die wir uns erhalten und ausdrücken, schließlich sammeln, organisieren und verwenden. Dem vierten Feld unterstehen Heim, Nahrungsmittel, Wäsche und alle Haushaltartikel. (Man kann aus den Dingen, mit denen sich Menschen umgeben, sehr viel über ihre mentalen und emotionalen Anlagen ablesen. Ein Durcheinander in der engsten Umgebung läßt fast sicher auf ein konfuses, undiszipliniertes und unordentliches Denken schließen.)

Das vierte Feld entspricht auch dem Land – der Bühne, auf der sich das Drama des Lebens abspielt. Alle Menschen eignen sich ein Stück Erdoberfläche an, das sie nutzen, das sie «Heimat» und im engeren Sinne «Heim» nennen, und wo sie ihren Besitz ansammeln. In einem erweiterten Sinne kann unser Heim auch das uns vertraute mentale und emotionale Milieu bedeuten, in dem wir uns wohl fühlen.

Dieses innere, seelische Zuhause tragen wir mit uns, wo immer auf der Welt wir auch sein mögen. Es ist unsere unbewußte Reaktionsweise und unsere gefühlsmäßige Veranlagung.

Das vierte Feld entspricht dem Zeichen Krebs, das vom Mond beherrscht wird. Der Mond stellt das weibliche reflektiv-reaktive Prinzip dar, das sich im Unbewußten und in automatischen Gefühlsreaktionen äußert. Diese Gefühlsreaktionen und Gewohnheiten werden weitgehend in der frühen Jugend aufgebaut. So hat das vierte Feld auch viel mit Vererbung und dem Lebensbeginn zu tun, wo wir dem Einfluß der Eltern, ganz besonders der Mutter, stark unterworfen sind; aber auch mit dem Lebensende, wenn wir den äußeren und inneren Bedingungen folgen, die wir uns selbst geschaffen haben und dann nicht mehr ändern können. Für den physischen Leib stellt das vierte Feld auch seinen endgültigen Ruheplatz in der Erde dar.

Das fünfte Feld

Zeichen: Löwe; Herrscher: Sonne; erhöht: Pluto

Das fünfte Feld ist das Feld der schöpferischen Selbstdarstellung. Es setzt die Reihe der Entwicklungsstadien des Individuums fort: Wenn einmal ein handelndes Ich (I. Feld) da ist, materielle Mittel (2. Feld), ein «Kopf», der den Einsatz der Mittel unter Kontrolle hält (3. Feld) und eine sichere Ausgangsbasis (IV. Feld), ist das Individuum zu schöpferischer Selbstdarstellung und zu geistiger und physischer Fortpflanzung bereit.

Das fünfte Feld beherrscht die Kinder des Leibes und des Geistes und hat mit allen schöpferischen Künsten zu tun, vor allem der Darstellungskunst, auch mit Liebesverhältnissen, Vergnügungen und Vergnügungszentren, Parties, gesellschaftlichen Anlässen und Spiel (auch um Geld, einschließlich Börsenspekulationen). Es betrifft auch die Kinder und die mit ihrem Aufwachsen und ihrer Erziehung verbundenen Angelegenheiten, das Lehren, den Sport und alle Funktionen – gesellige und andere –, bei denen man nach schöpferischer Selbstverwirklichung und gesellschaftlicher Anerkennung strebt.

Nachdem schöpferische Tätigkeit eine andauernde Willensanstrengung verlangt, ist es natürlich, daß der Löwe, ein festes, schöpferisches Feuerzeichen, das von der Sonne beherrscht wird, dem fünften Feld entspricht. Hier werden die dynamischen Kräfte des Ichs durch die Macht der Sonne, durch die Liebe zum Erschaffen und Dramatisieren ausgedrückt. Das Individuum ist erfüllt von Lebensfreude und sucht das gleiche Lebensgefühl auch bei der geliebten Person. Aus dieser Vereinigung geht neue Nachkommenschaft hervor, und das Leben findet seine Erfüllung. So ist das fünfte Feld ein Ort der Kraft, wo die universelle Lebensmacht der schöpferischen Sonnenenergie ihren Ausdruck findet, indem sie durch das individuelle Ich des Geborenen wirkt. Im fünften Feld hat der Mensch die Gelegenheit, Gottes Mit-Schöpfer zu werden.

Das sechste Feld

Zeichen: Jungfrau; Herrscher: Merkur

Das sechste Feld betrifft die harte Arbeit und geeignete Methoden, die es ermöglichen, das, was im fünften Feld schöpferisch vorgebildet wurde, zur Reife zu bringen. Das sechste Feld, die Planeten in diesem Feld, der Herrscher und die Aspekte zu diesen Planeten lassen Schlüsse auf die Einstellung des Geborenen zu Arbeit und Dienstleistungen zu, auf seine Fähigkeit, nutzbringende Aufgaben zu übernehmen und sein Denken für praktische Zwecke einzusetzen.

Wie Edison einmal sagte: «Eine Erfindung ist zu fünf Prozent Inspiration und zu fünfundneunzig Prozent Transpiration.» Im sechsten Feld muß der Geborene lernen, sich selbst zu bescheiden, den Glanz der weiten Lebensbühne und des Im-Rampenlicht-Stehens aufzugeben, um die vielschichtigen Verästelungen und die untergeordneten Aufgaben kennenzulernen, die im menschlichen Leben eine ebenso wichtige Rolle spielen.

Der Schlüssel zum Verständnis des Universums liegt darin, die Struktur eines einzelnen Atoms im Detail verstehen zu lernen. Die feinsten Wirkungsweisen der inneren Kräfte des Mikrokosmos zu erfassen, die die äußeren Erscheinungen erst möglich machen, ist eine schwierige und verzwickte Aufgabe. Das disziplinierte Training des Geistes (Merkur), das für ein umfassendes Verständnis des Lebens erforderlich ist, verlangt, daß der Geborene Konzentration und Tüchtigkeit erlernt durch Hingabe an seine Arbeit und das Übernehmen von Dienstleistungen in Form von praktischen (Jungfrau) Aufgaben und Verantwortlichkeiten. Wir sehen dergestalt, wie wichtig das sechste Feld im Lernprozeß ist. Offensichtlich ist die Leistung, die einer vollbringt, direkt abhängig von der Art, dem Grad und dem Maß der formalen oder praktischen Erziehung, die er genossen hat, um ihn für seine Arbeit (die vom sechsten Feld repräsentiert wird) vorzubereiten.

Einen Teil der Verantwortung für das Detail lernt man, indem man richtig für einen gesunden Körper sorgt und sich ihn erhält, da er ja ein wichtiges Instrument ist, um nützliche Dienste zu leisten. In diesem Sinne zeigt das sechste Feld Gesundheit und deren Mängel und die Einstellung des Geborenen zu Gesundheit und Krankheit. Das sechste Feld hat auch mit Diät und der Zubereitung des Essens zu tun. Es beherrscht die Kleider, die den Körper schützen, und die Pflege der äußeren Erscheinung oder deren Fehlen. Durch die Kleidung ergibt sich eine sehr subtile Kommunikationsmöglichkeit, worin sich wieder die Bedeutung des Merkurs bemerkbar macht.

Die ersten sechs Felder des Horoskops haben eine persönliche Bedeutung. Das erste Feld hat mit dem Selbst zu tun, das zweite mit Erwerb, das dritte mit praktischem Denken, das vierte mit einer persönlichen Ausgangsbasis, das fünfte mit schöpferischer Selbstverwirklichung und das sechste mit Selbstverbesserung durch Arbeiten und Dienen. Der größere Teil unseres Lebens jedoch betrifft Beziehungen zu anderen Menschen und zur menschlichen Gesellschaft im weitesten Sinne. Die zweiten sechs Felder des Horoskops haben nun mit zwischenmenschlichen Gruppenbeziehungen zu tun.

Die zweiten sechs Felder und die letzten sechs Zeichen des Tierkreises geben die Bedeutungen der ersten sechs Felder und Zeichen, vom Standpunkt der Gruppe oder von einem gesellschaftlichen Rahmen her gesehen, wieder. Sie zeigen die Reaktion, das Benehmen und die Anpassung des einzelnen innerhalb der menschlichen Gemeinschaft.

Das siebente Feld

Zeichen: Waage; Herrscher: Venus; erhöht: Saturn

Im siebenten Feld kommt das «Ich bin»-Selbst in direkten Kontakt mit dem Nicht-Selbst. Das Motto für das siebente Feld ist «Wir sind.» Dieses Feld betrifft alle direkten engen persönlichen Beziehungen zu anderen und läßt die Art der Reaktionen von andern Leuten auf unsere Handlungen erkennen. Dieses Feld kann auch das erste Feld von Personen repräsentieren, mit denen man sich einläßt, und beschreibt deshalb auch den Typus des Partners, den man am ehesten anziehen würde – sei es für eine Ehe oder eine andere enge Beziehung.

Venus herrscht über dieses Feld und schafft die Bande der Liebe und gegenseitigen Harmonie, die dann Heirat und intime Freundschaften möglich machen. Das siebente Feld vereint in sich: Ehebeziehungen, enge Freundschaften, Publikumskontakte, rechtliche Angelegenheiten und das Aufstellen von Verträgen und Übereinkünften (während das dritte Feld mit dem Vertrag selbst zu tun hat).

Wegen der Bedeutung des Saturn ist das siebente Feld eng mit dem Wirken des Karma verbunden, dem Gesetz des Ausgleichs, das jeden einzelnen angeht: Was der einzelne für die Welt tut, das gibt die Welt ihm wieder. Das siebente Feld, sein Herrscher und die darin stehenden Planeten zeigen an, wie sich dieses karmische Lebensgesetz entfaltet.

Da Venus auch mit dem Geld-Zeichen Stier in Verbindung steht und Saturn mit Geschäftsvereinbarungen zu tun hat, beherrscht das siebente Feld auch den Handel. (Geschäfte zu machen, bedeutet, mit andern Gesellschaften oder dem Publikum zu verhandeln. Deshalb gehören zum siebenten Feld auch Geschäftsverkehr und Public Relations.)

Das achte Feld

Zeichen: Skorpion; Herrscher: Pluto und Mars; erhöht: Uranus

Das achte Feld ist das Feld der gemeinsamen Güter, so, wie das gegenüberliegende (2.) Feld das des persönlichen Besitzes ist. Sein Motto lautet: «Wir haben.» Folglich hat das 8. Feld mit Gesellschaftsgeldern zu tun, mit geerbten Geldern oder Gütern, Versicherungen und Steuern, mit Geld, das aus gemeinsamen Anstrengungen stammt oder Geld, das dem Ehe- oder Geschäfts-Partner gehört. Die niederen selbstsüchtigen Wünsche, die mit Mars und Skorpion verbunden sind, können Auseinandersetzungen über gemeinsamen Besitz hervorrufen, zumeist weil einzelne Individuen den Reichtum der Gruppe für ihr eigenes Großmeiertum verwenden wollen. Im Lauf der Geschichte haben solche Motive und Handlungsweisen immer wieder zu Krieg (Mars) und Tod (Skorpion) geführt (das 8. Feld wird mit Tod und Zerstörung in Verbindung gebracht).

Als polarer Gegensatz zum zweiten Feld hat das achte auch mit der Auflösung materieller Formen, der Rückverwandlung in Energie zu tun. Es betrifft deshalb den leiblichen Tod und die damit verbundenen praktischen Dinge: Begräbnisse, Testamente und Legate. Es betrifft auch die Loslösung des dem Körper innewohnenden geistigen Wesens und seine Rückkehr zu höheren Ebenen. Deshalb steht das achte Feld mit den höheren Energien in Verbindung, die die inneren Ursachen aller physischen Erscheinungen sind, und hat mit dem Okkulten und solchen Wissenschaftszweigen wie Parapsychologie, höhere Mathematik und Atomphysik zu tun. Durch die Erhöhung von Uranus im Skorpion und die Herrschaft von Pluto ist das achte Feld mit inneren mystischen Erfahrungen verbunden. Der Mensch kommt mit Seinsebenen in Verbindung, die außerhalb der Reichweite seiner fünf Körpersinne liegen, und kann auch bisweilen mit Menschen Kontakt aufnehmen, die nicht körperlich inkarniert sind.

Das neunte Feld

Zeichen: Schütze; Herrscher: Jupiter und Neptun

Das siebente Feld umfaßt das Prinzip: «Wir sind», das achte Feld das Prinzip «Wir haben», und das Motto des neunten Feldes heißt: «Wir denken» (als Gegenüber des dritten Feldes mit dem Motto: «Ich denke»). Das neunte Feld enthält alle großen gemeinsamen Gedankengebäude, wie sie in Philosophie, Religion, religiösen Institutionen, Rechtssystemen, Gesetzen und höheren Lehranstalten Gestalt annehmen. Kurz, das neunte Feld beherrscht alle Einrichtungen, in denen die im Laufe der Zivilisation entwickelten Grundideen verkörpert und gelehrt werden. Es ist auch mit den Lehren verbunden, durch die geistige und philosophische Unterweisungen den nachfolgenden Generationen weitergegeben werden. Außerdem bezieht sich das neunte Feld auf Kenntnisse, die durch Reisen erworben wurden: Auf Reisen kann der Mensch ein breiteres Spielfeld menschlicher Kultur erfahren.

Mangelhafte Formung des Besitztums würde zu Zerstörung und Chaos führen. Deshalb ist es wichtig, daß ein gemeinsames universales Denken, wie es durch das neunte Feld ausgedrückt wird, persönliche und gemeinsame Handlungen steuert. Durch die höhere Erleuchtung, die von den intuitiven und expansiven Kräften der Planeten Neptun und Jupiter kommt, die das Prinzip der universellen Liebe verkörpern, können die Menschen mit dem kosmischen Bewußtsein in Verbindung treten. Dadurch wird ihnen die nötige geistige Inspiration verliehen, um den Umgang mit ihren Mitmenschen harmonisch zu gestalten. Diese höhere Inspiration steht am Ursprung aller großen Religionen der Welt. Das neunte Feld, sein Herrscher, Planeten, die darin stehen, und die Aspekte zu diesen Planeten lassen die Fähigkeiten des Geborenen erkennen, die höheren Inspirationsstufen zu erreichen, seine Weisheit zu entfalten und ein Gemeinschaftsbewußtsein zu entwickeln.

Das zehnte Feld

Zeichen: Steinbock; Herrscher: Saturn; erhöht: Mars

Das zehnte Feld hat mit der öffentlichen Stellung des einzelnen in seinem Verhältnis zur Gesellschaft zu tun (im Gegensatz zu seiner persönlichen Sphäre, die im vierten Feld ausgedrückt wird). Es hat mit der Erfüllung von Pflichten gegenüber der Welt zu tun und betrifft den beruflichen und öffentlichen Leumund, Ehre oder Unehre, die Karriere und die Beziehungen zu politischen oder gesellschaftlichen Machtinstitutionen.

Während das vierte Feld die gesellschaftliche Stellung und die Bildungsstufe anzeigt, in die der Horoskopeigner hineingeboren wurde, zeigt das zehnte Feld, ob er diese Position behalten kann, darüber hinaussteigt oder darunter absinkt.

Das zehnte Feld, das Zeichen an seiner Spitze, sein Herrscher, die Planeten darin und die Aspekte zu ihnen zeigen die Fähigkeit (oder Unfähigkeit), zu einer wichtigen Stellung in der Welt aufzusteigen. Es zeigt, wie ehrgeizig einer ist, und wie dieser Ehrgeiz sich äußert. Es läßt auch erkennen, ob der Geborene von Vorgesetzten Gunst oder Ungunst erfahren wird.

Das Streben nach Macht und Stellung ist eng verbunden mit dem Begierdeprinzip des Mars, das zum Handeln drängt (Mars ist im Steinbock erhöht). Wenn aber dieser Ehrgeiz in einen rücksichtslosen Kampf um die Macht ausartet, so sorgt Saturn dafür, daß der Geborene von seiner angemaßten hohen Stellung stürzt oder gestürzt wird – das Gesetz von Ursache und Wirkung kommt ins Rollen.

Die Verbindung mit Saturn bringt auch deutlich zum Ausdruck, wieviel Organisation, Selbstdisziplin, harte Arbeit und Geduld der Geborene aufzubringen bereit ist, um eine gesellschaftliche Stellung zu erreichen. Nachdem Saturn in der Waage erhöht ist, die mit allgemeinen Verbindungen und mit Gerichtsbarkeit zu tun hat, ist die Stellung des Geborenen nur gesichert, wenn sein Ansehen beim großen Publikum gefestigt ist und seine Geschäfte ehrenhaft sind.

Politisch gesehen, entspricht das zehnte Feld der Regierungsausübung, Leuten in hohen Machtpositionen und öffentlichen Machtinstitutionen der Regierung im allgemeinen.

Das elfte Feld

Zeichen: Wassermann; Herrscher: Uranus und Saturn; erhöht: Merkur

Das elfte Feld bezieht sich auf den schöpferischen Ausdruck in der Gruppe im Gegensatz zur individuellen schöpferischen Selbstdarstellung (im gegenüberliegenden V. Feld).

Dieses Feld, die darin stehenden Planeten, das Zeichen an seiner Spitze und die Aspekte zu seinem Herrscher oder den darin stehenden Planeten zeigen die Fähigkeit des Geborenen an, Gruppenbeziehungen einzugehen, Freundschaften zu schließen, Gedanken auszutauschen und an Ideen von universellem Interesse mitzuarbeiten. Auch wie er diese Dinge unternimmt, wird durch die Faktoren des elften Feldes dargestellt. Der Gedankenaustausch und die Denkfähigkeit, die in diesen Dingen notwendig sind, werden durch die Erhöhung des Merkur im Wassermann ausgedrückt. Es ist ein gewisser Sinn für Loyalität und gegenseitige Verantwortlichkeit vorhanden, verbunden mit der Bereitschaft, für gemeinsame Ziele zu arbeiten, wie dies durch die Mitregentschaft des Saturn im Wassermann angedeutet wird.

Das elfte Feld hat mit Freundschaften und humanitären Unternehmungen zu tun und schenkt dem Individuum die Freiheit des geistigen Ausdrucks. Die persönliche Selbstverwirklichung im fünften Feld gilt in erster Linie der gefühlsbetonten Selbstgefälligkeit, ihr Hauptanliegen ist – direkt oder indirekt – der Sexualtrieb.

Die schöpferische Gruppenverwirklichung im elften Feld findet auf einer höheren geistigen Ebene statt – sie ist intuitiv und frei von Gefühlsbindungen und gewährt dem Individuum mehr echte Freiheit.

Das elfte Feld ist unpersönlicher, weil die hohen geistigen Prinzipien Merkur, Saturn und Uranus, die durch den Wassermann mit ihm verbunden sind, eher mit der unpersönlichen Wahrheit zu tun haben als mit der Geltendmachung des individuellen Ich.

Das zwölfte Feld

Zeichen: Fische; Herrscher: Neptun und Jupiter; erhöht: Venus

Das zwölfte Feld bezieht sich auf die seelische Gesundheit des Geborenen im Verhältnis zu andern und auf die Gesundheit und das Wachstum der Gesellschaft als Ganzes (im Gegensatz zum Gesundsein und Dienen des einzelnen, wie sie im VI. Feld dargestellt sind). Das zwölfte Feld und die mit ihm im Horoskop verbundenen Faktoren lassen viel über die für den Geborenen charakteristischen Gefühlsreaktionen und Gewohnheitsmuster erkennen. Das zwölfte Feld beherrscht das Unbewußte, die Anhäufung von unbewußten Erinnerungen und gefühlsmäßigen Erfahrungen und Haltungen. Der «Pferdefuß» des zwölften Feldes ist die Möglichkeit von Gefühlshemmungen, des Festgefahrenseins in unbewußten Gewohnheiten und von automatischen Reaktionen, die der jeweiligen Situation nicht angepaßt sind. (Diese Verhaltensweise beruht auf irrationalen unbewußten Reaktionen, die darauf eingestellt sind, Angenehmes zu erstreben und Unangenehmes zu vermeiden.)

Das Rückverbundensein mit vergangenen seelischen Erfahrungen kann zu Selbstmitleid führen und der Neigung, sich von der Pflicht, in der Gegenwart zu leben, zu drücken. Diese Tendenz, in die Vergangenheit zu entfliehen, ist ein weiterer Fallstrick des zwölften Feldes, der zu einer illusionären Lebensform führen kann. Oft entsprechen beim Geborenen die innere Vorstellungswelt und die Wahrnehmung der Wirklichkeit nicht der physischen Realität (was der allgemeinen Definition von Verrücktheit oder Geisteskrankheit entspricht). Das zwölfte Feld läßt den Lebensbereich erkennen, auf dem der Mensch am leichtesten bereit ist, sich zu täuschen.

Auf der anderen Seite kann das zwölfte Feld zu großer Weisheit und Verständnistiefe führen. Die mit dem Zeichen Fische verbundenen Planeten sind alle mit dem emotionalen Liebesprinzip eng verknüpft, und der höchste Ausdruck des Liebesprinzips ist die Einfühlung, die durch die Erhöhung der Venus in den Fischen ausgedrückt wird. Aus diesem mitfühlenden Verständnis entsteht die Großzügigkeit gegenüber den vom Glück weniger Bevorzugten, wie sie durch die Mitregentschaft des Jupiter angezeigt wird.

Das zwölfte Feld kann den Weg für mystische Inspiration darstellen. Die Persönlichkeit ist mit Hilfe der imaginativen Fähigkeiten der Seele (die unter Neptun stehen) für Inhalte höherer Bewußtseinsebenen empfänglich und bereit, die von dort erlangte Weisheit aufzunehmen. Die Möglichkeit, die Reichtümer der Imagination auszuschöpfen, fördert künstlerisches Schaffen, wie es oft mit dem zwölften Feld in Verbindung steht.

Auf einer mehr weltlichen Ebene hat das zwölfte Feld mit Spitälern, psychiatrischen Anstalten, Gefängnissen, abgeschlossenen Räumen, Klöstern und anderen religiösen Meditationszentren und mit allen einsamen Stätten zu tun, wo karmische Probleme herausgearbeitet werden können und ein Kontakt zur inneren Seinsschicht möglich wird.

Das zwölfte Feld, unter dem das unbewußte Gedächtnis steht, ist das Feld, das am engsten mit dem Karma verknüpft ist. Es enthält die Erinnerung an alle unsere früheren Taten oder Untaten und verbindet uns – ob wir uns dessen bewußt werden oder nicht – mit allem, was eine ähnliche «Schwingungsfrequenz» aufweist. Das zwölfte Feld zeigt auch die geheimen Feinde, weil wir durch die unbewußten Erinnerungsmuster und unbewußte Telepathie mit den Menschen verbunden sind, die wir in der Vergangenheit verletzt haben oder von denen wir verletzt wurden.

Das Individuum kann die Beschränkungen des zwölften Feldes nur überwinden, indem es die ihm von seinem Karma auferlegten Einschränkungen bewußt annimmt. Wir können nur zu Bewußtseinsstufen und Umständen durchdringen, deren Same bereits in uns angelegt ist. So sind wir unsere eigenen Gefangenen. Nur, wenn wir bewußt diese Bedingungen erkennen und anerkennen und sie in uns selbst zu verbessern bereit sind, können wir die Grenzen des zwölften Feldes überschreiten.

6. DIE PLANETEN IN DEN ZEICHEN UND FELDERN

Die Beziehungen zwischen Planeten, Zeichen und Feldern lassen sich am Beispiel einer Theateraufführung illustrieren: Die Planeten sind die Schauspieler; sie stellen die psychologischen Haupttendenzen eines Individuums dar. Das Zeichen, in dem ein Planet steht, entspricht seiner Rolle, die zeigt, wie das Individuum an die Dinge herangeht oder welche Ausdrucksweisen es einsetzt, um seine Ziele zu erreichen. Das Feld, in dem ein Planet steht – unabhängig vom Tierkreiszeichen – kann man als die Bühne und die Kulissen betrachten, auf und zwischen denen sich das Stück abspielt. Die Aspekte zwischen den Planeten lassen sich mit den gegenseitigen Beziehungen der verschiedenen Figuren des Stückes vergleichen; sie lassen die Anlage, den Aufbau und die Handlung des Schauspiels erkennen.

Wir werden im folgenden bei jedem Planeten zuerst auf seine Stellung in den einzelnen Zeichen eingehen, da sich hier die Grundtriebe eines Individuums zeigen; anschließend analysieren wir dann die Stellung in den Feldern.

Die Sonne in den Zeichen

Diese Entsprechungen können Sie im 3. Kapitel nachlesen.

Die Sonne in den Feldern

Die Stellung der Sonne in den Feldern zeigt die Lebensgebiete an, die am stärksten von den Auswirkungen des persönlichen Kraftpotentials betroffen werden. Sie läßt darauf schließen, wie und wo das Individuum sich durch seinen schöpferischen Ausdruck und den Einsatz seiner Willenskraft auszeichnet und Geltung verschafft.

Die Sonne im ersten Feld

Die Sonne im ersten Feld, insbesondere in Konjunktion mit dem Aszendenten, läßt auf einen starken Willen schließen, auf gute Lebenskraft und starkes Selbstbewußtsein. Menschen mit dieser Stellung zeigen viel Unternehmungsgeist. Sie sind wahre Führernaturen und lassen sich durch die Meinungen oder Wünsche anderer nicht so rasch von ihren Zielen abbringen. Sie wissen ganz genau, was sie wollen, und sind ausgesprochene Individualisten. Sie verfügen über sehr viel Energie und Regenerationskraft, die ihnen helfen, körperliche Störungen oder Erkrankungen rasch zu überwinden.

Ihre Energie macht sie erfolgssüchtig, und sie sind bereit, lange und hart zu arbeiten, um in den Augen der Welt Ansehen und Wertschätzung zu erlangen. Für sie ist es eine unabdingbare Notwendigkeit, sich als bedeutende und anerkannte Persönlichkeit zu fühlen.

Bei schlechter Bestrahlung kann die Sonne im ersten Feld übertriebenen Stolz, Egoismus, Übereifer, falsche Ambitionen und Herrschsucht bedeuten.

Die Sonne im zweiten Feld

Die Sonne im zweiten Feld bezeichnet Menschen, deren Aufgabe es wäre, Geld und Besitz aufbauend zu verwenden: in einer Weise, die das Leben als Ganzes fördert und nicht nur der eigenen Befriedigung dient.

Die Konstellation gibt einen wichtigen Hinweis darauf, in welcher Weise die Person Reichtum erwerben und verwenden wird. Wenn die Sonne zum Beispiel in den Zwillingen im zweiten Feld steht, wird der

Betreffende wahrscheinlich durch eine intellektuelle Tätigkeit Geld als Manager verdienen und es für Geselligkeit, Abenteuer oder Theaterbesuche ausgeben. Auf jeden Fall sind diese Menschen erpicht darauf, Geld zu verdienen, weil ihr ganzes Wollen und Trachten darauf ausgeht, finanzielle Unabhängigkeit zu erreichen.

Bei ungünstigen Aspekten auf die Sonne im zweiten Feld mögen diese Menschen meinen, sie könnten allein durch Reichtum Ansehen erlangen. Sie neigen dazu, andern ihren Willen aufzuzwingen, um sich selbst zu bereichern. Außerdem verschwenden sie leicht Geld für teuren Luxus, um sich aufzuspielen und ihr Selbstgefühl zu befriedigen.

Die Sonne im dritten Feld

Die Sonne im dritten Feld zeigt die Neigung an, sich auf intellektuellem Gebiet hervorzutun. Daraus ergeben sich wissenschaftliche Interessen und das Streben, sich Wissen anzueignen, um die inneren Mechanismen von Lebensprozessen zu verstehen. Infolge ihrer Wißbegierde sind diese Menschen stets an der Erforschung neuer Dinge interessiert, vor allem im Hinblick auf jene Angelegenheiten, die vom Sonnenzeichen regiert werden.

Diese Menschen haben auch den Wunsch, zu reisen und alle in ihrem Lebensbereich liegenden Möglichkeiten zu erkunden. Geschwister und Nachbarn spielen in ihrem Leben im allgemeinen eine große Rolle. Sie legen großen Wert darauf, eigene Ideen zum Ausdruck zu bringen und anderen mitteilen zu können.

Bei ungünstiger Aspektierung der Sonne im dritten Feld kann sich intellektuelle Arroganz und Snobismus sowie eine Tendenz, anderen Ideen aufzuzwingen, bemerkbar machen.

Die Sonne im vierten Feld

Die Stellung der Sonne im vierten Feld deutet auf den lebhaften Wunsch nach Familie und einem gesicherten Heim. Menschen mit dieser Stellung der Sonne sind stolz auf ihr Familienerbe und können eine aristokratische Einstellung zeigen. Sie möchten aus ihrem Heim ein Schaustück für alles Schöne und Künstlerische machen. In welchem

Ausmaß und in welcher Form dies geschieht, hängt von den finanziellen Mitteln und vom sozialen Status des Betreffenden ab.

Der erste Teil seines Lebens ist im allgemeinen ein harter Kampf um den Aufstieg, während gegen Ende des Lebens Wohlstand und Sicherheit zunehmen.

Menschen mit der Sonne im vierten Feld sind im allgemeinen heimat- und naturverbunden und streben oft nach Landbesitz und einem eigenen Haus.

Ist die Sonne im vierten Feld ungünstig aspektiert, kann übertriebener Familienstolz, eine Unfähigkeit, mit den Eltern auszukommen, und eine Tendenz, den Haustyrannen zu spielen, festgestellt werden. Menschen mit dieser Stellung wollen in der Regel das unumstrittene Oberhaupt ihrer Familie sein und über einen gewissen Besitz verfügen, mit dem sie nach Gutdünken verfahren können.

Die Sonne im fünften Feld

Die Stellung der Sonne im fünften Feld gibt Lebenslust und einen starken Willen zu schöpferischer Selbstdarstellung. Die Geborenen suchen Geselligkeit und Vergnügen und wollen bemerkt und geschätzt werden. Sie sind äußerst ehrgeizig und haben eine Vorliebe für Musik, Theater und andere künstlerischen Betätigungen, manchmal auch für Sport. Sie geben sich möglichst dramatisch und sind stets auf der Suche nach Vergnügungen und Abenteuern. Sie haben ein sonniges, heiteres Gemüt und ziehen viele Freunde an. Manchmal scheinen sie jedoch kindlich naiv und egozentrisch zu sein. Weniger entwickelten Individuen kann es an Reife und Feingefühl mangeln. Sie sind oft eingebildet und theatralisch wie eine Primadonna.

Diese Menschen gehen oft aus beinahe blindem Selbstvertrauen große Risiken ein. Sie lieben Kinder und sind aktiv an deren Entwicklung und Erziehung interessiert. Es ist jedoch möglich, daß sie nur wenige oder gar keine eigenen Kinder haben, falls die Sonne in einem Feuerzeichen – Widder, Löwe, Schütze – steht.

Geborene mit dieser Sonnenstellung sind feurige Liebhaber. Es kann eine alles verzehrende Leidenschaft sein, wenn sie in eine Liebesaffäre verwickelt sind. Nichtsdestoweniger sind sie durchaus fähig, einem Partner in ihrer Liebe treu zu sein. Befindet sich aber die Sonne im

Stier oder Skorpion, kann sich Besitzgier und Eifersucht bemerkbar machen.

Die Sonne im sechsten Feld

Im sechsten Feld bedeutet die Sonne eine zarte Gesundheit, die eine sorgfältige Ernährung, ja oft eine angemessene Diät erfordert. Die Rekonvaleszenz nach einer Erkrankung kann langwierig sein. Menschen mit der Sonne im sechsten Feld suchen sich durch ihre Arbeit und Dienstleistungen hervorzutun. Meist sind sie ausgezeichnete Arbeiter, weil sie auf ihre Arbeit stolz sind. Sie brauchen jedoch offenkundige Anerkennung. Bleibt diese aus, zeigen sie sich ihren Vorgesetzten und Mitangestellten gegenüber mißgelaunt und neigen dazu, den Arbeitsplatz zu wechseln. Vorgesetzte mit dieser Sonnenstellung verhalten sich ihren Angestellten gegenüber oft streng und autoritär; Angestellte mit dieser Stellung beanspruchen besondere Vorrechte und wollen als Gleichberechtigte behandelt und anerkannt werden.

Ist die Sonne im sechsten Feld günstig aspektiert, weiß der Geborene instinktiv, wie er für seine Gesundheit sorgen muß. Er kann auch einen Beruf ergreifen, der mit Gesundheit in Zusammenhang steht, zum Beispiel auf dem Gebiet der Krankenpflege, Pharmakologie oder Medizin. Es wird ihm nicht schwerfallen, eine gutbezahlte Stelle zu finden. Bei ungünstiger Aspektierung hingegen wird das Gegenteil der Fall sein, er kann längere Zeit arbeitslos sein. Das Selbstbewußtsein und die eigene Wertschätzung hängen bei diesen Menschen unmittelbar von der geleisteten Arbeit ab.

Die Sonne im siebten Feld

Menschen mit der Sonne im siebten Feld geben ihr Wesentliches in der engen persönlichen Beziehung zu Partnern. Ist die Sonne günstig aspektiert, werden sie starke, fähige und loyale Freunde gewinnen. Die Ehe ist für ihr Leben von allergrößter Bedeutung, und wenn die Aspekte zur Sonne günstig sind, werden sie starke und treue Ehepartner anziehen, die einer anhaltenden Zuneigung fähig sind. Bei ungünstigen Aspekten zur Sonne besteht die Gefahr, daß einer der Partner den anderen beherrscht. Der Betreffende mag dann dazu neigen, anderen seinen Willen aufzuzwingen. In solchen Fällen deutet die Stellung der Sonne darauf hin, daß er lernen muß, mit anderen zusammenzuarbeiten und deren Persönlichkeit zu respektieren.

Liegt keine Beeinträchtigung der Sonne vor, kann nach der Heirat der Lebenserfolg dauernd zunehmen. Diese Stellung fördert Popularität und ist gut für Vereinbarungen mit Vorgesetzten und ein selbstbewußtes Auftreten. Menschen mit dieser Sonnenstellung sind besonders geschickt auf den Gebieten der Public Relations und könnten gute Geschäfts- oder Werbefachleute werden.

Die Sonne im achten Feld

Steht die Sonne im achten Feld, kann ein besonderes Interesse an den tieferen Geheimnissen des Lebens bestehen, zum Beispiel an der Frage des Todes oder des Lebens nach dem Tode. Dies mag in jungen Jahren noch nicht so deutlich erkennbar sein, wird aber im späteren Leben bedeutsamer.

Die Geborenen sind unter Aufwendung all ihrer Willenskraft um ihre Vervollkommnung bemüht. Sie suchen nach einer höheren geistigen Wirklichkeit, in der jede bleibende Existenz wurzelt. Haben sie dieses Prinzip gefunden, werden sie frei von Furcht in der Gewißheit, im Grunde ihres Seins unverletzlich zu sein, solange sie dem Grundsatz der Gerechtigkeit treu bleiben.

Die Aufgabe der Sonne im achten Feld ist nicht einfach, weil diese Position das Erwerben grundlegender Erfahrungen verlangt. Es wird viel verlangt, aber auch viel erreicht. Das Leben mag ein Schlachtfeld sein, aber allen Fährnissen trotzt die unerschütterliche Gewißheit des 23. Psalms: «Und müßte ich gehn in dunkler Schlucht, ich fürchte kein Unheil.» (Übersetzung von R. Guardini.) Dies wird sich natürlich deutlicher beim höher entwickelten Typus zeigen. In weltlichen Dingen werden sich die Geborenen mit Steuern, Versicherungen, dem Vermögen Verstorbener und den Finanzen von Korporationen oder Geschäftspartnern befassen.

Ist die Sonne im achten Feld günstig aspektiert, kann dies Legate oder Erbschaften bedeuten. Sind die Aspekte jedoch ungünstig, können in solchen Angelegenheiten Schwierigkeiten oder Rechtsstreitigkeiten auftreten. Im Falle von Scheidungen können die Alimentsvereinbarungen für den Geborenen ungünstig ausfallen. Im Horoskop einer Frau kann diese Stellung bedeuten, daß der Ehemann die Familiengüter verschleudert. Es könnte auch eine Tendenz vorliegen, skrupellos vorzugehen oder dem Leben gegenüber eine «Herrsche-oder-Ruiniere»-Haltung zu haben.

Manchmal bringt die Sonne im achten Feld Anerkennung nach dem Tode, obwohl der Geborene vielleicht als verkanntes Genie sein Leben lang betteln gehen mußte.

Die Sonne im neunten Feld

Die Stellung der Sonne im neunten Feld läßt ein lebhaftes Interesse an spirituellen und religiösen Dingen erwarten. Die Geborenen sind vornehmlich auf den Gebieten der höheren Bildung, Religion, Rechtsprechung und Philosophie tätig. Sie besitzen in hohem Maße die Gabe der Intuition und haben oft blitzartige Inspirationen, die ihnen schöpferische Problemlösungen ermöglichen oder Zukunftsvisionen vermitteln, die an Prophetie grenzen.

Es besteht ein besonderes Interesse an fremdländischen Angelegenheiten, an fernen Ländern und deren Kulturen, Kunstformen und Überlieferungen. Diese Menschen reisen daher gerne ins Ausland. Befindet sich die Sonne hingegen in einem der fixen Zeichen – Löwe, Skorpion, Stier oder Wassermann – neigen sie eher dazu, am gleichen Ort zu bleiben, solange nicht zwingende Gründe eine Reise notwendig machen. Befindet sich der Löwe an der Spitze des vierten Feldes, sind diese Geborenen möglicherweise in weiter Entfernung von ihrem Heimatort ansässig.

Wie stark diese geistigen Impulse zum Ausdruck kommen, hängt von der Gesamtkonstellation des Horoskops ab. Jedenfalls werden bis zu einem gewissen Grad immer streng moralische Grundsätze vorhanden sein, nach denen die Geborenen ihr Leben ausrichten, wenn diese Überzeugungen gelegentlich auch engstirnig und bigott sein mögen. Oft trachten die Geborenen danach, sich auf den Gebieten der Religion, Erziehung, Rechtsprechung oder Philosophie als Fachleute zu qualifizieren. In der Regel sind sie an umfassenden sozialen Ordnungen interessiert sowie an den Gesetzen und Traditionen, die diese beherrschen.

Ist die Sonne im neunten Feld ungünstig aspektiert, mögen die Geborenen versuchen, ihre religiösen oder moralischen Ansichten anderen aufzudrängen. Sie können exzentrischen religiösen Glaubensmeinungen anhängen, Schwierigkeiten in der höheren Bildung und Probleme in fremden Ländern oder mit Ausländern haben. Manchmal zeigen sie auch andern gegenüber eine moralisch herablassende Art, gelegentlich verbunden mit Heuchelei.

Die Sonne im zehnten Feld

Die Sonne im zehnten Haus deutet auf Menschen, die den Ehrgeiz haben, verantwortungsvolle, mächtige und leitende Stellungen einzunehmen. Viele Politiker haben die Sonne im zehnten Feld oder in einer Beziehung zum zehnten Feld. Menschen mit dieser Stellung haben ein sicheres Auftreten und einen starken Erfolgswillen. Sie streben nach Ehre und Anerkennung und sind bereit, dafür hart zu arbeiten und die notwendigen Kenntnisse und Fähigkeiten zu erwerben. Im allgemeinen besitzen sie sehr gute organisatorische Fähigkeiten.

Solche Menschen werden oft in Familien von hohem sozialem Rang und Ansehen hineingeboren; sie besitzen deshalb ein starkes Moralbewußtsein und verabscheuen alles, was ihrer Würde und ihrem moralischen Ansehen abträglich wäre. Sie fühlen sich dazu verpflichtet, anderen ein gutes Vorbild zu sein. Vornehmheit ist das Wort, das sie am besten charakterisiert.

Ist die Sonne im zehnten Feld ungünstig aspektiert, können diktatorische Tendenzen auftreten, übermäßiger Machthunger und eine Neigung, skrupellos jedes Mittel anzuwenden, um Stellung und Macht zu erreichen. Es können Rückschläge eintreten, die Einbuße einer hohen Stellung, öffentliche Demütigung und Ungnade beim Publikum mit sich bringen, falls die Aspekte sehr ungünstig sind – vor allem, wenn sie von Saturn kommen.

Die Sonne im elften Feld

Mit der Sonne im elften Feld besteht ein Interesse an Freundschaften und Gruppenarbeit, ebenso an okkulter Forschung, wissenschaftlichen

Abenteuern und Erfindungen. Ist die Sonne günstig aspektiert, wird der Geborene hoch geschätzt sein und viele Freunde haben, die ihm mit Macht und Einfluß behilflich sind. Oft besteht eine starke Neigung, durch schöpferische Leistungen auf geistigem Gebiet Anerkennung zu erlangen, die der Geborene entweder allein oder dank der Zusammenarbeit mit einer Gruppe erbringt. Der Geborene betätigt sich gerne als Leiter einer Gruppe.

Diese Sonnenstellung zeigt starke menschenfreundliche Gefühle, einen Sinn für Nächstenliebe und Achtung vor der Würde des Menschen. Die Geborenen sehen die Dinge gern im Rahmen universeller Gesetze, die allgemeine Gültigkeit haben. Sie vermeiden Voreingenommenheit und Bevorzugungen oder Parteilichkeit.

Ist die Sonne im elften Feld ungünstig aspektiert, mag der Geborene die Tendenz haben, Freunde und Bekannte – manchmal zu selbstsüchtigen Zwecken – zu beeinflussen. Umgekehrt kann auch der Geborene selbst von seinen Freunden beeinflußt, ausgenützt, im Stich gelassen oder fehlgeleitet werden, gewöhnlich aufgrund eigener verborgener Hintergedanken des Betreffenden, die sich schließlich gegen ihn selbst wenden, denn dieses Feld unterliegt der Herrschaft des Saturn, dieses karmischen Planeten.

Die Sonne im zwölften Feld

Wer die Sonne im zwölften Feld hat, zieht sich gern in sich selbst zurück. Er will vor allem die Quellen seines eigenen Unbewußten erforschen. Hat er eine führende Position inne, so geschieht das hinter den Kulissen. Diese Menschen sind oft einsam und dem normalen menschlichen Kontakt entfremdet. Sie interessieren sich für Psychologie und Parapsychologie. Sie finden Selbstbestätigung durch Arbeit in Institutionen wie Spitälern und Asylen oder in Stätten geistiger und körperlicher Zurückgezogenheit. Ihr Dienst am Nächsten kann ihnen Anerkennung und Erfüllung bringen.

Bei ungünstigen Aspekten zur Sonne im zwölften Feld können neurotische Tendenzen und extreme Schüchternheit oder Menschenscheu auftreten. Man kann aber auch vom Wunsch beseelt sein, andere durch geheime Mittel zu lenken. Ein unbewußter Egoismus und die Sehnsucht nach Macht und Anerkennung mögen mediumistische Neigungen zur

Folge haben. Der Geborene kann auch mächtige geheime Feinde haben und unbewußt sein eigener ärgster Widersacher sein.

Der Mond in den Zeichen

Die Stellung des Mondes in den Zeichen des Tierkreises zeigt die Art der unmittelbaren Gefühlsreaktion auf gewisse persönliche Lebenssituationen an. Sie deutet auch Einstellungen und Verhaltensweisen an, die dem Individuum in der Kindheit von seiner Familie beigebracht worden sind. Sie zeigt auch, in welcher Weise frühe Erfahrungen die gefühlsmäßige Einstellung prägen, und läßt darauf schließen, wie der Geborene auf äußere Einflüsse und auf die Handlungen anderer reagieren wird. Sie gibt Aufschluß über seine häusliche Lebensweise und seine Beziehungen zur Mutter und zu Frauen im allgemeinen. Sie kann Hinweise darauf geben, wie die Person auf die breite Öffentlichkeit reagiert und welche Haltungen im täglichen Leben und im Haushalt vorherrschen werden. Die Tierkreisstellung des Mondes ist auch bezeichnend für die Eßgewohnheiten und Lieblingsspeisen des Geborenen.

Der Mond im Widder

Der Mond im Widder deutet auf unbeständige, gefühlsmäßig impulsive Naturen. Menschen mit dieser Mondstellung sind oft voreilig; sie überlegen sich die Folgen ihrer Handlungsweisen zu wenig. Sie können auch plötzlich aufbrausen, aber solche Temperamentsausbrüche sind nur von kurzer Dauer und bald wieder vergessen. Es handelt sich oft um sehr unabhängige Menschen, die sich darauf versteifen, ihren persönlichen Weg zu gehen, egal, ob er richtig oder falsch ist, und die keine Einmischung anderer dulden. Sie mögen die Tendenz haben, andere gefühlsmäßig zu dominieren, und neigen dazu, die Reaktionen anderer persönlich aufzufassen.

Der Mond im Stier

Der Mond im Stier läßt darauf schließen, daß der Geborene finanzielle und materielle Sicherheit braucht, um sich wohl fühlen zu können. Im Stier ist der Mond sehr stark, denn er ist ja dort erhöht. Die Gefühlslage dieser Menschen ist meist ruhig und ausgeglichen, und sie regeln ihre finanziellen und häuslichen Angelegenheiten mit viel gesundem Menschenverstand. Dazu haben sie eine glückliche Hand im Umgang mit Pflanzen. Sie brauchen einen Anstoß von anderen, um neue Projekte in Angriff zu nehmen. Haben sie aber einmal begonnen, arbeiten sie zäh und ausdauernd. Sie führen eine Arbeit zuerst zu Ende, bevor sie ein neues Projekt ins Auge fassen.

Diese Stellung deutet auf einen Wunsch nach Reichtum und die «guten Dinge des Lebens». In der Regel lieben die Geborenen gutes Essen und streben nach materiellem Komfort. Für ihren Seelenfrieden brauchen sie eine gesicherte Heimsituation.

Ist der Mond im Stier ungünstig aspektiert, sind starre Gefühlshaltungen zu erwarten, oft kann sich eine Neigung zu Faulheit und Überbewertung materieller Bequemlichkeiten zeigen.

Der Mond in den Zwillingen

Der Mond im Tierkreiszeichen Zwillinge deutet auf Empfindungen, die eher schillernd sind, auch auf rasche Auffassungsgabe und Einfallsreichtum.

Menschen mit dem Mond in den Zwillingen neigen dazu, ununterbrochen zu reden, meist bis zum Überdruß der Zuhörer; solche Leute hängen ewig am Telefon. Da sie ihre Gefühle weitgehend zu rationalisieren versuchen, sind sie sich oft selbst nicht klar darüber, was sie wirklich empfinden. Sie sind sehr unruhig, manchmal auch nervös, wechseln wiederholt ihren Wohnort und reisen viel umher. Sie neigen zu Nervosität und Ruhelosigkeit.

Bei dieser Stellung besteht die Tendenz, sich zu zersplittern, sich vorübergehend für viele Ideen zu begeistern, um sie schon bald wieder fallen zu lassen. Ist der Mond günstig aspektiert und deuten andere Faktoren im Horoskop auf eine praktische Begabung hin, können diese Menschen dank ihres Einfallsreichtums praktische und im Haushalt auftretende Probleme spielend bewältigen. Bei einer günstigen Horoskopdisposition kann diese Mondstellung bedeuten, daß das Individuum seine Gefühle einer rationalen Analyse unterzieht. Ist der Mond aber ungünstig aspektiert, können die Gefühle den Verstand verwirren. Starke Verletzungen dieser Mondstellung zeigen übermäßigen Wankelmut, Oberflächlichkeit und Konfusion an.

Der Mond im Krebs

Im Krebs steht der Mond in dem Zeichen, das er beherrscht. Das bedeutet tiefe und intensive Gefühle. Es kann sich um starke Bindungen an die Mutter, die Familie und das Heim handeln. Geborene mit dieser Stellung können auch gute Köche, gute «Hausmütterchen» und besorgte Eltern sein. Häusliche Geborgenheit und Ehe sind für ihr seelisches Wohlbefinden unerläßlich. Menschen mit dem Mond im Krebs sind dermaßen empfindsam für die Launen und Gefühle der anderen, daß es oft an mediale Empfänglichkeit grenzt. Infolge besonderer Empfindsamkeit der Meinungen und Reaktionen anderer sind diese Menschen leicht gekränkt und neigen dazu, sich in ihr Schneckenhaus zurückzuziehen.

Ist der Mond im Krebs ungünstig aspektiert, so muß man mit übermäßigen Gefühlsschwankungen rechnen und mit einer Tendenz zum übertriebenen Behüten und Beherrschen der Kinder, die mit Liebe beinahe erdrückt werden.

Der Mond im Löwen

Der Mond im Löwen deutet auf eine stolze Person hin, die einen Hang zum Theatralischen hat und im Rampenlicht stehen möchte. Diese Menschen möchten bewundert und geschätzt werden und brauchen ein wenig Romantik und liebevolle Zuneigung. Sie mögen Kinder gern, lieben aber auch Parties, Kunst, Sport und Unterhaltung jeglicher Art. Weil sie ziemlich egozentrisch sein können, neigen sie zur Eigensinnigkeit. Aus dem Bedürfnis heraus, ihre Gefühle zu dramatisieren, benehmen sie sich gelegentlich wie Primadonnen. Sie haben eine Tendenz, andere zu beherrschen, besonders im eigenen Haushalt. Ihre große

Empfänglichkeit für Schmeicheleien kann gelegentlich den Anschein kindischer Selbstbeweihräucherung erwecken.

Ihre Neigung, sich selbst zu dramatisieren, könnte unerträglich werden, wenn diese Menschen sich nicht aufrichtig bemühen, sich selbst zu bessern. Ihr Bedürfnis, zu lieben und geliebt zu werden, verleiht ihnen meist ein sonniges Gemüt und eine umgängliche Art. Menschen mit dieser Stellung wünschen sich wohlerzogene Kinder und ein künstlerisch geschmackvoll eingerichtetes Heim.

Der Mond in der Jungfrau

Der Mond im Zeichen der Jungfrau läßt auf einen exakt und hart arbeitenden und praktisch veranlagten Menschen schließen, der auf Ordnung und Sauberkeit bei der persönlichen Hygiene und im Haushalt bedacht ist. Solche Leute sind heikel in bezug auf Nahrung und Diät und achten auf ihre Gesundheit. Sie sind in der Regel gute Köche, wobei ihnen die Bekömmlichkeit der Speisen ebenso wichtig ist wie die Gaumenfreude.

Menschen mit dem Mond in diesem Zeichen sind meist schüchtern und gehen nicht gerne aus sich heraus. Sie arbeiten am liebsten hinter den Kulissen, achten sorgfältig auf Details und möchten den andern gern zu Diensten sein. Sie stellen keine persönlichen Fragen, außer wenn es unbedingt notwendig ist. Sie sind zwar neugierig, aber nur in bezug auf ihre Arbeit und praktische Angelegenheiten.

Ist der Mond in diesem Zeichen ungünstig aspektiert, können unwesentliche Kleinigkeiten zu wichtig genommen werden, was zu einer nörgelnden und kritischen Haltung führt. Ein Perfektionismus im kleinen Detail kann diese Menschen blind machen für größere Zusammenhänge.

Der Mond in der Waage

Der Mond in der Waage deutet auf eine große Empfindsamkeit gegenüber den Haltungen und Reaktionen der Mitmenschen, besonders aber der Ehepartner oder enger Mitarbeiter. Menschen mit dieser Stellung des Mondes mißfällt Vulgarität, sie geraten durch unharmonische Verbindungen leicht aus dem Gleichgewicht, was sich auch auf ihre Gesundheit ungünstig auswirkt. Ihre persönliche Erscheinung und ihre Gesten zeichnen sich durch Charme und Eleganz aus. Ihr Heim ist im allgemeinen geschmackvoll eingerichtet und dient oft als Treffpunkt für gesellschaftliche Anlässe. Diese Menschen sind höflich, freundlich und nett zu jedermann, denn ihr eigenes Wohlbefinden hängt von der Anerkennung durch andere ab. Dies kann den Nachteil haben, daß sie sich leicht beeinflussen lassen, ohne die betreffende Haltung oder Handlungsweise gebührend zu bedenken. Diese Mondstellung ermöglicht Geschick im Umgang mit dem breiten Publikum. Sie bedeutet aber auch eine partnerschaftliche Beziehung zu den Eltern, insbesondere zur Mutter. Ist der Mond in der Waage ungünstig aspektiert, kann dadurch angezeigt sein, daß der Geborene sich seiner emotionalen Sicherheit zuliebe von andern abhängig macht.

Der Mond im Skorpion

Der Mond im Zeichen Skorpion deutet auf stark einseitige Gefühlstendenzen, die auf vom Willen gelenkten Begierden beruhen. Diese Stellung wird für den Mond als nicht besonders günstig angesehen, weil er in diesem Zeichen im Fall ist. Es besteht eine Tendenz, persönliche Angelegenheiten übertrieben ernst zu nehmen, was in gewissen Fällen zu Besitzgier und extremer Eifersucht führen kann. Wenn man sie zum Äußersten treibt, grollen die Geborenen und sinnen auf Rache; sie vergessen persönliche Beleidigungen nicht so schnell. Die Neigung zu schmollen und Rache zu nehmen, ist ein ernstlicher Charakterfehler, der mit dieser Mondstellung zusammenhängen kann und der um jeden Preis bekämpft werden sollte. Diese Menschen möchten manchmal die Familie und die häusliche Situation umwandeln und andere mit subtilen Mitteln beherrschen. Sie können sehr eigensinnig sein und wollen nur ihre eigenen Wünsche gelten lassen. Haben sie aber eine klare Richtung und die richtigen Beweggründe gefunden, ist ihnen kein Opfer zu groß, um ein bestimmtes Ziel zu erreichen. Für alle ihre Unternehmungen haben sie bestimmte Motive, auch wenn diese Antriebe nicht immer offen zutage treten.

Der Mond im Schützen

Der Mond im Schützen läßt eine etwas überspannte, idealistische Gefühlsnatur erkennen. Die Geborenen streben nach hohen Zielen, stehen aber nicht immer mit beiden Füßen auf der Erde. Sie können eine starke Bindung an überlieferte religiöse oder philosophische Anschauungen haben, die ihnen in ihrer Kindheit von den Eltern eingepflanzt worden sind. Diese Menschen lieben das Reisen und den Ortswechsel. Sie siedeln sich oft in fremden Ländern oder weit entfernt von ihrem Geburtsort an.

Ist der Mond im Schützen ungünstig aspektiert, können engstirnige sektiererische Anschauungen überhand nehmen, die mit Arroganz verbunden sind und mit einer ichbezogenen Art, die besagt: «Ich bin ja doch besser als du.» Diese Geborenen tendieren auch dazu, sich aus persönlichen, unbewußt motivierten, gefühlsmäßigen Gründen mit bestimmten sozialen Werten zu identifizieren, wodurch ihnen in ihren Ansichten über soziale Gegebenheiten jede Objektivität abgeht. Dafür sind sie, von der positiven Seite her gesehen, optimistisch und heiter.

Der Mond im Steinbock

Menschen mit dem Mond im Steinbock haben eine zurückhaltende und vorsichtige Art und neigen dazu, kalt und unnahbar zu sein. Sie nehmen das Leben ernst und identifizieren sich gefühlsmäßig eher mit sachlichen als mit geistigen Werten. Diese Stellung ist keine günstige Mondposition, weil der Mond im Steinbock im Exil steht.

Menschen mit dieser Mondstellung arbeiten hart und ehrgeizig, aber ihr Erfolgsstreben gilt ausschließlich einer guten Position und finanzieller Sicherheit. Ihr aktives Streben nach Geld, Macht und Position für sich selbst und ihre Familien mag dazu führen, daß sie einseitig egoistische Interessen verfolgen, wenn sie Stellungen mit größerer sozialer Verantwortung bekleiden. Oft sind diese Menschen schüchtern und unsicher in ihrer eigenen Wertschätzung und dabei überempfindlich gegenüber echter oder eingebildeter Zurücksetzung. Sie wollen durch persönliche Geltung und ihr ehrgeiziges Streben nach Erfolg sich selbst bestätigen.

Ist der Mond im Steinbock ungünstig aspektiert, können berechnende

Tendenzen vorliegen, um jeden Preis Macht zu erlangen, ohne auf die Gefühle anderer Rücksicht zu nehmen.

Der Mond im Wassermann

Der Mond im Zeichen Wassermann deutet auf die Fähigkeit, die Bedürfnisse der Menschheit empfinden zu können. Gelegentlich ergibt sich ein Aufblitzen intuitiven Wissens. Menschen mit dieser Stellung sind auf eine unpersönliche Weise zu allen freundlich. Sie wollen unbeschwert sein von Gefühlsäußerungen und verlangen volle Freiheit, in ihrem Heim kommen und gehen zu dürfen, wie es ihnen paßt; in ihrer Familie werden wahrscheinlich ungewöhnliche Verhältnisse herrschen. Ihr Heim ist meist Treffpunkt für Freunde und steht Gruppenaktivitäten offen.

Die negative Seite dieser Stellung kann eine Tendenz zu gefühlsmäßiger Perversion und Eigensinnigkeit sein oder ein irrationales Bedürfnis nach Freiheit um jeden Preis. Es kann auch Angst vor persönlichen gefühlsmäßigen Bindungen bestehen, weil das einer Bedrohung der persönlichen Freiheit gleichkäme.

Der Mond in den Fischen

Der Mond im Zeichen der Fische zeigt eine hypersensible Gefühlsnatur an, die gleichsam schwammartig Gedanken und Gefühle anderer einsaugt. Diese außerordentliche Beeindruckbarkeit auf der unbewußten Ebene gibt den Geborenen das Gefühl psychischer Verwundbarkeit und führt dazu, daß sie sich von den andern absondern, um sich gefühlsmäßig zu schützen. Es besteht eine starke parapsychische und mediale Neigung, jedoch läßt sich ohne Berücksichtigung der anderen Faktoren des Geburtsbildes nicht beurteilen, ob die empfangenen Eindrücke auch verläßlich sind. Menschen mit dieser Stellung haben eine lebhafte Phantasie, die sich in poetischen, musikalischen oder anderen künstlerischen Gestaltungsformen äußern kann. Im allgemeinen sind sie liebenswürdig und mitfühlend, was sich aus ihrer Sensibilität gegenüber den Gefühlen anderer ergibt. Sie können sich jedoch leicht verletzt fühlen und unter Umständen an Verfolgungswahn leiden.

Ist der Mond in den Fischen ungünstig aspektiert, können neurotische oder psychotische Tendenzen und ein irrationales Überwiegen des Unbewußten vorliegen. In einzelnen Fällen zeigt dies auch extreme Schüchternheit an.

Der Mond in den Feldern

Die Stellung des Mondes in den Feldern zeigt an, auf welchen Bereichen des Alltagslebens sich die Gefühle des Individuums manifestieren. Sie bezieht sich auf jenen Erfahrungsbereich, der von den unbewußten alten Gewohnheiten beeinflußt ist, da die Stellung des Mondes den Lebensbereich andeutet, in welchem das Individuum auf Umweltreize und andere Menschen unbewußt reagiert. Die Felderstellung des Mondes gibt auch wichtige Hinweise auf die Art der Tätigkeit, die der Geborene im Heim entfaltet.

Der Mond im ersten Feld ☽

Die Stellung des Mondes im ersten Feld deutet auf Personen, deren Selbstbewußtsein und -darstellung stark von ihren Gefühlen, von frühkindlichen Erlebnissen und von Familienangelegenheiten gefärbt sind. Sie neigen dazu, ihre persönliche Identität übermäßig von anderen Menschen beeinflussen zu lassen. Veränderlich und launisch, wie sie in ihrer Ausdrucksweise und in ihren Reaktionen auf die Umwelt sind, fehlen ihnen langfristige Ausrichtung und Zielsetzung. Dank ihrer großen Eindrucksfähigkeit können sie paranormale oder mediale Fähigkeiten besitzen. Es ist wahrscheinlich, daß andere Menschen in ihre persönlichen Angelegenheiten verwickelt werden. Sie haben gefühlsmäßig das Bedürfnis, persönlich anerkannt zu werden, und suchen deshalb immer wieder den Beifall ihrer Mitmenschen. Als Folge davon werden sie leicht ausgenützt.

Diese Stellung läßt auf eine starke Mutterbindung schließen. Oft haben die Geborenen runde, volle Gesichter («Mondgesichter») und eine

Schwäche für gutes Essen, was in einzelnen Fällen zur Korpulenz führen mag.

Der Mond im zweiten Feld

Diese Mondstellung im zweiten Feld hat einige der Qualitäten der Erhöhung des Mondes im Stier. Sie spricht für ein starkes Bedürfnis nach finanzieller Sicherheit, die eine gesicherte Heim- und Familiensituation ermöglicht. Das emotionelle Wohlbefinden dieser Geborenen ist ganz allgemein von materiellem Komfort abhängig. Sie haben Geschick in geschäftlichen Dingen, besonders wenn es sich um Nahrungsmittel, Wohnungen oder Grundbesitz handelt. Ihre Fähigkeit, zu Geld zu kommen, hängt weitgehend von der Zeichenstellung und den Aspekten des Mondes ab. Befindet sich der Mond in einem festen oder einem Erdzeichen, sind die Aussichten in dieser Beziehung günstig.

Der Mond im dritten Feld

Die Stellung des Mondes im dritten Feld deutet darauf hin, daß Denken und sprachliche Äußerung des Geborenen wahrscheinlich von emotionalen Faktoren beeinflußt werden, die von Einflüssen der frühesten Kindheit und des familiären Milieus herrühren. Die Geborenen sind gefühlsmäßig leicht ansprechbar – in manchen Fällen mag gar ihr Verstand durch emotionale «Vorurteile» mißgeleitet werden – und sie identifizieren sich mit den Ideen anderer. Sie haben einen Hang zu Tagträumereien und Phantasie, so daß ihr Denken stark von ihrer Einbildungskraft geprägt ist. Ihr Denken und Sprechen wird oft von unwichtigen Dingen beherrscht.

Menschen mit dem Mond im dritten Feld haben eine unstillbare Neugierde, werden eintöniger Routine rasch müde und sind dauernd in Bewegung. Sie haben viel mit Geschwistern zu tun und betrachten Nachbarn als zur Familie gehörig.

Der Mond im vierten Feld

Im vierten Feld ist die Stellung des Mondes stark, weil dieses Feld mit dem Zeichen Krebs verwandt ist und ihm so vermehrten Einfluß verleiht. Menschen mit dieser Stellung identifizieren sich gefühlsmäßig mit Heim und Familie, so daß sie ohne ein erfülltes Familienleben nicht glücklich sein können. Ihre ganze emotionale Einstellung wird von den familiären Beziehungen geprägt. Die Eltern, vor allem die Mutter, üben einen starken Einfluß auf sie aus. In der Regel bedeutet diese Stellung, daß die Geborenen gerne kochen und haushalten; sie ist besonders in einem weiblichen Geburtsbild sehr günstig. Geschäftlich können sich diese Menschen hervortun, wenn es sich um Nahrung, Grundbesitz und Haushaltsprodukte handelt.

Ist der Mond im vierten Feld ungünstig aspektiert, kann ein Mangel an Harmonie vorliegen, und es kommt zu zahlreichen Wohnungswechseln. Ist das Geburtsbild günstig, sehen die finanziellen Aussichten in der zweiten Hälfte des Lebens besser aus.

Der Mond im fünften Feld

Steht der Mond im fünften Feld, werden die romantischen Erlebnisse des Geborenen stark von der Phantasie und von emotionalen Bedürfnissen beeinflußt. Infolge emotionaler Labilität mögen die Zuneigungen oft wechseln. Aber auch eine gefühlsmäßige Abhängigkeit vom jeweiligen Partner ist möglich. Die Familie mag sich in Liebesangelegenheiten einmischen, insbesondere wenn der Mond durch ungünstige Aspekte verletzt ist. In diesem Feld deutet der Mond auf Fruchtbarkeit und reichen Kindersegen hin, vor allem wenn er in einem Wasserzeichen steht. Menschen mit dieser Stellung haben oft eine besondere Zuneigung zu Säuglingen und Kindern.

Ist der Mond in diesem Feld verletzt, kann emotionale Impulsivität zu Spekulationen im Spiel oder an der Börse führen.

Der Mond im sechsten Feld

Bei der Stellung des Mondes im sechsten Feld muß mit Schwankungen im Gesundheitszustand gerechnet werden, die weitgehend mit dem Gefühlsleben zusammenhängen. Manchmal ergeben sich Hypochondrie oder psychosomatische Erkrankungen. Der Gefühlszustand wirkt sich auch auf die Ergiebigkeit der Arbeit aus, die der Geborene leistet, und auf den Grad der Harmonie, der sein Verhältnis zu seinen Vorgesetzten oder Arbeitskollegen charakterisiert. Vorgesetzte mit einem verletzten Mond in diesem Feld werden Mühe haben, Angestellte längere Zeit bei sich zu behalten; und Angestellte mit dieser Mondstellung werden wahrscheinlich häufig ihre Stelle wechseln, außer wenn der Mond in einem festen Zeichen steht. Da richtige Ernährung für den Gesundheitszustand eine wesentliche Rolle spielt, ist es für diese Personen wichtig, sich daran zu gewöhnen, die für sie geeignete Diät einzuhalten. Diese Leute können in der Zubereitung des Essens sehr geschickt sein, weshalb sie sich für Posten in Restaurants oder anderen Betrieben der Nahrungsmittelverarbeitung besonders gut eignen.

Eine Zuneigung zu Haus- und Kleintieren ist nicht selten.

Der Mond im siebenten Feld

Menschen mit dem Mond im siebenten Feld haben die Tendenz, um der emotionalen und häuslichen Geborgenheit willen zu heiraten. Bei der Heirat kann die Familie die Hand im Spiel haben, weil diese Geborenen in Gefühlsdingen gegenüber ihren Mitmenschen empfänglich sind. Solche Menschen streben nach emotioneller Erfüllung durch mitmenschliche Beziehungen und werden davon stark beeinflußt. Oft suchen sie im Ehepartner eine Mutter- oder Vaterfigur. Im geschäftlichen Bereich kann es zu Transaktionen mit der Öffentlichkeit kommen.

Der Mond im achten Feld

Bei der Stellung des Mondes im achten Feld ist mit intensiven emotionalen Reaktionen und einer starken paranormalen Sensitivität für unsichtbare Kräfte zu rechnen. Es kann Interesse am Spiritismus bestehen, weil der Geborene mit verstorbenen Familienmitgliedern in Verbindung zu treten wünscht.

Solche Menschen sind gewöhnlich mit Erbschaften, Versicherungen und Steuern beschäftigt. Ihre finanziellen Angelegenheiten werden –

sei es im guten oder schlechten Sinn – durch Heirat oder Partnerschaften beeinflußt.

Diese Stellung des Mondes entspricht seinem Fall im achten Zeichen. Daher können emotionelle Wünsche zu Sinnlichkeit führen, wenn der Mond ungünstig aspektiert ist, denn das achte Feld entspricht ja dem Skorpion, der von Pluto regiert wird und dem die Sexualorgane zugeordnet sind. Pluto ist im Löwen erhöht, dem Zeichen des fünften Feldes der Vergnügungen und romantischen Verwicklungen. Das achte Feld ist auch mit Mars, dem Planeten der Begierde verbunden.

Der Mond im neunten Feld

Die Stellung des Mondes im neunten Feld kündigt eine in früher Kindheit erworbene, tiefe gefühlsmäßige Verbundenheit mit religiösen, sozialen und ethischen Werten an. Das neunte Feld untersteht dem Jupiter, der im Krebs erhöht ist. Der Krebs wird seinerseits vom Mond beherrscht, weshalb der Mond im Schützen oder im neunten Feld die Einsicht der Notwendigkeit spiritueller und moralischer Werte im Familienleben und im häuslichen Milieu verleiht.

Die Reichweite oder Tiefe des spirituellen Verständnisses kann allerdings durch emotionale «Voreingenommenheit» und Identifikation mit Haltungen und Erfahrungen der Eltern eingeschränkt werden. Ändert der Geborene später seine religiöse Einstellung, zieht er sich die Mißbilligung seitens der Eltern zu. Ist der Mond verletzt, kann eine engstirnige und dogmatische soziale und religiöse Einstellung vorhanden sein. Wenn nicht andere Faktoren des Geburtsbildes eine Gegenwirkung ausüben, sind die Überzeugungen des Geborenen weit mehr gefühlsmäßig als verstandesmäßig begründet; aber da der Mond in diesem Feld des höheren Geistes mit der Imagination zu tun hat, ist durchaus mit inspirierten intuitiven Eingebungen zu rechnen.

Diese Menschen lieben das Reisen und mögen gerne weit weg von ihrem Geburtsort Wohnsitz nehmen. Sie haben eine Tendenz, unbewußt oder «osmotisch» zu lernen.

Der Mond im zehnten Feld

Die Stellung des Mondes im zehnten Feld läßt auf das Bedürfnis nach Ansehen und Anerkennung schließen. Oft stammen die Geborenen aus Familien, die in der Gemeinschaft eine hohe Stellung bekleiden. Ihre Eltern hegen daher im allgemeinen für sie sehr ehrgeizige Pläne. Vor allem die Mutter dürfte einen beherrschenden Einfluß ausüben. Die Karriere solcher Menschen wird oft durch den Einfluß von Frauen gefördert. Diese Felddarstellung ist günstig für erfolgreiches Auftreten in der Öffentlichkeit und – bei guten Mondaspekten – für Menschen, die sich politisch auszeichnen wollen.

Der Mond im elften Feld

Menschen mit dem Mond im elften Feld haben ein starkes Bedürfnis nach Freundschaft und Gruppenaktivität. Sie schließen leicht Bekanntschaft, diese Verbindungen sind aber meist nicht von Dauer.

Die Hoffnungen, Ziele und Wünsche der Geborenen wechseln mit ihren Launen. Sie können zahlreiche Freundschaften mit Frauen haben. Ihre Wohnungen dienen oft der gemeinsamen Tätigkeit von Gruppen. Viele Freundschaften werden durch Familienverbindungen hergestellt.

Die Gefühlsstimmung wird durch die Meinungen und Reaktionen von Freunden beeinflußt. Solche Menschen sind nicht gern allein; sie brauchen für ihr gefühlsmäßiges Wohlergehen Gesellschaft. Allerdings gibt es Zeiten, in denen sie allein sein müssen, um ihre Gefühle wieder ins Lot zu bringen.

Der Mond im zwölften Feld

Der Mond im zwölften Feld bedeutet, daß die Stimmungen und emotionalen Reaktionen stark vom Unbewußten und von früheren Erfahrungen beeinflußt sind. Es kann besonderes Interesse für mediale und intuitive Erlebnisse vorhanden sein. Eine außerordentliche Gefühlsempfindsamkeit, verbunden mit der Scheu, seine Gefühle mitzuteilen, kann Schüchternheit und übertriebene Empfindlichkeit zur Folge haben. Ist der Mond ungünstig aspektiert, können sich eigenbrötlerische und neurotische Tendenzen entwickeln, die bei starken Verletzungen sogar Hospitalisierung und Versorgung wegen Geisteskrankheit notwendig machen. Hypnose kann bei dieser Mondstellung gefährlich sein. Beherrscht der Mond das fünfte, siebente oder achte Feld, oder bildet er zu Venus oder dem Herrscher über das fünfte Feld einen starken Aspekt, mögen geheime Liebesaffären vorkommen.

Merkur in den Zeichen

Die Stellung des Merkur in den Zeichen deutet an, in welcher Weise sich die charakteristischen Merkmale dieses Zeichens auf das Denken und die Kommunikationsfähigkeit des Geborenen auswirken. Sie gibt auch wichtige Hinweise auf die Art der Probleme, mit denen sich der Geborene beschäftigt.

Wie durch ein Brennglas werden alle schöpferischen Kräfte des Individuums durch Merkur, den Regenten der Denkprozesse, in eine bestimmte Richtung gelenkt. Die Zeichenstellung des Merkur ist deshalb so ausschlaggebend, weil sie erkennen läßt, welcher Art die psychologische Anlage ist, die die Fähigkeit des Individuums, Entscheidungen zu treffen und seine Gedanken anderen mitzuteilen, bestimmt.

Die Merkurstellung gibt weitgehend Auskunft darüber, welche Informationen und Tatsachen jemand zur Kenntnis nimmt und für wichtig hält und welche er nicht beachtet. Beim Merkur im Stier zum Beispiel stehen bei allen Überlegungen die finanziellen Aspekte und der praktische Nutzen einer Idee im Vordergrund.

Merkur im Widder

Der im Widder stehende Merkur zeigt eine entschlossene und ehrgeizige Denkweise an. Die Geborenen debattieren und argumentieren gerne. Sie haben oft die Fähigkeit, rasch zu denken, und mögen viele originelle Ideen hervorbringen. Sie können jedoch zu impulsiv sein, wenn sie Entscheidungen zu treffen haben, und betrachten die Dinge gerne von einem zu persönlichen Standpunkt aus. Wird diesen Tendenzen zu sehr nachgegeben, können dieselben in einen intellektuellen Egoismus und starrköpfiges Verhalten ausarten.

Solche Menschen sind ungeduldig im Überwinden von Widerständen oder Verzögerungen. Deshalb werden sie oft handeln, nur um eine Entscheidung herbeizuführen und um zu vermeiden, langen, frustrierenden Entscheidungsprozessen unterworfen zu sein. Aber ihre Impulsivität bedeutet auch, daß sie die eigenen Ideen nicht immer bis zu Ende verfolgen, außer wenn ein im Horoskop betontes festes Zeichen dies wettmacht.

Merkur im Stier

Steht Merkur im Zeichen Stier, deutet er auf Menschen, deren Denken und Entscheidungen sich nach praktischen, materiellen oder finanziellen Gesichtspunkten richten. Brillanz oder Originalität des Denkens mögen ihnen vielleicht abgehen, aber sie verfügen über viel gesunden Menschenverstand und sind deshalb äußerst geschäftstüchtig und begabt für organisatorische Aufgaben. Sie bilden sich nicht so schnell eine Meinung, ist dies aber einmal geschehen, ändern sie sie nur widerstrebend. Dementsprechend haben sie auch eine Abneigung gegen Diskussionen und Meinungsverschiedenheiten und kämpfen nur, um ihre Sicherheit und finanziellen Interessen zu verteidigen.

Die Fähigkeit dieser Geborenen, nur solche Dinge in Betracht zu ziehen, die für sie von praktischer Tragweite sind, verleiht ihnen eine große Konzentrationskraft, so daß sie äußere Störungen weitgehend ignorieren können. Womit sie nicht belästigt werden wollen, das nehmen sie einfach nicht zur Kenntnis. Eine solche Haltung kann bei Überbetonung für wichtige Dinge blind machen und erklärt bis zu einem gewissen Grade die Halsstarrigkeit solcher Menschen.

Diese Merkurstellung kann auf ein künstlerisches Einfühlungsvermögen hindeuten. Ist Merkur stark aspektiert, kann eine Begabung für Mathematik und Physik vorliegen, weil der dem venusischen Stier eigene Sinn für Form und Struktur durch Merkur in geistiges Verstehen umgemünzt wird. Ist Merkur in diesem Zeichen ungünstig aspektiert, können Voreingenommenheit, Materialismus und Geiz festzustellen sein.

Merkur in den Zwillingen

In den Zwillingen steht Merkur im Zeichen seiner Regentschaft. Ist er günstig aspektiert und durch seine Felderstellung bedeutsam, kann das logische Denken zu seiner höchsten Ausdrucksform gebracht werden. Der Zwillinge-Merkur ist vielseitig, unvoreingenommen und unpersönlich in seiner Fähigkeit, die Wahrheit zu erkennen, weil der Merkur in den Zwillingen mehr mit Tatsachen als mit persönlichen Haltungen und Vorlieben beschäftigt ist. Menschen mit einem gutentwickelten Merkur im Zeichen Zwillinge sind zu scharfem wissenschaftlichem Denken fähig. Sie sind im allgemeinen gut erzogen, kennen sich in vielen Dingen aus und sind fähig, sich schnell, leicht und treffend in Wort und Schrift auszudrücken. Gewöhnlich haben sie einen hervorragenden Wortschatz, worauf eines der Geheimnisse ihrer Beredsamkeit und Klarheit des Ausdrucks beruht.

Menschen mit Merkur in den Zwillingen haben ein hochgradig sensibles Nervensystem, was es für sie schwierig macht, sich gegen äußere Reize abzuschirmen; alles, was in ihrer Umgebung gesprochen wird oder geschieht, wird von ihrem Bewußtsein intensiv und lebhaft aufgenommen, und sie sind gezwungen, mit vielen verschiedenen Gedanken und Eindrücken zugleich fertig zu werden. Dies ist die Grundlage für ihren beweglichen Geist, der die Fähigkeit hat, sozusagen simultan zweierlei Eindrücke aufzunehmen oder zweierlei Gedanken zu denken. Sind diese Menschen jedoch zu lange vielschichtigen, geschäftigen Umgebungen ausgesetzt, werden ihre Nerven zu sehr strapaziert; Ermüdung, Verwirrung und gelegentlich Reizbarkeit sind die Folgen. Sie brauchen deshalb Zeiten der Einsamkeit, um sich wieder zu beruhigen.

Menschen mit dieser Merkurstellung sind von unersättlicher Neugier; sie möchten über alles Bescheid wissen. Aber es besteht die Gefahr, daß sie sich zu sehr auffächern und ihre Aufmerksamkeit zu stark zerstreuen; so kann ihnen die Ausdauer fehlen, um begonnene Unternehmungen zielstrebig zu Ende zu führen. Im Extrem kann diese Tendenz zu einem «Hansdampf in allen Gassen» führen, der überall mitmachen will und im Grunde nichts wirklich beherrscht. Weil diese Menschen alles von verschiedenen Seiten her sehen können, fällt es ihnen manchmal schwer, sich zu entscheiden, und sie neigen dazu, oft ihre Meinung zu ändern, wodurch sie andere sehr verwirren. Im Extremfall ernten sie den Ruf, wetterwendisch zu sein.

Nur Merkur im Wassermann läßt ebensoviel geistige Originalität erwarten. Mit ihrem Einfallsreichtum sind die Geborenen fähig, immer wieder neue und überraschende Lösungen für Probleme oder Notsituationen zu finden. Diese Menschen brauchen eine gute Ausbildung, um von ihrer mentalen Kapazität optimal Gebrauch machen zu können. Diese Stellung findet sich häufig bei Wissenschaftlern, Mathematikern, Computerfachleuten, Sekretären, Schriftstellern, Reportern, Lehrern und Vortragsrednern beiderlei Geschlechts.

Ist der Merkur in den Zwillingen stark verletzt, kann dies übertriebene Geschwätzigkeit bedeuten, die den andern zum Überdruß wird. Im Horoskop einer wenig entwickelten Persönlichkeit mag diese Stellung eine Tendenz aufzeigen, vom eigentlichen Ziel weg und auf Seitenwege abgelenkt zu werden.

Merkur im Krebs

Die Stellung des Merkur im Krebs deutet darauf hin, daß das Denken von tief verwurzelten Gefühlsimpulsen beeinflußt wird. Unbewußte Wünsche werden den Geborenen dazu führen, gewisse Dinge zu beachten und andere zu ignorieren, was oft zu Einseitigkeit, Voreingenommenheit und unsachlichem Denken führt. Falls Merkur besonders ungünstig aspektiert ist, mögen die Geborenen zuweilen – ohne es bewußt zu realisieren – unaufrichtig sein.

Merkur im Krebs kann ein gutes Gedächtnis bedeuten, weil die Gedanken von starken Gefühlen begleitet sind. Es besteht auch eine Tendenz, Informationen unterschwellig aufzunehmen und «osmotisch» zu lernen. Überhaupt spielt sich ein großer Teil der geistigen Prozesse auf unbewußter Ebene ab, auch wenn sie sich als bewußte Absicht manifestieren. Nachdem Menschen mit dieser Merkurstellung außerordentlich empfänglich sind für die Haltungen und Meinungen ihrer Umgebung, wird ihr Denken von gefühlsbetonten Idealen, wie zum Beispiel Patriotismus, leicht beeinflußt. Sie sind sehr zartbesaitet und beziehen alles, was in ihrer Umgebung getan oder gesprochen wird, ausschließlich auf ihre eigene Person.

Ihr Denken kreist hauptsächlich um Heim und Familie. In Belangen, die mit Nahrungsmitteln, Haushaltsartikeln, Konsumgütern und Landbesitz zu tun haben, weisen sie viel Geschäftstüchtigkeit auf.

Merkur im Löwen

Im Zeichen Löwe deutet Merkur auf ein willensstarkes und zielstrebiges Denken. Mit dieser Position Geborene können sich auf eine Sache konzentrieren, weil der Merkur hier von der Sonne inspiriert wird, die Willenskraft und Stärke verleiht. Diese Geborenen möchten auf den von ihnen gewählten Gebieten als Autoritäten gelten, und dazu verhilft ihnen ihre kraftvolle und theatralische Art; aber wird diese Neigung zu weit getrieben, kann sie in übertriebenen und arroganten Wissensdünkel ausarten.

Das geistige Selbstvertrauen, das durch Merkur im Löwen angedeutet ist, ergibt einen gesunden Optimismus beim Angehen und Lösen von Problemen. Allerdings kann eine Tendenz bestehen, die Angelegenheiten auf eine großzügige, etwas allgemeine Art zu erledigen und dabei die Details nicht zu berücksichtigen. Dinge, die nicht unmittelbar im Brennpunkt des Interesses stehen, werden leicht übersehen. Weil der Löwe ein festes Zeichen ist, bilden sich diese Menschen nur langsam eine Meinung und revidieren sie nur widerstrebend.

Menschen mit dem Merkur im Löwen halten an ihren Plänen und Zielen fest, was ihnen die Fähigkeit zur Durchführung gibt. Sie eignen sich auch als Lehrer und Erzieher. Theater, Investitionen, Börse, Erziehung und künstlerische Betätigungen dürften die Gebiete sein, die sie besonders interessieren. Bei dieser Merkurstellung wird sich eine Vergnügungsreise gut mit einer Geschäftsreise kombinieren lassen.

Merkur in der Jungfrau

Im Zeichen Jungfrau ist Merkur wieder Regent. In dieser Stellung zeigt er einen analytischen Verstand mit einer starken Befähigung zu praktischem Denken an. Diese Geborenen können auf einer minutiösen Präzision beharren, die anderen Menschen kleinlich erscheinen mag. Sie verlangen eine wohlgeordnete Umgebung, wirksame Methoden und Vorgehen, besonders auf ihrem eigenen Arbeitsgebiet. Für detaillierte wissenschaftliche Arbeit und Forschung ist das die günstigste Merkurstellung.

Diese Menschen erreichen beruflichen und finanziellen Erfolg dadurch, daß sie sich eine gute Ausbildung und spezialisierte Fähigkeiten aneignen. Interesse und Begabung in der Grammatik macht sie beredt in Wort und Schrift. In der Regel beharren sie auf richtiger grammatikalischer Formulierung, korrekter Orthographie und Interpunktion und sind deshalb ausgezeichnete Sekretärinnen oder Korrespondenten. Anders als bei Merkur in den Zwillingen, wo Interesse an den Ideen an sich besteht, gilt bei Merkur in der Jungfrau das Hauptaugenmerk denjenigen Ideen, die sich praktisch verwirklichen lassen und die finanziellen Erfolg und eine gute Position versprechen. Menschen mit dieser Stellung sind arbeitsorientiert und mögen deshalb eher scheu und zurückgezogen leben, da sie es vorziehen, keine Zeit mit eitlen Gesprächen zu verlieren.

Medizin, Ernährungskunde, Hygiene, Mathematik und exakte kniffflige Arbeit jeder Art ziehen die Aufmerksamkeit dieser Menschen auf sich. Im diametralen Gegensatz zu Merkur im Löwen aber können sie den Hauptzweck aus den Augen verlieren, weil sie sich zu sehr mit Details aufhalten, die für sie eine unangemessene Wichtigkeit erlangen.

Merkur in der Waage

Steht der Merkur in der Waage, so ist der Geist in erster Linie mit menschlichen Beziehungen und Psychologie beschäftigt. Die Geborenen haben eine unersättliche Neugier, was das Denken und die Verhaltensmuster von andern anbelangt. Ihre Vorliebe gilt deshalb Gebieten wie Psychologie, Astrologie, «Public Relations», Soziologie und Jurisprudenz. Gute Verständigung und zufriedenstellende mitmenschliche Beziehungen sind für sie wesentlich. Sie bevorzugen es, in geistiger Partnerschaft mit andern zusammenzuarbeiten. Meist kann man sich leicht mit ihnen verständigen, weil sie ja sehr an den Gedanken der andern interessiert sind. Ihr starker Gerechtigkeitssinn läßt sie im allgemeinen in ihren Mitteilungen aufrichtig sein. Die Regentschaft der Venus in der Waage bedeutet ein Streben nach Harmonie und die Erhöhung des Saturn Streben nach Gerechtigkeit. Daher sind bei Merkur in der Waage die geistigen Aktivitäten aufrichtig und ausgewogen. Diese Menschen betrachten eine Sache von allen Seiten, bevor sie eine Entscheidung treffen; fehlgeleitet, kann dieses Bedürfnis jedoch Unentschlossenheit und verpaßte Gelegenheiten zur Folge haben. Wird aber eine Entscheidung gefällt, ist sie im allgemeinen gerecht und wohlbedacht.

Falls auch andere Faktoren im Horoskop dafür günstig sind, ist diese Merkurstellung gut für rechtliche Berufe, Beratungen, Schiedsrichterfunktionen und andere Tätigkeiten in Verbindung mit der Öffentlichkeit wie Verkaufen und Verhandeln. Wenn aber nicht einige Planeten in festen Zeichen oder Feldern (Mittelfeldern) stehen, kann in diesen Dingen leicht Ungeduld auftreten.

Menschen mit dieser Merkurstellung suchen die Verbindung mit Partnern, ein geschultes Denken, gute Manieren und einen ehrbaren Ruf zu besitzen. Übles Benehmen und unbillige Motive werden von ihnen verabscheut und nach Möglichkeit vermieden. Sie sind äußerst empfindlich gegen Gerüche, persönliche Erscheinung und Eigenheiten anderer Menschen. Unpassende Kleidung und unfeine Ausdrucksweise halten sie für einen gesellschaftlichen Affront. So sanft und bedacht sie im Umgang sind, so unerbittlich können sie sein, wenn es um Prinzipien geht. Sie begehen den Irrtum, bei anderen den gleichen Grad geistiger Disziplin zu erwarten, den sie von sich selbst verlangen.

Weil Saturn in der Waage erhöht ist, kann das Denken streng und systematisch sein. Bei hochentwickelten Menschen führt diese Eigenschaft zu Tiefgründigkeit, oberflächlichen Menschen mit dieser Merkurstellung fehlt jedoch die Festigkeit der Überzeugungen, weil sie dazu neigen, ihren Partnern zuzustimmen, um sich populär und beliebt zu machen.

Merkur im Skorpion

Im Zeichen Skorpion kann Merkur intuitives Denken bedeuten, das tiefschürfender Einsichten fähig ist. Die Wahrnehmungsschärfe der Geborenen kann zur kritischen Prüfung der menschlichen Beweggründe führen; sie sehen die Dinge treffend, aber nicht unbedingt nachsichtig. Sie mögen eine schneidende Sprache führen, denn sie lehnen es ab, ein Blatt vor den Mund zu nehmen, um die Gefühle anderer zu schonen. Sie ziehen es vor, genau das zu sagen, was sie empfinden, oder sonst lieber zu schweigen. Viele Pläne und Projekte betreiben sie im stillen und bringen sie anderen nur soweit zur Kenntnis, als es für ihr Vorhaben unumgänglich ist. Da sie sich unter Umständen von stark emotionalen Faktoren mitreißen lassen, sind sie objektiver, wenn sie die Sache persönlich nichts angeht.

Diese Menschen verfügen über entschlossene Zielstrebigkeit und großen Einfallsreichtum. Sie sind fähig, unüberwindlich scheinende Widerstände zu meistern. Ist Merkur im Skorpion ungünstig aspektiert, deutet dies auf Intrigen, Verschwörungen und Hintergedanken.

Menschen mit dieser Merkurstellung sind gute Detektive, Untersuchungsbeamte und Forscher. Bei hochentwickelten Menschen findet sich oft eine wissenschaftliche Begabung, die sich aus ihrem Interesse für die innere Dynamik der Kräfte erklärt, die für die objektiven Erscheinungen verantwortlich sind. Dies führt zur Einsicht in die grundlegenden Wandlungsprozesse.

Ist Merkur in diesem Zeichen ungünstig aspektiert, kann das Denken ganz von sexuellen Motivationen beherrscht sein. Auch Mißtrauen andern gegenüber kann vorliegen.

Merkur im Schützen

Merkur im Zeichen Schütze deutet auf ein Denken, das sich mit der Kodifizierung sozialer Gedanken befaßt, sei es in Form von Religion, Philosophie, Recht, sei es in Form anderer Studien, die mit höherer Bildung in Zusammenhang stehen. Im Schützen steht Merkur im Exil und manifestiert sich eher als Beschäftigung mit Gesinnungen als mit Tatsachen. Das Ergebnis ist oft konstruktiv, indem es in soziale Motivationen und die dadurch bedingten Ereignisse Einblick gewährt. Allerdings können die Geborenen die Wahrheit aus den Augen verlieren, wenn sie den detaillierten, sachlichen Informationen, den Grundlagen allen logischen Denkens, nicht genügend Aufmerksamkeit schenken. Man vergesse nicht, daß der Schütze in Opposition zu den Zwillingen und im Quadrat zur Jungfrau steht, den beiden von Merkur beherrschten Zeichen.

Menschen mit dieser Zeichenstellung des Merkur können prophetische Einsichten haben, weil ihre Beschäftigung mit den Einstellungen der Menschen sie dazu befähigt zu verstehen, welche Informationen in der öffentlichen Meinung als wichtig erachtet werden. Dies führt zur Enthüllung von Massenschicksal und Karma. Solche Menschen sind direkt in ihrer Ausdrucksweise und sagen genau, was sie denken. Sie verlangen Freiheit des Denkens, aber ihre Gedanken weichen selten weit von den traditionallen Auffassungen oder der geläufigen gesellschaftlichen Moral ab. Deshalb sind sie auch meist in der Gemeinschaft geachtet. Wenn ihre Gesellschaftskonformität jedoch zu weit getrieben wird, kann dies zu Heuchelei führen, da ihre eigene Moral nur dem kleinsten gemeinsamen Nenner der gesellschaftlich anerkannten Norm entspricht. Sie müssen einsehen lernen, daß eine Einstellung nicht notwendigerweise richtig ist, nur weil sie populär oder weitverbreitet ist.

Diese Geborenen möchten sich am liebsten in öffentlichen Institutionen der höheren Bildung oder der öffentlichen Kontrolle wie zum Beispiel Universitäten, Kirchen oder Regierung verschanzen. Ihr Ziel besteht darin, intellektuelle Autorität und Position zu erlangen, mag der Preis dafür auch Angleichung an korrupte, stagnierende Einrichtungen sein. Sie sehen sich selbst gerne als Vorbilder der Aufrichtigkeit, aber ob sie dies auch wirklich sind, hängt davon ab, wie Merkur aspektiert ist. Sie mögen dazu neigen, über die selbstverständlichsten Dinge Moralpredigten zu halten, und können oft sehr pedantisch werden.

Zeitweise sind sie so sehr mit fernen Zielen und hohen Idealen beschäftigt, daß sie das Naheliegende ganz vergessen. Die Mitherrschaft des Neptun im Schützen kann eine Tendenz zu Zerstreutheit und zum Bauen von Luftschlössern andeuten.

Merkur im Steinbock

Merkur im Steinbock deutet auf ein Denken, das ehrgeizig, scharfsinnig, praktisch, geordnet und darauf ausgerichtet ist, sich dank materieller Errungenschaften eine angesehene Stellung zu sichern. Menschen mit Merkur im Steinbock verfügen über eine ausdauernde Konzentrationsfähigkeit und gutes Organisationstalent. Sie sind methodisch in Denken und Vorgehen und besitzen die Gabe, Schritt für Schritt an die Dinge heranzugehen. Ihre Argumentationen sind gründlich durchdacht, wenn auch nicht unbedingt originell. Ihre Ausdauer und Diszipliniertheit können in einer speziellen mathematischen Begabung zum Ausdruck kommen, die sowohl geschäftlich wie wissenschaftlich genutzt werden kann. Da Merkur in diesem Zeichen eine Begabung für das Management bedeutet, findet man diese Konstellation im Horoskop gar manches erfolgreichen Geschäftsführers.

Menschen mit dieser Merkurposition absolvieren meist die überlieferten Bildungswege, um berufliche Ziele zu erreichen und ihre finanzielle und soziale Stellung zu verbessern. In ihren politischen und gesellschaftlichen Ideen sind sie im allgemeinen konservativ und bestrebt, die etablierte Ordnung aufrechtzuerhalten. Sie respektieren die Anschauungen, die sich im Laufe der Zeit als brauchbar erwiesen haben. Weil der Steinbock wie die Jungfrau auch ein Erdzeichen ist, bedeutet Merkur in diesem Zeichen vorwiegend ein Interesse für Ideen, die von praktischem Nutzen sind.

Diese Menschen gehen ihre Ziele sehr nüchtern und realistisch an; sie behalten den wahren Sachverhalt im Auge und lassen sich nicht von einem falschen Idealismus irreführen oder täuschen. Da sie eine scharf beobachtende Aufmerksamkeit besitzen, entgeht ihnen nichts, das von praktischer Bedeutung ist. Dabei besteht jedoch die Gefahr, daß ihre Ernsthaftigkeit und geistige Diszipliniertheit Härte und Mangel an Humor zur Folge haben.

Ist Merkur in diesem Zeichen ungünstig aspektiert, mag materieller Ehrgeiz zu Geiz verführen und zu der Tendenz, Menschen zwecks Erreichung materieller Ziele auszunützen. Die materielle Position kann zum Selbstzweck werden, der die menschlichen Werte und alle anderen Überlegungen nebensächlich erscheinen läßt.

Merkur im Wassermann

Merkur im Zeichen Wassermann läßt auf einen für neuartige Erfahrungen offenen Geist schließen. Die Fähigkeit, die Dinge objektiv zu sehen, führt zu einem wahrhaften und unvoreingenommenen Denken. Für Menschen mit dieser Merkurposition gilt Wahrheit als wichtigstes Kriterium, sie haben wenig übrig für traditionell oder gesellschaftlich anerkannte Ideen, wenn sie den Tatsachen oder direkten Erfahrungen widersprechen. Dies ist das Geheimnis ihrer Originalität. Ihrer unpersönlichen Objektivität wegen lassen sich diese Menschen nicht so leicht von Erfahrungen und Erlebnissen überraschen. Deshalb können sie Dinge hinnehmen, die für andere nervenaufreibend oder unbegreiflich wären.

Im Wassermann steht Merkur erhöht. Er verleiht daher die Gabe höchster Intuition, die diese Menschen zur Erkenntnis gelangen läßt, daß die Vernunft als Grundmuster des universellen Bewußtseins existiert, von dem ihr individuelles Bewußtsein nur ein Teilmechanismus ist. Der Erfahrungsbereich der Geborenen erstreckt sich daher über die fünf Sinne hinaus. Weil Wassermann ein festes Zeichen ist, ermöglicht die Konzentration der geistigen Energie eine Resonanz für Ideen aus dem archetypischen Bereich des Unbewußten. Einige erleben sogar das Bewußtsein selbst als Energiefeld und seinen Inhalt als Energiemuster. Menschen mit Merkur im Wassermann sind sehr wahrscheinlich telepathisch begabt.

Die direkte Erfahrung höherer Energiezustände vermittelt auch Einsicht in die grundlegenden Prozesse, auf denen die materiellen Erscheinungen beruhen. Die Geborenen sehen die Wirklichkeit, wie sie auf der mikrokosmischen Ebene ist – als ein bewegtes Muster pulsierender Kraftströme. Weil Saturn im Wassermann Mitherrscher ist, besitzen solche Menschen die Fähigkeit zur geistigen Synthese und sind meist mathematisch begabt, einer der Gründe, warum diese Merkurstellung auf Wissenschaftler hinweist.

Die Fähigkeit, die Dinge in einem erweiterten Rahmen zu sehen, fördert die humanitäre Einstellung und das Interesse an der geistigen Entwicklung der Menschheit. Es besteht auch eine Neigung für das Studium der Astrologie und anderer esoterischer Wissensgebiete.

Menschen mit dieser Merkurstellung arbeiten gerne mit andern zusammen. Deshalb beteiligen sie sich an der Aktivität von Gruppen oder Organisationen. Sie suchen geistige Anregung durch Freundschaften.

Merkur in den Fischen

Merkur im Tierkreiszeichen Fische bedeutet eine lebhafte Phantasie und die Fähigkeit, Gedanken und Erinnerungen photographisch getreu vor dem innern Auge wiedererstehen zu lassen. Menschen mit dieser Stellung sind in hohem Maße intuitiv und telepathisch veranlagt. Sie lassen sich in ihrem Denken durch feinste Suggestionen leicht beeinflussen, denn sie gleichen sich unbewußt den Gedanken und Stimmungen der Menschen ihrer Umgebung an. Sie gelangen nicht durch logische Überlegungen zu ihren Schlußfolgerungen, sondern vielmehr aufgrund intuitiver Eingebungen, die aus dem Unbewußten aufsteigen. Sie lernen mehr durch «Osmose» als durch ein ordentliches Studium.

Wie bei Merkur im Krebs kann das Denken von unbewußten Gefühlsmustern geprägt sein, die auf früheren Erlebnissen beruhen. Wenn

Merkur in den Fischen ungünstig aspektiert ist, besteht die Gefahr, daß das Denken so sehr den Erinnerungen verhaftet bleibt, daß die Wahrnehmung der Wirklichkeit dadurch verfälscht wird. In extremen Fällen kann dies zu neurotischen Zuständen führen. Wegen der außergewöhnlichen Sensibilität und Einbildungskraft, die mit Merkur in den Fischen verbunden ist, sind oft dichterische und bildnerische Fähigkeiten festzustellen. Diese Menschen sind sehr mitfühlend, sie können sich in den andern hineindenken, weil sie selbst schon in ähnlichen Situationen gewesen sind. Gelegentlich kann man mit ihren Gefühlen zu leicht sein Spiel treiben.

Die Fische sind ein bewegliches Zeichen, und Schwankungen der Gefühle können Unbeständigkeit im Denken, Entscheiden und mitmenschlichen Beziehungen verursachen. Es kann auch eine Tendenz zu Tagträumen und Zerstreutheit vorliegen. Die Tatsache, daß die Geborenen gerne verschwiegen sind und ihre privaten Gedanken für sich behalten, kann zu Schüchternheit und Zurückgezogenheit führen.

Ein verletzter Merkur in den Fischen kann eine morbide Phantasie oder sogar Verfolgungswahn bedeuten. Ein solcher Mensch mag hypersensibel sein und Äußerungen als Kritik empfinden, die gar nicht persönlich gemeint waren. Er sollte daher in seinem Denken und seiner Wahrnehmung der Wirklichkeit objektiver werden. In dieser Hinsicht ist diese Stellung Merkurs ähnlich wie diejenige im Krebs.

Merkur in den Feldern

Die Stellung des Merkur in den Feldern besagt, auf welche praktischen Belange sich Denken und Kommunikation – beispielsweise Sprechen und Schreiben – einer Person beziehen und welche Bereiche davon beeinflußt werden.

Die Felderstellung des Merkur deutet an, welcher Art die Umwelteinflüsse und Aktivitäten sind, aus denen der Geborene seine Ideen bezieht. Steht Merkur beispielsweise im zweiten Feld, mag das Individuum Informationen durch Geschäfte und finanzielle Transaktionen gewinnen, während es mit Merkur im siebenten Feld durch Heirat, Partnerschaften und Umgang mit der Öffentlichkeit seine Erfahrungen aufbaut.

Merkur im ersten Feld

Menschen mit Merkur im ersten Feld haben eine wißbegierige, intellektuelle Einstellung zum Leben. Von dem, was sich in ihrer Umgebung abspielt, entgeht ihnen kaum etwas. Ihre Handlungen und Ausdrucksweisen beruhen auf logischen und vernünftigen Überlegungen. Sie besitzen meist eine überdurchschnittliche Intelligenz und haben ein intensives Bedürfnis, sich andern schriftlich oder mündlich mitzuteilen. Dies verleitet sie gelegentlich zu Redseligkeit und Schreibwut.

Diese Menschen sind ständig in Bewegung, denn Merkur ist der natürliche Regent des dritten Feldes, während das erste Feld Selbstdarstellung durch Handeln bedeutet. Mit dieser Stellung sind geistige Initiative und Willenskraft verbunden. Die Geborenen legen gewöhnlich sehr viel intellektuellen Wetteifer an den Tag, insbesondere, wenn Merkur in einem Feuerzeichen steht.

Menschen mit Merkur im ersten Feld sind gute Schriftsteller, Ärzte, Wissenschaftler, Forscher, Gelehrte, Bibliothekare und Sekretäre, denn sie besitzen eine angeborene Fähigkeit, sich auszudrücken und einen hohen Grad von Intelligenz. Ihr Denken und ihre Interessen gelten vorwiegend jenen Dingen, die von dem Planeten beherrscht werden, der zu Merkur den engsten Hauptaspekt bildet.

Merkur im zweiten Feld

Steht Merkur im zweiten Feld, wird das Denken ganz von Geschäfts- und Gelddingen beeinflußt. Der Wertmaßstab basiert auf dem, was konkrete, praktische Ergebnisse zeitigt. Es besteht Geschäftstüchtigkeit auf allen jenen Gebieten, die mit Kommunikationsmedien zu tun haben: Schreiben, Drucken, Verlegen, Rundfunk und Fernsehen, Telefondienst und Unterrichten.

Menschen mit dieser Stellung erstreben eine höhere Bildung, um ihre Verdienstchancen zu verbessern. Sie haben originelle Ideen, wie man zu

Geld kommen könnte, und ihre finanziellen Angelegenheiten und Unternehmungen sind immer methodisch geplant. Viele Ökonomen, Geschäftsberater und Gründer von Handelsgesellschaften haben Merkur im zweiten Feld. Auch Menschen, die sich ihr Brot als Sekretärin, Buchhalter, Bibliothekarin, Telefonistin, Schriftsteller und so weiter verdienen, mögen diese Merkurstellung haben oder irgendeine Beziehung des Merkur zum zweiten Feld, sei es durch Zeichenherrschaft oder Aspekt. Die Geschäftsangelegenheiten sind gewöhnlich mit dem Planeten verbunden, der Merkur am engsten aspektiert ist, und durch diesen Planeten kann auch finanzieller Gewinn angezeigt sein.

Merkur im dritten Feld

Im dritten Feld kommt Merkur besonders stark zur Geltung, weil ja das dritte Feld dem Zeichen Zwillinge entspricht, das von Merkur regiert wird. Deshalb bedeutet Merkur in diesem Feld eine ganz allgemein überlegene intellektuelle Begabung. Es besteht Geschick und Interesse für Kommunikation jeder Art. Menschen mit dieser Stellung sind gute Schriftsteller und Redner und zeichnen sich durch Originalität und geistige Beweglichkeit aus. Charakteristisch für sie sind zahlreiche kleine Ortsveränderungen und reger Kontakt mit Geschwistern und Nachbarn. Sie verbringen viel Zeit am Telefon oder beim Briefeschreiben. Diese Menschen haben ein Geschick, praktische Lösungen für die verschiedenartigsten Probleme zu finden. Sie sind gute Sekretäre, Telefonisten, Reporter, Drehbuchautoren und Herausgeber.

Ist Merkur im dritten Feld ungünstig aspektiert, können wegen indiskreten Äußerungen und Mitteilungen oder falschen, unvollständigen oder irrtümlichen Informationen Schwierigkeiten auftreten. Aus Verträgen, Versprechungen und Vereinbarungen können sich Probleme ergeben.

Merkur im vierten Feld

Bei einer Stellung des Merkur im vierten Feld ist mit viel geistiger und erzieherischer Aktivität im Heim zu rechnen. Diese Stellung ist oft bei Kindern gebildeter Eltern zu finden. Solche Menschen neigen dazu,

Nachforschungen hinsichtlich Familienstammbaum und Geschichte zu betreiben.

Ihr Heim wird wahrscheinlich auch als Arbeitsplatz dienen, weil Merkur als Regent der Jungfrau das sechste Feld beherrscht, das sich auf Arbeit bezieht. Menschen mit Merkur im vierten Feld sammeln zuhause oft riesige Bibliotheken an und verbringen viel Zeit mit intellektuellen Aktivitäten im Kreise ihrer Familie. Ihr Heim kann zu einem Kommunikationszentrum der näheren Umgebung werden, und es wird viel telefoniert. Das sind jene Leute, die ein Ritual daraus machen, am Frühstückstisch die Zeitung zu lesen.

Merkur in diesem Feld kann ein Interesse an Grundbesitz und Ackerbau anzeigen sowie für Wissenschaften, die sich – wie die Geologie – mit der Erde befassen oder mit ökologischen und Umweltproblemen. Vielleicht schreibt der Geborene auch über diese Themen. Menschen, die viele Veränderungen in ihrem Heim haben, die oft ihren Wohnsitz wechseln, in Wohnwagen leben oder sonstwie ein nomadenhaftes Leben führen, haben oft Merkur im vierten Feld. Wird Merkur im vierten Feld ungünstig aspektiert, können intellektuelle Auseinandersetzungen und Meinungsverschiedenheiten mit anderen Familienmitgliedern auftreten.

Merkur im fünften Feld

Merkur im fünften Feld weist auf ein intellektuelles Interesse an künstlerischen und schöpferischen Bemühungen hin. Deshalb finden sich unter diesen Geborenen unter anderem Kunstkritiker und Schriftsteller, insbesondere Bühnenautoren. Die Geborenen fühlen sich zu Kunstrichtungen hingezogen, die Informationen vermitteln, als Unterrichts- oder Propagandamedien dienen. Sie haben die Fähigkeit, sich in Wort und Schrift markant und dramatisch auszudrücken, und wollen ihrer intellektuellen Leistungen wegen bewundert werden. Spiele, die intellektuellen Anreiz bieten, wie Schach oder Skat und ähnliche Kartenspiele, finden ihr reges Interesse. Finanz- und Börsenspezialisten, die die Markttendenzen sorgfältig zu verfolgen pflegen, haben oft den Merkur in diesem Feld stehen.

Solche Menschen kümmern sich auch um die intellektuellen Leistungen ihrer Kinder und sind stolz darauf. Weil ein besonderes Interesse an Kindererziehung besteht, haben viele Primarlehrer den Merkur im fünften Feld. Mit dieser Stellung Geborene fühlen eine romantische Zuneigung zu intellektuell begabten Menschen, die ihnen geistige Anregungen vermitteln.

Ist Merkur im fünften Feld ungünstig aspektiert, muß mit unklugen Spekulationen und intellektueller Eitelkeit gerechnet werden. Ein verletzter Merkur im fünften Feld kann auch eine etwas nüchterne und kritische Haltung in Liebesangelegenheiten bedeuten.

Merkur im sechsten Feld

Menschen mit Merkur im sechsten Feld erwerben sich Spezialkenntnisse und Fertigkeiten, die ihnen bei ihrer Berufsarbeit zugute kommen. Sie arbeiten gründlich und methodisch und machen es sich zur Aufgabe, immer über die neuesten Techniken und Forschungen auf ihrem Gebiet auf dem laufenden zu sein. Deshalb ist dies eine sehr günstige Merkurposition für Menschen, die in der Medizin, im Ingenieurwesen oder auf wissenschaftlichem Gebiet tätig sind.

Im sechsten Feld steht der Merkur stark, weil das sechste Feld dem Zeichen Jungfrau entspricht, das von Merkur regiert wird. Wie bei Merkur im dritten Feld kann diese Stellung auf eine allgemeine intellektuelle Begabung weisen.

Merkur im sechsten Feld bedeutet, daß diese Menschen sich um ihre Pflichten, um die persönliche Hygiene und um korrekte Kleidung kümmern. Ihre feingeschärften Sinne machen den Geborenen Unordnung in ihrer Umgebung unerträglich; sie können unter psychischen Störungen leiden oder körperlich krank werden, wenn sie unter chaotischen Umständen zu leben haben. Merkur im sechsten Feld kann eine Tendenz zu Überarbeitung und Perfektionismus anzeigen.

Ist Merkur im sechsten Haus ungünstig aspektiert, kann dies auf eine schwache Gesundheit, Überbetonung unwichtiger Details und eine allgemein kritische Natur hinweisen.

Merkur im siebenten Feld

Der im siebenten Feld plazierte Merkur deutet auf Menschen hin, die sich um Gedankenaustausch und geistige Zusammenarbeit mit anderen bemühen. Sie arbeiten lieber in Partnerschaft mit anderen zusammen als auf eigene Faust. Sie sind im Umgang mit der Öffentlichkeit sehr geschickt und haben deshalb als Verkäufer, Public-Relations-Leute und Rechtskundige viel Erfolg.

Geborene mit dieser Merkurstellung interessieren sich für die Gedanken ihrer Mitmenschen. Ihre Tendenz, geistige Partnerschaften zu suchen, führt sie dazu, intelligente und gebildete Intellektuelle zu heiraten. Auch in ihren anderen zwischenmenschlichen Beziehungen neigen sie zum intellektuellen Typus.

Wenn Merkur im siebenten Feld günstig aspektiert ist, sind die Geborenen geschickte Schiedsrichter, Vermittler und Berater. Mit dieser Merkurstellung ist eine Begabung für Psychologie verbunden.

Ist Merkur im siebenten Feld ungünstig aspektiert, können Schwierigkeiten in der Verständigung mit anderen auftreten. Es kann infolge Meinungsverschiedenheiten zu Ehezwistigkeiten und Mißverständnissen zwischen Partnern und zum Nichteinhalten von Vereinbarungen kommen. Die Geborenen müssen vertragliche Vereinbarungen sehr genau überdenken, bevor sie sie abschließen. Bei verletztem Merkur mag der Partner unaufrichtig oder wankelmütig sein, manchmal auch jünger als der Geborene. Menschen mit Merkur im siebenten Feld neigen häufig dazu, eine Angestellte, einen Mitarbeiter oder jemanden aus der Verwandtschaft zu heiraten.

Merkur im achten Feld

Merkur im achten Feld bedeutet ein Interesse für die tieferen Bereiche des Wissens und für Okkultismus. Wenn Merkur in diesem Feld Aspekte zu Uranus, Neptun und Pluto bildet, kann ein Interesse für Spiritismus und Kommunikation mit den Verstorbenen bestehen. Das Interesse mag sich auch auf Gesellschaftsgelder, Steuern, Versicherungen und die Besitztümer von Verstorbenen konzentrieren – das achte Feld ist ja das Feld der Verstorbenen. Die Tätigkeit des Geborenen könnte mit einem dieser Gebiete in Zusammenhang stehen.

Menschen mit dieser Felderstellung des Merkur neigen zur Geheimniskrämerei, vor allem in bezug auf Informationen, die sie für persönlich oder wichtig halten; sie genießen es, im geheimen Pläne zu schmieden, und erfinden höchst einfallsreiche Strategien. Sie lieben das Rätselhafte und Intrigen und lesen oder schreiben mit Vorliebe Kriminalgeschichten. Sie haben das Bedürfnis und die Fähigkeit, Geheimnisse auszukundschaften und die Motivationen zu entdecken, die das Verhalten der Menschen bestimmen, denn sie wollen den Dingen auf den Grund gehen.

Der Tod von Geschwistern oder Nachbarn ist für sie unerhört bedeutsam. Es ist auch gut möglich, daß sie im Zusammenhang mit Todesfällen Reisen unternehmen. Oft fallen ihnen als Erbe geheime Informationen oder wichtige Dokumente zu. Merkur im achten Feld zeigt auch an, daß der Tod durch Störungen des Nervensystems oder Erkrankungen der Luftwege eintreten kann.

Diese Geborenen vergessen Handlungen oder Zurücksetzungen seitens anderer nicht so leicht. Ist Merkur im achten Feld verletzt, mögen sie einem Mitmenschen gegenüber noch lange einen Groll hegen, schlecht über ihn sprechen und auf Rachepläne sinnen.

Merkur im neunten Feld

Mit Merkur im neunten Feld ist ein Interesse für Philosophie, Jurisprudenz und höhere Bildung zu erwarten, das dazu führt, daß der Geborene höhere Bildung und möglicherweise einen akademischen Grad erwirbt. Für Menschen mit dieser Stellung ist es wichtig, die Entwicklung der grundlegenden Ideen zu verstehen, die das gesellschaftliche Denken, die Gesetzgebung, Philosophie und Religion beherrschen. Ihre Entscheidungen gründen sich sowohl auf ethisch-moralische als auch auf praktische Überlegungen. Wie bei Merkur im Schützen kommt es diesen Menschen ebensosehr auf Gesinnungen wie auf Tatsachen an, weil ja die Einstellung darüber entscheidet, welche Tatsachen jemand für wichtig hält, und wie er von ihnen Gebrauch macht. Viele Lehrer und Professoren haben Merkur im neunten Feld stehen.

Menschen mit dieser Merkurstellung lieben das Reisen und möchten über fremde Länder und Kulturen Bescheid wissen; deshalb können sie gute Historiker und Anthropologen sein. Um die für sie wesentlichen

Kenntnisse zu erwerben, religiöse Unterweisungen zu erhalten oder Gurus aufzusuchen, sind sie bereit, weite Distanzen zurückzulegen.

Ist Merkur im neunten Feld ungünstig aspektiert, können damit intellektuelle Überheblichkeit und dogmatische, sektiererische Meinungen und Überzeugungen verbunden sein. Ist er dagegen günstig aspektiert, insbesondere in Verbindung mit Uranus, Neptun oder Pluto, kann er eine prophetische Zukunftsschau andeuten.

Merkur im zehnten Feld

Menschen mit einem Merkur, der im zehnten Feld steht, erstreben eine höhere Bildung aus beruflichem Ehrgeiz. Sie wollen ihre Kenntnisse erweitern, um sich auf eine ehrenvolle und lukrative Karriere vorzubereiten. Diese Merkurstellung verspricht Organisationstalent und die Fähigkeit, für die Zukunft zu planen. Die Laufbahn dieser Menschen bleibt nicht dem Zufall überlassen, sondern ergibt sich aus wohlüberlegter Planung, die auf ganz spezifische Ziele ausgerichtet ist.

Merkur im zehnten Feld bedeutet Geschicklichkeit im Umgang mit Menschen in mächtigen und führenden Positionen; deshalb findet sich diese Merkurstellung bei politischen Strategen und Verfassern von Reden. Darüber hinaus ist es aber auch die Stellung von Politikern, die sich durch ihre brillanten Ideen einen Namen gemacht haben, weil mit ihnen politischer Scharfsinn, Rednertalent sowie Geschick in der Geschäftsführung und im Kontakt mit der Öffentlichkeit verbunden sind. Auch Menschen, die beruflich mit Kommunikationsmedien, Drucken, Schreiben, Verlegen, Lehren oder Vortragen zu tun haben, mögen unter dieser Merkurstellung geboren sein.

Wenn Merkur im zehnten Feld ungünstig aspektiert ist, muß mit Intrigen zugunsten des persönlichen Ehrgeizes gerechnet werden. Damit mag eine selbstsüchtige, kalte und manchmal unaufrichtige Haltung verbunden sein, in der die Ehrsucht über die Prinzipien die Oberhand gewinnt. Die Belange, die von dem Planeten regiert werden, der den engsten Aspekt zu Merkur bildet, beeinflussen im allgemeinen die Karriere und die berufliche Ausbildung des Geborenen.

Merkur im elften Feld

Die Stellung des Merkur im elften Feld weist auf Menschen hin, die ein lebhaftes Interesse an der Kommunikation und am Ideenaustausch mit Freunden und in Gruppen haben. Sie fühlen sich ganz besonders wohl in der Gesellschaft von Menschen, die ihr Denken stimulieren und ihr Wissen vermehren; ihr Denken ist auch stark von den Ideen ihrer Freunde beeinflußt. Solche Menschen lehren ihre Freunde und lernen von ihnen.

Merkur ist im elften Feld zufällig erhöht, weil dieses Feld dem Wassermann entspricht, in dem Merkur erhöht ist. Deshalb bedeutet Merkur in diesem Feld Wahrheitsliebe, Unparteilichkeit und die Fähigkeit zu originellem und objektivem Denken. Die Geborenen befassen sich gerne mit wissenschaftlichen Untersuchungen, Astrologie, Philosophie und humanitären Idealen und Zielen; sie haben meist Freunde mit ähnlichen Interessen. Ihre Haltung ist unpersönlich, aber freundlich. Sie lieben es, mit jedermann ohne Ansehen seiner Herkunft oder seines Lebenswandels Beziehungen aufzunehmen und Ideen auszutauschen. Diese Offenheit der ganzen Menschheit gegenüber erweitert den Horizont und vermittelt eine tiefgründige Einsicht in allgemeine soziale Belange.

Ist Merkur im elften Feld ungünstig aspektiert, kann der Geborene exzentrischen und wirklichkeitsfremden Idealen nachstreben. Er mag seine Freunde ausnutzen und nur auf seinen eigenen Vorteil bedacht sein. Umgekehrt ist er manchmal völlig blind gegenüber eigennützigen Motiven seiner Freunde. Möglicherweise hat er auch Mühe, sich einer Gruppe anzuschließen.

Merkur im zwölften Feld

Das Denken von Menschen mit Merkur im zwölften Feld wird stark vom Unbewußten her beeinflußt. Die Entscheidungen erfolgen eher gefühlsmäßig als auf Grund logischer Überlegung. Menschen mit dieser Stellung geben ihre innersten Gedanken und Gefühle nur selten preis. Sie sind oft sehr schüchtern und sagen nur selten, was sie wirklich denken. Bei günstigen Aspekten, insbesondere zu Uranus, Neptun oder Pluto, verfügt der Geborene meist über viel Intuition und eine rege Phantasie. Oft eignet er sich auch als Medium.

Ist Merkur im zwölften Feld ungünstig aspektiert, können sich neurotische Tendenzen, Geisteskrankheit und eine Fixierung an vergangene Erlebnisse bemerkbar machen. Ein solcher Mensch mag auch Mühe haben, sich den Umweltsituationen anzupassen. Kinder mit einem verletzten Merkur im zwölften Feld haben deshalb oft mit Lernschwierigkeiten in der Schule zu kämpfen, die sich unter anderem in Lese- und Rechtschreibeschwäche bemerkbar machen.

Venus in den Zeichen

Die Stellung des Planeten Venus in den Zeichen des Tierkreises gibt Auskunft darüber, wie jemand seine Gefühle in seinen persönlichen Beziehungen, besonders in Liebe und Ehe, zum Ausdruck bringen wird. Sie gibt auch Hinweise auf die Einstellung des Geborenen zu Geld und persönlichem Besitz, den Annehmlichkeiten des Lebens sowie ethischen und ästhetischen Werten.

Venus im Widder

Venus herrscht über das Prinzip der Liebe und der Zuneigung zu anderen Menschen. Im Widder deutet Venus auf Menschen, die ihre Gefühle stürmisch und angriffslustig zum Ausdruck bringen. Durch ihre Initiative und ihren Unternehmungsgeist verleihen sie gesellschaftlichen Anlässen Schwung und Glanz. Zielbewußt und energisch verfolgen sie ihre Interessen und werben in offenem Konkurrenzkampf um die Gunst der andern. Im Horoskop einer Frau mag diese Stellung bedeuten, daß die Frau sich aktiv um den Mann bemüht. Solche Menschen sind leidenschaftliche Liebespartner, denn Mars, der Herrscher des Widder, verleiht der Liebe der Venus Kraft und Energie. Diese Zuneigungen können allerdings impulsiv und sprunghaft sein.

Im Widder steht Venus im Exil, weil der Widder dem Zeichen Waage gegenübersteht, das von Venus regiert wird. Deshalb beanspruchen

Menschen mit Venus im Widder ein hohes Maß an persönlicher Anerkennung und neigen dazu, egozentrisch zu sein.

Ist Venus im Widder ungünstig aspektiert, können die Geborenen ein plumpes, ungehobeltes Benehmen an den Tag legen. Bei günstigen Aspekten haben solche Menschen eine zuversichtliche, freundliche Art. Sie weisen oft auch eine künstlerische Begabung auf.

Venus im Stier

Die Venus im Zeichen Stier bedeutet beständige, dauernde Zuneigungen. Für die Geborenen ist gefühlsmäßige Geborgenheit und Beständigkeit in der Liebe wichtig. Sie sind loyal und zuverlässig, können aber besitzergreifend und eifersüchtig sein, wenn die Sicherheit ihrer Gefühle auf dem Spiel steht. Ihr Tastsinn ist hoch entwickelt, und sie lieben den körperlichen Kontakt mit der geliebten Person; sie sind sehr sinnlich, aber eher auf passive Weise, und möchten vom Partner erobert werden.

Venus im Stier bedeutet einen Hang zu Bequemlichkeit und Luxus. Man bevorzugt eine schöne Umgebung, gutes Essen und lebt gerne im Überfluß. Deshalb ist Geld für diese Menschen so wichtig. Weil der Mond, der die Häuslichkeit regiert, im Stier erhöht ist, sind solche Menschen bemüht, ihr Heim nach künstlerischen Gesichtspunkten auszugestalten. Sie legen auch großen Wert auf ihre persönliche Erscheinung. Sie wenden alle Mittel an, um so attraktiv und jugendlich als möglich zu bleiben. Sogar Hippies mit dieser Venusstellung tragen wertvollen Schmuck oder ein kostbares Kleidungsstück.

Diese Menschen besitzen einen angeborenen Sinn für den Wert materieller Dinge und die Gabe, Gegenstände von künstlerischer und bleibender Qualität zu erwerben. Sie lieben schöne und kostbare Dinge und befassen sich daher beruflich oft mit dem Kauf und Verkauf von Kunstgegenständen oder Luxusgütern. Sie können sich zu künstlerischen Ausdrucksformen hingezogen fühlen, bei denen sie das Material direkt formen können; Maler und Bildhauer haben oft Venus in diesem Zeichen.

Die Geborenen fühlen sich der Erde, dem Reich der Blumen, Bäume und anderen Pflanzen nahe verwandt und widmen sich in ihrer Freizeit mit Vorliebe dem Gärtnern oder Blumenzüchten.

Weil der Stier mit Hals und Kehle in Verbindung steht, und Venus Grazie und Schönheit bedeutet, haben viele Menschen mit Venus im Stier volle, melodiöse Stimmen. Talentierte Sängerinnen und Sänger dürften eine derartige Venusstellung haben.

Venus in den Zwillingen

Menschen, die den Planeten Venus im Zeichen Zwillinge stehen haben, lieben die Abwechslung, handle es sich dabei um Liebesbeziehungen oder gesellschaftliche Verbindungen. Ihr Erlebnishunger und ihre Neugier in bezug auf Menschen machen sie kaum geneigt, feste und dauerhafte Bindungen einzugehen. Wie bei Venus im Wassermann möchten auch Menschen mit dieser Stellung mit jedermann gut Freund sein. Sie sind aber durchaus fähig, jemandem die Treue zu halten. Weil sie selbst witzig und redegewandt sind, fühlen sie sich zu Menschen hingezogen, die sich durch bewegliches Denken und einen scharfen Intellekt auszeichnen. Diese Venus braucht genügend Bewegungsfreiheit.

Geborene mit dieser Venusstellung verbringen viel Zeit damit, ihren Vergnügungen und gesellschaftlichen Aktivitäten nachzugehen. Ihre künstlerische Aktivität äußert sich vorwiegend auf literarischem Gebiet. Sie schreiben Gedichte oder Satiren und lieben geistreiche Wortspiele.

Wie bei allen Luftzeichen besteht auch hier eine Abneigung gegenüber plumpem Verhalten. Die Geborenen haben eine zuvorkommende Art und erhalten gewöhnlich gute Beziehungen zu Geschwistern und Nachbarn aufrecht. Ist Venus in den Zwillingen ungünstig aspektiert, sind sie in ihren Liebesbeziehungen unstet und wankelmütig. Sie flirten gern und messen Liebe und Heirat nur oberflächliche Bedeutung bei.

Venus im Krebs

Steht die Venus im Krebs, so deutet dies auf Menschen, die in Liebesdingen sehr empfindlich sind. Diese außerordentliche Sensibilität führt dazu, daß sie in ihren Gefühlen leicht verletzt werden. Sie verbergen die Verletzlichkeit aber hinter einem würdevollen Gebaren. Weil ihre Stimmungen schwankend und unberechenbar sind, schätzen solche

Menschen vor allem Sicherheit, sei es in finanziellen oder häuslichen Belangen. Sie streben nach einer Heirat, um Geborgenheit zu finden, und hegen und umsorgen Heim und Familie mit großer Hingabe. Sie brauchen immer wieder sichtbare Beweise der Zuneigung, um sich in ihrer Haut wohl zu fühlen. Sie richten ihr Heim gern gemütlich und schön ein und machen es zum Mittelpunkt geselliger Anlässe. Sind sie unverheiratet, empfangen sie gern Gäste zum Essen bei sich zu Hause, statt in ein öffentliches Lokal zu gehen.

Frauen mit dieser Venusstellung sind sehr häuslich veranlagt und fühlen sich glücklich, für ihre Lieben kochen und haushalten zu dürfen. Sie sind sehr fraulich und liebevolle Mütter, da Krebs das Zeichen der Mütterlichkeit ist. Auch Männer mit dieser Venusstellung pflegen ihre Familien und Kinder zu bemuttern.

Weil Krebs ein Kardinalzeichen ist, können diese Menschen gelegentlich auch die Initiative ergreifen, wenn sie sich langweilen oder einsam fühlen. Sie werden allerdings versuchen, dies möglichst unauffällig zu tun.

Ist Venus im Krebs ungünstig aspektiert, können sich rührselige Sentimentalität, Gefühlsausbrüche und eine Tendenz zum Schmollen bemerkbar machen.

Venus im Löwen

Menschen, die den Planeten Venus im Löwen stehen haben, sind einer starken und dauerhaften Zuneigung fähig. Sie lieben das Leben und benehmen sich manchmal etwas theatralisch. Sie verfügen meist über eine gute Portion gesellschaftlichen und persönlichen Stolz, besonders wenn sie im Rampenlicht stehen. Deshalb inszenieren sie gern rauschende und verschwenderische Feste. Frauen mit dieser Stellung – manchmal sind es Primadonnen – möchten von allen bewundert und vergöttert werden. Bei gesellschaftlichen Anlässen müssen sie darum stets der Mittelpunkt der Aufmerksamkeit sein.

Weil sie die Fähigkeit haben, Gefühle dramatisch zum Ausdruck zu bringen, findet man unter Menschen mit dieser Konstellation talentierte Schauspieler. Sie sind zudem meist begeisterte Kunstliebhaber und besitzen einen lebendigen Farbensinn sowie eine Begabung für Malerei, Bildhauerei und andere Kunstgattungen.

Diese Geborenen sind warmherzig, zuvorkommend, heiter und liebevoll. Sie haben Kinder besonders gern. Sie sind die geborenen Romantiker und schwärmen für stürmische und aufregende Liebesabenteuer. Dem einmal erkorenen Partner halten sie unverbrüchlich die Treue. Menschen mit Venus in dieser Position brüsten sich gerne mit ihren Partnern; sie können besitzergreifend und eifersüchtig sein, wenn ihnen ihr Partner nicht die gebührende Aufmerksamkeit schenkt.

Ist Venus im Löwen ungünstig aspektiert, kann dies übertriebenen gesellschaftlichen Stolz, Snobismus, Selbstsucht und übermäßiges Interesse an Sex bedeuten.

Venus in der Jungfrau

In der Jungfrau befindet sich die Venus in ihrem Fall, weil das Zeichen Jungfrau dem Zeichen Fische gegenübersteht, worin die Venus erhöht ist. Menschen mit dieser Stellung neigen dazu, Gefühle allzu streng und kritisch zu analysieren und gegenüber denjenigen, die sie lieben, zu kritisch zu sein, wodurch sie bei den Partnern Befangenheit und Hemmungen auslösen und spontane Zuneigungen lähmen können. Diese analysierende Haltung kann ihnen auch eine unmittelbare intuitive Reaktion auf alles Schöne unmöglich machen. Solche Menschen versuchen die Schönheit einer Rose zum Beispiel dadurch zu verstehen, daß sie Blättchen für Blättchen zerzupfen. Sie werden nicht gewahr, daß die Schönheit der Rose in ihrer Gesamterscheinung begründet ist.

Menschen mit Venus in der Jungfrau wählen häufig Partner, mit denen sie zusammenarbeiten können und die ihre intellektuellen Interessen teilen. Bei dieser Venusstellung findet man mehr unverheiratete Leute als bei den anderen Zeichenstellungen der Venus, weil die Geborenen zu hohe Anforderungen an einen eventuellen Partner stellen. Wenn Venus nicht sehr schwer verletzt ist, kommen im allgemeinen freundschaftliche Beziehungen zu Mitarbeitern zustande. Der Arbeitsplatz wird oft durch eine persönliche Initiative künstlerisch gestaltet.

Diese Menschen legen großen Wert auf gute Umgangsformen, persönliche Erscheinung und Hygiene; sie fühlen sich von Ungepflegtheit in jeder Form abgestoßen und haben einen angeborenen Sinn für Ordnung und Sauberkeit. Sie sind deshalb gute Köche und Ernährungsspezialisten. Oft verfügen sie über ein besonderes Flair für das Entwerfen und Herstellen von Kleidern und machen sich als Modeschöpfer einen Namen. Im künstlerischen Bereich liegt ihnen eher das handwerkliche oder technische Geschick, während es ihnen weitgehend an Phantasie und Inspiration mangelt.

Die extreme gesellschaftliche Gewandtheit dieser Menschen ist oft nur ein Deckmantel für ihre Schüchternheit und gewisse Minderwertigkeitsgefühle. Ihre kühle Distanziertheit, besonders bei Frauen mit dieser Stellung, verhindert oft die Entwicklung von Liebesbeziehungen. Daraus mag ein Gefühl der Einsamkeit und Frustration entstehen. Deshalb ziehen sie sich gern in ihre Arbeit und intellektuelle Tätigkeiten zurück und wenden ihre ganze Liebe einem Tier zu. Dies trägt nicht gerade dazu bei, gesellschaftliche Kontakte zu fördern und diesen Menschen aus ihrem Schneckenhaus herauszuhelfen. Weist die Venus eine günstige Felderstellung und günstige Aspekte auf, können allerdings die Schwierigkeiten meist überwunden oder gemildert werden. Weil die Jungfrau ein Erdzeichen ist, bedeutet Venus in dieser Stellung, daß die Geborenen materielle Bequemlichkeiten lieben und gerne wertvolle Besitztümer ihr eigen nennen, um sich Ansehen zu verschaffen. Sie arbeiten oft hart, um solche Dinge zu erwerben, und betrachten sie manchmal gleichsam als Ersatz für persönliche Zuneigung.

Menschen mit Venus in der Jungfrau sind mitfühlend und kümmern sich um Kranke. Ihr Geschick im Umgang mit Pflegebedürftigen macht sie zu guten Ärzten und Krankenschwestern. Sie haben auch Verständnis für psychologische Probleme, die sich aus sozialer Fehlanpassung ergeben, denn in diesem von Merkur beherrschten Zeichen befähigt Venus die Geborenen, in solchen Angelegenheiten Herz und Verstand zu gebrauchen.

Wenn Venus durch Mars, Uranus, Neptun oder Pluto verletzt wird, kann sich merkwürdigerweise eine Überkompensation der Schüchternheit und gesellschaftlichen Anpassung ergeben, die in eine liederliche Lebensweise, Promiskuität und Vagabundentum ausarten kann. Diese Reaktion entspringt einer tiefverwurzelten Furcht, nur auf diese Weise Liebe und sexuelle Erfüllung erleben zu können. Die Geborenen glauben, durch sexuelle Eroberungen sich selbst ihr Begehrtsein beweisen zu müssen. In diesen Fällen gewinnt die unbewußte Polarität der Fische die Oberhand. Dieser reaktionäre Typus kann in seiner persönlichen Erscheinung und seinem Verhalten grob und schlampig werden.

Venus in der Waage

Die Venus in der Waage deutet auf Menschen, denen Ehe und harmonische gesellschaftliche Verbindungen äußerst wichtig sind. In der Waage, dem Zeichen ihrer Regentschaft, ist Venus stark und günstig gestellt. Nachdem mit Venus gewöhnlich wohlproportionierte Züge und eine allgemeine körperliche Schönheit verbunden ist, wirken Menschen mit dieser Stellung auf Angehörige des anderen Geschlechts anziehend und haben viele Gelegenheiten für eine Eheschließung.

Diese Menschen haben eine angeborene Begabung, die Gefühle anderer zu verstehen. Sie schätzen Kameradschaft und suchen deshalb Beziehungen, bei denen eine harmonische und enge persönliche Bindung möglich ist. Sie nehmen auf andere Rücksicht und möchten ihnen gerne zu Gefallen sein, was zur Folge hat, daß man sie gerne mag. Ihr Gefühl für Gerechtigkeit und Fairneß in Liebesbeziehungen und gesellschaftlichen Verbindungen ist gut entwickelt. Weil sie Plumpheit und unfeines Benehmen nicht mögen, haben sie einen strengen Maßstab für das soziale Verhalten und Benehmen. Sie sind romantisch und liebevoll, aber weil die Waage ein intellektuelles Luftzeichen ist, suchen sie in engen persönlichen Beziehungen geistige Anregung und Kameradschaft; Sinnlichkeit allein würde ihnen nicht genügen. Noch in anderer Beziehung ist Venus in der Waage anders als Venus im Stier: Geld an und für sich spielt für die Geborenen keine Rolle, doch brauchen sie es, weil sie sich gern mit schönen Dingen umgeben. Anders als die «Stier-Venus» versuchen diese Menschen ihre Position eher durch persönliche Verbindungen als durch Besitztümer zu sichern. In der Regel sind sie mit beidem gesegnet, weil sie einflußreiche und begüterte Freunde haben. Darüber hinaus können sie dank ihrer gefälligen Manieren und ihrem Geschick im Umgang mit der Öffentlichkeit auch als Geschäftsleute leicht Geld verdienen.

Das ästhetische Wahrnehmungsvermögen ist mit Venus in der Waage hoch entwickelt. Oft haben die Geborenen eine Begabung für Kunst, besonders für Musik. Weil die Waage ein Luftzeichen ist und sich Schallwellen durch die Luft fortpflanzen, haben die Geborenen gewöhnlich einen guten Gehörsinn, die grundlegende Voraussetzung für ihre musikalische Begabung. Im Gegensatz dazu weist Venus im Stier eher auf die bildenden Künste hin, die dem Tastsinn zugeordnet sind.

Menschen mit dieser Venusstellung hassen Auseinandersetzungen und Zwietracht. Sind sie ihnen zu häufig ausgesetzt, regen sie sich auf, werden nervös und oft krank. Daher meiden sie Konfliktsituationen. Ist die Venus ungünstig aspektiert, mögen sie sich mit andern einverstanden erklären, nur um Auseinandersetzungen und Unannehmlichkeiten zu umgehen. Sie erscheinen daher oft unaufrichtig. Eine verletzte Venus in der Waage kann bedeuten, daß man sich nur an Konventionen hält und weder in Fragen des Gefühls noch des gesellschaftlichen Zusammenlebens einen eigenen Wertmaßstab entwickelt.

Frauen mit dieser Konstellation bedürfen einer innigen Zuneigung. Sie legen Wert darauf, daß die Männer, mit denen sie sich öffentlich zeigen, sich als gesellschaftlich gewandt und ihnen gegenüber als galant erweisen. Sie haben eine Begabung für öffentliches Auftreten und lieben es, im Rampenlicht zu stehen. Sie ernten daher als darstellende Künstler meist viel Erfolg.

Venus im Skorpion

Der Skorpion ist für die Venus das Zeichen des Exils, weil der Skorpion dem Stier gegenübersteht, in welchem die Venus regiert. Bei dieser Venusstellung sind die Gefühle und sexuellen Begierden stark und leidenschaftlich, eifersüchtig und verborgen. Diese Menschen sind stolz auf ihre sexuellen und romantischen Abenteuer. Ist die Venus in diesem Zeichen verletzt, dürften Sex und Sinnlichkeit Denken und Fühlen vollständig beherrschen. Bei engen persönlichen Beziehungen haben sie die Tendenz, stark gefühlsmäßig zu reagieren, ohne Berücksichtigung des Standpunktes ihres Partners. Es fehlt ihnen oft an Vernunft und Taktgefühl. Hochentwickelte Typen haben jedoch meist hohe Ideale und Wertmaßstäbe in bezug auf Liebe und Freundschaft, sie würden um der Liebe willen alles opfern, wenn sie das Gefühl haben, daß das Objekt ihrer Zuneigung dessen wert ist.

Solche Menschen nehmen ihre Romanzen häufig zu persönlich und zu ernst, es fehlt ihnen an Nachsicht und an Sinn für Humor. Da sie selbst sehr gefühlsbetont sind, erwarten sie dies auch vom Partner, was in Liebesdingen leicht zu Überheblichkeit und einer «Alles-oder-nichts»-Haltung führen kann. Wird jemand mit dieser Venusstellung sitzengelassen oder enttäuscht, kann er sich verraten und hintergangen fühlen und sehr eifersüchtig und verbittert werden. So führt diese Stellung oft zu einer intensiven Haß-Liebe. Haben diese Menschen einmal eine enge Verbindung, die ihnen am Herzen lag, aufgelöst, kann sie niemals mehr auf der gleichen Basis wiederhergestellt werden; sie werden dieser Person stets die kalte Schulter zeigen.

Die gefühlsmäßige Intensität, die mit dieser Venusstellung verbunden ist, ergibt eine farbige Persönlichkeit. Ihr künstlerischer Geschmack neigt zu starken dramatischen Kontrasten. Die Geborenen fühlen sich zu okkulten Wissenschaften und inneren Geheimnissen hingezogen und besitzen eine starke Resonanz für die Gefühle der anderen.

Ist Venus im Skorpion einer Frau ungünstig aspektiert, kann es sich um den Typ der «femme fatale» handeln, die ihren Sex-Appeal dazu benützt, andere Menschen zu beherrschen und zu manipulieren. Es besteht mit Venus im Skorpion auch die Gefahr, daß der Geborene in einer engen persönlichen Beziehung, in der Ehe oder in Geschäftspartnerschaften dominieren oder insgeheim die Kontrolle ausüben will. Diese intensive Venusstellung kann zu emotionalen Exzessen führen. Dennoch verlieren solche Menschen auch bei schweren Kränkungen niemals ihren persönlichen Stolz und ihre Würde. Sie handeln eher zurückhaltend und halten einen Nimbus von Geheimnis und Hintergründigkeit um sich aufrecht, bis sie ihrer Beziehung sicher sind.

Venus im Schützen

Menschen, bei denen die Venus im Schützen steht, richten sich im Leben nach Idealen und geistigen Prinzipien. Es sind freundliche, lebhafte, zuvorkommende und gesellige Menschen. Dane Rudhyar, einer der größten psychologischen Astrologen, wies in *The Pulse of Life* (Der Herzschlag des Lebens) darauf hin, daß jedes Zeichen des Tierkreises eine Reaktion auf die Extreme des vorangehenden Zeichens darstellt. Diese Beobachtung gilt ganz besonders für Venus im Schützen, die auf ein offenes Aussprechen der Gefühle hinweist, im Gegensatz zu Venus im vorangegangenen Zeichen Skorpion, die Verschwiegenheit und Berechnung bedeutet. Die übermäßige Gefühlsbetontheit, die Eifersucht und Besitzgier der Venus im Skorpion hinterlassen einen bitteren Nachgeschmack in der evolutionären Erfahrung der Seele, die mit Venus im Schützen zur Welt gekommen ist. Deshalb versuchen Menschen mit dieser Stellung, ihr persönliches Verhalten nach möglichst objektiven, von der Gesellschaft gebilligten Prinzipien auszurichten, die auf Ethik, Philosophie und Religion gründen. Die überlieferten Moralbegriffe geben ihnen inneren Halt und Sicherheit. Sie bemühen sich um eine offene und aufrichtige Haltung gegenüber denen, die sie lieben oder zu denen sie romantische Beziehungen unterhalten.

Menschen mit dieser Venusstellung werden oft versuchen, ihre Geliebten oder Ehegatten zum eigenen religiösen Glauben oder zu ihren Moralprinzipien zu bekehren, um eine gemeinsame Verhaltensgrundlage zu haben. Meist heiraten sie innerhalb ihres eigenen religiösen oder weltanschaulichen Milieus, sind jedoch abenteuerlichen Romanzen keineswegs abhold.

Wegen der Regentschaft des Jupiter über den Schützen haben sie einen verschwenderischen Geschmack. Sie lieben Kunst und Schmuck, prunkvolle Farben und Formen und möchten gerne repräsentieren. Falls ihre Mittel es erlauben, bauen sie sich mit Vorliebe palastartige Villen, die sie kunstvoll ausstatten. Sie fühlen sich zu klassischen Formen der Schönheit wie griechischer Architektur oder symphonischer Musik hingezogen. Sie bevorzugen Kunstformen, die ein religiöses oder philosophisches Motiv haben, und von religiöser Musik können sie tief ergriffen werden. Religiöses Zeremoniell und Gepränge sagen ihnen zu.

Spiel und Sport im Freien schenkt diesen Geborenen große Befriedigung. Sie sind oft begeisterte Reiter und Skifahrer, die keine Gelegenheit zur Ausübung ihres Sports versäumen. Menschen mit dieser Stellung zieht es immer wieder in die Ferne. Die Geborenen reisen gerne und heiraten oft Ausländer, Menschen anderer Herkunft oder Rasse, Menschen mit philosophischen Neigungen oder höherer Bildung.

Frauen mit dieser Venusstellung bevorzugen Männer, die galant sind und ihnen den Hof machen. Sie lieben das dramatische Element.

Ist Venus im Schützen ungünstig aspektiert, sind diese Menschen anderen gegenüber oft sehr taktlos, huldigen in Liebesdingen einem weltfremden Idealismus und nötigen ihren Angehörigen die eigenen religiösen und moralischen Grundsätze auf.

Venus im Steinbock

Im Steinbock findet sich die Venus bei Menschen, die für ihre gefühlsmäßige Sicherheit Reichtum und einen gehobenen Lebensstandard nötig haben, den sie sich oft durch eine Geldheirat verschaffen. Ihrer Ansicht nach kann man sich schließlich genausogut in jemand Reichen verlieben. Sie lassen sich gerne in teure Restaurants und bekannte Unterhaltungslokale ausführen. Sie geben sich in der Öffentlichkeit selbstbewußt und reserviert. Sie finden es unter ihrer Würde, Gefühle und Zuneigungen öffentlich zur Schau zu stellen. Ihr betont unnahbares Auftreten mag dem Wunsch entspringen, sich andern überlegen zu fühlen. Dies wird ihnen oft als Snobismus übelgenommen.

Weil der Saturn über den Steinbock herrscht, können Menschen mit dieser Venusstellung – ähnlich wie bei Venus in der Jungfrau – ihre Gefühls- und Triebregungen unterdrücken, sind aber in trauter Zweisamkeit oft sehr sinnlich. Durch ihr beherrschtes und kultiviertes Wesen gewinnen sie viele Sympathien. Auch umgibt sie ein Hauch von Einsamkeit, eine Atmosphäre des Geheimnisvollen, die andere anzieht. Typisch für die Venus im Steinbock sind die wie in Marmor gemeißelten klassischen Züge griechischer Schönheit.

Wenn Menschen mit dieser Venusstellung jung heiraten, ziehen sie ältere und reifere Partner vor. Heiraten sie spät, wählen sie eher jüngere Partner, denen sie als Gegenleistung für ihre Zuneigung Halt und Sicherheit zu geben vermögen. Obschon sie es nicht offen zeigen, sind sie ihrem Partner gegenüber loyal, weil sie ein angeborenes Gefühl für Fair play und persönliche Verantwortung haben.

Auf künstlerischem Gebiet zeichnen sich diese Menschen durch einen ausgeprägten Sinn für Komposition und Struktur aus; wie bei Venus im Schützen ist eine Neigung zu klassischer Musik und anderen zeitlosen Formen der Kunst vorhanden. Da diese Menschen ihren Kunstsinn mit Geschäftstüchtigkeit zu verbinden wissen, mögen sie den Beruf eines Antiquitätenhändlers, Museumskurators oder Direktors einer Kunstgalerie ergreifen.

Ist Venus im Steinbock ungünstig aspektiert, kann dies auf Gefühlskälte und ein Überwiegen materieller Interessen hindeuten. Berechnung und Hintergedanken gewinnen oft die Oberhand und vereiteln jegliche spontane Zuneigung; eine Ehe kann aus reinen Geld- oder Statusgründen eingegangen werden, und die Liebe muß betteln gehen.

Venus im Wassermann

Venus im Wassermann kann als Reaktion auf den Materialismus und die kühle Wohlanständigkeit der Venus im Steinbock aufgefaßt werden. Sie deutet auf eine unpersönliche, aber freundliche Einstellung. Die Geborenen möchten mit jedermann gut Freund sein, aber nicht auf einer persönlichen Ebene. Sie sind populär und geschätzt und haben einen großen Bekanntenkreis. Sie verfügen über eine starke Ausstrahlung und einen ganz persönlichen Charme.

Sie haben meist ihre eigenen Ansichten über soziale und sexuelle Gepflogenheiten. Nicht, daß es ihnen an Prinzipien fehlte; aber sie wollen selbst entscheiden, was für sie richtig und sinnvoll ist. Ebenso wie die Menschen mit Venus in den Zwillingen und in der Waage mögen auch sie ungehobeltes Benehmen nicht, obwohl sie selbst sich durchaus nicht immer an die üblichen gesellschaftlichen Regeln halten.

Liebesbeziehungen ergeben sich oft auf den ersten Blick, entbehren aber häufig der Festigkeit und Dauer. Intellektuelle Anreize spielen bei der Wahl des Liebes- oder Ehepartners eine wichtige Rolle, weshalb es sich diese Menschen zu geistreichen und exzentrischen Personen hingezogen fühlen, wie auch zu solchen, die ihnen zu gesellschaftlichem Ansehen verhelfen. Der Partner soll gleichzeitig Freund und Liebhaber sein und dafür Verständnis aufbringen, daß man der Abwechslung und geistigen Anregung bedarf. Die Geborenen verabscheuen nichts so sehr wie Langeweile und gleichförmige Gewohnheiten. Sie haben eine Abneigung gegen Eifersucht und Besitzansprüche und scheuen vor Partnern zurück, die danach trachten, ihre gesellschaftliche Freiheit einzuschränken. Wer Menschen mit Venus im Wassermann gerne nahe bleiben möchte, muß ihnen in ihren Beziehungen zu andern freie Hand lassen.

Menschen mit Venus im Wassermann haben einen eher ungewöhnlichen Geschmack. Sie fühlen sich von Kunstformen angezogen, die extrem modern oder extrem alt sind. Wegen der Herrschaft des Uranus über den Wassermann hegen sie eine Vorliebe für Kunstformen, die mit Elektronik zu tun haben, wie zum Beispiel elektronische Musik. Ihr intuitives Erfassen der Gefühle und Gedanken anderer Menschen ist so ausgeprägt, daß es an Telepathie grenzt.

Ist Venus im Wassermann ungünstig aspektiert, können die sexuellen Gewohnheiten exzentrisch und ausschweifend sein. Diese Menschen sind zwar ehrlich bemüht, in ihren Zuneigungen konstant zu bleiben, aber ihre Gefühle ändern sich zu oft sehr abrupt, was immer wieder dazu führt, daß sie – scheinbar ohne jeden ersichtlichen Grund – von einem Tag auf den andern alte Beziehungen abbrechen und neue eingehen. Dies ist meist in ihrem Freiheitsbedürfnis oder ihrem Erlebnishunger begründet. Manchmal hindert sie eine Ehe oder eine andere feste Bindung auch in ihrer Arbeit. Sie können oft sehr halsstarrig sein und keine anderen Standpunkte gelten lassen. Bei einer günstig aspektierten Venus hingegen sind sie der geliebten Person gegenüber durchaus der Treue fähig, da der Wassermann ein festes Zeichen ist.

Venus in den Fischen

In den Fischen steht Venus erhöht. Das Prinzip der Liebe findet hier die höchste Entfaltung. Die Geborenen heiraten aus Liebe, und keine andere Überlegung kann dabei irgendeinen Einfluß haben. Sie bringen dem Mitmenschen viel Sympathie und Anteilnahme entgegen und fühlen eine tiefe Verbundenheit mit allem Lebendigen. Die Weltoffenheit der Venus im Wassermann wird nun ergänzt durch die Gefühlstiefe und das Miterleben der Fische – die von Neptun regiert werden. Diese Menschen haben eine besondere Gabe, die Empfindungen anderer zu verstehen; sie wissen, wie es ist, in der Haut des anderen zu stecken. Die Erfahrung, alle Zeichen des Tierkreises durchlaufen zu haben, schenkt der Seele die Fähigkeit, sich mit allen Formen des Menschseins zu identifizieren.

Menschen mit dieser Venusstellung sind romantisch und empfindsam. Wenn sie von anderen nicht aufrichtige Beweise der Liebe und Zuneigung erhalten, fühlen sie sich einsam und enttäuscht. Dies mag so weit gehen, daß sie sich als Märtyrer vorkommen, was bei nichtreligiösen Menschen zu neurotischen Tendenzen oder Geisteskrankheiten führen kann. Die Neptunherrschaft über die Fische schenkt der Venus intuitive Inspiration, aus der eine schöpferische Begabung auf den Gebieten der bildenden Kunst, der Poesie und Musik entspringt. Viele berühmte Komponisten, Dichter, Maler und Bildhauer haben die Venus in den Fischen – die Venusstellung für den geborenen Künstler.

Weil die Geborenen für die Leiden anderer höchst empfänglich sind, werden ihre Sympathien oft ausgenützt, falls sie zu leichtgläubig sind.

Infolge ihrer außerordentlichen Sensibilität fürchten sie oft, zurückgewiesen und verletzt zu werden. Deshalb zögern sie, ihre Gefühle zu zeigen, und verbergen sie lieber. Auf diese Weise versäumen sie manche Gelegenheit für romantische Beziehungen. Sie neigen zu gefühlsmäßiger Abhängigkeit.

Ist Venus in den Fischen ungünstig aspektiert, können übertriebene Sentimentalität, Unvernunft bei der Wahl von Liebespartnern, Faulheit, Hypersensitivität und übermäßige Abhängigkeit von andern auftreten. Starke Gefühlsempfindungen können eine objektive Realitätswahrnehmung verhindern.

Venus in den Feldern

Die Stellung der Venus in den Feldern weist darauf hin, auf welchen Lebensgebieten und in welcher Form ein Mensch seine gesellschaftlichen, künstlerischen und erotischen Bestrebungen verwirklicht. Wer zum Beispiel Venus im zehnten Feld hat, wird einen Beruf mit künstlerischem Einschlag ergreifen und enge Beziehungen zu Mitarbeitern anknüpfen. Er mag jemanden heiraten, den er durch seinen Beruf kennengelernt hat.

Das Feld oder Lebensgebiet, das von Venus besetzt wird, zeigt an, mit welcher Art von Menschen der Geborene gesellschaftliche Beziehungen aufnimmt, Freundschaften schließt oder Liebesbande anknüpft.

Venus im ersten Feld

Venus im ersten Feld deutet auf Menschen, die persönliche Grazie, gefällige Umgangsformen und ein freundliches Wesen haben. Diese Stellung ist vor allem im Horoskop einer Frau vorteilhaft, weil sie körperliche Schönheit verspricht. Gewöhnlich verbringen diese Geborenen eine glückliche Kindheit, die ihnen eine positive Lebenseinstellung vermittelt. Die Venus im ersten Feld zeigt auch, daß die Person die Gesellschaft anderer sucht und gern Freundschaften schließt und Liebesbeziehungen anknüpft.

Menschen mit dieser Stellung lieben schöne Kleider und all jene Dinge, die ihre persönliche Erscheinung vorteilhaft zur Geltung bringen. Dank ihrer geselligen Natur haben sie einen großen Bekanntenkreis. Dies ergibt für sie stets gute Gelegenheiten für Geschäfte, Romanzen und Heirat. Sie besitzen oft auch eine Begabung für bildende Kunst, Musik oder Dichtung.

Venus im zweiten Feld

Im zweiten Feld zeigt die Venus eine Vorliebe für Reichtum, kostbare Besitztümer, Kunstgegenstände und persönlichen Schmuck an – kurz für alles Schöne, das sich mit Geld kaufen läßt. Die Geborenen streben auch nach Reichtum, um sich eine soziale Stellung zu sichern. Sie bevorzugen reiche Ehe- und Liebespartner, die ihnen den gewünschten materiellen Komfort bieten können. Diese Stellung bedeutet Geschäftstalent, vor allem wenn es sich um Geschäfte handelt, die mit Kunst zu tun haben. Künstler mit dieser Venusstellung in günstigen Aspekten haben gute Chancen, mit ihrer Kunst Geld zu verdienen.

Frauen mit dieser Stellung sind gewöhnlich extravagant, und Männer neigen dazu, für ihre Freundinnen zuviel Geld auszugeben. Diese Venusstellung verspricht auch die Förderung durch Freunde und gesellschaftliche Kontakte, die zu Geschäftsvereinbarungen, einflußreichen Positionen und Reichtum führen.

Venus im dritten Feld

Mit Venus im dritten Feld besteht ein intellektuelles Interesse an künstlerischen und kulturellen Unternehmungen. Solche Menschen haben eine Vorliebe für Literatur und Dichtung und besitzen die Fähigkeit zu harmonischem Gedankenaustausch, sei es im Gespräch – vorwiegend am Telephon – oder schriftlich. Geborene mit dieser Stellung können sich als Künstler, Gelehrte oder Schriftsteller einen Namen machen.

Bei diesen Menschen herrscht ein ständiges Kommen und Gehen, sie sind oft auf Reisen, sei es zum Vergnügen oder aus gesellschaftlicher

Verpflichtung. Sie neigen dazu, Liebesbeziehungen und gesellschaftliche Kontakte intellektuell zu analysieren. Meist pflegen sie einen regen Gedankenaustausch mit ihrem Ehepartner und mit engen Freunden. Sie stehen in regem Kontakt mit Geschwistern und Nachbarn, durch deren Vermittlung sich oft auch Romanzen anbahnen. Oft lernen sie ihren Partner auch durch intellektuelle Betätigungen kennen. Solche Menschen verfassen wunderschöne Liebesbriefe und romantische Gedichte.

Gedankenaustausch in den Rubriken von Zeitungen oder Zeitschriften geht oft auf das Konto einer Venus im dritten Feld.

Venus im vierten Feld

Venus im vierten Feld zeigt eine gefühlsmäßige Verbundenheit mit dem Heim und dem Haushalt an. Die Beziehungen zu den Familienmitgliedern sind harmonisch, außer wenn die Venus oder das vierte Feld verletzt sind.

Die Geborenen laden ihre engen Freunde und Liebespartner gerne zu sich nach Hause ein, wo sie für sie kochen und eine gemütliche Atmosphäre schaffen können. Ihr Heim ist immer kunstvoll eingerichtet, so schön es die gegebenen Mittel erlauben.

Diese Venusstellung weist auf eine enge und harmonische Beziehung zu den Eltern hin. Oft hinterlassen die Eltern den Geborenen ein reiches Erbe. Es besteht die Aussicht, am Ende des Lebens von Schönheit und Bequemlichkeiten umgeben zu sein. Dazu kommt eine Vorliebe für Grund und Boden, Gärtnern und Blumenzüchten und für die natürlichen Schönheiten des Heimatlandes.

Venus im fünften Feld

Mit Venus im fünften Feld ist eine romantische Natur zu erwarten, die stark auf Vergnügen ausgerichtet ist. Diese Menschen strahlen viel Lebensfreude aus und haben ein sonniges Gemüt. Romanzen und Liebesbeziehungen sind für sie von allergrößter Bedeutung. Sind Venus und das fünfte Feld günstig aspektiert, bringen diese Liebesabenteuer Glück und Vergnügen und ergeben sich viele Gelegenheiten für romantische Erlebnisse. Menschen mit dieser Stellung sind meist allgemein beliebt und populär. Sie lieben die Künste und sind oft recht talentiert, insbesondere als Schauspieler. Sie gehen viel ins Theater und zu Konzerten, sehr oft in Verbindung mit ihren gesellschaftlichen oder romantischen Aktivitäten.

Diese Venusstellung bedeutet eine tiefe Zuneigung zu Kindern. Deshalb findet man unter ihr liebevolle Eltern, gute Lehrer und Kinderpsychologen. Die Kinder dieser Geborenen dürften wahrscheinlich Mädchen mit künstlerischer Begabung und körperlicher Schönheit sein.

Venus im sechsten Feld

Gesellschaftliche und romantische Beziehungen bahnen sich bei Venus im sechsten Feld im Zusammenhang mit der Berufsarbeit an. Diese Menschen sind meist auf künstlerischem oder sozialem Gebiet tätig. Sie lieben ihre Arbeit und haben meist harmonische Beziehungen zu Mitarbeitern, Untergebenen und Vorgesetzten. Die Arbeitsbedingungen sind fast immer befriedigend und angenehm. Menschen mit dieser Stellung heiraten oft jemanden, den sie durch ihre Arbeit kennengelernt haben.

Bei dieser Stellung findet sich eine Vorliebe für schöne Kleidung und eine Begabung für den Entwurf und die Herstellung von Kleidern. Oft werden Schoßhunde oder andere Kleintiere mit Liebe überhäuft.

Diese Menschen sind vielfach nicht sehr robust. Sie erfreuen sich meist einer guten Gesundheit – vor allem nach der Verheiratung – wenn sie damit nicht Raubbau treiben.

Venus im siebenten Feld

Venus im siebenten Feld zeigt soziales Geschick an und, falls Venus oder das siebente Feld nicht verletzt sind, eine glückliche Heirat. Die Geborenen genießen dank ihrer gefälligen Art und ihrer Rücksichtnahme auf andere viel Popularität. Sie haben Geschick im Umgang mit dem Publikum und bevorzugen daher eine berufliche Tätigkeit auf den Gebieten der Psychologie, des Verkaufs, der Public Relations oder des Theaters.

Ehe und enge persönliche Freundschaften sind für diese Menschen sehr wichtig. Sie suchen in der Ehe Liebeserfüllung und Glück. Gewöhnlich heiraten sie früh und gelangen dadurch zu Ansehen und Wohlstand. In ihren persönlichen Beziehungen geben und empfangen sie viel Liebe.

Diese Menschen werden nur ganz selten in Rechtsstreitigkeiten verwickelt. Sollte dies aber geschehen, werden sie versuchen, außergerichtlich zu einer Einigung zu kommen.

Venus im achten Feld

Die Venus im achten Feld bedeutet finanziellen Aufschwung durch Heirat, andere Partnerschaften und gesellschaftliche Beziehungen. Oft zeigt diese Stellung eine Erbschaft an, außer wenn Venus oder das achte Feld ungünstig aspektiert sind. Ist Venus in dieser Stellung stark verletzt, kann das auf eine stark sinnliche Natur oder eine Überbetonung von Sex hindeuten. Eine Heirat mag auch durch die Aussicht auf finanziellen Gewinn motiviert sein.

Die Stellung im achten Feld bedeutet allzu intensive Emotionen und manchmal Eifersucht und Besitzgier, weil sich Venus hier in dem Feld befindet, das dem Skorpion entspricht, dem Zeichen, in welchem sie im Exil steht.

Venus im neunten Feld

Venus im neunten Feld zeigt eine Vorliebe für Philosophie, Religion und Kunst an. Menschen mit dieser Stellung unternehmen oft längere Vergnügungsreisen.

Sie lernen ihre Ehepartner und andere Menschen, zu denen sie gesellschaftliche oder romantische Beziehungen aufnehmen, meist an Universitäten oder kirchlichen Veranstaltungen kennen, auf Reisen oder in fremden Ländern. Sie können eine besondere Zuneigung zu Ausländern oder Menschen anderer Rassen und Religionen haben. Die Geborenen haben in bezug auf Liebe hohe Ideale und versuchen oft, ihre Lieben zu ihren eigenen religiösen oder philosophischen Ansichten zu bekehren. Diese Menschen sind gewöhnlich sehr gebildet, sie lieben religiöse Musik, Kunst- und Kulturgeschichte, die sie oft als Fachwissenschaft studieren.

Es bestehen meist gute Beziehungen zu angeheirateten Familienmitgliedern.

Venus im zehnten Feld

Venus im zehnten Feld zeigt gesellschaftliche und künstlerische Ambitionen an. Der Geborene wird wahrscheinlich einen Beruf wählen, der mit Kunst in Verbindung steht; ist er künstlerisch begabt, wird er auch Anerkennung finden. Er wird wahrscheinlich jemanden heiraten, der ihm gesellschaftlichen Status und Reichtum vermittelt. Die Geborenen bemühen sich um gute und freundschaftliche Beziehungen zu Vorgesetzten und einflußreichen Persönlichkeiten. Sie haben im Umgang mit dem anderen Geschlecht viel Erfolg, was ihnen auch beim Aufbau ihrer Karriere nützlich sein kann.

Ist Venus im zehnten Feld ungünstig aspektiert, kann der Geborene ein Strebertyp sein, der seine alten Freunde leicht vergißt, wenn er einmal die gewünschte gesellschaftliche Stufe erklommen hat.

Venus im elften Feld

Bei Venus im elften Feld werden durch Tätigkeiten in der Gruppe enge Freundschaften und Beziehungen angeknüpft. Die Geborenen sind nett zu ihren Freunden, und diese sind nett zu ihnen. Deshalb haben Hoffnungen und Wünsche auch alle Aussicht, erfüllt zu werden. Bei dieser Venusstellung ist bestimmt mit vielen Freunden des anderen Geschlechts und aus Künstlerkreisen zu rechnen.

Den Ehepartner lernen solche Menschen oft durch Freunde kennen dank ihrer Gruppenaktivitäten, an der deshalb der Partner meist teilnimmt. Freunde werden oft zu Geliebten, und Geliebte werden oft zu Freunden.

Venus im zwölften Feld

Im zwölften Haus bedeutet Venus eine Vorliebe für Stille und Zurückgezogenheit. Persönliche und gesellschaftliche Kontakte finden oft im verborgenen statt, und es kann zu heimlichen Liebesaffären kommen. Schüchternheit in Gesellschaft kann zu Einsamkeit und Liebesenttäuschungen führen.

Diese Menschen sind in ihrem Erleben sehr stark vom Unbewußten her beeinflußt und schöpfen daraus tiefe künstlerische Inspiration. Auch ihr Verhalten beruht weitgehend auf unbewußten Beweggründen. Menschen mit dieser Stellung haben ein empfindsames Gemüt und sind freundlich und mitfühlend zu Leuten, die Kummer haben oder in Schwierigkeiten sind. Ihre eigenen Gefühle sind empfindsam und leicht zu verletzen. Ihr starkes Einfühlungsvermögen rührt daher, daß dem Zeichen Fische das zwölfte Feld entspricht, in welchem die Venus erhöht ist.

Mars in den Zeichen

Die Stellung des Mars in den Zeichen gibt über die für die Person charakteristischen antriebsmäßigen Handlungsweisen Aufschluß. Das Marszeichen besagt auch, in welcher Form der Geborene seine Handlungen und Gefühle zum Ausdruck bringen wird. Wenn zum Beispiel der Mars in den Zwillingen steht, kann das eine Neigung zu Wortgefechten anzeigen.

Die Zeichenstellung des Mars läßt die für die Person typische Richtung des Ehrgeizes erkennen, die ja zugleich für die Berufswahl entscheidend ist. Man sollte immer daran denken, daß dem Ehrgeiz Begierde zugrunde liegt, was durch die erhöhte Stellung des Mars im Steinbock ausgedrückt wird. Weil impulsive Handlungsweisen und heftige Energieausbrüche oft Gefahren heraufbeschwören, zeigt die Marsstellung auch, in welcher Weise Gefahr und Gewalt in das Leben des Geborenen eingreifen können.

Mars im Widder

Im Widder bedeutet Mars überschäumende Energie, die einen Abfluß finden muß. Dies ist die Grundstellung der primären Antriebe zum

Handeln und zur Selbstdarstellung, woraus sich dann die Erfahrung entwickelt. In diesem Zeichen bedeutet Mars Energie, Initiative, Mut und Impulsivität. Das Bedürfnis, die Dinge zu meistern, weckt den Unternehmungsgeist dieser Menschen und befähigt sie zu schöpferischen Neugestaltungen. Es besteht eine echte Führerbegabung, und zwar in dem Sinne, daß Menschen mit Mars im Widder die Initiative ergreifen und die anderen zum Mitmachen animieren können. Sie wollen immer die ersten sein. Allerdings mangelt es ihnen oft am Organisationstalent des Steinbocks und an der Ausdauer des Löwen, so daß sie ihr Interesse und ihren Enthusiasmus nicht lange genug aufrechterhalten können, um ein Vorhaben zum erfolgreichen Abschluß zu bringen. Kinder mit dieser Stellung müssen lernen, einmal begonnene Aufgaben zu Ende zu führen.

Diese Marsstellung läßt darauf schließen, daß die Geborenen eigenwillig und unabhängig sind. Sie dulden keinen Widerspruch und keine Einmischung. Wenn die Geborenen lernen, erst nachzudenken, bevor sie handeln, können sie sehr erfolgreich sein; blindes Handeln führt hingegen zu gefährlichen Irrtümern.

Menschen mit dieser Stellung wollen immer wetteifern, sie genießen sportliche Wettkämpfe und Spiele, bei denen sie Kraft und Mut an ihren Konkurrenten messen können. Der Fußballstar und der Schnellaufchampion zum Beispiel dürften ihren Mars im Widder haben. Diese Menschen besitzen eine Begabung oder Vorliebe für Arbeiten in Verbindung mit Maschinen. Viele Sport- und Rennwagenenthusiasten haben Mars in diesem Zeichen.

Solche Menschen erleiden oft Schädelverletzungen. Im Falle einer Erkrankung bekommen sie hohes Fieber, haben aber auch genug Widerstandskraft, um Fieberanfällen zu trotzen, an denen andere sterben würden.

Ist der Mars im Widder ungünstig aspektiert, sind diese Menschen meist egoistisch, aggressiv und unbeherrscht. Aber trotz heftiger Temperamentsausbrüche dauert der Ärger meist nur kurze Zeit – im Gegensatz zur anhaltenden ärgerlichen Stimmung bei Mars im Skorpion. Sie müssen lernen, mehr Rücksichtnahme und Geduld aufzubringen.

Dane Rudhyar behauptet, die Angriffslust des Mars im Widder sei eine psychologische Reaktion auf ein unbewußtes Minderwertigkeitsgefühl – eine natürliche Folge des Durcheinanders und der Verwirrung der Fische, welche die Seele in ihrer vorangegangenen Entwicklung erfahren habe. Diese Menschen haben deshalb ein großes Bedürfnis, sich durch offenes Äußern von Kraft und Mut vor sich selbst zu bestätigen.

Mars im Stier

Mars im Stier zeigt eine starke Geldgier an. Deshalb wird viel Energie darauf verwendet, Geld und materiellen Besitz anzuhäufen. Diese Stellung deutet auch auf ein vorwiegend praktisches Interesse, so daß die Energie für nützliche Aufgaben aufgewendet wird und entsprechend greifbare Ergebnisse zeitigt.

Im Stier befindet sich Mars im Exil, da der Stier dem Zeichen Skorpion gegenüber liegt, das von Mars regiert wird. Die Energie und Tatkraft des Mars wird deshalb von materiellen Hindernissen und Einschränkungen gebremst. Taurus ist ja ein Erdzeichen, und die dichte materielle Ebene kann nicht so rasch reagieren, wie es Mars begehrte. Menschen mit dieser Stellung handeln langsam, besitzen aber große Ausdauer und Zielstrebigkeit, wenn sie sich einmal zum Handeln entschlossen haben. Obwohl sie nicht ausgesprochen aggressiv sind, macht sie diese Stellung doch stark und unnachgiebig, wenn sie zum Kampf herausgefordert werden.

Mit Mars im Stier finden sich Handwerker und geschickte Künstler, die ihre Werkzeuge mit großer Sorgfalt und Präzision zu handhaben wissen. Sie stellen Gegenstände her, die hübsch und dauerhaft sind, und verwenden meist feste, haltbare Materialien wie Metall und Stein.

Ist Mars im Stier ungünstig aspektiert, beschäftigen sich diese Menschen fast ausschließlich mit Sexualität und Sinnlichkeit und hängen übermäßig an Geld und materiellen Gütern. Sie können besitzergreifend und sehr eifersüchtig sein und reagieren ebenso heftig wie Menschen mit Mars im Skorpion.

Mars in den Zwillingen

Mars in den Zwillingen bedeutet geistige Aktivität und Aggressivität. Menschen mit dieser Marsstellung zeichnen sich aus durch scharfes und kritisches Denken und verfügen in der Regel über Geschick in technischen und mechanischen Dingen.

Diese Stellung bedeutet eine Vorliebe für Debatten und intellektuelle Auseinandersetzungen. Ist Mars ungünstig aspektiert, neigt der Geborene zu Widerspruchsgeist und Irritierbarkeit. Findigkeit und Einfallsreichtum sind bei dieser Stellung typisch, dafür fehlt es meist an Ausdauer, es sei denn, andere Horoskopfaktoren steuern diese bei.

Reporter, Kritiker und Journalisten haben oft ihren Mars in den Zwillingen. Mit dieser Stellung ist eine große Betriebsamkeit verbunden, die zu zahlreichen Wechseln der Beschäftigung führt. Möglicherweise arbeiten diese Menschen auch an mehreren Aufgaben gleichzeitig. Ist Mars in den Zwillingen ungünstig aspektiert, kann die Sprache sarkastisch und unverblümt sein.

Mars im Krebs

Im Zeichen Krebs steht Mars in seinem Fall, weil der Krebs dem Steinbock gegenübersteht, in dem Mars erhöht ist. Menschen mit dieser Stellung sind stark affektbetont. Launenhaftigkeit und Frustrationen führen zu Ärger, der, wenn ihm freier Lauf gelassen wird, das häusliche Klima vergiften kann. Die Beziehungen zu den Eltern können unharmonisch sein und im späteren Leben psychologische Probleme aufwerfen. Wird der Ärger verdrängt, führt das ebenfalls zu psychosomatischen Störungen und kann Geschwüre und Magenverstimmungen zur Folge haben.

Solche Menschen sind ihren Angehörigen gegenüber oft sehr aggressiv – eine höchst ungeeignete Art offener Kraftentfaltung. Die Marsenergie im Krebs kann andererseits im Heim auch auf nützliche Weise in Form von Aufbau-, Ausbau- oder Reparaturarbeiten angewendet werden. «Der Mars im Krebs erspart den Zimmermann.» Diese Menschen haben ein ausgesprochenes Bedürfnis, ein eigenes Heim zu besitzen und zu verwalten.

Mars im Löwen

Mars im Löwen schenkt Energie, Willenskraft und schöpferische Begabung. Da diese Fähigkeiten meist in dramatisch künstlerischer Form zum Ausdruck kommen, haben viele Schauspieler den Mars in diesem Zeichen.

Wie schon im Widder bedeutet Mars auch im Löwen lebensbejahenden Unternehmungsgeist, aber hier sind Festigkeit und Zielstrebigkeit größer, weil der Löwe ein festes Zeichen ist. Die Menschen mit Mars im Löwen haben ein natürliches Führertalent, weil ihr Selbstbewußtsein bei anderen Vertrauen erweckt. Diese Menschen wollen immer zuvorderst dabeisein, was auch immer geschieht. Bei Tätigkeiten, die ihnen wichtig sind, wollen sie die anderen ausstechen. In ihrem Glauben und ihren Meinungen sind sie fest und unbeirrbar, was bei jenen, die anderer Auffassung sind, oft Widerstand hervorruft.

In dieser Stellung bedeutet der Mars starke leidenschaftliche Begierden. Menschen mit Mars im Löwen sind gewöhnlich glühende Liebhaber und können eifersüchtig und besitzergreifend sein. Männer mit dieser Stellung strahlen Kraft und Männlichkeit aus und sind lebhaft und stolz. «Marslöwen» fühlen sich stark zu Menschen des anderen Geschlechts hingezogen, die ihre Lebenskraft und ihren Lebensmut mitempfinden können.

Männer mit dem Mars im Löwen neigen – wie jene mit Mars im Widder – dazu, ihre Haare frühzeitig zu verlieren. Die feurige Natur des Mars versengt die Haarwurzeln.

Ist Mars im Löwen ungünstig aspektiert, können egoistische Tendenzen und ein anmaßendes Verhalten mit der Neigung, andere zu dominieren, auftreten. Die Geborenen glauben auch gerne an ihre eigene Unfehlbarkeit.

Mars in der Jungfrau

In der Jungfrau bedeutet Mars Energie und Geschick bei jeder Art von Arbeit. Geschickte Handwerker, wie etwa Präzisionsmechaniker, haben oft Mars in einem Erdzeichen und besonders in der Jungfrau. Mars ist maßgebend für Handfertigkeit und den Umgang mit scharfen Instrumenten; die Jungfrau hat als sechstes Zeichen mit der Gesundheit zu tun, und so bedeutet Mars in der Jungfrau auch Geschick auf medizinischem Gebiet; insbesondere Chirurgen werden oft eine solche Marsstellung im Horoskop haben.

Menschen mit dieser Marsstellung planen ihre Unternehmungen sorgfältig und führen sie systematisch durch. Ohne gute handfeste Gründe werden sie kaum etwas unternehmen. Im Gegensatz zu Mars im

Löwen, der den Wunsch ausdrückt, im großen und ganzen zu dominieren, möchten Menschen mit Mars in der Jungfrau als besonders exakt gelten. Ihre perfektionistische Tendenz kann es ihnen manchmal unmöglich machen, überhaupt etwas fertig zu bekommen. Sie sind übertrieben umständlich und höchst kritisch, besonders, wenn es sich um Einzelheiten des methodischen Vorgehens und um Genauigkeit handelt. Sie bestehen auf einem wohlorganisierten Arbeitsmilieu.

Ist der Mars in der Jungfrau ungünstig aspektiert, kann es mit Vorgesetzten, Untergebenen und Mitarbeitern zu Meinungsverschiedenheiten kommen, die sich so zuspitzen können, daß eine Zusammenarbeit unmöglich wird. Die Erwerbstätigkeit kann auch mit Unfallgefahren verbunden sein. Ein verletzter Mars in der Jungfrau mag auch ein nervöses und reizbares Temperament anzeigen.

Mars in der Waage

Bei Mars in der Waage besteht ein starkes Bedürfnis nach gemeinschaftlichen Unternehmungen. Mars steht in der Waage im Exil, weil er im gegenüberliegenden Zeichen Widder regiert. Seine direkte Stoßkraft ist hier etwas eingedämmt durch das Bedürfnis nach Zustimmung und Mitarbeit der anderen.

Die Waage ist ein Kardinalzeichen und hat mit Partnerschaften und Beziehungen zur Öffentlichkeit zu tun. Deshalb sind Menschen mit dieser Marsstellung die Initianten sozialer Aktivitäten. Sie wollen Beachtung und Anerkennung finden und handeln am liebsten partnerschaftlich mit anderen gemeinsam. Sie fühlen sich wohl in der Ehe und suchen sich meist aggressive und energiegeladene Partner aus. Manchmal haben sie die Tendenz, ihre eigenen Begierden und Ambitionen mit denen anderer zu verwechseln.

Die Waage verleiht den aggressiven und selbstsüchtigen Tendenzen des Mars Charme und Feinheit. Weil der Mars in der Waage etwas gedämpft wird, ist diese Stellung nicht ungünstig. Mars bedarf von allen Planeten am dringendsten einer Besänftigung und Modifikation durch andere Faktoren. In der Waage gewinnt er dank Venus gesellschaftliche Anmut und durch Saturn Disziplin und Vorsicht. Dennoch können Menschen mit dieser Stellung außerordentlich in Wut geraten, wenn jemandem Unrecht geschieht. Auch wenn es sie nicht selbst betrifft, sind sie sich bewußt, daß unfaires Verhalten eine moralische Schwäche bedeutet, die sich zu gegebener Zeit auch gegen sie selbst wenden kann.

Ist Mars in der Waage ungünstig aspektiert, neigen die Geborenen zu äußerst starrer Einhaltung sozialer Verhaltensregeln. Ihrer Meinung nach muß das Spiel stets gemäß den überlieferten Regeln gespielt werden. Wenn der Mars stark verletzt ist, können in Partnerschaften Schwierigkeiten auftreten, weil sich Streit und Willenskonflikte ergeben.

Mars im Skorpion

Mars im Skorpion zeigt gewaltige Gefühlsintensität an und verleiht den Geborenen bei der Ausführung ihrer Vorhaben ehernen Mut und Durchhaltevermögen. Dies kann zu den höchsten Gipfeln geistiger Erfolge oder zu den Tiefen moralischer Verworfenheit führen, je nachdem mit wieviel Weisheit und aus welchen Beweggründen diese Energie gesteuert wird.

Solche Menschen zeichnen sich aus durch Einfallsreichtum, Kühnheit und Energie, insbesondere in schwierigen Situationen. Selbst der Tod kann sie nicht erschrecken, wenn sie ihm um ihrer Ziele willen ins Auge sehen müssen. Zur Verteidigung ihrer Prinzipien sind sie zu einem kompromißlosen Kampf bereit. Die zweihundert spartanischen Soldaten, die die gesamte eindringende persische Armee aufhielten, geben uns ein gutes Bild von der Widerstandskraft des Mars im Skorpion.

Der mächtige Sexualtrieb, der mit Mars im Skorpion verbunden ist, kann bei falscher Motivierung zu Besitzgier und übertriebener Eifersucht führen. Menschen mit dieser Stellung neigen dazu, die «Alles oder nichts»-Haltung einzunehmen, was es außerordentlich schwierig macht, mit ihnen zu einem Kompromiß zu kommen. Da sie ihren Mitmenschen gegenüber nicht neutral oder gleichgültig sein können, machen sie sich diese entweder zu Freunden oder zu Feinden. Sie sind verschwiegen und verraten ihre Pläne oder Handlungen nicht ohne guten Grund. Sie müssen lernen, die Dinge nicht so persönlich und ernst zu nehmen und objektiver zu betrachten.

Diese Stellung birgt die Gefahr von Grobheit und Rücksichtslosigkeit in sich, weil die Geborenen manchmal die Gefühle ihrer weniger kraftstrotzenden Mitmenschen nicht in Betracht ziehen.

Ist der Mars im Skorpion ungünstig aspektiert, kann es oft heftigen Ärger und Verdruß geben, der aber – im Gegensatz zum Groll des Mars im Widder – nicht schnell verfliegt, sondern lange unvergessen bleibt. Menschen mit dieser Stellung können ihren Ärger nicht mehr loswerden. Er kondensiert sich wie Dampf in einem Druckkochtopf, bis die explosionsartige Äußerung schließlich verheerende Folgen zeitigt. Deshalb sind solche Menschen gefährliche Feinde. Wenn der Mars schwer verletzt ist, besteht die Tendenz, andere gefühlsmäßig zu dominieren und zur Unterordnung und Dienstbarkeit zu zwingen.

Mars im Schützen

Mit Mars im Schützen finden sich starke religiöse und philosophische Überzeugungen. Menschen mit dieser Stellung sind wahre Kreuzritter für die Sache, die sie verfechten. Sie machen sich oft unbeliebt durch ihren Eifer, andere zu den eigenen dogmatischen Ansichten zu bekehren. Weil Jupiter, der Regent des Schützen, im Krebs – der dem Heimatland entspricht – erhöht ist, besteht oft eine ausgeprägte patriotische Einstellung. Die Geborenen sehen sich im Geiste als treue Verteidiger von Gott und Vaterland. Sie haben eine Schwäche für Paraden, Truppenschauen und Militärmusik.

Diese Menschen sind fähig, aus idealistischen Motiven zu handeln. Entsprechend ihrem Intelligenzgrad werden sie versuchen, die Welt zu verbessern. Der Pfadfinderführer ist ein Beispiel für diesen Menschentyp. Sie lieben Sport und Spiele im Freien und gehen gerne auf die Jagd. Reisen macht ihnen Spaß, denn sie brauchen Abwechslung und Nervenkitzel. Sie möchten in Fragen des Rechts, der Religion, Philosophie und höheren Bildung tonangebend sein. Meist halten sie sich aber an die althergebrachten Richtlinien und können in dieser Beziehung auf eine aggressive Weise selbstgerecht sein. Der Wunsch nach Abenteuern läßt sie oft nach den Sternen greifen und blind sein für das Naheliegende, um das man sich kümmern müßte.

Ist Mars im Schützen ungünstig aspektiert, kann dies eine sarkastische Redeweise, undiplomatische Meinungsäußerung, Rechthaberei, Querulantentum und rücksichtslosen Freiheitsdrang bedeuten. Es besteht manchmal die Tendenz, sich mit einflußreichen Institutionen zu identifizieren, was zu selbstgerechter Haltung führen kann – «recht hat, wer Macht hat». Wird diese Einstellung zu extrem, führt sie zu politischem, philosophischem oder religiösem Fanatismus, der keine Toleranz mehr kennt.

Vom positiven Gesichtspunkt aus betrachtet, sind diese Menschen ehrlich und offen. Sie haben einen Sinn für Fairneß in sportlichen und anderen Wettkämpfen. Sie werden zwar meist wild und verbissen kämpfen, aber unsaubere Taktiken unter ihrer Würde finden. Andererseits versuchen sie gerne, die Spielregeln zu ihren Gunsten auszulegen.

Mars im Steinbock

Im Zeichen Steinbock äußert sich die große Energie des Mars in Form beruflicher Ambitionen. Menschen mit dieser Stellung des Mars sind weniger sinnlich als diejenigen mit Mars im Skorpion oder Stier, können aber außerordentlich materialistisch sein. Sie streben nach Anerkennung und einer angesehenen Stellung und handeln wohlüberlegt, immer sorgfältig darauf bedacht, handgreifliche Ergebnisse zu erzielen. Dank ihres beruflichen Erfolges können diese Menschen für ihre eigenen materiellen Bedürfnisse sowie diejenigen ihrer Familie und anderer von ihnen abhängiger Personen aufkommen. So befindet sich bei vielen leitenden Angestellten, die sich zu hohen Posten in ihrer Firma hinaufgearbeitet haben, der Mars im Steinbock oder im zehnten Feld. Dies ist auch bei Politikern und anderen Menschen der Fall, die im Rampenlicht der Öffentlichkeit stehen.

Mars ist im Steinbock erhöht, weil Organisationsgabe und Disziplin des Saturn, des Herrschers des Steinbocks, den größten praktischen Nutzeffekt aus der Energie des Mars zu gewinnen versteht. Wie diejenigen mit Mars in der Jungfrau müssen die Geborenen mit Mars im Steinbock für alles, was sie unternehmen, praktische Gründe haben. Im Gegensatz dazu besteht bei Mars im Widder die Tendenz, die Energie in unausgerichteten Aktionen verpuffen zu lassen. Weil der Steinbock ein Kardinalzeichen ist, sind Menschen mit dieser Marsstellung fähiger zu entschiedenem Handeln als solche mit Mars in einem anderen Erdzeichen oder einem festen oder beweglichen Zeichen. Es mag sein, daß sie nicht so viel Energie versprühen wie diejenigen mit Mars im Widder und nicht so starke Gefühle aufbringen wie diejenigen mit Mars im Skorpion, aber sie setzen ihre Energie wirksamer ein.

Gewöhnlich besitzen sie einen hohen Grad von Selbstkontrolle und Disziplin. Sie sind fähig, Befehle von Vorgesetzten entgegenzunehmen und angemessen auszuführen. Sie erwarten von ihren Untergebenen die gleiche Disziplin und Unterordnung. Viele Männer, die die militärische Laufbahn ergreifen, haben den Mars im Steinbock.

Solche Menschen setzen ihren Stolz darein, ihre Aufgabe korrekt auszuführen, und haben dementsprechend nichts übrig für Faulheit und Mangel an Energie. Die Lebensweise eines Bohemiens erscheint ihnen fremd und verächtlich. Eltern mit dieser Stellung wollen, daß ihre Kinder erfolgreich sind. Lassen ihre Kinder Tendenzen zu ungeregeltem Lebenswandel und Untätigkeit erkennen, bringt sie das ziemlich aus dem Konzept.

Ist Mars im Steinbock ungünstig aspektiert, kann es vorkommen, daß der Geborene andere Menschen ausnützt, um zu Stellung und materiellem Gewinn zu gelangen. Im Sog seiner materiellen Ambitionen verliert er oft die menschlichen Werte aus den Augen, besonders wenn Mars schwer verletzt ist. Der erbarmungslose Konkurrenzkampf auf der Ebene leitender Angestellter größerer Betriebe ist ein typisches Beispiel für die negativen Seiten von Mars im Steinbock. Diese Menschen können wegen ihrer kalten Berechnung, Selbstsucht und ihrer einseitig materialistischen Einstellung berüchtigt sein. Diese negativen Seiten lassen sich ausgleichen, wenn andere Faktoren im Horoskop gut entwikkelt sind.

Ein verletzter Mars im Steinbock deutet auch auf die Gefahr von Knochenbrüchen hin.

Mars im Wassermann

Bei Mars im Wassermann herrscht das Bestreben vor, unabhängig und eigenwillig zu handeln. Die Geborenen sind intelligent und besitzen meist gutes Organisationstalent. Sie ergreifen meist einen Beruf auf mechanischem, elektronischem oder einem anderen technischen Gebiet, können aber auch im humanitären Bereich, in der Forschung und Wissenschaft Großes leisten. Teamwork verspricht weit mehr Erfolg als individuelle Bemühungen, sofern es der Geborene lernt, mit einer Gruppe zusammenzuarbeiten.

Mit dieser Marsstellung machen sich reformatorische Tendenzen bemerkbar, die in Handlung umgesetzt werden. Die Geborenen gehen eigene Wege, kümmern sich nicht um herkömmliche Ansichten und Methoden, sofern diese sich nicht mit logischem Denken und der praktischen Erfahrung vereinbaren lassen. Die Tradition wird nur respektiert, wenn sie Achtung verdient; ganz im Gegensatz zur Autoritätsgläubigkeit der Menschen, die den Mars im Steinbock haben. Demzufolge arbeiten Menschen mit Mars im Wassermann nicht gut unter autoritärer Führung. Man muß ihnen gestatten, die Dinge auf ihre Weise zu erledigen und aus den eigenen Irrtümern zu lernen. Allerdings besteht die Gefahr, daß sie bewährte Methoden verwerfen, ehe sie sie durch etwas Besseres zu ersetzen wissen. Deshalb kann das Ergebnis ihrer Unternehmungen konstruktiv oder destruktiv sein – je nachdem, welchen Grad an Vernunft und Reife ihr gesamtes Horoskopmuster erkennen läßt.

Im Jahre 1971 befand sich Mars vom 4. Mai bis zum 6. November im Zeichen Wassermann. Während dieses Zeitraumes, in welchem der Planet zum Stillstand kam und eine rückläufige Bewegung (von der Erde aus gesehen) vollführte, kamen viele Seelen zur Welt, die der Stoßtrupp einer neuen Lebensweise sein werden. Sie bringen besondere Fähigkeiten mit, die mit Mars im Wassermann im Trigon zu Uranus in der Waage verbunden sind, und die ein Gleichgewicht schaffen zwischen genialen gesellschaftlichen Konzepten und den zu ihrer Ausführung notwendigen Aktionen.

Ist Mars im Wassermann ungünstig aspektiert, kann das Bedürfnis bestehen, die etablierte Ordnung umzustoßen, ohne sie zu erneuern oder zu verbessern. Viele Revolutionäre haben Mars im Wassermann. Menschen, deren Mars in dieser Stellung verletzt ist, müssen lernen, mit Freunden und in Gruppen auf harmonische Weise zusammenzuleben und zu arbeiten.

Bei einem verletzten Mars im Wassermann können auch Zirkulationsstörungen auftreten.

Mars in den Fischen

Mars in den Fischen deutet auf starke Emotionen hin, die aus den Tiefen des Unbewußten aufsteigen. Die Geborenen laufen Gefahr, unbewußt Ärger und Rachegefühle aufzuspeichern; verdrängte Gefühle können zu neurotischen Tendenzen und psychosomatischen Symptomen führen. Diese Menschen sollten lernen, nicht über vergangenen Ärger nachzugrübeln.

Meist wird diese Stellung als schwach für den Mars betrachtet, weil die Fische ein bewegliches Wasserzeichen sind, was einen Mangel an Kraft anzeigt. Eine übermäßige Sensibilität steht dem Selbstvertrauen und entschiedenem, unmittelbaren Handeln im Weg. Diese Menschen ziehen es vor, ihre Einwände oder ihren Unwillen auf subtile Weise auszudrücken. Sie neigen dazu, hinter dem Rücken anderer zu handeln, um eine direkte Konfrontation mit allfälligen Gegnern zu vermeiden. Sie können höchst gefühlvoll werden und brechen leicht in Tränen aus. Sie brauchen Zeiten der Ruhe und Entspannung, um neue Energien zu schöpfen.

Menschen mit dieser Stellung arbeiten am liebsten hinter den Kulissen und an Aufgaben, die Subtilität und intuitives Feingefühl erfordern. Meist fehlt es ihnen an Kraft, es sei denn, diese werde durch andere Horoskopfaktoren, wie eine starke Stellung von Sonne, Saturn, Uranus oder Pluto, angezeigt. Mit dieser Stellung ist oft eine feine bildnerische oder musikalische Ausdrucksfähigkeit verbunden, bei günstigen Aspekten auch Begabung auf psychologischem Gebiet. Sie ist günstig für alle, die in Spitälern oder andern größeren Institutionen arbeiten.

Ist Mars in den Fischen sehr ungünstig aspektiert, besteht eine Tendenz, durch psychische oder physische Probleme Aufmerksamkeit zu erregen und andere zu dominieren.

Mars in den Feldern

Die Stellung des Mars in den Feldern deutet an, auf welchen Lebensgebieten sich die Handlungen und Bedürfnisse des Geborenen äußern. Sie zeigt, wo er seine Energie einsetzen und Initiative entwickeln muß, um Erfolg zu haben. Ist der Mars ungünstig aspektiert, so zeigt seine Felderstellung, auf welchen Gebieten wahrscheinlich Konflikte auftreten werden.

Mars im ersten Feld

Mars im ersten Feld deutet auf aggressive Menschen, die aus sich herausgehen und überschäumen von Energie. Sie sind oft von robustem und muskulösem Körperbau und erwecken den Eindruck von Kraft und Derbheit. Sie begnügen sich nicht damit, Zaungäste des Lebens zu sein. Sie müssen unmittelbar handelnd eingreifen und sind sehr impulsiv, besonders, wenn Mars in einem Kardinalzeichen steht. Mars im ersten Feld hat viel Ähnlichkeit mit Mars im Widder. Deshalb werden auch Menschen mit dieser Stellung mehr erreichen, wenn sie lernen zu überlegen, bevor sie handeln.

Die Geborenen sind ehrgeizig und zu harter Arbeit fähig. Ihr Ehrgeiz läßt sie nach Anerkennung und öffentlichem Beifall streben.

Ist Mars ungünstig aspektiert, besteht die Gefahr, daß diese Menschen egoistisch und dickköpfig sind; wenn sie sich stark genug fühlen, ihren eigenen Kopf durchzusetzen, machen sie sich kein Gewissen daraus, es auch zu tun. Deshalb kann ein verletzter Mars im ersten Feld darauf hindeuten, daß sie die Rechte und Gefühle anderer mißachten. Es können auch periodisch Streitsucht und elementare Wutausbrüche auftreten.

Diese Marsstellung bedeutet eine Vorliebe für Sport und andere Formen körperlicher Ertüchtigung. Sie ist günstig für Männer, weil sie Kraft und Männlichkeit bedeutet.

Die körperliche Widerstandsfähigkeit und Energie ermöglicht es diesen Menschen, doppelt so viel zu leisten wie ein Durchschnittsmensch – vorausgesetzt allerdings, daß die Energie auch richtig eingesetzt wird. Wenn sich im übrigen Horoskop Intelligenz und die Fähigkeit zur Selbstdisziplin abzeichnen, so klettern die Geborenen auf der Erfolgsleiter oft sehr hoch hinauf.

Bei dieser Marsstellung wird absolute persönliche Handlungsfreiheit gefordert, Einmischungen von andern werden nicht geduldet. Aus der Fähigkeit zum Handeln, zum Selbstvertrauen und zum Mut ergibt sich eine Führerpersönlichkeit, die jedoch nicht unbedingt über organisatorisches oder Manager-Geschick verfügt, es sei denn, diese Qualitäten würden durch andere Faktoren im Horoskop angedeutet.

Ist Mars sehr ungünstig aspektiert, kann eine Tendenz bestehen, in Handgemenge und Raufereien verwickelt zu werden. Im weiteren kann die vorschnelle emotionale Impulsivität dazu führen, daß die primitivsten Vorsichtsmaßregeln für Gesundheit und Sicherheit außer acht gelassen werden. Oft handeln sich diese Menschen eine Narbe am Kopf oder im Gesicht ein.

Wenn sie krank sind, neigen Menschen mit Mars im ersten Feld – wie diejenigen mit Mars im Widder – dazu, hohes Fieber zu bekommen. Sollte Mars in einem Feuerzeichen stehen, haben die Geborenen oft rote Haare – Männer mit dieser Stellung verlieren ihre Haare gerne schon in jungen Jahren.

Mars im zweiten Feld

Im zweiten Feld deutet Mars auf ein aktives Streben nach finanziellem Erfolg und materiellen Gütern. Dank ihrer Geschäftstüchtigkeit verdienen die Geborenen recht gut, sind aber impulsiv im Ausgeben und leeren ihre Kassen oft, kaum daß sie sie gefüllt haben. Sie müssen also lernen, ihre Ausgaben sorgfältig zu kontrollieren.

Diese Menschen wollen ihre Geschäfte allein betreiben und gründen oft lieber ein eigenes Unternehmen, als sich einer schon bestehenden Geschäftsorganisation anzuschließen. Sie lieben Konkurrenz in finanziellen und geschäftlichen Dingen und versuchen Prestige zu gewinnen, indem sie ihre Verdienstfähigkeit demonstrieren. Sie sind immer darauf aus, die anderen zu übertreffen.

Ihr Beruf mag mit der Technik in Verbindung stehen.

Um ihren persönlichen Besitz zu verteidigen, würden sie jederzeit verbissen kämpfen. Sie bekommen einen ehrlichen Zorn, wenn andere etwas nehmen, das ihnen nicht gehört. Andererseits sind sie durchaus bereit, eigene Güter wegzugeben, wenn sie damit Vorteile gewinnen oder einen guten Eindruck machen können.

Ist Mars im zweiten Feld ungünstig aspektiert, kann das Interesse an materiellen Werten in Besessenheit ausarten. Bei wenig entwickelten Menschen kann es zu Kampf, Diebstahl oder anderen unlauteren Machenschaften kommen, um in den Besitz materieller Güter zu gelangen oder sich Wünsche zu erfüllen.

Mars im dritten Feld

Mars im dritten Feld bedeutet einen aggressiven, aktiven Intellekt. Eine große geistige Beweglichkeit sichert in Notsituationen ein rasches Überlegen. Allerdings besteht eine Tendenz, zuweilen voreilige Schlüsse zu ziehen.

Menschen mit Mars im dritten Feld können im Gespräch sehr direkt und manchmal sarkastisch sein. Sie treten aggressiv auf, um Informationen zu bekommen oder weiterzugeben; viele Zeitungsreporter und politische Kommentatoren haben diese Marsstellung. Man sollte nicht vergessen, daß Mars mit der Politik verbunden ist, weil er im Steinbock erhöht ist. Menschen mit dieser Stellung arbeiten oft mit Kommunikationsmitteln, beispielsweise mit Telefonen, Druckmaschinen oder Postwagen. Auch Automechaniker und andere, die mit Transportmaschinen zu tun haben, könnten gut diese Marsstellung haben.

Es vollzieht sich alles mit großer Impulsivität, auch die tägliche Routine und kleine Ortsveränderungen. Ist Mars ungünstig aspektiert, kann es sich bei diesen Menschen um waghalsige Fahrzeuglenker handeln; sie ärgern sich meist über die vermeintliche Dummheit der andern Autofahrer, ohne zu merken, daß sie sich selbst ebenso verhalten.

Bei einem verletzten Mars kann sich Sarkasmus und Streitsucht zeigen. Es können Schwierigkeiten mit Verträgen, Übereinkünften, Publikationen und bei der Verständigung mit Geschwistern und Nachbarn auftreten.

Mars im vierten Feld

Mars im vierten Feld bedeutet, daß viel Energie im Heim investiert wird und das Bedürfnis besteht, Herr im Haus zu sein. Dies kann – besonders wenn der Mars verletzt ist – zu Familienstreitigkeiten führen.

Es werden lebhafte Anstrengungen unternommen, um die häusliche Umgebung zu verschönern. Menschen mit dieser Stellung reparieren zu Hause oft alles selbst, wie diejenigen mit Mars im Krebs.

Es kann auch ein aktives Interesse an Umwelt- und ökologischen Problemen bestehen. Ist Mars günstig aspektiert, kann es sich um Leute handeln, die hart an der Verbesserung der Umwelt arbeiten.

Mars ist im vierten Feld sozusagen im Fall, weil dieses Feld ja dem

Krebs entspricht, worin Mars im Fall steht. Ist Mars in dieser Stellung ungünstig aspektiert, bestehen gewöhnlich Konflikte mit den Eltern. Diese Menschen müssen ihre Gefühle im Zaume halten lernen, wenn sie eine harmonische häusliche Atmosphäre gewährleisten wollen. Ein Wegzug vom Geburtsort kann die Familienbeziehungen oft festigen.

Diese Menschen sind aktiv bemüht, sich einen schönen Lebensabend zu sichern. Oft erben sie Land und Gebäude von ihren Eltern. Ist Mars jedoch ungünstig aspektiert, kann es mit Besitztümern Schwierigkeiten geben, sei es, daß das Haus des Geborenen durch Feuer, Diebstahl oder andere Gefahren bedroht ist. Schwere Marsverletzungen in diesem Feld können Schwierigkeiten in bezug auf Eigentumssteuern andeuten.

Geborene mit dieser Stellung verfügen über eine kräftige Konstitution und besitzen viel Energie, die bis ins hohe Alter aufrechterhalten bleibt.

Mars im fünften Feld

Mars im fünften Feld deutet auf Menschen, die gern ihrem Vergnügen nachgehen und in ihrem intensiven Streben nach Liebe und sexueller Erfüllung aggressiv und gefühlsbetont sind.

Ist Mars ungünstig aspektiert, wird sich die Werbung meist stürmisch gestalten, da Ungeduld und sexuelle Eifersucht die Partner entzweit. Ist Mars stark verletzt in dieser Stellung, kann es aus sexueller Leidenschaft zu unehelicher Schwangerschaft kommen.

Bildende Künstler – besonders diejenigen, die mit Werkzeugen arbeiten, wie Bildhauer – haben oft den Mars im fünften Feld.

Es besteht bei dieser Stellung eine Vorliebe für Wettkampfsport im Freien: Man findet sie gewöhnlich in den Horoskopen von Athleten.

Oft entwickelt sich aus einem spontanen Interesse am Umgang mit Kindern und Jugendlichen ein Sinn für Führerschaft, Ansehen und Autorität. Trainer und Sportlehrer haben vielfach diese Marsstellung. Ist Mars günstig aspektiert, werden sie geschickte Lehrer sein, die das Interesse ihrer Schüler zu wecken und sie zu guten Leistungen anzuspornen vermögen. Ist Mars aber verletzt, überwiegen oft allzu diktatorische und autoritäre Tendenzen.

Ist Mars im fünften Feld ungünstig aspektiert, können die Kinder der Geborenen Opfer von Unfällen werden und früh sterben.

Mars im sechsten Feld

Mars im sechsten Feld zeigt Energie und Geschick bei der Arbeit an, und zwar im Gebrauch von scharfen Werkzeugen oder Hochleistungsmaschinen. Deshalb findet sich diese Stellung im Horoskop von Maschinisten, Maschinenbauern, Mechanikern, Arbeitern der Schwerindustrie und entsprechenden Berufsgruppen. Auch Personen mit medizinischen Berufen, insbesondere Chirurgen, haben oft den Mars in dieser Stellung, ebenso wie diejenigen, die Werkzeuge zur Herstellung von Nahrungsmitteln oder Kleidern verwenden.

Es handelt sich um harte und energische Arbeiter. Für Müßiggänger haben sie nichts übrig. Sie gehen mit Geschick und Präzision ans Werk und legen ihren Stolz darein, die Arbeit fachgerecht zu Ende zu führen. Daraus erwächst ihre Selbstachtung.

Weil Mars im Steinbock – dem Zeichen, das den Vorgesetzten andeutet – erhöht ist, können Menschen mit Mars im sechsten Feld durch ihre Arbeit für einen Geschäftskonzern Sicherheit und Bedeutung erlangen.

Ist Mars im sechsten Feld ungünstig aspektiert, können aufgrund von Überarbeitung oder Arbeitsunfällen Krankheit, Verletzungen oder Irritabilität entstehen. Die Geborenen werden oft auch in Auseinandersetzungen und Konflikte mit Mitarbeitern, Vorgesetzten oder Untergebenen verwickelt. Manchmal zeigen sich perfektionistische Tendenzen, und vor lauter Bäumen sieht man den Wald nicht mehr.

Mars im siebenten Feld

Menschen mit Mars im siebenten Feld sind meist mit Partnerschaftsangelegenheiten oder mit Publikumsarbeit beschäftigt. Oft ist der Ehepartner – wie auch nahe Freunde oder Geschäftspartner – eine aggressive, aktive Marsnatur.

Menschen mit dieser Konstellation bevorzugen die Zusammenarbeit und gemeinsame Unternehmungen mit anderen. Ist Mars günstig aspektiert, kann auf diese Weise viel erreicht werden. Es kann zwar vorkommen, daß sowohl der Geborene wie seine Partner sich zu impulsivem Verhalten hinreißen lassen. Ist Mars im siebenten Feld ungünstig aspektiert, kommt es häufig zu heftigen Auseinandersetzungen mit dem Partner und in der Ehe zur Scheidung.

Bei Unternehmungen spielen oft gemeinsame Finanzen eine Rolle, die bei einem verletzten Mars leicht zu einem Streitobjekt werden können.

Mars im siebenten Feld findet sich oft bei aggressivem Verkaufs- und Public-Relations-Personal. Bei verletztem Mars muß der Geborene Takt und Diplomatie im Umgang mit anderen lernen. Mars steht im siebenten Feld sozusagen im Exil, weil er im Widder regiert, der dem Zeichen Waage, das dem siebenten Feld entspricht, gegenübersteht. Deshalb kann bei dieser Stellung eine unglückliche Tendenz vorliegen, aus selbstsüchtigen Gründen oder aus einem Konkurrenzbestreben heraus mit anderen in Beziehung zu treten.

Mars im achten Feld

Das achte Feld entspricht dem Zeichen Skorpion, in welchem Mars regiert. Deshalb ist Mars im achten Feld stark gestellt.

Mit dieser Stellung sind starke Begierden und Gefühle verbunden; diese Menschen verfügen über viel Energie und einen eisernen Willen. Sie zeigen eine gewisse Aggressivität im Hinblick auf das Geld anderer Leute in gemeinsamen Fonds oder Vereinsfinanzen. Mit dieser Stellung ist ein starker Sexualtrieb zu erwarten. Ist der Mars im Horoskop einer Person mit okkulten Neigungen im achten Feld verletzt, kann ein Interesse für Sexualmagie bestehen.

Hochentwickelte Individuen können auch – besonders, wenn der Mars günstige Aspekte mit Uranus, Neptun oder Pluto bildet – an okkulten Energien, medialer Kraft und dem Leben nach dem Tode interessiert sein.

In vielen Fällen besteht die Gefahr eines gewaltsamen Todes durch Kriege oder einen anderen Konflikt, vor allem bei einem verletzten Mars. Ist Mars stark verletzt, können sich bei wenig entwickelten Menschen kriminelle Tendenzen bemerkbar machen.

Wenn Mars in diesem Feld ungünstig aspektiert ist, sind Konflikte über Legate, Steuern und gemeinsame Finanzen wahrscheinlich. Oft führen solche Menschen aus den verschiedensten Motiven – guten und schlechten – Unternehmungen im geheimen durch.

Mars im neunten Feld

Mars im neunten Feld deutet auf einen Menschen, der sich für Reisen, Sport im Freien sowie philosophische, soziale, religiöse und erzieherische Belange interessiert.

Solche Menschen sind wahre Kreuzritter für die Ideale, denen sie sich verschrieben haben. Ist Mars im neunten Feld günstig aspektiert und verfügt der betreffende Mensch über den nötigen geistigen Horizont, kann er zum umsichtigen Sozialreformer berufen sein. Er wird bemüht sein, die Menschen zu verantwortungsbewußtem Denken und Handeln zu inspirieren und aktiv höhere Lehranstalten sowie religiöse und philosophische Institutionen zu unterstützen. Weil er seine Grundsätze selbst in die Tat umsetzt und nicht nur predigt, können seine Anstrengungen äußerst erfolgreich sein.

Diese Geborenen suchen neue und weitreichende Erfahrungen. Das führt sie einerseits zu Reisen in ferne Länder und andererseits zum Studium der Philosophie und anderer Geisteswissenschaften.

Manchmal schließen sich Menschen mit dieser Marsstellung Vereinigungen mit militärischen Interessen an. Ihre sozial militante Einstellung findet ihre Entsprechung in den verschiedensten Organisationen, von den hitzigsten Revolutionären bis zu den heftigsten Reaktionären. Sie gehören auch zu jenen Weltverbesserern, die «Hölle und Verdammung» predigen.

Die Geborenen können anderen auf die Nerven gehen, wenn sie zu engstirnige oder fanatische Ansichten verfechten. Menschen, die ihre eigenen Glaubenssätze und Organisationen angriffig propagieren, andern Ansichten gegenüber aber intolerant sind, könnten einen ungünstig aspektierten Mars im neunten Feld haben. Die Tendenz, Menschen anderer Gesinnung zu verdammen, entspricht einem Mangel an Geduld, die Umstände und Erfahrungen anderer verstehen zu lernen. Dazu identifizieren sich die Geborenen oft persönlich mit der von ihnen vertretenen religiösen, politischen oder philosophischen Doktrin, die ihnen ein Gefühl der Geltung vermittelt.

Mars im zehnten Feld

Mars im zehnten Feld zeigt Menschen an, die Ruhm und Status erstreben. Sie verfolgen voller Ehrgeiz und Energie ihre Karriere und wollen unbedingt die Spitze erreichen. Sie bevorzugen meist Gebiete wie Politik und Management oder eine technische Laufbahn.

Mars steht hier sehr stark, denn das zehnte Feld entspricht dem Steinbock, in welchem er erhöht ist. Mit einem günstig aspektierten Mars in diesem Feld sind Initiative und Geschick bei der Ausführung praktischer Unternehmungen zu erwarten. Auch erfolgreiche politische Führer gehören hierher. Ihr beruflicher Ehrgeiz läßt diese Menschen gewöhnlich berühmt oder aber berüchtigt werden.

Ist Mars im zehnten Feld ungünstig aspektiert, besteht die Versuchung, mit Hilfe unlauterer Machenschaften zu Macht und Stellung zu gelangen. Damit besteht auch die Gefahr plötzlicher Rückschläge und eines schlechten Rufs, wenn die Unlauterkeiten ans Licht kommen. Ein verletzter Mars im zehnten Feld kann übertriebenen materiellen Ehrgeiz bedeuten, der jegliche menschlichen Werte mißachtet, sofern nicht andere Horoskopfaktoren einen Ausgleich schaffen.

In extremen Fällen entwickelt sich ein Machthunger um jeden Preis.

Mars im elften Feld

Im elften Feld bedeutet Mars Energie, die auf Freundschaften und Gruppenunternehmungen ausgerichtet ist. Menschen mit dieser Stellung haben gerne energische und angriffslustige Freunde, die sie in ihrer Arbeit und ihren geschäftlichen und beruflichen Ambitionen wirksam unterstützen. Meist sind sie mechanisch geschickt und erfinden manchmal technische Apparate. Geistig wache Individuen werden ihre Energie im Dienste von sozialen Reformen einsetzen.

Ist Mars im elften Feld ungünstig aspektiert, mag der Geborene mit der herrschenden sozialen Ordnung unzufrieden sein und revolutionäre Tendenzen zeigen. Er sollte jedoch seine Energie eher darauf verwenden, die bestehenden Bedingungen zu verbessern, als sie bloß umzustürzen. Mit einem verletzten Mars in diesem Feld sind Meinungsverschiedenheiten oder Streit mit Freunden und Gruppenmitgliedern sehr wahrscheinlich. Impulsivität im Umgang mit Freunden kann dem Geborenen oder seinen Freunden Verletzungen oder gar den Tod bringen.

Mars im zwölften Feld

Im zwölften Feld zeigt Mars eine Persönlichkeit an, deren Handlungen und Bestrebungen vom Unbewußten her beeinflußt sind. Solche Menschen sind gerne für sich, sei es bei der Arbeit oder bei andern Beschäftigungen. Die Neigung, im verborgenen zu handeln, entspringt dem Bedürfnis, offenen Widerstand zu umgehen.

Die Geborenen suchen ihre Wünsche und Absichten möglichst geheimzuhalten; sie sind manchmal in heimliche sexuelle Abenteuer verwickelt. Oft arbeiten sie in großen Institutionen, wo sie ihre persönliche Identität verbergen oder gar verlieren können.

Ist Mars im zwölften Feld ungünstig aspektiert, sind diese Menschen manchmal in geheime Verschwörungen verwickelt, hegen geheime Feindschaft oder haben selbst geheime Widersacher. Mit einem verletzten Mars in diesem Feld besteht gar die Gefahr einer Verwahrung im Gefängnis, im Spital oder in einer Nervenheilanstalt. Manchmal kann es zur Inhaftierung aus politischen Gründen kommen, weil Mars durch seine Erhöhung im Steinbock ein politisches Interesse beinhaltet.

Diese Menschen sollten ihrem unterdrückten Ärger öfter Luft machen können.

Jupiter in den Zeichen

Jupiter gibt durch seine Stellung in den Zeichen des Tierkreises Auskunft über die ethischen, religiösen und philosophischen Ansichten und Glaubenssätze des Geborenen. Die Jupiterstellung zeigt, in welcher Weise er sein Interesse an Philosophie und höherer Bildung wahrnimmt. Sie gibt auch an, in welchen Bereichen der Geborene eine Horizonterweiterung und Wachstum anstrebt, wo er die Dinge in einem größeren Zusammenhang sieht und dementsprechend handelt.

Die Zeichenstellung des Jupiters läßt auch erkennen, wie ein Mensch sein Hab und Gut mit andern teilt und in welchem Maße er sich als Glied einer umfassenden sozialen Ordnung begreift, die ihm ihrerseits

Hilfe und Unterstützung gewährt. Erst das Prinzip der sozialen Zusammenarbeit ermöglicht Wachstum und Fortschritt, die eine allein arbeitende Person niemals verwirklichen könnte.

Die Jupiterstellung zeigt nicht nur, wo sich dem Geborenen möglicherweise finanzielle und materielle Vorteile bieten, sondern auch, wie er sich karmisch das Wohlwollen anderer und das Recht auf spirituellen Schutz erwirbt. Jupiter enthüllt als Mitherrscher des Zeichens Fische und damit des zwölften Feldes, in welcher Weise jemand für ehemalige gute Taten belohnt wird. Aufgrund dieser Mitregentschaft zeigt er auch, wie großzügig und verständnisvoll der Geborene seinen weniger begünstigten Mitmenschen gegenüber ist.

Jupiter im Widder

Jupiter im Zeichen Widder zeigt die Fähigkeit zu Führung und Erneuerung in Philosophie, Erziehung und anderen geistigen Belangen an.

Die höchste Form der Widderentsprechung ist der reine schöpferische Geist, aus dem alles andere entspringt. Jupiter in diesem Zeichen bedeutet ein angeborenes Verständnis für schöpferische Kraft oder zumindest eine tiefe Bewunderung dafür. «Siehe, ich mache alles neu» ist das geistige Vorbild der Menschen mit Jupiter im Widder.

Mars und Pluto regieren den Widder, die Sonne ist in ihm erhöht, und er bildet ein natürliches Trigon zum Schützen, der vom Jupiter beherrscht wird: Deshalb unternehmen mit dieser Jupiterstellung Geborene große Anstrengungen zwecks Verbesserung der geistigen, sozialen und erzieherischen Bedingungen. Sie vertrauen auf die Möglichkeit einer Erneuerung und einer Wiedergeburt zu einer höheren Lebensform. Infolgedessen ist mit dieser Zeichenstellung des Jupiter große Energie und Inspiriertheit verbunden.

Die positive Initiative, die sich aus dieser Stellung ergibt, verleiht den Geborenen die Fähigkeit zu religiöser und philosophischer Führerschaft. Sie kann aber auch eine Ichbetonung und eine wichtigtuerische Haltung bewirken, die, wenn ihr freier Lauf gelassen wird, bei andern Verdacht und Unwillen erregt. Die Art, in welcher dieses Bedürfnis nach sozialen Verbesserungen ausgedrückt wird, hängt vom allgemeinen Niveau des Verstehens und der Entwicklungsstufe des Individuums ab, wie sie vom übrigen Horoskop gezeigt wird. Es kann viel Enthusiasmus und Selbstvertrauen vorhanden sein, was anderen ebenfalls Vertrauen einflößt und sie zum Handeln anspornt.

Manchmal besteht das Bedürfnis, sich auf heilige Kreuzzüge für eine gute Sache zu begeben, die in den Augen der andern gar nicht so heilig sein mögen.

Das Vertrauen dieser Menschen auf ihre Fähigkeit, zu siegen und sich zu entwickeln, schenkt ihnen den Mut, große Unternehmungen anzupacken, zu denen andere nicht einmal den Versuch wagen würden. Sie mögen Abbilder des Sprichworts «Toren rennen hinein, wo Engel nicht hinzutreten wagen» sein, aber aus jeder positiven Anstrengung, die sie unternehmen, erwächst etwas Gutes, auch wenn das angestrebte Ziel nicht erreicht wird. Dieser positive Einsatz kann zu einer evolutionären Entwicklung führen, weil ja Jupiter das Prinzip des Wachstums verkörpert.

Ist Jupiter im Widder ungünstig aspektiert, neigen die Geborenen oft dazu, sich auf törichte Weise zuviel zuzumuten. Sie werden tollkühn und vorschnell und zeigen übertriebenen Eigendünkel.

Unbekümmertheit und Vertrauensseligkeit können Verlust im Geschäft und von Freundschaften nach sich ziehen. Ein verletzter Jupiter in diesem Zeichen kann auf unbedachte Geldausgaben hindeuten – beispielsweise das Verschwenden ersparter Investitionen für ein neues Unternehmen von fragwürdigem Wert. Mit einem verletzten Jupiter im Zeichen Widder tut man gut daran, Geduld und Vorsicht walten zu lassen und Reserven anzulegen. Man sollte stets auf die Möglichkeit unvorhergesehener Schwierigkeiten gefaßt sein.

Jupiter im Stier

Im Zeichen Stier deutet Jupiter die Fähigkeit an, Geld und materielle Mittel richtig und zum Wohle aller anzuwenden. Ist bei einem geistig reifen Menschen der Jupiter im Stier günstig aspektiert, so ist er sich bewußt, daß uns alle Mittel nur zu unserem Gebrauch, zum Dienst am Nächsten und zur allgemeinen Verbesserung der sozialen und physischen Umwelt geliehen werden. Er ist sich klar darüber, daß er als Sachverwalter der Güter dieser Erde dieselben zur Erhaltung und Entwicklung allen Lebens weise nutzen und mit den andern teilen muß, insbesondere auch mit seinen Handelspartnern. In diesem Fall werden

Geld und materielle Mittel als eine Art materieller Energie betrachtet, die von Person zu Person fließt, um die notwendige Erweiterung, Entwicklung und Lebenserhaltung zu gewährleisten.

Mit Jupiter im Stier muß der Geborene im Hinblick auf den Erwerb und Gebrauch von Geld und materiellen Mitteln soziale Wertvorstellungen entwickeln. Was er selbst der Gemeinschaft zur Verfügung stellt, fließt in anderer Form wieder zu ihm zurück. Weil er anderen die Möglichkeit gibt, ihre Begabungen zu entwickeln, fördert dies Wachstum und Entfaltung, die allen zugute kommen.

Es genügt aber nicht, daß Menschen mit dieser Stellung lernen, großzügig zu sein, sie müssen auch Umsicht und Unterscheidungsvermögen beim Anlegen ihres Geldes entwickeln, so daß es auf höchst konstruktive und erfolgversprechende Weise verwendet werden kann.

Menschen mit Jupiter im Stier kommen meist zu Reichtum. Sie betrachten ihn als Voraussetzung, um in den Genuß der materiellen Bequemlichkeiten und der schönen Dinge des Lebens zu kommen. Oft sind sie Feinschmecker und lieben auserlesene Speisen und eine luxuriöse Umgebung. Ist Jupiter im Stier ungünstig aspektiert, können diese teuren Vorlieben zu Verschwendungssucht führen, woraus sich ein Verhätscheln der eigenen Person, Verweichlichung und Gleichgültigkeit gegenüber der Not anderer Menschen entwickeln können.

Jupiter im Stier verspricht Geschäftstüchtigkeit aufgrund von Ausdauer und Zielstrebigkeit. Diese Menschen können Unternehmen in großem Maßstab und auf lange Sicht planen und durchführen. Manchmal geraten sie allerdings bei ihren Erweiterungsprojekten in finanzielle Schwierigkeiten, indem sie zu wenig Reserven haben, um eventuelle Zwischenfälle einzukalkulieren. Dies geschieht zumeist, nachdem der Geschäftserfolg sie allzu zuversichtlich werden ließ, oder wenn sie infolge ihres Reichtums habgierig werden.

Ihre religiöse Einstellung ist gewöhnlich sehr orthodox, weil sich die Geborenen mit den sozialen und moralischen Grundsätzen der Gesellschaftsschicht, der sie selbst angehören oder angehören möchten, identifizieren. Höhere geistige Werte schätzen sie meist nur, wenn sie mit finanziellen oder praktischen Belangen verbunden sind, es sei denn, andere Horoskopfaktoren ließen eine andere Deutung zu. Für sie gilt vor allem eine pragmatische Religion oder Philosophie. Die klassenbewußte Nebenbedeutung ihrer religiösen Einstellung verleiht ihnen ein Gefühl der Erweiterung ihrer Persönlichkeit und der Selbstrechtfertigung.

Diese Haltung ist typisch für den durchschnittlichen, mit Jupiter im Stier Geborenen, der sich nach Geschäftsinteressen richtet und zu den höheren Gesellschaftsschichten gehört oder ihnen angehören möchte. Für die weniger Begüterten, für politisch Radikale und die jüngere Generation können solche Menschen wegen ihrer spießigen Selbstgerechtigkeit ein ständiges Ärgernis darstellen. Gingen aber die «Jupiterstiere» nicht unermüdlich ihren täglichen Geschäften nach, gäbe es auch keinen allgemeinen Grad von sozialem Wohlstand und Vollbeschäftigung, der den Unterhalt aller ermöglicht. Sie haben ihren notwendigen Platz im Staatshaushalt.

Ist Jupiter im Stier ungünstig aspektiert, kann der Stolz, der sich aus der finanziellen Stellung dieser Menschen ergibt, zu ihrem Sturz führen. Sie laufen Gefahr, sich für überlegen zu halten, weil sie mehr Reichtümer angehäuft haben, und müssen lernen, daß nicht der Reichtum an sich, sondern dessen Anwendung dem Menschen zur Ehre oder Schmach gereicht. Der extravagante Geschmack, der mit einem verletzten Jupiter im Stier verbunden ist, kann zu Verschuldung und Schwierigkeiten mit Gläubigern führen.

Jupiter in den Zwillingen

Im Zeichen Zwillinge deutet Jupiter auf eine Vorliebe für Philosophie und das Studium maßgebender Ideen in der Religions-, Geistes-, Rechts- und Philosophie-Geschichte. Eine solche Erweiterung des geistigen Horizonts eröffnet neue Möglichkeiten der Kommunikation und des sozialen Kontakts, was Vorteile bringt beim Reisen, bei schriftstellerischer oder wissenschaftlicher Tätigkeit und bei Geschäften, die mit neuen Erfindungen zusammenhängen.

Die Geborenen besitzen eine stets wache intellektuelle Neugier, die zu geistiger Weiterentwicklung führt, so daß man sie als intellektuell gebildet ansehen mag, obwohl sie vielleicht gar keine formale Ausbildung genossen haben. Oft absolvieren sie eine Universitätsausbildung als Mittel zu ihrer eigenen geistigen Vervollkommnung.

Mit Jupiter in den Zwillingen kann ein sehr weit gespanntes intellektuelles Interessenspektrum vorliegen. Die Geborenen neigen zu einer geistigen Ruhelosigkeit, reisen viel und schnüffeln dauernd auf den verschiedensten Studien- und Interessengebieten herum. Wird dieser

Tendenz in hohem Maße nachgegeben, kann sie zu intellektuellem Dilettantismus führen. Andererseits sind solche Menschen dank ihrer breit gestreuten geistigen Erfahrungen oft in der Lage, gewisse allgemeine Strömungen und Tendenzen der gesellschaftlichen, politischen und geschichtlichen Entwicklungen zu erfassen. Deshalb können mit dieser Stellung Geborene namhafte Gesellschaftskritiker und Historiker werden.

Aufgrund des natürlichen Trigons der Zwillinge zu Waage und Wassermann gehen diese Menschen viele Freundschaften, Bekanntschaften und Partnerschaften ein und können dadurch ihren geistigen Horizont in vielfältiger Weise erweitern. Diese gesellschaftlichen Kontakte geben auch Impulse für eigene schöpferische Tätigkeit.

In den Zwillingen steht Jupiter im Exil, weil er im gegenüberliegenden Zeichen, im Schützen, regiert. Dies birgt die Gefahr einer gewissen Oberflächlichkeit in sich. Solche Menschen begnügen sich oft mit einem Buchwissen, dem jegliche praktische Erfahrung fehlt. Von Merkur in der Jungfrau lernen wir, daß eine genaue Sachkenntnis nur aufgrund der praktischen Auseinandersetzung mit der Wirklichkeit gewonnen wird. Im Gegensatz dazu gerät der Geborene mit Jupiterstellung in den Zwillingen in Gefahr, zu einem «Elfenbeinturmgelehrten» zu werden, falls nicht andere Faktoren im Horoskop dies verhindern. Ist Jupiter in den Zwillingen ungünstig aspektiert, kann es sich beim Geborenen um einen intellektuellen Snob handeln.

Mit Jupiter in den Zwillingen besteht eine Befähigung zum Unterrichten, Schreiben und Vortragen. Vortragsreisende haben oft Jupiter in diesem Zeichen. Auch mit Publizieren, Reisen, persönlichen Dienstleistungen, Importen, Kommunikationsbetrieben und Postversandgeschäften können die Geborenen gute Geschäfte machen und Geld verdienen.

Jupiter im Krebs

Im Krebs steht Jupiter erhöht. Das bedeutet gewöhnlich einen guten familiären Hintergrund – nicht notwendigerweise im Hinblick auf Reichtum und soziale Stellung, sondern in bezug auf eine Umwelt und elterliche Einflüsse, die dem Kind schon in früher Jugend Freundlichkeit, Großzügigkeit sowie religiöse und moralische Grundsätze beibringen.

Diese frühkindlichen Erfahrungen prägen in entscheidendem Maße den Charakter des Geborenen.

Die Eltern von Kindern mit Jupiter im Krebs sind diesen gewöhnlich in tiefer Liebe zugetan und vermitteln ihnen ein Gefühl der Geborgenheit und des Vertrauens zu den Mitmenschen. Das Jupiterprinzip der Moral, Philosophie und höheren Bildung hat seine Ursprünge im Krebs, denn unsere ersten Lehrmeister sind die Eltern, insbesondere die Mutter. Menschen mit Jupiter im Krebs bemühen sich, eine geborgene, freundliche, gedeihliche und angenehme Heimatatmosphäre zu schaffen. Ihrer Familie und anderen Hausgenossen gegenüber sind sie nett und großzügig. Ist Jupiter günstig aspektiert, werden sie oft in Schwierigkeiten geratene Freunde oder Bekannte in ihr Heim aufnehmen, um ihnen zu helfen, ihren Weg wiederzufinden. Ihr zumeist großer Haushalt ist daher oft mit den verschiedensten Menschen bevölkert. Die Geborenen haben eine Tendenz, alle Welt zu bemuttern. Sie stellen ihr Heim auch für religiöse, philosophische und bildende Aktivitäten zur Verfügung.

Menschen mit dieser Jupiterstellung schätzen gutes Essen und sind deshalb meist gute Köche. Manchmal neigen sie zur Schlemmerei, was ihrer Gesundheit nicht sehr zuträglich ist.

Ihre Geschäftsinteressen hängen oft mit Grundbesitz, Wohnung, Gartenbau, Nahrungsmitteln und Haushaltsartikeln zusammen. Jupiter im Krebs bedeutet Idealismus, der oft zu utopischen Schwärmereien führt, die der Grundlage praktischer Überlegungen entbehren, es sei denn, andere Faktoren im Horoskop würden auf solche hindeuten.

Menschen mit dieser Stellung erhalten oft von ihren Eltern finanzielle Zuwendungen. Da sie vielfach Geld und Besitz erben können, verfügen sie möglicherweise in ihrer zweiten Lebenshälfte über einen ansehnlichen Reichtum.

Ist Jupiter im Krebs ungünstig aspektiert, kann das rührselige Sentimentalität, erdrückende Mutterliebe, zu enge Elternbindungen sowie Genußsucht beim Essen und in materiellen Bequemlichkeiten zur Folge haben.

Jupiter im Löwen

Jupiter im Tierkreiszeichen Löwe zeigt Entwicklungsbestreben, Optimismus und Selbstbewußtsein an. Mit dieser Stellung Geborene besitzen überschäumende Energie und eine kräftige Konstitution. Sie sind großzügig und wohlwollend, erwarten aber gewöhnlich als Gegenleistung persönliche Bewunderung und Wertschätzung.

Sie haben eine Vorliebe für Prachtentfaltung, für religiöse Zeremonien und Schauspiele, insbesondere auch Paraden und Rituale. In ähnlicher Weise begeistern sie sich für religiöse Bilder, Skulpturen und Musikwerke oder Kunstformen, die geschichtliche Ereignisse darstellen. Sie lieben rauschende Feste und gesellschaftliche Anlässe. Wenn sie reich sind, werden sie sich sehr wahrscheinlich an Unternehmungen beteiligen, die ihnen ein Gefühl von Geltung und gehobener Stellung geben.

Jupiter im Löwen bedeutet Führerqualitäten, Würde und die Fähigkeit, anderen Vertrauen und Enthusiasmus einzuflößen. Ist aber Jupiter ungünstig aspektiert, mögen diese Fähigkeiten Eitelkeit bewirken, weil das Expansionsprinzip des Jupiter in Verbindung mit dem Hauptfehler des Löwen, der Egozentrik, zu Prahlerei und Arroganz führen kann. Diese Menschen müssen lernen, daß Größe aus dem Dienst am Menschen und aus dem Einklang mit den universellen Gesetzen des Kosmos erwächst und nicht aus dem Eigendünkel, und sei er auch noch so prächtig aufgeputzt.

Hat der Geborene diese Lektion einmal begriffen, wird er sich als sehr beständig, verläßlich, ehrlich und großmütig erweisen. Mit Jupiter im Löwen kommt er zu wohlverdienten Ehren und Ansehen. Die Geborenen strahlen sonnige Wärme, echte Zuneigung und Wohlwollen aus. Wenn sie in ihrer Machtentfaltung selbstlos werden, gewinnen sie Bewunderung und Zuneigung und Erfüllung in der Liebe.

Diese Menschen haben eine besondere Zuneigung zu Kindern und interessieren sich für deren körperliche und psychische Entwicklung. Deshalb eignen sie sich sehr gut als Lehrer, Sonntagsschulleiter und Jugendberater. Ist das fünfte Feld nicht verletzt und Jupiter günstig aspektiert, werden sie an ihren eigenen Kindern viel Freude erleben.

Sie sind auch Spielernaturen. Ist Jupiter in diesem Zeichen verletzt, können ihnen deshalb Spielleidenschaft und Spekulationen Unehre oder finanziellen Ruin bringen. Sie können beruflich auf dem Gebiet der Unterhaltungsindustrie, der Kunst, des Sports und der Erziehung zu tun haben.

Ist Jupiter im Löwen sehr ungünstig aspektiert, ist wahrscheinlich mit Enttäuschungen und Verlusten in bezug auf Liebe, Erotik, Kinder und Spekulationen zu rechnen.

Jupiter in der Jungfrau

In der Jungfrau steht Jupiter im Exil, weil er Mitherrscher des gegenüberliegenden Zeichens Fische ist. Dennoch ist es keine ungünstige Stellung, denn die Geborenen schätzen die Arbeit und leisten ihren Mitmenschen unentbehrliche Dienste.

Allerdings kann die exakte Arbeitsweise der Jungfrau und ihre Liebe zum Detail mit der Expansionstendenz des Jupiter in Konflikt geraten. Niemand kann jedem einzelnen Aspekt eines großangelegten Vorhabens bis in alle Einzelheiten genaue Beachtung schenken. Aus diesem Konflikt kann sich entweder Überarbeitung ergeben, oder gewisse Seiten des Vorhabens werden unsachgemäß behandelt. Die Person muß also lernen, sich der Mitarbeit anderer zu versichern und Verantwortlichkeiten zu delegieren, oder aber das Ausmaß ihrer Unternehmungen entsprechend einzuschränken.

Menschen mit dieser Stellung verlangen auch in Einzelheiten volle Redlichkeit und sind fähig, aus einer Fülle von Informationen Wahrheit und Irrtum auszusondern. Sie mögen aber in einer moralisierenden Weise auf Perfektion bis ins kleinste Detail bedacht sein, was viele Leute vor den Kopf stößt. Im Extremfall machen sie aus Mücken Elefanten und verlieren den Sinn für Proportionen.

Ist Jupiter in diesem Zeichen günstig aspektiert, charakterisieren Ehrlichkeit und Integrität die Arbeiten und Geschäfte, was zu guten Beziehungen mit Mitarbeitern, Vorgesetzten und Untergebenen führt. Solche Menschen erfreuen sich meist angenehmer Arbeitsbedingungen und werden für die von ihnen geleisteten Dienste geschätzt und gut bezahlt.

Sauberkeit und Ordnung gilt ihnen als oberstes Gebot – dies sind Eckpfeiler ihrer moralischen Integrität. Saloppe Nachlässigkeit in Kleidung und Haushalt mißfällt ihnen. Ist allerdings Jupiter schwer verletzt, kann ihr Verhalten – als eine psychologische Reaktion – genau ins

Gegenteil umschlagen, ähnlich wie bei einer verletzten Venus in der Jungfrau.

Ihre religiösen und moralischen Glaubensvorstellungen beruhen auf dem Konzept des Dienens. In ihren Augen haben hohe Ideale wenig Wert, wenn sie keine praktische Anwendung finden. Diese Realitätsbezogenheit macht sie konservativ und etwas orthodox in ihren sozialen und religiösen Ansichten, ähnlich wie bei Jupiter in den Zeichen Stier oder Steinbock.

Es kann ein Interesse für Dienstleistungen und Wohltätigkeit zugunsten körperlich oder geistig Kranker, zum Beispiel in Spitälern oder Lehranstalten, bestehen. Reiche Menschen mit Jupiter in der Jungfrau tragen oft zum Unterhalt solcher Institutionen oder ärztlicher Missionen bei.

Ist Jupiter in der Jungfrau ungünstig aspektiert, mag es zu unstabilen Anstellungsverhältnissen kommen, weil eine Tendenz besteht, sich von Arbeitsstelle zu Arbeitsstelle treiben zu lassen. Es kann Arbeitsscheu und Unzufriedenheit in bezug auf Arbeitsbedingungen, Mitarbeiter und Vorgesetzte vorkommen.

Diese Menschen müssen lernen, daß die Auslegung schöner Ideen allein nicht genügt, um geistige Ziele zu erreichen.

Jupiter in der Waage

Jupiter im Zeichen Waage bedeutet, daß bei den Geborenen in bezug auf Ehe, Partnerschaften und enge persönliche Beziehungen Fragen der Gerechtigkeit und der Moralprinzipien im Vordergrund stehen. Sie neigen dazu, einen Ehepartner zu wählen, der sich für religiöse, erzieherische und philosophische Gedanken interessiert. Ihre Partnerschaft wird auf geistigen Werten und auf einer Zusammenarbeit im Dienste einer harmonischen Gesellschaftsordnung beruhen. Diese Werte wiegen schwerer als die erotische Anziehung, so daß (falls Jupiter hier nicht schwer verletzt ist) mit einer dauerhaften Ehe und einem glücklichen Familienleben gerechnet werden kann, weil Jupiter im Krebs erhöht ist.

Ihre religiösen, philosophischen, erzieherischen und sozialen Ideen werden vom Ehegatten, andern Partnern oder engen Freunden beeinflußt, die ihrerseits auch Überzeugungen der Geborenen übernehmen.

Ihre humanitären Grundsätze fußen auf Nächstenliebe und Redlichkeit.

Diese Menschen sind großzügig und nehmen Rücksicht auf die Wünsche und Bedürfnisse der anderen. Sie sind deshalb – wenn Jupiter nicht ungünstig aspektiert ist – populär und beliebt. Ihr Fingerspitzengefühl in dieser Hinsicht macht sie zu guten Psychologen, geschickten Vermittlern, Diplomaten, Friedensstiftern, Public-Relations- und Verkaufsleuten.

Ihre Begabung liegt vor allem darin, andere Leute von den Vorteilen gewisser Ideen oder sozialer Programme zu überzeugen, weshalb sie unter anderem als Spendensammler für Kirchen, wohltätige Institutionen oder andere soziale Unternehmen sehr erfolgreich sind. Auf einer weniger materiellen Ebene mögen sie für religiöse, erzieherische oder soziale Thesen werben, je nach dem Gesamtbild ihres Horoskops.

Ist Jupiter in der Waage ungünstig aspektiert, besteht eine Tendenz, moralische Entscheidungen für andere zu treffen. Es kann auch der Wunsch bestehen, allen Leuten alles recht zu machen, um Unstimmigkeiten zu vermeiden oder Anerkennung zu finden; im Extrem führt diese Haltung in vielen Dingen zu einer doppelten Moral. Mit einem verletzten Jupiter in der Waage mag einer – um die Gunst anderer zu erlangen – mehr versprechen, als er halten kann. Auf lange Sicht wird er deshalb trotz seiner ehrlichen Absichten Mißfallen erregen.

Die mit einem verletzten Jupiter in der Waage Geborenen erwarten zuviel Rücksichtnahme und Begünstigung. Sie können zu viele enge persönliche Bindungen gleichzeitig eingehen, wodurch sie bei den Beteiligten den Verdacht der Untreue erwecken. Als Folge kann daraus von seiten eines Angehörigen des andern Geschlechts ein Verrat entstehen, weil dieser eifersüchtig und rachedurstig wird, wenn ihm nicht die erwartete persönliche Aufmerksamkeit zuteil wird.

Ist Jupiter in der Waage sehr ungünstig aspektiert, können aus unerfüllten rechtlichen oder finanziellen Verpflichtungen, die sich auf Geschäft, Besitz, eheliche oder berufliche Angelegenheiten beziehen mögen, Gerichtsfälle entstehen.

Jupiter im Skorpion

Menschen mit Jupiter im Zeichen Skorpion sind in großem Maßstab in Dinge verwickelt, die mit gemeinsamen Fonds oder Körperschafts-Finanzen, Steuern, Versicherungen und Vermächtnissen zusammenhängen. Ihre Geschäftsangelegenheiten haben wahrscheinlich mit Begräbnissen, Grundbesitz, Spendensammlung, Steuern und Versicherung zu tun.

Die Geborenen sind oft am Okkulten, an den mystischen Aspekten der Religion, an einem Leben nach dem Tod und einer telepathischen Verbindung zu den Wesen der unsichtbaren Gefilde interessiert, ganz besonders, wenn Jupiter zu Uranus, Neptun oder Pluto einen Aspekt bildet. In bezug auf philosophische und religiöse Glaubenssätze und Ansichten und auf soziale Verhaltensweisen und Prinzipien können sie exaltiert und kompromißlos sein, was ihnen manchmal mächtige und erbitterte Feinde schafft.

Diese Menschen neigen dazu, heimlich Informationen über die privaten Angelegenheiten anderer einzuholen. Aufgrund verborgener Motivationen können sie merkwürdige Freundschaften eingehen. Manchmal erhalten sie Erbschaften zum Dank für erwiesene Gefälligkeiten. Ist Jupiter allerdings ungünstig aspektiert, können im Zusammenhang mit Erbschaften, Unterhaltsbeiträgen, Körperschaftsauslagen, Versicherungen und Steuerzahlungen gerichtliche Auseinandersetzungen entstehen. Unkluge Investitionen in Aktien oder finanzielle Partnerschaften mögen Verluste zeitigen. Diese Menschen interessieren sich manchmal auch für Spiritismus und möchten gerne okkulte Kräfte für persönliche Zwecke manipulieren.

Jupiter im Schützen

Im Schützen bedeutet Jupiter eine Vorliebe für Philosophie, Religion, Erziehung, Reisen und fremde Kulturen. Diese Menschen beschäftigen sich intensiv mit Fragen der sozialen Prinzipien und machen sich oft eine Philosophie oder ein Denksystem zu eigen, nach dem sie ihr Leben ausrichten. Dies bedeutet nicht unbedingt die Übernahme eines bestimmten religiösen Glaubens, schützebetonte intellektuelle Typen mögen die Freudsche Psychoanalyse, die marxistische Dialektik oder eine bohemehafte Freizügigkeit wählen. Jupiter im Schützen verheißt lediglich das allgemeine Bedürfnis für ein maßgebendes System, nach dem man sein Verhalten und seine Lebensweise orientieren kann. Welche Form jedoch dieses System annimmt, hängt vom allgemeinen Grundmotiv des Horoskops und vom sozialen Milieu des Geborenen ab, das er bejaht oder ablehnt. Ihr Bestreben, das persönliche Verhalten unverbrüchlich einer Reihe von Moralgrundsätzen unterzuordnen, verschafft diesen Geborenen bei vielen Mitmenschen, ja sogar bei ihren Feinden, Respekt und Bewunderung.

Diese Menschen möchten über die Natur des menschlichen Bewußtseins Bescheid wissen, wie sich der Mensch erfolgreich der Gesellschaft anpassen kann, über Sinn und Auftrag des Individuums im Universum und die grundlegende schöpferische Kraft hinter den physischen Erscheinungen und dem Evolutionsprozeß. Diese Fragestellungen führen in den meisten Fällen zu einem religiösen Glauben und der Anerkennung eines höchsten Wesens.

Hat der Geborene einmal bestimmte religiöse oder philosophische Wertvorstellungen übernommen, wird er Anstrengungen unternehmen, um Freunde und Partner zu ähnlichen Denkweisen zu bekehren. Die Annahme eines Glaubenssystems schenkt die Sicherheit, in einem weiteren gesellschaftlichen Rahmen zu operieren. Diese Menschen sind allerdings kritisch genug, um im Rahmen des von ihnen angenommenen oder durch Erziehung überkommenen ethischen Systems ihren eigenen Standpunkt zu formulieren.

Jupiter im Schützen kündigt ein Interesse für fremdländische Kulturen, Religionen, Rassen und Gesellschaftssysteme an. Die Geborenen betreiben entsprechende Studien oder unternehmen längere Reisen in ferne Länder, falls sie über die nötigen Mittel verfügen. Sie befassen sich auch mit den Aspekten der geschichtlichen Entwicklung, mit den philosophischen Ideen, die diesem Prozeß zugrundelagen. Eine solche Breite des Verstehen ermöglicht eine weitsichtige Lebenseinstellung und vermittelt oft prophetische Einblicke in die Zukunft.

Ist Jupiter im Schützen ungünstig aspektiert, können diese Menschen manchmal engstirnige Ansichten vertreten und erwarten, daß alle mit ihnen einig gehen; wer dies nicht tut, verdient in ihren Augen keine Zustimmung. Häufig ist damit eine selbstgerechte Haltung von der Art verbunden, die im Laufe der Geschichte immer wieder religiöse Kriege hervorgebracht hat. Das Motiv, das hinter einer solchen Einstellung steht, ist oft ein als religiöser, nationaler, sozialer oder rassischer Chauvinismus getarnter Egoismus.

Wird Jupiter im Schützen nicht durch eine genügend geistige Entwicklung und die Fähigkeit zu unparteiischer Unterscheidung im Gleichgewicht gehalten, wie dies z. B. durch einen günstig aspektierten Merkur, Saturn oder Uranus angezeigt werden könnte, so besteht die Gefahr, daß der Geborene abergläubisch an dogmatischen religiösen Glaubenssätzen hängt. Diese Glaubenssätze wurden ihm in der frühen Kindheit eingetrichtert, und er verwendet sie als einen unbewußten Verteidigungsmechanismus gegen die beängstigenden Aspekte des Unbekannten. Eine Konfrontation mit diesem könnte die psychologische Sicherheit einer säuberlich verpackten Doktrin völlig durcheinander bringen. Die Tendenz, sich in ein System zu verflechten, gilt in gleicher Art für Radikale wie für Konservative mit dieser Jupiterstellung.

Jupiter im Steinbock

Im Steinbock befindet sich Jupiter im Fall, weil dieses Zeichen dem Tierkreiszeichen Krebs gegenübersteht, in welchem Jupiter erhöht ist. Dies zeigt sich in einer übertrieben buchstabengetreuen Gesetzesauslegung anstelle einer sinngemäßen. Allerdings kann Jupiter im Steinbock, wenn er günstig aspektiert ist, große Integrität bedeuten, insbesondere im moralischen Verhalten, Geschäftsethos und in der Verantwortung eines hohen Amtes.

Im allgemeinen halten sich die Geborenen in bezug auf Politik, Erziehung und Moral an konservative, traditionelle Werte. Sie unterstützen das Wertsystem des sozialen, wirtschaftlichen und politischen Status quo, wobei sie seine Ungerechtigkeiten, Fehler und Heucheleien übersehen. Die daraus entstehende Starrheit der sozialen Einstellung kann zu einer Entfremdung von der jüngeren Generation und denen, die einen universellen Standpunkt einnehmen, führen.

Menschen mit Jupiter im Steinbock erlangen oft Stellungen mit wirtschaftlicher oder politischer Verantwortung. Sie werden darin Klugheit, Vorsicht und ein reifes Urteil an den Tag legen, aber es kann ihnen an Einbildungskraft, schöpferischen Ideen und der Fähigkeit zur Erneuerung mangeln.

Sie haben einen starken Trieb nach Macht und Status, der entweder von ihrem persönlichen Ehrgeiz oder von einem Pflichtgefühl gegenüber der Gesellschaft ausgelöst wird. Dieses Streben kann mit ihrem Familienleben und den damit verbundenen persönlichen, gefühlsmäßigen Werten in Konflikt geraten. Der höhere Angestellte der Firma, der seine ganze Zeit im Büro zubringt, seinen Vorgesetzten stets zu Diensten ist und dabei seine Familie vernachlässigt, ist ein typisches Beispiel für einen Menschen mit Jupiter im Steinbock. In späteren Jahren legen sich diese Menschen oft eine kalte, harte Art zu; sie verbergen ihre inneren Gefühle von emotionaler Enttäuschung und Einsamkeit unter einer Maske von Würde und Wichtigkeit.

Durch Ehrgeiz, Geduld, Organisationstalent und den klugen Einsatz der Mittel wird mit dieser Jupiterstellung oft großer Reichtum erworben. Da diese Menschen den Status erstreben, der durch Reichtum und hohe Stellung vermittelt wird, übernehmen sie automatisch die Wertskalen einflußreicher Mitmenschen, die ihnen zu Stellung und Ansehen verhelfen können.

Solche Menschen verabscheuen Extravaganzen und Verschwendung. Ist Jupiter ungünstig aspektiert, kann diese Tendenz überborden und zu Knausrigkeit führen, oder es besteht die Neigung, in kleinen Dingen sparsam zu sein und sich gleichzeitig im großen Extravaganzen zu leisten.

Jupiter im Wassermann

Für Menschen mit Jupiter im Wassermann gelten keinerlei Unterschiede der Klasse, Rasse oder Religion. Sie verteidigen soziale, religiöse und moralische Werte, die in jeder Hinsicht universell, unparteiisch und demokratisch sind. Sie knüpfen zu Frauen und Männern aller Kreise geistige Beziehungen an und pflegen mit ihnen einen regen Erfahrungsaustausch.

Diese Menschen sind sehr tolerant und verstehen, daß jedermann den gleichen Lebensstil haben oder das gleiche Wertsystem anerkennen muß. Jeder einzelne Mensch hat seinen Platz auf Erden, wo er seine Erfahrungen machen und sich bewähren muß. Ohne diese Unterschiede wäre keine kulturelle Entwicklung möglich.

Menschen mit Jupiter im Wassermann betrachten Toleranz, Respekt und Zusammenarbeit als notwendige Voraussetzungen einer erfolgreichen Gesellschaftsordnung. Sie haben daher viele Freunde und werden oft mit Organisationsaufgaben im Dienst humanitärer Zielsetzungen betreut. Sie mißtrauen Gesinnungen und Gesetzen, die gesellschaftliche Unterschiede oder chauvinistischen Nationalismus fördern.

Ist Jupiter im Wassermann günstig aspektiert, besteht ein Interesse für okkulte Weisheiten, für Philosophie, Astrologie, Karmagesetze und Reinkarnation. Die höherentwickelten Menschen dieser Art sind Pioniere der religiösen und sozialen Konzepte des Wassermannzeitalters. Sie sind verständnisvoll und aufnahmebereit für neue Ideen. Viele Sozialreformer und Gründer humanitärer Organisationen haben Jupiter im Wassermann.

Ist Jupiter im Wassermann ungünstig aspektiert, können diese Geborenen in ihren freundschaftlichen Beziehungen und ihren Verpflichtungen gegenüber der Gruppe zu nachlässig und ungebunden sein. Sie werden manchmal revolutionäre Konzepte und undurchführbare, unrealistische Ideen befürworten, die Disziplin und Verantwortung außer acht lassen. Oft zersplittern sie ihre Energien und verlieren dabei ihr Ziel aus den Augen.

Jupiter in den Fischen

Jupiter im Tierkreiszeichen Fische läßt auf Gefühlstiefe, ganz besonders im Sinne von Verständnis und Mitfühlen, schließen. Menschen mit dieser Stellung treten für die im Leben Zukurzgekommenen ein. Sie arbeiten deshalb oft in Spitälern oder wohltätigen Institutionen. Allerdings verströmen sie manchmal ihr Mitgefühl und ihre Großzügigkeit zu unterschiedslos, so daß ihre Sympathien gelegentlich ausgenützt werden. Diese Geborenen müssen lernen, daß es nicht das Ziel geistiger Entwicklung sein kann, andern das Leben leicht zu machen, sondern den Menschen in seiner Liebe, Weisheit und Willenskraft zu stärken, damit er seine eigene Aufgabe erfüllt.

Mit dieser Stellung sind mystische Tendenzen und gefühlsmäßige religiöse Überzeugungen verbunden. Steht Jupiter in einem Aspekt mit Uranus, Neptun oder Pluto, kann eine mediale Fähigkeit und eine intuitive Wahrnehmung der geistigen Seinsebene vorhanden sein. Diese Menschen erleben die Realitäten hinter den physischen Erscheinungen ganz intuitiv. Ihr geistiges Verstehen kann universeller sein als das der orthodoxen Menschen mit Jupiter im Schützen. Ihre intuitive Wahrnehmung ist jedoch nicht immer frei von astralen Illusionen, Egoismus oder dem Streben nach Blendwerk.

Da sie zu bestimmten Zeiten Abgeschiedenheit, innerer Sammlung, Meditation und geistiger Erneuerung bedürfen, verbinden sie sich oft mit spirituellen Gemeinschaften, Ashrams, Kirchen und Klöstern.

Ist Jupiter in den Fischen ungünstig aspektiert, kann sich aus dem Wunsch, einer Bewegung anzugehören, die einen spirituellen Status gewährt, eine übertriebene Guruverehrung und Kultsüchtigkeit ergeben. Diese Menschen empfinden das Bedürfnis nach einer charismatischen menschlichen Figur oder einer Personifikation der Gottheit, die sie verehren können, einer Art Vaterfigur, die ihnen die eigene Verantwortung für ihre Lebensführung abnehmen kann – besonders, wenn Jupiter durch Neptun verletzt ist. Die Identifikation mit einem Guru oder einem Kult gibt ihnen das Gefühl, zur Höherentwicklung der Menschheit beizutragen. Mit zunehmender geistiger Reife wird ihnen allmählich bewußt, daß sie nur einem wirklich universellen geistigen Prinzip nachleben sollten, das Zeit, Raum, Form und persönliche Erscheinung umfaßt.

Ist Jupiter in den Fischen ungünstig aspektiert, kann es sich um Parasiten der Gesellschaft handeln, die sich auf die Gefälligkeit von Freunden oder religiösen und wohltätigen Institutionen verlassen, statt sich selbst anzustrengen und ihren eigenen Weg in der Welt zu gehen.

Jupiter in den Feldern

Jupiter in den Feldern informiert über die Lebensgebiete und Tätigkeiten, in denen jemand seine religiösen, philosophischen und erzieherischen Ansichten unter Beweis stellt. Auf diesen Gebieten wird der Geborene sich aktiv am Auf- und Ausbau einer weiträumigen sozialen Ordnung beteiligen und seinen materiellen Besitz und seine Begabungen auch anderen zugute kommen lassen. Die Felder, in denen Jupiter steht, stellen die Bereiche dar, auf denen der Geborene den Lohn für das Brot, das er verteilt, ernten kann.

Die Felderstellung des Jupiter zeigt, in welcher Hinsicht der Geborene positiv und optimistisch denkt und welche Angelegenheiten unter einem günstigen Vorzeichen stehen. Je mehr der guten Dinge der Geborene andern zukommen läßt, desto mehr wird er selbst zurückerhalten.

Jupiter im ersten Feld

Jupiter im ersten Feld deutet auf eine optimistische, gesellige Persönlichkeit. Menschen mit dieser Stellung neigen dazu, sich auf die Sonnenseite des Lebens zu konzentrieren. Gewöhnlich sind sie ehrlich und vertrauenswürdig, freundlich und wohlwollend – und deshalb auch populär und beliebt. Ihr Optimismus und ihr Selbstvertrauen stärken auch die Zuversicht der anderen. Sie zeigen – besonders in späteren Jahren – ein würdiges persönliches Auftreten.

Ist Jupiter im ersten Feld günstig aspektiert, können solche Menschen für eine führende Rolle auf geisteswissenschaftlichem Gebiet prädestiniert sein. Sie erwerben sich vielfach einen Ruf als Autorität auf einem Gebiet der Religion, Philosophie oder Bildung. Sie betreiben meist höhere Studien auf diesen Gebieten, um sich so für ihre Aufgabe zu wappnen. Sie haben im allgemeinen Glück im Leben und scheinen unter der Gunst der Götter zu stehen. Immer wieder kommt ihnen die Vorsehung zu Hilfe, manchmal noch im allerletzten Moment.

Mit Jupiter im ersten Feld haben die Geborenen meist ausgeprägte religiöse oder moralische Überzeugungen. Ist Jupiter gut gestellt und von Uranus, Neptun oder Pluto stark aspektiert, kann dies auf eine prophetische Gabe im Hinblick auf das zukünftige Geschick der Menschheit hindeuten.

Ist Jupiter in diesem Feld ungünstig aspektiert, neigt der Geborene, vor allem in späteren Jahren, dazu, korpulent zu werden. Auch ein Verhätscheln und übertriebenes Wichtignehmen der eigenen Person kann bei diesen Menschen auftreten.

Mit einem verletzten Jupiter im ersten Feld haben die Geborenen die Tendenz, zu übertreiben und mehr zu versprechen, als sie halten können.

Jupiter im zweiten Feld

Im zweiten Feld verspricht Jupiter Geschäftstüchtigkeit und Entwicklungsbestreben, die den Erwerb von Geld und Besitz verheißen. Falls Jupiter aber stark verletzt ist, wird das Geld wohl ebenso rasch wieder verschwinden, wie es hereingekommen ist.

Menschen mit dieser Stellung haben geschäftlich oft mit Grundbesitz, Haushaltsprodukten, Nahrungsmitteln, Spitälern und anderen Institutionen, mit Psychologie, Erziehung, Spendensammeln, Reisen und Publizieren zu tun.

Ist Jupiter im zweiten Feld ungünstig aspektiert, haben die Geborenen eine Tendenz, zuviel als selbstverständlich vorauszusetzen und sich zuviel zuzumuten. Bei Geschäftsunternehmungen vergessen sie gelegentlich unvorhergesehene Ausgaben. Ist Jupiter sehr stark verletzt, sollte man sich davor hüten, Schulden zu machen.

Jupiter im dritten Feld

Jupiter im dritten Feld läßt auf eine optimistische und geistig orientierte Mentalität schließen. Der Geborene ist bestrebt, sich auf den Gebieten der Religion, Philosophie, Erziehung, Publikation, Kommunikation und des Reisens erweiterte Kenntnisse anzueignen. In seinem Denken ist er gewöhnlich eher konservativ und übernimmt die Wertvorstellungen einer gegebenen Kultur.

Menschen mit dieser Stellung lieben das Reisen und sind oft unterwegs, außer wenn Jupiter in einem fixen Zeichen steht. Sie interessieren sich für gesellschaftliche Belange und die verschiedenen Formen der schriftlichen und mündlichen Kommunikation. Sie sind gute Analytiker und hellhörige soziale und politische Kommentatoren.

Gegenseitig ausgewogene Verhältnisse mit Geschwistern und Nachbarn sind mit dieser Stellung verbunden, wenn Jupiter nicht verletzt ist. Ist Jupiter jedoch ungünstig aspektiert, besteht Unfallgefahr auf Reisen, meist bedingt durch übertriebene Vertrauensseligkeit oder Unbekümmertheit. In den meisten Fällen wird jedoch der Geborene dabei keinen bleibenden körperlichen Schaden erleiden. Das Unfallrisiko ist besonders ausgeprägt, wenn ungünstige Aspekte von Jupiter zu Mars oder Uranus vorliegen.

Jupiter im vierten Feld

Im vierten Feld ist Jupiter gleichsam erhöht, weil er im Krebs, der dem vierten Feld entspricht, hoch steht. Bei dieser Jupiterstellung herrschen glückliche Familienverhältnisse vor. Diese Menschen leben in Eintracht und Geborgenheit. Sie entstammen meist begüterten und angesehenen Familien und genießen deshalb viele soziale und bildungsmäßige Vorteile. In der zweiten Lebenshälfte genießen sie fast immer einen behaglichen Wohlstand. Diese Menschen erben oft Land und Besitz von ihren Eltern oder andern Familienangehörigen. Ist Jupiter im vierten Feld günstig aspektiert, wird in bezug auf Religion und moralische Einstellung in der Familie Übereinstimmung herrschen. Die Eltern lassen ihren Kindern – wie bei Jupiter im Krebs – in der Jugend eine gute religiöse und moralische Erziehung angedeihen.

Durch diese Stellung wird gewöhnlich ein umfangreicher Haushalt und großer Familienkreis angezeigt. Das Heim bildet oft ein Zentrum für religiöse, gesellschaftliche, philosophische und erzieherische Aktivitäten.

Ist Jupiter günstig aspektiert, werden dem Geborenen an seinem Geburtsort materielle und geistige Vorteile zuteil. Sind die Aspekte aber ungünstig, ist ein Ortswechsel von Vorteil.

Ist Jupiter in diesem Feld sehr stark verletzt, können Familienangehörige für die Geborenen zu einer schweren Belastung werden, weil sie, um ihre Angehörigen standesgemäß zu unterhalten, ganz beträchtliche Ausgaben auf sich nehmen müssen. Ein verletzter Jupiter in diesem Feld kann auch auf Beschränkungen hinweisen, die sich aus altmodischen, von Familienangehörigen auferlegten religiösen Glaubensvorstellungen ergeben.

Jupiter im fünften Feld

Menschen mit Jupiter im fünften Feld sind schöpferisch in den Bereichen der Kunst, Erziehung, des Sports und in allem, was mit Kindern zu tun hat. Sie haben eine besondere Zuneigung zu jungen Menschen und eignen sich vorzüglich als Lehrer, Jugendanwälte und -berater.

Ihre eigenen Kinder haben für gewöhnlich Glück, sie kommen zu Ehren und Anerkennung. Sie zeigen häufig ein Interesse an Philosophie und Religion und bewähren sich in der Regel in der Schule und erreichen eine hohe Bildungsstufe.

Sofern Jupiter nicht stark verletzt ist, verheißt diese Stellung Glück in der Liebe und die Möglichkeit einer Verbindung mit einem wohlhabenden oder gut gestellten Partner.

Menschen mit Jupiter im fünften Feld haben geschäftlich oft mit Börse, Geldanlagen, Erziehung, Kunst oder Unterhaltungsstätten zu tun. Ist Jupiter hier ungünstig aspektiert, muß eventuell mit großen finanziellen Verlusten als Folge unkluger Spekulationen oder Investitionen gerechnet werden. Ähnlich wie die mit Jupiter im zweiten Feld Geborenen neigen auch diese Menschen dazu, sich finanziell zu übernehmen und damit zu ruinieren. Dies hängt mit der Mitherrschaft Jupiters in den Fischen, dem karmischen Zeichen, zusammen.

Jupiter im sechsten Feld

Jupiter im sechsten Feld zeigt ein aktives Interesse an Dienstleistung und Aufbauarbeit an. Menschen mit dieser Stellung möchten ihr Teil zum Wohle der anderen und zur Gesellschaftsordnung beitragen.

Ihr Bestreben, kranken Menschen zu helfen, veranlaßt diese Menschen oft, als Heilpraktiker zu arbeiten. Es kann ein angeborenes Verständnis dafür vorhanden sein, daß Geist und Psyche eines Menschen unmittelbar mit seiner körperlichen Gesundheit zusammenhängen. Ihre Arbeit der Krankenheilung hängt oft mit Religion zusammen; sie übernehmen mit Vorliebe missionarische medizinische Aufgaben und interessieren sich für geistige Heilmethoden, Massage, Homöopathie und andere Naturheilpraktiken, Christian Science und ähnliche Richtungen.

Diese Menschen arbeiten in der Regel äußerst gewissenhaft und zuverlässig und werden gewöhnlich geschätzt. Falls Jupiter nicht ganz ungünstig aspektiert ist, haben sie zu ihren Vorgesetzten, Untergebenen und Mitarbeitern harmonische Beziehungen.

Ist Jupiter sehr ungünstig aspektiert, wird Faulheit und eine Neigung, die eigene Arbeit anderen zuzuschieben, deutlich erkennbar sein. Jupiter steht in diesem Feld sozusagen vernichtet, denn er ist Mitherrscher im Zeichen Fische, das dem gegenüberliegenden Feld entspricht. Daraus erklärt sich eine manchmal scheinheilige Haltung in bezug auf Arbeit und das, was von andern erwartet wird. Ein verletzter Jupiter in dieser Stellung kann gesundheitliche Störungen anzeigen, die auf übermäßiges Wohlleben zurückzuführen sind. Es handelt sich dabei oft um Lebererkrankungen.

Jupiter im siebenten Feld

Menschen mit Jupiter im siebenten Feld sind andern gegenüber offen, wohlwollend und freundlich, was ihnen in der Ehe und bei Partnerschaften Glück und Wohlergehen bringt. Sie haben einen ausgeprägten Gerechtigkeitssinn und sind in ihrem Verhalten aufrichtig und fair. Die gleiche Ehrlichkeit und Fairneß erwarten sie auch von andern. Da sie einen vernünftigen Wertmaßstab haben, führen sie meist glückliche und dauerhafte Ehen. Oft heiraten sie einen reichen oder angesehenen Partner. Auch Geschäftsverbindungen werden florieren, weil die Geborenen bei der Auswahl ihrer Partner ein gutes Urteil haben und im Umgang mit ihnen aufrichtig sind.

Ist Jupiter im siebenten Feld günstig aspektiert, bekennen sich die Geborenen offen zu selbstloser Nächstenliebe und wünschen andern nur das Beste. Dieses aufrichtige Wohlwollen wird durch Vertrauen und Freundschaft belohnt.

Die Geborenen haben eine Begabung auf den Gebieten des Rechts, der Public Relations, des Verkaufs, des Verhandelns und des Vermittelns.

Ist Jupiter im siebenten Feld ungünstig aspektiert, setzen diese Menschen oft zuviel als selbstverständlich voraus und erwarten zuviel von anderen. Ist Jupiter sehr ungünstig aspektiert, können sie infolge ihrer Naivität in Partnerschaften und Geschäftsbeziehungen Scharlatanen und Phantasten mit grandiosen Ideen ohne genügenden Rückhalt auf den Leim gehen.

Jupiter im achten Feld

Im achten Feld zeigt Jupiter Vorteile durch Erbschaften, Versicherungen und gemeinsame Finanzen an. Allerdings kann es – wenn Jupiter verletzt ist – wegen hoher Erbschaftssteuern zu Rechtsstreitigkeiten kommen.

Oft fühlen sich die Geborenen zu Geschäften wie Bestattungsunternehmen, Versicherungen, Steuerberatung und Finanzvermittlungen hingezogen.

In religiöser Hinsicht besteht ein großes Interesse am Leben nach dem Tode; und wenn Jupiter mit Uranus, Neptun oder Pluto einen Aspekt bildet, beschäftigen sich diese Menschen sehr wahrscheinlich mit spiritistischen Problemen. Einige unter ihnen mögen gar telepathische Kontakte mit Verstorbenen herstellen können.

Wenn Jupiter nicht ganz schlimm verletzt ist, werden diese Menschen eines friedlichen und natürlichen Todes sterben.

Jupiter im neunten Feld

Jupiter im neunten Feld weist auf eine tiefe Liebe zu Philosophie, Religion und höherer Bildung hin. Menschen mit dieser Stellung legen sich einen eindeutigen Moralkodex und philosophische Grundsätze fest, nach denen sie ihr Leben ausrichten. Sie haben auch ein lebhaftes Interesse an jeder Kodifikation von Gedanken, einschließlich Recht, Religion, Philosophie und höherer Bildung. Sie sind deshalb gute Lehrer und arbeiten mit Erfolg an höheren Bildungsanstalten.

Gewöhnlich streben sie danach, sich so viel Bildung wie möglich anzueignen, außer wenn Jupiter verletzt ist. In diesem Fall haben sie eventuell gar keine Bildungsmöglichkeiten oder versäumen sie infolge Faulheit oder mangelnder Disziplin.

Oft werden sie Minister oder nehmen wichtige Stellungen in der kirchlichen Hierarchie ein. Sie sind gewöhnlich in ihrem Verständnis für Menschen tolerant und weitherzig. Wenn Jupiter allerdings ungünstig aspektiert ist, können extreme religiöse Glaubensansichten sie engstirnig machen.

Diese Menschen reisen gern und lieben es, fremde Länder und Kulturen zu studieren und zu erkunden.

Ihre Geschäftstätigkeiten stehen im Zusammenhang mit Publizieren, Vortragen, Lehren und Reisen.

Jupiter im zehnten Feld

Jupiter im zehnten Feld bedeutet Prominenz und hohe Stellung im Beruf, die sich vor allem im späteren Leben einstellen. Diese Menschen regeln ihre Geschäftsangelegenheiten und öffentlichen Verantwortlichkeiten nach religiösen und ethischen Prinzipien. Wohlwollende Handlungen führen zu einflußreichen Positionen, aber für den unbeteiligten Zuschauer mögen diese guten Taten nicht sichtbar werden.

Mit dieser Jupiterstellung ist ein beträchtlicher beruflicher Ehrgeiz verbunden, aber auch Ehrlichkeit und Zuverlässigkeit bei der Erfüllung beruflicher Pflichten oder öffentlicher Aufgaben. Menschen mit Jupiter im zehnten Feld erlangen gewöhnlich einen guten Ruf und gelten als Stützen der Gesellschaft. Für Menschen, die sich um ein öffentliches Amt bewerben oder sich politisch betätigen wollen, ist dies eine vorteilhafte Stellung. Sie bedeutet auch Organisationstalent und Geschick in der Durchführung, so daß sie für leitende Angestellte günstig ist.

Die Geborenen streben danach, eine höhere Bildung zu erwerben, um dadurch größeren Vertrauens und größerer Verantwortung würdig zu sein und mit zusätzlicher Anerkennung belohnt zu werden.

Diese Menschen tragen ein würdiges, persönliches Auftreten zur Schau, besonders in späteren Jahren. Befindet sich Jupiter in einem Erdzeichen, besitzen sie ein großes Geschäftstalent und kommen in späteren Jahren zu Reichtum.

Wie Jupiter im Steinbock kann auch hier eine Vernachlässigung der häuslichen Belange zugunsten einer ehrgeizigen Karriere zu unbefriedigenden häuslichen Beziehungen führen.

Ist Jupiter im zehnten Feld ungünstig aspektiert, deutet dies oft auf Heuchelei und Prahlerei hin, die zu Ehrverlust und einer Abwendung des Glücks führen können.

Jupiter im elften Feld

Menschen mit Jupiter im elften Feld erreichen ihre Ziele dank freundschaftlicher Beziehungen und Gruppenaktivitäten. Sie sind nett zu ihren Freunden und machen sich Gedanken um das Wohlergehen der Menschheit. Sie sind deshalb beliebt und haben viele Freunde, die ihnen gegenüber großzügig und hilfreich sind.

Ist Jupiter in diesem Feld günstig aspektiert, stehen ihnen ihre Freunde – und sie ihren Freunden – stets mit Rat und Tat zur Seite. Ist Jupiter jedoch ungünstig aspektiert, sind die Ratschläge nicht immer klug oder praktisch anwendbar.

Bei Freundschaften ermöglicht ein guter Teamgeist und gegenseitige Rücksichtnahme eine erfolgreiche Durchführung großangelegter Unternehmungen. Mit dieser Stellung haben Gruppenaktivitäten oft wohltätige oder humanitäre Ziele und erfolgen im Dienste religiöser, erzieherischer oder bruderschaftlicher Organisationen.

Geschäftsaktivitäten mögen sich auf Erfindungen, Wissenschaft oder organisatorische Unternehmungen beziehen.

Ist Jupiter im elften Feld ungünstig aspektiert, kann eine Tendenz vorliegen, Freunde fallenzulassen oder ihre Zuneigung als selbstverständlich zu betrachten, obschon man seine Verpflichtungen ihnen gegenüber vernachlässigt. Manchmal ist der persönliche Gewinn das wahre Motiv für den Aufbau einer Freundschaft.

Jupiter im zwölften Feld

Menschen mit Jupiter im zwölften Feld haben in der Regel ein großes Interesse an geistigen Erfahrungen. Sie versuchen durch Absonderung, Meditation und introspektive Studien der Wahrheit auf die Spur zu kommen. Bildet Jupiter zu Uranus, Neptun oder Pluto Aspekte, mögen Mystizismus und Intuiton im Vordergrund stehen.

Menschen mit dieser Jupiterstellung haben ein tiefes Mitgefühl für Notleidende, die sie, falls Jupiter günstig aspektiert ist, durch reichliche Gaben unterstützen. Ihre Hilfe an andere bereitet ihnen selbst Befriedigung. Oft arbeiten sie in großen Anstalten wie Spitälern, Nervenheilanstalten, Universitäten und Kirchen hinter den Kulissen.

Ist Jupiter günstig aspektiert, haben diese Geborenen auch die Gabe, aus Feinden Freunde zu machen. Sie sind aufrichtig und bescheiden. Ist Jupiter aber verletzt, können sich neurotische Tendenzen, ein Märtyrerkomplex und ein verträumter Idealismus bemerkbar machen. Diese Menschen können Schützlinge wohltätiger oder religiöser Institutionen oder Parasiten derjenigen werden, die sich ihrer aus Mitleid annehmen. Sie mißachten ihre Verantwortung, eigene Fähigkeiten zu schöpferischer Arbeit und Produktivität zu entwickeln. Entsprechend besteht auch eine Neigung, sich in Phantasien zu flüchten – wie das auch bei einem verletzten Neptun im zwölften Feld der Fall ist.

Ist Jupiter günstig aspektiert, wird diesen Menschen in Zeiten der Not heimlich Hilfe und Unterstützung zuteil, die sie sich durch frühere Taten verdient haben.

Saturn in den Zeichen

Saturn braucht zweiundneunzig Jahre, um einmal durch den ganzen Tierkreis zu wandern. Die Zeichenstellung des Saturn zeigt an, in welcher Weise der Geborene Verantwortung auf sich nehmen und Reife und Disziplin entwickeln muß.

Weil Saturn im Steinbock herrscht, ist er ein wichtiger Faktor für die Bestimmung der Karriere des Geborenen. Seine Stellung in den Zeichen kann wertvolle Hinweise darauf geben, für welche Art von Arbeit der Geborene geeignet ist und welche Berufslaufbahn er einschlagen wird. Menschen mit einem schwach gestellten Saturn haben oft nur wenig profilierte Karrieren.

Die Saturnstellung zeigt auch die Art der Pflichten, die der Geborene auf sich zu nehmen hat, und was für Lehren er verarbeiten muß. Die Angelegenheiten, die dem Zeichen, in dem Saturn steht, entsprechen, sind für den Geborenen besonders wichtig, weil er mit Saturn lernt, durch harte Arbeit und Disziplin mit den Schwierigkeiten in verschiedenen Bereichen seines Lebens fertig zu werden. Auf diesem Wege findet er zu Ordnung und Sicherheit.

Die Zeichenstellung Saturns zeigt, in welcher Form der Geborene nach Status und Anerkennung strebt – die Gebiete, auf denen er versucht, sich in den Augen der Welt zu bewähren. Indem er kämpft und überwindet, erklimmt der Betreffende eine weitere Stufe; Saturn sorgt dafür, daß jeder seine Bürde zu tragen hat.

Mit Saturn kommen wir mit den harten Realitäten und den unabänderlichen Gesetzen der Materie in Berührung. Die Saturnstellung zeigt an, auf welchen Gebieten wir wahrscheinlich Schwierigkeiten und Einschränkungen erleben werden. Wir lernen, daß Rom nicht an einem Tag erbaut worden ist, daß es Zeit und harte Arbeit kostet, um eine Idee praktisch zu verwirklichen. Durch die Konzentration und Hingabe, die dieser Prozeß erfordert, entwickeln wir Unterscheidungsvermögen, Willenskraft und Geduld. Dies sind einige der Grundvoraussetzungen für die Entwicklung echter Vergeistigung.

Saturn im Widder

Saturn im Tierkreiszeichen Widder deutet auf einen Menschen, der durch die Umstände gezwungen ist, Initiative, Geduld und Selbstsicherheit zu erwerben, um für die praktischen Notwendigkeiten des Lebens gewappnet zu sein. Die Notwendigkeit, seine eigenen Kraftquellen zu mobilisieren, zwingt ihn dazu, seinen Willen und seine Charakterstärke zu entwickeln.

Im Widder steht Saturn im Fall, weil dieses Zeichen der Waage gegenüberliegt, in welcher Saturn erhöht ist. Widder symbolisiert den ersten Impuls einer Handlung, und Saturn verkörpert das Gesetz von Ursache und Wirkung, das die Folgen einer Handlung auf den Handelnden zurückfallen läßt. Im Widder ist Saturn im Fall, denn die Zeit ist zu kurz, um die Wirkung einer Handlung ausreifen zu lassen. Für Menschen mit dieser Stellung ist es deshalb schwierig, sich selbst objektiv zu sehen. Sie leiten einen neuen Erfahrungszyklus ein und haben nicht genug Zeit, die Folgen ihrer Handlungen kennenzulernen. Deshalb fehlt ihnen oft das Bewußtsein für soziale Gerechtigkeit und Verantwortung.

Diese Saturnstellung bedeutet Ideenreichtum; die Geborenen erfinden oft neue Arbeitsmethoden. Bei hochentwickelten Menschen führt Disziplin, gepaart mit Initiative oft zu genialen schöpferischen Leistungen auf den von ihnen gewählten Gebieten. Einstein, der eine Merkur-Saturn-Konjunktion im Widder hatte, gehörte zu diesem Menschentyp.

Ist Saturn im Widder ungünstig aspektiert, können die Geborenen sehr defensiv veranlagt sein, immer auf der Hut vor ihren Mitmenschen. Dies macht es ihnen schwer, andere zu verstehen, mit ihnen in Kontakt zu kommen und zusammenzuarbeiten.

Mit einem verletzten Saturn im Widder sind die Geborenen oft sehr ichbetont und neigen zur Selbstgerechtigkeit. Sie sind so intensiv mit sich selbst beschäftigt, daß sie die Bedürfnisse und Bestrebungen der anderen übersehen. Ihre Tendenz, ausschließlich ihre persönlichen Ziele zu verfolgen, beeinträchtigt die Zusammenarbeit und somit auch den Erfolg.

Mit dieser Stellung Geborene sind also nicht eben diplomatisch. Sie neigen zum Alleingang und kümmern sich nur um ihre eigenen Bedürfnisse. Sie erwarten und leisten keine Hilfe. Sie ziehen es vor, auch im Beruf ihr eigener Herr zu sein; aber mit dieser Stellung ist das nicht immer möglich.

Bei Saturn im Widder können Kopfschmerzen und eine übertriebene Tendenz, sich Sorgen zu machen, auftreten, weil der normale Blutzustrom zum Kopf gehemmt ist.

Saturn im Stier

Menschen mit Saturn im Stier können nur durch harte Arbeit und Disziplin zu materiellem Besitz kommen. Sie empfinden ein starkes Bedürfnis nach finanzieller und gefühlsmäßiger Sicherheit und fühlen sich nicht wohl in ihrer Haut, wenn ihre praktischen Angelegenheiten nicht geordnet sind. Ist Saturn im Stier günstig aspektiert, zeichnen sich diese Menschen durch Ausdauer und Geduld, Prinzipientreue und praktisches Organisationstalent in Geschäftsdingen aus.

Mit etwa 29 Jahren suchen sich diese Menschen eine solide berufliche Position, die ihnen die notwendige finanzielle und häusliche Sicherheit gewährleistet. Im Beruf zeichnen sie sich meist durch Zuverlässigkeit und Ausdauer aus. Sie ergreifen mit Vorliebe eine Berufslaufbahn im Bankwesen, bei Investitionsfirmen, bei Versicherungen oder als Geschäftsführer. Da sie sehr sparsam sind, kaufen sie sich meist Dinge von bleibendem Wert, wobei sie in erster Linie auf Nützlichkeit bedacht sind. Sie horten Geld für spätere Notfälle und als Vorsorge für die alten Tage. Sie müssen sich einen wohlausgewogenen Sinn für den Wert materieller Mittel erwerben.

Ist Saturn im Stier ungünstig aspektiert, kann Sturheit und übertriebener Materialismus auftreten. Im Extremfall führt dies zu Knausrigkeit oder – umgekehrt – zum Anhäufen materieller Güter, die zur Belastung werden können.

Saturn in den Zwillingen

Saturn in den Zwillingen bedeutet einen zugleich praktischen und logischen Verstand, große Diszipliniertheit im Denken und Urteilen, beim Schreiben und beim Lösen von Problemen. Ideen werden aufgrund ihres möglichen oder bereits nachgewiesenen Nutzens bewertet.

Diese Disziplin bei allen Arten geistiger Arbeit, besonders in Mathematik, Naturwissenschaft und bei der konkreten Auswertung und Formulierung von Ideen, ermöglicht es den Geborenen gewöhnlich, in formellen Studiengängen durchzuhalten. Für diese Menschen muß alles exakt definiert, im Detail organisiert und schriftlich festgehalten sein. Ganz besonders sind sie um Klarheit in Verträgen und Vereinbarungen bemüht.

Von allergrößter Bedeutung sind für diese Menschen Aufrichtigkeit und Zuverlässigkeit. Ihre Bemühungen zeitigen deshalb meist konkrete Erfolge.

In allen Luftzeichen bewährt sich das Saturnprinzip, weil es den intellektuellen Funktionen Disziplin, Ausgewogenheit und Praxisbezogenheit verleiht. Die Erhöhung des Saturn in der Waage und seine Mitherrschaft im Wassermann kräftigen seine Stellung in den Zwillingen durch das doppelte Trigon des Luftdreiecks im natürlichen Tierkreis.

Viele Sekretäre, Stenographen, Buchhalter, Rechnungsführer, Schreiber, Lehrer und Forscher haben diese Stellung. Sie ist aber auch von Vorteil für Leute, die im Maschinenbau, in der Physik oder Mathematik tätig sind.

Ist Saturn in den Zwillingen ungünstig aspektiert, kann eine Tendenz vorliegen, übertriebene Zweifel zu hegen und zu äußern und ganz besonders mißtrauisch, zurückhaltend und kritisch zu sein. Allerdings können sich die Geborenen den praktischen Erfordernissen einer Situation sehr flexibel anpassen und sind äußerst einfallsreich, wenn es gilt, für bestimmte Probleme neue Lösungen zu finden. Sie betrachten das Leben mit nüchterner Objektivität.

Saturn im Krebs

Im Krebs ist Saturn vernichtet, weil dieses Zeichen dem Steinbock gegenübersteht, der von Saturn beherrscht wird.

Saturn im Krebs bedeutet oft eine Hemmung der freien Gefühlsäußerungen, was eine Entfremdung von den Familienmitgliedern zur Folge haben kann. Diese gefühlsmäßige Isolierung im häuslichen Bereich führt leicht zu neurotischen Reaktionen.

Die frühkindliche Umwelt und die Beziehungen zu den Eltern sind machmal eher frostig, streng und voller Probleme, so daß die Geborenen später mit psychischen Komplexen und Hemmungen zu kämpfen haben. Menschen mit Saturn im Krebs nehmen aber nichtsdestoweniger familiäre Verpflichtungen sehr ernst.

Das Bedürfnis nach Achtung vor der Persönlichkeit und vor der Familie wird tief empfunden. Diese Menschen verbergen ihre innersten Gefühle vor dem Blick der Öffentlichkeit, um ihr Gesicht zu wahren. Manchmal zwingt sie ihre Sensibilität und ihr Bedürfnis nach Anerkennung, eine schützende Schale um sich aufzubauen, die jedoch den Ausdruck echter Wärme in persönlichen Beziehungen behindern kann.

Saturn im Krebs deutet oft auf Gefährdung der Sicherheit des Familienlebens hin. Während sich diese Menschen bemühen, ihr eigenes Heim und Besitztum zu haben, geraten sie leicht in finanzielle Schwierigkeiten und häusliche Bedrängnis.

In einigen Fällen führen Stoffwechselschwierigkeiten zu Übergewicht und Wasseransammlung in den Geweben. Bei anderen wieder kann eine Unterernährung auftreten, die sie zum Gerippe abmagern läßt.

Ist Saturn im Krebs ungünstig aspektiert, können emotionale Überempfindlichkeit, Abwehrhaltung und ungewöhnlich starke Bindungen an materiellen Besitz auftreten.

Saturn im Löwen

Menschen mit Saturn im Löwen haben das Bedürfnis, beachtet und anerkannt zu werden, und verspüren einen triebhaften Impuls, ihre nähere Umgebung persönlich zu überwachen. Sie versuchen deshalb, mächtige und führende Stellungen zu erreichen. Ist Saturn verletzt, besteht die Gefahr, daß sie diktatorische oder dogmatische Haltungen annehmen. Die innere Notwendigkeit dieser Menschen, ihr Ich zu verteidigen, kann zu Starrsinn führen. Sie erstreben ihre Sicherheit durch selbstherrliche persönliche Autorität und fordern von andern viel Aufmerksamkeit und Respekt. Eltern mit dieser Saturnstellung sind ihren Kindern gegenüber meist sehr streng und verlangen strikte Disziplin.

Saturn entspricht dem Sinn für Zweckmäßigkeit und der Anerkennung universeller Gesetze und Rechtsprinzipien. Da diese Gesetze unpersönlicher, kosmischer Natur sind, wie dies durch das Zeichen Wassermann – in welchem Saturn Mitherrscher ist – angezeigt wird, müssen sie frei von persönlichen Überlegungen interpretiert werden. Nur so ergeben sich eine realistische Betrachtungsweise und erfolgreiche Beziehungen zu den Mitmenschen. Im Löwen steht Saturn in seiner Vernichtung, weil der Löwe dem Wassermann gegenübersteht, in welchem Saturn Mitherrscher ist. Deshalb werden hier die von Saturn beherrschten Gesetze durch Egoismus und Machtstreben verzerrt. Menschen mit dieser Stellung müssen in bezug auf Liebe, Kinder und schöpferischen Selbstausdruck meist erst ein angemessenes Wertsystem erarbeiten.

Saturn im Löwen bedeutet Interesse an Erziehung und an Organisationsaufgaben in der Unterhaltungsindustrie, im Geschäftswesen und bei spekulativen Investitionen. Körperliche Störungen treten häufig in Form von steifem Rücken und Herzbeschwerden auf.

Ungünstige Aspekte auf Saturn im Löwen bedeuten Enttäuschungen in der Liebe, Probleme im Zusammenhang mit Kindern und Verluste durch Spekulationen.

Saturn in der Jungfrau

Menschen mit Saturn in der Jungfrau sind praktisch veranlagt und exakt und leisten harte Arbeit. Details, Pünktlichkeit, Genauigkeit und Zweckmäßigkeit liegen ihnen – besonders bei ihrer Arbeit – am Herzen.

Ist Saturn in der Jungfrau ungünstig aspektiert, kann sich in der Beziehung zu Mitarbeitern, Vorgesetzten und Untergebenen der Hang zum Perfektionismus bemerkbar machen. Diese Geborenen nehmen es in bezug auf Regeln und Bestimmungen peinlich genau, so daß es für andere schwierig ist, mit ihnen auszukommen. Sie treiben sich selbst und andere zu Überarbeitung, wobei sie in ihrer übertriebenen Sorge ums Detail die größeren Zusammenhänge aus den Augen verlieren.

Oft sind sie auf den Gebieten der Medizin, Gesundheitsforschung und Naturwissenschaft tätig, oder aber sie beschäftigen sich mit Registraturarbeit, sei es in der Buchhaltung oder in einer Bücherei. Bei wissenschaftlichen Experimenten und der Analyse von experimentellen Ergebnissen beweisen sie Geduld und Genauigkeit.

Menschen mit dieser Stellung sind oft streng, düster und schwermütig, weil sie von ihrer übermäßigen Arbeitslast und vielschichtigen Verantwortlichkeiten niedergedrückt werden. Sie sollten hie und da ausspannen und Sinn für Humor entwickeln. Sorgen und Überarbeitung können sie krank machen; es treten oft Nervosität und Verdauungsbeschwerden auf.

Saturn in der Waage

Mit Saturn in der Waage ist die Erkenntnis verbunden, daß Zusammenarbeit zwischen den Menschen notwendig ist, um irgend etwas von bleibendem Wert zu erreichen, ja, sogar um das Leben überhaupt zu ermöglichen, und daß diese Zusammenarbeit andauern muß, wenn sie ihren Zweck erreichen soll. Dies läßt sich aber nur verwirklichen, wenn sich alle an einem Projekt beteiligten Parteien gerecht behandelt wissen – und diese Gerechtigkeit wiederum setzt gegenseitig akzeptierte Verhaltensregeln und Verpflichtungen voraus. Jeder muß danach streben, seine Arbeit zu vollenden, und muß sich gegenüber dem Ganzen verantwortlich fühlen. Disziplin und Verantwortungsgefühl erwachsen meist aus der Erkenntnis, daß menschliche Beziehungen gegenseitige Verpflichtungen mit sich bringen, wie dies in der Ehe, bei Geschäftspartnerschaften oder engen Freundschaften der Fall ist. In der Waage, dem Zeichen der Beziehungen, ist Saturn erhöht.

Saturn in der Waage herrscht auch über die Gesetze, die diese mitmenschlichen Beziehungen formell regeln. Menschen mit dieser Saturnstellung werden oft Rechtsanwälte, Richter und Vermittler.

Alle Verträge, einschließlich des Ehevertrags, stehen zum größten Teil unter Saturn in der Waage. Diese saturnischen Vereinbarungen sind oft karmischer Natur und entstehen aus Begegnungen und Beziehungen, die in der Vergangenheit Verpflichtungen und moralische Schuld auf sich geladen haben.

Weil die Waage ein intellektuelles Luftzeichen und ein Kardinalzeichen voller Aktivität ist, haben Menschen mit Saturn in der Waage in umfassender Weise mit geschäftlichen Abmachungen zu tun: Organisationsplanung, Formulierung von rechtlichen Verträgen, Aufteilung der Verantwortlichkeiten bei der Zusammenarbeit von Leuten. Sie verfügen auch über eine besondere Fähigkeit, Gruppenunternehmungen zu planen und zu organisieren.

Saturn in der Waage kann eine Heirat im späteren Leben oder mit einer angesehenen Persönlichkeit, die große geschäftliche oder berufliche Verpflichtungen hat, bedeuten. Die Ehe selbst ist oft mit Bürden, harter Arbeit und Geduldsproben belastet.

In dieser Stellung ist Saturn sehr machtvoll. Mit ihm sind sozialer Spürsinn und soziale Verantwortung verbunden. Wenn er günstig aspektiert ist, erreichen die Geborenen oft Stellungen, die ihnen großen Reichtum oder gesellschaftliche Ehrungen bringen, und zwar dank der Fähigkeit zur Zusammenarbeit mit anderen – einer Fähigkeit, die Einfühlungsvermögen, Taktgefühl, Verläßlichkeit und gutes Organisationstalent erfordert.

Ist Saturn in der Waage ungünstig aspektiert, kann eine Neigung bestehen, anderen gegenüber zu anspruchsvoll zu sein und zum «Sklaventreiber» zu werden. Den Geborenen kann es an Liebe, Nachsicht und einem Verantwortungsgefühl fehlen. Sie neigen dazu, strikte Buchstaben des Gesetzes anzuwenden, und vergessen dabei den Sinn des Gesetzes. Das Konzept der Gerechtigkeit, die sie so strikte anwenden wollen, ist von ihren persönlichen Ansichten beeinflußt. Ein verletzter Saturn in der Waage kann einen falschen Ehrgeiz anzeigen, der die Geborenen dazu verleitet, zu viele Verpflichtungen einzugehen, denen sie nur durch Überarbeitung nachkommen können. Da ihnen letzteres nicht immer gelingt, setzen sie auf diese Weise oft ihre Stellung und ihren guten Ruf aufs Spiel.

Saturn im Skorpion

Im Skorpion bedeutet Saturn Verantwortung und Geschäftstüchtigkeit in finanziellen Dingen wie zum Beispiel Vereinsgeldern, Gesellschaftsfinanzen, Steuern, Erbschaften, Versicherungen und Treuhandangelegenheiten. Ist Saturn im Skorpion ungünstig aspektiert, können Streitigkeiten um Erbschaften, Steuern und gemeinsame Finanzen entstehen, die oft in gerichtliche Auseinandersetzungen ausarten und mit Verlusten durch Prozeßverfahren enden können.

Die Geborenen sind meist Perfektionisten bei ihrer Arbeit. Sie versuchen stets die Struktur des Status quo zu verbessern. Lassen sie sich von diesem Hang zu stark mitreißen, können sie in den Ruf kommen, sehr strenge Arbeitgeber zu sein. Mit Leuten, die Faulheit oder Arbeitsscheu erkennen lassen, haben sie nur wenig Geduld; Mangel an Fleiß ertragen sie bei andern ebenso wenig wie bei sich selbst. Sie wenden viel Energie und Willenskraft auf, um konkrete Erfolge zu erzielen.

Diese Menschen nehmen Verantwortungen dermaßen ernst, daß sie dadurch enorm belastet werden. Sie müssen lernen, ihren Verpflichtungen ruhig und methodisch nachzukommen. Gründlichkeit, Hartnäckigkeit und Entschlossenheit sind mit Saturn im Skorpion die Regel; nur wenige andere Stellungen lassen eine derartig erfolgsträchtige Kombination erwarten. Diese Menschen begehren Autorität und sind bereit, zur Befriedigung ihrer Ambitionen zu kämpfen. Ob sie sich dabei fairer oder unfairer Mittel bedienen, hängt von der Aspektierung des Saturn ab.

Wenn diese Menschen sich hintergangen fühlen, können sie sehr nachtragend sein. Sie können geradezu fanatisch an einem Prinzip festhalten.

Ist Saturn in diesem Zeichen ungünstig aspektiert, kann sich bei diesen Menschen eine Tendenz zur Intrige zeigen, eine Unfähigkeit, vergangene Kränkungen zu vergessen, und ein triebhafter Drang, sich zu rächen.

Gesundheitlich können Verstopfung oder Verkalkungsprobleme auftreten.

Saturn im Schützen

Saturn im Schützen deutet auf Menschen, die sich ernsthaft mit Philosophie und Religion befassen und bemüht sind, eine höhere Bildung zu erwerben. Gewöhnlich entwickeln sie einen strikten Moralkodex, sehr oft in Anlehnung an ein religiöses oder philosophisches System. Sie verteidigen moralische Anschauungen und halten sich an Prinzipien der Gerechtigkeit. Sie sind stets auf der Suche nach der Wahrheit und grundlegenden Ideen für ihr persönliches Verhalten.

Der Schützemensch mit Saturn bevorzugt eine intellektuelle Richtung und zeichnet sich durch Disziplin, Gründlichkeit und Konzentrationsfähigkeit aus. Was immer diese Menschen lernen, absorbieren sie gründlich und wenden es praktisch an. Wenn sie zu Ehren und Anerkennung gelangen, verdanken sie dies ihren unermüdlichen Bemühungen.

Der Wunsch nach Macht und Ansehen äußert sich in dem Bestreben, auf irgendeinem Gebiet der höheren Bildung, Religion, Rechtslehre oder Philosophie als Autorität zu gelten. Sie empfinden ein tiefes Bedürfnis nach einer besonderen geistigen oder philosophischen Leistung, die ihnen Anerkennung sichert.

Mit dieser Stellung ist ein ausgeprägter geistiger Stolz verbunden. Die Geborenen fürchten Mißfallen oder Kritik und fühlen sich beleidigt, wenn man ungerecht von ihnen denkt oder spricht. Sie sind sehr auf ihren guten Ruf bedacht.

Ist Saturn im Schützen ungünstig aspektiert, versuchen diese Menschen in selbstgerechter Weise, anderen ihre philosophischen und religiösen Ansichten aufzuzwingen. Im Extrem führt dieses Vorgehen zu geistiger Selbstgerechtigkeit.

Saturn im Steinbock

Saturn im Steinbock zeigt ein ehrgeiziges Streben nach weltlicher Macht, Stellung und Autorität an, das sich vorwiegend auf geschäftlichen, wissenschaftlichen oder politischen Gebieten bemerkbar macht. Diese Menschen sind bemüht, sich im Laufe ihrer Karriere durch besondere Leistungen auszuzeichnen. Sie unternehmen nichts, ohne damit eine praktische Absicht zu verbinden. Sie sind gute Organisatoren und versuchen einerseits ihre Ambitionen zu fördern und andererseits ihre Sicherheit zu festigen, so daß sie ohne Risiko eine hervorragende Stellung erreichen können. Sie wirken auf andere Menschen infolge ihrer Strenge und Ernsthaftigkeit eher kühl und distanziert.

Sie sind fähig, von Autoritätspersonen Befehle entgegenzunehmen, und wenn sie selbst eine Autoritätsstellung erreicht haben, erwarten sie den gleichen Gehorsam von anderen. In geschäftlichen Dingen und in der Politik sind sie eher konservativ. Ihrer Ansicht nach hat die traditionelle Machtstruktur ihre notwendigen Existenzgrundlagen, die von Menschen, denen praktische Erfahrungen im Umgang mit den Mitteln der Macht fehlen, nicht in Frage gestellt werden sollten.

Ihr Kampf um Sicherheit und Selbständigkeit, den sie in jungen Jahren ausfochten, hilft ihnen später bei der Entwicklung praktisch brauchbarer, konservativer Verhaltensweisen. Ihrer Meinung nach hat keiner das Recht, anderen Ratschläge zu erteilen oder gar größere politische oder wirtschaftliche Verantwortlichkeiten zu übernehmen, solange er seine eigenen Angelegenheiten nicht erfolgreich meistern kann.

Menschen mit dieser Saturnstellung wissen, daß alles seinen Preis hat und jedermann zum Gedeihen der ganzen Welt beitragen muß. Jeder soll bekommen, was er sich durch seine eigenen Anstrengungen verdient hat. Deshalb unterstützen sie, wenn sie selbst auf dem Höhepunkt ihrer Laufbahn stehen, andere dabei, sich selbst zu helfen. Sie neigen allerdings dazu, in späteren Jahren die harten Kämpfe ihrer Jugend und die Schwierigkeiten zu vergessen, die ein neuer Anfang ohne Geld und andere Hilfsmittel – trotz eines aufrichtigen Arbeitswillens – mit sich bringt. Ist Saturn ungünstig aspektiert, kann es vorkommen, daß diese Menschen Reichtum und materiellen Besitz dazu verwenden, andere unter Kontrolle zu halten.

Wie und wann Autorität erlangt wird, hängt von der Tiefe ihres Verständnisses und dem Grad ihrer intellektuellen Entwicklung ab, die im übrigen Horoskop zum Ausdruck kommen.

Meist haben diese Menschen einen ausgeprägten Sinn für Familientradition und Familienehre. Manchmal stammen sie aus reichen und angesehenen Familien und laufen daher bisweilen Gefahr, menschlichen Werten gegenüber unempfindlich zu sein, weil ihnen die Erfahrung des persönlichen Kampfes ohne Mittel fehlt. Solche Menschen haben manchmal die Tendenz, sozial und wirtschaftlich Schwächere auszunutzen, falls hier nicht geistiges Verständnis und Mitgefühl, die von einer früheren Inkarnation ererbt sind, ein Gegengewicht schaffen. Ähnlich wie mit Saturn im Skorpion können Menschen mit Saturn im Steinbock entweder die Höhen des Geistigen oder aber die Tiefen des Materialismus und des Egoismus erreichen.

Bei einer Jugend in ärmlichem und familiär ungünstigem Milieu schafft diese Stellung den notwendigen Antrieb, um Schwierigkeiten zu überwinden und eine angesehene und mächtige Stellung zu erringen. Für diese Menschen ist das Leben eine ernste Angelegenheit und ein Kampf. Manchmal fehlt ihnen das ästhetische Feingefühl: Sie beurteilen die Dinge nur nach Kriterien des Preises oder äußeren Ansehens. Sie müssen Sinn für Humor und über Materialismus und Status hinausgehende Werte entwickeln. Das Streben nach einer Stellung wird sonst zum Selbstzweck, anstatt ein Mittel zu sein, zu einer gesellschaftlichen Ordnung beizutragen.

Ist Saturn im Steinbock günstig aspektiert, zeichnen sich diese Menschen in geschäftlichen, politischen und beruflichen Angelegenheiten durch Ehrlichkeit und Anständigkeit aus. Ist Saturn jedoch verletzt, können sie skrupellos jedes Mittel anwenden, um zu Macht und Reichtum zu gelangen, was sie in extremen Fällen zu gefürchteten Diktatoren werden läßt. Es kann auch die Tendenz bestehen, buchstabengetreue Gesetzesauslegungen zum eigenen Vorteil unfair auszunützen. Die Anwendung unlauterer Mittel führt jedoch häufig dazu, daß sich das Glück wendet und die Betreffenden öffentliche Schmach und Verlust ihrer Machtstellung erleben müssen.

Diese Menschen müssen sich davor hüten, in ihrer Grundeinstellung allzu starr zu werden.

Saturn im Wassermann

Mit Saturn im Wassermann ist eine gute Konzentrationsfähigkeit vorhanden. Das Denken ist eher unpersönlich und abstrakt; diesen Menschen geht es in erster Linie um Wahrheit. Sind sie geistig hoch entwikkelt, so werden sie sich bemühen, alles – soziale wie wissenschaftliche Fragen – im Lichte übergeordneter, universeller Gesetze zu sehen.

Die Fähigkeit der Sammlung und Konzentration ist die notwendige Voraussetzung für die Entwicklung der uranischen intuitiven Fähigkeiten des Zeichens Wassermann. Saturn in diesem Zeichen verbürgt die dazu erforderliche Beständigkeit der Aufmerksamkeit.

Menschen mit dieser Zeichenstellung des Saturn sind ehrgeizig und bestrebt, sich dank aufsehenerregender wissenschaftlicher Entdeckungen oder neuer technischer Errungenschaften Stellung und Anerkennung zu verschaffen. Mit Saturn im Wassermann haben diese Menschen ein gutes Raumgefühl, eine Vorliebe für Geometrie und gute mathematische Fähigkeiten.

Auch im Wassermann – wie in der Waage – bedeutet Saturn, wenn er günstig aspektiert ist, einen ausgeprägten Sinn für Gerechtigkeit und Verantwortung gegenüber dem Nächsten. Menschen mit dieser Stellung verhalten sich Freunden und Gruppen gegenüber loyal und verantwortungsbewußt. Oft schließen sie sich streng organisierten Bruderschaften, zum Beispiel den Freimaurern an. Gewöhnlich sind sie ausgeglichen und können andern mit Rat und Tat beistehen.

Diese Menschen legen Wert auf gesellschaftliche Beziehungen. Im Falle eines verletzten Saturn können sie aber egoistisch und herrschsüchtig sein. Sie erwarten von den andern, daß sie das Spiel nach ihren Spielregeln spielen und ihren persönlichen Interessen dienen.

Ist Saturn im Wassermann ungünstig aspektiert, legen die Betreffenden in persönlichen Beziehungen sehr oft Gefühlskälte an den Tag. Sie zeichnen sich durch eine förmliche, exklusive und intellektuelle Wesensart aus, und sie laufen manchmal die Gefahr, geistigen Hochmut zu zeigen.

Saturn in den Fischen

Die Stellung des Saturns in den Fischen ist problematisch, weil hier der karmische Planet im karmischen Zeichen steht. Diese Menschen haben die Tendenz, sich in Erinnerungen an die Vergangenheit zu verlieren. Eine überaktive ängstliche Phantasie bringt alle Arten von Ängsten und Neurosen hervor. Diese Menschen sind deshalb sehr oft den praktischen Anforderungen der Gegenwart nicht gewachsen. In extremen Fällen spiegelt ihnen die Einbildungskraft persönliche Zurücksetzungen und Schwierigkeiten vor, die in Wirklichkeit gar nicht bestehen.

Die positive Stellung des Saturns in den Fischen besteht darin, daß diese Menschen Einfühlungsvermögen und Bescheidenheit besitzen und willens sind, sich für andere, die in Not geraten sind, einzusetzen. Wenn aus dem übrigen Horoskop auf klares Denken geschlossen werden kann, können diese Menschen auch eine gute psychologische Begabung haben.

Ist Saturn günstig aspektiert, sind sie einer tiefen Meditation fähig, was ausgleichend auf ihre Seele wirkt.

Ein verletzter Saturn in den Fischen kann Paranoia, übertriebene Sorge und Verdrießlichkeit bedeuten; der Horoskopeigner hat die Tendenz, vergangenen Irrtümern und Mißgeschicken nachzugrübeln. Diese Reaktionen können, wenn sie überhand nehmen, zu neurotischen oder psychotischen Tendenzen führen, die eine Einweisung in eine Nervenheilanstalt oder eine andere Art von Hospitalisierung nötig machen. Manchmal äußert sich die Neurose auch in organischen Erkrankungen, die zu Spitalaufenthalten führen, vor allem, wenn aus der Jungfrau, dem Zeichen der Gesundheit, Oppositionen zu Saturn in den Fischen vorliegen.

Diese Menschen brauchen ein gewisses Maß an Ruhe und Einsamkeit, um ihre inneren Kraftquellen erschließen zu können. Sie sollten aber daneben möglichst aktiv an den Angelegenheiten dieser Welt mitwirken, um Grämlichkeit und übertriebene Introversion zu vermeiden. Ist Saturn in den Fischen verletzt, muß der Betreffende sich vor Selbstmitleid hüten.

Das krankhafte Nachgrübeln über die Vergangenheit kann zu einem seelischen Krebsgeschwür werden, das Glück, Schaffenskraft und eine produktive Leistung beeinträchtigt. Diese Stellung verlangt eine objektive Selbstbetrachtung, damit sich der Geborene seiner eigenen Werte und Fähigkeiten – aber auch seiner Fehler – bewußt werden kann und so Schwierigkeiten bewältigen lernt. Er muß sich von der Fixierung an die Vergangenheit lösen und aufbauend an der Gestaltung der Gegenwart teilnehmen.

Menschen mit dieser Saturnstellung arbeiten mit Vorliebe hinter den Kulissen, sei es in Spitälern, Nervenheilanstalten, Universitäten, Ministerien oder anderen Institutionen.

Saturn in den Feldern

Die Felder, in denen Saturn steht, bezeichnen die Lebensgebiete, auf denen man lernen muß, diszipliniert zu handeln. Sie zeigen an, wo der Betreffende Verantwortung übernehmen muß, um menschlich zu reifen. Die Saturnstellung läßt erkennen, wie und auf welchen Lebensgebieten der Betreffende eine noch fehlende innere Ordnung und Festigkeit erreichen kann, und auch, wie er seinen praktischen Ehrgeiz zum Ausdruck bringen wird.

Saturn im ersten Feld

Mit Saturn im ersten Feld ist ein ernstes, würdiges persönliches Auftreten verbunden. Die Geborenen nehmen Verantwortung auf sich. Sie sind ernsthaft veranlagt und arbeiten mit Ausdauer. Sie sprechen oder handeln nie ohne eine ganz bestimmte Absicht. Dem oberflächlichen Betrachter mögen sie kalt und unfreundlich erscheinen, aber wenn Saturn günstig aspektiert ist, können sie sich als treue Freunde erweisen, die im Notfall mit praktischer Hilfe zur Hand sind.

Menschen mit dieser Stellung verfügen über klares Denken und ein ausgeprägtes Gerechtigkeitsgefühl. Ihre Überzeugung, daß man im Leben schwere Verantwortungen auf sich nehmen muß, kann sie dazu führen, Frohsinn manchmal für frivol zu halten und als bloße Zeitverschwendung abzulehnen. Sie sollten mehr aus sich herausgehen und Sinn für Humor entwickeln.

Ist Saturn im ersten Feld ungünstig aspektiert, bedeutet dies oft eine harte und entbehrungsreiche Jugend. Hindernisse müssen überwunden werden, ehe diese Menschen auf einen grünen Zweig kommen und Unabhängigkeit und Freiheit erlangen können. Ist Saturn stark verletzt, kann sich als seelische Reaktion auf die Erfahrungen in der Kindheit egoistischer, materialistischer Ehrgeiz bemerkbar machen. Von einem tiefen Mißtrauen erfüllt, glauben diese Menschen, nur die eigenen Interessen verteidigen zu müssen, weil dies sonst niemand tut. So bauen sie eine innere Mauer um sich auf, die für andere nur schwer zu durchbrechen ist. Sie entfremden sich auf diese Art noch mehr von den Menschen und meinen noch stärker in die Defensive gedrängt zu sein, was eine Art Teufelskreis zur Folge haben kann.

Diese Menschen arbeiten hart und ausdauernd, um aus eigener Kraft zu Macht und Ansehen zu gelangen und sich dadurch selbst zu bestätigen. Bei Behinderungen ihres persönlichen Strebens kann ein Gefühl der Vergeblichkeit und als Folge davon Feindseligkeit entstehen. Das äußert sich jedoch nicht in Form offener Aggression, sondern eher als Intrige. Man will den andern etwas heimzahlen oder sie übervorteilen.

Saturn im ersten Feld steht übrigens in seinem Fall, da dieses Feld dem Zeichen Widder entspricht, worin Saturn im Fall steht. Folglich müssen diese Menschen häufig zunächst lernen, anderen gegenüber mehr Liebe zu zeigen und mit ihnen zusammenzuarbeiten, bevor sie persönliche Erfüllung und Glück finden. Nur wenn sie sich einige Eigenschaften der Waage und des siebenten Feldes angeeignet haben, werden diese Beschränkungen fortfallen.

Es kann vorkommen, daß ein ungünstig aspektierter Saturn im ersten Feld körperliche Leiden oder Behinderungen mit sich bringt. Saturn in dieser Stellung bedingt meist eine knochige Gestalt. Es lassen sich zwei verschiedene Typen unterscheiden: der eine ist gedrungen, dunkelhäutig und mit dunklen Augen, der andere groß und grobknochig.

Saturn im zweiten Feld

Im zweiten Feld zeigt Saturn Ehrgeiz und viel Arbeit an, um Geld, materiellen Besitz und die damit verbundene Stellung zu erlangen. Im allgemeinen müssen die Geborenen für ihren Lebensunterhalt schwer arbeiten. Sie sind geschäftstüchtig und erhalten bei all ihren Käufen stets den entsprechenden Gegenwert. Sie legen ihr Geld als Sicherheit für die alten Tage auf die hohe Kante und geben es nie leichtfertig aus. Diese Sparsamkeit kann im Extremfall zu Geiz führen. Der Betreffende scheut dann sogar vor den notwendigen Anschaffungen zurück. Dies verhindert sogar manchmal eine Erweiterung des Geschäfts, durch die mehr Geld verdient werden könnte.

Diese Menschen müssen sich darüber klar werden, daß finanzielles Wachstum nur möglich ist, wenn das Geld im Umlauf ist; es muß rollen, um Zinsen zu tragen. In vielen Fällen entspringt ihre große Vorsicht einer tiefen Furcht vor Armut. Deshalb häufen sie Reichtum an.

Ist Saturn ungünstig aspektiert, bringt selbst schwere Arbeit manchmal nur wenig ein. Ein gut aspektierter Saturn hingegen verspricht eine erfolgreiche Laufbahn. Der Betreffende erlangt finanzielle Sicherheit und kommt zu Geld und Besitz, besonders in späteren Jahren. In diesem Fall zeigt der Geborene meist Vorsicht und weite Voraussicht in Geschäftsangelegenheiten. Im allgemeinen erwerben Menschen mit dieser Konstellation Land und Besitz von bleibendem Wert.

Oft wird durch diese Stellung materieller Gewinn seitens des Vaters, Arbeitgebers oder Menschen in mächtigen Positionen angezeigt. Das Geld wird erworben durch die Übernahme von Regierungsaufträgen, Geschäftsführung im Bergbau und im Bauwesen.

Ist Saturn im zweiten Feld verletzt, kann Egoismus und Besitzgier in Gelddingen auftreten.

Saturn im dritten Feld

Saturn im dritten Feld deutet auf geistige Disziplin und Praxisbezogenheit; Ideen werden gemäß ihrer Nützlichkeit beurteilt. Menschen mit dieser Saturnstellung äußern sich stets wohlüberlegt. Infolge ihrer beharrlichen und methodischen Denkungsart bringen sie meist eine besondere mathematische und naturwissenschaftliche Begabung mit.

Sie arbeiten vielfach in Verlagen, Druckereien und bei Kommunikationsmedien, sind gute Buchhalter, Sekretäre, Forscher, Bibliothekare, Schriftsteller und Lehrer. Bei Vertragsabschlüssen sind sie sorgfältig und äußerst vorsichtig bei der Unterzeichnung schriftlicher Vereinbarungen. Außer zu geschäftlichen Zwecken neigen sie nicht zum Reisen.

Ist Saturn ungünstig aspektiert, können die Beziehungen zu Geschwistern oder Nachbarn gestört sein. Sorgen und negatives Denken führen oft zu Selbstmitleid und Nörgelei. Im Laufe der Schul- oder Berufsausbildung können Schwierigkeiten und Enttäuschungen auftreten.

Ist Saturn günstig aspektiert, investiert der Geborene viel harte Arbeit in seine berufliche Ausbildung.

Saturn im vierten Feld

Saturn im vierten Feld zeigt an, daß man in Heim und Familie viel Verantwortung auf sich nehmen muß. Die Eltern der Betreffenden sind im allgemeinen streng und konservativ und können im Alter zu einer Last werden.

Nachdem Saturn im vierten Feld sozusagen im Exil steht – es entspricht dem Krebs und steht dem Steinbock gegenüber, der von Saturn regiert wird – kann er eine seelische Entfremdung von der Familie andeuten. Oft müssen diese Menschen um ihre häusliche Sicherheit und den Familienunterhalt schwer kämpfen. Sie müssen oft auch in späteren Jahren Einschränkungen auf sich nehmen, wenn Saturn in diesem Feld verletzt ist.

Bei ihren beruflichen und geschäftlichen Tätigkeiten handelt es sich meist um Immobilienhandel, Bau, Pachtwesen, Ackerbau oder um die Herstellung von Haushaltprodukten.

Diese Saturnstellung bedeutet Sorgfalt im Umgang mit dem Heim und den häuslichen Belangen, mit Besitz und Erbe. Die Geborenen sind um die Wahrung dieser Dinge bemüht, um für die eigene Sicherheit in späteren Jahren zu sorgen.

In den späteren Jahren ihres Lebens entwickeln sie sich oft zu Einzelgängern oder Stubenhockern oder sind durch besondere Umstände an ihr Heim gefesselt.

Saturn im fünften Feld

Im fünften Feld bedeutet Saturn schwere Verpflichtungen gegenüber den eigenen Kindern. Es können auch Schwierigkeiten bei deren Geburt auftreten.

Ist Saturn günstig aspektiert, haben die Geborenen auf den Gebieten der bildenden Kunst und Musik Sinn für Organisation und Aufbau. Ihre Geschäftstüchtigkeit oder Berufslaufbahn kann mit Spekulation, mit Schulen oder Unterhaltungsstätten zu tun haben. Menschen mit dieser Stellung sind Börsenmakler von konservativer Art und verstehen ihr Geld gut anzulegen. Oft deutet Saturn im fünften Feld auf Machtstreben und eine führende Stellung durch künstlerische Selbstdarstellung hin; als schöpferische Ausdrucksmöglichkeiten können auch Politik und Geschäftsführung dienen.

Ist Saturn ungünstig aspektiert, können durch spekulative Geldanlagen finanzielle Verluste entstehen.

Diese Menschen lassen sich oft mit einer älteren, reifen Persönlichkeit in Liebesbeziehungen ein. Ihre Liebesbeziehungen bringen im allgemeinen schwerwiegende Verpflichtungen mit sich.

Ist Saturn ungünstig aspektiert, kann es an Gelegenheit zu persönlichen Beziehungen fehlen, oder es gibt Enttäuschungen in der Liebe. Diese Menschen sind in ihrer schöpferischen Selbstdarstellung wie auch in ihrer Einstellung zu Kunst und Vergnügen eher zurückhaltend. Ihre Befangenheit steht ihnen im Wege, wenn sie Glück und Liebe für sich gewinnen möchten. Sie müssen lernen, aus sich herauszugehen und den andern entgegenzukommen. Erst wenn sie sich offen und warmherzig geben können, werden sie glücklich sein.

Ist Saturn hier stark verletzt, kann das Kontaktschwierigkeiten mit Kindern andeuten oder eine übertriebene Strenge und Kleinlichkeit im Umgang mit Kindern. Gefühlskälte und die Unfähigkeit zu lieben, sind hier häufig. Saturn im fünften Feld in ungünstigen Aspekten kann auch

Impotenz und Frigidität aufgrund einer seelischen Blockierung mit sich bringen.

Saturn im sechsten Feld

Saturn im sechsten Feld zeigt die Fähigkeit zu harter Arbeit und Tüchtigkeit im Beruf an. Diese Menschen nehmen ihre Arbeit ernst und erwerben besondere Fertigkeiten und Fachkenntnisse. Sie nehmen gewöhnlich kraft ihrer Arbeit oder Dienstleistungen schwere Verpflichtungen auf sich und müssen daher auf ihre Gesundheit achten.

Sie wählen mit Vorliebe Berufslaufbahnen in der Medizin, im Ernährungsfach, in der Nahrungsmittelverarbeitung, in der Bekleidungsbranche, in der Naturwissenschaft, im Maschinenbau und anderen technischen Bereichen, die Geschick und Genauigkeit erfordern. Mit dieser Saturnstellung ist gründliches, analytisches Denken verbunden, weil im natürlichen Tierkreis Merkur das sechste Feld beherrscht. Dank ihrem Geschick und ihrer Begabung auf einem Spezialgebiet können diese Menschen finanzielle Sicherheit erreichen.

Ist Saturn im sechsten Feld ungünstig aspektiert, sind chronische gesundheitliche Probleme und eine schwache Vitalität zu erwarten, oft als Ergebnis von Sorgen und Überarbeitung. Krankheit oder mangelnde Gelegenheit können den Geborenen daran hindern, eine geeignete Stellung zu finden.

Ist Saturn günstig aspektiert, werden die Geborenen von Mitarbeitern, Vorgesetzten und Untergebenen respektiert. Ist er aber verletzt, sind diese mitmenschlichen Beziehungen eher gespannt.

Saturn im siebenten Feld

Im siebenten Feld steht Saturn sozusagen erhöht, weil das siebente Feld der Waage entspricht, in der Saturn erhöht ist. Die Geborenen stellen daher in allen wichtigen Beziehungen und in öffentlichen Angelegenheiten einen starken Sinn für Verantwortung und Gerechtigkeit unter Beweis. Sie heiraten meist erst in späteren Jahren oder wählen einen ernst veranlagten reifen und karrierebewußten Partner. Bei günstigen Saturnaspekten wird die Ehe ausgeglichen und dauerhaft sein, bei ungünstigen hingegen muß mit häuslichen Schwierigkeiten gerechnet werden.

Menschen mit dieser Saturnstellung arbeiten hart und gewissenhaft mit anderen zusammen und tragen ihren Teil der Verantwortung. Ist Saturn günstig aspektiert, sind sie verläßliche Arbeiter und vertrauenswürdige Vertragspartner. Sie können sich für Rechtsfragen interessieren und haben Geschick in Geschäftsorganisationen und -management oder im Formulieren von Verträgen. Sie vermögen ihr zukünftiges Wohlergehen zu sichern und ihre Karriere zu verbessern, indem sie mit anderen zusammenarbeiten.

Ist Saturn im siebenten Feld ungünstig aspektiert, besteht die Tendenz, in einer Partnerbeziehung gehemmt, kritisch und negativ zu sein. Der Ehepartner kann kalt, lieblos, eigenbrötlerisch, kritisch und belastend sein. Ein verletzter Saturn in diesem Feld kann auch Verrat durch Feinde und damit verbundene Gerichtsprozesse bedeuten.

Menschen mit Saturn im siebenten Feld werden gewissermaßen in Beziehungen hineingezwungen, die Verpflichtungen mit sich bringen.

Saturn im achten Feld

Menschen mit Saturn im achten Feld haben mit Partnergeldern, Finanzen von Korporationen, Steuern und Erbschaften zu tun, was immer Verantwortung bedeutet. Die Geborenen müssen im Umgang mit materiellen Werten einen Sinn für Gerechtigkeit entwickeln, denn sie sind sowohl für fremdes als auch für ihr eigenes Eigentum verantwortlich.

Ist Saturn im achten Feld ungünstig aspektiert, kann es wegen Geld, Erbschaften oder anvertrauten Gütern zu Rechtsstreitigkeiten oder anderen Schwierigkeiten kommen. Es kann passieren, daß man diesen Menschen das Recht auf eine ihnen zustehende Erbschaft abspricht, oder daß sie im Falle einer Scheidung durch die Alimentvereinbarungen viel Geld verlieren. Wahrscheinlich werden ihnen auch hohe Steuern aufgebürdet, und sie sollten sie rechtzeitig bezahlen, um sich rechtliche Schwierigkeiten zu ersparen. Ein verletzter Saturn kann hier auch bedeuten, daß der Geborene an einer langwierigen Krankheit stirbt.

Vielfach vermählt sich der Geborene mit einem unbemittelten Partner, und die Ehe wird zu einer finanziellen Belastung. Auch den beruflichen Ambitionen sind oft mangels Kapital Grenzen gesetzt. Wenn Saturn aber günstig aspektiert ist, kann durch geschickte Transaktionen mit anvertrauten Mitteln viel Geld verdient werden.

Saturn im achten Feld kann, wenn der Geborene keine höheren Wertvorstellungen hat, große Angst vor dem Tode aufkommen lassen, die sich in aufwühlenden Träumen und paranormalen Erfahrungen äußern und psychologisch verwirrend und ungünstig auswirken kann.

Ist Saturn von Uranus, Neptun oder Pluto günstig bestrahlt, kann eine tiefe spirituelle Einsicht in die Geheimnisse des Lebens vorliegen.

Saturn im neunten Feld

Saturn im neunten Feld verspricht ein ernsthaftes Interesse an Religion, Philosophie und höherer Bildung. Glaubenssysteme werden nach ihrem praktischen Wert und ihrer Bedeutung für die Gesellschaft im allgemeinen beurteilt, besonders in den späteren Jahren.

Menschen mit dieser Stellung erstreben im allgemeinen als Grundlage für ihren Weg zu Ansehen und beruflichem Erfolg eine höhere Bildung. Wie die mit Saturn im Schützen Geborenen möchten sie persönliche Anerkennung erlangen durch Leistungen auf den Gebieten der Erziehung, Philosophie oder Religion. Ihr Ehrgeiz geht dahin, innerhalb wichtiger religiöser Institutionen oder Bildungsanstalten eine Macht- und Autoritätsposition zu bekleiden. Professoren und Universitätsbeamte haben zum Beispiel vielfach Saturn im neunten Feld. Die Geborenen legen auch großen Wert auf ihren moralischen Ruf, und wenn nicht andere Faktoren des Horoskops dagegen sprechen, sind ihre religiösen Ansichten konservativ und traditionell.

Ihre geschäftlichen und beruflichen Aktivitäten haben sehr wahrscheinlich mit Recht, Unterricht, Verlagswesen, Religion und Reisen zu tun. Menschen mit dieser Saturnstellung werden längere Reisen eher ihres Berufs oder Prestiges wegen unternehmen, als um des Vergnügens willen.

Ist Saturn im neunten Feld ungünstig aspektiert, kann gegenüber Religion und Ethik eine engstirnige autoritäre Einstellung vorherrschen.

Saturn im zehnten Feld

Im zehnten Feld steht Saturn sehr stark, weil dieses Feld dem Steinbock entspricht, in welchem Saturn herrscht. Dazu kommt, daß Saturn, wenn er in diesem Feld steht, in der Nähe der Himmelsmitte des Horoskops zu finden ist. Er deutet deshalb auf starke berufliche Ambitionen. Der Antrieb, sich eine angesehene Position zu verschaffen, steht an erster Stelle, ganz besonders vom neunundzwanzigsten Altersjahr an.

Ist Saturn günstig aspektiert, setzt sich der Geborene erfolgreich durch und gewinnt dank seiner moralischen Integrität und mühevollen Arbeit Autorität, hohe Stellung, Reichtum und Führungsposition. Ist Saturn jedoch ungünstig aspektiert, führt die Tendenz, dem Ehrgeiz zuliebe Prinzipien aufs Spiel zu setzen, schließlich zu einem Umschlagen des Glücks, zu öffentlicher Schande und zum Sturz aus hoher Stellung. Menschen mit Saturn in diesem Feld müssen in bezug auf ihre Prinzipien äußerste Vorsicht walten lassen, sonst geraten sie in Gefahr, Unehre und schwere karmische Schuld auf sich zu laden. Für den Verstoß gegen universelle Gesetze muß ein hoher Preis bezahlt werden.

Wichtig ist, daß Ehrgeiz und Erfolg nicht zum Selbstzweck werden, sondern als Mittel einer umfassenden sozialen Ordnung verstanden werden. Es ist demnach notwendig, die Motivationen für das Machtstreben sorgfältig zu prüfen. Machtpositionen, die dem Mißbrauch Vorschub leisten und anderen Menschen Leid bringen, werden besser niemals erreicht; denn die sich daraus ergebenden Irrtümer ließen sich schwerlich wiedergutmachen.

Saturn im zehnten Feld läßt auf ein weitsichtiges Organisations- und Führertalent schließen und ist günstig für das Erreichen leitender Positionen in Geschäft und Politik.

Ist Saturn verletzt, muß mit Hindernissen, Enttäuschungen und Mangel an Gelegenheiten und Sicherheit in der Karriere gerechnet werden.

Saturn im elften Feld

Saturn im elften Feld verheißt Verantwortungsgefühl gegenüber Freunden und Gruppenmitgliedern. Der Geborene wird danach trachten, wichtige und einflußreiche Leute kennenzulernen, um seine eigene Stellung und Karriere zu fördern.

Ist Saturn im elften Feld ungünstig aspektiert, können der Geborene und seine Freunde sich gegenseitig aus Gründen des persönlichen Gewinns und Ehrgeizes ausnutzen. Ist Saturn jedoch günstig aspektiert, herrscht Loyalität und Entgegenkommen unter Freunden. Seine Freunde verschaffen dem Geborenen auch Gelegenheiten zur Wissenserweiterung und zum intellektuellen Wachstum. Ein gut aspektierter Saturn in dieser Stellung verleiht dem betreffenden Menschen einen Sinn für Gerechtigkeit, der ihn die gegenseitige menschliche Abhängigkeit erkennen läßt.

Wenn das Prinzip des gleichen Rechts für alle – das durch den erhöhten Saturn in der Waage dargestellt wird – bei Freundschaften und Gruppenvereinigungen funktioniert, wird jeder aus der Zusammenarbeit und der organisatorischen Struktur der Gruppe Vorteile ziehen.

Menschen mit dieser Saturnstellung neigen dazu, Freundschaften mit älteren, ernsthaften, auf ihre Karriere bedachten Menschen zu schließen, die ihr Reiferwerden günstig beeinflussen. Die Geborenen können karmische Verbindungen zu jenen besitzen, mit denen sie in der Vergangenheit zu tun gehabt hatten.

Saturn im zwölften Feld

Saturn im zwölften Feld zeigt an, daß viel Zeit in der Abgeschiedenheit oder bei der Arbeit hinter den Kulissen großer Institutionen wie Spitälern, Universitäten, Handelsgesellschaften und Verwaltungsgebäuden zugebracht wird. Die Geborenen können als Psychologen oder in wohltätigen Institutionen tätig sein. Sie werden nur schwer Anerkennung finden, es sei denn, Saturn bilde einen günstigen Aspekt zum MC oder dem Herrscher des zehnten Feldes.

Ein verletzter Saturn im zwölften Feld bedeutet Einsamkeit und Depression. Bei sehr ungünstiger Aspektierung muß mit geistiger Umnachtung und Internierung gerechnet werden. Es kann vorkommen, daß geheime Feinde das Unglück der Geborenen noch fördern, vielfach existieren diese Feinde jedoch nur in dessen Einbildung.

Menschen mit dieser Stellung müssen von ihren eigenen seelischen Problemen loskommen, indem sie anderen dienen und sich selbst durch praktische, aufbauende Arbeit neue Kraft holen.

Uranus in den Zeichen

Die Zeichenstellung des Uranus zeigt an, in welcher Weise sich das Streben des Geborenen nach Freiheit und Individualität darstellt. Sie läßt erkennen, wie er eine intuitive Verbindung mit dem universellen Bewußtsein herstellt, aus der ihm schöpferische Ideen und Impulse erwachsen, die ihm helfen, das Leben zu verstehen und seine Probleme zu meistern.

Die Stellung des Uranus im Tierkreis zeigt die Beweggründe, die hinter den Wünschen, Hoffnungen und Zielen – besonders den bewußt ins Auge gefaßten Zielsetzungen – stehen. Sie besagt, welche Art von Freunden der Geborene wahrscheinlich auswählen und welchen Gruppen er angehören wird.

Nachdem Uranus sieben Jahre benötigt, um ein Tierkreiszeichen zu durchlaufen, haben alle, die in einer bestimmten Siebenjahresperiode geboren wurden, Uranus im selben Zeichen. (Natürlich wechselt die Felderstellung je nach der Geburtszeit.) Infolgedessen ist die Zeichenstellung des Uranus ein wichtiger Hinweis für Generationenunterschiede – und für das gemeinsame Schicksal einer großen Gruppe von Menschen, die im gleichen Zeitabschnitt zur Welt kamen. Wie bei den «äußeren» Planeten ist für die individuellen Unterschiede in den vom Planeten beherrschten Angelegenheiten auch beim Uranus weniger die Zeichenstellung als vielmehr die Felderstellung von Wichtigkeit. Die Zeichenstellung hat eher historische als persönliche Bedeutung.

Die Zeichen- und Felderstellung des Uranus besagt auch einiges über die besondere Aufgabe der Seele in der gegenwärtigen Inkarnation. Sie zeigt, wo für den Geborenen Chancen und Freiheiten von den karmischen Einschränkungen der Vergangenheit gegeben sind, so daß er seine schöpferischen Kräfte zum Ausdruck bringen kann.

Uranus im Widder (1846–1851, 1927–1935)

Im Tierkreiszeichen Widder kennzeichnet Uranus Menschen, deren Aufgabe es ist, in Wissenschaft und Sozialreformen neue Wege zu bahnen. Am allerwichtigsten ist für sie die Freiheit, selbständig handeln zu können. Sie sind mutig, draufgängerisch, initiativ und erfinderisch.

Wenn Uranus im Widder allerdings ungünstig aspektiert ist, können sie auf explosive Art impulsiv sein, politisch fanatisch, aggressiv und völlig unkritisch in ihrer schroffen Ablehnung der Vergangenheit.

Geborene mit dieser Zeichenstellung sind vielfach ungehobelt und nehmen kein Blatt vor den Mund. Als Generation wollen sie die Welt verändern und lehnen es ab, im Stil ihrer Eltern oder früherer Generationen zu leben. Sie sind vom Abenteuergeist beseelt und bedürfen dauernd neuer Erfahrungen, um glücklich und zufrieden zu sein.

Impulsivität und Jähzorn sind die nachteiligen Eigenschaften, die mit dieser Uranusstellung verbunden sind. Die Geborenen müssen lernen, mit anderen Menschen zusammenzuarbeiten und rücksichtsvoller zu sein. Wird der Individualismus auf die Spitze getrieben, macht er die Menschen blind für die sozialen Zusammenhänge, von denen die Verwirklichung größerer Vorhaben abhängt.

Viele Menschen, die zwischen 1928 und 1934 zur Welt kamen, haben Uranus im Widder in einem Quadrat zu Pluto im Krebs. Ihr Leben und Schicksal wurde durch die Schrecken des zweiten Weltkrieges gebrandmarkt.

Uranus im Stier (1851–1858; 1935–1942)

Uranus im Zeichen Stier kennzeichnet eine Generation mit neuen Idealen hinsichtlich der Verwendung von Geld und anderen Hilfsmitteln. Diese Menschen streben Reformen geschäftlicher und wirtschaftlicher Natur an, wobei sie die Berücksichtigung humanitärer Prinzipien fordern. Sie legen besonderen Wert auf praktisches Handeln und beweisen ungeheure Entschlossenheit und Unerschütterlichkeit in ihren Vorhaben. Ist Uranus ungünstig aspektiert, kann dies in unbeugsamen Starrsinn ausarten.

Uranus ist im Stier im Fall. Deshalb sind bei diesen Geborenen Freiheitsdrang und schöpferischer Ausdruck durch eine starke Bindung an materielle Dinge erschwert. Es können auch dadurch Schwierigkeiten entstehen, daß sie die materiellen Bedingungen zu rasch ändern wollen. Auch ihre enge Verbundenheit mit Heim und Familie kann die individuelle Ausdrucksmöglichkeit ebenfalls dämpfen. Manchmal sind die spirituellen Impulse nur schwer in Einklang zu bringen mit den herkömmlichen wirtschaftlichen und staatlichen Institutionen, die die materiellen Grundlagen der vorherrschenden Gesellschaftsordnung widerspiegeln.

Uranus im Stier kann ungewöhnliches bildnerisches und musikalisches Talent bedeuten, sofern er günstig aspektiert ist. Oft interessieren sich die Geborenen auch für die Anwendung moderner Datenverarbeitung in Verwaltung, Buchhaltung oder geschäftlichen Belangen.

Uranus in den Zwillingen (1858–1865; 1942–1949)

In den Zwillingen weist Uranus auf eine Generation hin, die dazu bestimmt ist, neue Denkweisen zu entwickeln. Diese Menschen verfügen über einen beweglichen, scharfen Intellekt und viel schöpferische Intuition. Sie werden die Pioniere neuer Konzepte in Wissenschaft, Literatur, Erziehung, Elektronik und bei den Kommunikationsmedien sein.

Menschen mit dieser Stellung sind unruhige Geister und bringen meist kaum die Geduld auf, eine Idee bis zur endgültigen Verwirklichung zu verfolgen. Wenn ihre Ideen Früchte tragen sollen, müssen sie sich in Selbstdisziplin üben. Wegen ihrer Unstetigkeit sind sie meist viel auf Reisen, um neue gesellschaftliche Kontakte anzuknüpfen und neue Ideen auszukundschaften. Diese Stellung verspricht einen weiten geistigen Horizont und – weil wir ja mit unserem Denken gleichsam unser Schicksal mitbestimmen – die Fähigkeit, andere Wirkungsmöglichkeiten zu erkennen und infolgedessen mit dem gewohnten Lebensstil zu brechen.

Ist Uranus in den Zwillingen ungünstig aspektiert, kann das Denken gleichsam unser Schicksal mitbestimmen – die Fähigkeit, andere Wirkungsmöglichkeiten zu erkennen und infolgedessen mit dem gewohnten Lebensstil zu brechen.

Ist Uranus in den Zwillingen ungünstig aspektiert, kann das Denken unzusammenhängend, exzentrisch und unpraktisch sein. Es besteht auch die Gefahr von geistiger Verwirrung und von Unfällen auf Reisen. Oft sind auch die Beziehungen zu Geschwistern und Nachbarn nur lose und unbefriedigend.

Uranus im Krebs (1865–1872; 1949–1955)

Zur Generation mit Uranus im Krebs gehören Menschen, die durch ihre Gefühlsäußerungen Freiheit des Erlebens und Stimulierung zu erreichen suchen. Sie haben meist unorthodoxe Ansichten über Haushalt und Familienleben und streben nach Unabhängigkeit von einer allzu strikten elterlichen Autorität; sie möchten lieber die Freunde ihrer Eltern sein. Sollten sie ihr Heim verlassen, halten sie sich aber immer den Rückweg offen. Es könnte ja sein, daß sie das neugewählte Territorium enttäuscht. Ein Großteil der jungen Leute, die zwischen Juni 1949 und Juni 1955 mit Uranus im Krebs zur Welt kamen, haben ihr Heim verlassen, um mehr Freiheit zu haben, als ihnen das Familienleben gewähren konnte.

Menschen mit Uranus im Krebs führen ihren Haushalt auf unkonventionelle Weise. Sie finden Geschmack an moderner Architektur oder an Gebäuden mit einem ausgefallenen Baustil. Sie werden ihr Heim mit elektronischen Geräten und auffallenden Dekorationen ausstaffieren. Ihr Heim dient oft als Treffpunkt für Freunde und Gruppen. Möglicherweise sind sie auch am Zusammenleben in Kommunen oder anderen von der traditionellen Familie abweichenden Wohngemeinschaften interessiert. In vielen Fällen werden ihre Freunde zu Familienmitgliedern.

Mit Uranus im Krebs besteht eine besondere mediale Sensibilität. Oft bilden okkulte Betätigungen einen Teil der häuslichen Szene.

Ist Uranus im Krebs ungünstig aspektiert, kann dies ein rasch wechselndes Temperament und plötzliche Stimmungsumschwünge bedeuten.

Uranus im Löwen (1872–1878; 1955–1962)

Uranus im Löwen ist das Kennzeichen einer Generation, die Freiheit der Liebe und Romantik anstrebt. Ihre Vorstellungen über Brautwerbung und Sexualität dürften vom traditionellen moralischen Maßstab abweichen. Sie huldigen sehr wahrscheinlich der freien Liebe.

Uranus im Löwen bedeutet eine starke Willenskraft und schöpferische Möglichkeiten in Kunst und Wissenschaft und die Befähigung zu einem originellen Führertum. Menschen mit dieser Stellung versuchen eine eigene Ausdrucksform zu schaffen, um Aufmerksamkeit zu erregen.

Sie können in der bildenden Kunst, in der Musik und im Theater neue Ideen entwickeln. Sie lieben es, sich ihre eigenen Maßstäbe zu schaffen, anstatt sich den Maßstäben der Gesellschaft, in der sie leben, anzupassen. Es besteht allerdings die Gefahr des Egoismus bei dieser Stellung, weil Uranus im Löwen im Exil steht. Die Geborenen sollten sich deshalb weniger um persönliche Dinge als um Dinge von gesellschaftlichem oder universellem Interesse kümmern.

Diese Menschen können sehr eigensinnig sein und Schwierigkeiten haben, Kompromisse einzugehen und mit andern zusammenzuarbeiten. Ist Uranus in diesem Zeichen verletzt, werden sie stets ihren eigenen Kopf durchsetzen und jegliche Zusammenarbeit ablehnen.

Uranus in der Jungfrau (1878–1884; 1962–1968)

Uranus in der Jungfrau deutet auf Menschen, die originelle, aber praktische Ideen für Arbeitsverfahren haben, besonders auf den Gebieten des Gesundheitswesens, der Wissenschaft und der Technik.

Während sich Uranus in der Jungfrau befand – dem von Merkur, dem mentalen, wissenschaftlichen Planeten, beherrschten Zeichen – wurden viele elektronische Erfindungen gemacht, einschließlich der Computer, die Handel und Industrie revolutioniert haben. Der gleiche Zeitabschnitt hat auch die Entwicklung der Festkörperschaltung in Form von Transistoren und anderen Geräten gebracht.

Die Generation mit Uranus in der Jungfrau, deren Angehörige heute noch Kinder sind, wird einzigartige und geniale Methoden in Industrie, Wissenschaft und Technik, im Arbeitgeber-Arbeitnehmer-Verhältnis, Umweltschutz und Gesundheitswesen entwickeln. Die zwischen 1964 und 1968 geborenen Kinder, die Uranus in Konjunktion mit Pluto in der Jungfrau haben, werden auf diesen Gebieten einen besonders revolutionären Einfluß ausüben. Diese Generation wird schwere praktische Arbeit leisten müssen, um die menschliche Zivilisation zu regenerieren, damit sie für das neue, von Uranus beherrschte Wassermannzeitalter bereit ist.

Diese Menschen besitzen ein ungewöhnliches Geschäftstalent und einen unerschöpflichen praktischen Einfallsreichtum hinsichtlich der Organisation des Arbeitspropesses. Es muß aber mit zahlreichen Wechseln und Unterbrechungen ihrer Beschäftigung gerechnet werden.

Ein verletzter Uranus kann plötzlich auftretende gesundheitliche Schwierigkeiten bedeuten. Die Geborenen dürften sich für die Heilwirkung richtiger Diät und für die mentale Kontrolle der Körperfunktionen interessieren.

Uranus in der Waage (1884–1890; 1968–1974)

Uranus in der Waage kennzeichnet eine Generation von Menschen, die neue Ideen über die Ehe, Partnerschaften und gesellschaftliches Verhalten entwickeln. Sie möchten die Ehe freiheitlicher gestalten, denn sie erachten die Beziehung für wichtiger als den rechtlichen Vertrag. Mit Uranus in der Waage dürften Versuche mit neuen Formen des Zusammenlebens, wie Kommunen und anderen neuen sozialen Gruppierungen durchgeführt werden. Menschen dieser Generation – Kinder. die jetzt eben erst geboren wurden – werden einst Gesetze erlassen, die eine Heirat erschweren und eine Scheidung erleichtern. Ganz allgemein werden sie neue Rechtskonzepte aufstellen und danach trachten, die bestehenden Gesetze zu verändern und zu modernisieren.

Diese Menschen werden dank ihrem intuitiven oder telepathischen Wissen um die Beweggründe anderer Menschen alle Arten zwischenmenschlicher Beziehungen besser durchschauen können.

Uranus in der Waage könnte auch neue und ungewöhnliche Musikformen bescheren, wahrscheinlich unter Verwendung elektronischer Techniken.

Ist Uranus in diesem Zeichen ungünstig aspektiert, werden die Geborenen in der Ehe oder anderen Partnerschaften Schwierigkeiten haben und in Beziehungen, die gegenseitige Verantwortung erfordern, können sie unzuverlässig sein.

Uranus im Skorpion (1891–1898; 1975–1981)

Im Skorpion ist Uranus erhöht. Er ist ja der Planet der drastischen Veränderungen und deshalb im Skorpion, dem Zeichen von Absterben und Erneuerung, am mächtigsten. Menschen mit dieser Stellung müssen lernen, sich darauf einzurichten, daß während ihrer Lebenszeit alte Zivilisationsformen zerbrechen als notwendige Voraussetzung für die Entwicklung einer neuen Zivilisation. Die heute noch lebenden Menschen der vorigen Generation mit Uranus im Skorpion sind heute etwa achtzig Jahre alt. In ihrer Jugend haben sie den ersten Weltkrieg erlebt, der das Viktorianische Zeitalter zu einem drastischen Ende brachte und eine Ära rascher Veränderungen einleitete.

Die nächste Uranusperiode im Skorpion beginnt jetzt (1975) und bedeutet den Beginn der abschließenden Zerstörung des Fischezeitalters, um das Wassermannzeitalter einzuleiten, das um das Jahr 2000 herum beginnen wird. Menschen, die jetzt mit Uranus im Skorpion zur Welt kommen, werden Zeugen der größten Umwälzung der menschlichen Zivilisation sein, die in der menschlichen Geschichte verzeichnet wurde.

Menschen mit Uranus im Skorpion haben sehr intensive Gefühle. Sie glauben an entschlossenes Handeln und können Untätigkeit oder Faulheit in keiner Weise vertragen. Ist Uranus im Skorpion ungünstig aspektiert, neigen sie zu heftigen Zornesausbrüchen und wollen mit grimmiger Entschlossenheit Veränderungen erzwingen, ungeachtet der damit verbundenen Zerstörung.

Diese Menschen können außerordentlich einfallsreich sein und eine große technische und wissenschaftliche Erfindungsgabe besitzen. Sie können auch starke okkulte Neigungen haben und ein Wissen um das Weiterleben nach dem Tode und eine Wahrnehmung supraphysikalischer Energiedimensionen.

Uranus im Schützen (1899–1905; 1982–1989)

Uranus im Schützen bringt neue Vorstellungen in Religion, Philosophie und Erziehung. Menschen mit dieser Uranusstellung können Pioniere neuer Religions- und Erziehungsformen sein. Sie haben das Bedürfnis, in die Religion die Grundsätze der Naturwissenschaft und des Okkultismus einzubauen – wie zum Beispiel Reinkarnation, Astrologie und Gedankenübertragung.

Ist Uranus im Schützen ungünstig aspektiert, können die Geborenen exzentrischen Religionen und Gesellschaftsphilosophien dogmatisch anhängen oder als Skeptiker und Agnostiker alle religiösen Konzepte ablehnen.

Mit dieser Stellung Geborene haben großes Interesse, mehr über fremde Völker und Kulturen zu erfahren. Sie können ganz unvermittelt und aus reiner Abenteuerlust längere Reisen unternehmen und viele einzigartige Erfahrungen in fremden Ländern und im Umgang mit fremden Menschen sammeln. Sie neigen auch dazu, fremde Religionen und Philosophien anzunehmen.

Uranus im Steinbock (1906–1911; 1989–1995)

Menschen, die zu der Generation mit Uranus im Steinbock gehören, werden wichtige Veränderungen in staatspolitischen und wirtschaftlichen Machtbereichen herbeiführen. Sie wollen den Status quo verändern, um eine größere Sicherheit für die Zukunft zu gewährleisten, dabei müssen sie aber sorgfältig darauf bedacht sein, dies auf angemessene Weise zu tun, indem sie das Neue auf den Fundamenten des Bestehenden aufbauen. Sie wollen zwar einen konstruktiven Wandel, zögern jedoch, das Vergangene vollständig aufzugeben.

Diese Menschen sind äußerst ehrgeizig und streben nach Erfolg. Sie haben originelle Ideen in wissenschaftlichen und geschäftlichen Belangen, die sie zwecks Förderung ihrer Karriere oder ihrer Position nutzen. Es gelingt ihnen auch, für alte Ideen neue Anwendungsgebiete zu entdecken.

Ist Uranus im Steinbock ungünstig aspektiert, dürften die Geborenen ihren Ehrgeiz übertreiben und dazu neigen, ihre beruflichen Ansprüche zu hoch zu schrauben.

Uranus im Wassermann (1912–1919; 1996–2003)

Im Wassermann steht Uranus in seinem eigenen Zeichen und ist daher sehr mächtig. Menschen mit dieser Stellung haben einen scharfen Verstand und ein intuitives Verständnis für verborgene Zusammenhänge. Bei hochentwickelten Typen findet sich die Fähigkeit, geistige Energien und religiöse Grundideen in einem wissenschaftlichen Zusammenhang zu verstehen. Diese Menschen haben ein großes wissenschaftliches und erfinderisches Talent.

Mit dieser Uranusstellung sind ein starker Wille und geistige Unabhängigkeit verbunden. Die Geborenen treffen ihre eigenen Entscheidungen und ziehen ihre eigenen Schlüsse, ohne eine Einmischung anderer zu dulden. Ihr unabhängiger Geist befähigt sie, unvoreingenommen die Wahrheit zu erforschen; sie werden die Ideen und Methoden von gestern verwerfen, wenn sie sich nicht wissenschaftlich beweisen lassen oder den Tatsachen nicht entsprechen. Die Verifizierung durch die praktische Erfahrung ist für sie der einzig stichhaltige Nachweis der Wahrheit. Ihr intuitiver Spürsinn und ihre Beobachtungsgabe befähigen sie manchmal auch zu hellseherischen Aussagen.

Diesen Menschen liegt das Wohl der ganzen Menschheit am Herzen. Sie glauben an die Brüderlichkeit und die Würde der Menschen. Ihre Offenheit für neue Ideen ist ein Ausdruck ihrer humanitären Tendenzen. Sie streben nach einer Gesellschaftsreform und arbeiten mit Vorliebe in Gruppen und Organisationen.

Ist Uranus im Wassermann ungünstig aspektiert, kann anstelle von Freiheit Zügellosigkeit auftreten, verbunden mit Eigensinn und unpraktischer Exzentrität. Ist Uranus hier stark verletzt, kann der Geborene jedwede Routine oder Disziplin ablehnen.

Uranus in den Fischen (1920–1927; 2003–

Uranus in den Fischen läßt auf intuitive Fähigkeiten und wissenschaftliche Neugierde gegenüber dem Wirken des Unbewußten schließen. Die Geborenen haben mystisch gefärbte religiöse Neigungen, die zum Beispiel die Form eines Interesses für Meditation, östliche Philosophien oder Yogasysteme annehmen können. Sie empfangen wegweisende Ideen durch Träume und innere Eingebungen.

Mit Uranus in den Fischen besteht die grundlegende Tendenz, sich von den geistigen und seelischen Einflüssen der Vergangenheit zu befreien. Diese Menschen führen einen geistigen Kampf, um ehemalige materialistische Tendenzen zu überwinden, und suchen gleichzeitig nach einer höheren geistigen Übereinstimmung.

Ist Uranus in den Fischen ungünstig aspektiert, kann das einen wirklichkeitsfremden Idealismus, aber auch Unzuverlässigkeit und Täuschungsmanöver gegenüber Freunden bedeuten. Ebenso kann eine Tendenz vorliegen, unangenehmen Situationen aus dem Weg zu gehen.

Uranus in den Feldern

Die Stellung des Uranus in den Feldern gibt Hinweise auf die Art der Tätigkeit, durch die der Geborene sein Bedürfnis nach Individualität und Freiheit ausdrückt. Sie zeigt an, unter welchen Umständen plötzliche, ungewöhnliche und erregende Ereignisse in seinem Leben eintreten werden. Sie deutet auf den Typus der Freunde, die der Geborene wählt, und auf die Art der Unternehmungen, die er gerne zusammen mit Freunden und Kameraden durchführt. Auch die Art und Weise, in der der Horoskopeigner seine intuitiven Fähigkeiten und okkulten Interessen zum Ausdruck bringt, wird durch die Felderstellung des Uranus gekennzeichnet.

Uranus im ersten Feld

Menschen mit Uranus im ersten Feld zeigen in ihrem Verhalten einen starken Freiheitsdrang und haben oft ein ungewöhnliches wissenschaftliches und intuitives Talent. Meist gelten sie als exzentrisch, ungewöhnlich oder in irgendeiner Weise fortschrittlich, denn sie kümmern sich kaum um konventionelle Freundschaften und Tätigkeiten.

Ist Uranus im ersten Feld ungünstig aspektiert, können die Geborenen eine bornierte Eigenwilligkeit zeigen und ihre persönliche Freiheit ohne Rücksicht auf gemeinsame Interessen oder auf die Rechte der andern beanspruchen. Manchmal wird, wenn Uranus in diesem Feld verletzt ist, die Exzentrität zum Selbstzweck.

Diese Uranusstellung läßt Ruhelosigkeit und ein dauerndes Gefühl nach Abwechslung und neuen Erlebnissen erwarten. Solche Menschen haben es schwer, eine routinemäßige Existenz zu akzeptieren und ziehen oft Aufregung und Abenteuer der Sicherheit vor.

Die Geborenen begehren eine führende Stellung in Gruppen oder Organisationen, besonders in solchen, die Reformen, neue Ideen und fortschrittliche geistige Konzepte propagieren. Diese Menschen möchten sich mit dem Neuen, Unversuchten, Erfinderischen beschäftigen. Ihre Haltung und ihre Ziele sind ständigen Wechseln unterworfen; sie neigen dazu, von einem Extrem ins andere zu fallen, besonders wenn Uranus ungünstig aspektiert ist. Mäßigung entspricht nicht ihrer Art.

Ist Uranus günstig aspektiert, und läßt das übrige Horoskop auf höhere Intelligenz oder intuitive Einsicht schließen, kann die Uranusstellung im ersten Feld auf geniale Menschen hinweisen, die auf den von ihnen gewählten Gebieten wichtige Entdeckungen machen können.

Diese Menschen sind häufig von hohem Wuchs.

Uranus im zweiten Feld

Uranus im zweiten Feld deutet auf Menschen, die in ungeordneten finanziellen Verhältnissen leben. Sie gehen mit dem Geld wenig haushälterisch um, verdienen und verlieren es mit der gleichen Plötzlichkeit. Wenn Uranus günstig aspektiert ist, können sie ungewöhnliche Fähigkeiten und Methoden zum Geldverdienen haben. Ist dies aber nicht der Fall, lassen sie sich oft in gewagte finanzielle Abenteuer ein. Sie verdienen ihr Geld durch Geschäfte, die mit Erfindungen, Elektronik oder anderen naturwissenschaftlichen Belangen zu tun haben. Oft borgen sie sich Geld von Freunden oder verleihen selber Geld. Ist Uranus verletzt, ergeben sich manchmal Konflikte wegen unbezahlter Schulden. Bei günstigen Uranusaspekten wird Geld jedoch für humanitäre und wissenschaftliche Zwecke zur Verfügung gestellt. Was den Gebrauch von natürlichen Hilfsquellen betrifft, weichen die Wertbegriffe dieser Menschen von denen des Durchschnittsbürgers ab. Sie können herkömmlichen Wertvorstellungen gegenüber gleichgültig sein, oder ihre eigenen Wertvorstellungen gelten nichts in den Augen der andern.

Uranus im dritten Feld

Uranus im dritten Feld bedeutet ein unorthodoxes, intuitives Denken. Menschen mit dieser Stellung sind frei von Klischeevorstellungen und bilden sich ihre eigene Meinung aufgrund unmittelbarer Erfahrung und wissenschaftlicher Fakten. Von der Meinung anderer wird ihr Denken nicht beeinflußt. Da sie in der Begutachtung von Ideen objektiv und unvoreingenommen sind, erkunden sie mit Vorliebe ungewöhnliche Interessengebiete. Solche Forschungen bringen viel unvorhergesehenes Hinundher und plötzliche Ortsveränderungen im kleinen Umkreis mit sich. Die Geborenen gelangen oft dank plötzlicher Einsichten zu ganz neuen Ideen. Viele Erfinder und schöpferische Wissenschaftler haben Uranus im dritten Feld. Diese Menschen neigen dazu, revolutionäre Ansichten zu verbreiten, beschränken sich aber – sofern nicht Mars den Uranus aspektiert – auf das geschriebene oder gesprochene Wort.

Menschen mit dieser Stellung bevorzugen Freundschaft und Zusammenarbeit mit Intellektuellen, die ihnen geistige Anregung und bildungsmäßige Förderung bieten können. Die Beziehungen zu Geschwistern und Nachbarn sind oft ungewöhnlich und anregend.

Ist Uranus im dritten Feld ungünstig aspektiert, kann der Geborene einen ruhelosen und flüchtigen Geist besitzen, der nicht auf die Wirklichkeit bezogen ist. Er neigt dazu, voreilige Schlüsse zu ziehen und häufig seine Meinung zu wechseln.

Menschen mit dieser Stellung werden oft zu Schriftstellern, die okkulte, astrologische oder wissenschaftliche Themen behandeln. Sie können auch mit Kommunikationsmedien, insbesondere Radio und Fernsehen zu tun haben.

Uranus im vierten Feld

Im vierten Feld bedeutet Uranus ungewöhnliche häusliche Verhältnisse und Familienbeziehungen. In gewissen Fällen ist ein Elternteil in irgendeiner Weise eine besondere Persönlichkeit. Menschen mit dieser Stellung beanspruchen im häuslichen Milieu die Freiheit, ein- und auszugehen, wie es ihnen beliebt. Ihr Heim weist oft eine eigenartige Architektur auf oder ist mit vielen technischen oder elektrischen Einrichtungen ausgerüstet.

Enge Freunde werden als Familienmitglieder «adoptiert». Oft dient das Heim als Treffpunkt für gemeinsame Tätigkeit oder okkulte Bestrebungen.

Nicht selten finden auch plötzliche Wohnungswechsel statt, besonders, wenn Uranus ungünstig aspektiert ist oder in einem veränderlichen Zeichen steht. Auch in der Familie und der Heimsituation können wiederholt Änderungen eintreten. In späteren Jahren muß mit ungewöhnlichen Umständen gerechnet werden.

Ist Uranus ungünstig aspektiert, können sich Zwistigkeiten mit Familienmitgliedern und Verwirrungen im Haushalt ergeben. Die Geborenen fühlen sich den Eltern und der Familie gegenüber keineswegs verpflichtet.

Uranus im fünften Feld

Uranus im fünften Feld deutet auf überraschende und ungewöhnliche Liebesaffären. Romanzen entstehen aus heiterem Himmel und brechen ebenso plötzlich wieder ab. Die Liebespartner dürften exzentrisch, erfinderisch oder sonstwie eigenartig sein. Die Geborenen suchen Anregung in Abenteuern und Vergnügen und dürften deshalb kaum der konventionellen Sexualmoral huldigen. Ist Uranus verletzt, kann es zum Herumstreunen und zu wahllosen erotischen Beziehungen kommen.

Börsenspekulationen können eine Wendung des Schicksals herbeiführen – im guten oder schlechten Sinne.

Die Kinder dieser Horoskopeigner sind oft außerordentlich begabt, falls Uranus günstig aspektiert ist. Ist er jedoch verletzt, werden sie vielfach zu Sorgenkindern mit seelischen Schwierigkeiten oder Abnormitäten. Menschen mit dieser Stellung interessieren sich zumeist für neue Lehr- und Erziehungsmethoden. Im allgemeinen lassen sie ihren Kindern viel Freiheit, ja, falls Uranus verletzt ist, zuviel Freiheit, was zur Verwahrlosung führen kann.

In manchen Fällen bedeutet Uranus im fünften Feld Inspiration und künstlerische Begabung. Es kann auch ein Interesse an elektronischen Kunstformen bestehen. Viele Filmschauspieler, Rock- und Beat-Musiker, Schallplattenstars und Persönlichkeiten in Radio und Fernsehen haben Uranus im fünften Feld.

Ist Uranus hier ungünstig aspektiert, kann eine Neigung zu antisozialem Verhalten und Ausschweifungen bestehen. Es kommen auch außereheliche Liebesaffären und – bei Frauen – außereheliche Schwangerschaften vor. Das Liebesleben ist im allgemeinen labil, außer wenn Uranus gut aspektiert ist.

Uranus im sechsten Feld

Im sechsten Feld weist Uranus auf ungewöhnliche und fortschrittliche Methoden in Arbeit und Dienstleistung hin. Es kann ein Interesse an besonderen Heilmethoden wie zum Beispiel Klangtherapie, homöopathischer Medizin oder geistigem Heilen bestehen. Auch Verfechter spezieller Ernährungsmethoden mögen ihren Uranus hier haben.

Elektroingenieure und -techniker, Komputerprogrammierer und andere Spezialisten der modernen Technik haben Uranus oft im sechsten Feld. Eigene Einfälle für die Entwicklung neuer Techniken ermöglichen besondere Leistungen auf diesem Gebiet.

Ein günstig aspektierter Uranus im sechsten Feld verheißt mathematische und naturwissenschaftliche Begabung sowie eine besondere Findigkeit für die Lösung praktischer Probleme.

Dank ihrer Arbeit schließen diese Menschen neue Freundschaften und nehmen an Gruppenunternehmungen teil. Ist Uranus günstig aspektiert, unterhalten sie zu Mitarbeitern, Vorgesetzten und Untergebenen freundschaftliche und geistig anregende Beziehungen. Ist Uranus aber verletzt, sind solche Beziehungen eher gespannt und unharmonisch. Vielfach betätigt sich der Geborene aktiv in Arbeitergewerkschaften.

Diese Menschen sind hinsichtlich der Arbeitsbedingungen und den Beziehungen zu Mitarbeitern, Vorgesetzten und Untergebenen äußerst kritisch. Sagen ihnen diese Beziehungen nicht zu, werden sie ihre Stelle wechseln. Sie wollen genügend Bewegungsfreiheit haben und ihre Arbeit auf ihre Weise erledigen; zu aufdringliche oder zu strenge Überwachung macht sie kopfscheu.

Ein ungünstig aspektierter Uranus im sechsten Feld bedeutet oft die Unfähigkeit, Routinearbeit zu akzeptieren. Dies kann häufigen Stellenwechsel und labile Anstellungsverhältnisse mit sich bringen. Oft wird das Anstellungsverhältnis plötzlich beendet. Mit einem verletzten Uranus im sechsten Feld besteht auch eine verstärkte Neigung zu Nervosität und Erregbarkeit, die zu Erkrankungen führen kann.

Uranus im siebenten Feld

Uranus im siebenten Feld kennzeichnet Menschen, die bezüglich Ehe und Partnerschaft ein starkes Freiheitsbedürfnis haben. Sie sind wiederholt in Scheidungsaffären verwickelt, wenn Uranus ungünstig aspektiert ist. Ihr außerordentlicher Unabhängigkeitsdrang macht es ihnen unmöglich, sich für längere Zeit an einen Ehepartner zu binden.

Gewöhnlich findet die Eheschließung ganz plötzlich und unter ungewohnten Umständen statt. Der Ehepartner ist zumeist außergewöhnlich brillant oder exzentrisch – je nachdem, wie Uranus aspektiert ist. Manchmal sind die Geborenen auf ihren Ehepartner so eifersüchtig, weil er mehr Beifall findet als sie selber.

Sie unterhalten engere Beziehungen zu guten Freunden oder schließen vorübergehende unpersönliche und oberflächliche Bekanntschaften, die einem raschen Wechsel unterworfen sind. Die Geborenen weisen eine telepathische Begabung auf und nehmen Stimmungen und Gefühle anderer wahr.

Ist Uranus ungünstig aspektiert, laufen die Geborenen Gefahr, infolge ihrer Unfähigkeit zur Zusammenarbeit durch Prozesse und schlechte Beziehungen zur Öffentlichkeit Verluste zu erleiden. Das plötzliche Umschlagen der Stimmung, Meinung und Haltung des Geborenen verwirrt und verstimmt die anderen. In manchen Fällen wird aber der Geborene selbst unsicher durch die unberechenbaren Handlungen seines Partners.

Ein ungünstig aspektierter Uranus ist wegen der damit verbundenen Unberechenbarkeit höchst problematisch für Menschen, die mit Politik, Gesetz oder öffentlichen Angelegenheiten zu tun haben. Zu viele unvorhergesehene Faktoren schaffen Schwierigkeiten, für die diese Menschen dann verantwortlich gemacht werden. Ganz allgemein ergeben sich aus Ehe, Partnerschaften und Beziehungen zur Öffentlichkeit ungewöhnliche Erfahrungen.

Uranus im achten Feld

Menschen mit Uranus im achten Feld versuchen, den Geheimnissen des Lebens auf die Spur zu kommen, die über die bloße physische Erscheinung hinausgehen. Uranus ist ja im achten Feld sozusagen erhöht, weil das achte Feld dem Skorpion entspricht. Er weist hier auf ein besonderes Interesse für Okkultismus, Telepathie, das Leben nach dem Tode und naturwissenschaftliche Gebiete wie Atomphysik und die Physik der vierten Dimension. Ist Uranus günstig aspektiert, kann eine tiefgründige Einsicht in die inneren Vorgänge der Natur und des Universums bestehen.

Die Vermögenslage der Geborenen verändert sich oft plötzlich durch Erbschaften, Heirat, Geschäftspartnerschaften, Versicherungen, Steuern und Vereinsgelder. Je nach den Aspekten zu Uranus kann es sich um vorteilhafte oder unvorteilhafte Veränderungen handeln. Es besteht die Möglichkeit eines plötzlichen Todes; wenn Uranus verletzt ist, durch einen Unfall. Manchmal haben diese Menschen hinsichtlich Art und Zeit ihres Todes eine Vorahnung.

Diese Menschen sollten lernen, sich gefühlsmäßig von Sexualität und materiellem Reichtum zu lösen. Diese Uranusstellung kann die Erkenntnis fördern, daß einzig die geistigen Werte von bleibender Bedeutung sind. Das Leben muß als dynamischer Vorgang erfaßt werden: Im materiellen Bereich ist einzig die Veränderung gewiß.

Uranus im neunten Feld

Mit Uranus im neunten Feld haben die Geborenen fortschrittliche Ideen auf den Gebieten der Philosophie, Religion und höheren Bildung. Menschen mit dieser Stellung weichen oft von den orthodoxen religiösen Anschauungen ab und befassen sich mit Astrologie, Telepathie und okkulten Wissenschaften. Ihre Ansichten über Erziehung sind aller Voraussicht nach sehr fortschrittlich. Sie werden für neue Lehrmethoden, wie zum Beispiel die Anwendung audiovisueller und elektronischer Techniken Interesse zeigen. Oft haben sie utopische Ideen, die sich je nach den Aspekten zu Uranus verwirklichen lassen oder nicht.

Solche Menschen packt oft plötzlich das Reisefieber. Sie brauchen von Zeit zu Zeit neue Anregungen und Abenteuer. Die Geheimnisse längst vergangener Zeiten, weiter Entfernungen oder einer utopischen Zukunft faszinieren sie. Sie wenden sich deshalb oft dem Studium der Archäologie und Astronomie zu. Bei einem verletzten Uranus in diesem Feld kann sich der Horoskopeigner zu einem fanatischen Anhänger esoterischer Kulte und politischer oder sozialer Weltanschauungen entwickeln. Er kann auch zu einem «Lehnstuhl-Philosophen» werden, dessen Stegreifantworten auf die Übel der Welt ungetrübt von jeder praktischen Erfahrung sind. Ist Uranus jedoch günstig aspektiert, hat der betreffende Mensch oft die Gabe der Voraussicht zukünftiger notwendiger Veränderungen zugunsten einer humaneren Gesellschaftsordnung.

Diese Uranusstellung findet man oft bei Philosophen und Verfassern von Schriften über Astrologie und Okkultismus.

Uranus im zehnten Feld

Im zehnten Feld verheißt Uranus einen ungewöhnlichen Beruf und Berühmtheit. Diese Stellung findet sich bei führenden Persönlichkeiten auf den Gebieten der Naturwissenschaften, der humanitären Bestrebungen und des Okkultismus. Elektronik, Mathematik und Astrologie sind typische Berufszweige. Welche Karriere der Geborene auch wählen mag, er wird stets methodische und technische Neuerungen einführen.

Die politische Einstellung der Geborenen ist im allgemeinen liberal oder radikal; sie tendieren ganz und gar nicht zum Konservatismus. Ist Uranus verletzt, können sich revolutionäre Neigungen bemerkbar machen.

Diese Menschen sind willensstark und ehrgeizig. Sie wollen auf beruflichem Gebiet Besonderes leisten und zu Ruhm und Ansehen gelangen. Plötzliche Veränderungen ihres Vermögensstandes und ihrer Stellung sind nicht ausgeschlossen. Vielfach wechseln die Betreffenden mehrmals Beruf und Stellung und sind unfähig, mit Menschen in autoritären Positionen auszukommen. Ein plötzlicher Aufstieg zu Berühmtheit kann von einem ebenso plötzlichen Sturz in Vergessenheit gefolgt sein, wenn Uranus ungünstig aspektiert ist. Der Geborene kann auch eine mangelnde Bereitschaft zeigen, sich routinemäßiger Verantwortung zu unterziehen. Diese Menschen verlangen und brauchen freie Arbeitsbedingungen und sind am glücklichsten, wenn sie ihre Berufsangelegenheiten nach eigenem Gutdünken gestalten können.

Uranus im elften Feld

Im elften Feld steht Uranus stark, weil es dem Wassermann entspricht, den Uranus regiert. Diese Stellung kennzeichnet weltoffene Menschen, die sich an Wahrheit und Tatsachen halten und sich nicht um Tradition oder Beifall kümmern. Sie haben eine eindeutig humanitäre Einstellung und fühlen sich mit allen Menschen solidarisch.

Menschen mit dieser Uranusstellung besitzen die intuitive Fähigkeit, universelle Gesetze und Prinzipien wahrzunehmen. Sie interessieren sich für Naturwissenschaften oder Okkultismus, manchmal auch für beides. Im allgemeinen pflegen sie ungewöhnliche Freundschaften, die für sie seelisch und geistig anregend sind, und schließen sich oft Gruppen an, die humanitäre oder wissenschaftliche Ziele verfolgen.

Zur Ehe und zu Liebesbeziehungen haben sie eine unpersönliche, unkonventionelle und bohème-artige Einstellung. Ihr Bedürfnis nach neuen Anregungen bedingt, daß sie nicht gewillt sind, sich mit einer einzigen Beziehung zu begnügen. Ihr Sinn für Gleichberechtigung macht sie tolerant für ähnliche Ideen und Verhaltensweisen seitens anderer.

Ist Uranus ungünstig aspektiert, können Freundschaften labil und gelegentlich unaufrichtig sein, da solche Menschen sich nicht um ihre Verpflichtungen kümmern. Meist erweisen sich ihre selbstsüchtigen Motive als Bumerang, denn niemand läßt sich gerne mißbrauchen. Wer einen verletzten Uranus in diesem Feld hat, kann auch unverantwortlichen und unrealisierbaren sozialen Idealen huldigen.

Uranus im zwölften Feld

Menschen mit Uranus im zwölften Feld widmen sich oft eingehend der Erforschung ihres Unbewußten. Die Suche nach einer höheren geistigen Einswerdung kann sich als Interesse an Yoga, Meditation oder anderen Formen mystischer Versenkung manifestieren.

Ist Uranus stark aspektiert, kann eine besondere intuitive, ja sogar hellseherische Begabung vorhanden sein. Menschen mit dieser Stellung werden vielfach zu «Beichtvätern» für ihre Freunde. Oft schließen sie sich auch Geheimorganisationen an. Sie arbeiten am liebsten hinter den Kulissen im Dienste humanitärer und wissenschaftlicher Zielsetzungen, wenn Uranus günstig aspektiert ist.

Ist Uranus verletzt, können illusionäre mediumistische Tendenzen vorliegen, die auf neurotischen Anlagen beruhen. Wenn der Geborene anstelle einer natürlichen Entwicklung seiner Intuition sich mit negativen paranormalen Phänomenen befaßt, kann das in seinem Leben zu großer Verwirrung und Enttäuschung führen.

Neptun in den Zeichen

Neptun braucht annähernd 164 Jahre, um einmal durch den ganzen Tierkreis zu wandern, und er bleibt etwa dreizehn Jahre in jedem Tierkreiszeichen. Folglich ist die Bedeutung seiner Zeichenstellung eher für ganze Generationen und historisch gesehen von Interesse, als für die Deutung eines persönlichen Horoskops.

Die Zeichenstellung des Neptun besagt, auf welche Art und Weise die schöpferischen Phantasievorstellungen der Menschheit in der betreffenden dreizehn Jahre dauernden Periode kulturell Gestalt annehmen. Menschen mit Neptun im gleichen Zeichen haben ein höheres geistiges Schicksal gemeinsam. Die intuitiven und schöpferischen Fähigkeiten einer solchen Generation werden sich in Form der Eigenschaften des Zeichens äußern, das von Neptun besetzt wird.

Neptun im Widder (1861/62–1874/75)

Neptun im Widder kennzeichnet eine Generation, die neue mystische und religiöse Begriffe hervorbringt, da sie über ein hohes Maß an Initiative und schöpferische Geistigkeit verfügt. Dies kann sich allerdings im negativen Sinne als geistige Überheblichkeit und Egoismus bemerkbar machen.

Neptun im Stier (1874/75–1887/89)

Neptun im Stier deutet auf eine Geschichtsepoche, in der hinsichtlich finanzieller und materieller Mittel viel Idealismus vorhanden ist. Eine solche Generation versucht visionäre Einsichten praktisch zu verwerten. Die negative Seite dieser Stellung kann sich in einem allzu starken Haften an Geld und materiellen Werten bemerkbar machen.

Neptun in den Zwillingen (1887/89–1901/2)

Die Menschen der Generation mit Neptun in den Zwillingen bringen ihre schöpferischen und intuitiven Fähigkeiten in Literatur und Dichtung zum Ausdruck. Sie besitzen eine aktive, bewegliche Phantasie und die Gabe, Ideen höherer Bewußtseinsstufen symbolisch und bildhaft weiterzugeben. Als negative Seite muß hier eine allzu ausschließliche Beschäftigung mit einer Traumwelt und ihren irisierenden Werten betrachtet werden. Es kann sich auch um Verworrenheit im praktischen Denken und Gedankenaustausch handeln.

Neptun im Krebs (1901/2–1914/16)

Neptun im Krebs bedeutet eine Generation, deren Menschen starke seelische Bindungen an Heim, Familie und Heimaterde aufweisen. Sie sind außerordentlich mitfühlend und empfindsam und von stark gefühlsbetonter Religiosität. Ist Neptun stark gestellt und aspektiert, zeigen sich parapsychologische und mediumistische Tendenzen. Viele Hellseher wurden mit Neptun im Krebs geboren. Negative Aspekte sind eine rührselige Sentimentalität, eine allzu einseitige Gefühlsbindung an die eigene Familie. Es kann auch zu einer irregeleiteten Medialität kommen, die niedere astrale Einflüsse anziehen kann.

Neptun im Löwen (1914/16–1928/29)

Zur Generation mit Neptun im Löwen gehören Menschen mit großem musikalischem und künstlerischem Talent. Sie sind vor allem am Theater und anderen darstellenden Künsten interessiert. Ein gut Teil schöpferischer Begabung ist von höheren Bewußtseinsebenen inspiriert. Menschen mit dieser Neptunstellung neigen in Liebe und Liebeswerben zur Romantik und zum Idealismus.

Auf der negativen Seite stehen möglicherweise Selbsttäuschung in Liebesbeziehungen ebenso wie extravagante Ausgaben auf der Suche nach Vergnügungen und mangelnde Realitätsbezogenheit im Umgang mit Kindern.

In den verrückten zwanziger Jahren, während denen unkluge Börsenspekulationen zum finanziellen Ruin und der großen Depression führten, stand Neptun im Löwen.

Neptun in der Jungfrau (1928/29–1942/43)

In der Jungfrau steht Neptun im Exil und zeigt eine Generation an, deren schöpferische und imaginative Fähigkeiten durch materielle Umstände durchkreuzt werden. Vieles, was der aufwachsenden Generation der großen Depression der dreißiger Jahre widerfuhr, geht auf das Konto von Neptun in der Jungfrau. Es war eine Zeit des wirtschaftlichen Chaos, man fand nur schwer Arbeit, über die das Zeichen Jungfrau herrscht.

Die negative Seite des Neptun in der Jungfrau kann sich noch verstärkt als eine Tendenz zu psychosomatischen Erkrankungen und zu einer übermäßigen emotionalen Konzentration auf unzusammenhängende Details zeigen. Zweifel oder Ablehnung gegenüber intuitiver Impulse dürften sich in Form eines übertriebenen Materialismus bemerkbar machen. Unkluge Ernährungsgewohnheiten sind typisch für einen verletzten Neptun in der Jungfrau. Ein Großteil der Verfälschung unserer Nahrungsmittel durch chemische Zusätze begann in jenem Zeitabschnitt.

Neptun in der Waage (1942/43–1955/57)

Die heutige Nachkriegsgeneration hat den Neptun in der Waage stehen. Während des Krieges war die Ehe als Institution großen Wirren unterworfen, und die Scheidungsrate stieg. Die daraus hervorgegangenen gestörten Familienverhältnisse haben bei der jüngeren Generation zu einer erheblichen Unsicherheit geführt, was den Wert gegenseitiger Verpflichtungen anbetrifft. Mit Neptun in der Waage besteht ein Instinkt für emotionale und soziale Anpassung, der in seiner negativen Äußerungsform dazu führen kann, daß Blinde die Blinden führen. Diese gedankenlose Gleichschaltung zeigt sich heute in Erscheinungen wie Drogenmißbrauch, Rock-Musik und der psychedelischen Kultur.

Auf der positiven Seite ergibt sich mit Neptun in der Waage für die heutige jüngere Generation ein intuitives Gewahrsein der gesellschaftlichen Beziehungen. Das Konzept einer gegenseitigen sozialen Verantwortlichkeit basiert eher auf dem inneren Sinn als auf dem Buchstaben des Gesetzes.

Diese Zeichenstellung hat die Entwicklung der neuen Kunstformen mit sich gebracht.

Neptun im Skorpion (1955/57–1970)

Neptun im Skorpion kennzeichnet eine Periode der Ausbeutung der natürlichen Bedürfnisse des Menschen. Nur wenige Menschen haben eine geistige Erneuerung erfahren und sich mit den inneren Zusammenhängen des Lebens auseinandergesetzt. Die meisten begnügen sich mit einer kommerziellen Auswertung der Sexualität. Das Zeichen Skorpion entspricht der Sexualität und der Planet Neptun den Drogen. In dieser Zeit hat eine in Auflösung begriffene Sexualmoral zu einer weiten Verbreitung von Geschlechtskrankheiten geführt, und der Gebrauch von Drogen als ein seelisches Fluchtmittel hat sich ausgedehnt. Es besteht viel Gefühlsüberspanntheit und Verwirrung, die zu einem Aufruhr des Unbewußten führen, der sich in solch chaotischen künstlerischen Phänomenen wie zum Beispiel der Rock-Musik äußert.

Viele der mit Neptun im Skorpion geborenen Kinder werden hellseherische Fähigkeiten besitzen und dazu gezwungen werden, die Notwendigkeit einer spirituellen Erneuerung anzuerkennen, wenn Uranus und Pluto in Konjunktion mit ihrer Geburtsstellung des Neptun kommen.

Neptun im Schützen (1970–1984)

Mit Neptun im Schützen kommen wir zu einem Zeitabschnitt, in welchem das Bedürfnis nach höheren religiösen und geistigen Werten positiven Ausdruck finden kann: Es wird eine Rückkehr zu Gott geben und das dringende Bedürfnis nach einer neuen sittlichen Ordnung. Auch die Musik und die Kunstformen werden sich wieder nach geistigen Gesichtspunkten orientieren. Die Menschen werden viel reisen und einen regen Ideen- und Gedankenaustausch mit andern Völkern pflegen.

Mystische und okkulte Themen werden schrittweise in den Lehrplan der Universitäten aufgenommen werden. Die Religionen werden den persönlichen Kontakt des Menschen zu Gott kraft seines inneren Seins stärker betonen, was eine vermehrte Ausübung von Meditation und den Gebrauch der intuitiven Fähigkeiten des höheren Denkens zur Folge haben wird. Das Mysterium und die Macht des Geistes werden erforscht und entwickelt werden, je allgemeiner mystische Erlebnisse Verbreitung finden.

Negative Entsprechungen dieser Neptunstellung dürften zielloses Umherwandern (wie bei der Hippie-Generation) und Anhängerschaft an mißgeleitete, unrealistische religiöse Kulte, falsche Propheten und Gurus sein. Viele jedoch werden mit Neptun im Schützen die Immanenz Gottes in allen Dingen erkennen.

Neptun im Steinbock (1984–2000)

Die Periode mit Neptun im Steinbock, die uns bevorsteht, wird für die Regierungen dieser Welt ein gewaltiges Chaos und den Zusammenbruch der wirtschaftlichen und politischen Strukturen bringen. Aus diesen Wirren und Leiden wird die wahre spirituelle Verantwortung und Disziplin erwachsen, die schließlich in realistischen Verhandlungen und Abschlüssen ihren Niederschlag finden wird.

Die Menschen werden sich den Luxus der abstrakten Geistigkeit des Schützen nicht mehr leisten können. Um zu überleben müssen sie das Geistige in ihre tägliche Lebenswirklichkeit einbauen. Kraft der schmerzlichen Erfahrungen dieser karmischen Abrechnung mit dem Fischezeitalter werden viele der Überlebenden neue Höhen geistiger Verwirklichung erreichen.

Die Menschen werden genötigt sein, neue Regierungsformen und politische Konzeptionen ins Leben zu rufen. Am Ende dieser Periode wird man am Anfang einer Weltregierung stehen.

Neptun im Wassermann

Neptun wird kurz nach dem Uranus etwa um das Jahr 2000 in den Wassermann eintreten und damit den eigentlichen Beginn des Wassermannzeitalters kennzeichnen. Zu dieser Zeit wird eine neue Zivilisation geboren, die auf dem Prinzip der Menschlichkeit und auf einer Wissenschaft basiert, die eine neue Technologie und neue Energieformen anwendet. Dies wird den Beginn einer tausendjährigen Friedenszeit bedeuten, von der schon im Buch der Offenbarung die Rede ist. Die intuitiven und hellseherischen Fähigkeiten der Menschheit werden hoch entwickelt sein und das Gebot der Nächstenliebe wird in aller Welt praktisch verwirklicht werden.

Neptun in den Fischen

Mit der Periode des Neptun in den Fischen wird eine friedliche Zeit zu Beginn des Wassermannzeitalters anbrechen. Sie wird Gelegenheit bieten zur Entfaltung geistiger Fähigkeiten und vollendeter Formen von Musik und Kunst; die Heilkunst wird große Fortschritte machen. Dies wird der Beginn der Blütezeit der Wassermannkultur sein, in der man von den höchsten schöpferischen Errungenschaften des vergangenen Fischezeitalters Gebrauch macht. Viele große Mystiker, Künstler und geistige Führer werden in diesem Zeitraum zur Welt kommen.

Neptun in den Feldern

Die Stellung des Neptun in den Feldern zeigt an, auf welche Art der Geborene seine mystische Energie zum Ausdruck bringt. Sie läßt auch erkennen, kraft welcher praktischer Umstände der Geborene höheren geistigen Kräften als Medium dient. Auf dem Gebiet, wo sich Neptun befindet, muß man mit Hingabe und Liebe der Menschheit dienen.

Die Neptunstellung zeigt, wie der Geborene seiner schöpferischen Phantasie, das heißt seiner bildnerichen Fähigkeit, Ausdruck verleiht, und welche Lebensumstände durch Vorahnungen, Träume, Hellsicht und tiefere intuitive Einsicht berührt werden. Die Felderstellung des Neptun läßt auch die Bedeutung des Karma erkennen, das durch vergangene Taten entstanden ist. Ist Neptun ungünstig aspektiert, gibt seine Felderstellung die Gebiete an, auf denen der Geborene unrealistisch sein und zu Selbsttäuschungen neigen dürfte.

Neptun im ersten Feld

Mit Neptun im ersten Feld besteht ein sensibles, intuitives Gewahrwerden der eigenen Persönlichkeit und der Beschaffenheit der Umwelt. Ist Neptun stark aspektiert, kann der betreffende Mensch kraft seiner hellseherischen Fähigkeiten der Beweggründe hinter den Ereignissen und den Handlungen der Menschen innewerden.

Menschen mit Neptun im ersten Feld sind hochgradig beeindruckbar und für unterbewußte Einflüsse empfänglich. Wenn Neptun günstig aspektiert ist, können sie inspirierte mystische Visionen haben, ist er aber verletzt, geraten sie möglicherweise in Gefahr, von negativen psychischen Kräften mißbraucht zu werden, was im Extremfall zu Besessenheit führen kann. Sie sollten den Genuss von Alkohol und anderen Drogen meiden, weil diese negativen psychischen Einflüssen Tür und Tor öffnen können.

Mit dieser Stellung lassen sich hochentwickelte künstlerische und musikalische Talente finden, denen ihre Intuition schöpferische Eingebungen vermittelt. Die äußere Erscheinung dieser Geborenen ist oft von einem Hauch von Geheimnis umgeben; in manchen Fällen wirken ihre Augen gleichsam magnetisch.

Diese Neptunstellung bedeutet, daß die Geborenen oft seltsame Beziehungen anknüpfen, von denen viele ihren Ursprung in der Vergangenheit haben.

Ist Neptun ungünstig aspektiert, kann Selbsttäuschung, Unzuverlässigkeit und Unklarheit der persönlichen Ziele beobachtet werden. Mit einem verletzten Neptun können auch Alkoholismus, Drogenmißbrauch, lockerer Lebenswandel und eine Tendenz, sich ziellos durchs Leben treiben zu lassen, verbunden sein.

Neptun im zweiten Feld

Neptun im zweiten Feld deutet auf eine idealistische Einstellung gegenüber Geld und Besitz. Ist Neptun günstig aspektiert, sind die Geborenen in Geldsachen sehr großzügig und stets bereit, humanitäre und geistige Vorhaben finanziell zu unterstützen. Ist Neptun im Horoskop einer gescheiten Person in dieser Stellung günstig aspektiert, dürfte sie in Geldangelegenheiten eine gute Spürnase haben und zu großem Reichtum kommen. Das Geld wird ihr allerdings manchmal unter geheimnisvollen und ungewöhnlichen Umständen in den Schoß fallen und wieder entgleiten. Menschen mit dieser Stellung sind oft extravagant und haben Mühe, ihr Kapital zu horten. Solche Tendenzen müssen durch eine wohlüberlegte Budgetierung ausgeglichen werden, falls Neptun auch nur im leisesten ungünstig aspektiert ist.

Menschen mit einem verletzten Neptun sind unpraktisch veranlagt und vielfach unfähig, mit Geld umzugehen, oder zu bequem, sich ihren Lebensunterhalt zu verdienen. Sie könnten unter Umständen auch ausgenützt und übervorteilt werden und bedürfen oft finanzieller Unterstützung. Sie müssen lernen, mit beiden Füßen auf der Erde zu stehen.

Neptun im dritten Feld

Menschen mit Neptun im dritten Feld sind in ihrem Denken besonders intuitiv und für Ideen einer höheren Bewußtseinsebene empfänglich. Ihr visuelles Ausdrucksvermögen ist oft hoch entwickelt, besonders wenn Neptun mit Merkur einen Aspekt bildet. Neptun im dritten Feld zeigt häufig telepathische Fähigkeiten an.

Menschen mit dieser Neptunposition widmen sich oft mit Vorliebe dem Studium okkulter und mystischer Phänomene und schreiben auch gerne über solche Themen. Oft gehören sie zum Mitarbeiterstab bei den Massenmedien. Menschen mit Neptun in diesem Feld wollen alle an ihrem Wissen teilhaben lassen und als Informationsvermittler dienen.

Bei dieser Stellung bedarf es praktischen Denkens und strenger Disziplin im Studium. Ist Neptun günstig aspektiert, kann die Intuition sich im praktischen Alltag günstig auswirken, besonders, wenn Neptun in einem Erdzeichen steht. Ist Neptun ungünstig aspektiert, können Lernschwierigkeiten und Geistesabwesenheit vorkommen. Der Betreffende ist oft ein Phantast und Träumer. Es kommt manchmal auch zu gespannten Beziehungen zu Geschwistern und Nachbarn. Für Horoskopeigner mit einem verletzten Neptun im dritten Feld ist Vorsicht geboten beim Abschließen von Kontrakten und Vereinbarungen. Sie geraten manchmal auch in ernstliche Kommunikationsschwierigkeiten oder Verwirrung, vor allem auf Reisen.

Neptun im dritten Feld kann bedeuten, daß die Geborenen einen Über- oder Decknamen haben und Pseudonyme verwenden.

Neptun im vierten Feld

Mit Neptun im vierten Feld Geborene besitzen starke emotionale Bindungen an Familie und Heim, die oft karmischen Ursprungs sind. Ein Elternteil könnte medial veranlagt oder sonst auf eine Weise eigenartig sein. Oft leben Menschen mit dieser Stellung nahe beim Wasser oder würden dies gern tun. Sie fühlen sich zutiefst «der Scholle» und der ganzen Natur verbunden.

Ist Neptun im vierten Feld ungünstig aspektiert, können konfuse Familienbeziehungen und chaotische Verhältnisse im Heim vorhanden sein. Menschen mit dieser Stellung haben das Bedürfnis, alle Welt zu bemuttern, und nehmen deshalb oft Fremde oder Außenseiter bei sich zu Hause auf. Häufig gibt es auch Familiengeheimnisse oder seltsame Ereignisse im Familienleben.

Mit einem verletzten Neptun könnten in späteren Jahren gefühlsbedingte nervöse Störungen auftreten, die schwer zu diagnostizieren sind. Am Lebensabend ziehen sich diese Menschen gewöhnlich in die Stille der Meditation oder in die Abgeschiedenheit zurück.

Ist Neptun hier stark verletzt, können die gestörten Beziehungen zu den Eltern oder andern Familienangehörigen Neurosen zur Folge haben.

Neptun im fünften Feld

Menschen mit Neptun im fünften Feld haben ein starkes Verlangen nach Liebe und Anerkennung, das sie in romantischen Beziehungen und in schöpferischer Selbstdarstellung zu befriedigen suchen. Sie sind musikalisch und künstlerisch, vor allem aber schauspielerisch begabt.

Liebesbeziehungen und Sexualleben sind oft mit eigenartigen Umständen verbunden. Ist Neptun ungünstig aspektiert, sind heimliche Liebesaffären und Enttäuschungen in der Liebe zu erwarten.

Bei günstiger Aspektierung kann eine intuitive «Witterung» für Börsengeschäfte vorhanden sein, aber Horoskopeigner mit dieser Stellung sollten mit Investitionen und Spekulationen äußerst vorsichtig sein.

Diese Neptunstellung bedeutet, daß die Kinder des Geborenen sehr sensitiv und intuitiv veranlagt sein werden. Ist Neptun verletzt, können sie mit psychologischen Problemen zu kämpfen haben, die schwer zu lösen sind. Es kann auch vorkommen, daß sie ihre Kinder ernstlich vernachlässigen; möglicherweise adoptieren sie Kinder oder bekommen uneheliche. Bei dieser Stellung bestehen oft auch ungeordnete und gestörte Familienverhältnisse.

Neptun im sechsten Feld

Bei Neptun im sechsten Feld stehen Arbeit und Dienstleistungen geistiger Art im Vordergrund. In diesem Feld ist Neptun sozusagen im Exil, weil er hier im natürlichen Horoskop seinem Herrschaftszeichen, den Fischen, gegenübersteht. Es wird also für den Geborenen schwer sein, aus den Schwierigkeiten, die ihm durch Arbeit und Krankheit erwachsen, Lehren zu ziehen. Es werden große Opfer von ihm verlangt. Ist jedoch Neptun günstig aspektiert, besitzt er ein intuitives Verständnis für zweckmäßige und ergiebige Arbeitsmethoden.

Neptun im sechsten Feld deutet auf Einfühlungsvermögen und Geschick im Umgang mit Tieren.

Ist Neptun günstig aspektiert, dürften sich die Geborenen für geistige Heilmethoden, homöopathische Medizin, Gesundheitsdiät und andere Therapien interessieren. Bei ungünstiger Aspektierung leiden die Geborenen oft an psychosomatischen Erkrankungen und Infektionen, auch an Geisteskrankheiten und Hypochondrie. Mit einem verletzten Neptun Geborene sollten Drogen, Alkohol und künstlich hergestellte Medikamente vermeiden. Sie sollten vor allem ihrer Ernährung besondere Aufmerksamkeit schenken und Krankheiten mit Hilfe pflanzlicher Heilmittel behandeln.

Menschen mit einem ungünstig aspektierten Neptun in diesem Feld haben oft Schwierigkeiten im Erwerbsleben, sei es aufgrund von Arbeitslosigkeit, unbefriedigender Arbeitsverhältnisse oder ungenügender Arbeitsleistung. Im Gegensatz dazu können sie mit einem günstig aspektierten Neptun harmonische Arbeitsbedingungen und freundschaftliche Beziehungen zu Mitarbeitern und Vorgesetzten haben. Gewöhnlich arbeiten die Geborenen in Spitälern und anderen großen Institutionen; ihr Beruf kann auch mit Psychotherapie zu tun haben.

Neptun im siebenten Feld

Neptun im siebenten Feld bedeutet karmische Bindungen in der Ehe oder bei Partnerschaften. Oft besteht eine starke seelische Beziehung zum Ehepartner und ganz allgemein ein tiefes Verständnis für andere Menschen. Wer diese Neptunstellung hat, läßt sich leicht von den Stimmungen und Gefühlen anderer Menschen anstecken. Ist Neptun günstig aspektiert, stehen bei den mitmenschlichen Beziehungen geistige Werte im Vordergrund; solche Menschen sind andern gegenüber selbstlos und rücksichtsvoll. Sie besitzen intuitives Verständnis für den Nächsten. Ein günstig aspektierter Neptun kann auch eine ideale, auf geistiger Basis aufgebaute Ehe anzeigen.

Im siebenten Feld verheißt Neptun künstlerisches und musikalisches Talent oder zumindest entsprechenden Kunstverstand.

Ist Neptun hier ungünstig aspektiert, können sich Schwierigkeiten in der Ehe ergeben, die oft aus einer Unsicherheit in den Empfindungen entstehen. Die Geborenen lassen sich manchmal durch andere Menschen verwirren und irreführen; sie sollten in der Wahl ihrer Freunde vorsichtig sein. Die Geborenen erweisen sich hinsichtlich Partnerschaften und gesellschaftlichen Verpflichtungen oft als unzuverlässig und wankelmütig. Ist Neptun schwer verletzt, können die Geborenen mit Absicht andere täuschen, oder aber ihre Partner gaukeln ihnen etwas vor, sind unzuverlässig oder leiden unter einer seelischen Deformation. In diesem Feld zeigt ein verletzter Neptun auch die Möglichkeit von öffentlichem Skandal und Prozessen an.

Neptun im achten Feld

Im achten Feld bedeutet Neptun mediale Neigungen, die sich oft im Hang zum Spiritualismus oder Spiritismus manifestieren. In Verbindung mit Geldern von Partnern, Versicherungen, Steuern und Erbschaften können sich seltsame, mysteriöse Umstände oder Täuschungsmanöver

Bei einem günstig aspektierten Neptun in diesem Feld ist oft ein be-
ergeben.
sonderes Interesse an okkulten Themen und eine hellseherische Begabung vorhanden. Ist Neptun ungünstig aspektiert, könnte der Geborene versucht sein, okkulte Kräfte für persönlichen Gewinn zu gebrauchen. In extremen Fällen führt diese Neigung zum Ausüben von schwarzer Magie.

Ein verletzter Neptun in diesem Feld kann auf Verluste und undurchsichtige Geschäfte mit den Geldern von Partnern oder Gesellschaften seitens des Geborenen oder Dritter hindeuten. Im Zusammenhang mit Todesfällen kann es auch zu versuchter Steuerhinterziehung oder Versicherungsbetrugs kommen sowie zu Unklarheiten in Erbschaftsangelegenheiten.

Neptun im neunten Feld

Neptun im neunten Feld deutet auf ein Interesse an mystischen Religionsformen. Die Geborenen dürften sich mit mystischen Kulten, Jogasystemen, Meditation und mystischen östlichen Religionen befassen. Ist Neptun günstig aspektiert, können sie hohe Geistigkeit und eine prophetische Gabe besitzen.

Diese Stellung verheißt einen hochgradig beeindruckbaren, einfühlsamen Geist. Ist Neptun günstig aspektiert, gelangt der Geborene dank seiner Intuition zu wertvollem Wissen. Ist Neptun aber verletzt, kann diese Disposition in eine fanatische Anhängerschaft an unwirkliche Kulte und Anbetung geistiger Führer ausarten. Der Geborene vermeint, der auserwählte Jünger eines großen Propheten oder geistigen Lehrers zu sein. Er muß sorgfältig unterscheiden lernen zwischen echten geistigen Führern und Scharlatanen: Der wahre «Guru» zeigt keinerlei geistige Überheblichkeit und Ichbezogenheit.

Menschen mit einem verletzten Neptun im neunten Feld geraten manchmal in Gefahr, ihre berufliche Ausbildung zu vernachlässigen. Sie bekommen oft Schwierigkeiten mit angeheirateten Verwandten.

Neptun im zehnten Feld

Wenn Neptun im zehnten Feld steht, spielen bei der Berufslaufbahn intuitive Faktoren eine große Rolle. Für Minister, Psychologen und Psychiater, Astrologen und Hellseher ist dies eine günstige Konstellation. Die Karriere dieser Geborenen ist vielfach mit Tätigkeiten verbunden, die sich im geheimen, hinter den Kulissen oder unter besonderen Sicherheitsvorkehrungen abspielen. Menschen mit dieser Stellung können auch zum geistigen Führer geboren sein.

Meist ist ein Elternteil des Geborenen eine ungewöhnliche Persönlichkeit oder hat einen nicht alltäglichen Beruf. Viele Schauspieler, Musiker und Künstler haben Neptun im zehnten Feld.

Ein günstig aspektierter Neptun im zehnten Feld kann Ehren bedeuten, die dem Geborenen aufgrund besonderer persönlicher Verdienste oder Opfer zuteil werden. Ist Neptun jedoch verletzt, erweist sich der Geborene in seinem Beruf oft als ungeschickt und als unfähig, mit seinen Arbeitgebern auszukommen oder seine Stelle zu behalten. Manchmal kommt es auch infolge Fahrlässigkeit oder Unehrlichkeit am Arbeitsplatz zu einem Skandal und zum Verlust des guten Rufes. Oft macht der Geborene sich auch als rücksichtsloser Intrigant unliebsam bemerkbar.

Neptun im elften Feld

Neptun im elften Feld läßt auf ungewöhnliche, idealistische und enge Freundschaften und Gruppenbeziehungen schließen. Ist der Planet günstig aspektiert, werden die Geborenen ihren Freunden gegenüber großzügig sein und deshalb von ihnen geistige Führung und Unterstützung bei der Verwirklichung ihrer Ziele erhalten. Menschen mit dieser Stellung zeigen Verständnis für die Bedürfnisse der Menschheit und schließen sich Gruppen mit humanitären und spirituellen Zielen an. Oft fühlen sie sich auch zu geheimen oder mystischen Organisationen hingezogen.

Ist Neptun im elften Feld ungünstig aspektiert, erweisen sich die freundschaftlichen Beziehungen oft als unzuverlässig und trügerisch, aus Freunden können geheime Feinde werden. Schlechte Gesellschaft kann den Geborenen zur Verderbnis gereichen, oft infolge Verführung zu Drogenmißbrauch oder Alkoholismus. Diese Menschen sollten lernen, in der Wahl ihrer Freunde vorsichtig zu sein. Ein verletzter Neptun kann auch einen weltfremden, mißgeleiteten Idealismus begünstigen; der betreffende Mensch kann sich für den Lebensstil des Bohemiens entscheiden.

Neptun im zwölften Feld

Menschen mit Neptun im zwölften Feld haben eine intuitive Kenntnis von den Vorgängen im Unbewußten und mystisch-religiöse Neigungen. Sie ziehen sich gerne in die Stille und Abgeschiedenheit zurück, um zu meditieren und den «Weg nach innen» zu finden. Oft können sie sich an frühere Inkarnationen erinnern und verfügen über ein reiches Maß an geistigem Wissen.

Ist Neptun günstig aspektiert, sind die Geborenen für Hellsehen, Psychologie und Heilen begabt und besitzen poetisches, musikalisches und bildnerisches Empfinden und Talent. Bei einem verletzten Neptun grübeln sie in neurotischer Weise ausschließlich über die Probleme der Vergangenheit nach und lassen sich von negativen, irreführenden psychischen Einflüssen leiten, was zu Versponnenheit und Lebensferne und im Extremfall zu geistiger Umnachtung führen kann. Diese Menschen leiden oft unter Angstzuständen und Neurosen.

Pluto in den Zeichen

Pluto ist von allen bekannten Planeten am weitesten von der Sonne entfernt. Er ist deshalb auch der langsamste und braucht ungefähr 248 Jahre, bis er einmal den ganzen Tierkreis durchlaufen hat. Weil seine Bahn ziemlich exzentrisch verläuft, variiert die Anzahl Jahre, die er in jedem Tierkreiszeichen zubringt, zwischen zwölf und zweiunddreißig Jahren. Wie schon bei Uranus und Neptun hat seine Zeichenstellung eher für die Geschichte ganzer Generationen Bedeutung als für das persönliche Leben.

Die Plutostellung gibt Hinweise auf grundlegende historische Umwälzungen. Auf den Gebieten des Lebens und der menschlichen Zivilisation, die seiner Zeichenstellung unterstehen, werden drastische Umformungen regenerativer und degenerativer Natur eingeleitet. Meist sind sie beides zugleich, da auf dem betreffenden Gebiet Extreme im Guten wie im Bösen auftreten. Die Plutostellung in den Zeichen bedeutet immer einen tiefgehenden Wandel.

Pluto im Widder (1823–1852)

Mit dem Widder beginnt ein neuer Aktionszyklus, Widder ist das Zeichen neuer Erfahrungen. Die Periode im Widder war das goldene Zeitalter der amerikanischen Pioniere, als Menschen mit Selbstvertrauen und unerschrockenem Mut aus einer jungfräulichen Wildnis die Heimat einer mächtigen Nation schufen. Diese Menschen überwanden auch die schwersten Hindernisse und ertrugen viele Härten, um Freiheit und einen neuen Lebensstil zu erringen. Die Erinnerung an ihre harten Kämpfe blieb der Nachwelt in den zahllosen Erzählungen vom Wilden Westen erhalten.

In Europa nahmen zur gleichen Zeit viele revolutionäre Bewegungen ihren Anfang. Überall begannen die Menschen, ihre Freiheitsrechte geltend zu machen und die alten Monarchien aus den Angeln zu heben.

Pluto im Stier (1852–1884)

Stier ist ein Zeichen der materiellen und finanziellen Angelegenheiten. Pluto im Stier kennzeichnete einen Zeitraum großer wirtschaftlicher Ausdehnung, in dessen Verlauf sich Ideen wie die der normierten Einzelteile durchsetzten und die industrielle Revolution mit der Einrichtung von großen Fabriken und Baumwollspinnereien in den Vereinigten Staaten und in Europa ihren Höhepunkt erreichte. In dieser Zeit entstanden verschiedene Formen von Körperschaftsunternehmungen – nach dem Vorbild der Eisenbahnindustrie.

Pluto in den Zwillingen (1884–1914)

Zwillinge ist das Zeichen von Ideen und Erfindungen. Im Zeitraum mit Pluto in den Zwillingen wurden wichtige Erfindungen und wissenschaftliche Entdeckungen gemacht. Nikola Tesla, Thomas Alva Edison, Alexander Graham Bell und andere entdeckten die Anwendungsmöglichkeiten der Elektrizität und legten damit das Fundament für die moderne Technologie und die Kommunikationsmittel. Das Automobil wurde entwickelt, und die Gebrüder Wright flogen ihr erstes Flugzeug. In dieser Ära geschahen Durchbrüche auf dem Gebiet der praktischen Anwendung wissenschaftlicher Erkenntnisse und der Technik.

Pluto im Krebs (1914–1939)

Krebs ist ein Zeichen, das mit dem persönlichen Gefühlsausdruck, den Angelegenheiten des Heims, der Heimat, dem Boden, der Umwelt und der Nahrungsmittelherstellung zu tun hat. Die Stellung des Pluto im Krebs kennzeichnet eine Zeit wirtschaftlicher Kämpfe und eine Periode, in der sich auf der ganzen Welt starke nationalistische Gefühle entwickelten, die zum zweiten Weltkrieg führten. Es gab eine Revolutionierung der Anbautechniken, indem man chemische Dünge- und Schädlingsbekämpfungsmittel einführte und zwecks Bewässerung und Stromgewinnung Kanäle und Staudämme errichtete.

Als Reaktion auf den wirtschaftlichen und sozialen Druck, der die Familie und die nationale Sicherheit bedrohte, entstanden – gleichsam als Spiegelbild der Steinbockbedeutung – neue Regierungskonzepte: Roosevelts neue Wirtschaftspolitik (New Deal) in den Vereinigten Staaten, der Faschismus in Europa und der Kommunismus in der Sowjetunion.

Pluto im Löwen (1939–1957)

Löwe ist ein Zeichen der Führerschaft. Es drückt Energie und Macht aus. Während Pluto im Löwen stand, wurde die Atomenergie – die dem Pluto untersteht, ausgedrückt durch dessen Zeichen der Erhöhung – entdeckt und die ersten Atombomben zur Explosion gebracht. Zum ersten Mal in der Geschichte sah sich die Menschheit der erschreckenden Alternative gegenüber, eine vollständige Zerstörung der Zivilisation oder ungeahnte Höhen technologischer Leistungen zu erleben. Diese Ära begann mit den intensiven Auseinandersetzungen des Zweiten Weltkrieges. In den darauffolgenden Jahren erwuchsen aus den ehemaligen Kolonialgebieten europäischer Nationen viele neue souveräne Staaten. Es entspann sich ein weltweiter Machtkampf zwischen dem Kapitalismus – repräsentiert von den Vereinigten Staaten – und dem Kommunismus – repräsentiert von der Sowjetunion. Dieser Machtkampf war entscheidend für das Geschick der ganzen Menschheit.

Pluto in der Jungfrau (1957–1972)

Jungfrau ist ein Zeichen, das mit Arbeit, Gesundheit und der praktischen Anwendung von Technologie zu tun hat. Der Transit des Pluto durch die Jungfrau kennzeichnete eine Periode revolutionärer Veränderungen in Belangen der Anstellungsverhältnisse, der Medizin und der industriellen Produktion. Computer haben Wissenschaft, Handel und Industrie revolutioniert; Arbeiterbewegungen sind zu mächtigen politischen Kräften geworden; weitherum wurde die Verpackung von Nahrungsmitteln entwickelt. Die Automatisierung in der Industrie hat manche menschliche Arbeitskraft ersetzt. Die medizinische Wissenschaft verzeichnete aufsehenerregende Fortschritte und Entdeckungen.

Die Einführung psychedelischer Drogen in den frühen sechziger Jahren eröffnete den Menschen bisher unbekannte Gefilde des Bewußtseins und führte zu sozialen Umwälzungen bei der jüngeren Generation. Nachdem Pluto im Skorpion, dem Zeichen der Sexualität, herrscht, und Jungfrau das Zeichen der Gesundheit ist, wurden in diesem Zeitraum die Methoden zur Geburtenregelung und eine neue Sexualmoral entwickelt. Eine drastische Zunahme der chemischen Verfälschung und Verseuchung von Nahrungsmitteln ist zu einem Hauptproblem geworden und hat eine Bewegung für natürliche Nahrungsmittel ins Leben gerufen.

Pluto in der Waage (1972–1984)

Waage ist ein Zeichen der Gerechtigkeit, der menschlichen Beziehungen, der sozialen Manifestationen und der Psychologie. Während sich Pluto in der Waage befindet, muß der Mensch, wenn die Zerstörung der ganzen Welt vermieden werden soll, sein Verantwortungsbewußtsein gegenüber seinen Mitmenschen gründlich erneuern. Im Zusammenhang mit diesem Erwachen werden neue Konzepte von Ehe, Gesetz und Recht entwickelt werden.

Sollte die notwendige Erneuerung in den persönlichen, nationalen und internationalen Beziehungen in dieser Zeit nicht zustandekommen, wird die Welt während des Plutotransits durch Skorpion von Chaos und Krieg erschüttert werden. Wir müssen in dieser jetzigen Periode lernen, unsere zwischenmenschlichen und zwischenstaatlichen Auseinandersetzungen auf friedliche Weise durch Gesetze und Schiedsgerichte beizulegen, wenn die Zivilisation überleben soll.

Pluto im Skorpion (1984–2000)

Mit Pluto im Skorpion dürften die weltweiten Konflikte einen Höhepunkt an Intensität erreichen. «Erneuerung oder Tod» wird die Parole sein, weil Pluto Herrscher des Skorpions ist, des Zeichens des «Stirb oder Werde». Es gibt keine andere Zeichenstellung eines Planeten, die eine solche Potenz beinhalten würde. Diese Periode kennzeichnet das letzte Todesröcheln des Fische-Zeitalters. Für den Wahnsinn der Menschheit hat die letzte Stunde geschlagen, und es wird keine andere Wahl geben, als den Konsequenzen ins Auge zu blicken.

Während seines Durchgangs durch Waage und Skorpion ist die Umlaufgeschwindigkeit Plutos am größten. In den letzten fünfundzwanzig Jahren des 20. Jahrhunderts ist die Gefahr für Seuchen, Hungersnot und Krieg mit atomaren und biologischen Waffen am größten. Von 1975 bis 1981 befindet sich Uranus im Skorpion und von 1984 bis zum Ende des Jahrhunderts auch Pluto. In diesem Zeitraum wird die Menschheit durch schreckliche Notwendigkeit dazu gezwungen werden, sich selbst zu erneuern und sich für das Wassermannzeitalter und das Jahr 2000 vorzubereiten.

Pluto im Schützen (2000–   )

Schütze ist ein Zeichen, dem Religion, Recht, Philosophie, höhere Bildung und Reisen zugeordnet sind. Pluto wird um das Jahr 2000 in den Schützen eintreten und damit eine Periode der spirituellen Erneuerung zu Beginn des Wassermannzeitalters kennzeichnen. Zu dieser Zeit wird bei allen Menschen ein grundlegendes Verständnis für die tieferen spirituellen Werte vorhanden sein. Religionen, wie wir sie heute kennen, werden völlig umgeformt sein. Es wird eine Weltreligion geben, die auf der unmittelbaren intuitiven Kommunion des Menschen mit dem Einen Schöpfer beruht. Neue geistige Führer werden die fundamentalen Gesetze lehren, die alles Leben im Universum beherrschen. Die neue Weltreligion wird die höchsten Ausdrucksformen aller großen Religionen der Vergangenheit mit einem besseren wissenschaftlichen Verständnis für die grundlegenden Kräfte des Lebens kombinieren.

Pluto im Steinbock (1762–1777)

Steinbock ist ein Zeichen, das mit politischen und wirtschaftlichen Machtstrukturen, Beruf, Status, Ehrgeiz und Führerschaft zu tun hat. In den Jahren, in denen Pluto im Steinbock stand, entstanden neue Regierungskonzeptionen. Die bemerkenswerteste dieser Art war die amerikanische Unabhängigkeitserklärung im Jahre 1776. Mit dem Entstehen demokratischer Regierungsformen begann damals der Abbau aristokratischer Machtstrukturen.

Wenn Pluto das nächstemal in den Steinbock eintritt, wird eine

Weltregierung ihren Anfang nehmen, die auf den vordringlichsten Interessen der ganzen Menschheit basiert. Sie wird sich auf neue soziale, legale, erzieherische und religiöse Konzepte stützen, die im Laufe des Plutotransits durch den Schützen entwickelt worden sein werden.

Die Generation, die mit Pluto im Steinbock zur Welt kommt, stellt in Angelegenheiten der Organisation, Wirtschaft und staatlichen Lenkung einen dynamischen und praktischen Willen unter Beweis. Jeder Mensch soll Gelegenheit haben, seinen Fähigkeiten und seiner Selbstdisziplin entsprechend die eigenen Möglichkeiten zu verwirklichen.

Pluto im Wassermann (1777–1799)

Wassermann ist das Zeichen von Gruppenunternehmungen, intuitiven seelischen Entwicklungen und der Mitmenschlichkeit. In der Zeitspanne, während Pluto im Wassermann stand, fand der amerikanische Unabhängigkeitskrieg statt, wurde die Verfassung der Vereinigten Staaten und die amerikanische Freiheitserklärung (Bill of Rights) formuliert und George Washington und Thomas Jefferson zu Präsidenten der USA gewählt. Es fand die eigentliche Geburt der Vereinigten Staaten als demokratischer Nation statt, wodurch erstmals demonstriert wurde, daß eine Volksherrschaft in einer wohlorganisierten Demokratie möglich ist.

In die gleiche Periode fällt auch die französische Revolution, das größte europäische Experiment politischer Freiheit, der Aufstand der breiten Masse gegen überlebte diktatorische Regierungsformen.

Der nächste Durchgang des Pluto durch den Wassermann wird eine Zeit aufsehenerregender wissenschaftlicher Entdeckungen und weltweiter Verbrüderung sein. Das Wassermannzeitalter wird dann zu seiner höchsten Blüte gelangen.

Pluto in den Fischen (1799–1823)

Das Zeichen Fische repräsentiert die tiefen Schichten des Unbewußten, mystische Erfahrungen und intuitives künstlerisches Schöpfertum. Pluto in den Fischen kennzeichnete eine Zeit großer kultureller Veränderungen. Manch großes Kunstwerk wurde in dieser Zeit geschaffen.

Die nächste Generation, die mit Pluto in den Fischen zur Welt kommt, wird bemerkenswerte Fortschritte in Kunst und Kultur erzielen. Die Angehörigen werden spirituelle Einsichten in die inneren Geheimnisse des Lebens zeigen.

Pluto in den Feldern

Die Felderstellung des Pluto deutet an, auf welchen Lebensgebieten der Geborene seine schöpferischen Kräfte mobilisieren muß, um sich selbst und seine Umgebung zu erneuern. Nachdem Pluto mit den Kräften des Massenschicksals zu tun hat, zeigt seine Felderstellung, wie Veränderungen im großen jeden von uns betreffen, das heißt, wie das Schicksal der Massen mit dem Einzelschicksal verknüpft ist. Sie besagt auch, in welcher Form ein Mensch okkulte Tendenzen äußern und von den subtileren Möglichkeiten seines Denkens und Wollens Gebrauch machen wird.

Pluto im ersten Feld

Menschen mit Pluto im ersten Feld zeigen ein vertieftes Innewerden ihrer selbst und die Anlage zu einem kraftvollen Willen. Steht Pluto in Konjunktion mit dem Aszendenten und ist stark aspektiert, kann auch eine hellseherische Begabung vorliegen. Der Betreffende dürfte sich für modernste Formen der Technologie interessieren, da er das Leben als dynamischen Prozeß auffaßt.

Oft wächst ein solcher Mensch in einem armseligen und entbehrungsreichen Milieu auf und ist von klein auf mit dem Kampf ums Überleben vertraut. Dies hinterläßt seine Spuren; in späteren Jahren wird er dazu neigen, ein Einzelgänger zu sein und sich abzusondern.

Der Geborene dürfte robust gebaut sein und einen stechenden und durchdringenden Blick haben. Er ist verschlossen und nur schwer durchschaubar und wird deshalb oft verkannt.

Menschen mit dieser Stellung verfügen über ein beträchtliches Maß an Initiative, haben aber gelegentlich Mühe, mit andern zusammenzuarbeiten oder sich den traditionellen Gepflogenheiten anzupassen. Sie besitzen die Fähigkeit und das Bedürfnis, sich dank innerer Energiequellen und Kräfte immer wieder zu regenerieren. Sie achten auf ihre Gesundheit, müssen aber lernen, daß der Körper dem Geist dient, und nicht umgekehrt.

Im ersten Feld steht Pluto gleichsam als Regent, denn er ist Mitherrscher im Widder, der dem ersten Feld entspricht. Es läßt sich demnach ein hohes Maß an persönlichem Machtstreben und Willensstärke erwarten. Der betreffende Mensch ist bemüht, sein Denken und Fühlen weitgehend der Kontrolle des Bewußtseins unterzuordnen. Sein Nonkonformismus und Individualismus machen es ihm jedoch oft schwer, sich in häuslichen Angelegenheiten, in Ehe und Beruf zurechtzufinden.

Pluto im zweiten Feld

Im zweiten Feld bedeutet Pluto ein ehrgeiziges Streben nach Geld und materiellem Besitz. Weil Pluto das Zeichen Skorpion und das achte Feld beherrscht, die dem Zeichen Stier und dem zweiten Feld gegenüberliegen, dürften hier die finanziellen Ambitionen des Geborenen auch das Geld anderer Menschen miteinbeziehen.

Ist Pluto im zweiten Feld günstig aspektiert, können solche Menschen dank ihres Spürsinns für verborgene finanzielle Möglichkeiten zu Geld kommen.

Bei ungünstiger Aspektierung kann krasse Habsucht und übertriebener Egoismus den betreffenden Menschen in ernstliche Schwierigkeiten bringen. Er wird seine Freunde verlieren und möglicherweise in Rechtsstreitigkeiten verwickelt werden. Dies steht meist im Zusammenhang mit Steuerangelegenheiten, Erbschaften und Versicherungen sowie durch Spekulationen bedingten finanziellen Rückschlägen.

Wer Pluto im zweiten Feld hat, muß durch eine harte Schule zur Erkenntnis gelangen, daß wir nur Sachwalter der materiellen Mittel sind, und daß diese zum Wohle aller verwendet werden müssen.

Pluto im dritten Feld

Pluto im dritten Feld verspricht einen scharfen Intellekt, der fähig ist, die grundlegenden Gesetze des Daseins zu begreifen. Menschen mit dieser Stellung haben im allgemeinen sehr bestimmte Ansichten, die sie oft lautstark zum Ausdruck bringen. Sie sind nicht bereit, von ihrer Meinung auch nur ein Jota abzuweichen, es sei denn, unbestreitbare Tatsachen würden sie Lügen strafen. Dank ihres Einfallsreichtums gewinnen sie leicht Freunde und Partner, die ihnen beim Nutzbarmachen und Verbessern ihrer Ideen behilflich sind.

Menschen mit dieser Stellung besitzen reiche geistige Möglichkeiten und wissenschaftliches Talent. Sie können auch am Studium okkulter Dinge interessiert sein.

Aufgrund verschiedener Umstände werden diese Menschen oft verantwortlich für höchst bedeutsame Sonder- oder Geheiminformationen. Was sie weitergeben und denken, kann ernste Folgen haben. Sie neigen auch dazu, aus mysteriösen Gründen geheime Reisen zu unternehmen, auf denen oft seltsame Dinge, unter anderem auch Unfälle, passieren.

Ist Pluto ungünstig aspektiert, ziehen sie sich oft durch allerhand Ränke und Schliche den Unwillen und die Feindschaft von Geschwistern und Nachbarn zu. Auch mit Mitarbeitern und sozialen Institutionen kann es Zwistigkeiten und heimlichen Hader geben.

Pluto im vierten Feld

Menschen mit Pluto im vierten Feld möchten innerhalb ihrer vier Wände den Ton angeben. Diese dominierende Haltung kann andere Familienangehörige entfremden, falls Pluto ungünstig aspektiert ist. Meist gelingt es ihnen dank ihrer Findigkeit, die häuslichen Belange sicherzustellen.

Eine elementare Erdverbundenheit kommt in der Liebe zur Natur, Interesse an Ökologie, Naturschutz, Geologie oder anderen Methoden zur Erforschung des Erdbodens, manchmal auch in einer Begabung als Rutengänger zum Ausdruck. Oft haben die Geborenen mit dem Bergbau zu tun.

Ist Pluto ungünstig aspektiert, könnte ein Elternteil früh sterben. In späteren Jahren dürften die Geborenen okkulte Interessen entwickeln und hinsichtlich Heim und Familie könnten sich mysteriöse Umstände ergeben. Es besteht auch die Gefahr von Machtkämpfen mit Familienangehörigen oder anderen im gleichen Haushalt lebenden Personen.

Pluto im fünften Feld

Pluto im fünften Feld zeigt schöpferische Kraft an, die sich auf vielerlei Art äußern kann: in künstlerischer Tätigkeit, in intensiven Liebesbeziehungen oder als Erbanlage bei talentierten Nachkommen. Ist Pluto in diesem Felde günstig aspektiert, empfängt der betreffende Mensch Inspirationen von einer höheren Bewußtseinsebene, die er künstlerisch gestaltet. Durch das Erlebnis der Liebe erfahren die Geborenen eine geistige Erneuerung. Ihre Kinder können Willenskraft, Talent und Genialität besitzen.

Ist Pluto im fünften Feld ungünstig aspektiert, besteht die Gefahr einer Selbsterniedrigung durch sexuelle Exzesse. Diese Menschen neigen oft dazu, den Liebespartner zu dominieren, oder werden ihm hörig. Sie nehmen Kindern gegenüber eine übertrieben strenge oder dominierende Haltung ein. Es besteht die Gefahr schwerer Verluste durch Spekulationen, falls Pluto verletzt ist.

Pluto im sechsten Feld

Mit Pluto im sechsten Feld Geborene sind fähig, die bereits eingegangenen Anstellungsbedingungen und die Arbeitsmethoden zu verbessern. Sie eignen sich für Sekretariatsarbeiten, sind manchmal auch Besitzer von Autofriedhöfen oder haben eine Beschäftigung in der Abfallverwertungsindustrie. Auch Mitarbeiter bei staatlichen Atomenergieprojekten können Pluto im sechsten Feld haben.

Diese Menschen müssen auf ihre Gesundheit achten. Dies kann durch positives Denken oder durch richtige Ernährungs- und Hygienegewohnheiten geschehen. Sie können auch geheime Heilkräfte besitzen: Viele Heilpraktiker haben Pluto in dieser Stellung.

Ist Pluto im sechsten Feld sehr schlecht aspektiert, ist die Gesundheit des betreffenden Menschen gefährdet. Es kann auch bedeuten, daß der Geborene seine Einstellung zu Arbeit und Dienstleistung ändern muß, um die Sicherheit des Arbeitsplatzes zu gewährleisten, weil er dazu neigt, Mitarbeitern, Vorgesetzten und Untergebenen gegenüber anmaßend und unkooperativ zu sein. Berufliches Versagen kann zu geistiger Verwirrtheit führen und Unredlichkeit bei der Arbeit kann gesetzliche Ahndung nach sich ziehen. Gewissenhafte und aufbauende Arbeit wird finanziellen Gewinn, Ansehen und Anerkennung bei dieser Plutostellung bringen.

Pluto im siebenten Feld

Das Leben von Menschen mit Pluto im siebenten Feld wird oft durch Ehe, Partnerschaften und gesellschaftliche Beziehungen drastisch verändert. Sie ziehen meist willensstarke und dominierende Partner an, die möglicherweise okkulte Neigungen haben. Der Geborene hat einen ausgeprägten Gerechtigkeitssinn und reagiert heftig auf Verfehlungen und Betrügereien seitens anderer.

Diese Menschen müssen die Notwendigkeit aufbauender Zusammenarbeit einsehen lernen, damit sie positive Anstrengungen unternehmen, um dieselbe zu fördern.

Ist Pluto günstig aspektiert, haben sie ein intuitives Verständnis für ihre Mitmenschen und deren Motivationen, weshalb diese Stellung für Psychologen, Anwälte und Richter von Vorteil ist. Im siebenten Feld steht Pluto sozusagen im Exil, weil es der Waage, dem gegenüberliegenden Zeichen von Widder entspricht. Er bedeutet hier eine Tendenz, den Schwächeren zu beherrschen oder sich selbst von einem Stärkeren beherrschen zu lassen.

Menschen mit dieser Stellung müssen lernen, Initiative und Verantwortlichkeit gleichermaßen mit anderen zu teilen.

Pluto im achten Feld

Pluto im achten Feld spricht für einen mächtigen okkulten Einfluß, der mit der Frage der Unsterblichkeit zusammenhängt und sich in einem Interesse an Reinkarnation, Karma, Astrologie, Joga, Meditation und anderen esoterischen Belangen äußert. Ein intuitives Gewahrsein innerer Vorgänge verleiht eine besondere Begabung für Physik.

Bei günstiger Aspektierung ist der Geborene fähig, den Fährnissen des Lebens siegreich zu trotzen und kann anderen helfen, versiegte Quellen wieder zu regenerieren.

Menschen mit dieser Stellung besitzen einen starken Willen, manchmal in Verbindung mit hellseherischen Fähigkeiten. Sie haben oft eine extreme Alles-oder-Nichts-Einstellung. Für sie ist das Leben eine ernsthafte Sache. Sie beschäftigen sich meist nur mit wesentlichen Dingen und haben für Trivialitäten nicht viel übrig. Sie geraten deshalb oft in drastische Situationen, bei denen es um Leben oder Tod geht und die sie manchmal zu einer abrupten Kehrtwendung in ihrer Lebensweise und in ihren moralischen Anschauungen zwingen. Ist Pluto günstig aspektiert, beweisen diese Menschen in Lebenskrisen Rückgrat und Findigkeit. Viele ihrer Tätigkeiten gehen im geheimen vor sich.

Ist Pluto schlecht aspektiert, können im Zusammenhang mit dem Geld von Partnern, Versicherungen, Steuern und Erbschaften ernste Probleme auftauchen. Der Betreffende gerät auch in Versuchung, seine okkulten Kräfte zu mißbrauchen.

Pluto im neunten Feld

Pluto im neunten Feld bedeutet ein Interesse an Reformen rechtlicher, erzieherischer, moralischer und philosophischer Systeme und ein besonderes Verständnis für grundlegende soziale Zusammenhänge. Die betreffenden Menschen sind in dieser Hinsicht speziell begabt und können gewisse Entwicklungen der Menschheit und ihrer Zivilisation voraussehen. Ist Pluto gut und stark aspektiert, zeigt sich eine Befähigung zu geistiger Führerschaft. Wird der Ehrgeiz, durch höhere Bildung, Reisen oder geistige Errungenschaften Ansehen zu erlangen, zu weit getrieben, kann daraus geistiger Hochmut und Ehrsucht werden. Ist Pluto günstig aspektiert, können allerdings dank höherer Bildung wesentliche Leistungen erzielt werden. Für Pluto kann diese Stellung als günstig betrachtet werden, weil hier der Wille von moralischen Grundsätzen geleitet wird.

Menschen mit dieser Stellung sind kaum bereit, Heuchelei und soziale Ungerechtigkeit zu dulden. Manchmal werden sie auch zu Revolutionären, wenn ihnen die vorhandenen Einrichtungen unangemessen oder diskriminierend erscheinen.

Menschen mit einem verletzten Pluto im neunten Feld können zu anmaßenden religiösen Fanatikern werden, die dazu neigen, ihre Lebensanschauung andern aufzuzwingen. Ist Pluto sehr ungünstig aspektiert, können asoziale Weltanschauungen und atheistische Glaubensauffassungen zum Ausdruck kommen. Tiefgreifende Erschütterungen können den betreffenden Menschen jedoch dazu zwingen, seine religiösen Ansichten zu ändern.

Pluto im zehnten Feld

Im zehnten Feld zeigt Pluto eine hochentwickelte Willenskraft und einen starken Erfolgstrieb an. Menschen mit dieser Stellung können bei der Reform bestehender Machtstrukturen geistige Führer sein. Sie dürften auch führende Köpfe in Naturwissenschaft und Geheimwissenschaft sein, und ihre besondere Begabung zum Heilen, Hellsehen und zur Prophetie kann sie berühmt machen. Sie sind geschickt im Umgang mit Menschen in mächtigen Stellungen und verstehen deren Motive. Dies ist demnach eine günstige Stellung für Menschen, die mit Politik oder anderen Belangen öffentlicher Tätigkeit zu tun haben. Mit einem günstig aspektierten Pluto werden sie dank ihres Weitblickes zu erfolgreichen führenden Persönlichkeiten.

Ihre Bestrebungen, eine bessere Weltordnung zu verwirklichen, schafft ihnen mächtige Freunde und Feinde. Sie werden leicht mißverstanden und damit zu umstrittenen Figuren. Krisen in ihrer Karriere können sie dazu zwingen, ihre beruflichen Aktivitäten drastisch zu verändern.

Ist Pluto in diesem Feld ungünstig aspektiert, können sich diktatorische Tendenzen und ein egoistischer Ehrgeiz höchst unangenehm bemerkbar machen. Manchmal leiden mit dieser Position Geborene aufgrund ihrer eigenen erdrückenden Verantwortlichkeiten unter dem Gefühl der Entfremdung von anderen Menschen.

Pluto im elften Feld

Menschen mit Pluto im elften Feld bringen ihre reformerischen Neigungen in Freundschaften und Gruppenverbindungen zum Ausdruck.

Bei dieser Stellung sind die Motive des betreffenden Menschen von ausschlaggebender Bedeutung, weil sie darüber entscheiden, ob seine Verbündeten sich von ihm unterstützt oder ausgenützt fühlen. Ist Pluto günstig aspektiert und sind seine Motive lauter, kann sich der Geborene mit mächtigen Freunden und Gruppen verbünden, die ihm bei der Förderung wissenschaftlicher und humanitärer Ziele helfen. Pluto ist im elften Feld sozusagen in seinem Fall, weil er im gegenüberliegenden Zeichen des natürlichen Horoskops, im Löwen, erhöht ist. Die betreffenden Menschen müssen deshalb darauf achten, die Rechte der anderen stets zu respektieren und ihre Willenskraft im Dienste der Zusammenarbeit einzusetzen, damit sie in der Gruppe schöpferisch wirken können. Sind ihre Motive und Beziehungen zu Freunden eigennützig, werden finanzielle Verluste, Enttäuschungen in der Liebe und Sorgen mit Steuern und gemeinsamen Mitteln die Folge sein. Im Gesundheitszustand, im Anstellungsverhältnis und in der Heimsituation können sich Schwankungen bemerkbar machen. Andererseits führt eine ersprießliche Zusammenarbeit mit anderen zu erfolgreichen Partnerschaften und zu reichen persönlichen Erfahrungen.

Menschen mit einem günstig aspektierten Pluto im elften Feld können sich zu erfolgreichen, dynamischen Gruppenleitern entwickeln. Sie neigen dazu, Geheimorganisationen beizutreten und geheime Freunde zu haben. Sie besitzen eine außergewöhnliche intuitive Einsicht, die sich, wenn das übrige Horoskop auf Intelligenz schließen läßt, als geniale wissenschaftliche Begabung manifestiert.

Ein verletzter Pluto im elften Feld deutet auf abrupt beendete Freundschaften und finanzielle Verluste, die durch extravagante Ausgaben für Freunde und Vergnügungen verursacht werden.

Pluto im zwölften Feld

Menschen mit Pluto im zwölften Feld haben das Bedürfnis, Inhalte ihres Unbewußten bewußt zu machen und zu entziffern. Dies kann sich als ein Interesse an Psychologie, Okkultismus oder Mystik manifestieren.

Ist Pluto in diesem Feld günstig aspektiert, verfügen die betreffenden Personen über ein tiefes Einfühlungsvermögen und hellseherische Fähigkeiten. Sie haben viel Verständnis für ihre Mitmenschen und helfen den vom Unglück Betroffenen. Sie sind imstande, tief zu meditieren und okkulte Geheimnisse zu verstehen, eine Fähigkeit, die in hochentwickelten intuitiven Kräften zum Ausdruck kommt. Sie sind für die telepathische Übertragung von Gedanken, Gefühlen und Motiven ihrer Mitmenschen empfänglich. Dies könnte sie eher dazu veranlassen, sich in die Stille und Abgeschiedenheit zurückzuziehen oder heimlich gegen jene zu intrigieren, die ihnen mißfallen. Wenn sie sich zu sehr mit ihren eigenen Problemen beschäftigen und die Ansichten und moralischen Gesichtspunkte der andern ignorieren, werden sie in ihrer Arbeit kaum vorankommen.

Ein ungünstig aspektierter Pluto in diesem Feld kann geheime Feinde, neurotische Schwierigkeiten und die Gefahr anzeigen, mit zerstörerischen psychischen Kräften in Berührung zu kommen. Diese Menschen müssen Séancen, Drogen oder andere Vorkehrungen meiden, die sie mit niederen astralen Phänomenen in Kontakt bringen könnten.

7. DISPOSITOREN VON PLANETEN

Als Dispositor oder Herrscher eines bestimmten Planeten bezeichnet man denjenigen Planeten, der das Zeichen regiert, in dem sich der erstere befindet. Ein Planet, der in dem von ihm regierten Zeichen steht – also z. B. Mars im Widder – hat keinen Dispositor, er beherrscht sich selbst.

Der herrschende Planet hat eine gewisse Bedeutung für die Angelegenheiten, die dem Zeichen und dem Feld unterstehen, in welchem der beherrschte Planet zu finden ist. Zeichen- und Feldstellung sowohl des herrschenden als auch des beherrschten Planeten sind ebenfalls auf subtile Weise miteinander verbunden.

Beherrschen sich zwei Planeten gegenseitig, stehen also wechselseitig einer im Zeichen des andern – z. B. Uranus in den Zwillingen und Merkur im Wassermann – nennt man dies gegenseitige Rezeption. Das bedeutet für beide Planeten zusätzliche positive Kraft und Würde und auch besondere Qualitäten. Sie unterstützen sich gegenseitig in ihren Funktionen.

Es können auch ganze Herrscher- oder Dispositorenketten entstehen, wenn ein herrschender Planet seinerseits von einem andern beherrscht wird und so weiter. Nehmen wir an, Mars steht in den Zwillingen, so wird er von Merkur, dem Herrscher der Zwillinge, beherrscht. Findet sich nun Merkur im Schützen, dessen Regent Jupiter ist, so wird er von Jupiter beherrscht. Sollte nun Jupiter im Löwen stehen, so ist sein Dispositor die Sonne, die den Löwen regiert. Findet sich die Sonne wiederum im Steinbock, dessen Herrscher Saturn ist, so wird sie von Saturn beherrscht. Und steht Saturn selbst ebenfalls im Steinbock, so ist er der Endpunkt dieser Kette und damit der Enddispositor von Merkur, Mars, Jupiter und Sonne, die eine Kette indirekter Dispositoren bilden. Der Enddispositor einer solchen Kette steht im Zeichen seiner Regentschaft, was ihm besondere Macht und Würde verleiht.

Sollte, was manchmal der Fall ist, nur ein einziger Planet in seinem eigenen Zeichen stehen und zugleich der Enddispositor aller anderen Planeten sein, so kommt ihm eine ungeheure Bedeutung im Horoskop zu. Sein Einfluß wiegt denjenigen eines Geburtsgebieters auf.

Gibt es keinen Enddispositor, so wird der Horoskopeigner Mühe haben, sich eine eigene Meinung zu bilden, und es mangelt ihm an Tat- und Entschlußkraft. Dies kann nur in einem Horoskop der Fall sein, in welchem kein Planet im Zeichen seiner Regentschaft steht.

Manchmal ergeben sich Dispositorenkreise wie im folgenden Beispiel: Mars in der Jungfrau, Dispositor Merkur in der Waage, Dispositor Venus im Schützen, Dispositor Jupiter im Widder, der nun seinerseits wieder von Mars beherrscht wird, der ja den Anfang der Kette bildet. Solche Kreisketten haben keinen Enddispositor. Sie deuten auf einen Menschen, der dazu neigt, sich im Kreis zu bewegen, und unfähig ist, zu schlüssigen Entscheidungen zu kommen.

Sind zwei oder mehr Planeten im Horoskop in ihren Herrschaftszeichen und beherrschen einen oder mehrere Planeten, so bilden sie unabhängig voneinander herrschende Machtpositionen, die sich im Leben des Geborenen als autonome oder individuelle Verhaltensstrukturen manifestieren. Stehen die Dispositoren in einem Aspekt zueinander, so sind diese Verhaltensstrukturen zu einem erweiterten Muster harmonierender oder widerstreitender psychologischer Tendenzen verbunden.

Ein anderer Spezialfall tritt ein, wenn zwei Planeten in gegenseitiger Rezeption die Enddispositoren der anderen Planeten sind. In diesem Falle wird die Handlungsweise des Geborenen von beiden Planeten gemeinsam bestimmt. Sind zum Beispiel Jupiter im Steinbock und Saturn im Schützen die Enddispositoren aller oder der meisten anderen Planeten im Horoskop, muß man ihre Kombination als ausschlaggebend für die Art der Entscheide des Geborenen betrachten. Dabei kann allerdings aufgrund anderer Faktoren, wie Erhöhung, Fall oder Exil, einer der beiden Planeten dominieren. Befindet sich beispielsweise Mars im Steinbock und Saturn im Widder, so steht der Mars erhöht, Saturn aber im Fall. Marsische Antriebe und Ehrgeiz werden demnach beim Geborenen gegenüber den saturnischen Prinzipien der Vorsicht und Zurückhaltung die Oberhand haben. Dazu kommt, daß die beiden Zeichen zueinander einen Quadrataspekt bilden. Mars und Saturn haben in diesem Falle die Tendenz, sich gegenseitig zu bekämpfen. Manchmal sind beide Planeten schwach gestellt, etwa Venus im Skorpion und Mars in der Waage. Nachdem hier beide Planeten im Zeichen ihres Falls stehen und von Grund auf gegensätzlicher Natur sind, werden sie sich gegenseitig neutralisieren oder gegenseitig ihre Schwierigkeiten aufbürden.

Stehen die beiden Planeten, die in Rezeption sind, in verträglichen Zeichen, wie etwa der Mond im Stier und Venus im Krebs, so kann immer noch einer stärker gestellt sein – wie hier der Mond, der im Stier erhöht ist. Oder sie können durch ihre Felderstellung zusätzliches Gewicht erhalten – etwa wenn der Mond im zehnten Feld stünde und Venus im zwölften.

Bilden zwei Planeten in Rezeption einen Aspekt zueinander, so ist dieser Aspekt noch stärker als er es sonst wäre. Wenn zum Beispiel Mars auf 10° Löwe und die Sonne auf 12° Widder steht, so erhält dieses Trigon, obwohl es sich um einen in Trennung begriffenen Aspekt handelt, dadurch verstärkte Kräfte, daß die beiden Planeten in Rezeption stehen. Für den Geborenen bedeutet dies in unserem Beispiel ungeheuer viel Mut und Energie. Das Sonnenprinzip der Macht und Herrschaft wird allerdings das Marsprinzip der Aktivität etwas dominieren, weil die Sonne im Widder erhöht ist (wenn alle anderen Faktoren für beide Planeten gleichwertig sind und nicht zum Beispiel Mars sehr viel stärker aspektiert ist als die Sonne).

Die Sonne als Enddispositor

Ist die Sonne Endherrscher aller Planeten in einem Horoskop, dominiert der Impuls nach Ansehen, Macht und Prestige alle anderen Fähigkeiten des Geborenen, die gesamthaft im Dienste dieses grundlegenden Machthungers eingesetzt werden. Dies kennzeichnet den «Superlöwen», in dem die fundamentalen Qualitäten der Sonne am stärksten und dramatischsten zum Ausdruck kommen. Wie sich beim Geborenen diese solaren Löwetendenzen äußern, hängt von der Felderstellung und der Aspektierung der Sonne ab. Die Geborenen können völlig egozentrisch sein. Alles soll sich nur um sie drehen. Sie erweisen sich meist tatsächlich als äußerst begabte Leiter und Organisatoren und gelangen dank ihrer Energie, ihrem Mut und ihrem Selbstvertrauen oft zu großem Ruhm. Gelegentlich kann ihre kindliche Unschuld völlig entwaffnend sein, aber sie ist nur eine vorübergehende Szene im Schauspiel und wird von anderen Löwequalitäten wieder abgelöst werden.

Der Mond als Enddispositor

Ist der Mond Endherrscher aller Planeten in einem Horoskop, konzentriert sich Denken und Fühlen des Geborenen in erster Linie auf Heim, Familie und gutes Essen. Er trifft seine Entscheidungen vorwiegend aufgrund von Gefühlen und weniger aufgrund rationaler Überlegungen. Er ist eher konservativ und hält sich an ererbte und bewährte Verhaltensmuster. Infolge seiner großen Empfindsamkeit neigt er dazu, sich den Menschen und Geschehnissen in seiner Umgebung gut anzupassen. Oft spielen im Leben des Geborenen Frauen eine dominierende Rolle. In welcher Weise sich dies auswirkt, hängt von den Aspekten des Mondes ab, weil der Mond die Eigenschaften jedes Planeten, der ihn stark bestrahlt, annimmt. Da der Mond kein Eigenleben besitzt, wirkt er als Vermittler für die Einflüsse anderer Planeten. Menschen mit dieser Horoskopkonstellation neigen daher dazu, sich von den um sie herum vorherrschenden Einflüssen, die der Natur der den Mond aspektierenden Planeten entsprechen, passiv führen zu lassen. Sie haben häufig mit der Öffentlichkeit zu tun, aber eher in ausführender denn in führender Funktion. Oft sind sie infolge ihrer großen Empfindlichkeit gegenüber äußeren Einflüssen eher scheu und zurückhaltend. Der Einsiedlerkrebs zieht sich in sein Schneckenhaus zurück und verhält sich abwartend, bis es wieder tunlich erscheint, vorwärts zu gehen.

Merkur als Enddispositor

Ist Merkur der Endherrscher aller Planeten in einem Horoskop, kennzeichnet dies Menschen, die ihre Entscheide aufgrund verstandesmäßiger Erwägungen fällen. Diese Geborenen unternehmen nichts, ohne dafür gute praktische Gründe zu haben. Es käme ihnen nie in den Sinn zu handeln, ohne zu wissen, weshalb. Manchmal sind sie allerdings allzu sehr darauf bedacht, alles bis ins kleinste Detail gedanklich abklären zu wollen, und versäumen dadurch, rechtzeitig zu handeln. Sie vergessen manchmal, daß alles echte Wissen auf Erfahrung und empirischer Beobachtung beruht. Sie sind aber für ihre Intelligenz und wissenschaftliche Haltung dem Leben gegenüber bekannt. Sie gehen erkenntnismäßig an eine Sache heran und verzeichnen dort Erfolg, wo Gewaltanwendung versagt. Verstand und Wahrheitsliebe dominieren gegenüber persönlichen Vorurteilen und Gefühlsrücksichten. Solchen Menschen sind daher die emotionalen Verwirrungen, in die andere Menschen hineingezogen werden, eher fremd. Sie werten die Erfahrungen aus, um zu rationalen Schlüssen zu kommen. Diese Geborenen taugen vorzüglich zum Schriftsteller, Lehrer, Forscher und Wissenschaftler und sind fähig, jeden Aspekt des Lebens gedanklich zu ergründen und darüber zu debattieren. Die Kehrseite dieser Veranlagung kann sich darin äußern, daß solche Menschen oft kalt und unnahbar erscheinen und dazu neigen, in einem Elfenbeinturm zu leben.

Venus als Enddispositor

Ist Venus der Endherrscher aller Planeten in einem Horoskop, werden die Entscheide des Geborenen weitgehend durch die Kriterien der Beliebtheit, Schönheit und Harmonie bestimmt. Menschliche Rücksichten stehen bei diesen Menschen im Vordergrund. Sie sind meist begabte Künstler und Musiker, haben aber auch Geschick für Public Relations und arbeiten gerne partnerschaftlich mit anderen zusammen. Wo gesellschaftliches Feingefühl und Diplomatie vonnöten sind, kann man immer auf sie zählen. In ihrer höchsten Ausdrucksform bedeutet diese Stellung den geborenen Friedensstifter. Er hat die Gabe, andere Menschen zu erheitern und zu erfreuen; er macht die Welt schöner und das Leben lebenswerter. Der Geborene ist romantisch und sucht die Erfüllung in Liebe und Ehe. Das Venusprinzip der Anziehung kommt hier so stark zur Geltung, daß die Geborenen von den vielen Menschen, die in ihr Leben treten, geradezu überrannt werden; sie haben gar nicht Zeit, sich allen zu widmen, und müssen sich zurückziehen, um ihr eigenes Gleichgewicht wiederzufinden.

Mars als Enddispositor

Ist Mars der Endherrscher aller Planeten in einem Horoskop, huldigen die Geborenen dem Erfolgsprinzip und richten all ihre Handlungen und Entscheidungen danach. Diese Menschen sind starke Führernaturen und auf jedem Lebensgebiet fähig, nutzbringend zu handeln. Sie zeichnen sich aus bei der Lösung von Aufgaben, die einen großen Energieaufwand erfordern. In der Regel besitzen sie überquellende Vitalität, Willenskraft und Mut. Kraft Einsatzbereitschaft und harter Arbeit vermögen sie Ideen in die Tat umzusetzen. Handeln ist eines der Attribute von Mars. Ist Mars von einem der höheren aktiven Planeten (Uranus, Neptun und Pluto) günstig aspektiert, sind die Geborenen gute Heilpraktiker. Sie neigen allerdings dazu, starke Sympathien und Antipathien zu entwickeln, und können sich unter Umständen als gefährliche Feinde entpuppen.

Jupiter als Enddispositor

Ist Jupiter der Endherrscher aller Planeten in einem Horoskop, nimmt der Geborene dauernd auf soziale, philosophische, moralische und religiöse Überlegungen Rücksicht, wenn es gilt, eine Entscheidung zu fällen oder die Marschrichtung zu wählen. Er möchte so handeln, daß die Auswirkungen möglichst vielen Menschen zugute kommen, und schließt sich deshalb gerne humanitären Institutionen an. Er glaubt an die Kraft des positiven Denkens und hat oft vermöge seines Vertrauens, Optimismus und guten Willens Erfolg. Er besitzt die Fähigkeit, anderen Vertrauen einzuflößen und so ihre Unterstützung und Mitarbeit zu gewinnen. Das ist das große Erfolgsgeheimnis des Jupiter. Die Voraussicht des Geborenen befähigen ihn, die Möglichkeiten der Zukunft zu erkennen, und vermitteln ihm einen Vorsprung auf dem Weg zum Erfolg.

Saturn als Enddispositor

Ist Saturn der Endherrscher aller Planeten in einem Horoskop, sichert sich der Geborene seinen Erfolg aufgrund seiner ausgeprägten Disziplin und seines praktischen Organisationstalents. Sicherheit und Stabilität auf lange Sicht bestimmen seine Entscheidungen und Handlungsziele. Er geht stets überlegt und systematisch vor und wendet sich erst nach gründlicher Erledigung einer Aufgabe der nächsten zu. Sein Erfolg beruht auf Zuverlässigkeit und harter Arbeit. Er erwirbt sich bei seinen Mitbürgern den Ruf absoluter Verläßlichkeit und Vertrauenswürdigkeit. Alle seine Handlungen dienen einem genau bestimmten Zweck. So baut er sich seine Karriere und seine gesellschaftliche Stellung durch geduldige, methodische Bemühungen auf.

Uranus als Enddispositor

Ist Uranus der Endherrscher aller Planeten in einem Horoskop, brilliert der Geborene durch seine Originalität. Oft gewinnt er aus überbewußten Ebenen kreative Inspirationen. Er zeichnet sich vor allem auf wissenschaftlichen und geistigen Gebieten aus. Blitzartige Einsichten können seine Handlungen und Entscheidungen bestimmen. Er besitzt die Fähigkeit zur Telepathie. Deshalb handelt er oft aus scheinbar völlig unerklärlichen Gründen. Solche Menschen benötigen ein breites Spektrum persönlicher Ausdrucksmöglichkeiten und sind ganz unkonventionell. Es ist ihnen völlig gleichgültig, als exzentrisch zu gelten.

Neptun als Enddispositor

Ist Neptun der Endherrscher aller Planeten in einem Horoskop, wird der Geborene in den Augen der Mitmenschen seine Entscheidungen und die Wahl seiner Handlungsziele aus offensichtlich völlig unerfindlichen Beweggründen treffen. Er ist meist schwierig zu verstehen, weil er nicht aus reellen Erwägungen, sondern aufgrund subtiler spiritueller Motivationen handelt. Solche Menschen gibt es nicht in jeder Generation, denn Neptun braucht durchschnittlich fünfzehn Jahre, um ein Zeichen zu durchwandern, und er müßte ja im Schützen oder in den Fischen stehen, um der Enddispositor zu sein. Neptun steht jetzt noch bis Februar 1984 im Zeichen Schütze.

Pluto als Enddispositor

Ist Pluto der Endherrscher aller Planeten in einem Horoskop, werden die Geborenen von einem inneren geistigen Antrieb dominiert. Sie sind fähig, ein Vorgehen zu wählen, das ungeheure Willenskraft und innere Stärke erfordert, um ihre Ziele zu erreichen. Wie im Falle von Neptun finden sich auch diese Geborenen nicht in jeder Generation, weil sich Pluto noch langsamer durch den Tierkreis bewegt als Neptun und entweder im Widder oder im Skorpion stehen muß, um Enddispositor zu sein.

8. ERHÖHUNG DER PLANETEN

Ein Planet ist am stärksten in den Zeichen, in denen er herrscht oder erhöht ist. Erhöht nennt man einen Planeten in einem Zeichen, in dem das Planetenprinzip von der Kraft des Zeichenprinzips profitieren kann. Damit ist gemeint, daß sich der Planet im Zeichen seiner Erhöhung in einem Milieu befindet, das gemäß einem Naturgesetz das Grundprinzip des Planeten erzeugt. Deshalb befindet sich ein Planet im Zeichen seiner Erhöhung sowohl hinsichtlich des Ausmaßes als auch der Intensität der Energie in der mächtigsten Zeichenstellung.

Das Zeichen, in dem ein Planet herrscht, gewährleistet die günstigsten Bedingungen für die Entfaltung des Planetenprinzips; diese Bedingungen erzeugen jedoch nicht notwendigerweise die Kraft des Planetenprinzips.

Das Zeichen, in dem ein Planet im Fall ist, d. h. in dem er am schwächsten ist, steht immer demjenigen seiner Erhöhung gegenüber.

Im Zeichen, das demjenigen seiner Regentschaft gegenübersteht, befindet sich der Planet im Exil. In diesem Zeichen ist er im Ausdruck seiner Grundcharakteristik am stärksten eingeschränkt. Das heißt nicht unbedingt, daß er dort am schwächsten sei, etwa so, wie im Zeichen seines Falles, der weit schlimmer ist für die Kraft des Planetenprinzips als das Exil. So befindet sich Mars zum Beispiel in der Waage im Exil, aber dies ist für ihn keine so ungünstige Stellung, weil die saturnischen und venusischen Anteile der Waage die marsische Grundeigenschaft der Aggressivität durch Zurückhaltung und Feingefühl mildern. Im Zeichen seines Falles jedoch, im Krebs, wird Mars verwässert, entmännlicht und ans Heim gefesselt, was der denkbar unpassendste Ort ist, um die marsische Aggressivität zum Ausdruck zu bringen.

Die Tierkreiszeichen sollten nicht nur gemäß der sie regierenden, sondern auch der in ihnen erhöhten Planeten interpretiert werden. Man könnte die letzteren, wie zum Beispiel Venus in den Fischen, auch erhöhte Herrscher eines Zeichens nennen. Wenn man den erhöhten Herrscher eines Zeichens außer acht läßt, versteht man nur die Hälfte der Zeichenbedeutung. Die Bedeutung der erhöhten Regenten für ihr Zeichen fällt insbesondere bei höher entwickelten Menschentypen stärker ins Gewicht. Ein Beispiel: Weil die Waage Saturn als erhöhten Herrscher hat, sind die höher entwickelten Waagemenschen ebensosehr von Saturn beeinflußt wie von der Venus. Daher stammt ihr Sinn für Gerechtigkeit, ihr Streben nach Gleichgewicht und Ausgewogenheit, ihre Organisationstüchtigkeit, ihre ehrgeizigen Tendenzen und ihre Disziplin. Das Uranus/Saturn/Wassermann unterstellte mittlere Dekanat der Waage ist in diesem Sinne besonders empfänglich, weil es ja mit dem Mitherrscher des Wassermanns, dem Saturn, einen zusätzlichen Saturneinfluß besitzt.

Die Sonne ist im Widder erhöht

Es ist leicht einzusehen, weshalb die Sonne als Lebensspender und Ursprung aller Energie für unser Sonnensystem im Widder, dem Zeichen des Neubeginns eines Erfahrungszyklus, als erhöht gilt. Die Sonne als Verkörperung des Machtprinzips muß die primäre Ursache aller Erscheinungsformen sein. Hochentwickelte Widdermenschen werden den kreativen solaren Einflüssen viel stärker unterworfen sein als den kämpferischen Marstendenzen; sie sind nicht vom Wetteifer der weniger entwickelten Mars-Widdermenschen gekennzeichnet, die von emotionalen Antrieben und nicht von geistiger Inspiration motiviert sind. Der sonnenbeeinflußte Widder weiß, daß die Kraft des Ewigen Schöpfers in seinem Innern als sein eigenes «Ich-bin»-Prinzip oder die reine Fähigkeit der Aufmerksamkeit wirksam ist. Er fühlt sich nicht getrieben, sich selbst durch aggressive Marstätigkeiten bestätigen zu müssen, sondern kann es der solaren göttlichen Energie erlauben, sich durch ihn zu äußern. Widder vom höher entwickelten Typus zeigen oft mächtige mentale Merkurtendenzen, denn alle neuen Dinge haben ihren Ursprung in der Welt des Denkens – der unmittelbaren schöpferischen Manifestation der solaren Energie. (Entsprechend steht Merkur der Sonne am nächsten und empfängt die solare Energie unmittelbarer als alle andern Planeten.) Laut der berühmten Mystikerin Alice Baily ist Merkur der esoterische Regent des Widder.

Der Mond ist im Stier erhöht

Der Mond beherrscht die ätherische Ebene der Erscheinungen, worin die vier höheren Unterebenen der physischen Manifestation zusammengefaßt sind. Der Mond ist dafür verantwortlich, allen lebenden Organismen der Erde ihre Form und physische Erscheinung zu vermitteln; um diese Funktion zu erfüllen, muß er als Arbeitsmaterial physische Substanz haben. Nachdem der Stier das erste der Erdzeichen ist, vermittelt es die ätherische und physische Substanz, mit der die lunaren Einflüsse arbeiten können. Deshalb gewinnt der Mond seine Kraft im Stier und ist dort erhöht. Der Mond hat auch eine Beziehung zur siebenten oder physischen Unterebene und wird deshalb esoterisch als Filter oder Blende für Uranus angesehen. Uranus ist der Planet, der mit der letzten aller sieben Ebenen unseres Sonnensystems in harmonischer Resonanz steht. Mit anderen Worten: Es besteht zwischen Mond und Uranus eine harmonische Obertonbeziehung, wobei der Mond der uranischen Kraft die Erscheinungsform gibt.

Der polare Gegensatz zum Stier ist der Skorpion, in dem Uranus erhöht ist. Diese Tatsache muß man in Betracht ziehen, wenn man das Ausmaß des Mitschwingens des im Stier erhöhten Mondes abschätzt. Bei Mond-Uranus-Aspekten muß stets mit drastischen Veränderungen der praktischen Angelegenheiten gerechnet werden. Uranus stößt Ideen in ihre Erscheinungsform; deshalb wird gesagt, er zeige plötzliche Veränderungen an. Der im Stier erhöhte Mond verleiht die Fähigkeit, die Gefühle zu festigen und die vitale Energie zu erzeugen, die notwendig ist, um Ideen zu verwirklichen. Wir möchten hier den Gedanken zur Diskussion stellen, daß in Erdbebenhoroskopen oft der Mond den Auslösereinfluß darstellt. Er kann Spannungsumstände zur Geltung bringen, die durch eine Finsternis oder andere Konstellationen, die stark mit Uranus in Beziehung stehen, hervorgerufen worden sind. Der Mond fungiert als harmonisches Schwingungsbindeglied zwischen den von Uranus erzeugten Spannungen auf höherer Ebene und der materiellen Substanz der Erde. Menschen mit dem Mond im Stier ziehen oft besondere Besitztümer an, zu denen sie eine starke Anhänglichkeit entwickeln; es muß sich dabei gar nicht notwendigerweise um im finanziellen Sinn wertvolle Besitztümer handeln. Weil der Mond im Stier einen sehr kraftvollen ätherischen Körper erzeugt, bringt er Geborene hervor, die für ihre robuste Gesundheit und ihre große Widerstandskraft bekannt sind. Sie sind entschlossen, bei allem, was sie unternehmen, praktische Ergebnisse zu erzielen.

Merkur ist im Wassermann erhöht

Das Überbewußtsein oder kosmische Bewußtsein steht zum Wassermann in Beziehung. Ohne die Existenz dieses Überbewußtseins und seine unterschwellige Erscheinung im individuellen Bewußtsein könnte das mentale Prinzip des Merkur keinen Ausdruck finden. Deshalb gewinnt Merkur seine Kraft durch den Wassermann und ist im Wassermann erhöht.

Das individuelle Denkvermögen, das dem Merkur untersteht, ist nur eine der Schöpfungen des alldurchdringenden Überbewußtseins. Alle großen geistigen Schöpfungen des Menschen sind das Werk Gottes als Überbewußtsein, das sich im menschlichen Bewußtsein reflektiert. Unsere schöpferischen Ideen entströmen dem universellen Überbewußtsein, auf das wir uns harmonisch eingestimmt haben. In Wirklichkeit gibt es nur einen Gott, einen Geist und ein Bewußtsein, das aller Schöpfung innewohnt. Das individuelle Bewußtsein ist nur ein Untermechanismus der allumfassenden schöpferischen Intelligenz, die wir Gott oder das Absolute nennen.

Menschen mit Merkur im Wassermann werden intuitiv inspiriert von ihrem höheren Ich oder vom mentalen Ausdruck des «Ich-bin»-Prinzips in ihrem Inneren – das heißt vom reinen Selbst-Gewahrsein. Oft finden sie die Antwort auf ungelöste Fragen durch plötzlich aufblitzende Einsichten. Sie sind hochgradig wissenschaftlich eingestellt und können Probleme meistern, weil sie die Grundgesetze des Universums verstehen. Sie sind unabhängig im Denken und wollen alles selbst überprüfen. Sie werden anerkannte Konzeptionen niemals blindlings übernehmen. Sie verstehen es, Informationen weiterzugeben und ihre Freunde und Verbündeten geistig anzuregen.

Venus ist in den Fischen erhöht

Um ihre Früchte voll auszureifen, muß Venus, das Prinzip der Liebe und Anziehung, den ganzen Erfahrungszyklus des Tierkreises durchlaufen. Nur wenn wir uns wirklich in einen Mitmenschen hineinversetzen können und mit ihm fühlen, können wir völlig auf ihn eingestimmt und fähig sein, ihn zu lieben. Liebe im wahren Sinn erfordert, daß wir mit der ganzen Schöpfung im Einklang sind. Nur in den Fischen, wo Venus mit den transzendentalen Schwingungen des Neptun und dem guten Willen des Jupiter zusammenwirkt, kann ein so hohes Streben Erfüllung finden. Liebe ist das transzendenteste und edelste Ergebnis des Evolutionsprozesses. Nur jemand, der alle Erfahrungen der Menschheit durchlebt hat – wie dies von den Fischen, dem letzten Zeichen des Tierkreises, dargestellt wird –, kann ihre wahre Bedeutung voll und ganz erfassen. Und selbst dies nur in begrenztem Maße, denn das Zeichen der Fische ist ja nur das Ende einer Runde auf der Spirale der Evolution, auf der jede weitere Umdrehung neue Verheißungen für die Erweiterung des Bewußtseins und die Entfaltung neuer kreativer Kräfte bereithält.

In den Fischen wird die irdische Liebe der Venus, die sich in der geschlechtlichen Anziehung äußert, göttlich inspiriert und stärker mystisch und altruistisch gefärbt. Menschen mit Venus in den Fischen sind häufig mit einem musikalischen Talent höherer Ordnung begabt. Durch ihre Seelen klingt die Musik der Sphären. Die von ihnen geschaffene Musik kann bei den Hörern Frieden, Harmonie und göttliche Empfindungen wachrufen. Menschen mit dieser Stellung sind auch gute Tänzer, weil die Füße den Fischen zugeordnet sind. Die Stimme wird weich, ausdrucksvoll und melodiös; Sänger haben etwas Engelhaftes. Maler und andere Künstler mit dieser Stellung werden in ihren Werken eine sanfte, leuchtende Qualität an den Tag legen. Diese Geborenen lieben die höchsten Lehren des Christentums, lassen sich von ihnen inspirieren und bemühen sich, ihnen auch nachzuleben.

Mars ist im Steinbock erhöht

Die aggressive Energie des Mars wird am besten bei nützlicher Arbeit verausgabt. Dementsprechend lassen sich die marsischen Begierden mit Vorteil in Form eines konstruktiven Ehrgeizes in Richtung eines hohen Ziels kanalisieren. Wie die Explosion eines Benzin-Luftgemisches wertlos ist, solange sie nicht in einer Zylinderkammer stattfindet, um den Kolben eines Benzinmotors anzutreiben, so ist die Triebenergie des

Mars wertlos, solange sie nicht von der saturnischen Zurückhaltung gezügelt und gelenkt wird. Im Beruf und in der Umweltgestaltung kann die aggressive Marsenergie zum Nutzen des Geborenen und der Gesellschaft wirksam eingesetzt werden.

Menschen mit Mars im Steinbock sind praktisch eingestellt und ehrgeizig; sie sind gute, tüchtige Arbeiter. Ihre Begierde, Ansehen zu gewinnen und sich zu beweisen, treibt sie dazu, unbeirrbar und hart zu arbeiten, in ihrer Berufslaufbahn eine hohe Stellung zu erreichen und in der Welt zu Autorität zu gelangen.

Jupiter ist im Krebs erhöht

Der Krebs regiert das Heim und die Familienbeziehungen. Das vierte Feld, das ihm entspricht, ist eines der Elternhäuser und repräsentiert die Mutter. Jupiter ist das Prinzip des sozialen und religiösen Denkens und der Ethik. Durch eine Erweiterung des Bewußtseins gewinnt es seine Kraft in dem Zeichen, welches das Heim regiert, denn die Mutter ist unsere erste Lehrmeisterin und prägt unsere grundlegende Lebenseinstellung. Dem vierten Feld ist der Erdboden zugeordnet, in dem die Pflanze gedeiht. Nur dank der Nahrung, die Mutter Erde, die Existenzgrundlage allen Lebens, spendet, kann die von Jupiter repräsentierte Fülle bestehen und wachsen.

Jupiter untersteht auch das Prinzip sozialen Benehmens, das auf dem gegenseitigen guten Willen der Mitglieder einer Sozietät beruht. Die Familie ist das Grundelement einer Gesellschaft. Aus der gegenseitigen Liebe der Familienangehörigen erwächst das erweiterte Sozialbewußtsein, das Jupiter darstellt. Jupiter regiert das neunte Feld, das fremde Menschen, Religion, Philosophie und höhere Bildung bedeutet. Nur wenn in einer Familie Liebe, geistiges Gewahrsein und gegenseitige Großzügigkeit vorherrschen, kann sie ihrer Aufgabe gerecht werden, Kinder zu vollwertigen Bürgern und führenden Kräften heranwachsen zu lassen: Jupiter stellt auch die Zukunft dar und das Geschick, das uns erst wirklich ganz macht. Menschen mit Jupiter im Krebs sind gefühlsmäßig mit den Menschen ihrer Umgebung verbunden und betrachten sie als Mitglieder ihrer Familie. Sie haben Freude am Kochen und an einem schönen Heim. Oft leben sie in großen Häusern mit großer Familie. Ihre Wohnungen dienen gern sozialen und religiösen Aktivitäten.

Saturn ist in der Waage erhöht

Saturn herrscht über die karmischen Gesetze, deren Wirken nur in Form von Beziehungen sichtbar werden kann. Saturn gewinnt seine Kraft in der Waage, die das Zeichen der Beziehungen ist und mit den Reaktionen des Du auf das Ich zu tun hat. Hätte man es nur mit sich selbst zu tun, brauchte es keine Verhaltensregeln. Aber da wir in Wirklichkeit gegenseitig voneinander abhängig sind und mit den andern Menschen eine Partnerschaft eingehen müssen, sind Gesetze wesentlich, um die Zusammenarbeit möglich zu machen. Letztlich befassen sich alle Gesetze mit Zeit und Raum, die von Saturn regiert werden. Wenn wir mit andern zusammenarbeiten sollen, müssen wir sie an bestimmten Orten zu bestimmten Zeiten treffen, um bestimmte Aufgaben zu erfüllen, und wir müssen Zusammenstöße vermeiden, die einer Person oder ihrem Eigentum Schaden bringen. Diese eher banale Feststellung ist von großer Bedeutung, denn jede Beziehung wird von Zeit und Raum beherrscht.

Saturn ist der große Lehrmeister; nur wenn wir lernen, mit anderen zusammenzuarbeiten, lernen wir die fundamentalen Lektionen des Lebens. Weil das Zeichen Waage die Ehe regiert, gelangt diese Disziplin in der Ehe und Kindererziehung zur Anwendung. Bei einer Beziehung, die nur eine Liebesbeziehung im Sinne des fünften Feldes ist, werden nicht die gleichen rechtlichen und moralischen Verpflichtungen eingegangen. Nachdem Saturn im Löwen im Exil steht und im Wassermann herrscht, verstehen sich diese Verpflichtungen von selbst, sofern aus einer solchen Verbindung Kinder hervorgehen, wodurch die Beziehung des fünften Feldes notwendigerweise eine des siebenten Feldes wird, auch wenn dies in keinem geschriebenen Gesetz festgehalten ist.

Das siebente Feld steht mit dem zehnten in Verbindung, weil Saturn im natürlichen Horoskop Regent des zehnten Feldes und erhöhter Herrscher des siebenten ist. So führt im allgemeinen die Ehe zu einer verbesserten Stellung in der Gesellschaft, indem die Verantwortung, eine Familie zu erhalten, eine größere berufliche Stabilität notwendig macht. Die gleiche Wirkung hat auch ein Quadrataspekt, der infolge vermehrter Familienpflichten ebenfalls eine höhere berufliche Position bedeutet.

Saturn regiert Mathematik und Geometrie; und durch seine Verbindung mit der Waage unterstehen ihm auch gewisse Beziehungen zwischen den Atomteilchen und zwischen der Sonne und den Planeten. Saturn verkörpert das strukturbildende Prinzip des Sonnensystems.

Menschen mit erhöhtem Saturn in der Waage sind gute Rechtsanwälte, Richter, Mathematiker und Ingenieure, weil sie sich auf Beziehungen sowohl im menschlichen als auch im wissenschaftlichen Bereich verstehen. Sie verfügen über einen klaren Verstand, der das allen Phasen des Lebens innewohnende Grundmuster zu erfassen vermag. Sie können der Schönheit Form verleihen und durch richtige Proportionen und Ausgewogenheit Anmut hervorbringen. Sie sind gute Organisatoren und Public-Relations-Leute, weil sie es verstehen, das rechte Ding zur rechten Zeit am rechten Ort zu tun. Ihr Sinn für Gerechtigkeit schließt spirituelles Verständnis mit ein. Sie sind sehr mitfühlend und halten sich nicht stur und buchstabengetreu an die vom Menschen gemachten Gesetze.

Uranus ist im Skorpion erhöht

Uranus, der Planet plötzlicher Veränderungen und Energie-Entladungen, ist im Skorpion, dem Zeichen des Todes und der Wiedergeburt, erhöht. Wenn alte Formen die Zeit ihrer Nutzanwendung überdauern und dem Fortschritt hinderlich sind, sorgt Uranus, der seine Kraft aus dem Skorpion bezieht, für ihre Zerstörung zugunsten neuer Formen, die den Bedürfnissen der sich weiterentwickelnden Bewußtheit oder Energie entsprechen. Tod und Wiedergeburt beruhen auf revolutionären Veränderungen. Es braucht Unternehmungsgeist und Wagemut, verbunden mit unbeirrbarer Willenskraft, um bedeutende Fortschritte in der Zivilisation hervorzubringen.

Der Skorpion ist das Zeichen, das diese für den Fortschritt notwendigen Charakteristiken aufweist. Uranus regiert Veränderungen und setzt Energien frei, die drastische Reorganisationen auslösen. Für den oberflächlichen Betrachter mag dies nach Katastrophe und Zerstörung aussehen, für den weisen Beobachter aber ist es der Entwicklungsprozeß, der sich auf der Stufe der physischen Erscheinungen in Form von Tod und Wiedergeburt manifestiert.

Menschen mit erhöhtem Uranus im Skorpion sind ungewöhnlich mutig und kühn und setzen oft bei Abenteuern im Reich des Unbekannten ihr Leben aufs Spiel. Sie sind furchtlos und willensstark. Unter uns leben heute nur wenige Menschen mit Uranus im Skorpion, aber zwischen 1970 und 1980 wird eine neue Generation geboren. Diese Menschen lernen, sich und ihre Umweltbedingungen durch Einsicht in die verborgenen Kräfte der Natur zu regenerieren.

Neptun ist im Krebs erhöht

Neptun (ein Planet der sechsten Strahlung, der die sechste Unterebene aller Ebenen und die Astralebene – die sechste Hauptebene – im allgemeinen regiert) hat hauptsächlich mit den Gefühlen zu tun, die ihre höchste Ausdrucksform in der allumfassenden Liebe finden. Wieder ist es die Mutter, an deren Hand wir in der frühen Kindheit unsere Gefühlsgewohnheiten und Lebenseinstellung formen. Der Meeresgott Neptun, der Regent der Fische, ist im wässerigen Zeichen des Krebses zu Hause. Man könnte Neptun auch die höhere Oktave des Jupiter nennen, der ebenfalls im Krebs erhöht ist. Beide Planeten neigen zur Erweiterung in religiöse und mystische Bereiche; sie haben viel miteinander gemeinsam. Neptun beherrscht das Subtile und Trügerische: Die wahren emotionalen Grundlagen unserer vergangenen Gewohnheiten sind bekanntlich schwer festzustellen. Die Gewohnheit beeinflußt die Gefühle sehr stark, und der Mond, der im Krebs regiert, beherrscht auch unsere Gewohnheiten.

Jupiter und Neptun sind beide Herrscher in den Fischen, in denen Venus erhöht ist. Diese drei Planeten sind eng miteinander verbunden, indem sie drei verschiedene Oktaven des Ur-Liebes-Prinzips darstellen. Venus bedeutet Liebe auf der Ebene persönlicher und sexueller Anziehung zwischen Individuen. Jupiter kommt in der Familie, in sozialen, religiösen und ethischen Sphären zum Ausdruck. Neptun stellt die Liebe in der transzendentalen Vereinigung mit Gott und allem Leben dar. Es ist deshalb logisch, daß Neptun und Jupiter auch in ihrer Erhöhung im Krebs verbunden sind.

Menschen mit Neptun im Krebs haben hochentwickelte psychische Fähigkeiten und sind auf die Gefühle ihrer Mitmenschen äußerst empfindlich abgestimmt. Man könnte sie mit der lichtempfindlichen Schicht eines Filmes vergleichen, die alles aufnimmt, was auf sie einwirkt. Sie besitzen aber auch eine feine Abstimmung auf die Astralebene und werden durch Impulse, die von ihr ausgehen, leicht beeinflußt.

Pluto ist im Löwen erhöht

Pluto (ein Planet der ersten Strahlung, der mit dem Prinzip der gebündelten Energie oder Kraft zu tun hat) gewinnt seine Kraft im Zeichen Löwe, welcher das Zeichen geballten Bewußtseins oder Selbstgewahrseins ist. Pluto ist wie ein solarer Same. Er ist auf die zwischendimensionalen Knotenpunkte im Aurafeld oder die Funken, die vom zentralen solaren Feuer ausgestrahlt werden, abgestimmt. Diese Funken können zu göttlichen Flammen entfacht werden, wenn spirituelle Tugenden sie speisen. Im menschlichen Körper regiert Pluto das Samen- oder Fortpflanzungsprinzip, wie das durch seine Herrschaft im Skorpion zum Ausdruck kommt, dem die Sexualorgane unterstehen. Dieser Same findet im Zeichen des fünften Feldes, im Löwen, seine Anwendung und gewinnt dort seine Kraft: im Löwen, dem Liebe und Sexualbeziehungen zugeordnet sind. Auf höherer Ebene stimuliert er den Kopf oder das Gehirn und erweckt das spirituelle Bewußtsein. Laut östlichen Yogis erwacht das Feuer der Kundalini im Wurzelchakra am unteren Ende der Wirbelsäule und steigt durch den zentralen Rückenmarkkanal auf, bis es das höchste Kopfchakra, den «Tausendblättrigen Lotus», aktiviert. Dieses wird vom Widder beherrscht, in dem Pluto ja Mitregent ist. Menschen mit Pluto im Löwen, wie sie von der heutigen jüngeren Generation repräsentiert werden, haben die Macht, durch ihre dynamische Führernatur und durch konzentriertes Selbstbewußtsein grundlegende Veränderungen herbeizuführen.

Pluto ist auch die Atomenergie zugeordnet, die entdeckt wurde, als Pluto im Löwen stand, und deren Entwicklung das Schicksal der Menschheit und die Beschaffenheit unserer Erde drastisch veränderte. Die heutige Generation mit Pluto im Löwen ist die erste, die in einem Atomzeitalter aufwächst. Die dauernde Gefahr, daß der Mensch sich selbst und seine Zivilisation zerstören könnte, hat eine neue Einstellung nötig gemacht. Deshalb unterscheidet sich diese Generation deutlich von derjenigen ihrer Eltern. Ihre sozialen und sexuellen Sitten unterscheiden sich ebenfalls radikal von denjenigen früherer Generationen. Diese Menschen müssen sich entweder geistig erneuern oder untergehen. So können wir den starken Einfluß von Pluto im Löwen miterleben.

Zweiter Teil
Die Deutung der Aspekte

9. ALLGEMEINE REGELN FÜR EINE INTEGRIERENDE ASPEKTDEUTUNG

Um die Aspekte in allen ihren Zusammenhängen zu deuten, muß man Schritt für Schritt logisch und systematisch vorgehen:

1. Man vergegenwärtige sich die generelle Bedeutung des Aspekts. Zum Beispiel bedeutet ein Quadrat Hindernisse, die überwunden werden müssen, ein Trigon dagegen eine besonders günstige Konstellation.

2. Man berücksichtige die Natur und die kombinierte Bedeutung der beiden am Aspekt beteiligten Planeten. Zum Beispiel kann die Kombination von Mars und Saturn einen beschränkten (Saturn) Gebrauch von Energien (Mars) bedeuten. Ob sich dies konstruktiv oder destruktiv auswirkt, hängt von der Art des Aspekts ab, den die Planeten bilden.

3. Man beachte andere Aspekte, die zu den beiden betreffenden Planeten bestehen. Diese Aspekte zeigen Kräfte an, die die Auswirkungen von Spannungsaspekten verschlimmern oder verbessern können und entscheidenden Einfluß auf die konstruktiven Möglichkeiten von positiven Aspekten haben.

4. Man merke sich die Zeichen, in denen die aspektbildenden Planeten stehen, besonders bei den Quadraten, Trigonen, Oppositionen und Konjunktionen. Diese Zeichen färben die Grundbedeutung der beteiligten Planeten und beeinflussen die Wirkungsweise des Aspekts. Beispielsweise zeigt ein Sextil zweier Planeten in den Zeichen Stier und Krebs Gewinnchancen in finanziellen und häuslichen Angelegenheiten an, während das gleiche Sextil zwischen den Zeichen Widder und Zwillinge Gelegenheit bietet, neue und originelle Ideen auf jenen Gebieten zu entwickeln, die den beiden beteiligten Planeten unterstellt sind.

Man achte gleichzeitig auch auf die Dreieck- und Viereck-Gruppierungen, denen die beteiligten Zeichen angehören. Ein Quadrat zwischen zwei festen Zeichen bedeutet eine Tendenz zum Starrsinn, ein Trigon in Luftzeichen intellektuelle Fähigkeiten.

5. Man beachte nun die Felder, die von den beiden beteiligten Planeten besetzt sind, um daraus zu schließen, auf welche Angelegenheiten des täglichen Lebens sich der Aspekt bezieht. Ein Trigon zum Beispiel, das zwischen dem ersten und dem fünften Feld gebildet wird, begünstigt die Selbstdarstellung in schöpferischen Unternehmungen. Das gleiche Trigon zwischen dem zweiten und dem zehnten Feld deutet auf finanziellen Gewinn durch berufliche Angelegenheiten, die zu der Natur der beteiligten Planeten in Beziehung stehen.

6. Man ziehe dann die Felder in Betracht, die von den Planeten, die den Aspekt formen, im individuellen Horoskop beherrscht werden. Wenn zum Beispiel ein Mars-Venus-Quadrat besteht – wobei Mars das fünfte Feld regiert, weil der Widder an der Spitze des fünften Feldes steht –, werden emotionale Aufregungen in Beziehung auf das Mars-Venus-Quadrat das Liebesleben des Geborenen beeinflussen. Bei Männern könnte dieser Aspekt Enttäuschungen in der Liebe bedeuten, die auf Impulsivität und Grobheit im Umgang mit Frauen zurückzuführen sind. Der Widder betrifft das Selbst und den Ausdruck des Selbst, und das fünfte Feld, an dessen Spitze in unserem Beispiel der Widder steht, hat mit Vergnügungen und Romanzen zu tun. Venus (die das Zeichen Waage beherrscht, dem die Beziehungen unterstellt sind) repräsentiert das Prinzip der Anziehung, Liebe und Harmonie. Deshalb bedeuten Quadrate zur Venus in Horoskopen von Männern Spannungen in ihren Beziehungen mit Frauen.

Befindet sich jedoch (mit dem gleichen Mars-Venus-Quadrat) der Widder an der Spitze des sechsten Feldes, das sich auf Arbeit, Dienstleistung und Gesundheit bezieht, so läßt dies auf Konflikte mit Frauen im Bereich der Arbeit schließen. Männliche Geborene neigen dazu, sich weibliche Mitarbeiter durch ein abruptes und agressives Benehmen zu Feinden zu machen. (Allgemein bedeutet diese Konstellation unharmonische Beziehungen zu Mitarbeitern.)

7. Man betrachte nun die Planeten, die als Dispositoren der beiden am Aspekt beteiligten Planeten in Frage kommen. Besteht beispielsweise ein Sextil zwischen Mars im Wassermann und Merkur im Schützen, so ist Uranus (der Herrscher des Wassermanns) der Dispositor von Mars, und Jupiter (der Herrscher des Schützen) derjenige des Merkur. Das bringt einen originellen (Uranus) und philosophischen (Jupiter) Einfluß in die sonst sachbezogenen geistigen Fähigkeiten, die dieses Sextil andeutet. Steht nun Jupiter im zweiten Feld und Uranus im er-

sten, so drückt sich die mentale Energie des Mars-Merkur-Sextils durch Originalität (Uranus im Einflußbereich des ersten Feldes) im Gelderdienen (Jupiter im Einflußbereich des zweiten Feldes) aus. Zusätzlich spielen die Zeichenstellungen und Aspekte der Dispositoren eine gewisse Rolle.

8. Man sehe sich ferner die Dekanatsregenten und die Feldregentschaft der beiden am Aspekt beteiligten Planeten an. Nehmen wir als Beispiel eine Opposition zwischen der Sonne im dritten Dekanat des Skorpions zum Uranus im dritten Dekanat des Stiers. Die Sonne steht auf 25° Skorpion und Uranus auf 26° Stier. In diesem Fall befindet sich die Sonne im mondbeherrschten Krebs-Dekanat des Skorpions, so daß sich der Einfluß des Mondes als Unterdispositor mit demjenigen von Mars und Pluto, den Hauptdispositoren, mischt und emotionale Sensibilität anzeigt. Uranus steht im Steinbock-Saturn-beherrschten Dekanat des Stiers und deutet auf eine gewisse Vorsicht und Zurückhaltung. Die Opposition von Sonne und Uranus zeigt gewöhnlich an, daß der Geborene Schwierigkeiten hat, sein Bedürfnis nach freiem Ausdruck und nach Unabhängigkeit mit der Notwendigkeit zur Kooperation mit andern Menschen in Einklang zu bringen. In diesem Fall werden diese persönlichen Eigenheiten noch mit der Hypersensibilität des Krebsdekanats im Skorpion und dem Hochmut und Eigensinn des Steinbockdekanats im Stier vermischt, was den Aspekt außergewöhnlich schwierig macht.

Nehmen wir weiter an, daß in diesem Horoskop das dritte Uranus/Wassermann-Dekanat des Schützen am I.C. steht. Dann würde dieser Aspekt nicht nur die Felder betreffen, die unter Sonne und Uranus stehen (indem an ihren Spitzen die Zeichen Löwe und Wassermann zu finden sind), sondern auch Spannungen in die Berufsangelegenheiten des zehnten Feldes und die häuslichen Belange des vierten Feldes bringen. (Auf die Dekanate, ihre Verteilung und Bedeutung konnte im Rahmen dieses Buches nicht eingegangen werden. Anm. d. Ü.)

9. Man sehe sich schließlich das gesamte Aspektmuster an, dem der in Betracht gezogene Aspekt angehört. Ein Quadrat, das Teil eines T-Quadrat-Aspekts ist, muß anders gedeutet werden als eines, das für sich allein steht; ein Trigon, das Teil eines «großen Trigons» (eines vollständigen Dreiecks-Aspektes) ist, hat eine andere Bedeutung als ein für sich stehendes. Beispielsweise ergibt sich bei einem isolierten Quadrat für beide Planeten gleichermaßen eine Spannung, wobei höchstens das

Gewicht stärker auf einen Planeten verschoben wird, wenn er in seinem Zeichen steht, erhöht ist oder stark aspektiert wird. Bei einem T-Quadrat-Aspekt wird das Gewicht in erster Linie auf den Planeten verlagert, der sich im Quadrat zu den beiden in Opposition stehenden Planeten befindet. Der betreffende Planet befindet sich im «Brennpunkt» dieses Aspekts, und seine Zeichen- und Feldstellung geben über das damit verbundene Problem Aufschluß. Das T-Quadrat schließt immer sowohl Beziehungsprobleme (weil eine Opposition vorliegt) als auch zu überwindende Hindernisse (die gewöhnliche Bedeutung eines Quadrats) mit ein.

Ein weiteres Beispiel: Bei einem «großen Quadrat», das von zwei 90° auseinanderliegenden Oppositionen gebildet wird, ist die Situation wieder völlig anders. Während das T-Quadrat einen hohen Grad von Energie darstellt, die durch den Planeten im Brennpunkt gebündelt wird, bedeutet das große Quadrat im Gegenteil das Zerstreuen von Energie. Das kommt daher, daß beim großen Quadrat jeder Planet als «Brennpunkt» angesehen werden könnte, so daß bei einem Versuch, das Problem zu lösen, indem man sich auf die Entsprechungen des einen Planeten konzentriert, dadurch sofort die Angelegenheiten der andern drei in Mitleidenschaft gezogen würden. Dadurch ergibt sich ein Teufelskreis sich dauernd erneuernder Krisenherde, die es dem Geborenen unmöglich macht, über längere Zeit konsequent an einer Lösungsmethode zu arbeiten. Die einzige Art, mit einer solchen Konstellation fertig zu werden, ist, sich auf den oder die Planeten zu konzentrieren, die die größte Anzahl günstiger Aspekte auf sich vereinigen.

10. DIE DEUTUNG DER ASPEKTE

Sonnenaspekte

Alle Aspekte der Sonne beeinflussen in irgendeiner Weise das Selbst der Geborenen und die Beschaffenheit und Nutzung seiner Willenskraft. Die Sonne stellt das Prinzip des Kraftpotentials und der Machtentfaltung dar.

Ganz gleich, wie günstig das übrige Horoskop aussehen mag, wenn die Sonne schwach gestellt ist, dürften die Geborenen im Leben nicht weit kommen. Es wird ihnen an Mut und Energie fehlen, um die Chancen zu nützen, die ihnen das Leben bietet.

Mondaspekte

Aspekte des Mondes betreffen das Unbewußte, Gewohnheitsmuster der Vergangenheit und automatische Reaktionen. Der Mond stellt das weibliche, passive Prinzip dar: den Teil des Bewußtseins, der die von außen kommenden Reize empfängt. Aus den Mondaspekten läßt sich entnehmen, wie der Geborene auf den Einfluß anderer Menschen reagiert und wie das Erinnerungsvermögen beschaffen ist.

Im Horoskop eines Mannes zeigen die Mondaspekte an, wie er auf Frauen reagiert, da dabei in der Kindheit erworbene Verhaltensmuster eine Rolle spielen. Im Horoskop einer Frau geben die Mondaspekte Hinweise darauf, wie sich die weiblichen und mütterlichen Qualitäten der Geborenen äußern. Der Mond ist auch ein wichtiger Faktor der Gesundheit, weil er mit dem Menstruationszyklus zu tun hat. (Dieser biologische Zyklus und seine hormonalen Auswirkungen beeinflussen auch die emotionalen Zyklen.) Die Aspekte, die Feldregentschaft und die Stellung des Mondes in Zeichen und Feldern geben Aufschluß, wie eine Frau ihre Mutterpflichten erfüllen wird. In den Horoskopen von Mann und Frau bedeutet der Mond den Einfluß der Mutter.

Merkuraspekte

Die Aspekte des Merkur, seine Zeichen- und Felderstellung sowie das Feld, das er regiert, geben über die Mentalität und den Intellekt des Geborenen Auskunft. Seine bevorzugte Denkweise und seine Hauptinteressen werden von den dominanten Merkuraspekten angezeigt. Merkur ist in bezug auf Gedankenaustausch, Wahrnehmung, Gedächtnis und Denken neutral. Er nimmt in diesen Belangen deshalb die Färbung der Planeten an, die ihn am nächsten aspektieren, und des Zeichens und Feldes, in dem er steht.

Niemand kann ohne einen einigermaßen gut entwickelten Merkur eine hohe Stellung erreichen, denn das Denken ist die koordinierende Instanz oder die Linse, durch die alle anderen Fähigkeiten gebündelt und gefiltert werden müssen.

Venusaspekte

In den Aspekten der Venus und in den Zeichen und Feldern, die Venus besetzt oder beherrscht, zeigt es sich, welche Lebensgebiete am stärksten durch den Wunsch nach Partnerschaft betroffen werden, wie sich die Liebe zu andern Menschen ausdrückt und welche ästhetischen oder künstlerisch kreativen Neigungen man hat. Sie zeigen auch an, auf welchen Gebieten der Horoskopeigner die Fähigkeit – oder Schwierigkeiten – hat, eine enge zwischenmenschliche Beziehung einzugehen; wie und auf welchen Gebieten er seine gesellschaftlichen, romantischen und sexuellen Bedürfnisse zum Ausdruck bringt und wo der Geborene mit Hingabe, Freude und Harmonie andern dienen kann.

Die Stärke der Venus in einem Horoskop symbolisiert die Gabe der Geborenen, Schönheit, Harmonie und materiellen Wohlstand zu schaffen, sowie das Ausmaß der Anziehungskraft für Menschen und Dinge, die sie lieben und besitzen möchten. Bei einer verletzten Venus gilt es, in bezug auf das Sozialverhalten und die Bedürfnisbefriedigung des Geborenen mit etwelchen Problemen fertig zu werden.

In den Horoskopen von Männern deuten die Venus und die auf sie bezogenen Faktoren den Frauentypus an, den der Geborene anzuziehen wünscht. Im Horoskop einer Frau zeigt sie, was die Geborene bereit ist. als Frau für einen Mann zu tun.

Marsaspekte

Die Aspekte des Mars sowie die Zeichen und Felder, die er besetzt oder beherrscht, repräsentieren die Fähigkeit des Geborenen, sich aktiv zu betätigen, und lassen erkennen, ob diese Tätigkeit konstruktiv oder destruktiv sein und auf welche Lebensgebiete sie sich auswirken wird.

Steht Mars in Spannungsaspekten, neigen die Geborenen dazu, tollkühn und voreilig zu handeln, ohne sich die Folgen zu vergegenwärtigen.

Ein verletzter Mars bedeutet Jähzorn, möglicherweise Wutausbrüche und Gewalt. Die Marsenergie muß deshalb in konstruktive und sinnvolle Bahnen gelenkt werden. In dieser Hinsicht sind günstige Aspekte von Merkur, Jupiter und Saturn hilfreich. Merkur gibt geistige Einsicht, Saturn Disziplin und Jupiter altruistische Motivation.

Im Horoskop einer Frau zeigt Mars den Männertyp an, den die Geborene anzuziehen wünscht. Im Horoskop eines Mannes läßt er erkennen, wie der Geborene seine Männlichkeit einsetzen wird, um auf eine Frau anziehend zu wirken.

Mars hat viel mit der Triebnatur des Geborenen zu tun. Die meisten Menschen werden von ihren Bedürfnissen motiviert. Nur bei hochentwickelten Menschen ist eine auf das Geistige ausgerichtete Willenskraft die Triebfeder ihrer Handlungen.

Jupiteraspekte

Die Aspekte des Jupiter sowie die Zeichen und Felder, die er besetzt oder beherrscht, sind die wesentlichen Faktoren, aus denen ersichtlich ist, wie der Geborene den Rahmen seiner Selbstverwirklichung erweitert, indem er die Mitarbeit anderer Menschen gewinnt. Diese Kooperation beruht auf gemeinsamen sozialen, philosophischen und religiösen Beweggründen, die darauf ausgerichtet sind, den Bedürfnissen der Gemeinschaft gerecht zu werden.

Zusammenarbeit setzt immer ethische und weltanschauliche Grundsätze voraus; und die Jupiteraspekte haben mit den Wertvorstellungen des Geborenen zu tun und bestimmen die Kanäle, durch welche sie praktisch wirksam werden.

Dieses Jupiterprinzip verkörpert einen doppelten Vorgang. Der einzelne kann nicht erwarten, etwas vom Kollektiv zu erhalten, wenn er nicht seinerseits im gleichen Maße das Seine dazu beiträgt. Eine Gemeinschaft kann durch die Kombination von Mitteln und Fähigkeiten Aufgaben größeren Formats und feinerer Differenzierung erfüllen, als dies einem einzelnen allein möglich wäre. Jupiter zeigt an, wie der Geborene diesem Allgemeinwohl dienen kann.

Ist Jupiter verletzt, haben die Geborenen mit ihrer Beteiligung am Kollektiv Schwierigkeiten oder tun es nicht aus ehrlicher Absicht. Die Planeten, die mit Jupiter Aspekte bilden, lassen erkennen, wie der Geborene sich an der Verwirklichung der erweiterten gesellschaftlichen Zielsetzungen beteiligt.

Saturnaspekte

Die Aspekte des Saturn sowie die Zeichen und Felder, die er besetzt oder beherrscht, zeigen an, wie sich die Selbstdisziplin eines Menschen äußert und wie sie seiner Lebensgestaltung Zucht und Ordnung verleiht. Ohne einen gutentwickelten Saturn bringt es niemand weit im Leben, weil ihm die nötige Disziplin und Ausdauer zur guten Leistung fehlen.

Die Stellung des Saturn und seine Aspekte zu andern Planeten zeigen, wo der Geborene sich selbst verwirklichen und die Irrtümer der Vergangenheit verbessern muß, um auf diese Weise wertvolle Erfahrungen zu sammeln und Mängel seiner Persönlichkeit auszugleichen.

Ist Saturn stark verletzt, können die Geborenen eigensüchtig und starrsinnig sein. Diese Schwäche blockiert die natürlichen Lebensprozesse und die gesellschaftlichen Kontakte und führt zu Mißgeschick und Einschränkung der Persönlichkeit.

Menschen mit einem starken Saturn in ihrem Geburtsbild sind ehrgeizig und wollen sich durch besondere Leistungen hervortun. Die Zeichen und Felder, in denen Saturn steht, wie auch die Planeten, die Saturn aspektiert, nebst den von ihnen beherrschten Feldern und Zeichen lassen erkennen, auf welchen Gebieten der betreffende Mensch Erfolg haben wird.

Uranusaspekte

Die Aspekte des Uranus sowie die Zeichen und Felder, die er besetzt oder beherrscht, geben Hinweise auf die eigenwillige Persönlichkeit des Geborenen. Sie besagen, inwieweit er von den allgemein gebräuchlichen Ausdrucks- und Verhaltensnormen abweicht, weil er aus einer höheren Quelle der Inspiration schöpft. Durch all seine Aspekte im Horoskop bringt Uranus die Eigenschaft der Originalität und Genialität zum Ausdruck. Diese manifestiert sich oft als wissenschaftliche Begabung, die zu neuen Entdeckungen führt.

Die Angelegenheiten, die den von Uranus aspektierten Planeten unterstehen, sind plötzlichen und dramatischen Veränderungen unterworfen, die je nach Aspekt günstig oder ungünstig sein können. Intuition oder auf außersinnlichen Wahrnehmungen basierende Einsicht spielt beim Herbeiführen dieser Veränderungen und beim Hervorbringen eines ungewöhnlichen Lebensstils eine wesentliche Rolle. Ist Uranus verletzt, dürften die Geborenen auf den von Uranus beeinflußten Gebieten exzentrisch, sprunghaft, unzuverlässig und in unkluger Weise voreilig sein.

Die wahre Freiheit, die Uranus verspricht, kann nur erlangen, wer die Lektion des Saturn gelernt hat: Selbstdisziplin ist die Voraussetzung für Freiheit, und Freiheit, die nicht auf Selbstdisziplin gründet, ist kurzlebig und zerstörerisch.

Uranus betont auch humanitäre Tendenzen, die sich oft in Form von Mitarbeit bei gemeinnützigen Unternehmen äußern. Ein starker, günstig aspektierter Uranus verleiht okkulte Fähigkeiten, die sich zum Beispiel auf dem Gebiet der Astrologie manifestieren können.

Neptunaspekte

Die Aspekte des Neptun und seine Feld- und Zeichenstellung deuten die Gebiete an, auf denen der Geborene mit transzendenten oder psychischen Einflüssen in Berührung kommen kann. Wenn Neptun günstig aspektiert ist, haben die Geborenen transzendente Gefühlserlebnisse, die sich oft auf den Gebieten der bildenden oder dramatischen Kunst, der Musik, der Fotografie oder des Films äußern. Hochentwickelte Geborene könnten auch die Gabe haben, geistige Inspirationen zu vermitteln, die einer höheren Bewußtseinsebene entströmen. Sie haben oft eine Begabung zur Imagination oder sind hellseherisch und telepathisch begabt.

Ist Neptun verletzt, wird der Geborene zu Selbsttäuschungen und unrealistischem Wunschdenken neigen, und zwar in Angelegenheiten, die den verletzenden Planeten und den Zeichen und Feldern, die Neptun und diese Planeten besetzen und beherrschen, unterstehen.

Plutoaspekte

Die Aspekte des Pluto und seine Feld- und Zeichenstellung besagen, auf welchen Gebieten der Geborene fähig ist, seinen Selbstausdruck zu erneuern.

Pluto bedeutet ein fundamentales Willens- oder Energieprinzip, das entweder das Lebensniveau des Geborenen erhöht oder seine Lebensqualität vollständig zum Guten oder zum Bösen hin verändert. (Das hängt davon ab, ob die Motivation, mit der die Kraft des Pluto verwendet wird, konstruktiv oder destruktiv ist.) Alle Angelegenheiten, die den Planeten, die Pluto aspektieren, und den Zeichen und Feldern unterstehen, in denen Pluto und diese Planeten stehen oder herrschen, können von dieser Kraft erniedrigt oder zu neuem Leben erweckt werden.

Pluto schenkt auch die Fähigkeit, mit übernatürlichen Kräften durch die Anwendung des Willens zu wirken. In seiner höchsten Form kann Pluto nur zum Ausdruck kommen, wenn der Geborene geistig so hochentwickelt ist, daß er seine Willenskraft völlig unvoreingenommen und frei von Begierden sammeln und auf einen Brennpunkt hin ausrichten kann.

Pluto zeigt darüber hinaus noch an, wie das Leben des Geborenen von mächtigen unpersönlichen Kräften, die über die Kontrolle des einzelnen weit hinausgehen, verändert wird.

Aspekte des aufsteigenden und des absteigenden Mondknotens

Die Aspekte des aufsteigenden Mondknotens (der nördlichen Node oder des Drachenkopfes) bestimmen die Beziehungen des Geborenen zu den vorherrschenden gesellschaftlichen Strömungen und Haltungen und die Art, wie er von den sich im jeweils gegenwärtigen Lauf der Geschichte bietenden Gelegenheiten Gebrauch macht. Der aufsteigende Mondknoten hat eine jupiterartige Note, weil er Erweiterungsmöglichkeiten bringt.

Die Aspekte des absteigenden Mondknotens (der südlichen Node oder des Drachenschwanzes) zeigen an, in welcher Weise die Gewohnheiten, zu denen die Geborenen aufgrund ihrer vergangenen Erfahrungen neigen, ihre gegenwärtigen Einstellungen und Verhaltensweisen beeinflussen. Der absteigende Mondknoten zeigt auch den karmischen Einfluß des vergangenen Verhaltens des Geborenen. In diesem Sinne hat er eine saturnische Note.

11. ALLGEMEINES ÜBER KONJUNKTION, SEXTIL, QUADRAT, TRIGON UND OPPOSITION

Aspekte der Sonne

Konjunktionen

Konjunktionen mit der Sonne verleihen Willenskraft, schöpferische Fähigkeiten und Initiative. Diese äußern sich vor allem in Angelegenheiten, die von dem oder den die Konjunktion bildenden Planeten beherrscht und durch die Zeichen und Felder, in welchen sich die Konjunktion befindet, angezeigt werden. Ob sich diese Stellung als konstruktiv oder destruktiv erweist, hängt von den übrigen Aspekten zur Konjunktion und von der Art der in dieser Konjunktion befindlichen Planeten ab.

Sextile

Sonnensextile deuten Möglichkeiten zur Selbstdarstellung, zur geistigen Entwicklung und zur Entfaltung schöpferischer Kräfte an, und zwar auf allen Gebieten, die der Sonnenstellung in Feld und Zeichen entsprechen, die von dem oder den das Sextil bildenden Planeten beherrscht werden, oder die durch die Felder und Zeichen, in denen die Planeten stehen oder herrschen, bestimmt sind.

Quadrate

Sonnenquadrate deuten auf Schwierigkeiten, Willen und Machtpotential harmonisch und klug einzusetzen. Eine in der Vergangenheit fehlgeleitete Kraft vereitelt häufig die Selbstdarstellung des Geborenen in Dingen, die dem Planeten, der das Quadrat bildet, und den Feldern und Zeichen, die dieser Planet besetzt und beherrscht, unterstehen. Es ist mit Schwierigkeiten und Frustrationen zu rechnen.

Wie sich das Quadrat jedoch letzten Endes auswirkt, hängt in großem Maß von den allgemeinen Anlagen eines Menschen ab. Für die einen ist es ein Ansporn zu größeren Leistungen, während andere dadurch entmutigt werden und resignieren.

Trigone

Trigone der Sonne versprechen Glück, einen ungehemmten Fluß schöpferischer Ausdruckskraft und eine führende Stellung in Angelegenheiten, die von der Sonne und dem oder den Planeten regiert werden, welche das Trigon bilden, und auf Gebieten, die den von den Planeten besetzten und beherrschten Feldern entsprechen.

Im allgemeinen begünstigen diese Trigone glückliche Liebesbeziehungen. Solche Menschen betätigen sich mit Vorteil auf dem Gebiet der Erziehung, der Arbeit mit Kindern, der schöpferischen Kunst und in allen anderen Bereichen, welche Bezug zur Sonne haben.

Oppositionen

Oppositionen zur Sonne können auf Willenskonflikte hinweisen zwischen dem Geborenen und Mitmenschen, die von dem oder den in Opposition zur Sonne stehenden Planeten beherrscht werden. Der Egoismus und die Herrschsucht des Geborenen wecken oft Abneigung und führen zu Frustrationen.

Solche Menschen sollten unvoreingenommen alle Gesichtspunkte in Betracht ziehen. Durch die Konflikte sind sie einerseits gezwungen, auch das Du anzuerkennen. Sie können sich aber auch auf einen parteiischen Standpunkt versteifen, wenn sie in die Defensive gedrängt werden. Die Natur der Konflikte hängt von den Zeichen und Feldern ab, in denen die Sonne und der oder die in Opposition stehenden Planeten sich befinden und herrschen.

Aspekte des Mondes

Konjunktionen

Mondkonjunktionen deuten auf intensive Gefühle und einen dominierenden emotionalen Einfluß in allen Angelegenheiten, die von den in Konjunktion befindlichen Planeten und von den Zeichen und Feldern, in denen sie stehen und herrschen, regiert werden.

Häusliche Belange, Fragen der Ernährung und der elterlichen Fürsorge werden ebenfalls all jene Bereiche beeinflussen, die von den in Konjunktion stehenden Planeten regiert werden. In diesen Dingen hat der Geborene die Neigung, unbewußten Impulsen, ererbten und frühkindlichen Verhaltensmustern zu folgen.

In den von dieser Konjunktion betroffenen Belangen spielen Frauen meist eine entscheidende Rolle.

Sextile

Mondsextile deuten die Möglichkeit zu einer gefühlsmäßigen und auf die häuslichen Bereiche bezogenen Entfaltung an, wie auch zu einer allgemeinen Weiterentwicklung in allen Belangen, die von den das Sextil bildenden Planeten und von den Zeichen und Feldern beherrscht werden, in denen der Mond und diese Planeten stehen und regieren. Sehr oft spielen Frauen eine wesentliche Rolle bei der Förderung der Entwicklung des Geborenen. Mütter oder die familiären Beziehungen im allgemeinen können eine große Hilfe sein. Diese Konstellation fördert die Freundschaften und Gefühlsbeziehungen zu Freundinnen und zur Mutter.

Quadrate

Mondquadrate weisen auf emotionale Hemmungen und Frustrationen hin, die in der frühen Kindheit erworben oder vererbt sind und oft in der Form von rassischen und sozialen Vorurteilen zum Ausdruck kommen. Sie hemmen vor allem die Fähigkeit des Geborenen, in Gefühlsdingen frei zu handeln. Er hat gelegentlich eine unbewußte Abneigung gegen Frauen, häufig infolge von Konflikten mit der Mutter. Vor allem, wenn Saturn im Quadrat zum Mond steht, sind solche Komplexe dem Glück und der Zufriedenheit des Geborenen hinderlich.

Trigone

Mondtrigone deuten auf Verhaltensmuster und unbewußte Prägungen, welche die soziale Entwicklung des Geborenen fördern, besonders seine Beziehung zu Frauen. Diese Trigone verheißen für gewöhnlich eine glückliche Kindheit und ein positives Familienleben.

Diese Menschen haben die Fähigkeit, ihre schöpferische Vorstellungskraft und ihre unbewußten Reaktionen erfolgreich zu nutzen. Sie sind auch sehr empfänglich für die Stimmung anderer.

Diese Vorteile gewinnen sie dank der Angelegenheiten, die von dem oder den Planeten, welche das Trigon bilden, vom Mond oder von den Zeichen und Feldern, in denen diese stehen oder regieren, beherrscht werden.

Oppositionen

Mondoppositionen weisen auf emotionale Schwierigkeiten in den Beziehungen zu anderen Menschen hin. Dabei kommt es häufig zu psychischen Projektionen. Die betreffenden Menschen sehen ihre eigenen emotionalen Schwierigkeiten in den Mitmenschen und machen ihnen die eigenen unerkannten Fehler zum Vorwurf.

Sie müssen lernen, sich emotional freizumachen und objektiv zu sein, insbesondere in Belangen, die von dem oder den Planeten beherrscht werden, welche die Opposition bilden, und in den Angelegenheiten, die von den Zeichen und Feldern regiert werden, in denen die in Opposition stehenden Planeten sich befinden und herrschen.

Aspekte des Merkur

Konjunktionen

Merkurkonjunktionen deuten auf starke geistige Fähigkeiten, ein gutes Urteils- und Kommunikationsvermögen, und zwar auf allen Gebieten, die von dem oder den die Konjunktion bildenden Planeten und den von ihnen besetzten Feldern und Zeichen beherrscht werden, sowie in den Bereichen, die dem Feld und Zeichen, in dem die Konjunktion steht, entsprechen.

Sextile

Merkursextile deuten die Möglichkeit geistigen Wachstums in all jenen Bereichen an, die von den das Sextil bildenden Planeten und von den Zeichen und Feldern, in denen Merkur und diese Planeten stehen und regieren, beeinflußt werden. Auf diesen Gebieten verfügen die Geborenen über gute Denk- und Urteilsfähigkeiten. Sie haben eine besondere Begabung zum Schriftsteller, sind gewandt in der Kommunikation und vermögen leicht Freundschaften anzuknüpfen. Es stehen ihnen viele Möglichkeiten offen, ihre Ideen mit Hilfe von Gruppen und Vereinigungen zum Ausdruck zu bringen.

Quadrate

Merkurquadrate bedeuten oft Schwierigkeiten und Blockierungen beim Lernen und beim Kontakt zu den Mitmenschen. Die Geborenen sind meist intelligent und geistig aktiv, neigen jedoch zu Voreingenommenheit und einseitigen Ansichten. Sie geraten oft in Gefahr, ihre Fähigkeiten falsch oder destruktiv einzusetzen.

Auch können sie allzu skeptisch sein, sich im Argumentieren und in intellektuellem Hochmut verlieren. Solche Schwierigkeiten zeigen sich am deutlichsten in jenen Angelegenheiten, die von dem oder den Planeten, welche das Quadrat bilden, und von den Zeichen und Feldern, in denen sie stehen und regieren, beherrscht werden.

Trigone

Merkurtrigone verheißen einen schöpferischen und inspirierten Geist. Die Geborenen können rasch und logisch denken und sich leicht mit andern verständigen; ihre Ideen finden häufig Anerkennung, und da sie ihren Verstand klug einzusetzen wissen, haben sie Erfolg im Leben.

Diese Menschen profitieren von einer Ausbildung, die ihnen soziales und berufliches Vorwärtskommen sichert. Sie werden auf allen Gebieten Erfolg haben, die von dem oder den das Trigon zu Merkur bildenden Planeten und von den Zeichen und Feldern beherrscht werden, in welchen diese Planeten stehen und regieren. Sie sind sich darüber klar, was alles in diese Bereiche fällt.

Oppositionen

Merkuroppositionen deuten auf Kontaktschwierigkeiten aufgrund unterschiedlicher Meinungen und Standpunkte. Es fällt den Geborenen schwer, sich mit anderen Menschen zu verständigen. Sie neigen zu Rechthaberei und stiften oft Verwirrung. Sie müssen daher lernen, auch die Standpunkte anderer Menschen zu berücksichtigen.

Diese Probleme zeigen sich als Unterschiede in der Lebenseinstellung in Zusammenhang mit dem oder den Planeten, welche in Opposition zu Merkur stehen, und mit den Zeichen und Feldern, in denen Merkur und diese Planeten stehen und regieren.

Aspekte der Venus

Konjunktionen

Venuskonjunktionen deuten auf eine verstärkte Betonung der sozialen, romantischen und ästhetischen Neigungen der Geborenen. Die Grazie und der Charme, mit denen sie ihre Gefühle zum Ausdruck bringen, wirkt anziehend auf andere Menschen, vor allem auf Vertreter des anderen Geschlechts. Sie verfügen über ein großes Einfühlungsvermögen. Ihre Leichtigkeit und Sensibilität im Ausdruck erstreckt sich auf alle Belange, die mit dem oder den die Konjunktion bildenden Planeten und den von denselben und der Konjunktion besetzten und beherrschten Feldern und Zeichen verbunden sind.

Sextile

Venussextile verheißen die Möglichkeit zur Entwicklung ästhetischer und sozialer Eigenschaften, und zwar in den Belangen, die mit den diese Konstellation bildenden Planeten, den beteiligten Feldern und Zeichen zusammenhängen. In allen Angelegenheiten, die von den Zeichen und Feldern, in denen Venus und die Konjunktion bildenden Planeten stehen und regieren, beherrscht werden, können sich die ästhetischen und gefühlsmäßigen Äußerungen differenzieren und Zuneigungen entwickeln.

Quadrate

Venusquadrate kündigen Schwierigkeiten in den gesellschaftlichen Beziehungen und im Gefühlsleben an. Es ist mit unglücklichen oder unerfüllten Liebeserlebnissen und Romanzen zu rechnen. Den Geborenen mangelt es vielfach an Bildung und gutem Geschmack in ästhetischen Dingen.

Sie sind oft übermäßig bequem und sinnlich, oder ihre Gefühle sind blockiert – vor allem, wenn es sich um ein Saturnquadrat handelt.

Alle Angelegenheiten, die von den Planeten, welche ein Quadrat zur Venus bilden, und von den Zeichen und Feldern, in denen diese Planeten stehen und regieren, beherrscht werden, sind in irgendeiner Form von gefühlsmäßigen oder sozialen Schwierigkeiten betroffen.

Trigone

Venustrigone weisen auf eine fröhliche, schöpferische, romantische und künstlerische Ausdrucksfähigkeit hin. Sie wirken sich günstig auf das Glück in der Liebe und in romantischen Verbindungen aus und fördern eine allgemeine Beliebtheit. Sie sind auch ein Anzeichen für Schönheit und anmutige Umgangsformen. Die Geborenen ziehen Menschen an, die ihnen behilflich sein können, wobei die letzteren meist stark unter dem Einfluß des oder der Planeten stehen, welche das Trigon bilden. Die Geborenen üben häufig eine beruhigende und besänftigende Wirkung auf andere Menschen aus.

Aspekte dieser Art sind vielversprechend für eine musikalische oder andere künstlerische Begabung.

Welche Angelegenheiten dabei von Bedeutung sind, zeigen die Planeten, die das Trigon bilden. Auch die Zeichen und Felder, in denen die Planeten und Venus stehen und regieren, geben Aufschluß über die günstig bestrahlten Bereiche.

Oppositionen

Bei Venusoppositionen drohen Schwierigkeiten im Gefühlsbereich und in den Liebesbeziehungen. Die Geborenen laufen Gefahr, überempfindlich und gefühlsmäßig sehr anspruchsvoll zu sein, wobei sie es versäumen, anderen die gleiche Aufmerksamkeit zukommen zu lassen. Da aus dieser Haltung Enttäuschung und Niedergeschlagenheit resultieren, müssen die Geborenen lernen, anderen ebensoviel Beachtung zu schenken wie sich selbst.

Welche Bereiche davon betroffen sind, zeigen die Zeichen und Felder, in denen Venus und die in Opposition stehenden Planeten sich befinden und herrschen, sowie die Angelegenheiten, die naturgemäß von den Planeten beherrscht werden, welche in Opposition zur Venus stehen.

Aspekte des Mars

Konjunktionen

Marskonjunktionen deuten auf die Tendenz hin, in Angelegenheiten, die von dem oder den die Konjunktion bildenden Planeten beherrscht werden, aktiv einzugreifen, wobei dieses Eingreifen jene Lebensbereiche betrifft, welche von den Zeichen und Feldern regiert werden, in denen Mars und die die Konjunktion bildenden Planeten stehen und herrschen.

Marskonjunktionen verheißen ein großes Maß an Arbeitsenergie. Diese Stellung kann zur Grundlage vieler konstruktiver Leistungen werden, da diese Energie mit Mut und Führereigenschaften gepaart ist. Wenn die Konjunktion ungünstig aspektiert ist, kann eine Neigung zu übereilten, unüberlegten Handlungen bestehen. Geborene mit einer solchen Konstellation sollten sich einer friedfertigen und liebevollen Haltung befleißigen und immer sorgfältig überlegen, bevor sie irgend etwas unternehmen. Auf diese Weise lassen sich Fehlhandlungen und Energieverschwendung weitgehend vermeiden.

Sextile

Marssextile zeigen an, daß die marsische Energie und Willenskraft sich in Form konstruktiver Tätigkeit und Arbeitsleistung äußert, wobei eine intelligente Steuerung durch die im wesentlichen geistige Natur des Sextils gegeben ist, wie sie durch die Zwillinge und das dritte Feld und durch Wassermann und das elfte Feld angezeigt ist. Den Geborenen bieten sich vielfältige Möglichkeiten, ihre Leistungsfähigkeit unter Beweis zu stellen und praktische Erfahrungen zu sammeln. Sie besitzen den nötigen Mut und die Initiative, um Hindernisse zu überwinden, wodurch ihre persönliche Entwicklung in hohem Maße gefördert wird.

Quadrate

Mit Marsquadraten sind Frustrationen im Bereich der Aktivität zu erwarten: der im wesentlichen saturnische und lunare Charakter des Quadrates, der auch auf das vierte und das zehnte Feld Bezug hat, veranlaßt die Geborenen häufig, vorschnell um sich zu schlagen. Diese Reaktionsweise kann sich für die Geborenen wie auch für die Menschen in ihrer näheren Umgebung als vernichtend erweisen.

Horoskopeigner mit dieser Konstellation müssen lernen, Geduld zu üben und die Rechte und Bedürnisse der anderen ebenso anzuerkennen wie ihre eigenen. Wenn es ihnen gelingt, ihre Energie klug einzusetzen, können sie viel erreichen, da das Marsquadrat häufig auch mit großem Ehrgeiz verbunden ist. Die einschränkende Wirkung des Saturn auf die marsische Energie, wie sie durch das Quadrat angezeigt ist, kann als eine Möglichkeit genutzt werden, die Energie richtig einzusetzen und brauchbare Ergebnisse zu erzielen.

Im Leben der Geborenen sind im wesentlichen jene Bereiche von einem Marsquadrat betroffen, die von dem oder den Planeten beherrscht werden, welche das Quadrat bilden, und von den Zeichen und Feldern regiert werden, in denen sich das Quadrat befindet.

Trigone

Marstrigone sind ein Zeichen dafür, daß die marsische Energie ungehindert in konstruktive Bahnen fließt. Den Geborenen ist eine leidenschaftliche Liebe zum Leben eigen, die in allen jenen Bereichen zum Ausdruck kommt, welche von dem oder den im Trigon zu Mars stehenden Planeten und von den Feldern und Zeichen, in denen Mars steht und regiert, beherrscht werden.

Die Beziehung zum neunten Feld bzw. Schütze und zum fünften Feld bzw. Löwe, wie sie durch das Trigon angezeigt wird, verbindet die marsische Energie mit dem schöpferischen Kräftepotential der Sonne und den wachstumsfördernden, philosophischen und wohltätigen Kräften des Jupiter. Die Geborenen verfügen natürlich über geradezu unerschöpfliche praktische Fähigkeiten und verwirklichen überdies die höheren geistigen Ideale des Lebens.

Oppositionen

Marsoppositionen deuten auf Schwierigkeiten in den zwischenmenschlichen Beziehungen, die sich aus der Neigung der Geborenen zu übereiltem und aggressivem Verhalten ergeben. Sie müssen lernen, sich im Zaum zu halten, und versuchen, auch den Standpunkt des anderen zu berücksichtigen.

Eine Marsopposition birgt die Gefahr einer verhängnisvollen Neigung zu rücksichtslosem Konkurrenzkampf, Streit und Zorn in sich. Ob es sich hierbei um rein verbale Streitereien oder um tätliche Angriffe handelt, hängt von den übrigen Faktoren des Horoskops ab.

Wenn sie richtig eingesetzt wird, ermöglicht die Marsopposition ein festes und energisches Handeln bei Partnerschaften. Die Geborenen sind gezwungen, das Vorhandensein der anderen anzuerkennen und mit ihnen zusammenzuarbeiten. Wird eine Zusammenarbeit abgelehnt, kann dies zu heftigen Konflikten führen.

Aspekte des Jupiter

Konjunktionen

Jupiterkonjunktionen sind ein Zeichen für eine allgemein optimistische und wohlwollende Einstellung; sie deuten auch darauf hin, daß der Geborene konstruktive Möglichkeiten zu erkennen vermag. Horoskopeigner mit dieser Konjunktion sind großzügig und hochherzig und gewinnen damit das Vertrauen und die bereitwillige Mitarbeit anderer.

Die Angelegenheiten, die von den die Konjunktion bildenden Planeten beherrscht werden, und die Felder und Zeichen, in denen diese Planeten stehen und regieren, sind vom Glück begünstigt und bringen dem betreffenden Menschen wachsenden Wohlstand.

Sextile

Jupitersextile verheißen Möglichkeiten zu raschem geistigem Wachstum im Zusammenhang mit den Angelegenheiten, die den das Sextil bildenden Planeten sowie den Zeichen und Feldern entsprechen, die von Jupiter und den Planeten im Sextil besetzt und beherrscht werden.

Die Beziehung zum elften und zum dritten Feld, die durch das Sextil gegeben ist, zeigt an, daß die Geborenen viele Freunde haben und durch Bildung, schriftstellerische Tätigkeit, Reisen und Kommunikation Erfolg haben werden. Sie arbeiten in der Regel erfolgreich in Gruppen und kommen gut mit Geschwistern und Nachbarn aus.

Quadrate

Jupiterquadrate deuten auf übermäßigen Ehrgeiz. Solche Menschen nehmen sich meist mehr vor, als sie zu leisten imstande sind. Wenn sie ihre Ziele nicht erreichen, leiden ihre Karriere und ihr Ruf.

Sie sollten lernen, in allen Belangen, die von Jupiter und den das Quadrat bildenden Planeten, wie auch von den Zeichen und Feldern, die sie besetzen und regieren, beherrscht werden, Mäßigkeit zu üben und Sorgfalt walten zu lassen. Obwohl sie über einen gesunden Optimismus verfügen, sollten sie auf eine solide Grundlage achten, auf der sie auf- und weiterbauen können.

Trigone

Jupitertrigone deuten auf Glück und ein leichtes Weiterkommen im Leben. Sie zeigen an, daß die Geborenen für frühere Taten belohnt werden. Doch kann sich ein solches Glück auch als gefährlich erweisen, wenn es die betreffenden Menschen sorglos und unvorsichtig macht.

Die Geborenen verfügen über großartige Talente und Hilfsquellen, auf die sie nötigenfalls zurückgreifen können. Ihre Pluspunkte haben sie in jenen Lebensbereichen, die von den das Trigon bildenden Planeten und von den Feldern und Zeichen, in welchen Jupiter und die Planeten im Trigon stehen und regieren, beherrscht werden.

Oppositionen

Jupiteroppositionen zeigen an, daß die Geborenen Schwierigkeiten in den zwischenmenschlichen Beziehungen haben, weil sie von den anderen zuviel verlangen und allzuviel als selbstverständlich betrachten. Ihre fröhliche, draufgängerische Haltung stößt nicht immer auf Gegenliebe, ebensowenig wie ihre Neigung, großartige Pläne auf Kosten anderer voranzutreiben.

Diese Schwierigkeiten treten in jenen Beziehungen und Verbindungen zutage, bei denen der oder die in Opposition zu Jupiter stehenden Planeten und die Zeichen und Felder eine Rolle spielen, in denen Jupiter und diese in Opposition stehenden Planeten sich befinden und herrschen.

Aspekte des Saturn

Konjunktionen

Saturnkonjunktionen weisen auf Ehrgeiz und harte Arbeit hin. Doch müssen viele Hindernisse und Einschränkungen überwunden werden.

Die Geborenen sind meist konservativ eingestellt und von ernsthafter Wesensart. Ihre Selbstdisziplin erweckt den Respekt der anderen, doch eine gewisse Härte und Nüchternheit, die sie umgibt, läßt keine warmherzige Beziehung aufkommen.

Diese Eigenschaften zeigen sich am stärksten in jenen Belangen, die von dem oder den die Saturnkonjunktion bildenden Planeten und den Zeichen und Feldern, in denen Saturn und diese Planeten stehen und regieren, beherrscht werden.

Sextile

Saturnsextile deuten auf eine berufliche und eine geistige Entwicklung dank anstrengender harter Arbeit und guter Organisation. Die Geborenen sind Freunden, Geschwistern, Nachbarn und Organisationen gegenüber loyal eingestellt.

Die stabilisierenden Einflüsse dieser Konstellation kommen am stärksten in jenen Bereichen zum Ausdruck, die von den Zeichen und Feldern, in denen Saturn und die Planeten im Sextil stehen und regieren, beherrscht werden.

Quadrate

Saturnquadrate gehören zu den problematischsten Aspekten, da sie auf schwerwiegende Hindernisse und Einschränkungen hinweisen, die frustrierend auf den Ehrgeiz der Geborenen und ihren Wunsch nach Glück und Zufriedenheit wirken. Solche Menschen müssen doppelt so hart arbeiten, um zu dem gleichen Ergebnis zu gelangen, das andere vielleicht im Handumdrehen erzielen. Diese Schwierigkeiten bleiben meist nicht ohne Wirkung auf Karriere und Heim.

Die Geborenen müssen lernen, ihr negatives Denken zu überwinden und eine positivere Haltung einzunehmen. Obwohl Saturnquadrate anzeigen, daß es im Leben größere Probleme zu meistern gilt, sind sie für die Geborenen ebenso ein Ansporn zu höheren Leistungen.

Die Schwierigkeiten betreffen jene Belange, die von dem oder den das Quadrat bildenden Planeten und den Zeichen und Feldern beherrscht werden, in welchen Saturn und die in Quadratur stehenden Planeten sich befinden und regieren.

Trigone

Saturntrigone deuten auf Glück und anhaltenden Erfolg dank einer disziplinierten Kreativität und einer philosophischen Lebenseinstellung. Die höchst tugendhafte Haltung erweckt bei anderen Menschen Vertrauen. Darum werden den Geborenen häufig verantwortungsvolle Posten übertragen. Sie sind gute Lehrer, Organisatoren und Manager.

Diese Fähigkeiten zeigen sich in all jenen Belangen, die von dem oder den im Trigon zu Saturn stehenden Planeten und von den Zeichen und Feldern beherrscht werden, in denen Saturn und diese Planeten sich befinden und regieren.

Oppositionen

Saturnoppositionen zeigen an, daß die Geborenen in den zwischenmenschlichen Beziehungen Schwierigkeiten haben, die aus einer negativen, einschränkenden und selbstsüchtigen Haltung resultieren. Da sie viel zu ernst und nüchtern sind, machen die Geborenen einen unfreundlichen und unnahbaren Eindruck. Sie müssen lernen, diese Eigenschaften zu korrigieren und nicht verbittert und in zunehmendem Maße isoliert zu werden, was die Situation nur verschlimmern würde.

Die Schwierigkeiten betreffen jene Belange, die von dem oder den in Opposition zu Saturn stehenden Planeten und von den Zeichen und Feldern beherrscht werden, in welchen Saturn und diese Planeten sich befinden und regieren.

Aspekte des Neptun

Konjunktionen

Neptunkonjunktionen deuten auf Handlungen, die in vielen Fällen nur schwer oder gar nicht verständlich sind. Die Geborenen verfügen meist über irgendeine paranormale Fähigkeit, da sie vom Unbewußten und manchmal intuitiven Überbewußten beeinflußt werden. Sie sind häufig mystisch eingestellt und wirken auf den normalen Sterblichen etwas weltfremd.

Ist die Konjunktion gut aspektiert, deutet das auf ein tiefes emotionales Verstehen und geistiges Empfinden. Ist die Konjunktion verletzt, besteht die Gefahr, daß sich der Geborene Selbsttäuschungen hingibt und die Wirklichkeit nicht sehen will.

Diese Eigenschaften werden in jenen Belangen deutlich, die von dem oder den in Konjunktion mit Neptun stehenden Planeten und von den Zeichen und Feldern beherrscht werden, in denen Neptun und diese Planeten sich befinden und regieren.

Sextile

Neptunsextile deuten auf ein geistiges und seelisches Wachstum, das kraft Imagination und Intuition zustande kommt. Die Geborenen verfügen meist über schöpferische Fähigkeiten, die in schriftstellerischer Tätigkeit, in Kommunikation, Freundschaften und Gruppenverbänden ihren Ausdruck finden.

Die Wahrscheinlichkeit ist groß, daß die Geborenen sich für idealistische Ziele einsetzen. Diese Neigungen treten am deutlichsten in jenen Belangen zutage, die von dem oder den das Sextil zu Neptun bildenden Planeten und den Zeichen und Feldern regiert werden, in denen Neptun und die Planeten im Sextil stehen und herrschen.

Quadrate

Neptunquadrate sind ein Anzeichen für große Verwirrung, Unordnung und Zerstörungswut, die die Folge von Neurosen oder unbewußten negativen Prägungen sind. In vielen Fällen entziehen sich die Geborenen jeder Verantwortung und lehnen es ab, sich der Wirklichkeit zu stellen. Manchmal findet diese Einstellung ihren Ausdruck im Alkohol- und Drogenmißbrauch. Die Geborenen sind häufig negativen psychischen Einflüssen unterworfen.

Diese Eigenschaften werden vor allem in jenen Belangen manifest, die von dem oder den im Quadrat zu Neptun stehenden Planeten und von den Zeichen und Feldern beherrscht werden, in denen Neptun und diese Planeten sich befinden und regieren.

Trigone

Neptuntrigone zeigen Glück und Gewinn an, die durch den schöpferischen Einsatz der intuitiven Einbildungskräfte erreicht werden. Die Geborenen sind in vielen Fällen hellseherisch begabt und verfügen über originelle schöpferische Fähigkeiten in künstlerischen Belangen und auf dem Gebiet der Religion. Höhere geistige Einsicht ist bei diesen Geborenen in vielen Fällen in ausgeprägtem Maß vorhanden.

Diese Eigenschaften zeigen sich am stärksten in jenen Belangen, die von dem oder den im Trigon zu Neptun stehenden Planeten und den Zeichen und Feldern beherrscht werden, in denen Neptun und diese Planeten sich befinden und regieren.

Oppositionen

Neptunoppositionen deuten Schwierigkeiten in den zwischenmenschlichen Beziehungen an, und zwar aufgrund von Täuschungsmanövern und Unzuverlässigkeit der Geborenen. Horoskopeigner mit dieser Stellung verwirren andere Menschen durch ihre unbewußte zaudernde Gefühlshaltung, da auf sie infolgedessen kein Verlaß ist.

Die Geborenen können auch dazu neigen, ihre eigenen psychischen Schwierigkeiten auf andere Menschen zu projizieren oder die Last der psychischen Schwierigkeiten anderer auf ihre Schultern zu nehmen. Mißverständnisse und Verwirrung sind die Folge dieser Haltung, so daß andere Menschen nie wissen, woran sie bei den Geborenen eigentlich sind.

Die Schwierigkeiten treten am stärksten in jenen Belangen zutage, die von dem oder den in Opposition zu Neptun stehenden Planeten und von den Zeichen und Feldern beherrscht werden, in denen Neptun und diese Planeten sich befinden und regieren.

Aspekte des Uranus

Konjunktionen

Uranuskonjunktionen weisen auf originelle, schöpferische und dynamische Tendenzen hin. Die Geborenen werden in irgendeiner Weise immer ungewöhnlich sein. In vielen Fällen zeigen sie Interesse für Okkultes und für neue Gebiete wissenschaftlicher Entdeckungen.

Sie sind in keiner Weise traditionsgebunden und besitzen einen starken Unabhängigkeitssinn. Sie sind freundlich und humanitär eingestellt, verfügen über eine starke Willenskraft und die Fähigkeit zu dynamischem Handeln. In ihrem Leben gibt es häufig plötzliche Veränderungen.

Am stärksten zeigen sich diese Eigenschaften in jenen Belangen, die von dem oder den in Konjunktion mit Uranus stehenden Planeten und den Zeichen und Feldern beherrscht werden, in welchen Uranus und diese Planeten sich befinden und regieren.

Sextile

Uranussextile deuten auf plötzlich auftretende Möglichkeiten zu geistigem Wachstum und Weiterkommen, und zwar aufgrund des Interesses und der Empfänglichkeit der Geborenen für neue Ideen. Diese Menschen pflegen regen Gedankenaustausch mit anderen, schließen rasch Freundschaften und interessieren sich für Gruppen und Organisationen, besonders wenn sie mit Okkultismus zu tun haben. Sie sind wissenschaftlich orientiert, intuitiv und intelligent.

Diese Begabungen und Fähigkeiten zeigen sich am deutlichsten in jenen Belangen, die von dem oder den das Sextil zu Uranus bildenden Planeten und den Zeichen und Feldern regiert werden, in denen Uranus und diese Planeten stehen und herrschen.

Quadrate

Uranusquadrate zeigen an, daß die Geborenen Gefahr laufen, ihr Weiterkommen und ihren Erfolg durch Labilität, Impulsivität und übereilte Handlungen in Frage zu stellen. Sie neigen dazu, unvernünftig, eigenwillig und starrköpfig zu sein.

Sie ändern wiederholt ihre Meinungen. Weil sie gute Ratschläge nicht annehmen, unterlaufen ihnen häufig schwerwiegende Fehler. Eine dumme Handlung kann viel geleistete Arbeit zunichte machen.

Diese Eigenschaften treten am deutlichsten bei jenen Belangen zutage, die von dem oder den im Quadrat zu Uranus stehenden Planeten und den Zeichen und Feldern beherrscht werden, in denen Uranus und diese Planeten sich befinden und regieren.

Trigone

Uranustrigone deuten auf plötzliches und unerwartetes Glück. Die Geborenen sind von einer intuitiven Kreativität und gehen die Dinge auf originelle Art und Weise an. Da sie meist froh und glücklich sind, haben sie viele Freunde und erleben aufregende Abenteuer.

Die wohltätige Wirkung dieser Konstellation zeigt sich am deutlichsten in jenen Belangen, die von dem oder den im Trigon zu Uranus stehenden Planeten und den Zeichen und Feldern regiert werden, in denen Uranus und diese Planeten sich befinden und herrschen.

Oppositionen

Uranusoppositionen sind ein Anzeichen für Schwierigkeiten in den zwischenmenschlichen Beziehungen. Diese resultieren aus einer unberechenbaren, fordernden und unvernünftigen Haltung den Mitmenschen gegenüber. Die Geborenen sind unzuverlässig, launisch und starrköpfig, was den Umgang und die Zusammenarbeit mit ihnen erschwert. Durch ihre mangelnde Bereitschaft, auf persönliche Wünsche und Freiheiten zu verzichten, laufen sie Gefahr, Beziehungen zu zerstören.

Diese Schwierigkeiten treten am deutlichsten in jenen Belangen zutage, die von dem oder den in Opposition zu Uranus stehenden Planeten und den Zeichen und Feldern regiert werden, in welchen Uranus und diese Planeten sich befinden und herrschen.

Aspekte des Pluto

Konjunktionen

Plutokonjunktionen deuten an, daß die Geborenen die Fähigkeit haben, das eigene Wesen und die Art der Selbstdarstellung – in gutem oder schlechtem Sinne – zu verändern. Sie sind willensstark und fähig, die unterschwelligen Kräfte des Lebens zu erfassen. Dank ihrer großen Konzentrationsfähigkeit sind sie häufig paranormal begabt. Manchmal interessieren sie sich auch für Wissenschaften, insbesondere für das Gebiet der Atomenergie.

Am deutlichsten zeigen sich diese Merkmale in jenen Belangen, die von dem oder den in Konjunktion mit Pluto stehenden Planeten und den Zeichen und Feldern beherrscht werden, in denen Pluto und diese Planeten sich befinden und regieren.

Sextile

Plutosextile zeigen die Möglichkeit zu einer Wandlung des Selbst und zu geistigem Wachstum an, und zwar aufgrund des dynamischen Einsatzes der Willenskraft. In vielen Fällen besteht ein Interesse für Wissenschaften und das Okkulte.

Durch schriftstellerische Tätigkeiten, Kommunikation, Freundschaften und Gruppenunternehmungen können die Geborenen in aller Welt starken Einfluß ausüben. Sie reisen manchmal aus für andere unerfindlichen Gründen.

Am deutlichsten zeigen sich diese Wirkungen in jenen Angelegenheiten, die von dem oder den das Sextil mit Pluto bildenden Planeten und den Zeichen und Feldern regiert werden, in denen Pluto und diese Planeten stehen und herrschen.

Quadrate

Plutoquadrate deuten an, daß sich die Geborenen in schwierige Situationen hineinmanövrieren, weil sie rücksichtslos ihre Ziele verfolgen. Sie sind so ungeduldig und anmaßend, daß sie häufig ihre eigenen Absichten zunichte machen. Manchmal versuchen sie das Unmögliche. In Extremfällen kann es zu einer diktatorischen Haltung kommen.

Diese Eigenschaften zeigen sich am stärksten in jenen Belangen, die von dem oder den Planeten, die in Quadrat zu Pluto stehen, und von den Zeichen und Feldern beherrscht werden, in denen Pluto und diese Planeten sich befinden und regieren.

Trigone

Plutotrigone deuten auf Glück und höhere geistige Entwicklung durch den schöpferischen Einsatz des Willens und eine geheimnisvolle Fähigkeit zur Konzentration und Metamorphose. Die Geborenen besitzen die Gabe, ihre Umwelt zu verbessern, zu reformieren und zu wandeln. Sie eignen sich als geistige Führer. Viele Heiler, Hellseher und Propheten haben diesen Aspekt in ihrem Horoskop.

Diese Fähigkeiten zeigen sich in jenen Belangen, die von dem oder den das Trigon zu Pluto bildenden Planeten und den Zeichen und Feldern regiert werden, in welchen Pluto und diese Planeten sich befinden und herrschen.

Oppositionen

Plutooppositionen deuten auf Schwierigkeiten in den zwischenmenschlichen Beziehungen. Diese ergeben sich aus der fordernden, diktatorischen und dominierenden Haltung der Geborenen. Diese Menschen wollen andere nach ihren Vorstellungen ummodeln, ohne deren Wünsche, Bedürfnisse und Rechte zu berücksichtigen. Eine solche Haltung löst natürlich Ärger und Empörung aus, und die Geborenen verlieren jeden warmherzigen Kontakt mit anderen Menschen.

Diese Eigenschaften können zu Streitigkeiten und Beziehungskonflikten auf jenen Gebieten führen, die von dem oder den in Opposition zu Pluto stehenden Planeten und den Zeichen und Feldern beherrscht werden, in denen Pluto und diese Planeten sich befinden und regieren.

12. DIE KONJUNKTIONEN

Konjunktionen mit der Sonne

Sonne Konjunktion Mond (☉ ☌ ☽)

Bei einer Sonne-Mond-Konjunktion stimmen Gefühl und Wollen miteinander überein. Eine gefühlsbetonte Impulsivität verbindet sich mit dem Bestreben, alle Kräfte auf ein einziges Gebiet des Ausdrucks und der Darstellung zu konzentrieren.

Gesundheitliche Schwierigkeiten treten auf, wenn die Sonnenenergie stärker ist als das nährende Mondprinzip, das den Ätherleib beherrscht; jenes Kraftfeld, um das sich der physische Leib aufbaut. Die körperliche Vitalität verglüht infolge allzugroßer Aktivität und Stimulierung.

Diese Konjunktion deutet auf einen neuen Erfahrungszyklus, der sich auf jene Felder bezieht, die von Sonne und Mond beherrscht werden, und auf jenes Feld, in dem die Konjunktion steht. Die Geborenen neigen dazu, abwechselnd eine männliche und eine weibliche Rolle zu spielen – passives Verhalten kann plötzlich in Aggressivität umschlagen und vice versa. Menschen mit einer solchen Konjunktion sind überall dort aktiv und schöpferisch, wo sie mit Heim, Ehegatten und Kindern zu tun haben.

Sonne Konjunktion Merkur (☉ ☌ ☿)

Sonne-Merkur-Konjunktion schenkt Kreativität und die Fähigkeit, in allen von Merkur bezeichneten Belangen aktiv zu sein, vor allem in bezug auf neue Ideen, Arbeit und Freundschaften.

Dieser Aspekt deutet die Neigung an, Vorstellungen und Entscheidungen mit Willenskraft durchzusetzen. Er steht jedoch einer objektiven Selbstanalyse im Wege, da Geist und Ich eng miteinander identifiziert werden. Dadurch fällt es den Geborenen schwer, sich selbst unparteiisch oder mit den Augen anderer zu sehen.

Diese Geborenen verfügen über große geistige Kraft und Energie.

Wenn Merkur seine Konjunktion mit der Sonne in einem Umkreis von $1/2°$ bis $4°$ bildet, spricht man von einem «verbrannten» Merkur, der dazu führt, daß die Gedankenverbindungen mit Sonnenenergie überlastet sind. Das bewirkt einen Zusammenbruch der Kommunikation und der Denkprozesse, analog der Zerstörung der dünnen Drähte in einem Elektronengehirn infolge übermäßigen Zustroms an Elektrizität. Wenn diese überschüssige Energie die Denkprozesse allzusehr erhitzt, kommt es über kürzere oder längere Zeitspannen zu einem geistigen Abschalten.

Ist Merkur in seiner Konjunktion weniger als $1/2°$ oder 30' von der Sonne entfernt, sagt man, er sei «im Herzen der Sonne». Diese Stellung, für die zum Teil die gleichen Schwierigkeiten charakteristisch sind wie beim «verbrannten» Merkur, bedeutet gleichzeitig auch eine «Würde»; bei einer so vollendeten Angleichung des Wellenbildes wird die Sonnenenergie von Merkur abgewandelt und erweist sich damit als ideale Trägerfrequenz für das Denken. Mit anderen Worten: der Wille wird zum Werkzeug für geistige Bestrebungen. Diese Stellung verleiht große intellektuelle Fähigkeiten, vor allem, wenn sich die Konjunktion in den Zeichen Zwillinge, Jungfrau, Wassermann und Waage befindet.

Sonne Konjunktion Venus (☉ ☌ ♀)

Bei dieser Konjunktion sind die Gefühle stark und kraftvoll, und die Horoskopeigner lieben das Leben. Sie sind meist fröhlich und optimistisch und schätzen Unterhaltung und Geselligkeit, wenngleich sie bis zu einem gewissen Grad narzißtisch sein können. Diese Konstellation verleiht Schönheit und Gewandtheit im Selbstausdruck; die Geborenen sind musisch und künstlerisch begabt. Wenn das fünfte und zweite Feld nicht verletzt sind, können Menschen mit einer solchen Konjunktion häufig durch Spekulieren zu Geld kommen. Dank ihrer starken Liebesfähigkeit und ihrer romantischen Ader können sie andere glücklich machen. Besonders gut verstehen sie sich mit Kindern.

Sonne Konjunktion Mars (☉ ☌ ♂)

Diese Konjunktion verleiht Willenskraft und Mut. Es handelt sich ganz entschieden um einen männlichen Aspekt. Die Felder, die von Sonne und Mars beherrscht werden, sind von ungeheurer Aktivität und Kraftentfaltung gekennzeichnet, wie auch das Feld, in dem sich die Konjunktion befindet.

Die Geborenen neigen zu Aggressivität und Anmaßung, da das natürliche Bestreben besteht, das Machtprinzip der Sonne mit Hilfe des handelnden Prinzips von Mars zum Ausdruck zu bringen. Wie sich diese Aggressivität äußert, hängt von dem Zeichen und Feld ab, in dem sich die Konjunktion befindet, sowie von den Feldern, die von den betreffenden Planeten beherrscht werden, und von den Aspekten auf die Konjunktion.

Sonne Konjunktion Jupiter (☉ ☌ ♃)

Das Sonnenprinzip von Wille und Macht findet seinen Ausdruck mit Hilfe des Jupiterprinzips der Ausdehnung und Entfaltung. Horoskopeigner mit dieser Konjunktion verstehen es, ihren eigenen gesellschaftlichen Einfluß zu vergrößern und ihre Ziele zu verwirklichen.

Ihre einnehmende Persönlichkeit und großzügige, optimistische Wesensart bringt ihnen Glück. Ihre positive Einstellung ermöglicht es ihnen, Chancen optimal zu nutzen. Dank ihrem Enthusiasmus und ihrem Interesse für das Wohlergehen aller gelingt es ihnen, andere für ihre Ziele zu gewinnen und sie zur Mitarbeit zu animieren. Da Jupiter (im natürlichen Horoskop Beherrscher des neunten Feldes bzw. des Schützen) über Philosophie, Religion und jegliche Kodifizierung des Gruppendenkens herrscht, sind Geborene mit dieser Konjunktion in der Lage, durch Projekte, die später die Gunst der breiten Masse finden, oder durch die Verwirklichung allgemein anerkannter Vorstellungen und Ziele zu Macht und Einfluß zu gelangen. Sie machen sich den gesellschaftlichen Ehrgeiz der anderen zugunsten ihrer eigenen Ambition und Ausdrucksmöglichkeit zunutze.

Sonne Konjunktion Saturn (☉ ☌ ♄)

Saturn, das Prinzip der Einschränkung, wirkt sich hemmend auf den persönlichen Ausdruck und Ehrgeiz aus. Die Geborenen können sich erst dann frei ausdrücken, wenn sie den Bereich der Einschränkung, dem sie unterstellt sind, voll und ganz in den Griff bekommen haben.

Alles, was sie zustande bringen, erreichen sie durch äußerst harte Arbeit. Oft sind sie wegen der vielen Frustrationen, die ihnen ständig widerfahren, traurig und voller Minderwertigkeitskomplexe. Sie sollten alle sich bietenden Gelegenheiten beim Schopf packen.

Da Saturn auch das Prinzip der Erfüllung ist, können die Geborenen jedoch dank ihren organisatorischen Fähigkeiten zu bedeutendem Einfluß gelangen. Letzten Endes wird ihnen ihre Selbstdisziplin zu persönlicher Erfüllung verhelfen.

Sonne Konjunktion Uranus (☉ ☌ ♅)

Das Kraftpotential der Sonne äußert sich in dieser Konjunktion durch die Erkundung neuer Erfahrungsbereiche. Dabei handelt es sich häufig um wissenschaftliche Forschungen im Grenzbereich der menschlichen Erkenntnis, wo die hochspannungsgeladenen Kräfte der Natur entdeckt und zum ersten Mal genutzt werden. Die Geborenen haben die Fähigkeit, diese Hochfrequenz-Ebenen zu ergründen, indem sie ihren Willen einsetzen. Sie sind in der Lage, diese sogenannten «okkulten Kräfte» zu erleben, zu erfassen und damit zu arbeiten, was sich in erster Linie darin äußert, daß sie gewisse Dinge auf neue und völlig ungewohnte Weise tun. Sie handeln kraftvoll, unvermittelt und entschlossen. Wer ihre Zielsetzungen nicht verstehen kann, findet sie allerdings exzentrisch und unberechenbar.

Die Begabungen der Menschen mit dieser Konjunktion sprengen oft den Rahmen der allgemeinen Beschränkungen. Sie verfügen über ein intuitives Verständnis des Einen Universellen Gesetzes. Darum bezeichnet man sie häufig als Genies.

Sonne Konjunktion Neptun (☉ ☌ ♆)

Die Geborenen scheinen unserer Alltagswelt entrückt durch eine Sphärenmusik, die nur sie zu hören vermögen. Sie sind Wünschen und Gefühlen unterworfen, die einer subtilen, erhabenen Quelle entspringen, welche sie entweder zu Verwirrung und Selbsttäuschung führt oder ihnen göttliche Eingebung beschert. Ihr Kräftepotential findet seinen Ausdruck in der Fähigkeit, gefühlsmäßig mit jener universellen Lebenskraft zu verschmelzen, auf die ihre tieferen Bewußtseinsschichten abgestimmt sind. Diese intuitive Wahrnehmung kommt häufig in künstlerischen Belangen zum Ausdruck. Daher findet man unter diesen Geborenen Mystiker, medial Begabte, Hellseher und im Falle hochentwickelter Naturen Religionsstifter.

Ob sie reine Gottesmittler sind, hängt 1. von der Stellung der Konjunktion in den Zeichen und Feldern, 2. von den Feldern, die von Sonne und Neptun beherrscht werden, und 3. von den anderen Aspekten zur Konjunktion ab. Vor allen Dingen aber ist der allgemeine Entwicklungsstand des Geborenen, wie er im Gesamthoroskop zum Ausdruck kommt, ausschlaggebend.

Für Geborene mit dieser Konjunktion ist es wichtig, daß sie über einen gutentwickelten Verstand verfügen (Merkur, Saturn und Uranus geben Aufschluß darüber), der die seelischen Eindrücke kontrolliert, denn mit dieser Stellung ist es oft schwierig, zwischen echter Inspiration und täuschender Projektion eigener unbewußter Wünsche zu unterscheiden. Durch seine Beziehung zum Astralkörper (Wunschdenken) ist Neptun auf subtile Weise mit Mars (Triebnatur) verbunden und löst vielfach seltsame Wünsche und Sehnsüchte aus, die im Falle einer Konjunktion mit der Sonne einen gewissen Ehrgeiz oder den Wunsch nach Bedeutung der eigenen Person zur Folge hat.

Im negativen Falle können diese Menschen ihrer eigenen Vorstellungskraft zum Opfer fallen und von ihr getäuscht werden. Das kann so weit gehen, daß sie ganz den Kontakt mit der Wirklichkeit verlieren.

Sonne Konjunktion Pluto (☉ ☌ ♇)

Bei Menschen mit dieser Konjunktion äußert sich das Kräftepotential in der Fähigkeit, sich selbst und ihre Umwelt zu regenerieren und zu wandeln. Da sie über ungeheure Energien verfügen, vermögen sie zum Kern der Sache vorzudringen.

Pluto ist Herrscher über die Fähigkeit, Dimensionen zu durchdringen und die Quelle der fundamentalen Energie zu erschließen. Diese Ur-Energie manifestiert sich als sexuelle Potenz, die sich in geistiger oder körperlicher Form äußern kann. Der Geborene kann Zugang zu höheren Bewußtseinsebenen haben und zum Werkzeug göttlichen Willens werden.

Gelingt es diesen Geborenen nicht, ihren Willen in Einklang mit dem göttlichen Willen zu bringen, geraten sie in Gefahr, infolge eines Machtkomplexes und allzu diktatorischer Tendenzen ihre eigene Vernichtung zu bewirken. Sie müssen lernen, Toleranz zu üben.

Sonne Konjunktion aufsteigender Mondknoten (☉ ☌ ☊)

Diese Konjunktion bedeutet, daß die Geburt ungefähr zum Zeitpunkt einer Sonnen- oder Mondfinsternis stattgefunden hat. Dies ist ein bedeutsames Ereignis in der Natur, das wichtige Geschehnisse und Umstände im Leben des Geborenen bewirkt und ihm größeren Spielraum zur Selbstdarstellung sowie die Möglichkeit zur Machtentfaltung bietet. Die Konjunktion weist auf eine ererbte karmische Neigung hin, das Glück anzuziehen, und zwar als Folge einer selbstlosen Pflichterfüllung zum Wohl anderer Menschen in einem früheren Zeitpunkt. Bei Übertreibung dieser Tendenz kann diese Stellung zu einer Vergeudung der Energien und damit zu einer Schwächung der Lebenskraft des Geborenen führen.

Sonne Konjunktion absteigender Mondknoten (☉ ☌ ☋)

Diese Konjunktion läßt befürchten, daß die äußeren Umstände dem Geborenen die Selbstdarstellung versagen, wobei sie vor allem Macht und Führungseigenschaften einschränken. Hindernisse erschweren ihm die Verwirklichung seiner Wünsche. Das kann so weit gehen, daß er nicht einmal die Früchte seiner Bemühungen ernten darf.

Die Geborenen werden nicht vom Strom der Ereignisse mitgerissen, wie das bei der Konjunktion Sonne aufsteigender Mondknoten der Fall ist. Diese Konjunktion deutet auf eine karmische Situation, bei der die Geborenen in früheren Inkarnationen selbstsüchtig ihre eigenen Ziele auf Kosten ihrer Mitmenschen verfolgt haben. Nun müssen sie selbst erfahren, wie es ist, durch das Verhalten anderer behindert zu werden. Dieser Aspekt kann jedoch auch bedeuten, daß der Geborene alles, was ihm zur Verfügung steht, vollkommen beherrscht und meistert.

Sonne Konjunktion Aszendent (☉ ☌ Asz.)

Diese Konjunktion weist auf eine starke Persönlichkeit hin. Bewußtsein und Selbstdarstellung sind im Einklang mit der Lebenskraft. Solche Menschen meistern ihre Umwelt und sich selbst, weil alle ihre Handlungen direkt der solaren Quelle des Lebens entspringen. (In dieser Stellung ist die Sonne erhöht, weil sie in jenem Feld steht, das dem Widder entspricht, dem Zeichen, in dem die Sonne erhöht ist.)

Menschen mit dieser Stellung sind von kräftigem Wuchs und gesunder Konstitution. Sie sind nur selten krank oder müde, außer ihr Horoskop und die Sonne seien stark verletzt. Sie verfügen über eine außerordentliche Regenerationsfähigkeit.

Sie stehen in vollem Einklang mit dem allgemeinen Bewußtsein, das Vergangenheit, Gegenwart und Zukunft im ewigen Jetzt umschließt. Darum sind sie als geistige Wesen befähigt, einen ungeheuren Einfluß zum Guten hin auszuüben, besonders wenn die allgemeine Anlage des Horoskops auf eine hochentwickelte Persönlichkeit hinweist (ein eng verwobenes Gesamtbild der Aspekte, das die meisten oder alle Planeten einschließt, mit starken Aspekten zu Uranus, Neptun, Pluto, Sonne, M. C. und Aszendent).

Verletzungen, die mit dem sechsten oder zwölften Feld in Zusammenhang stehen, zeigen an, daß die Energie der solaren Anlage nicht mehr im Gleichgewicht mit sich selbst ist und somit zur eigenen Vernichtung eingesetzt wird.

Sonne Konjunktion Medium Coeli (☉ ☌ M.C.)

Geborene mit dieser Konjunktion üben dank ihrer Karriere, ihres Berufs und Ansehens einen großen Einfluß aus. Vielfach bilden Politik und öffentliches Leben ihr Wirkungsfeld, und meist sind sie in irgendeiner Weise berühmt oder berüchtigt; das hängt ab von der Art der Aspekte 1. auf die Sonne und das M. C., 2. auf das Zeichen, in dem sich Sonne und M.C. befinden, und 3. auf die Felder- und Zeichenstellung des das Sonnenzeichen beherrschenden Planeten und der Aspekte zu diesem Herrscher.

Sonne Konjunktion Deszendent (☉ ☌ Desz.)

Geborene mit dieser Konjunktion bringen ihr Kräftepotential durch Partnerschaften zum Ausdruck.

Sind die Sonne und das siebente Feld nicht zugleich verletzt, so haben diese Geborenen einflußreiche und großmütige Ehepartner und enge Freunde, die sie in ihrer Entwicklung fördern. Sie zeigen großes Geschick für Public Relations und sind dank ihrer Fähigkeit, einzelne wie auch die Öffentlichkeit zu beeinflussen, tüchtige Geschäftsleute.

Sonne Konjunktion Imum Coeli (☉ ☌ I.C.)

Wille und Kräftepotential dieser Geborenen finden ihren Ausdruck in Heim und Familie. Die Geborenen lieben es, wichtige Persönlichkeiten zu unterhalten.

Da der Einfluß der Sonne durch den ganzen Erdball hindurchdringen muß, sind die Geborenen gezwungen, viele Hindernisse zu überwinden, um ihre Persönlichkeit voll und ganz zur Geltung bringen zu können. Ist die Sonne im vierten Feld nicht stark verletzt, genießen sie in späteren Lebensjahren Sicherheit und Erfüllung.

Konjunktionen mit dem Mond

Mond Konjunktion Merkur (☽ ☌ ☿)

Dieser Aspekt versinnbildlicht eine direkte Verbindung zwischen Unbewußtem und Bewußtsein. Der Geborene kann seine emotionale Natur und seine Reaktionen – vor allem auf andere Menschen – rational erfassen. Seine bewußten Gedanken und zwischenmenschlichen Beziehungen wirken sich augenblicklich auf seine Gefühlsreaktionen aus. (Er reagiert besonders empfindlich auf das, was andere Leute von ihm denken.)

Ist aber die Konjunktion durch andere Aspekte stark verletzt, besteht die Tendenz, daß die Gefühle stärker sind als der Verstand und die Gedanken eine emotionale Färbung erhalten. Der Geborene reagiert vielfach überempfindlich auf persönliche Bemerkungen und Kritik.

Im positiven Falle macht diese Konjunktion im Unterbewußtsein gespeicherte Informationen auf ungewöhnliche Weise zugänglich; dies gilt vor allem für Erfahrungen im emotionalen Bereich.

Die Geborenen schenken den häuslichen und familiären Angelegenheiten meist viel Aufmerksamkeit, wobei sie ihr Augenmerk vor allen Dingen auf Nahrung und Gesundheit richten, da dieser Aspekt das Interesse der Jungfrau (Merkur) an Diät mit dem Interesse des Krebses (Mond) für Ernährung verbindet.

Mond Konjunktion Venus (☽ ☌ ♀)

Dieser Aspekt zeigt an, daß der Geborene stark gefühlsbetont auf Schönheit und Harmonie reagiert, was sich häufig in einer künstlerischen Begabung manifestiert. Frauen werden bei der Wahl der Kleidung und bei der Zubereitung der Nahrung schöpferisches Talent zeigen. Und dank ihrem Geschick für Dekorationen schaffen sie eine geschmackvolle häusliche Umgebung. Im Umgang mit anderen Frauen sind sie sehr charmant.

Diese Konjunktion verleiht Sensibilität, Takt und im allgemeinen Herzlichkeit, und wenn nicht andere Faktoren im Horoskop dagegensprechen, finden die Geborenen Glück und Erfolg in romantischen Beziehungen und im Liebeswerben. Sie sind gute Diplomaten, da sie anderen gegenüber so sensibel sind.

Ist die Konjunktion verletzt, besteht bei den Geborenen die Tendenz zu allzu großer Nachsicht und damit die Gefahr, daß man sie übervorteilt und mit ihren Gefühlen spielt.

Mond Konjunktion Mars (☽ ☌ ♂)

Diese Konjunktion ruft starke Emotion hervor, die sich negativ in Zornesausbrüchen und anderen Gemütsentladungen äußern können. Kinder mit diesem Aspekt neigen zu Tobsuchtsanfällen. Ist die Konjunktion günstig aspektiert, können diese starken Emotionen zu großer Tatkraft führen. Ist die Konjunktion aber durch andere Aspekte verletzt, können sie Eifersucht, Zorn und gefühlsmäßige Frustrationen bewirken. Solche Menschen fühlen und handeln stets mit großer Intensität.

Geborene mit dieser Konjunktion können zu gefährlichen und rachsüchtigen Feinden werden, wenn nicht Merkur im Horoskop stark gestellt oder die Disziplin des Saturn deutlich angezeigt ist, da ihre Handlungen stark affekt- und weniger vernunftbetont sind. Ihre Gefühle können sie jegliche Vorsicht und Vernunft vergessen lassen. Wenn sie aber ihre Kräfte unter Kontrolle haben, werden sie tapfer und entschlossen für eine Sache kämpfen und viel erreichen.

Mond Konjunktion Jupiter (☽ ☌ ♃)

Dieser Aspekt verleiht Mitgefühl und Großzügigkeit. Die Geborenen möchten anderen Menschen Gutes tun. Falls ihr Interesse für soziale Wohlfahrt politisch aktiv eingesetzt wird, resultiert daraus ein gutes Karma; sie erwecken bei ihren Mitmenschen, besonders bei Frauen, oft großes Vertrauen und sichern sich deren Mitarbeit und Unterstützung.

Ist die Konjunktion verletzt, machen sich häufig Verschwendung, Bequemlichkeit sowie ein Hang zum Schlemmerleben bemerkbar. Ist die Konjunktion günstig aspektiert, verleiht sie Ehrlichkeit, Rechtschaffenheit und Geschäftstüchtigkeit.

Die Geborenen erfreuen sich meist guter Gesundheit, da dem vom Mond beherrschten Ätherleib in reichem Maße Energie zugeführt wird. Sie arbeiten oft im Dienste religiöser und erzieherischer Zwecksetzungen, mit denen sie sich identifizieren. Es können sich jedoch regelrechte Sendungskomplexe entwickeln, falls die Konjunktion veletzt ist.

Entgegen der Erwartung macht dieser Aspekt den Geborenen nicht notwendigerweise zum ruhelosen Globetrotter. Gefühlsmäßige Bindungen an Heim, Familie und Freunde wie auch an materielle Besitztümer verhindern allzu ausgedehnte Reisen, vor allem, wenn sich die Konjunktion in einem festen Zeichen befindet.

Mond Konjunktion Saturn (☽ ☌ ♄)

Geborene mit diesem Aspekt neigen dazu, sich emotional mit materiellen Dingen und den mit ihnen verknüpften Erinnerungen zu identifizieren. Sie bleiben mit ihren Gefühlen allzusehr der Vergangenheit und schon fast vernarbten Wunden verhaftet. Die Horoskopeigner sollten ihre Aufmerksamkeit weit mehr auf konstruktive Aktivitäten und Ziele richten.

Die Persönlichkeit dieser Menschen ist oft von leichter Schwermut überschattet. Wenn nicht andere Faktoren im Horoskop dagegen sprechen, sind die Geborenen häufig das Opfer von Depressionen und mangelnder Lebensfreude. Sie geraten leicht in den Ruf von Spielverderbern

Dieser Aspekt stattet andererseits die Geborenen mit praktischem Realismus und gesundem Menschenverstand aus. Ob die konstruktiven oder depressiven Eigenschaften des Aspekts die Oberhand gewinnen, hängt zum großen Teil von den anderen Aspekten zu dieser Konjunktion ab.

Mond Konjunktion Uranus (☽ ☌ ♅)

Dieser Aspekt verspricht intuitive Begabung, originelle Phantasie und unstete Gefühle. Der Geborene ist eigenartigen und plötzlichen Stimmungswechseln unterworfen und in seinem Verhalten häufig unberechenbar und impulsiv.

Die häusliche Atmosphäre und das Familienleben können ganz ungewöhnlich sein. Häufig bildet das Heim den Treffpunkt für den Freundeskreis und für Gruppenaktivitäten.

Ist die Konjunktion ungünstig aspektiert, sind die Geborenen häufig verschroben, launisch, gereizt und nicht immer zuverlässig. Ist sie jedoch günstig aspektiert, verfügen die Geborenen über Findigkeit und ungewöhnliche schöpferische Fähigkeiten.

Menschen mit diesem Aspekt suchen das Seltsame und Ungewöhnliche. Ihr Gefühlsleben braucht Anregung und Neues. Ist der Aspekt verletzt, zeigt sich möglicherweise ein extremes Gefühlsverhalten.

Mond Konjunktion Neptun (☽ ☌ ♆)

Geborene mit diesem Aspekt sind in höchstem Maße beeindruckbar und neigen dazu, sich seelisch den Gefühlsreaktionen der anderen anzugleichen. Ihre Empfindsamkeit macht sie mitfühlend und verständnisvoll. Andererseits lassen sie sich allzu häufig von der Stimmung ihrer Umgebung beeinflussen.

Es zeigen sich mediale und parapsychologische Begabungen, doch ob diese zuverlässig sind oder nur Phantasien, die vom Unterbewußtsein empfangen wurden, hängt von den anderen Aspekten im Horoskop ab. Die Geborenen haben vielfach bedeutsame und manchmal prophetische Träume.

Mit dieser Stellung ist eine lebhafte Phantasie verbunden, die, richtig eingesetzt, das musikalische und bildnerische Talent fördert.

Ist das Horoskop ungünstig aspektiert, können starke unbewußte Einflüsse den Geborenen dazu verleiten, in einer Traumwelt zu leben, Luftschlösser zu bauen und den Kontakt zur Wirklichkeit zu verlieren.

In einem guten Horoskop kann diese Konjunktion den Grundstein für religiöse und spirituelle Neigungen bilden.

Mond Konjunktion Pluto (☽ ☌ ♇)

Geborene mit dieser Konjunktion zeigen heftige Empfindungen und Eigensinn in ihren Gefühlen. Sie haben manchmal auch parapsychologische und okkulte Begabungen und die Tendenz, ihre Umgebung emotional zu dominieren. Sie können einen starken Einfluß auf andere Menschen ausüben und sind aufgeschlossen für metaphysische Erscheinungsbereiche, jedoch auf positivere Art und Weise als die Geborenen mit Mond Konjunktion Neptun. Sie interessieren sich für Spiritismus und für Fragen, die mit dem Leben nach dem Tod zusammenhängen.

Sie haben auch die Tendenz, Vergangenes vergessen sein zu lassen und völlig neue Grundlagen für das Gefühlserleben zu schaffen. Die Geborenen kennen keine Angst und sind bereit, Risiken auf sich zu nehmen. Pluto, der Herrscher über das Prinzip von Tod und Wiedergeburt, veranlaßt sie, außergewöhnliche und drastische Veränderungen in ihrem Leben zu suchen. Sie können mit ihren Familienangehörigen recht dramatisch verfahren, und es mag zu plötzlichen Änderungen im häuslichen Bereich kommen. Ihre Schroffheit und ihre herrische Haltung wirken manchmal abschreckend auf Frauen.

Ob diese Konjunktion in schöpferischer Genialität oder zerstörerischer Erregbarkeit zum Ausdruck kommt, hängt von den Aspekten zu dieser Stellung und im Horoskop ganz allgemein ab.

Mond Konjunktion aufsteigender Mondknoten (☽ ☌ ☊)

Diese Konjunktion bringt Glück, da sie den Geborenen die Gabe verleiht, sich dem Gang der Ereignisse ganz intuitiv anzupassen und die jeweiligen Strömungen zu ihren Gunsten auszunützen. Im Extremfall verleitet diese Haltung die Geborenen dazu, sich wahllos jeder erfolgreichen Richtung anzuschließen, ohne die Konsequenzen gründlich zu überdenken.

Der Enthusiasmus der Geborenen macht sie allgemein beliebt, sie haben auch Glück bei den Frauen und Geschick im Umgang mit der Öffentlichkeit. Dieser Aspekt wirkt sich daher günstig aus für Personen, die mit Public Relations, Verkauf, Unterhaltung und Politik zu tun haben.

Falls auch die übrigen Aspekte im Horoskop diese Tendenz unterstützen, sind die Geborenen großzügig und an religiösen Fragen interessiert.

Diese Stellung drückt einen günstigen karmischen Einfluß aus, der auf die Nächstenliebe und Hilfsbereitschaft des Geborenen in der Vergangenheit zurückzuführen ist.

Mond Konjunktion absteigender Mondknoten (☽ ☌ ☋)

Hier handelt es sich um einen schwierigen Aspekt, da die Lebensumstände es den Geborenen schwermachen, ihre Aktivitäten mit den herrschenden Tendenzen in Einklang zu bringen. Mit anderen Worten, die Geborenen leiden ständig unter einer schlechten Zeitplanung, die auf ihre durch die Umstände auferlegte Unfähigkeit zurückzuführen ist, zur rechten Zeit am rechten Ort zu sein und im richtigen Augenblick das Richtige zu tun.

Sie sind daher stets gezwungen, auf ihre eigenen persönlichen Kräfte und Mittel zurückzugreifen. Sie können sich nicht auf die Mitarbeit anderer verlassen und stehen mit ihren Gefühlen allein gegen die ganze Welt.

Als Folge dieser Isolierung kommt es zu Depressionen und einer negativen Gefühlseinstellung, die die anderen noch mehr entfremdet. (Lache, und alle Welt lacht mit dir; weine, und du weinst allein.)

Die Geborenen können einen disziplinierten, gut organisierten, konzentrierten Einsatz leisten. Das Geschick, mit dem sie aus geringen Mitteln das Beste zu machen verstehen, trägt sichtbare Früchte und verleiht ihnen eine Charakterstärke, dank der sie allen Widrigkeiten mit Mut und Entschlossenheit entgegentreten.

Nach Ansicht einiger Autoren handelt es sich hierbei um einen karmischen Zustand, der auf einen früheren Mißbrauch von Wohlstand, Stellung und Beliebtheit zurückzuführen ist.

Mond Konjunktion Aszendent (☽ ☌ Asz.)

Diese Konjunktion bewirkt, daß die Geborenen ihr grundlegendes Bewußtsein gleichsetzen mit ihren Gefühlen. Im positiven Falle kann dies auf ein gutes Gedächtnis hinweisen und auf ein Gewahrwerden der Vorgänge im Unterbewußtsein.

Die Geborenen besitzen eine lebhafte Phantasie und sind sehr gefühlsvoll. Sie vermögen sich in andere Menschen zu versetzen. Diese Konjunktion ist für Frauen günstiger als für Männer, da Auftreten und Erscheinung sehr feminin sind.

Die Geborenen haben meist ein volles, rundes, sehr beseeltes Gesicht. Sie sind leicht beeindruckbar, und die Erfahrungen, die sie im Leben machen, berühren sie in einer gefühlsbetonten, sehr persönlichen Art und Weise. Ihre frühen Kindheitserlebnisse wirken sich auf die spätere Entwicklung ihrer Persönlichkeit stärker aus, als dies normalerweise der Fall ist. Mediale Neigungen sind möglich, falls das übrige Horoskop auch in diese Richtung weist.

Ist die Konjunktion ungünstig aspektiert, reagieren solche Menschen auf alles im Leben allzu subjektiv.

Mond Konjunktion Medium Coeli (☽ ☌ M.C.)

Diese Konjunktion deutet, wenn sie nicht ungünstig aspektiert ist, auf Popularität und ein Leben im Rampenlicht hin. Sie ist günstig für Schauspieler, Unterhaltungskünstler und Politiker. Ist sie gut aspektiert, profitieren die Geborenen von wohlhabenden, sozial hochstehenden Frauen, die ihnen zu Rang und Namen verhelfen.

Häufig spielt sich die berufliche Aktivität im Rahmen einer Partnerschaft ab, oder dem Betreffenden wird von einem Vorgesetzten eine verantwortungsvolle Stellung übertragen.

Manchmal weist die Konjunktion darauf hin, daß die Geborenen den Familienbetrieb erben werden, oder daß ihre Karriere eng mit dem Familienleben in Zusammenhang steht.

Diese Mondstellung ist günstig für Leute, die geschäftlich mit Lebensmitteln, Haushaltartikeln, Immobilien und anderen häuslichen Belangen zu tun haben.

Mond Konjunktion Deszendent (☽ ☌ Desz.)

Diese Konjunktion bedingt eine enge gefühlsmäßige Bindung an den Ehegatten, an andere Partner und enge Freunde. Sie verbürgt Geschick und Spürsinn im Umgang mit der Öffentlichkeit und ist daher vorteilhaft für Verkäufer, Händler und Reisende, die in der Haushaltbranche tätig sind.

In ihrer Gefühlseinstellung lassen sich diese Menschen sehr stark von anderen beeinflussen. Von der Ehe haben die Geborenen oft romantische und idealistische Vorstellungen.

Diese Konjunktion ist einer guten Ehe und einem ersprießlichen Familienleben förderlich. Sie wirkt sich vor allem im Horoskop einer Frau günstig aus, da sie die weiblichen Eigenschaften verstärkt. In einem männlichen Horoskop bedeutet sie ein gefühlsmäßiges Verständnis der Frau.

Die Geborenen sind empfindsam und schnell gekränkt. Häufig lebt die Mutter im Heim des Sohnes oder der Tochter und übt einen großen Einfluß auf die Familiengemeinschaft aus.

Mond Konjunktion Imum Coeli (☽ ☌ I.C.)

Hier ist der Mond stark gestellt, da er in Konjunktion mit jener Felderspitze steht, deren Herrscher er im natürlichen Horoskop ist. Mit dieser Konstellation sind häusliche Neigungen und enge familiäre Bindungen zu erwarten.

Die Geborenen fühlen sich ohne Heim und Familie unglücklich und verlassen. Sie huldigen der Kochkunst und den Gaumenfreuden und lieben den Aufenthalt am Wasser, an den Gestaden von Seen, Flüssen oder des Meeres. Manchmal wandern sie auf der Suche nach neuen emotionalen Erlebnissen von einem Ort zum anderen. Menschen mit diesem Aspekt empfinden tiefe Gefühle.

Sie sind geschickte Gärtner und Landwirte und identifizieren sich gefühlsmäßig mit der «Mutter Erde».

Manchmal besagt dieser Aspekt, daß auch nach der Verheiratung des Geborenen eine besonders enge Bindung an die Mutter besteht.

Konjunktionen mit Merkur

Merkur Konjunktion Venus (☿ ☌ ♀)

Diese Konjunktion verleiht die Gabe, sich in Wort und Schrift gewandt ausdrücken zu können. Die Stimme dieser Menschen ist häufig weich und melodiös. Sie sind literarisch und dichterisch begabt und können mit schriftstellerischer Tätigkeit und auf dem Gebiet der Kommunikation ihren Lebensunterhalt verdienen. Sie beweisen viel diplomatisches Geschick im Umgang mit anderen, da ihre Handlungen vorwiegend auf ästhetische Ziele ausgerichtet sind, die sie oft in Partnerschaft mit andern anstreben. Diese Konjunktion bedingt auch eine wissenschaftliche und mathematische Begabung, da sie die Fähigkeit verleiht, Zusammenhänge und Beziehungen zu erfassen.

Die Geborenen genießen die Gesellschaft anderer Menschen und können dank der Schönheit und Harmonie, die sie ausstrahlen, deren

Gesundheit verbessern. Wenn das übrige Horoskop in dieselbe Richtung weist, bringen sie den anderen Wohlwollen und Zuneigung entgegen. Mit diesem Aspekt ist der Verstand auf das Praktische gerichtet, vor allem, wenn sich die Konjunktion in einem Erdzeichen befindet.

Merkur Konjunktion Mars (☿ ☌ ♂)

Geborene mit dieser Konjunktion haben einen scharfen Verstand und viel geistige Energie. Sie ergreifen gerne Partei und sind daher häufig in Auseinandersetzungen verwickelt. Der Aspekt erweist sich als besonders günstig für Reporter und Forscher, die sich einsetzen müssen, um Informationen zu erhalten. Die Geborenen sind geistig aggressiv und sagen jedem unverblümt ihre Meinung. Sie fällen klare Entscheide und führen sie konsequent durch.

Sie interessieren sich häufig für Politik und halten gerne Reden. Horoskopeigner mit diesem Aspekt debattieren gerne und bringen strittige Themen aufs Tapet. Sie lieben den Wettstreit und stellen gern eine überlegene Sachkenntnis unter Beweis. Ihre Ausdrucksweise ist meist vehement und in allen verstandesbetonten Angelegenheiten von ungewöhnlicher Direktheit.

Ist die Konjunktion ungünstig aspektiert, besteht die Tendenz, in hitzige Dispute verwickelt zu werden; die Begierden können die Oberhand über den Verstand gewinnen und die Geborenen zeitweise für jede vernünftige Einsicht blind machen.

Merkur Konjunktion Jupiter (☿ ☌ ♃)

Dieser Aspekt erweitert Sinn und Verstand und weckt Interesse an Philosophie, Religion, Recht und höherer Bildung. Die Geborenen vertrauen auf ihre geistigen Fähigkeiten und wissen die anderen gegebenenfalls beredt von einer Sache zu überzeugen. Die Konjunktion ist günstig für Lehrer, Pfarrer, Vortragende und Politiker – für alle jene, deren Beruf Redegewandtheit erfordert, um die Unterstützung und Mitarbeit der anderen zu gewinnen.

Die Geborenen sind häufig in Institutionen als Lehrer, Berater oder Anwalt tätig und stellen ihre Fähigkeiten in den Dienst humanitärer

Ziele. Das trägt ihnen die Achtung und Anerkennung ihrer Mitmenschen ein.

Die Geborenen reisen gerne irgendwann einmal in weite Ferne. Sie sind meist gebildet, was ihnen später einen gesellschaftlichen und beruflichen Aufstieg und finanziellen Erfolg ermöglicht. Sie gewinnen allgemeines Ansehen und gelten in ihrem Beruf als Kapazität.

Merkur Konjunktion Saturn (☿ ☌ ♄)

Menschen mit einer Merkur-Saturn-Konjunktion sind nicht so redegewandt und ausdrucksvoll wie jene mit einer Merkur-Jupiter-Konjunktion, erweisen sich jedoch in ihrem Denken als exakter, gewissenhafter, logischer und wissenschaftlicher. Diese Konjunktion verleiht eine ausgeprägte mathematische und wissenschaftliche Begabung, Weitsicht und Organisationstalent. Die allgemeine Beschaffenheit des Horoskops und die übrigen Aspekte bestimmen, in welcher Weise sich diese geistige Begabung äußert.

Die Geborenen arbeiten hart und ausdauernd. Sie lernen und studieren gründlich und systematisch. Wenn sie über eine Sache schreiben oder sprechen, behandeln sie Punkt für Punkt. Mit ihrem ausgeprägten Sinn für Form und Struktur und ihrer Begabung für Geometrie eignen sich diese Menschen zum Konstrukteur, Designer, Architekten und Ingenieur. Sie haben geistige Ambitionen, stoßen jedoch auf ihrem Weg zur Anerkennung wiederholt auf Schwierigkeiten.

Im negativen Falle weist diese Konjunktion auf Menschen hin, die kritisch eingestellt sind, sich zu viele Sorgen machen und unter Depressionen leiden. Infolge ihrer allzugroßen Skepsis sind sie wenig aufgeschlossen gegenüber Neuem und Ungewohntem, das sich nicht ohne weiteres in ihr Weltbild einordnen läßt.

Merkur Konjunktion Uranus (☿ ☌ ♅)

Dieser Aspekt verspricht geniale geistige Fähigkeiten und Originalität. Die Geborenen verfügen über einen blitzschnell funktionierenden Verstand. Intuitiv aufblitzende Erkenntnisse können zu wichtigen Einsichten führen, und häufig interessieren sich die Geborenen für Telepathie oder andere Formen des Okkultismus. Ihre ungewöhnliche Intuition läßt sie die tieferen Zusammenhänge erfassen. Diese Konstellation ist günstig für Astrologen.

Die Konjunktion bedingt ein Interesse an Wissenschaft, vor allem an Elektronik und Mikrophysik; die Geborenen haben beruflich oft mit elektronischen Kommunikationsformen zu tun. Sie sind geistig unabhängig und wollen alles selbst überdenken. Sie sind stets auf der Suche nach Neuem und Ungewöhnlichem und finden deshalb oft originelle Lösungen für Probleme, die sich mit herkömmlichen Mitteln nicht bewältigen lassen.

Geborene mit diesem Aspekt sollten eine gute Ausbildung erhalten, vor allem auf wissenschaftlichem Gebiet, um ihre geistigen Fähigkeiten optimal entfalten zu können.

Sind Horoskop oder Konjunktion ungünstig aspektiert, können die Geborenen exzentrisch, haarspalterisch, eingebildet, unverträglich und selbstherrlich sein.

Merkur Konjunktion Neptun (☿ ☌ ♆)

Geborene mit dieser Konjunktion verfügen über eine lebhafte Phantasie und tiefenpsychologische Intuition. Sie interessieren sich vor allem für Mystik, Parapsychologie und Psychologie und schreiben auch Bücher über diese Themen. Wenn das Gesamthoroskop und die anderen Aspekte diese Tendenz noch verstärken, können die Geborenen ungewöhnliche hellseherische, telepathische und prophetische Fähigkeiten besitzen.

Die Geborenen neigen zu Träumereien und Meditation, sind poetisch, literarisch oder sonst schöpferisch begabt. Sie eignen sich zum Fotografen, falls das übrige Horoskop ebenfalls in diese Richtung weist.

Sie können zu Ausweich- und Täuschungsmanövern neigen und, wenn die Konjunktion ungünstig aspektiert ist, schlicht und einfach unaufrichtig oder – im besten Falle – schwer auf etwas festzulegen sein. Sie lassen sich meist auf keine Diskussionen ein, sondern führen in aller Ruhe ihre Vorhaben aus, auch wenn man ihnen davon abgeraten hat. Diese Konjunktion kann den Menschen also auch verschwiegen machen.

Ist die Konjunktion ungünstig aspektiert, lebt der Geborene vielleicht in einer Traumwelt und verliert jeden Kontakt mit der Wirklichkeit. Wenn das Gesamthoroskop ebenfalls ungünstig aspektiert ist, können Gemütsstörungen und Psychosen auftreten.

Merkur Konjunktion Pluto (☿ ☌ ♇)

Dieser Aspekt verbürgt einen scharfen und findigen Verstand. Die Geborenen durchschauen ihre Mitmenschen und gehen den Dingen auf den Grund. Sie sind unvoreingenommen und objektiv in ihrem Urteil. Wahrheit ist ihnen wichtiger als Bequemlichkeit. Starke Willenskraft verbindet sich hier mit Genie und Erfindungsgabe.

Diese Menschen sehen in der Wirklichkeit weit mehr ein energetisches Geschehen denn materielle Objekte; sie sind daher in der Lage, die grundlegenden dynamischen Kräfte zu begreifen. Es besteht ein besonderes Interesse für Wissenschaft, insbesondere für Atomphysik.

Da die Geborenen mit Vorliebe geheimen Informationen nachspüren, eignen sie sich sowohl zum Forscher wie auch zum Detektiv. Oft widmen sie sich auch dem Studium okkulter und metaphysischer Zusammenhänge und schreiben darüber.

Wenn die Konjunktion ungünstig aspektiert ist, kann es geschehen, daß die Geborenen geistigen Hochmut bekunden und sogar zu Arglist und Betrug greifen, um ihre persönlichen Ziele zu verwirklichen. Außerdem neigen sie dazu, die Gedanken und Anschauungen der anderen umformen zu wollen.

Merkur Konjunktion aufsteigender Mondknoten (☿ ☌ ☊)

Mit diesem Aspekt Geborene verstehen es, für ihren Kulturkreis annehmbaren Ideen im richtigen Zeitpunkt Ausdruck zu verleihen. Sie erfreuen sich daher großer Popularität und gelten als intellektuell tonangebende Persönlichkeiten. Falls andere Faktoren im Horoskop die Fähigkeit zu originellem Denken anzeigen, vermögen die Geborenen wesentlichen neuen Ideen zum erfolgreichen Durchbruch zu verhelfen.

Im negativen Falle haben die Geborenen die Tendenz, sich allzusehr der öffentlichen Meinung anzugleichen, ohne sich ihre eigenen Gedanken zu machen. Sie sind dann lediglich geistige Kinder ihrer Zeit und damit all deren Einschränkungen und Irrtümern unterworfen.

Merkur Konjunktion absteigender Mondknoten (☿ ☌ ☋)

Dieser Aspekt bedingt, daß die Horoskopeigner in ihren Ideen ihrer Zeit entweder vorauseilen oder nachhinken. Im günstigen Falle kann die Konjunktion geistige Originalität und Unabhängigkeit bedeuten, die Geborenen sind in der Lage, den Irrtümern einer populären Meinung zu entgehen. Zeigt das übrige Horoskop gute geistige Fähigkeiten an, wird sich die Ansicht der Geborenen letzten Endes als richtig erweisen.

Im ungünstigen Falle sind die Geborenen gezwungen, ihre Ideen allein weiterzuentwickeln, da sie keinerlei Unterstützung finden. Sie versäumen es, am richtigen Ort im richtigen Augenblick das Wort zu ergreifen, und wenn sie doch einmal den Mund aufmachen, hört ihnen niemand zu. Als Folge davon fühlen sie sich manchmal frustriert und geistig allein gelassen.

Merkur Konjunktion Aszendent (☿ ☌ Asz.)

Dieser Aspekt deutet auf eine außergewöhnliche Intelligenz. Die Geborenen überlegen, bevor sie handeln, und drücken sich klar und logisch aus. Ihre tiefe Bewußtheit steht in enger Beziehung zu ihrer logischen Denkfähigkeit.

Die Menschen machen meist einen leicht nervösen Eindruck. Sie sind in der Regel von zierlichem Körperbau und sehr beweglich. Sie interessieren sich vorwiegend für Erziehung, Sprache und Schriftstellerei. Wenn sie gelernt haben, ihre Intelligenz voll einzusetzen, werden sie dank ihrer außergewöhnlichen geistigen Fähigkeiten zu Bedeutung und Ansehen gelangen.

In der Regel neigen die Geborenen zu großer Redefreudigkeit, was sich recht unangenehm auswirken kann, wenn Merkur ungünstig aspektiert ist.

Merkur Konjunktion Medium Coeli (☿ ☌ M.C.)

Mit diesem Aspekt Geborene können ihre Vorgesetzten durch ihr originelles Denken beeindrucken. Sie verstehen es, sich mündlich und schriftlich gewandt auszudrücken, und eignen sich deshalb vor allem für Tätigkeiten, die mit Kommunikation oder Kommunikationsmitteln zusammenhängen – z. B. bei einer Zeitungsredaktion oder in einer Druckerei.

Bildung ist der Schlüssel zum beruflichen Erfolg dieser Menschen. Sie sind gute Schriftsteller, Lehrer, Forscher, Wissenschaftler, Bibliothekare, Sekretäre, kaufmännische Angestellte und Telefonisten.

Merkur Konjunktion Deszendent (☿ ☌ Desz.)

Dieser Aspekt verleiht Geschick beim Umgang mit der breiten Öffentlichkeit. Er begünstigt Berufe, die mit Public Relations, Verkauf, Nachrichtendienst und Vertretungen aller Art zu tun haben. Die Geborenen zeichnen sich durch Witz und geschickte Konversation aus. Sie sind gute Diplomaten, da sie den Standpunkt des anderen verstehen können. Viele entscheiden sich auch für ein Studium der Rechtswissenschaften.

Merkur zieht bei dieser Konstellation einen intelligenten Ehepartner an, und auch der engste Freundeskreis rekrutiert sich aus Intellektuellen.

Merkur Konjunktion Imum Coeli (☿ ☌ I.C.)

Mit dieser Stellung des Merkur haben Geborene meist intelligente und gebildete Eltern und wachsen in einer intellektuellen Umgebung auf.

Vielfach leben die Geborenen mit einem ihrer Geschwister oder einem ehemaligen Nachbarn im selben Haus. Das Heim wird häufig zum Mittelpunkt für Kontakte, Dienstleistungen und wissenschaftliche Forschungen. Meist ziert eine große Bibliothek das Heim der Geborenen.

Konjunktionen mit der Venus

Venus Konjunktion Mars (♀ ☌ ♂)

Obwohl dieser Aspekt primär von wesentlich sexueller Bedeutung ist, gilt der leidenschaftliche Einsatz der Geborenen den verschiedensten Bereichen.

Die Triebnatur des Mars, gekoppelt mit dem Prinzip der Anziehung, wie es durch die Venus verkörpert wird, drängt danach, durch irgendeine Form von Kreativität zum Ausdruck zu kommen. Ob dies nun auf sexuellem Gebiet geschieht oder durch gesellschaftliche und künstlerische Aktivitäten, hängt vom übrigen Horoskop und von den anderen Aspekten zu dieser Konjunktion ab.

Diese Konjunktion verleiht der Gefühlsnatur Kraft und Wärme und erfüllt den Menschen mit tiefer Liebe zum Leben. Dies kann, wenn die andern Faktoren des Horoskops in dieselbe Richtung weisen, zu übergroßer Aggressivität führen, die aber dank dem Einfluß der Venus mit einem gewissen Charme verbunden ist.

Das Liebesprinzip der Venus wird durch diesen Aspekt stärker von der körperlichen Seite her bestimmt – in welchem Ausmaß dies der Fall ist, hängt davon ab, ob Mars oder Venus dominiert, in welchem Zeichen sie stehen und welche Aspekte sie zu den anderen Planeten haben. Die Geborenen sollten ihre gewaltigen schöpferischen Kräfte in irgendeiner Form freisetzen können.

Geborene mit dieser Konjunktion sind recht impulsiv, wenn es darum geht, ihr Geld und das Geld anderer auszugeben. Sie sind großzügig und ausgabefreudig, doch sollten sie vermeiden, in finanziellen Belangen allzu verschwenderisch zu sein.

Venus Konjunktion Jupiter (♀ ☌ ♃)

Dieser Aspekt kündigt eine großzügige und optimistische Haltung an. Wenn nicht starke Faktoren im Horoskop dagegen sprechen, sind die Geborenen fröhlich und freundlich gegenüber ihren Mitmenschen. Sie lieben die Geselligkeit und sind stets hilfsbereit.

Sie finden es richtig, Geld für religiöse Zwecke zu spenden und weniger begünstigten Menschen zu helfen. Sie verstehen es, andere glücklich zu machen, und besitzen auch künstlerische Fähigkeiten, häufig im Zusammenhang mit religiösen Darstellungen. Hochentwickelte Geborene haben manchmal Talent zum Friedensstifter.

Im negativen Falle kann dieser Aspekt zu allzu großer Sorglosigkeit und Bequemlichkeit und einer Tendenz zu Indolenz führen. Ein starkgestellter Saturn im Horoskop verhindert diese Gefahr und ermöglicht es, daß die positiven Eigenschaften dieses Aspekts voll zur Auswirkung kommen können.

Venus Konjunktion Saturn (♀ ☌ ♄)

Dieser Aspekt findet sich häufig im Horoskop begabter Künstler. Saturn verleiht den künstlerischen Neigungen der Venus Form, Struktur und greifbaren Ausdruck und auch die nötige Geduld, um dem Detail genügend Aufmerksamkeit zu schenken. Da Saturn sowohl die Zeit als auch den Raum beherrscht, können Musiker einen ausgeprägten Sinn für Rhythmus, Harmonie und Melodie haben.

Diese Konjunktion verleiht auch mathematische Fähigkeiten, besonders wenn sie mit einem harmonischen Merkur gekoppelt ist. Dieses Bestreben nach Harmonie und Ausgeglichenheit versinnbildlicht die geistige Seite der Venus, die, wenn sie mit Saturn und Merkur verbunden ist, Einsicht in das harmonische Wirken der Naturprinzipien schenkt.

Viele Eigenschaften dieses Aspekts haben Bezug auf das Zeichen Waage, das von Venus beherrscht wird und in dem Saturn erhöht ist. Die Geborenen besitzen viel Sinn für Gerechtigkeit, Fair Play und Loyalität. Obwohl sie in Gesellschaft vielleicht eher etwas verschlossen wirken, gehen sie beständige und bedeutsame Partnerschaften ein und schließen treue Freundschaften. Falls andere Faktoren auf eine großzügige Haltung hinweisen, können die Geborenen dank ihrer Fähigkeit, die Probleme realitätsbezogen zu sehen und anzupacken, meist äußerst wirkungsvolle Hilfe leisten.

Sie können sowohl von einem ehrgeizigen Streben nach Geld beseelt sein als auch von dem Wunsch, sich durch Heirat und Partnerschaften gesellschaftlich und finanziell besser zu stellen. Falls diese Menschen bei der Verwirklichung ihrer Wünsche ehrlich und fair vorgehen, können alle Beteiligten Nutzen und Gewinn daraus ziehen. Im negativen

Falle jedoch kann es zu reinen Geldheiraten kommen. Die Horoskopeigner müssen sich davor hüten, andere zwecks Befriedigung ihrer emotionalen Bedürfnisse zu mißbrauchen. Es hängt weitgehend vom übrigen Horoskop ab, wie dieser Aspekt letzten Endes genutzt wird.

Im negativen Falle können solche Menschen Depressionen und dem Gefühl von Ungeliebtsein und mangelnder Anerkennung unterworfen sein.

Venus Konjunktion Uranus (♀ ☌ ♅)

Mit diesem Aspekt Geborene verfallen oft plötzlichen Lockungen. Dank ihrer lebhaften, schillernden Persönlichkeit sind sie recht beliebt. Sie haben eine Vorliebe für gesellschaftliche Anlässe, Vergnügungen, Parties und abenteuerliche Erlebnisse. Künstler mit diesem Aspekt zeigen einen originellen, sehr individuell geprägten Stil.

Die Geborenen sind sehr sozial eingestellt, da dieser Aspekt die Einflüsse der Waage und damit des siebenten Feldes und des Wassermanns, der im natürlichen Horoskop dem elften Feld entspricht, vereint. Sie neigen dazu, Freundschaft und Liebe miteinander zu verwechseln, so daß ihr Liebesleben häufig unstet ist; unerwartet aufkeimende, übermächtige Zuneigungen erlöschen ebenso plötzlich, wie sie auftauchen.

Da die Geborenen ihre Liebe und Zuneigung allen schenken möchten, fällt es ihnen schwer, sich gefühlsmäßig an eine einzige Person zu binden. Sie sollten niemals überstürzt heiraten, auch wenn es sie noch so sehr danach drängt. Eine lange Verlobungszeit wird zeigen, ob eine bestehende Beziehung von Dauer ist.

Sind im Horoskop zum Beispiel die Erdzeichen betont oder ist Saturn günstig aspektiert – was bedeutet, daß die Geborenen mit beiden Beinen fest im Leben stehen –, können die Horoskopeigner anderen Menschen durch ihre originelle Art, zu helfen und zu dienen, Glück und Freude schenken.

Venus Konjunktion Neptun (♀ ☌ ♆)

Dieser Aspekt weist ähnliche Eigenschaften auf wie das Zeichen Fische, das von Neptun beherrscht wird und in dem Venus erhöht ist.

Wirkt sich der Aspekt positiv aus, kann er die höchste und reinste Form geistiger Liebe bedeuten. Hochentwickelte Geborene können über therapeutische Fähigkeiten und ein geistiges Verständnis transzendentaler Natur verfügen. Sensibel und empfänglich für alles Ästhetische, kann ihre Gegenwart anderen ein Gefühl der Freude und des Friedens vermitteln. Im allgemeinen sind die Geborenen stark beeindruckbar, und ihr seelisches Mitschwingen kann tief und weitreichend sein.

Diese Menschen üben oft eine fast hypnotische Anziehungskraft aus, die sich je nach dem Motiv, das dahintersteckt, zum Guten oder Schlechten auswirken kann. Auf jeden Fall ist eine lebhafte Phantasie und ein produktives Unterbewußtsein vorhanden. Die Geborenen fühlen sich zu einschmeichelnder Musik und mystisch inspirierter und visionärer Kunst hingezogen und bevorzugen alles, was sich zart und fein anfühlt, sowie die Kunst der Fotografie.

Wirkt sich dieser mächtige Aspekt negativ aus, kann er unpraktische, romantische Träumer hervorbringen, die ihrer Umgebung zur Last fallen. Geborene, die auf einer niederen Entwicklungsstufe stehen, können sich in Liebesdingen als betrügerisch und unzuverlässig erweisen.

Venus Konjunktion Pluto (♀ ☌ ♇)

Mit diesem Aspekt sind leidenschaftliche und oft karmische Gefühlslagen verbunden. In den Geburtsbildern von hochentwickelten Menschen kann er die Fähigkeit anzeigen, eine regenerierende, erlösende spirituelle Liebe zu verbreiten, die alle, die mit ihr in Kontakt kommen, aufzurichten vermag.

In solchen Fällen ist die Liebe mit spiritueller Macht verbunden, und der Wille zeigt sich auf einem sehr hohen Niveau. Gewöhnlich besteht eine heiße Liebe zum Leben, verbunden mit einer intensiven geschlechtlichen Anziehung. Die Geborenen neigen dazu, emotionalen Tod und Wiedergeburt zu erleben. Letztlich lernen sie dabei, daß die Liebe auf den geistigen Ursprung allen Lebens gerichtet sein muß.

Dieser Aspekt kann, wie alle starken Venusaspekte, künstlerische Begabung anzeigen, die in diesem Fall ihre Ausdrucksmöglichkeit im Schauspiel findet oder in der Verbindung von Schauspiel und Musik, wie z. B. in der Oper, Operette und in anspruchsvollen Musicals.

Die negative Seite der Konjunktion ist so verderblich, wie die positive Seite edel ist. Die Geborenen sind zügellos in sexuelle Leidenschaften und Genüsse verstrickt. Aber die Geborenen besitzen viel schöpferische Kraft, wie immer sich diese machtvolle Energie auch äußern mag.

Venus Konjunktion aufsteigender Mondknoten (♀ ☌ ☊)

Dieser Aspekt zeigt Geschick im gesellschaftlichen Umgang an und beim Aufbau von Beziehungen, die sich als günstig für Geldangelegenheiten, Romanzen, Partnerschaften, Ehe und Freundschaft erweisen. Durch die angeborene Fähigkeit, zur rechten Zeit am rechten Ort zu sein, ziehen die Geborenen alle jene Dinge an, die sie zum Glücklichsein benötigen. Nach Ansicht einiger Fachleute verkörpert diese Fähigkeit das gute Karma, das einer freundlichen und großzügigen Einstellung in der Vergangenheit entspringt.

Im negativen Falle führt dieser Aspekt dazu, daß sich die Geborenen leichtfertig jedem Vergnügen hingeben und so die Zeit mit nutzlosen gesellschaftlichen Aktivitäten verschwenden.

Venus Konjunktion absteigender Mondknoten (♀ ☌ ☋)

Geborene mit diesem Aspekt neigen zu Verschlossenheit und Isolation in Gefühlsdingen. Sie sind ungeschickt in der Wahl des Zeitpunktes, zu dem sie ihre gesellschaftlichen und amourösen Annäherungsversuche unternehmen wollen. Sie nähern sich den andern meist dann, wenn diese anderweitig beschäftigt oder sonst abgeneigt sind. Sie werden deshalb häufig recht unsanft übergangen und entwickeln Minderwertigkeitskomplexe.

Im positiven Falle entwickelt sich eine ernste und tiefe Liebesbeziehung. Die Geborenen haben den Wunsch zu helfen und knüpfen Beziehungen mit jenen Menschen an, die wirklich der Liebe und Freundschaft bedürfen. Auf die Dauer ist ihnen seelischer und geistiger Lohn gewiß.

Manche Leute sind der Ansicht, daß diese Konjunktion karmisch bedingt ist, und zwar die Folge eines früheren Mangels an Anerkennung für die Liebe und Hilfe anderer Menschen. Die Geborenen müssen den wahren Sinn von Liebe und Hilfe dadurch begreifen lernen, daß ihnen diese entzogen sind.

Venus Konjunktion Aszendent (♀ ☌ Asz.)

Dieser Aspekt verleiht körperliche Schönheit, vor allem bei Frauen. Art und Auftreten der Geborenen sind gefällig und ausgeglichen. Sie bescheren ihrer Umgebung Harmonie und Schönheit, da sie diese Eigenschaften so gut zum Ausdruck bringen.

Bei weniger hochentwickelten Geborenen könnte diese Konjunktion zu narzißtischen Tendenzen und Selbstgefälligkeit führen, aber nur, wenn das übrige Horoskop wenig ausgeprägte Tendenzen zeigt. Dieser Aspekt verleiht ja ein starkes Innewerden der Gesetze von Harmonie und Schönheit als Mittel zur Selbstdarstellung.

Die Geborenen können manchmal ihren Mitmenschen gegenüber aggressiv sein, da ja im ersten Feld auch die Mars/Widder-Komponente eine Rolle spielt.

Venus Konjunktion Medium Coeli (♀ ☌ M.C.)

Diese Konjunktion ist günstig für Menschen, die in künstlerischen Berufen tätig sind, mit Public Relations zu tun haben oder in diplomatischem Dienst stehen. Personen weiblichen Geschlechts machen häufig erfolgreich Karriere, indem sie ihre Chefs oder sonstige Vorgesetzte becircen.

Die Geborenen neigen zu gesellschaftlichem Ehrgeiz. Ihre Stellung kann durch eine Ehe verbessert werden, und eine Ehe wird häufig nur geschlossen, um dieses Ziel zu erreichen, vor allem, wenn die Venus im Stier oder im Steinbock steht. Durch ihre gesellschaftliche Bedeutung oder durch Partnerschaften mit Menschen in entscheidenden Positionen sind die Geborenen in der Lage, Geld geradezu anzuziehen.

Venus Konjunktion Deszendent (♀ ☌ Desz.)

Geborene mit diesem Aspekt führen, wenn nicht ungünstige Aspekte im Horoskop dagegen sprechen, eine harmonische Ehe. Sie heiraten aus Liebe und sind ihren Ehegatten und Partnern treu und zärtlich zugetan. Im Umgang mit der breiten Öffentlichkeit beweisen sie Charme und Geschick. Besonders begünstigt sind daher jene, die in der Diplomatie, auf dem Gebiet der Public Relations und im Unterhaltungssektor tätig sind, da sie beim Publikum sehr beliebt sind.

Diese Menschen möchten andere glücklich sehen und ziehen darum das Glück an. Da sie sehr soziabel sind, ist ihnen der Erfolg, der weitgehend vom Zusammenspiel menschlicher Beziehungen abhängt, sicher. Sie verfügen über viel Takt und Diplomatie.

Venus Konjunktion Imum Coeli (♀ ☌ I.C.)

Dieser Aspekt läßt erwarten, daß die Geborenen häusliche Harmonie über alles schätzen. Daher wird ihr Heim stets eine künstlerische Note haben, und sei es auch nur dank einfachster Mittel. Da diesen Menschen die Beziehung zwischen Heim und Ehe sehr am Herzen liegt, scheuen sie keine Kosten für die Ausgestaltung ihrer häuslichen Atmosphäre. In der Regel bestehen innige Bande zu den Familienangehörigen; es besteht die Tendenz, eine Heirat um des schönen Familien- und häuslichen Lebens willen einzugehen. Diese Menschen wissen auch eine gute Küche zu schätzen.

Konjunktionen mit Mars

Mars Konjunktion Jupiter (♂ ☌ ♃)

Mit diesem Aspekt Geborene sind unglaublich energiegeladen und voller Enthusiasmus. Sie setzen sich vehement für alles ein, was ihnen wichtig erscheint – Wissen,Religion oder karitative Bemühungen. Die

Konjunktion schenkt Selbstvertrauen in das eigene Tun – die Geborenen sind nicht bereit, ein Nein hinzunehmen, und sind davon überzeugt, daß sie ihre Ziele auch erreichen können.

Dieser Aspekt wirkt sich für jene günstig aus, die in Branchen tätig sind, wo Initiative und finanzieller Gewinn ausschlaggebend sind. Die Art, wie sie sich für ihre Sache voll und ganz einsetzen, grenzt manchmal an Fanatismus.

Eine militärische Laufbahn oder geschäftliche Beziehungen, die mit dem Militär in Verbindung stehen, finden sich bei vielen Geborenen mit dieser Stellung. Ist die Konjunktion ungünstig aspektiert, können sich Habsucht und eine Neigung zu Gewalttätigkeit bemerkbar machen, gemäß der Maxime: Macht ist Recht. Ebenso kann bei dieser Konjunktion ein unangebrachter chauvinistischer Patriotismus in Erscheinung treten. Die Geborenen lieben Prunk und Machtdemonstrationen in Form von pompösen Feierlichkeiten.

Mars Konjunktion Saturn (♂ ☌ ♄)

Im positiven Falle befähigt dieser Aspekt zu harter Arbeit, Kraftanstrengung und Ausdauer, Findigkeit und Mut in gefahrvollen und schwierigen Situationen. Die stark spartanischen Eigenschaften begünstigen eine militärische Laufbahn oder Stellung, bei denen die Geborenen ständig mit der Gefahr konfrontiert sind und mit Umsicht und Klugheit vorgehen müssen. Sie hegen häufig eine Abneigung gegen Menschen, die ein weniger anstrengendes Leben führen.

Ist die Konjunktion ungünstig aspektiert und das Horoskop allgemein nicht gut, deutet sie darauf hin, daß der Geborene zu Zorn, Haß und Bosheit neigt. Daraus kann eine negative Einstellung, Groll und Gewalttätigkeit resultieren. Der Zorn ist bedingt durch den frustrierten Einfluß des Saturn hinsichtlich Aktivität und Selbstdarstellung. Vielfach unterdrücken die Geborenen ihren Zorn, bis er plötzlich wie ein Vulkan zum Ausbruch kommt. Bei einem sehr ungünstig aspektierten Horoskop, das viele Spannungsaspekte zu dieser Konjunktion aufweist, kann es zu einer planmäßigen vorsätzlichen Zerstörung kommen. Diese Menschen können auch von Machthunger gepackt werden und eine unnachgiebig tyrannische und diktatorische Haltung einnehmen.

Bei ungünstiger Aspektierung neigen die Geborenen zu Knochenbrüchen, Entzündungen und Hautkrankheiten. Im übrigen besteht die Tendenz zu einer gewissen Steifheit und zu Muskelstarre.

Mars Konjunktion Uranus (♂ ☌ ♅)

Mit diesem Aspekt Geborene sind meist impulsiv und neigen zu überstürzten Handlungen. Sie lehnen sich auf gegen jegliche Art von Zwang und sind daher geborene Revolutionäre oder Führer einer organisierten umstürzlerischen Bewegung. Die Menschen können ein eintöniges Leben nicht ertragen und suchen in Gefahr und Abenteuer stets neue Anreize. Sie zeichnen sich durch Mut und Entschlossenheit aus, wobei sie, wenn keine anderen Faktoren im Horoskop darauf hinweisen, oft jegliche Vorsicht außer acht lassen. Da dieser Aspekt das Nervensystem starken Belastungen aussetzt, sollten die Geborenen lernen, sich zu entspannen, um wieder Energie aufzutanken.

Jede gestaltgewordene, erregende Form von Energie: wie Rennwagen in wilder Fahrt, Düsenflugzeuge, Raketen, Feuerwaffen oder die spannungsgeladenen Situationen in Massenansammlungen, schenkt diesen Menschen emotionale Befriedigung.

Die Geborenen sind meist an Wissenschaft und Technik interessiert und experimentieren gerne mit Maschinen und elektrischen Geräten. Bei ungünstiger Aspektierung dieser Konjunktion können derartige Beschäftigungen zu einer ständigen Unfall- und Gefahrenquelle werden. Die Lust am Nervenkitzel verleitet die Geborenen manchmal zu einer rücksichtslosen Fahrweise. Menschen mit dieser Konjunktion sollten – vor allem, wenn diese ungünstig aspektiert ist – beim Autofahren und bei technischen Versuchen besonders vorsichtig sein.

Ein großes Interesse an Aviatik ist charakteristisch für diese Konjunktion, vor allem, wenn sie sich in einem Luftzeichen befindet. Doch deutet dieser Aspekt eher auf Techniker als auf Wissenschaftler, wenn nicht Merkur und Saturn im Horoskop stark gestellt sind. Die Geborenen können auch mit Computerbau zu tun haben, doch nicht notwendigerweise mit Theorie, außer die Konjunktion wird von Merkur, Venus oder Saturn bestrahlt.

Mars Konjunktion Neptun (♂ ☌ ♆)

Dieser Aspekt verleiht den Geborenen starke psychische Anziehungskraft. Bei einer günstigen Bestrahlung der Konjunktion können die Geborenen therapeutische Fähigkeiten besitzen, da sie über ein überreiches Maß an psychischer Energie verfügen. Möglicherweise interessieren sie sich auch für magische Kräfte und den Einsatz okkulter Energien. Dank ihrer Bedürfnisse und Bestrebungen sind sie einer beachtlichen spirituellen Leistung fähig, doch können sie in ihren Zielsetzungen auch unpraktisch, unrealistisch und allzu romantisch sein und damit ihre Aktivitäten in die falsche Richtung lenken. Vielfach werden diese Aktivitäten von unbewußten Impulsen gesteuert und können manchmal zu einer Katastrophe führen.

Ihre Handlungen können von Ausflüchten und Geheimniskrämerei geprägt sein, und über ihren Unternehmungen liegt häufig ein Schleier des Geheimnisses. Amouröse Beziehungen und ausgefallene, seltsame Sehnsüchte sind bei dieser Stellung ebenfalls zu finden. Manchmal ist auch Verrat im Spiel, sei es seitens der Geborenen selbst oder seitens ihrer Gegner. Dies äußert sich besonders in Belangen jenes Feldes, in dem die Konjunktion steht.

Diese Menschen reagieren oft schlecht auf Medikamente und sind anfällig für Vergiftungen und Infektionskrankheiten.

Mars Konjunktion Pluto (♂ ☌ ♇)

Bei diesem Aspekt verfügen die Horoskopeigner über ungeheure Energien und Aktionskraft. Dank ihren spirituellen Reserven haben sie Zugang zu universellen Energiequellen. Da sie mehr ertragen können als der Durchschnittsmensch, können sie auch mehr erreichen als andere. Ihr Mut und ihre unerschütterliche Willenskraft läßt sie jeder Gefahr, ja sogar dem Tod, ohne Zögern ins Auge blicken. Wie diese Energie letzten Endes eingesetzt wird – ob konstruktiv oder destruktiv –, hängt von den anderen Aspekten und dem Gesamthoroskop ab.

Es hängt alles davon ab, ob das Triebprinzip des Mars oder das Willensprinzip der Sonne der entscheidende Faktor in dieser Konjunktion ist. Dominiert Mars, wird persönliche Leidenschaft, Gier und Ichbezogenheit die Oberhand haben und die Geborenen zu potentiell gefährlichen und gewalttätigen Menschen machen. Nur ein hochentwickelter Mensch ist in der Lage, das Willensprinzip des Pluto einzusetzen, um die Begierden zu beherrschen. Gelingt dies, werden starke Regenerationskräfte diese Menschen befähigen, Menschheitsideale zu verwirklichen.

Bei weniger entwickelten Menschen kann diese Konjunktion hitzige Gemüter und manchmal sogar kriminelle Tendenzen erzeugen.

Mars Konjunktion aufsteigender Mondknoten (♂ ☌ ☊)

Mit dieser Konjunktion Geborene handeln meist im Einklang mit den Menschen ihrer Umgebung und gewinnen damit deren Anerkennung und Mitarbeit.

Diese Anpassung kann jedoch so weit gehen, daß die Geborenen mit ihren Wünschen und den daraus entspringenden Aktivitäten von einem allgemeinen Strudel der Leidenschaften mitgerissen werden, in dem sie schließlich untergehen. So kann es zum Beispiel geschehen, daß Geborene durch einen irregeleiteten Patriotismus zu Urhebern oder Opfern eines Krieges werden.

Mars Konjunktion absteigender Mondknoten (♂ ☌ ☋)

Im positiven Fall erweckt dieser Aspekt im Menschen Zweifel an den militaristischen Wertvorstellungen oder Gruppenaktivitäten der Gesellschaft. Die Geborenen distanzieren sich vom eingeschlagenen Kurs, wenn er ihnen falsch erscheint. So werden sie manchmal zu Einzelgängern, die nur aus eigenem Gutdünken handeln und die Ansichten der anderen völlig außer acht lassen.

Im negativen Falle differieren ihre Handlungen und Wünsche vollständig von den gesellschaftlichen Normen. Sie ergreifen im falschen Moment und am falschen Ort die Initiative, machen sich die anderen zu Feinden und fordern Widerspruch heraus. Auf eine solche Situation reagieren sie dann meist mit Zorn und Frustration.

Mars Konjunktion Aszendent (♂ ☌ Asz.)

Dieser Aspekt deutet auf aggressive und stoßkräftige Persönlichkeiten. Die Geborenen ziehen unweigerlich die Aufmerksamkeit auf sich und üben einen entscheidenden Einfluß auf ihre Umgebung aus. Sie lieben den Wettkampf und sind bestrebt, eine führende Rolle zu spielen.

Der Aspekt verleiht Muskelkraft und eine gewisse Rauhbauzigkeit. Die Geborenen neigen – wenn nicht Merkur und Saturn stark gestellt sind – zu überstürzten Handlungen und lassen sich kühn auf Dinge ein, ohne die Konsequenzen vorher zu überdenken, wenn ihnen nicht Einhalt geboten wird. Vielfach wollen sie die Menschen und Situationen in ihrer Umgebung ändern. Sie neigen dazu, das Heft selbst in die Hand zu nehmen, um ihre persönlichen Ziele zu erreichen. Manchmal nehmen andere Menschen ihnen ihre Einmischung und ihren Despotismus übel, und es kommt zu Spannungen und zur Isolierung der Geborenen. Wenn sich diese Menschen diplomatisches Geschick anzueignen verstehen, können sie viel erreichen.

Mars Konjunktion Medium Coeli (♂ ☌ M.C.)

Mit diesem Aspekt Geborene sind äußerst ehrgeizig und bestrebt, gesellschaftliches und berufliches Ansehen zu gewinnen. Sie setzen sich ganz spezifische Ziele, um ihre Vorhaben auf lange Sicht zu verwirklichen. Sie kämpfen um ihre Stellung und versuchen, an die Spitze zu gelangen.

Man findet sie vielfach in der Politik, sei es in Körperschaften oder in der Regierung. Die Konjunktion begünstigt Menschen, die in Industrie und Gewerbe tätig sind und in Berufen, die mit Maschinen und Ingenieurwesen zu tun haben. Viele wählen die militärische Laufbahn.

Mars Konjunktion Deszendent (♂ ☌ Desz.)

Dieser Aspekt läßt Schwierigkeiten im sozialen Umgang erwarten, sei es, daß der Geborene Urheber oder Gegenstand aggressiver Tendenzen ist. Die Zusammenarbeit mit anderen verlangt daher ein großes Maß an Energie, um die Unstimmigkeiten zu überwinden. Das Konkurrenzdenken ist meist eher zu finden als die aktive Zusammenarbeit.

Beziehungen – und hier vor allem in der Ehe – sind meist voller Spannungen; starke (häufig unbewußte) Wunschvorstellungen eines oder beider Partner können zu Konflikten führen.

Mars Konjunktion Imum Coeli (♂ ☌ I.C.)

Bei dieser Stellung ist das häusliche Leben der Geborenen oft ein Hexenkessel starker Leidenschaften und Aktionen. Diese Konjunktion ähnelt in ihrer Wirkung derjenigen des Mars in seinem Fall im Krebs. Das kraftvolle, wettkämpferische Naturell des Mars läßt sich nicht gut mit dem Familienleben in Einklang bringen, das von Verständnis und gegenseitiger Liebe geprägt sein sollte. Das Heim kann zum Schlachtfeld werden, auf dem eine emotional gespannte und aufgewühlte Situation ihren Anfang nimmt. Mars Konjunktion Imum Coeli läßt sich etwa mit einem Elefanten im Porzellanladen vergleichen.

Diese Konstellation erweist sich als günstig für Menschen, die in Berufen tätig sind, die mit der Erde selbst zu tun haben, wie zum Beispiel Bergbau oder Hoch- und Tiefbau. Die marsische Energie kann auch eingesetzt werden, um Verbesserungen im Heim vorzunehmen.

Konjunktionen mit Jupiter

Jupiter Konjunktion Saturn (♃ ☌ ♄)

Dieser Aspekt deutet auf eine ernste Lebenseinstellung und schwerwiegende Verpflichtungen hin, es sei denn, andere Faktoren im Horoskop besagen Gegensätzliches. Die Geborenen sind konservativ und praktisch eingestellt.

Sie haben oft Geldprobleme zu bewältigen, da sich im Zusammenhang mit geschäftlichen Unternehmen oft bedeutende Hindernisse ergeben. Diese Menschen brauchen ein hohes Maß an Geduld und harter Arbeit, um ihre Ziele zu verwirklichen. Falls sie für ihr Vorhaben über die notwendigen Geldmittel verfügen, sind sie in der Lage, Dinge und Einrichtungen von bleibendem Wert zu schaffen.

Fortgesetzte Enttäuschungen können den Optimismus der Geborenen stark beeinträchtigen. Manchmal bedeutet die Wirkung des Jupiter auf den Saturn für die Geborenen einen Schutz in ihren dunkelsten Stunden, aber das Ausdehnungsprinzip des Jupiter steht in solchem Gegensatz zum einschränkenden Prinzip des Saturn, daß sich die beiden Planeten in ihrer Wirkung sogar aufheben können. Häufig wird das Schicksal der Geborenen von den gesellschaftlichen Problemen bestimmt. So können zum Beispiel Faktoren, die sich auf die industrielle, geschäftliche und wirtschaftliche Lage einer Nation auswirken, für die Geborenen größte Schwierigkeiten heraufbeschwören.

Dieser Aspekt wirkt sich noch ungünstiger aus, wenn Jupiter dem Saturn vorausgeht, da Unternehmungen, die voller Optimismus in Angriff genommen werden, bald auf Hindernisse stoßen und mit einem Fiasko enden. Dieser Ablauf zeigt sich jedesmal, wenn ein transitierender oder progredierender Planet zuerst Jupiter und dann Saturn aspektiert. Es ist vorteilhafter, wenn Saturn dem Jupiter vorausgeht: Wenn Saturn die Grundmauern erst einmal erreicht hat, findet die disziplinierte, harte Arbeit ihren Lohn.

Jupiter Konjunktion Uranus (♃ ☌ ♅)

Dieser Aspekt bietet den Geborenen ungewöhnliche Entwicklungsmöglichkeiten. Sie ziehen Gewinn aus der Einführung neuer Methoden, erhalten aber auch Unterstützung von unerwarteter Seite, in vielen Fällen von Freunden.

Oft gehen die Geborenen ganz plötzlich auf Reisen. Es stehen ihnen gute Ausbildungsmöglichkeiten offen und damit optimale Geschäfts- und Gewinnchancen, vor allem auf wissenschaftlichen Gebieten.

Solche Menschen interessieren sich oft auch für neue, progressive und okkulte Formen des Glaubens wie zum Beispiel «die Macht des positiven Denkens», Joga oder Astrologie. Sie huldigen nicht einfach den herkömmlichen Geschäftsmethoden, Bildungsidealen und Glaubensbekenntnissen, sondern denken und handeln eigenständig, wobei sie sich durch Originalität und Findigkeit auszeichnen.

Mit dieser Konjunktion Geborene sind ihren Freunden gegenüber großzügig. Sie ermutigen ihre Mitmenschen, ebenfalls hie und da aus der Reihe zu tanzen. In der Politik sind sie meist Reformer und Verfechter neuer politischer Ansichten. Im allgemeinen widersetzen sie sich althergebrachten Verhaltensweisen.

Jupiter Konjunktion Neptun (♃ ☌ ♆)

Dieser Aspekt verleiht eine fruchtbare Imagination, die in Kunst, Musik, Philosophie und Religion ihren Ausdruck findet (falls die anderen Faktoren im Horoskop die nötigen praktischen Fertigkeiten anzeigen, um die Phantasie auch wirklich nutzbringend einsetzen zu können). Mit dieser Konjunktion Geborene sind in ihrem psychischen und gefühlsmäßigen Erleben meist höchst sensibel und neigen zu religiöser Ekstase oder mystischer Versenkung. Sie beteiligen sich oft an mystischen Kulten und spiritualistischen Religionsriten. Sie huldigen manchmal einem extremen Idealismus, der nur wenig Platz läßt für gesunden Menschenverstand oder Selbstdisziplin, es sei denn, andere Faktoren im Horoskop deuten auf das Gegenteil.

Wird die Konjunktion durch andere Planeten ungünstig aspektiert, können die Geborenen den Kontakt mit der Wirklichkeit verlieren und sich in ihre eigene Phantasiewelt zurückziehen. Obwohl sie nur in der besten Absicht handeln, sind sie meist etwas unpraktisch veranlagt oder unzuverlässig – sie versprechen meist mehr, als sie halten können.

Jupiter Konjunktion Pluto (♃ ☌ ♇)

Dieser Aspekt verleiht den Geborenen jene Entschlossenheit, die es ihnen ermöglicht, allgemein menschliche Ziele anzuvisieren. Sie verfügen über die höchste Konzentration, um mit höheren Bewußtseinsebenen in Berührung zu kommen. Sie beschäftigen sich vielfach mit Joga, Meditationstechniken, Heilpraktiken, Hellsehen und Prophetie. Ob und wie weit ihre Fähigkeiten und Wahrnehmungen positive Wirkungen zeitigen, hängt von den Aspekten zu der Konjunktion wie auch vom Horoskop im allgemeinen ab.

Die Möglichkeit zu geistiger Regeneration, wie sie durch die Konjunktion angezeigt wird, verleiht den Geborenen Führereigenschaften und die Fähigkeit, in Krisenzeiten konstruktive Kräfte mobilisieren zu können. Diese Konjunktion erweist sich als günstig für Richter und Verwaltungsbeamte, die die Motive und Handlungen der Menschen durchschauen müssen.

Jupiter Konjunktion aufsteigender Mondknoten (♃ ☌ ☊)

Dieser Aspekt verleiht den Geborenen eine ganz ungewöhnliche Fähigkeit, mit den herrschenden gesellschaftlichen, kulturellen und religiösen Einstellungen übereinzustimmen. Beliebtheit und Glück dürften bei dieser Haltung nicht ausbleiben.

Gleichzeitig neigen die Geborenen dazu, althergebrachte Wertvorstellungen einfach zu übernehmen, ohne sich kritisch mit ihnen auseinanderzusetzen. Manchmal geht ihre Entwicklung zu schnell und zu leicht vor sich und birgt damit schon den Keim zu etwaigem Scheitern in sich. Allzuleicht Erworbenes wird oft als selbstverständlich betrachtet und nicht richtig eingesetzt.

Jupiter Konjunktion absteigender Mondknoten (♃ ☌ ☋)

Diese Konjunktion ist in ihren Auswirkungen der Jupiter-Saturn-Konjunktion sehr ähnlich. Die Bemühungen der Geborenen werden aufgrund schlechter Planung möglicherweise blockiert, und ihre gesellschaftlichen und ethischen Ziele stehen womöglich in krassem Widerspruch zu den herrschenden gesellschaftlichen Normen, was Interessenskonflikte zur Folge hat. Gleichzeitig können die Geborenen aber allgemein anerkannte Werte aufrichtig anerkennen.

Wenn sie höhere Bildung anstreben, können sie sich Hindernissen gegenübersehen und mit den vorherrschenden religiösen Gebräuchen in Widerspruch geraten. Bei Auslandsaufenthalten können Schwierigkeiten und Probleme auftauchen.

Jupiter Konjunktion Aszendent (♃ ☌ Asz.)

Dieser Aspekt verbürgt Optimismus und Selbstvertrauen, die, richtig eingesetzt, das Vertrauen und den guten Willen anderer zu mobilisieren vermögen.

Die Geborenen neigen zu religiösen und philosophischen Interessen und versuchen manchmal, die Rolle eines religiösen Führers zu übernehmen oder eine religiöse Bewegung zu gründen. Der Persönlichkeit dieser Menschen entsprechen naturgemäß Religion, Recht, Unterricht und Philosophie.

Die Geborenen reisen gerne, es sei denn, Jupiter befinde sich in einem festen Zeichen.

Ist die Konjunktion verletzt, kann dies manchmal zu Größenwahn führen. Da die Geborenen zur Fülle neigen, besteht in späteren Jahren die Gefahr von Übergewicht.

Jupiter Konjunktion Medium Coeli (♃ ☌ M.C.)

Dieser Aspekt verspricht Bedeutung und Ansehen. Durch ihre Aufrichtigkeit und ihr verantwortungsbewußtes Handeln erwerben sich die Geborenen das Vertrauen der Öffentlichkeit und einen guten Ruf.

Wenn sie aus bescheidenen Verhältnissen stammen, steigen sie meist zu bedeutender Stellung auf. Häufig sind sie im Staatsdienst, in der Justiz und Erziehung oder im Geschäftsleben tätig, da diese Konjunktion Menschen begünstigt, die im Licht der Öffentlichkeit stehen.

Wenn die Konjunktion ungünstig aspektiert ist, werden das Streben und der Wunsch nach Bedeutung und Ansehen zum Selbstzweck.

Jupiter Konjunktion Deszendent (♃ ☌ Desz.)

Mit diesem Aspekt ist Glück durch Ehe und Partnerschaft wahrscheinlich. Die Geborenen wissen geschickt mit Leuten umzugehen, sie eignen sich für Tätigkeiten auf dem Gebiet der Public Relations, dem Verkauf, der Unterhaltung und der Diplomatie. Auch juristische Berufe sind begünstigt und Menschen, die als Vertreter religiöser und erzieherischer Organisationen tätig sind.

Diese Menschen sind im allgemeinen sehr beliebt, da sie sich ernsthaft für das Wohlbefinden der anderen interessieren. Bei ungünstiger Aspektierung ist dieses Interesse jedoch vielfach nur geheuchelt, um selbstsüchtige Beweggründe zu kaschieren.

Jupiter Konjunktion Imum Coeli (♃ ☌ I.C.)

Dieser Aspekt erweist sich als günstig für Personen, die im Immobilienhandel tätig sind oder mit Wohnbau, Ackerbau oder Nahrungsmittelproduktion zu tun haben.

Sie führen meist ein großes Haus und haben eine große Familie. Wenn nicht andere Faktoren dagegensprechen, sind die Beziehungen zu den Eltern sehr gut. Sehr häufig dient das Heim als Schauplatz religiöser und erzieherischer Aktivitäten. In der zweiten Lebenshälfte sind die Geborenen wohlhabend, ja sehr vermögend.

Konjunktionen mit Saturn

Saturn Konjunktion Uranus (♄ ☌ ♅)

Mit diesem Aspekt Geborene besitzen die Gabe, originelle, intuitiv erfaßte, geniale Ideen konkret zum Ausdruck zu bringen.

Sie bleiben nicht einer sinnlosen Routine verhaftet, sondern vermögen dank des durch Uranus verliehenen Strebens nach Freiheit und Originalität solch negative Tendenzen des Saturn zu überwinden. Andererseits verhindern der Realismus und die praktische Veranlagung des Saturn, daß die Geborenen unter dem Einfluß des Uranus allzu exzentrisch werden und übereilt Veränderungen herbeiführen wollen. Meist haben sie die Lektion der Selbstdisziplin gelernt und können so der wahren Freiheit Ausdruck verleihen, die der freiwilligen Annahme der Verantwortung entspringt.

Die Geborenen verstehen es auch, überkommene Vorstellungen und

Zustände schöpferisch zu nutzen. Sie errichten das Neue auf dem soliden Fundament des Altbewährten.

Falls das Horoskop ganz allgemein harmonisch und diese Konjunktion günstig aspektiert ist, sind die Geborenen hochentwickelt und haben der Welt viel zu bieten. Zum Teil entspringt ihre Kreativität einer ungeheuer reichen Erfahrung. Die Konjunktion ist günstig für das Studium der Mathematik und Naturwissenschaften ebenso wie der Astrologie und anderer okkulter Gebiete. Aufgrund systematischer Anwendung mathematischer Methoden glücken diesen Menschen neue Entdeckungen.

Bei einer ungünstig aspektierten Konjunktion machen sich Halsstarrigkeit und eine autokratische Haltung bemerkbar. Es besteht auch eine Gefahr plötzlicher Unfälle und einer bedrohten Sicherheit. Die Geborenen nehmen oft eine recht schroffe Haltung ein und schwanken zwischen Pessimismus und einem unrealistischen Optimismus. Sie sollten sich bemühen, sich die guten Aspekte auf beide Planeten zunutze zu machen.

Saturn Konjunktion Neptun (♄ ☌ ♆)

Handelt es sich hierbei um eine gut aspektierte Konjunktion, die mit dem allgemeinen Horoskop harmonisch übereinstimmt, so schenkt sie Beständigkeit und Konzentrationsfähigkeit in der Meditation sowie hellseherische Begabung, verbunden mit einer vertieften geistigen Schau und aus praktischer Erfahrung erwachsenes Mitgefühl für die Bedrängten.

Die Geborenen sind in der Lage, die neptunische Inspiration zu verwirklichen. Da Saturn dieser Inspiration Gestalt verleiht und sie konkret zum Ausdruck bringt, ist diese Konstellation besonders günstig für bildende Künstler und Musiker. Sie kann auch ein berufliches Engagement in geheimen oder hinter den Kulissen sich abspielenden Tätigkeiten bedeuten. Falls die Konjunktion verletzt ist, wird manchmal falsches Spiel getrieben. Ist sie aber günstig aspektiert, gehen die Geborenen still ihren Weg und erreichen viel.

Eine verletzte Saturn-Neptun-Konjunktion kann zu Depressionen, Angstzuständen und zu einer morbiden Phantasie führen, ja die Geborenen können den destruktiven seelischen Einflüssen völlig erliegen, was auf einen früheren Mißbrauch der medialen und imaginativen Fähigkeiten hindeutet. Vielleicht drängt sich sogar die Einweisung in eine Heilanstalt auf, vor allem, wenn das zwölfte Feld miteinbezogen ist. Bei einer ungünstig aspektierten Konjunktion sollten die Geborenen Rauschgift und jede Beschäftigung mit paranormalen Phänomenen meiden, die Bewußtseinsveränderungen zur Folge haben.

Saturn Konjunktion Pluto (♄ ☌ ♇)

Dieser Aspekt, manchmal auch der Aspekt der Magier genannt, verleiht die Fähigkeit, okkulte Kräfte durch strukturierte Systeme zu leiten. Das Machtstreben des Pluto kombiniert mit dem Streben des Saturn nach Anerkennung erzeugt einen großen Ehrgeiz auf allen Gebieten, die von Pluto beherrscht werden.

Die Ideen und Pläne der Geborenen können dazu beitragen, die Welt zu verändern. Diese Menschen werten ihre wissenschaftlichen Kenntnisse aus, um die Bodenschätze und Naturkräfte ihrer Umgebung noch besser und wirksamer zu nutzen.

Sie sind meist eher ernste Naturen und halten ihre Pläne und Projekte geheim. Ist die Konjunktion verletzt, kann dies auf geheime Feinde, Intrigen, selbstsüchtige Motive und Machtstreben hindeuten.

Sowohl im guten wie im schlechten Sinne können die Geborenen ihre Umgebung stark und nachhaltig beeinflussen, auch wenn dies mit Geduld, Mühe und harter Arbeit verbunden ist.

Saturn Konjunktion aufsteigender Mondknoten (♄ ☌ ☊)

Mit diesem Aspekt Geborene sind konservativ eingestellt und sehr darauf bedacht, mit den herrschenden gesellschaftlichen, religiösen und ethischen Wertvorstellungen übereinzustimmen. Sie halten sich in der Regel genau ans Protokoll, wenn sie sich hochgestellten Persönlichkeiten nähern. Auf diese Weise vermögen sie zwar ihre persönlichen Bestrebungen zu fördern, bleiben aber sklavisch dem Niveau des kleinsten gemeinschaftlichen Nenners der kulturell anerkannten Normen verhaftet.

Saturn Konjunktion absteigender Mondknoten (♄ ☌ ☋)

Dieser Aspekt wirkt sich im allgemeinen äußerst hemmend aus; ihr Starrsinn hindert diese Menschen an einer harmonischen Beziehung zu den herrschenden kulturellen Ansichten. Um ihre Isolierung zu überwinden, müssen sie lernen, sich mit den Ideen und Methoden ihrer Gesellschaft anzufreunden.

Im positiven Falle können die Geborenen dank ihrer selbständigen und bis ins kleinste Detail ausgeklügelten Arbeitsweise, welche von allen äußeren Einflüssen abstrahiert, wirklich einmalige Leistungen vollbringen. Dies trifft vor allem auch für Fachleute auf wenig bekannten Wissensgebieten zu.

Saturn Konjunktion Aszendent (♄ ☌ Asz.)

Dieser Aspekt verbürgt ein hohes Maß an Zuverlässigkeit und Verantwortungsgefühl. Man kann sich auf diese Menschen verlassen, wenn es gilt, ernsthafte Arbeit zu verrichten.

Sie erwecken den Eindruck von Nüchternheit, Verschlossenheit, Ernsthaftigkeit, spartanischer Lebenseinstellung und Zurückhaltung, der auf andere eher erschreckend wirkt und sie nicht sehr beliebt macht. Ihre Reserviertheit wird vielfach als Hochmut oder Unfreundlichkeit mißverstanden. Ihre Mitmenschen realisieren oft gar nicht, daß die Geborenen schüchtern sind, oder daß ihnen aufgrund ihres Verantwortungsgefühls nichts an nichtssagenden gesellschaftlichen Unterhaltungen liegt.

Schon in den frühesten Lebensjahren ergeben sich Mühsal und Schwierigkeiten. Diese Menschen sind meist von knochigem und großem Körperbau oder fast zwergenhaft klein.

Saturn Konjunktion Medium Coeli (♄ ☌ M.C.)

Mit diesem Aspekt Geborene erkämpfen sich oft durch harte Arbeit und unermüdlichen Ehrgeiz hohe Stellungen. Ist die Konjunktion günstig aspektiert, sind sie ehrlich und verantwortungsbewußt, und ihre Unternehmungen zeichnen sich durch Weitblick und Voraussicht aus.

Sie geben gute Beamte und Verwalter ab. In der Politik neigen sie zu einer konservativen Einstellung und verfolgen politische Richtlinien, die Stabilität und eine Erweiterung der bestehenden Institutionen nach traditionellem Muster verbürgen.

Ist diese Konjunktion ungünstig aspektiert, ist unter Umständen mit einem Sturz aus hoher Stellung und damit verbundener Schmach zu rechnen.

Saturn Konjunktion Deszendent (♄ ☌ Desz.)

Dieser Aspekt begünstigt die Bildung beständiger, fester Partnerschaften.

Die Geborenen, die sich häufig für den Beruf des Juristen interessieren, sind im Umgang mit anderen gerecht und fair, auch wenn sie sich sehr zurückhaltend geben und manchmal sogar den Eindruck von Berechnung erwecken. Vielfach sind sie offizielle Vertreter staatlicher oder anderer öffentlicher Organisationen.

Eine ungünstige Aspektierung weist auf eine unglückliche oder prestigebedingte Ehe hin. Diese Menschen heiraten vielfach erst in späteren Jahren.

Saturn Konjunktion Imum Coeli (♄ ☌ I.C.)

Da dieser Aspekt der Vernichtung des Saturn im Krebs ähnelt, können solche Menschen kalte und förmliche Hausgenossen sein. Sie können unter Umständen auch schwere familiäre Verantwortung auf sich nehmen müssen. Ein Elternteil kann zur Last werden oder die Eltern-Kind-Beziehung kann sich als schwierig entpuppen.

Diese Konjunktion beschwört häufig Konflikte zwischen den beruflichen und familiären Verpflichtungen herauf.

Konjunktionen mit Uranus

Uranus Konjunktion Neptun (♅ ☌ ♆)

Diese Konjunktion, die ungefähr alle 171 Jahre festzustellen ist, entspricht einer Periode wesentlicher spiritueller und wissenschaftlicher Fortschritte der Menschheit. Ihr Erscheinen wird durch die Inkarnation einer ganzen Gruppe hochentwickelter Seelen angezeigt, die neue Lehren sowie politische und soziale Systeme hervorbringen und damit die Entwicklung des Menschen fördern.

Die Generation, die diese Konjunktion in ihrem Horoskop hat, steht in Einklang mit den unterschwelligen Kräften der Natur und verfügt über starke Intuition. Die Geborenen werden von supraphysischen Kräften beeinflußt, die mit dem Zeichen beziehungsweise mit dem Feld, in dem sich die Konjunktion befindet, in Zusammenhang stehen. Diese Faktoren wirken sich auch auf jene Angelegenheiten aus, die von den Planeten beherrscht werden, welche die Konjunktion günstig oder ungünstig bestrahlen.

Die Geborenen besitzen Phantasie, Originalität, Scharfblick und Feinsinn, vor allem in jenen Belangen, die von den Planeten, Zeichen und Feldern, auf die sich die Konjunktion auswirkt, beherrscht werden.

Die Geborenen haben die Neigung, geheimen spiritualen Gemeinschaften und religiösen Organisationen beizutreten. Dies beruht auf einer Kombination der Eigenschaften des neunten, zehnten, elften und zwölften Feldes.

Anmerkung: Uranus, der Mitherrscher des Steinbocks, findet sich im Horoskop manch großer Geschäftskonzerne und vieler Menschen, die aufgrund einer einzigartigen Entdeckung Erfolg hatten. Viele Wissenschaftler sind im Zeichen des Steinbocks geboren und verbinden saturnische Disziplin mit der Originalität des Uranus.

Am Anfang der meisten großen Religionen stehen die auf Neptun zurückzuführenden mystischen Erfahrungen erleuchteter Lehrer oder Propheten. Zu einem späteren Zeitpunkt erfolgt dann die Kodifizierung in Glaubensbekenntnissen und ethischen Grundsätzen im Sinne von Jupiter-Schütze. (Diese Verbindung mit dem Religiösen läßt sich aus der Mitherrschaft des Neptun über das Zeichen Schütze erklären.) Die Geschäftsunternehmungen der Geborenen stehen häufig in irgendeiner Beziehung mit Geheimhaltung (Neptun, Herrscher des zwölften Feldes), und die Arbeit vollzieht sich im Gruppenverband (Uranus, Herrscher des elften Feldes). Die Aktivitäten dieser Menschen sind oft durch okkulte mystische Philosophien inspiriert.

In ihrer vollendetsten Ausdrucksform manifestiert sich diese Konjunktion als Synthese göttlicher Weisheit und göttlicher Liebe.

Uranus Konjunktion Pluto (♅ ☌ ♇)

Diese Konjunktion kommt ungefähr alle 115 Jahr vor. Die Generation, in deren Horoskop sie erscheint, gilt häufig als revolutionär – sie ist dazu bestimmt, überholte soziale Institutionen zu vernichten oder neu zu beleben. Die Konjunktion versinnbildlicht eine Wechselwirkung zwischen dem persönlichen Willen des einzelnen und dem allumfassenden Willen des Schöpfers. Sind die Geborenen hochentwickelt, können sie Ideen zum Ausdruck bringen, die die menschlichen Verhältnisse zum Besseren verändern. Sie vermögen die Gesetzmäßigkeiten aufzuzeigen, die der Entwicklung der Zivilisation zugrunde liegen, und auf die man zurückgreifen muß, um notwendige Änderungen herbeizuführen. (Das kann sich auf den Gebieten von Wissenschaft, Psychologie und Metaphysik äußern.)

Durchbrüche dieser Art bringen den Menschen seinem geistigen Ursprung näher und erleichtern die Verwirklichung seiner entwicklungsgeschichtlichen Bestimmung: mit voller Bewußtheit seiner selbst zur Quelle zurückzukehren, der er entstammte.

Diese Konjunktion weist viele Eigenschaften des Zeichens Skorpion auf, in dem Uranus erhöht ist und Pluto regiert. Sie ist daher in hohem Maße okkult in ihrer Bedeutung und hat mit Tod und Wiedergeburt zu tun (oder mit dem Prozeß der Zerstörung von Erscheinungsformen und dem Freiwerden eines Lebens, das in der Form gefangen war und nun nach einer konstruktiveren Verkörperung sucht).

Wenn die Geborenen undiszipliniert und ungebildet sind und die Konjunktion in einem Spannungsfeld steht, können sie versucht sein, die Macht des Kollektivs zu selbstsüchtigen Zwecken auszunützen.

Uranus Konjunktion aufsteigender Mondknoten (♅ ☌ ☊)

Mit dieser Konjunktion Geborene dürften von plötzlichen Veränderungen der sozialen Bedingungen in ihrer Umgebung profitieren. Um ein Beispiel zu nennen: Wenn sich die Konjunktion im zehnten Feld befindet, ergeben sich für die Geborenen dank der Einführung einer neuen elektronischen Technik unerwartete Berufsmöglichkeiten.

Diese Menschen sind auf die Dynamik raschen Wechsels eingespielt, doch lassen sie sich manchmal von unerwarteten sozialen Veränderungen mitreißen, ohne die möglichen Konsequenzen eines impulsiven Massenenthusiasmus zu bedenken.

Uranus Konjunktion absteigender Mondknoten (♅ ☌ ☋)

Das Leben der mit dieser Konjunktion Geborenen wird häufig durch soziale und technologische Veränderungen aus seiner Bahn geworfen. Nehmen wir zum Beispiel an, jemand hat diese Konjunktion im vierten Feld in den Zwillingen: er könnte gezwungen sein, sein Heim zu verlassen, weil gerade an dieser Stelle eine Autobahn durchführen soll. Überdies müßte er wahrscheinlich auch noch mit finanziellen Verlusten rechnen.

Diese Konjunktion findet sich häufig im Horoskop von Menschen, deren Leben durch Krieg und Revolution erschüttert wird. Wenn andere Planeten die Konjunktion ungünstig aspektieren, können weitere Schwierigkeiten die Folge sein.

Im positiven Falle sind die Geborenen entschlossen und eigenständig, wenn es gilt, bewährte Werte vor dem Ansturm von Modetorheiten und ungewissen Neuerungen zu schützen.

Uranus Konjunktion Aszendent (♅ ☌ Asz.)

Mit dieser Konjunktion Geborene sind in ihrer körperlichen Erscheinung meist recht ungewöhnlich – häufig ziemlich groß – und geistig beweglich, äußerst reaktionsfähig und ausgesprochene Individualisten. Sie haben eine Vorliebe für das Ungewöhnliche, sei es auf wissenschaftlichem oder okkultem Gebiet. Ihre intuitiven Fähigkeiten sind in der Regel hoch entwickelt und vermitteln ihnen Einblick in überbewußte Wissensbereiche. Bei günstiger Aspektierung widmen sich die Geborenen häufig dem Studium der Astrologie.

Diese Menschen führen meist ein abenteuerliches, ungewöhnliches Leben. Sie können jedoch stark unter nervösen Spannungen leiden, vor allem wenn die Konjunktion ungünstig aspektiert ist.

Manchmal bewirkt Uranus eine gewisse Arroganz im Auftreten. Die Geborenen fühlen sich ihren Mitmenschen überlegen, beanspruchen persönliche Freiheit und dulden keinerlei Einmischung in ihre Angelegenheiten.

Häufig sind sie die treibende Kraft revolutionärer Bestrebungen sowie neuer sozialer und wissenschaftlicher Ideen.

Ist Uranus ungünstig aspektiert, klammern sich diese Menschen oft eigensinnig an exzentrische und «verschrobene» Anschauungen, wobei sie wiederholt plötzliche Kehrtwendungen vollziehen. Zumeist sind diese Menschen jedoch fortschrittlich, aufgeschlossen und tolerant in ihrer Gesinnung.

Uranus Konjunktion Medium Coeli (♅ ☌ M.C.)

Diese Konjunktion deutet auf ungewöhnliche Verhältnisse in bezug auf Arbeit und öffentliches Ansehen. Bei einer günstig aspektierten Konjunktion können die Geborenen sich einen Namen machen und zu hoher Stellung aufsteigen, indem sie in ihrer Berufssparte fortschrittliche, wissenschaftliche Methoden einführen. Die Konjunktion ist günstig für Tätigkeiten auf den Gebieten der Naturwissenschaft, Elektronik, Physik und Astrologie.

Andere Uranusaspekte können plötzliche Veränderungen des Ansehens und Berufsstandes zur Folge haben.

Ist die Konjunktion ungünstig aspektiert, kann diesen Menschen die berufliche Routine auf die Nerven gehen, oder sie rebellieren gegen ihre Vorgesetzten – vielfach aus lächerlichen Gründen –, so daß ein Stellungswechsel wahrscheinlich ist. Sie fühlen sich freier und zufriedener, wenn sie ihr eigener Herr sind oder zumindest bei ihrer Arbeit freie Hand haben.

In der Politik kann diese Konjunktion zu revolutionären Ansichten Anlaß geben. Falls nicht andere Faktoren im Horoskop dagegen sprechen, werden die Geborenen zumindest wegen ihres Liberalismus bekannt sein.

Uranus Konjunktion Deszendent (♅ ☌ Desz.)

Mit dieser Konjunktion ist ein extremer Individualismus verbunden und das Bestreben, sich in der Ehe und anderen engen Beziehungen die Freiheit zu bewahren. Im allgemeinen gefährdet sie die Stabilität einer Ehe – laut Feststellung zahlreicher Astrologen findet sie sich sehr häufig im Horoskop Geschiedener. Die Geborenen müssen in der Ehe viel Verständnis und Toleranz aufbringen, damit sie glücklich wird. Vielfach lernen sie durch Zufall neue Menschen kennen, verlieben sich Hals über Kopf in sie und brechen dann die Beziehung wieder ab.

Die zwischenmenschlichen Kontakte und die Beliebtheit bei anderen sind wechselhaft und unbeständig. Wichtig sind in dieser Beziehung die anderen Aspekte zu Uranus. Solche Menschen fühlen sich vielfach stark zu Menschen mit okkulten oder wissenschaftlichen Interessen hingezogen. Den Ehepartner betrachten sie meist vorwiegend als Freund.

Uranus Konjunktion Imum Coeli (♅ ☌ I.C.)

Diese Konjunktion bedingt zumeist eine ungewöhnliche und ständig wechselnde häusliche Szenerie. Die Eltern oder die häuslichen Verhältnisse können in irgendeiner Weise ungewöhnlich sein. Manchmal sind diese Menschen zu plötzlichen Wohnsitzwechseln gezwungen. Ihr Heim ist mit allem Komfort und den modernsten Haushaltapparaten ausgestattet oder mit seltenen Kunstwerken vollgestopft.

Häufig bildet das Heim den Schauplatz von Gruppenaktivitäten, zum Beispiel von Klubs oder okkulten Organisationen. Die Geborenen beschäftigen sich in ihrer Freizeit gerne mit elektronischen und wissenschaftlichen Hobbies und haben die dafür nötigen Einrichtungen im Keller installiert.

Ist die Konjunktion ungünstig aspektiert, kann es zu plötzlichen Auseinandersetzungen und Trennungen innerhalb der Familie kommen, zum Beispiel zu einer Entfremdung der Eltern. Ist die Konjunktion günstig aspektiert, sind die Geborenen ihrer Familie gegenüber positiv und freundlich eingestellt und teilen mit ihren Eltern gemeinsame Interessen.

Konjunktionen mit Neptun

Neptun Konjunktion Pluto (♆ ☌ ♇)

Diese Konjunktion ist wahrscheinlich der subtilste Aspekt von allen. Sie bezieht sich auf Veränderungen in den fundamentalen Verhaltensweisen der menschlichen Gesellschaft, Verhaltensweisen, die im Zusammenhang mit Religion, Philosophie und dem Selbstverständnis des Menschen hinsichtlich seines Bewußtseins und seiner Stellung im Universum stehen.

Dieser Aspekt kann auch wichtige Wendepunkte für Aufstieg und Untergang von Nationen, Kulturen und sozialen Institutionen anzeigen. Mit seinem Auftreten werden die Philosophien und kulturellen Einrichtungen einer allgemeinen Prüfung unterworfen, wobei sie sich entweder den Ansprüchen stets größer werdender Bedürfnisse gewachsen zeigen müssen oder zusammenbrechen und durch neue und bessere Systeme ersetzt werden.

Der Niedergang veralteter Anschauungen, wie er sich mit dieser Konjunktion ankündigt, kann jedoch auch eine zersetzende Wirkung auf die Gesellschaft ausüben und die Generation, die ihn erlebt, beunruhigen und verwirren.

Im Horoskop außergewöhnlich hochentwickelter Menschen kann die Konjunktion ein Zeichen für die geistige Sendung sein, der Menschheit ein neues und höheres Bewußtsein zu vermitteln. Die Konstellation fördert auch die Erneuerung der Menschheit durch ein Dienen, motiviert durch das Innewerden der Einheit alles Lebendigen, das sich als universelle Liebe bezeichnen läßt.

Um diesem Aspekt angemessen Ausdruck zu verleihen, müssen die Geborenen sich selbst vergessen und ihr Wollen in den Dienst der Menschheit stellen. Wie sich diese Konjunktion letztlich auswirkt, hängt von der Felderstellung des Aspekts ab und von den Feldern, in denen Neptun und Pluto herrschen. Ebenso wirkt sie durch die Planeten, die die Konjunktion aspektieren, und durch jene Lebensbereiche, für die diese (als Dispositoren usw.) von Bedeutung sind.

Anmerkung: Uranus, Neptun und Pluto stellen, vor allem wenn sie untereinander Aspekte bilden, die Hochfrequenzträgerwellen dar, die durch Ausstrahlungen von anderen Planeten moduliert werden. Sie zeigen an, wie das Karma des einzelnen in die Gruppe integriert wird, und versinnbildlichen das Karma der Massen in Religionen, Nationen und Kulturen.

Neptun Konjunktion aufsteigender Mondknoten (♆ ☌ ☊)

Mit dieser Konjunktion sind die Geborenen eingestimmt auf das, was sozial üblich und annehmbar ist. Sie sind intuitiv dafür begabt, zur richtigen Zeit am richtigen Ort zu sein.

Im negativen Falle besteht eine Neigung, sich gedankenlos von den herrschenden sozialen Verhältnissen mitreißen zu lassen, egal wohin sie führen. Mit den Wölfen heulen kann vielleicht den Weg des geringsten Widerstandes bedeuten, aber letztlich in einer Katastrophe enden. Um ein Beispiel zu nennen: ein solcher Mensch wandert von einer Cocktail-Party zur anderen, konsumiert zuviel Alkohol, weil das Trinken gesellschaftlich anerkannt ist, und wird schließlich zum Alkoholiker. Es ist wichtig, daß diese Menschen ein gutes Unterscheidungsvermögen entwickeln.

Dieser Aspekt kann sich als höchst verführerisch erweisen und leicht mißbraucht werden. Er kann die Geborenen mitreißen, ohne daß sie sich dessen bewußt sind.

Neptun Konjunktion absteigender Mondknoten (♆ ☌ ☋)

Diese Konjunktion trägt nicht eben zur Beliebtheit eines Menschen bei. Die unbewußten Gewohnheiten und intuitiven Eingebungen der Geborenen stehen nicht im Einklang mit den herrschenden gesellschaftlichen Strömungen, und wenn sich einmal eine günstige Gelegenheit ergibt, gelingt es ihnen nicht, sie rechtzeitig zu nutzen. Sie sind jedoch vielfach dank ihrer individualistischen und kritischen Einstellung fähig, die

Tragweite gesellschaftlicher Strömungen richtig zu beurteilen und dank ihrer Intuition dem Wahnsinn der Massen zu entgehen.

Es besteht Gefahr, daß diesen Menschen Dinge, an denen sie hart gearbeitet haben, gestohlen oder durch Intrigen und unglückliche Umstände entzogen werden.

Den Geborenen mag auch die Aufgabe zufallen, unter schwierigen Umständen bei der Verwirklichung geistiger Zielsetzungen mitzuhelfen.

Neptun Konjunktion Aszendent (♆ ☌ Asz.)

Diese Konjunktion zeigt eindeutig intuitive oder mediale Fähigkeiten der Geborenen an. Menschen mit dieser Stellung scheinen in ihren Gedanken oft in einer anderen Welt zu leben, wobei es von der Aspektierung Neptuns abhängt, in welchem Ausmaß sie der Alltagswirklichkeit entrückt sind. Anderen Menschen mag es schwerfallen, ihre Handlungen zu verstehen, da diese auf unbewußten Eingebungen und intuitiven Erkenntnissen gründen.

Wenn Neptun jedoch günstig aspektiert ist und Saturn und Merkur stark gestellt sind, haben die Geborenen manchmal ein vertieftes Wirklichkeitsverständnis, da sie alle, auch die verborgenen, Aspekte wahrnehmen können.

Vielfach üben diese Geborenen eine stubtile magnetische Anziehungskraft aus, die sie mit einem Hauch von Faszination umgibt. Ihre Augen können auf geheimnisvolle Weise hypnotisch wirken («Schlafzimmerblick»). Zu ihren stark entwickelten Vorstellungskräften gesellt sich häufig eine künstlerische Begabung.

Neptun Konjunktion Medium Coeli (♆ ☌ M.C.)

Meist entsprechen mit dieser Konjunktion Geborene keineswegs dem Idealbild, das sich ein Arbeitgeber von einem verläßlichen Angestellten macht. Die Träume und mystischen Neigungen des Neptuns lassen sich nicht gut mit der im Beruf erforderlichen Routine und Disziplin vereinen. Diese Menschen bewähren sich in Berufen, in denen sie ihre schöpferische Phantasie und ihre asketischen Züge ausleben können.

Die Konjunktion begünstigt Musiker, Schauspieler, Maler, Fotografen, Filmemacher, Psychologen und Menschen, die sich für das Okkulte interessieren. Die Berufe können in irgendeinem Zusammenhang mit dem Okkulten stehen. Obwohl diese Menschen im Rampenlicht stehen können, fühlen sie sich geistig isoliert und einsam in der großen Menge; und in der Tat verstehen die wenigsten Menschen ihre innere Motivation.

Handelt es sich um das Horoskop einer außergewöhnlich hochentwickelten Person, kann diese dazu bestimmt sein, in der Welt eine Mission zu erfüllen, die vielen Menschen in ihrer Umgebung zu höchster Erkenntnis und Geistigkeit verhilft.

Ist die Konjunktion sehr ungünstig aspektiert, besteht die Gefahr, daß die Geborenen in Skandale verwickelt werden und bei der breiten Öffentlichkeit in Ungnade fallen. Das kann bedingt sein durch die Unzuverlässigkeit der Geborenen, durch Alkoholismus, Rauschgiftkonsum oder andere Suchtformen.

Diese Menschen sollten sorgfältig darauf achten, in keinerlei geheime Intrigen verwickelt zu werden, vor allem, wenn sie nicht über alle damit zusammenhängenden Faktoren Bescheid wissen. Privatgeheimnisse sind meist nicht so privat, wenn sich Neptun in dieser Stellung befindet.

Neptun Konjunktion Deszendent (♆ ☌ Desz.)

Diese Konjunktion kann auf seltsame Umstände in der Ehe und anderen Partnerschaften hinweisen. Je nachdem, wie die Konjunktion aspektiert ist, können Ehe und Partnerschaften ideale und auf geistiger Grundlage aufbauende Beziehungen oder verworrene Situationen sein, in denen einer den anderen betrügt.

Dieser Aspekt erweist sich als ungünstig für Verträge und gerichtliche Verfahren: Es ergeben sich zahlreiche Hintertürchen, unvorhergesehene Ereignisse und Faktoren, die unter der Oberfläche verborgen bleiben. Nur wenn auf beiden Seiten der nötige gute Wille vorhanden ist, wird das Ergebnis zufriedenstellend sein.

Die Geborenen können andere Menschen verwirren oder durch sie verwirrt werden. In einem guten Horoskop kann diese Konjunktion die Geborenen jedoch für die Absichten, Wünsche und Beweggründe von

Partnern oder der Öffentlichkeit ganz allgemein intuitiv empfänglich machen. Diese Sensibilität verleiht den Horoskopeignern manchmal einen feinen und entwaffnenden Charme; ob er für eigennützige oder selbstlose Zwecke eingesetzt wird, hängt vom allgemeinen Horoskop und den übrigen Aspektierungen des Neptuns ab.

Neptun Konjunktion Imum Coeli (♆ ☌ I.C.)

Diese Konjunktion wirkt sich ähnlich aus wie die Erhöhung von Neptun im Krebs. Im Hause dieser Menschen herrscht eine geistvolle Atmosphäre. Häufig fühlen sie sich auf mystische Art mit der Natur verbunden.

Ist Neptun verletzt, können seltsame Umstände das häusliche Milieu beeinträchtigen. In dem Haus kann es zum Beispiel scheinbar spuken, oder der Geborene fühlt sich darin nicht wohl. Es kommt nicht darauf an, ob es sich dabei um Wirklichkeit oder Einbildung handelt, entscheidend sind allein die Auswirkungen dieser Phänomene. Der Geborene kann sich in seinem Haus einschließen oder darin Séancen abhalten oder sich sonstwie mit paranormalen Dingen beschäftigen. Auf jeden Fall wird das Heim etwas Ungewöhnliches an sich haben, auch wenn es sich dabei nicht um die sprichwörtliche Leiche im Keller handelt.

Solche Menschen leben gerne in der Nähe des Meeres oder sonst an einem großen Gewässer. Mit einem ungünstig aspektierten Horoskop Geborene müssen eventuell in Anstalten leben oder in späteren Jahren in Pflegeheimen oder Spitälern untergebracht werden.

Konjunktionen mit Pluto

Pluto Konjunktion aufsteigender Mondknoten (♇ ☌ ☊)

Mit dieser Konjunktion Geborene besitzen eine ganz besondere Gabe, die herrschenden sozialen Strömungen zu durchschauen, und verfügen über die nötige Energie und Willenskraft, um sie zu ihrem Vorteil auszunutzen. Wie bei Neptun Konjunktion aufsteigender Mondknoten zeigt sich auch hier die Fähigkeit, die Kräfte, die die gegenwärtigen Strömungen formen und gestalten, intuitiv zu erfassen. Im Falle von Pluto jedoch geht der Geborene viel wohlüberlegter und berechnender vor, wenn es gilt, aus dieser Fähigkeit Kapital zu schlagen; ob sie für eigennützige oder selbstlose Zwecke genutzt wird, hängt von den Aspekten zu Pluto und vom allgemeinen Tenor des Horoskops ab.

Im negativen Falle besteht bei dieser Konjunktion die gefährliche Neigung, soziale Kräfte manipulieren zu wollen, die zu stark sind, als daß sie gefahrlos gehandhabt werden könnten. Die Umstände, auf die sich die Geborenen eingelassen haben, können zur Falle werden oder die Horoskopeigner durch ihr Gewicht vernichten. Die Lebensverhältnisse können ihrer Kontrolle entgleiten, was einen Zusammenbruch zur Folge haben kann. Welcher Lebensbereich von dieser Situation betroffen ist, hängt von der Stellung und Regentschaft des Pluto in den Feldern ab.

Pluto Konjunktion absteigender Mondknoten (♇ ☌ ☋)

Bei dieser Konjunktion ergeben sich für den Horoskopeigner häufig starke Willenskonflikte, da er mit den herrschenden sozialen Strömungen nicht im Einklang steht. Er hat eine Tendenz, Dinge zu einem ungünstigen Zeitpunkt am falschen Ort in Angriff zu nehmen, was zu Verdruß und Mißverständnissen Anlaß gibt.

Die Geborenen sind gezwungen, ihr Leben ohne die Hilfe von anderen neu aufzubauen. Sehr oft gefährden oder vernichten umfassende soziale Vorgänge, die sich ihrer persönlichen Kontrolle entziehen, ihre Arbeit und ihre persönliche Sicherheit.

Im positiven Falle fördert diese Konjunktion Selbstvertrauen, Findigkeit und die Fähigkeit, auch unter schwierigen Umständen zu überleben.

Nach Ansicht einiger Astrologen deutet diese Konjunktion auf eine Situation in der Vergangenheit, bei der die Geborenen umwälzende Veränderungen herbeigeführt haben, ohne deren Auswirkung auf das Leben anderer zu bedenken. Nun müssen sie selber erfahren, wie es ist, wenn man das Opfer von Umständen wird, die der eigenen Kontrolle entzogen sind.

Pluto Konjunktion Aszendent (♇ ☌ Asz.)

Diese Konjunktion verleiht dem Menschen die Gabe der Intuition, die es ihm ermöglicht, das verborgene Wirken der grundlegenden Kräfte des Universums auf sublime Art zu erfassen. Diese Intuition ist den von Uranus oder Neptun Konjunktion Aszendent verliehenen Fähigkeiten zumindest ebenbürtig, doch wird sie viel bewußter und wohlüberlegter genutzt.

Die Konjunktion zeigt Willenskraft und Durchhaltevermögen an, die aus der Fähigkeit erwachsen, geheimer Kräfte der Natur zur Regeneration des Selbst teilhaftig zu werden. Die Geborenen sind sich meist der Notwendigkeit bewußt, ihre Erlösung durch eine willentliche Bemühung um geistige Entwicklung herbeizuführen.

Manchmal wirken sie abwesend und entrückt, weil sie ihre Aufmerksamkeit höheren Dingen zuwenden. Sie versuchen gerne, ihre Lebensumstände zu ändern, und sind dank ihrer inneren Ressourcen in der Lage, ihre Umgebung auf subtile Weise entscheidend zu beeinflussen. Sie sind aggressiv, doch nicht im üblichen marsischen Sinn; sie wenden geheime, ja sogar übersinnliche Mittel an, um ihre Ziele zu erreichen.

Ist Pluto verletzt, führt die Konjunktion zu Starrsinn und Eigenwilligkeit. Doch auch hier zeigt sich dank der hohen Bewußtseinsebene des Geborenen seine geistige Objektivität, die verhindert, daß er aus selbstsüchtiger Gewinnsucht handelt.

Eine gute Stellung und starke Aspektierung von Saturn und Merkur sind von großer Wichtigkeit für diese Menschen, denn damit verfügen sie über die notwendige Disziplin und geistige Aufnahmefähigkeit, um die ihnen zur Verfügung stehenden Kräfte konstruktiv zu nutzen.

Die Geborenen neigen dazu, dem Leben und auch sich selbst gegenüber eine unpersönliche und ganzheitliche Haltung einzunehmen. Diese geistigen Fähigkeiten zeigen sich jedoch nur bei außergewöhnlichen Menschen, deren allgemeiner Entwicklungsstand sie in die Lage versetzt, auf den hochfrequenten Einfluß dieser Konjunktion konstruktiv zu reagieren.

Entscheidend dafür, ob die Kräfte, die diese Konjunktion verleiht, für uneigennützige, geistige oder für eigennützige, destruktive Zwecke genutzt werden, ist die allgemeine evolutionäre Entwicklung, wie sie durch den Grundtenor des Horoskops angezeigt ist. Viele Geborene sind einfach nicht fähig, auf die Möglichkeiten anzusprechen, die ihnen diese Konjunktion eröffnet.

Jene Menschen, in deren Horoskop Pluto in Konjunktion mit dem Aszendenten steht, müssen das Bild ihrer Persönlichkeit, das sie nach außen hin zeigen, stets erneuern, vor allem in jenen Belangen, die von dem Feld beherrscht werden, an dessen Spitze Skorpion steht.

Pluto Konjunktion Medium Coeli (♇ ☌ M.C.)

Mit dieser Konjunktion Geborene neigen dazu, ihren Beruf und ihr Ansehen in der Öffentlichkeit stets zu erneuern. Wenn das übrige Horoskop nicht schwach ist, werden Menschen mit dieser Stellung entweder berühmt oder berüchtigt. Sehr oft wenden sie höchst raffinierte Techniken an, um ihre beruflichen Aufgaben zu erfüllen.

Ein Beruf wissenschaftlicher oder okkulter Richtung mag hier angezeigt sein – zum Beispiel Astrologie, Physik oder Atomphysik. Die Geborenen bedienen sich intuitiver und okkulter Kräfte, um Menschen in Machtpositionen zu beeinflussen. Das wirkt sich positiv aus, wenn uneigennützige Motive dahinterstehen, kann jedoch zu politischen Unterwelt-Machenschaften führen, wenn dies aus Eigennutz geschieht.

Ungewöhnlich hochentwickelte Geborene können in einem bestimmten Tätigkeitsbereich eine wichtige geistige Sendung zu erfüllen haben, die der Erneuerung der sozial wirksamen Kräfte dient. Dieser Tätigkeitsbereich wird durch die Feldregentschaft Plutos und durch andere Aspekte bestimmt.

Auch bei dieser Stellung findet sich ähnlich wie bei Pluto Konjunktion Aszendent eine besondere Wahrnehmungsfähigkeit für das Wirken der Kräfte des Universums. Es besteht der notwendige geistige Antrieb und Einblick, damit die Geborenen der Rolle eines geistigen Führers gerecht werden können. Ihre Handlungen üben auf ihre Umgebung einen unmerklichen, aber weitreichenden Einfluß aus.

Pluto Konjunktion Deszendent (♇ ☌ Desz.)

Mit dieser Konjunktion Geborene neigen dazu, eine Partnerschaft zu dominieren oder zu erneuern oder einen Partner zu wählen, der gleiche Ziele verfolgt. Wird diese Tendenz zu stark, kann es zu Reibereien kommen. Meist durchschauen diese Menschen die Motive und Charaktere der anderen oder umgekehrt.

Die Geborenen dürften hohe Ansprüche an ihre Ehepartner stellen. Diese Konjunktion erfordert eine stete Regeneration enger persönlicher Beziehungen, wozu auch Ehe und Partnerschaften gehören. Diese Beziehungen können tiefgreifende Veränderungen erfahren. Ehemalige Freunde können neidisch auf die Geborenen werden oder umgekehrt.

Wenn ihre Möglichkeiten klar zum Ausdruck kommen, kann diese Konjunktion zu engen geistigen Beziehungen führen. Wie sich dieser Aspekt auswirkt, hängt von den Feldern ab, an deren Spitze Skorpion, Widder und Löwe stehen, und von den Zeichen, in denen Pluto herrscht (Skorpion, Widder) und wo er erhöht ist (Löwe).

Pluto Konjunktion Imum Coeli (♇ ☌ I.C.)

Diese Konjunktion weist auf die Notwendigkeit hin, das häusliche Leben neu zu beleben. Wie dies geschehen soll, bestimmen die Felder, die von den Zeichen Skorpion, Widder und Löwe besetzt sind, sowie andere Aspekte zu der Konjunktion. Diese Erneuerungen gelten vor allen Dingen für familiäre Beziehungen, vor allem zu den Eltern. Die Bedingungen am Lebensende werden zeigen, ob die Geborenen die plutonische Energie richtig genutzt haben, da sich die höheren geistigen Fähigkeiten in späteren Jahren entfalten.

Mit dieser Konjunktion kann das Heim, ebenso wie bei Neptun Konjunktion Imum Coeli, okkulter Betätigung dienen oder der Schauplatz seltsamer Ereignisse sein. Häufig besteht eine geheime Beziehung zur Natur und zu den Rohstoffen im Innern der Erde. Menschen, die

Uranerz abbauen, haben ohne Zweifel Pluto im vierten Feld. Die Konjunktion begünstigt alle jene, die beruflich mit Geologie zu tun haben. Bei vielen Wünschelrutengängern findet sich dieser Aspekt im Horoskop.

Konjunktionen mit dem aufsteigenden Mondknoten

Aufsteigender Mondknoten Konjunktion Aszendent (☊ ☌ Asz.)

Geborene mit dieser Konjunktion vermögen ihre Persönlichkeit im Einklang mit den herrschenden sozialen Strömungen zu entwickeln. Dies fördert ihre Beliebtheit, kann jedoch zu einer gewissen Oberflächlichkeit führen. Diese Menschen sind in ihrer Lebensweise außen-geleitet, ihre Handlungen gründen nicht auf einer tiefen inneren Überzeugung, sondern auf den allgemein anerkannten Verhaltensnormen.

Sie sind meist groß und schlank und in ihrem Wesen fröhlich, optimistisch und jovial.

Aufsteigender Mondknoten Konjunktion Medium Coeli (☊ ☌ M.C.)

Diese Konjunktion begünstigt beruflichen und sozialen Aufstieg, da die Geborenen sich den herrschenden sozialen Tendenzen gut anzupassen wissen. Sie haben die Chance, Menschen in angesehener Stellung kennenzulernen, die ihnen beistehen und helfen, ihre Karriere voranzutreiben; sie sind stets zur rechten Zeit am rechten Ort.

Wenn das übrige Horoskop keine starken Akzente aufweist, kann das Leben der Geborenen aus dem Gleichgewicht geraten – sie können mehr Macht und Verantwortung erlangen, als sie aufgrund ihrer Kenntnisse oder ihrer Integrität zu bewältigen vermögen. Dies kann sich für sie selbst und für jene, die diese Macht zu spüren bekommen, als gefährlich erweisen.

Die Konjunktion bringt Glück und schützt die Geborenen vor Ruin und Mißgeschick, auch wenn das Horoskop sehr ungünstig aspektiert ist.

Aufsteigender Mondknoten Konjunktion Deszendent (☊ ☌ Desz.)

Diese Konjunktion verheißt Glück durch Partnerschaften und Beziehungen zur Öffentlichkeit und, wenn die Konjunkton günstig aspektiert ist, auch durch die Ehe. Obwohl die Geborenen dank der Tatsache, daß der absteigende Mondknoten in Konjunktion mit ihrem Aszendenten steht, persönlich unabhängig sind von den herrschenden sozialen Tendenzen, verstehen sie dieselben doch im Umgang mit ihren Partnern und der Öffentlichkeit geschickt zu nutzen. Im negativen Fall lassen sie sich aber auch von anderen manipulieren.

Aufsteigender Mondknoten Konjunktion Imum Coeli (☊ ☌ I.C.)

Bei dieser Konjunktion erwächst aus dem häuslichen Leben Erfolg und Anerkennung. Diese Menschen haben stets ein Dach über dem Kopf, wenn auch manchmal nur vorübergehend. Insofern nicht andere Faktoren im Horoskop dagegen sprechen, werden sie durch die Eltern oder andere Familienmitglieder begünstigt.

Die mit dem Lauf der Dinge übereinstimmenden Ereignisse im Leben des Geborenen bringen ihm Glück, vor allem in späteren Jahren.

Konjunktionen mit dem absteigenden Mondknoten

Absteigender Mondknoten Konjunktion Aszendent (☋ ☌ Asz.)

Die Geborenen geben sich keine sonderliche Mühe, sich den anerkannten Normen gesellschaftlichen Verhaltens anzupassen. Dies zeugt von einer starken Individualität, aber nicht von Beliebtheit. Vielfach verunsichern diese Menschen die andern durch ihre ernste und eher verschlossene Haltung. Oft fühlen sich die Geborenen in Gesellschaft anderer Menschen gehemmt.

Diese Menschen sind meist klein von Gestalt und haben gelegentlich einen Sprachfehler.

Absteigender Mondknoten Konjunktion Medium Coeli (☋ ☌ M.C.)

Diese Konjunktion bringt häufig Unglück. Es kann sein, daß sie die Karriere dieser Menschen zunichte macht. Der Ablauf der Ereignisse bringt ihnen nicht die verdiente Anerkennung. Dies ist vor allem dann der Fall, wenn Saturn über die Konjunktion geht oder in Opposition dazu steht.

Zudem sind althergebrachte Gewohnheiten oft einer Anpassung an aktuelle und allgemein anerkannte Denkrichtungen hinderlich, und eine schlechte Planung läßt sie nicht die richtigen Leute kennenlernen, die ihnen bei ihrer Karriere behilflich sein könnten.

Im positiven Falle jedoch vermögen die mit dieser Konjunktion Geborenen hart zu arbeiten, was auf lange Sicht hin zum Erfolg führt. Oft ernten aber andere die Früchte der harten Arbeit dieser Menschen.

Absteigender Mondknoten Konjunktion Deszendent (☋ ☌ Desz.)

Diese Konjunktion erweist sich als ungünstig für die Bildung von Partnerschaften und engen persönlichen Beziehungen – andere Menschen zeigen sich in ihrem Verhalten den Geborenen gegenüber meist leicht gehemmt, was auf die überschwenglich entgegenkommende Art der Geborenen zurückzuführen ist, wie sie durch die Konjunktion des aufsteigenden Mondknotens mit dem Aszendenten angezeigt wird. Sie geraten in den Verdacht der Unaufrichtigkeit und der Popularitätshascherei.

Manchmal sind die Geborenen im Umgang mit Partnern und mit der Öffentlichkeit auch zielbewußt und berechnend, manchmal bedeutet der Partner eine Last, oder die Öffentlichkeit erhebt Anspruch auf die Mittel der Geborenen.

Absteigender Mondknoten Konjunktion Imum Coeli (☋ ☌ I.C.)

Diese Konjunktion deutet auf eine schwere Verantwortung im Leben der Geborenen, und zwar im Zusammenhang mit Heim und Familie. Manchmal fallen ihnen die Eltern zur Last. Die häusliche Sphäre schränkt die Ausdrucksmöglichkeit der Geborenen ein.

13. DIE SEXTILE

Sextile mit der Sonne

Sonne Sextil Mond (☉ ✳ ☽)

Dieser Aspekt verheißt günstige Gelegenheiten und die Begabung, mit dem anderen Geschlecht freundschaftliche Beziehungen anzuknüpfen. Menschen mit dieser Konstellation führen in der Regel eine gute Ehe, sind allgemein beliebt und genießen öffentliches Ansehen.

Falls nicht andere Faktoren im Horoskop dagegen sprechen, sind sie gute Eltern. Enge Bande der Liebe und Freundschaft verbinden sie mit ihrer Familie oder der Familie des Partners. Dieses Gefühl kann auch auf die Heimat ausgedehnt werden.

Die Gesundheit und Vitalität eines Menschen wird durch diese Stellung verstärkt. Sie sind meist psychisch ausgeglichen, und diese innere Harmonie zwischen Gefühl und Wille erlaubt eine konfliktfreie Selbstdarstellung.

Anmerkung: Da die Bahn des Merkur so nahe der Sonne verläuft, kann er keine anderen Aspekte zur Sonne bilden als Konjunktion und Parallelaspekt. Da sich Venus und Merkur nie mehr als 76 ° voneinander entfernen, sind lediglich Konjunktionen, Sextile und Parallelaspekte zwischen den beiden möglich. (Dieses Buch beschäftigt sich ausschließlich mit den Hauptaspekten.)

Sonne Sextil Mars (☉ ✳ ♂)

Dieses Sextil verleiht Mut und Kraft, was zusammen mit der geistigen Natur dieses Aspekts einen klugen und konstruktiven Unternehmungsgeist ergibt. Die Geborenen haben die Fähigkeit, Projekte in die Wege zu leiten. Sie eignen sich als Führungskräfte und lieben die Zusammenarbeit und Kommunikation mit Freunden, Verbündeten und Gruppen.

In den Angelegenheiten der von Mars und Sonne besetzten und beherrschten Felder und Zeichen ist eine positive Kreativität zu erwarten.

Wenn Transite und Progressionen das Sextil verstärken, bestehen gute Chancen zu einer konstruktiven Tätigkeit auf diesen Gebieten.

Diese Menschen verfügen über einen starken Willen und einen ausgeprägten Sinn für Gerechtigkeit. Bei der Verwirklichung lohnender Ziele beweisen sie Entschlossenheit und Energie und scheuen keine Mühe.

Falls andere Faktoren im Horoskop in dieselbe Richtung weisen, vor allem, wenn sich das Sextil in einem Luft- oder beweglichen Zeichen befindet, besitzen die Geborenen klare und tiefe Einsichten. Sie sind mutig in Augenblicken der Gefahr und ertragen Schmerz und Mühsal mit Geduld.

Sonne Sextil Jupiter (☉ ✱ ♃)

Mit diesem Aspekt Geborene sind großzügig und optimistisch. Ihr Leben steht unter besonderem Schutz; nur selten widerfährt ihnen ernsthaftes Unheil – und sollte es doch einmal der Fall sein, findet sich immer ein mildernder Umstand. Die Geborenen verfügen über ein intuitives Wissen, wie man Hindernisse konstruktiv überwinden kann.

Was diese Menschen tun, kommt nicht nur ihnen selbst, sondern auch andern zugute. Sie sind meist religiös veranlagt und beschäftigen sich mit der Verwirklichung spiritueller und philosophischer Grundsätze. Dank ihrem Optimismus und Selbstvertrauen verlieren sie ihr Ziel nie aus den Augen und erreichen meist, was sie sich vorgenommen haben.

Solche Menschen sind wohltätig und helfen jenen, die bedürftig und vom Glück weniger begünstigt sind als sie selbst. Als verständnisvolle und pflichtbewußte Eltern sorgen sie für das Wohlergehen ihrer Familie.

Das Sextil schenkt hervorragende intellektuelle Fähigkeiten, die es den Geborenen ermöglichen, ein beschauliches Leben zu genießen. Sie ziehen einfache und genügsame Lebensbedingungen extremem Reichtum vor.

Menschen mit diesem Aspekt reisen gerne, und zwar in der Regel, um fremde Völker und Kulturen kennenzulernen. Sie freuen sich, mit Menschen anderer Länder Freundschaft zu pflegen.

Sonne Sextil Saturn (☉ ✶ ♄)

Dieses Sextil verleiht sowohl Geduld und Selbstdisziplin als auch Klarheit und Exaktheit des Denkens. Die Geborenen können praktisch und methodisch vorgehen, besitzen organisatorisches Talent und Manager-Begabung. Sie arbeiten hart, um ihren Ehrgeiz zu befriedigen, und sind in geschäftlichen Dingen realistisch und ehrlich. Obschon etwas streng und nüchtern, sind sie loyale Freunde.

Oft haben sie politische Ambitionen und sowohl den Wunsch als auch die Fähigkeit, Verantwortung zu übernehmen. Ihre Vorsicht und Umsicht sichert ihnen eine gute Gesundheit und wahrt ihre hart erworbenen Verdienste.

Sonne Sextil Uranus (☉ ✶ ♅)

Dieses Sextil verleiht Originalität und Intuition. Dank ihrer Willenskraft und Aufgeschlossenheit gelingt den Geborenen manches Unterfangen, bei dem andere versagen. Sie sind Anführer von Bewegungen, Erfinder, Denker und Reformer. Sie besitzen eine magnetische Ausstrahlung, die Vertrauen und Begeisterung erweckt. Ihr Sinn für Dramatik sichert ihnen Anerkennung und Gefolgschaft.

Sie sind weltoffen, humanitär und charakterfest und erfreuen sich in der Regel großer Beliebtheit. Häufig interessieren sie sich für okkulte Problemkreise, besonders für die Astrologie. Möglicherweise sind sie angesehene Mitglieder okkulter oder humanitärer Gemeinschaften.

Sonne Sextil Neptun (☉ ✶ ♆)

Dieses Sextil verleiht Kreativität und Inspiration, die sich in Kunst, Religion und Mystik äußern können. Die Geborenen haben die Gabe, vor ihrem geistigen Auge deutliche Visionen erstehen zu lassen und ihnen in faßbarer Weise Form zu verleihen. Schriftsteller, bildende Künstler und Musiker haben mit großer Wahrscheinlichkeit diesen Aspekt in ihrem Horoskop.

Die Visionen und Phantasien der Geborenen konzentrieren sich manchmal auf praktische Gebiete – wie die Errichtung einer Herrschaft oder den Erwerb von Geld und Macht. Ihr ausgeprägtes Mitgefühl für die Freuden und Leiden anderer, verbunden mit mystischen Einsichten, vermittelt ihnen eine humanitäre Haltung. Überdies lieben sie Tiere.

Sonne Sextil Pluto (☉ ✱ ♇)

Dieses Sextil deutet auf Findigkeit, Willensstärke und die Fähigkeit, sich und die Umgebung durch den Einsatz des Willens zu regenerieren.

Eine fast unmerkliche, aber machtvolle Energie geht von diesen Menschen aus und verleiht ihnen größeres Durchhaltevermögen als allgemein üblich. Auch wenn sie am Ende ihrer Kräfte sind, können sie vielleicht ganz unbewußt aus hochfrequenten Energiequellen oder dem Prana des Universums neue Kräfte gewinnen. Sie interessieren sich meist für Joga und Meditation oder okkulte Kräfte.

Sonne Sextil aufsteigender Mondknoten, Trigon absteigender Mondknoten (☉ ✱ ☊ △ ☋)

Dieses Sextil zur Sonne bedeutet gleichzeitig, daß der absteigende Mondknoten ein Trigon zur Sonne bildet, was bei der Interpretation berücksichtigt werden muß.

Die Geborenen haben die Möglichkeit, in Übereinstimmung mit den herrschenden gesellschaftlichen Strömungen zu arbeiten. Auch sind sie in der Lage, die bestehenden moralischen und sozialen Gepflogenheiten ihrer Kultur konstruktiv zu nutzen. Dies zeigt sich häufig darin, daß die Geborenen die soziale Führung übernehmen, da sie es verstehen, die Unterstützung der anderen zu gewinnen, indem sie an deren soziale und ethische Grundsätze appellieren.

Auf dem Gebiet von Schauspiel, Musik und bildender Kunst schaffen sie wertvolle künstlerische Beiträge zur Kultur.

Sonne Sextil absteigender Mondknoten, Trigon aufsteigender Mondknoten (☉ ✶ ☋ △ ☊)

Dieses Sextil zur Sonne bedeutet gleichzeitig, daß der aufsteigende Mondknoten ein Trigon zur Sonne bildet. Dies muß bei der Interpretation beachtet werden.

Dieser Aspekt ist in seiner Bedeutung dem vorhergehenden ähnlich. lediglich die Betonung der Felder ist verschieden. Doch sind die Geborenen stärker intellektuell ausgerichtet.

Sie verfügen über eine dramatische Kreativität, die im Rahmen der überlieferten gesellschaftlichen Gepflogenheiten und Verhaltensmuster zum Ausdruck kommt.

Sonne Sextil Aszendent, Trigon Deszendent (☉ ✶ Asz. △ Desz.)

Dieser Aspekt deutet auf eine harmonische Verbindung von fundamentaler Bewußtheit und Selbstausdruck. Die Geborenen haben einen hochentwickelten Willen, der sich vor allem auf intellektuellem Gebiet äußert. Sie verfügen über viel schöpferische Energie, die auf harmonische Art und Weise zum Ausdruck kommt.

Enthusiasmus, Kreativität und Dynamik prägen die persönlichen Beziehungen, Ehen, Partnerschaften sowie den Kontakt zur Öffentlichkeit. Dieser Aspekt begünstigt das Glück in der Ehe.

Sonne Sextil Medium Coeli, Trigon Imum Coeli (☉ ✶ M.C. △ I.C.)

Die Geborenen bringen ihre Ideen geschickt zum Ausdruck, vor allem, wenn es dabei um ihre Karriere und ihren Beruf geht. Sie erweisen sich als begeisterungsfähige, temperamentvolle und schöpferische Hausgenossen und Familienmitglieder.

Auch in der Politik zeigen sie Geschick und besitzen gute Führerqualitäten.

Sextile mit dem Mond

Mond Sextil Merkur (☽ ✶ ☿)

Dieses Sextil verspricht ein gutes Gedächtnis und praktische geistige Begabung. Verstand und Gefühl sind harmonisch aufeinander abgestimmt. Dadurch sind die Geborenen bestrebt, ihre Gedanken in die Tat umzusetzen.

Alles, was mit Gesundheit und Ernährung zu tun hat, wird sorgfältig geplant und auf vernünftige Weise durchgeführt. Da die Geborenen es mit ihrer persönlichen Hygiene sehr genau nehmen, sind sie ein Musterbeispiel an Gepflegtheit und Sauberkeit.

Das häusliche Leben ist gut organisiert, und die Verständigung in der Familie klappt ausgezeichnet. Ideen werden praktisch und gewinnbringend angewendet; mit diesem Aspekt ist ein gutentwickelter Geschäftssinn gegeben. Die Geborenen werden mit den kleinen Dingen des Lebens gut fertig, vermeiden unnötige Zeitverschwendung.

Es besteht auch eine bewußte Wahrnehmung der Gedanken und Gefühle anderer Menschen, so daß sich die Geborenen instinktiv taktvoll verhalten. Im allgemeinen sind sie in ihren Gefühlen ausgeglichen. Ihre Gabe, Ideen einfach und leicht verständlich zu vermitteln, ermöglicht ihnen eine gute Verständigung mit anderen Menschen. Sie sind begabte Redner und Schriftsteller.

Mond Sextil Venus (☽ ✶ ♀)

Dieses Sextil ist günstig für alle Angelegenheiten, die mit der Ehe und dem häuslichen Leben zu tun haben. Wenn nicht andere Faktoren im Horoskop dagegen sprechen, führen die Geborenen eine erfolgreiche und glückliche Ehe.

Männer mit diesem Aspekt können sich in Frauen einfühlen, und Frauen mit diesem Aspekt zeigen die typisch weiblichen Tugenden der Liebe, Anmut, Liebenswürdigkeit und Häuslichkeit.

Die Geborenen besitzen eine schöpferische Phantasie und künstlerische Begabung. Sie sind vielfach gute Köche und tüchtig in der Haushaltung.

Die mit diesem Sextil verbundene intelligente Bewußtheit verleiht den Geborenen Geschick in den gesellschaftlichen Beziehungen. Sie pflegen regen Kontakt zu Freunden, Nachbarn und Gruppen. Meist sind sie ihrer Familie und vor allem den Geschwistern sehr verbunden. Den mit diesem Aspekt Geborenen ist viel Zärtlichkeit und Charme zu eigen, dem sie beim anderen Geschlecht und bei den Menschen ganz allgemein eine große Beliebtheit zu verdanken haben.

Mond Sextil Mars (☽ ✳ ♂)

Dieser Aspekt verheißt ein überreiches Maß an Energie und die emotionelle Kraft, Unternehmungen zu Ende zu führen.

Die Geborenen beteiligen sich an gewinnbringenden Unternehmungen oder sind bestrebt, das Heim und die häusliche Situation zu vervollkommnen. Sie sind notfalls bereit zu kämpfen, um die Familie und den häuslichen Bereich zu schützen. Frauen mit diesem Aspekt erfreuen sich einer ausgezeichneten Gesundheit.

Mond Sextil Jupiter (☽ ✳ ♃)

Dieses Sextil verleiht Großzügigkeit und tiefes Mitgefühl. Die Geborenen sind gütig und wohlwollend, vor allem ihrer Familie gegenüber. Finanzielle und materielle Mittel werden eingesetzt, um das Heim schön und bequem auszugestalten.

Starke religiöse Gefühle führen zu Frömmigkeit und Idealismus in Glaubensdingen.

Zufriedenheit, Optimismus und ein fröhliches Gemüt tragen oft zum Erfolg und Wohlstand der Geborenen bei. Ihre Ehrlichkeit, Rechtschaffenheit und aufrichtige Nächstenliebe sind ihrem geschäftlichen Erfolg ebenfalls förderlich. Vielfach haben sie mit Immobilienhandel, Nahrungsmitteln, Wohnungsfragen und häuslichen Gebrauchsartikeln zu tun. Da sie instinktiv erkennen, was der Bequemlichkeit dient, wissen sie diejenigen Produkte auszuwählen, die sich gut verkaufen.

Da die Geborenen gefühlsmäßig stark ans Heim gebunden sind, reisen sie nur, wenn es unbedingt erforderlich ist. Reisen sie aber in fremde Länder, haben sie stets besonderes Glück.

Diese Menschen besitzen eine starke Einbildungskraft, die ihnen in Verbindung mit anderen Aspekten, welche auf geistige Fähigkeiten deuten, schöpferische Begabung verleiht und einen besonderen Spürsinn für die guten Dinge des Lebens. Dies ist ein wahrer «Grüner-Daumen»-Aspekt, vor allem wenn er in fruchtbaren Zeichen steht.

Mond Sextil Saturn (☽ ✳ ♄)

Mit diesem Sextil Geborene zeigen in beruflichen und häuslichen Angelegenheiten Geduld und praktische Begabung. Sie haben organisatorisches Talent und sind sparsam und redlich.

Die finanziellen Angelegenheiten dieser Menschen sind stets ordentlich geregelt. Da sie eher nüchtern als ideenreich veranlagt sind, liegt es ihnen besser, den Status quo aufrechtzuerhalten, als etwas Neues aufzubauen. Vermögen und Stellung sind manchmal ererbt.

Obwohl dieser Aspekt im allgemeinen als günstig zu bezeichnen ist, fehlt den Geborenen, falls nicht andere Faktoren im Horoskop von Einfluß sind, eine gewisse Ausstrahlung. Außerdem können sie zu Depressionen neigen.

Mond Sextil Uranus (☽ ✳ ♅)

Mit diesem Aspekt Geborene sind fähig, sich von der Vergangenheit zu lösen.

Sie reagieren äußerst rasch und haben sofort gefühlsmäßigen Kontakt mit anderen. Die Geborenen vermögen neue Möglichkeiten und Chancen im Leben instinktiv zu erkennen und zu ihrem Vorteil zu nutzen. Sie reagieren darauf in origineller Art und Weise und strahlen stets eine magnetische Kraft aus, die Dynamik und Vergnügen in den Alltag bringt. Ihre Phantasie ist einzigartig.

Sie machen ihr Heim oft zum Schauplatz für Unterhaltungen und Gruppenaktivitäten, was den heiteren Beziehungen zur Familie und zu den Eltern förderlich ist. Manchmal ist die Mutter eine ungewöhnliche Persönlichkeit. Verbindungen mit Frauen können Männern mit dieser Konstellation außerordentliche Aufstiegschancen eröffnen. Auf jeden Fall pflegen solche Männer gerne Freundschaften mit dem weiblichen Geschlecht.

Mond Sextil Neptun (☽ ✶ ♆)

Dieses Sextil kündigt eindeutig paranormale Fähigkeiten an. Meist sorgt Intuition dafür, daß sich Chancen zu einer Verbesserung der finanziellen und häuslichen Situation bieten. Aufgrund ihrer mystischen Neigungen treten diese Menschen meist Bruderschaften oder okkulten Gesellschaften bei. Dieser Aspekt erweitert die Imagination in transzendentale Bereiche.

Unbewußte Eingebungen beeinflussen die Entscheidungen der Geborenen. Im Unbewußten gespeicherte Erkenntnisse vergangener Zeiten befähigen sie, ungewöhnliche Informationen zutage zu fördern.

Eine starke emotionale Sensibilität kennzeichnet die Geborenen und erleichtert ihnen das Einfühlen in andere Menschen. Vielfach sind sie ihrer Familie eng verbunden, ob sie sich dessen bewußt sind oder nicht.

Mond Sextil Pluto (☽ ✶ ♇)

Für dieses Sextil gilt der Begriff, daß «Gedanken Dinge sind». Die Geborenen machen in konstruktiver Weise von ihrem Willen Gebrauch und steuern damit ihre Phantasie. Sie sind in der Lage, sowohl ihre praktischen Angelegenheiten als auch ihr Gefühlsleben zu regenerieren. Die zusätzliche Fähigkeit, ihre Vitalität immer wieder zu erneuern, verbessert ihre Widerstandskraft und Gesundheit. Dieser Aspekt verleiht auch das Talent, die Geschäftsmethoden und das häusliche Leben zu fördern.

Diese Menschen vermögen ihr Leben zu entwirren, alte, gefühlsbetonte Gewohnheiten aufzugeben und neue anzunehmen. Sie finden auch neue Anwendungen für nutzlose Besitztümer – oder werfen sie auf den Müll.

Mond Sextil aufsteigender Mondknoten, Trigon absteigender Mondknoten (☽ ✶ ☊ △ ☋)

Mit dieser Konstellation sind die Geborenen in der Lage, die alltäglichen Geschehnisse geschickt zu planen und zu regeln, und zwar stets im Einklang mit den vorherrschenden gesellschaftlichen Strömungen. Die angenehmen sozialen Gewohnheiten der Geborenen machen sie sehr populär. Ihr familiärer Hintergrund kann ihnen Glück bringen.

Mond Sextil Aszendent, Trigon Deszendent (☽ ✳ Asz. △ Desz.)

Diese Kombination verspricht eine harmonische Beziehung zwischen dem Selbstbewußtsein des Geborenen und seinen unbewußten Gewohnheiten, Empfindungen und Gefühlen. Es herrscht ein ausgewogenes emotionales Gleichgewicht.

In einem männlichen Horoskop zeigt diese Konstellation harmonische Beziehungen zu Frauen an und ist daher günstig für eine Ehe. Überdies fördert dieser Aspekt die Zusammenarbeit mit anderen Menschen und mit der breiten Öffentlichkeit.

Mond Sextil Medium Coeli, Trigon Imum Coeli (☽ ✳ M.C. △ I.C.)

Diese Stellung verheißt eine harmonische häusliche Atmosphäre und gute Beziehungen der Familienmitglieder untereinander. Die Geborenen sind fähig zur beruflichen Zusammenarbeit und kommen mit Arbeitgebern und Vorgesetzten gut aus. Sie arbeiten zuverlässig und können sich der täglichen Routine anpassen.

Sextile mit Merkur

Merkur Sextil Venus (☿ ✳ ♀)

Dieses Sextil verleiht dem Horoskopeigner Anmut und Geschick im sprachlichen Ausdruck. Er verfügt möglicherweise über eine besondere literarische Begabung, eine dichterische Ader. Der Aspekt begünstigt auch eine Tätigkeit auf künstlerischem oder kunsthistorischem Gebiet. Solche Menschen besitzen diplomatisches Geschick, da sie die Fähigkeit haben, mit anderen Menschen in gefälliger Weise Gedanken auszutauschen. Sie sind in ihrem Wesen meist ruhig und ausgeglichen, obwohl dies auch noch von anderen Faktoren im Horoskop abhängt. Dieser Aspekt verleiht der Stimme einen angenehmen Klang und macht sie daher für Gesang geeignet. Viele Komponisten von Instrumental- und Vokalmusik haben diese Stellung in ihrem Horoskop.

Merkur Sextil Mars (☿ ✳ ♂)

Mit diesem Sextil Geborene verfügen über geistige Energie und einen scharfen Intellekt. Entscheidungskraft ist die hervorragendste Eigenschaft dieses Aspekts. Die Geborenen sagen, was sie meinen, und meinen, was sie sagen. Sie planen alles, was sie tun, und arbeiten daher gezielt und produktiv. Sie setzen dementsprechend auch ihre Ideen in die Tat um. Kurz gesagt, dank diesem Aspekt sind die Geborenen fähig, ihre Sache gut zu machen.

Solche Menschen verstehen es, wesentliche Gesichtspunkte verständlich darzulegen. Sie äußern sich klar und geradeheraus. Neben wissenschaftlicher und technischer Begabung verfügen sie auch über strategisches Können und beherrschen Denkspiele wie Schach und Bridge.

Merkur Sextil Jupiter (☿ ✳ ♃)

Dieses Sextil erweist sich als günstig für alle intellektuellen Studien, vor allem auf den Gebieten der Philosophie, Religion, höheren Bildung und Rechtswissenschaften. Auch die Intuition und die Fähigkeit zu abstraktem Denken sind gut entwickelt.

Die Geborenen lieben das Studium, aber auch das Reisen – ihre Neugierde und ihr Erlebnishunger sind unersättlich. Sie wollen fremde Länder und Kulturen kennenlernen.

Vielfach sind sie Schriftsteller und befassen sich vor allem mit religiösen und philosophischen Themen. Da sie sich gewandt auszudrücken vermögen, geben sie gute Autoren, Vortragende und Lehrer ab. Ihr Heim ist meist Schauplatz reger intellektueller Aktivitäten. Sie stehen jenen, die krank oder in Not geraten sind, stets mit Rat und Tat zur Seite.

Ihr Optimismus bildet die Grundlage ihrer konstruktiven Lebensweise. Die Gedanken eines Menschen sind bestimmend für seine Lebensumstände, denn die emotionalen Wünsche und Handlungen folgen meist dem Denkschema. Daher ziehen diese Geborenen in so hohem Maße das Gute an.

Merkur Sextil Saturn (☿ ✶ ♄)

Dieses Sextil deutet im allgemeinen auf einen disziplinierten Verstand. Das Organisationstalent zeigt sich vor allem in beruflichen Angelegenheiten, da sowohl das sechste wie das zehnte Feld einbezogen sind.

Vorsicht und Überlegung kennzeichnen meist die Entscheidungen, die Kommunikation und die mündlichen und schriftlichen Äußerungen der Geborenen. Sie sind gute Redner, Schriftsteller und Lehrer. Ihre Exaktheit und Disziplin erstreckt sich auch auf die Gebiete der Gesundheit und Hygiene. Oft verfügen sie über eine besondere Begabung für Mathematik oder ganz allgemein für Wissenschaft, falls noch andere Faktoren mitspielen.

Die Geborenen wollen nichts dem Zufall überlassen. Jeder Schritt und jeder Gedanke gilt einem bestimmten Zweck.

Merkur Sextil Uranus (☿ ✶ ♅)

Dieses Sextil verspricht eine rasche, intuitive und bewegliche Auffassungsgabe und ein gutes Gedächtnis. Mit diesem Aspekt sind sowohl astrologische und okkulte Interessen und Fähigkeiten verbunden wie auch wissenschaftliche Neigungen. Diese Konstellation findet sich vielfach bei Menschen, die mit Elektronik, Physik, Atomenergie und anderen modernen wissenschaftlichen Disziplinen zu tun haben. Zur vollen Entfaltung dieser Begabungen wären einige positive Aspekte auf Saturn von Nutzen.

Die Geborenen denken eigenständig und sind ganz allgemein sehr unabhängig. Plötzlich aufblitzende Eingebungen helfen ihnen, die Lösung für Probleme zu finden. Häufig sind die Geborenen in ihrem Ausdruck originell und dramatisch.

Merkur Sextil Neptun (☿ ⚹ ♆)

Dieses Sextil verleiht intuitive Einsicht und schöpferische Phantasie. Zwischen den bewußten Denkvorgängen und dem Unterbewußtsein herrscht Harmonie und eine gute Vermittlung. Die Geborenen besitzen ein scharfes und hochempfindliches Wahrnehmungsvermögen, das sich manchmal in Form von hellseherischen Fähigkeiten äußert. Sie sind häufig telepathisch begabt und haben einen guten Spürsinn für die Gedanken und Beweggründe anderer Menschen.

Dieses Sextil ist günstig für Fotografen und andere Menschen, deren Arbeit Phantasie und schöpferische Einfälle erfordert, zum Beispiel Schriftsteller.

Mit diesem Aspekt Geborene verstehen es auch, finanziell oder militärisch geschickt zu operieren, da sie die Schachzüge des Gegners erkennen und ihnen zuvorkommen können. Solche Menschen planen und arbeiten möglicherweise im geheimen und sind bei der Verwirklichung ihrer Absichten darauf bedacht, Einmischungen und Widerstände von anderer Seite zu vermeiden.

Merkur Sextil Pluto (☿ ⚹ ♇)

Der scharfe, durchdringende Geist der mit diesem Sextil Geborenen ermöglicht es ihnen, den Ursachen und Kräften hinter den äußeren Erscheinungen der Dinge auf die Spur zu kommen. Diese Fähigkeit kann sich, je nach den anderen Faktoren im Horoskop, in den verschiedensten Bereichen zeigen. Am häufigsten jedoch wird sie auf den Gebieten der Naturwissenschaft, Physik, des Okkultismus oder jener Belange in Erscheinung treten, die zum achten Feld Bezug haben, wie z. B. Versicherungen, Erbschaften und Steuern.

Die Geborenen verstehen es, sich kraft- und wirkungsvoll auszudrükken. Da sie über große Willenskraft verfügen, sind sie in der Lage, sich intensiv mit einem Interessengebiet zu befassen. Die Geborenen verfügen auch über schöpferische Begabung und geistige Originalität.

Merkur Sextil aufsteigender Mondknoten, Trigon absteigender Mondknoten (☿ ✱ ☊ △ ☋)

Der Horoskopeigner mit dieser Konstellation plant und äußert sich in Übereinstimmung mit den vorherrschenden kulturellen Normen. Er verfügt über eine umfassende Kenntnis der Tradition und der sozialen Trends. Dank dieses Verständnisses fällt es ihm relativ leicht, Anerkennung für seine Ideen zu finden.

Merkur Sextil Aszendent, Trigon Deszendent (☿ ✱ Asz. △ Desz.)

Diese Konstellation erleichtert den Geborenen die geistige Selbstdarstellung. Sie können andern Menschen sich selbst und ihre Weltanschauung verständlich machen.

Ein harmonischer Gedanken- und Informationsaustausch vermindert die Gefahr von Mißverständnissen und Konflikten und ermöglicht eine vernünftige Zusammenarbeit mit Freunden, Geschwistern und Partnern. Solche Menschen vermögen allseits akzeptierte Projekte zu verwirklichen.

Merkur Sextil Medium Coeli, Trigon Imum Coeli (☿ ✱ M.C. △ I.C.)

Mit dieser Konstellation Geborene verstehen es, ihre Aktivitäten in Beruf und Heim sinnvoll zu planen. Zu Personen in hohen Positionen – ihre Arbeitgeber oder andere einflußreiche Persönlichkeiten – pflegen sie gute Kontakte. Dadurch ist es ihnen möglich, ihre Ideen an den Mann zu bringen. Sie kommen mit ihren Familienangehörigen gut aus und sorgen für eine gelöste und harmonische Familienatmosphäre. Auf diese Weise besteht ein gutes Gleichgewicht zwischen den beruflichen und den häuslichen Verpflichtungen.

Sextile mit der Venus

Venus Sextil Mars (♀ ✳ ♂)

Ein glückliches, tatkräftiges Naturell kennzeichnet die mit diesem Aspekt Geborenen. Es ergibt sich eine harmonische Beziehung zwischen den Geschlechtern und eine gefühlsmäßige Übereinstimmung der Partner in der Ehe. Die Geborenen sind gesellig, lebhaft und fröhlich.

Dieser Aspekt erweist sich als besonders günstig für Künstler, vor allem für Bildhauer und Kunsthandwerker, die mit Werkzeugen arbeiten. Auch für Geschäftsunternehmungen, die mit künstlerischen Belangen in Zusammenhang stehen, ist diese Konstellation vielversprechend. Die allgemeine Beliebtheit der Geborenen kann sich bei finanziellen und beruflichen Transaktionen als vorteilhaft erweisen. Die Geborenen können Vermögen erwerben. Sie profitieren häufig gefühlsmäßig, manchmal auch finanziell von einer Ehe.

Die charakteristische Bewegungsfreude des Mars erhält durch den Einfluß von Venus eine künstlerische Note (Tanz, Sport).

Oft sind die Geborenen auf impulsive Weise großzügig und verschenken ihre Zuneigung und ihren Besitz.

Venus Sextil Jupiter (♀ ✳ ♃)

Dieses Sextil verspricht eine glückliche Veranlagung mit stark sozialen Tendenzen. Im allgemeinen bringt es Glück, Wohlbefinden und Gemütlichkeit.

Oft sind mit diesem Aspekt künstlerische Fähigkeiten und ein feiner Ausdrucksstil verbunden. Die Geborenen befassen sich gerne mit religiöser Kunst. Begünstigt sind Geschäfte mit Kunst und Heimausstattungen. Dank ihrem guten Geschmack und ihrem Flair für die Wünsche anderer Leute haben die Geborenen im Geschäftsleben Erfolg.

Ehe und Partnerschaften bringen den Geborenen emotionalen, gesellschaftlichen und finanziellen Gewinn. Ihre positive Einstellung anderen Menschen gegenüber – und auch ein besonderes Geschick, gut mit ihnen auszukommen – bringt ihnen Beliebtheit und viele Freunde. Obwohl die Geborenen meist freundlich und großzügig sind, deutet das

Sextil nicht notwendigerweise auf ein tiefgehendes Verständnis; dies mag der Fall sein, wenn Saturn und Neptun gleichzeitig günstig bestrahlt sind.

Venus Sextil Saturn (♀ ✳ ♄)

Dieses Sextil findet sich besonders stark gestellt in den Horoskopen von Künstlern, die über außergewöhnliche Begabung verfügen. (Dasselbe gilt selbstverständlich für Trigon und Konjunktion dieser beiden Planeten.) Saturn verleiht den ästhetischen Neigungen der Venus greifbaren Ausdruck.

Die Geborenen sind Freunden und Angehörigen gegenüber loyal und im Ausdruck ihrer Gefühle ernst und beständig. Diese Konstellation begünstigt eine dauerhafte Ehe, wenn nicht andere Aspekte, vor allem im Zusammenhang mit dem siebenten Feld, dagegen sprechen. Zahlreiche positive Eigenschaften der Waage finden sich in diesem Sextil, da Saturn in der Waage erhöht ist und Venus darin herrscht. Die Geborenen haben das Format, ihr persönliches Glück um der Pflicht oder des Glücks anderer willen hintanzustellen. Sie verfügen über Anmut, Kultiviertheit und Bildung. In ihrem gesellschaftlichen Umgang sind sie höflich, aber sehr förmlich.

Diese Menschen verdienen meist in ihrem Beruf viel Geld. Sie sind geschickte Geschäftsleute. Dank ihrer Anspruchslosigkeit und ihrer geordneten Finanzen kommen sie stets auf ihre Rechnung.

Venus Sextil Uranus (♀ ✳ ♅)

Die mit diesem Sextil Geborenen lassen gern ihr Gefühl sprechen. Da sie dies auf brillante und angenehme Weise tun, haben sie meist viele Freunde und sind sehr beliebt.

Sie verfügen meist über eine besondere künstlerische und musikalische Begabung; zumindest interessieren sie sich in hohem Maße für Musik und bildende Kunst sowie auch für moderne Formen elektronischer Kunst. Die Geborenen verdienen ihr Geld auf eine unorthodoxe Art und Weise, vielfach in gemeinschaftlichen oder Gruppenunternehmungen. Sie betreiben häufig Geschäfte, die mit Kunst, Elektronik oder Naturwissenschaft in Zusammenhang stehen. Menschen, die bei Radio, Fernsehen oder Grammophongesellschaften tätig sind, dürften diesen Aspekt haben.

Die Geborenen verlieben sich oft ganz plötzlich und heiraten auch ebenso unversehens. Sie brauchen in Gefühlsdingen sehr viel Freiheit und halten sich kaum an die konventionellen romantischen Spielregeln. Sie haben meist Glück in Liebesdingen.

Venus Sextil Neptun (♀ ✳ ♆)

Dieses Sextil verleiht eine feine künstlerische Phantasie, die oft in der Musik oder anderen geistigen Kunstformen zum Ausdruck kommt. Der Aspekt verkörpert manche positive Eigenschaft des Zeichens Fische, in dem Venus erhöht steht und Neptun der Regent ist. Gefühl und Zuneigung haben einen religiösen Einschlag. Diese Menschen bringen dem Nächsten tiefes Mitgefühl und Verständnis entgegen.

Ihr Sinn für das Sublime zeigt sich in ihrem Verlangen nach ätherischer Schönheit. Im gesellschaftlichen Umgang sind sie sehr liebenswürdig. Sie gehen oft Bündnisse, Freundschaften oder Ehen ein mit Menschen, die mystische Neigungen haben. Sie streben nach einer idealen Liebesbeziehung.

In einem schwachen Horoskop kann diese Stellung auf Indolenz deuten und auch darauf, daß sich die Geborenen zu sehr auf das Entgegenkommen und die Hilfe anderer verlassen.

Venus Sextil Pluto (♀ ✳ ♇)

Dieses Sextil läßt ein intensives Gefühlsleben und eine differenzierte Wahrnehmung erwarten. Die Geborenen wissen um die umformende Kraft der Liebe. Sie können andere Menschen davon überzeugen, daß man gegenseitige Beziehungen auf ein höheres Niveau heben kann. Solchen Menschen ist eine dynamische, originelle Kreativität eigen, die sich vor allem auf dem Gebiet der bildenden Kunst oder der Musik äußert.

Häufig haben mit diesem Aspekt Geborene den Eindruck, daß ihre Heirat vom Anbeginn aller Zeiten an vorherbestimmt sei.

Die Geborenen haben ein intuitives Verständnis für die Gesetze von Harmonie und Gleichgewicht, soweit sie sich auf schöpferische Prinzipien beziehen; manchmal vermögen sie dieses Verständnis klar in Worte zu fassen. Wenn Merkur, Saturn und Uranus stark gestellt sind, kann dieser Aspekt zu einer wissenschaftlichen Begabung beitragen.

Venus Sextil aufsteigender Mondknoten, Trigon absteigender Mondknoten (♀ ⚹ ☊ △ ☋)

Mit dieser Stellung Geborene verfügen über gesellige und gepflegte Umgangsformen. Meist wissen sie ihren Charme geschickt einzusetzen, um soziale Anerkennung zu ernten.

Sie verstehen es, ihre finanziellen Angelegenheiten, die Beziehungen zur Öffentlichkeit, Partnerschaften, gesellschaftliche Aktivitäten und ihre Ehe geschickt zu planen. Dieser Aspekt ist besonders günstig für eine geschäftliche Tätigkeit, da die Geborenen mit den herrschenden Modeströmungen und wirtschaftlichen Tendenzen Schritt zu halten vermögen.

Venus Sextil Aszendent, Trigon Deszendent (♀ ⚹ Asz. △ Desz.)

Mit dieser Stellung Geborene bringen ihre innere Persönlichkeit harmonisch zum Ausdruck. Auch ist mit dieser Konstellation das notwendige gesellschaftliche Geschick verbunden, um die Gunst der Öffentlichkeit zu gewinnen und erfolgreiche Ehen und gute Partnerschaften einzugehen.

Die Horoskopeigner sind geborene Diplomaten und erwerben sich manchmal einen Ruf als Friedensstifter. Ihr fröhliches Naturell wirkt ansteckend auf andere Menschen. Falls weitere Faktoren im Horoskop in dieselbe Richtung deuten, können die Geborenen auf den Gebieten der bildenden Kunst und der Musik begabt sein.

Venus Sextil Medium Coeli, Trigon Imum Coeli (♀ ⚹ M.C. △ I.C.)

Mit diesem Aspekt Geborene besitzen diplomatisches Geschick in beruflichen Angelegenheiten. Das Familienleben der Geborenen ist meist voller Harmonie und Liebe. In ehelichen, häuslichen und beruflichen Belangen herrscht Zufriedenheit. Meist besteht eine enge Beziehung zu den Eltern.

Die Liebe zu den Schönheiten der Natur kennzeichnet diesen Aspekt. Vielfach züchten die Geborenen Rosen oder andere Blumen, um ihre Umgebung zu verschönern. Ihr Heim ist in der Regel geschmackvoll und künstlerisch eingerichtet. Manchmal ist die berufliche Laufbahn auf künstlerische Ziele ausgerichtet.

Sextile mit Mars

Mars Sextil Jupiter (♂ ✳ ♃)

Dieses Sextil verleiht Enthusiasmus und Energie in der Arbeit, fördert den Selbstausdruck und die Persönlichkeitsentwicklung.

Die Geborenen sind bei allen ihren Unternehmungen voller Optimismus und geben sich nicht geschlagen. Sie können auf eine praktische Art großzügig sein. Auch bei ihrer religiösen Einstellung steht das Praktische im Vordergrund. Sie werden sich unermüdlich für weniger begünstigte und vom Unglück betroffene Mitmenschen einsetzen. Oft beteiligen sie sich an missionarischen Hilfswerken. Sie sind besonders begabt für die Arbeit mit jungen Menschen. Personen mit diesem Aspekt sind selten träge veranlagt. Meist erreichen sie einen gewissen Grad von Erfolg und materiellem Wohlstand.

Mars Sextil Saturn (♂ ✳ ♄)

Dieses Sextil verleiht Kraft und Ausdauer und wirkt sich daher am vorteilhaftesten aus, wenn harte Arbeit und körperliche Disziplin verlangt werden. Es begünstigt die Exaktheit bei handwerklicher Arbeit.

Technische Begabung entspringt oft einer allgemeinen Befähigung zu sorgfältiger Arbeit.

Die Geborenen wenden ihre Energie auf äußerst praktische und wirksame Weise an. Saturn hält die Impulsivität des Mars im Zaum, während Mars die für Saturn charakteristische Ängstlichkeit überwindet und Mut hervorbringt. Das Sextil zwischen diesen beiden Planeten bewirkt eine spartanische Lebenseinstellung. Solche Menschen sind nicht sehr liebenswürdig und erscheinen meist kalt und unnahbar.

Mars Sextil Uranus (♂ ✱ ♅)

Diese Konstellation befähigt die Geborenen zum raschen, entschlossenen Handeln und verleiht ihnen Willenskraft und Mut. Viele der positiven Eigenschaften des Zeichens Skorpion, in dem Mars regiert und Uranus erhöht ist, machen sich hier bemerkbar. Einmalige Leistungen können den Geborenen Ruhm und hohe Positionen bringen. Manchmal besteht eine «Handle- oder Stirb-Haltung», die so weit gehen kann, daß der Wille für den Körper, der ihn beherbergt, zu mächtig ist. Auf alle Fälle haben die Geborenen eine kraftvolle Veranlagung und wissen genau, was sie wollen. Sie besitzen große Nervenkraft und neigen deshalb dazu, hart zu arbeiten und ihre Aufgaben auf ihre Art zu lösen.

Oft sind mit diesem Aspekt technisches Geschick und Interesse an Elektronik und Naturwissenschaft verbunden. Er ist besonders günstig für Menschen, die mit dem Flugwesen zu tun haben.

Mars Sextil Neptun (♂ ✱ ♆)

Dieses Sextil verleiht eine übernatürliche Energie, die zum Heilen oder zu okkulten Studien befähigt. Manchmal besteht eine hellseherische Begabung oder ein starker persönlicher Magnetismus.

Die Geborenen verfügen über Geschick, Unternehmungen im geheimen oder hinter den Kulissen durchzuführen, wobei sie Hindernisse und Widerstände umgehen. Wie das Merkur-Neptun-Sextil begünstigt auch dieser Aspekt Strategen, besonders solche, die militärische Aktionen planen. Auch für reproduzierende Künstler wie Tänzer und Schauspieler, die ihren Körper in subtiler und differenzierter Weise beherrschen müssen, und für Filmschöpfer und Fotografen ist dieser Aspekt von Vorteil.

Diese Menschen sind gewöhnlich aufrichtig und haben ihre Gefühle gut unter Kontrolle. Sie durchschauen ihre Mitmenschen und lassen sich nicht leicht hereinlegen.

Mit diesem Aspekt Geborene können sich für Methoden zur Körperertüchtigung, wie zum Beispiel Hatha-Yoga, begeistern.

Mars Sextil Pluto (♂ ✳ ♇)

Menschen mit diesem Sextil in ihrem Horoskop verfügen über eine ungeheure Energie, Willenskraft und Mut. Sie verstehen es, bewußt oder unbewußt, natürliche Kräfte zu nutzen, um Veränderungen herbeizuführen, die ihnen zugute kommen.

Mit diesem Sextil ist die Möglichkeit gegeben, den Angelegenheiten des von Pluto beherrschten Feldes auf einem höheren Niveau Ausdruck zu verleihen.

Alle Plutosextile bewirken regenerierende Veränderungen, die das Bewußtsein der Geborenen erweitern. Da Mars das Muskelsystem regiert, zeigen die Geborenen vielfach Interesse für Körperkultur, insbesondere Hatha-Yoga, um sich zu regenerieren.

Mars Sextil aufsteigender Mondknoten, Trigon absteigender Mondknoten (♂ ✳ ☊ △ ☋)

Mit dieser Konstellation Geborene vermögen zum geeigneten Zeitpunkt die Initiative zu ergreifen, um ihr Wohlergehen und ihre sozialen Beziehungen zu fördern. Bei ihren Unternehmungen können sie der Zustimmung und der Zusammenarbeit der Gesellschaft gewiß sein. Sie werden stets die notwendige Unterstützung für ihre konstruktiven Vorhaben finden.

Mars Sextil Aszendent, Trigon Deszendent (♂ ✳ Asz. △ Desz.)

Diese Stellung verleiht Initiative für die Inangriffnahme gemeinschaftlicher Projekte, wobei es sich um öffentliche oder partnerschaftliche Angelegenheiten handeln kann. Manchmal sind es andere Menschen, die den Geborenen die Möglichkeit bieten, sich konstruktiv zu betätigen, oder umgekehrt. Diese Menschen sind meist offen, direkt und kraftvoll in ihren Äußerungen und in ihrem Umgang mit anderen Menschen. Diese Eigenschaften verschaffen ihnen Zustimmung und Respekt.

Mars Sextil Medium Coeli, Trigon Imum Coeli (♂ ⚹ M.C. △ I.C.)

Diese Konstellation begünstigt eine konstruktive Aktivität in Beruf und Heim. Es bestehen gute berufliche Aufstiegsmöglichkeiten, was zugleich zu Zufriedenheit und Erfüllung im häuslichen Bereich Anlaß gibt. Gelegentlich wird das Heim Zentrum und Ausgangsbasis der Berufstätigkeit.

Sextile mit Jupiter

Jupiter Sextil Saturn (♃ ⚹ ♄)

Dieses Sextil sichert ein vernünftiges Gleichgewicht zwischen Expansion und Konsolidierung der geschäftlichen Angelegenheiten des Geborenen, die von Vorsicht, Behutsamkeit und guter Organisation (Saturn) und Optimismus, Enthusiasmus und Expansion (Jupiter) geprägt sind. Den mit diesem Aspekt geborenen Menschen gelingt es, ihre Pläne in die Tat umzusetzen und ihren Verpflichtungen nachzukommen, was ihnen Anerkennung und Respekt verschafft. Sie sind im allgemeinen ehrlich und lauter in ihren Beziehungen.

Vielfach interessieren sie sich für Philosophie und Religion. Sie helfen in Not geratenen Menschen, und zwar auf wohlüberlegte und tatkräftige Weise, wobei sie voraussetzen, daß die Empfänger dieser Hilfeleistungen bemüht sind, sich auch selbst zu helfen.

Die Geborenen streben nach einer ausgeglichenen häuslichen Atmosphäre und sind häufig «Stützen der Gesellschaft».

Meist bekleiden sie in der Politik eine wichtige Stellung. Sie haben stets ein Ziel vor Augen, auf das sie hinarbeiten, und ihre Lebensanschauung wird von Zukunftsdenken und Weitblick bestimmt. Wenn nicht andere Faktoren im Horoskop dagegen sprechen, sind sie gute Juristen.

Jupiter Sextil Uranus (♃ ✱ ♅)

Mit diesem Sextil ist die Fähigkeit verbunden, neue Bedingungen konstruktiv zu nutzen. Diese Menschen interessieren sich oft für neue Formen religiösen Ausdrucks oder für religiöse Praktiken okkulter Wissenschaften. Eine prophetische Einsicht und Zukunftsvisionen sind zu erwarten, wenn die übrigen Faktoren im Horoskop ebenfalls in diese Richtung weisen. Die Geborenen eignen sich dank der mit diesem Aspekt gegebenen Voraussicht als Astrologen.

Menschen mit diesem Aspekt sind meist optimistisch und ihren Mitmenschen gegenüber freundlich eingestellt. Sie haben viele Freunde und sind bei allen beliebt. Sie laden gerne Leute zu sich ein und beteiligen sich an humanitären Unternehmen. Manchmal gehören sie auch etwas ausgefallenen Gruppen an. Dank ihrer Offenheit und Zuversicht können sie ihre Hoffnungen und Wünsche verwirklichen; hier und da fällt ihnen das Glück ganz unerwartet in den Schoß.

Sie verstehen es, von neuen Industrien finanziell zu profitieren und Möglichkeiten zu nutzen, die aus wissenschaftlichem Fortschritt erwachsen.

Jupiter Sextil Neptun (♃ ✱ ♆)

Mit diesem Aspekt Geborene sind von mystischer, überschwenglicher und freundlicher Wesensart - aber nicht unbedingt praktisch veranlagt.

Diese Menschen haben meist eine lebhafte Phantasie, die ihren Ausdruck am häufigsten in Religion, Philosophie und darstellender Kunst findet. Infolge der stark emotionalen Färbung dieses Aspekts kann es vorkommen, daß die Angelegenheiten der von Jupiter und Neptun regierten Felder von allzu gefühlsbetonten Überlegungen bestimmt werden. Aus diesem Grund fehlt es den Geborenen meist an Disziplin und am nötigen praktischen Verstand, um ihre altruistischen Vorstellungen in die Tat umzusetzen, es sei denn, ein gut gestellter Merkur und Saturn sorge für diese Eigenschaften. Vielfach sind die Geborenen sehr sentimental oder ganz einfach überspannt.

In positiver Hinsicht kann dieser Aspekt den Menschen ein hohes Maß an Nächstenliebe verleihen, die den Unglücklichen und Bedürftigen zugute kommt. Sie selbst erhalten oft - manchmal unverdienterweise - Hilfe von ihren Freunden und Verwandten.

Im Extremfall werden solche Menschen Abgeschiedenheit an religiösen Zufluchtsorten, zum Beispiel in einem Kloster, suchen.

Jupiter Sextil Pluto (♃ ✶ ♇)

Dieses Sextil ermöglicht eine geistige Erneuerung kraft Philosophie, höherer Bildung, religiöser Praktiken und aufbauender Anstrengungen zwecks Schaffung verbesserter menschlicher Bedingungen. Die Geborenen können durch Gebet und Meditation mit mächtigen spirituellen Kräften in Berührung kommen. Göttliche Vorsehung bereitet dem schöpferischen Selbstausdruck den Weg, sofern er dem Gemeinwohl dient.

Stimmen andere Faktoren des Horoskops damit überein, verleiht dieser Aspekt Einsicht, Weisheit, schöpferisches Ausdrucksvermögen und Aktionsbereitschaft bei philosophischen, religiösen und philanthropischen Unternehmen. Pluto vermittelt den wohltuenden Eigenschaften des Jupiter die nötige Kraft, um wirksam zu werden.

Jupiter Sextil aufsteigender Mondknoten, Trigon absteigender Mondknoten (♃ ✶ ☊ △ ☋)

Diese Stellung ist günstig für umfangreiche Projekte, die die Mitarbeit und Zustimmung der öffentlichen Meinung und der sozialen Institutionen erfordern. Vielfach engagieren sich die Geborenen stark für religiöse Ziele, wobei sie dies im Rahmen des Herkömmlichen tun. Sie planen geschäftliche Unternehmungen und Propagandafeldzüge im allgemeinen im richtigen Zeitpunkt.

Jupiter Sextil Aszendent, Trigon Deszendent (♃ ✱ Asz. △ Desz.)

Mit diesem Aspekt Geborene verstehen es, sich stets von der besten Seite zu zeigen, und erfreuen sich deshalb großer Beliebtheit bei der Öffentlichkeit. Dank ihrer großzügigen und optimistischen Lebenseinstellung können sie sich meist die Unterstützung und Mitarbeit anderer sichern. Ihre Ehen und die Beziehungen zur Öffentlichkeit sind meist vom Glück begünstigt. Da sie andere zu begeistern vermögen, eignen sie sich gut als Werbefachleute.

Jupiter Sextil Medium Coeli, Trigon Imum Coeli (♃ ✱ M.C. △ I.C.)

Diese Stellung verspricht beruflichen Erfolg, einen ausgezeichneten Ruf und Glück in häuslichen und familiären Angelegenheiten. Eine erfolgreiche Karriere und öffentliches Ansehen erlauben den Geborenen einen luxuriösen Lebensstandard.

Sie sind in der Regel ehrlich und großzügig in ihren geschäftlichen Transaktionen; aus diesem Grund erfreuen sie sich, vor allem bei Menschen in machtvollen Positionen, großer Beliebtheit.

Sie nehmen ihre familiären Verpflichtungen sehr ernst.

Sextile mit Saturn

Saturn Sextil Uranus (♄ ✱ ♅)

Diese Konstellation ist erfolgversprechend für Unternehmungen, die die praktische Anwendung origineller Ideen erfordern. Sie versinnbildlicht die wahre Freiheit und die Möglichkeiten, die sich aus Selbstdisziplin und bewußter Pflichterfüllung ergeben.

Die Geborenen sind verläßliche und aufrichtige Freunde und stets mit Rat und Tat zur Hand, wenn es gilt, Schwierigkeiten konstruktiv zu lösen.

Ihre Mitarbeit in Gruppen und Organisationen beruht auf der engen Beziehung dieses Aspekts zum elften Feld, womit viele positive Eigenschaften des Wassermanns einhergehen, in dem Uranus und Saturn herrschen. Mit diesem Sextil ist vielfach eine bedeutende mathematische und wissenschaftliche Begabung angezeigt. Die Geborenen besitzen die Fähigkeit, Ideen systematisch und diszipliniert miteinander zu kombinieren. Manchmal sind sie auch geschäfts- und staatspolitisch begabt.

Saturn Sextil Neptun (♄ ✶ ♆)

Die mit diesem Sextil Geborenen verfügen über die notwendige Disziplin, um ihre Einbildungskraft zu steuern und auf praktische Ziele zu lenken. Diese Stellung begünstigt auch die Meditation, da Saturn Konzentrationsfähigkeit schenkt und die von Neptun herrührende Inspiration somit geistig verarbeitet werden kann. Gruppenunternehmungen, die mit okkulten oder paranormalen Dingen zu tun haben, werden gut organisiert.

Dank ihrer Weitsicht verfügen die Geborenen über taktisches und strategisches Geschick. Sie verstehen es, ihre Berufslaufbahn umsichtig zu planen und in aller Stille zu verwirklichen. Vielfach sind sie in irgendeiner Weise hinter den Kulissen tätig. Sie besitzen die Begabung, Geheimnisse auszuloten und geheime Informationen aufzuspüren.

Die Geborenen sind Idealisten und aufgrund ihrer strengen Wertmaßstäbe bestrebt, verantwortungsvoll und pflichtbewußt zu handeln. Das gleiche erwarten sie von anderen. Sie sind voller Mitgefühl gegenüber ihren Mitmenschen, vor allem, wenn diese in Not sind. Sie stehen ihnen mit praktischer Hilfe bei.

Saturn Sextil Pluto (♄ ✶ ♇)

Mit diesem Sextil Geborene haben die Fähigkeit, ihre Willenskraft zu steuern und zweckmäßig einzusetzen.

Diese Menschen haben die Möglichkeit, sich durch Disziplin und harte Arbeit zu regenerieren. Hochentwickelte Personen interessieren sich möglicherweise für eine systematische Nutzung okkulter Kräfte, wie zum Beispiel in der Magie. Mit diesem Aspekt ist oft eine wissenschaftliche Begabung in Physik und Mathematik verbunden. Die Geborenen sind in der Regel strebsam und ehrgeizig und wissen Macht klug und entschlossen einzusetzen.

Wenn nicht das übrige Horoskop in eine ähnliche Richtung weist, ist aber die Wirkung dieses Aspektes gering.

Saturn Sextil aufsteigender Mondknoten, Trigon absteigender Mondknoten (♄ ✱ ☊ △ ☋)

Diese Konstellation begünstigt jene, deren berufliche Ziele der Zustimmung der etablierten Gesellschaft und deren Institutionen bedürfen. Die Geborenen werden in ihren Unternehmungen vor allem von erprobten konservativen Mitgliedern der Gesellschaft und den Institutionen, die diese vertreten, gefördert.

Saturn Sextil Aszendent, Trigon Deszendent (♄ ✱ Asz. △ Desz.)

Mit dieser Konstellation Geborene sind von ernstem Wesen. Meist genießen sie bei ihren Partnern und in der Öffentlichkeit dank ihrer Redlichkeit, Zuverlässigkeit und ihres Verantwortungsbewußtseins Respekt und Unterstützung. Dazu kommen Disziplin und Organisationstalent sowie ein ausgeprägter Gerechtigkeitssinn. Diese Menschen bleiben ihren Grundsätzen treu. Obschon sie in gewissem Maße als kalt und unpersönlich gelten, sind sie dank ihrer guten Eigenschaften allgemein angesehen und geschätzt.

Saturn Sextil Medium Coeli, Trigon Imum Coeli (♄ ✱ M.C. △ I.C.)

Dieser Aspekt verspricht ein angenehmes häusliches Milieu und eine gute berufliche Stellung.

Es ist ein steter Aufstieg auf der Erfolgsleiter einer etablierten Hierarchie zu erwarten. Dank ihrer Disziplin und ihrer Fähigkeit, planmäßig zu organisieren und hart zu arbeiten, genießen solche Menschen das Vertrauen ihrer Vorgesetzten. Trotz ihrer erfolgreichen Karriere vernachlässigen sie aber ihr häusliches Leben in keiner Weise. Vielfach setzen die Geborenen die Traditionen ihrer Eltern und Vorfahren fort.

Sextile mit Uranus

Uranus Sextil Neptun (♅ ✱ ♆)

Bei diesem Sextil besteht ein Hang zum Idealismus. Da beide Planeten während langer Zeit innerhalb desselben Orbis bleiben und somit eine ganze Generation davon betroffen ist, deutet dieses Sextil an, daß diese Menschen Gelegenheit haben, ein geistiges Bewußtsein zu entwickeln und unter Umständen eine zunächst utopisch erscheinende Lebensweise zu verwirklichen.

Die Wirkungen dieses Aspekts sind nicht sehr ausgeprägt, es sei denn, Uranus und Neptun befinden sich in einer Eckfelderposition oder sind stark aspektiert. Wenn Uranus oder Neptun sich in Konjunktion mit einer Eckfelderspitze befinden, kann ein echtes Talent und manchmal geniale Begabung angezeigt sein.

Im allgemeinen besteht ein Interesse für okkulte und mystische Studien. Möglicherweise treten die Geborenen Bruderschaften bei. Da Sextilaspekte die geistige Komponente betonen, ist anzunehmen, daß die Geborenen Bücher über okkulte oder mystische Themen verfassen oder studieren.

Diese Menschen sind meist künstlerisch begabt und besitzen eine hochentwickelte Imagination. Häufig lieben sie Musik sowie Erfahrungen und Erlebnisse, die eine Erweiterung des Bewußtseins erlauben.

Uranus Sextil Pluto (♅ ✱ ♇)

Mit diesem Aspekt Geborene haben die Möglichkeit, wissenschaftliche Entdeckungen zu machen, dank Anwendung der den subtilen elektrischen, atomaren und psychischen Naturkräften innewohnenden Gesetzmäßigkeiten. Kraft plötzlicher Eingebungen vermögen sie ihr Wissen zu erweitern und einzusetzen, um die herrschenden Zustände zu verbessern und konstruktive Veränderungen ihrer Umgebung herbeizuführen. Entdeckungen auf den Gebieten der Physik und der Metaphysik sind keine Seltenheiten, da die Geborenen aktiv nach höherer Erkenntnis und nach einem vertieften Verständnis intuitiver Einsichten streben.

Uranus Sextil aufsteigender Mondknoten, Trigon absteigender Mondknoten (♅ ⚹ ☊ △ ☋)

Mit dieser Stellung Geborene spüren intuitiv plötzliche Umschwünge in der öffentlichen Meinung voraus und wissen sie zu ihrem Vorteil zu nutzen. Mit anderen Worten, diese Menschen hören förmlich das Gras wachsen.

Die Geborenen sind gute Sozialreformer: Sie besitzen den Wunsch und die Fähigkeit, gesellschaftliche Normen und die sie widerspiegelnden Institutionen zu verändern. Sie bedienen sich überraschender und effektvoller Methoden, um das Interesse der Öffentlichkeit zu wecken.

Uranus Sextil Aszendent, Trigon Deszendent (♅ ⚹ Asz. △ Desz.)

Menschen mit diesem Sextil im Horoskop sind in ihren Beziehungen zu anderen Menschen und ganz allgemein in ihrem Gebaren höchst unorthodox. Infolge ihres originellen Stils fallen sie auf und erwecken das Interesse ihrer Mitmenschen. Sie haben eine intuitive Fähigkeit, mit anderen umzugehen und sie zur Mitarbeit anzuregen. Man kann sich darauf verlassen, daß sie außergewöhnliche Dinge tun und sagen. Manchmal ergeben sich Heirat und andere Partnerschaften plötzlich und auf einzigartige Weise.

Uranus Sextil Medium Coeli, Trigon Imum Coeli (♅ ⚹ M.C. △ I.C.)

Diese Stellung verleiht ungewöhnliches Talent, in dem einmal gewählten Beruf Karriere zu machen und die Unterstützung von Freunden und einflußreichen Leuten zu gewinnen. Ist diese Stellung noch mit anderen günstigen Einflüßen kombiniert, verspricht sie eine erfolgreiche politische Karriere.

Diese Stellung fördert die Menschen auch in ihrem Bestreben, eine persönliche individuelle Heimatmosphäre zu schaffen. Sie führen in der Regel ein gastliches Haus. Ein Elternteil oder beide Eltern könnten ungewöhnliche Menschen sein.

Sextile mit Neptun

Neptun Sextil Pluto (♆ ✳ ♇)

Dieser Aspekt ist von extrem langer Dauer, besonders im gegenwärtigen Zeitraum der Geschichte, was auf die exzentrische Umlaufbahn des Pluto gegenüber der Neptunbahn zurückzuführen ist. Seit 1943 befinden sich die beiden Planeten mehr oder weniger im Sextil. Darum ist der Einfluß dieses Aspekts auf das Weltkarma und das Schicksal der Allgemeinheit viel größer als auf den einzelnen Menschen. Mit diesem Aspekt zeigt sich eine ungeheure Möglichkeit zu geistigem Fortschritt in der Weltzivilisation.

Es ist ein Glück für uns, daß es diesen Aspekt in einer derart kritischen Phase der Geschichte gibt. Das heutige Atomzeitalter kann eine ideale Welt erstehen lassen, die der gesamten Menschheit Wohlstand und Zufriedenheit beschert, es kann aber auch die nahezu vollständige Vernichtung jeglicher Zivilisation bedeuten. Die Menschheit muß die Stunde nutzen, um mit aller Macht eine allumfassende Liebe (Neptun) zum Ausdruck zu bringen und die furchtbaren plutonischen Kräfte, die die Wissenschaft freigesetzt hat, voll und schöpferisch zu nutzen. Unsere Zukunft hängt von der Zahl jener Menschen ab, die konstruktiv auf die hochfrequenten Schwingungen dieser beiden am weitesten entfernten Planeten reagieren.

Im Horoskop des einzelnen deutet diese Stellung – falls sich Neptun oder Pluto in einem der Eckfelder befindet und von anderen Planeten stark aspektiert wird – auf ungewöhnliche okkulte, intuitive, wissenschaftliche und künstlerische Fähigkeiten.

Neptun Sextil aufsteigender Mondknoten, Trigon absteigender Mondknoten (♆ ✶ ☊ △ ☋)

Diese Stellung befähigt die Menschen, sich intuitiv den herrschenden gesellschaftlichen Normen und Institutionen harmonisch anzupassen und sie unbemerkt zu beeinflussen. Instinktiv lassen sie sich von den Strömungen der öffentlichen Stimmung, Meinungen und Aktionen mittragen. Da sie jedoch die kulturellen Trends zu überschauen vermögen, sind sie imstande, sich ihnen nötigenfalls ohne großes Aufsehen zu entziehen.

Neptun Sextil Aszendent, Trigon Deszendent (♆ ✶ Asz. △ Desz.)

Die mit dieser Konstellation Geborenen verfügen über einen ganz besonderen Charme. Keiner vermag ihnen zu widerstehen, wenn sie sich Unterstützung sichern wollen. Bei hochentwickelten Menschen zeigt sich dies als Mitgefühl und durchgeistigte Liebe. Bei den anderen deutet der Aspekt jedoch lediglich auf eine große Einfühlungsgabe, sei es passiver oder aktiver Art. Die Geborenen reagieren höchst empfindlich auf alle Faktoren, die in ihre Beziehungen zu Partnern und zur Öffentlichkeit hineinspielen, und verstehen es daher, stets adäquat zu reagieren.

Neptun Sextil Medium Coeli, Trigon Imum Coeli (♆ ✶ M.C. △ I.C.)

Menschen mit dieser Stellung im Horoskop werden sich verborgener Faktoren bewußt, die auf ihre berufliche Laufbahn und ihre Bestrebungen einwirken. Ebenso haben sie die Gabe, die Reaktionen ihrer Arbeitgeber oder von Menschen in hochgestellten Positionen intuitiv zu erfassen.

Sie haben Führerqualitäten und können die Politik so subtil beeinflussen, daß sie damit jede Opposition vermeiden und sich die Zustimmung der andern sichern können.

Da sie auch die häuslichen Beziehungen mit viel Feingefühl zu gestalten wissen, herrscht in Heim und Familie eine harmonische Atmosphäre. Wenn sie die Wahl haben, wohnen sie gerne unweit des Meeres oder anderer Gewässer.

Sextile mit Pluto

Pluto Sextil aufsteigender Mondknoten, Trigon absteigender Mondknoten (♇ ✱ ☊ △ ☋)

Diese Stellung verspricht die Fähigkeit, auf soziale Strömungen, Gebräuche, Geschehnisse und Institutionen verändernd einzuwirken. Diese Menschen vermögen die Motive, die hinter sozialen Institutionen und kulturellen Verhaltensweisen stehen, zu durchschauen. Dieser Aspekt ist demnach für Politiker besonders günstig.

Die Geborenen wissen die Hoffnungen und Befürchtungen ihrer gesellschaftlichen Umwelt geschickt zu lenken. Ob sie dieses Geschick zu ihrem eigenen Nutzen oder zugunsten anderer anwenden, hängt von den übrigen Faktoren im Horoskop ab.

Pluto Sextil Aszendent, Trigon Deszendent (♇ ✱ Asz. △ Desz.)

Diese Stellung befähigt den Menschen, das eigene Wesen und das der anderen zu erfassen. Dank dieser Fähigkeit vermag er zu anderen Menschen wertvolle Beziehungen anzuknüpfen, die sich auf die weitere soziale Umwelt entscheidend auswirken können.

Die Geborenen verfügen über eine gute Konzentrationsfähigkeit. Finden sich im Horoskop weitere ähnliche Konstellationen, kann dieser Aspekt in vielen Fällen auf besondere spirituelle oder hellseherische Begabung hindeuten. Diese Menschen zeichnen sich durch entschlossenes Handeln aus, ob sie nun auf sich gestellt sind oder mit andern zusammenarbeiten.

Pluto Sextil Medium Coeli, Trigon Imum Coeli (♇ ✱ M.C. △ I.C.)

Mit dieser Stellung sind beträchtliche berufliche Kenntnisse und Ambitionen verbunden. Die Geborenen suchen immer nach Möglichkeiten, um ihre Karriere zu fördern. Sie vermögen sich die Mitarbeit und Unterstützung von Menschen in übergeordneten Stellungen zu sichern.

Sie wissen genau, wie sie ihre Familienangelegenheiten organisieren wollen, und üben einen harmonischen, doch umformenden Einfluß auf die Heimsituation aus, die sie dauernd zu verbessern trachten.

14. DIE QUADRATE

Quadrate mit der Sonne

Sonne Quadrat Mond (☉ □ ☽)

Die Wirkungen dieses ungünstigen Aspekts sind nicht so wesentlich wie jene, die sich bei Quadraten der Sonne zu den Planeten zeigen. Doch ist mit diesem Aspekt ein Zwiespalt zwischen dem bewußten Wollen und den unbewußten und ererbten Verhaltensmustern angezeigt. Diese Verhaltensnormen hemmen den Ausdruck der eigenen Persönlichkeit, und mangelnde Ausgeglichenheit führt zu emotionaler Unsicherheit.

Ebenso stehen Heim und Familie dem schöpferischen Selbstausdruck der Geborenen in vielen Fällen im Wege. Die Familienverhältnisse in der frühen Kindheit erschweren ihnen möglicherweise das Verständnis für das andere Geschlecht und lassen keine harmonischen Beziehungen aufkommen.

Sonne Quadrat Mars (☉ □ ♂)

Mit diesem Aspekt Geborene sind in ihrem Verhalten allzu energisch und impulsiv und werden damit meist zum schlimmsten Feind ihrer selbst. Treffen sie bei ihrem tatkräftigen und kämpferischen Selbstausdruck auf Hindernisse, führt dies zu Frustration und Zorn. Dies wiederum veranlaßt diese Menschen, ihre Wünsche auf Biegen oder Brechen durchzusetzen. Die anderen reagieren darauf mit Empörung, da sie dieses Verhalten unverschämt und egoistisch finden.

Menschen mit diesem Aspekt müssen sich bemühen, diese Situation zu vermeiden, indem sie sich selbst in Schach halten und denken, bevor sie handeln. Sie müssen ihren Ärger und ihre Aggressivität zu bezähmen suchen und statt dessen taktvoll und diplomatisch vorgehen. Sie müssen lernen, daß sie nur mit Geduld ihr Ziel erreichen, wenn es nicht zu Streitigkeiten kommen soll.

In vielen Fällen vergeuden sie Energie mit Auseinandersetzungen.

Steht dieser Aspekt in Kardinalzeichen, äußert er sich als Impulsivität und Jähzorn. In festen Zeichen deutet er auf Halsstarrigkeit und auf die Tendenz, nachtragend zu sein. In beweglichen Zeichen zeigt er sich als Reizbarkeit und in einem Verschwenden von Energie in nutzlosen Aktivitäten.

Sonne Quadrat Jupiter (☉ □ ♃)

Dieser Aspekt deutet vielfach auf einen unüberlegt übertriebenen Selbstausdruck. Die Geborenen wollen allzuschnell allzuviel erreichen, ohne die dafür nötige Disziplin und Überlegung aufzubringen.

Die Vorstellung, die sie von sich selbst haben, kann unrealistisch und übertrieben sein, was leicht mit Frustration enden kann, wenn sie versuchen, den Ausdruck ihrer Persönlichkeit zu erweitern. Vielfach zeigt sich in der Folge als Abwehrreaktion ein ausgeprägter Egoismus. Diese Menschen müssen lernen, sich in Geduld zu üben, indem sie die saturnischen Eigenschaften kultivieren und mit Hilfe von Erfahrung und Selbstdisziplin eine gefestigte Grundlage schaffen, von der aus sie ihre Selbstverwirklichung erreichen können. Dies wird Zeit und Mühe kosten, auf die Dauer aber Erfolg bringen.

Dieser Aspekt kann auch eine Tendenz zu Extravaganz und Prunksucht in den Belangen anzeigen, die den Feldern und Zeichen unterstehen, die von Sonne und Jupiter besetzt und beherrscht sind.

Die Geborenen sollten sich vor unklugem Optimismus und unüberlegten Bemühungen um Selbstentwicklung hüten. Sie dürften wahllos großzügig sein, jedoch oft mit Hintergedanken. Ihre Ruhelosigkeit und ihr Wunsch nach Veränderungen und Reisen kann für sie verderblich sein.

Sonne Quadrat Saturn (☉ □ ♄)

Dieses Quadrat legt dem Selbstausdruck des Geborenen Hindernisse in den Weg und zeigt oft ein Leben voller Härten und Mühsal an. Nur wenn das Horoskop eine ganze Reihe anderer, günstiger Aspekte aufweist oder Jupiter die Sonne günstig aspektiert, können die negativen Wirkungen dieser Konstellation wettgemacht werden.

Die Hindernisse, die sich vielfach einer Erfüllung im Beruf und in Liebesbeziehungen in den Weg stellen, lassen sich manchmal durch extrem harte Arbeit und strenge Disziplin überwinden. Den Geborenen wird nichts geschenkt; sie müssen sich alles mühsam erarbeiten. Wiederholt erlebte, anhaltende Enttäuschungen, die der Geborene bei der Darstellung der eigenen Persönlichkeit erfährt, haben eine pessimistische Lebenseinstellung zur Folge.

Aufgrund des bedrückenden Einflusses dieses Aspekts werden die Geborenen im Zaum gehalten und gezwungen, einige sehr schwierige Lektionen in jenen Bereichen zu lernen, die zu den von Sonne und Saturn besetzten und regierten Zeichen und Feldern in Beziehung stehen. Wenn sie dazu stark genug sind, erweist sich dieser Aspekt als charakterbildend; er kann jedoch auch zu einer mürrischen und verbitterten Haltung führen, die in einer spartanischen Lebenseinstellung zum Ausdruck kommt. Ebenso mag sich eine gewisse starre Haltung zeigen, indem sich die Geborenen in ihrer Handlungsweise allzusehr an überkommene Begriffe und Vorstellungen klammern. Sie müssen ganz bewußt Optimismus und Frohsinn pflegen.

Dieser Aspekt ist ungünstig für die Gesundheit oder das Wohlbefinden der Kinder des Geborenen; meist ist das älteste Kind in irgendeiner Weise leidend. Bei diesen Menschen machen sich häufig Erschöpfungszustände, Krankheiten, Knochenbrüche, schlechte Zähne oder andere gesundheitliche Schwierigkeiten chronischer Natur bemerkbar.

Sonne Quadrat Uranus (☉ □ ♅)

Dieses Quadrat deutet darauf hin, daß der Geborene zu launenhaftem Verhalten, Exzentrizität und unklugen Handlungen neigt. Diese Menschen besitzen Originalität, doch sind ihre Ideen entweder praktisch nicht durchführbar, oder die Horoskopeigner verfügen nicht über genügend Ausdauer, Übung, Erfahrung und Disziplin, um sie wirklich in die Tat umzusetzen. Ihre Arbeitsweise ist meist nicht kontinuierlich, sondern eruptiv.

Eigenwille und die Tendenz, die eigene Person zu dramatisieren, verbunden mit einer Abneigung gegen jegliche Routine, können manchmal verderblich für sie sein. Nervöse Spannungen in kritischen Zeiten führen vielfach zu irrationalem Verhalten und machen zunichte, was die Geborenen in langer Arbeit aufgebaut haben. Stolz und der Wunsch nach Freiheit um jeden Preis dürften sie daran hindern, auf gute Ratschläge zu hören.

Die Geborenen sind vielfach Leiter von Gruppen und Organisationen; dabei gilt ihr Interesse vor allem jenen Gruppen, die sich für eine Verbrüderung der Menschen einsetzen. Sie haben viele Freunde, doch häufig beschränken sie sich auf Menschen, die bereit sind, glühende Anhänger ihrer Person zu sein.

Sie können äußerst erbitterte Gegner sein, wenn ihre Feindschaft durch eine tatsächliche oder vermeintliche Ungerechtigkeit angestachelt wird. Diese Tendenzen zeigen sich nicht ständig, doch treten sie unglücklicherweise meist in den kritischen Augenblicken im Leben der Geborenen zutage. Damit gefährden sie ihre Chance, die Früchte ihrer Bemühungen zu ernten.

Sonne Quadrat Neptun (☉ □ ♆)

Dieser Aspekt symbolisiert die Selbsttäuschung schlechthin. Wenn die Geborenen zu Mystizismus neigen, betrachten sie sich vielfach als die auserwählten Werkzeuge irgendeines Meisters oder eines göttlichen Wesens. Häufig entspringt dieser Glaube dem unbewußten Wunsch nach Bedeutung und Ansehen.

Diese Menschen können im wahrsten Sinn des Wortes Werkzeuge sein, aber nur, wenn das übrige Horoskop anzeigt, daß die Geborenen ein gutes Herz haben, bescheiden sind und eine praktische realitätsbezogene Einstellung an den Tag legen. Sind Merkur und Saturn stark gestellt, so wird dies viel dazu beitragen, die negativen Wirkungen dieses Aspekts wieder auszugleichen.

Vielfach deutet dieser Aspekt auf seltsame emotionale Begierden und romantische Neigungen, die von platonischer Liebe bis zur morbidesten und entwürdigendsten rein körperlichen Sinnlichkeit alles umfassen. Heimliche Liebesaffären und Skandale hinterlassen Verwirrung.

Die Geborenen besitzen häufig eine überreizte Phantasie, die Begierden und Sehnsüchte in einem Maße anstachelt, daß sich die Horoskopeigner in selbstzerstörerischen Handlungen ergehen. Daraus können sich schwerwiegende Charakterschwächen entwickeln, die nur eine verzerrte Wahrnehmung der Wirklichkeit zulassen. Diese Schwierigkeiten werden jedoch nur dann manifest, wenn das übrige Horoskop ähnliche Tendenzen aufweist.

Meist neigen die Geborenen zur Flucht in eine Phantasiewelt und entziehen sich auf diese Weise der Einzelverantwortung und Disziplin. Ein starkgestellter Saturn wird diese Gefahr bannen.

Größte Vorsicht ist angezeigt, wenn es um die Beteiligung an Kulten und okkulten mystischen Aktivitäten zweifelhafter Natur geht; sie sollte nach Möglichkeit vermieden werden. Motive und Charakter jener Menschen, die mit den Geborenen gefühlsmäßig in Beziehung stehen, sollten sorgfältig und objektiv geprüft werden.

Die Geborenen sollten unsichere und unkluge finanzielle Spekulationen vermeiden, da Pläne, die auf einen rasch erworbenen Reichtum abzielen, katastrophal enden.

Sonne Quadrat Pluto (☉ □ ♇)

Mit diesem Aspekt Geborene streben nach Macht und neigen dazu, anderen ihren Willen aufzuzwingen. Sie sind ungestüm und dominierend, wobei sie von dem Wunsch beseelt sind, anderen ihre Zuneigung zu zeigen. Es wäre besser, wenn die Geborenen diesen Wunsch mehr verinnerlichen könnten. Ihre Einstellung, daß Macht auch Recht bedeutet, kann Abneigung und Ablehnung bei anderen auslösen. Zudem neigen sie dazu, sich dem anderen Geschlecht gegenüber allzu aggressiv zu verhalten.

Die Zeichen und Felder, in denen sich das Quadrat befindet, zeigen an, in welchen Bereichen es zum Ausdruck kommt.

Sonne Quadrat Mondknoten (☉ □ ☊ ☋)

Dieses Quadrat zeigt an, daß das Streben der Geborenen nach individuellem Ausdruck den allgemeinen sozialen Strömungen zuwiderläuft. Sie halten sich zurück, wenn sie sich voll einsetzen sollten, und umgekehrt.

Selbstausdruck und schöpferische Unternehmungen werden durch gewisse Situationen im Leben der Geborenen und in der Gesellschaft beeinträchtigt. In ihrem Sozial- und Liebesverhalten zeigen sie ein mangelndes Anpassungsvermögen.

Sonne Quadrat Aszendent und Deszendent (☉ □ Asz., Desz.)

Bei diesem Aspekt ergibt sich meist ein Konflikt zwischen der Persönlichkeit des Geborenen und der Art, wie er sich nach außen hin gibt. Es fällt ihm schwer, sich so zu zeigen, wie er tatsächlich ist. Sein äußeres Gehaben, das das «Jetzt»-Bewußtsein verkörpert, und die Sonne, die die Fähigkeit zum Selbstausdruck repräsentiert, stehen daher gerne im Widerspruch zueinander. Ebenso kommt es zu Konflikten zwischen dem geistigen Bewußtsein und dem Ausdruck der Persönlichkeit.

Die Art, wie der Geborene an eine Sache herangeht, läßt die fehlende Harmonie deutlich werden. Da er versucht, die anderen zu dominieren, und sich überdies den anderen schwer verständlich machen kann, wird er in seinen Beziehungen zur Öffentlichkeit, zum Partner und zum Ehegatten Schwierigkeiten haben. Er wird seine Individualität opfern müssen, wenn er die Anerkennung der anderen gewinnen will.

Sonne Quadrat Medium Coeli und Imum Coeli (☉ □ M.C., I.C.)

Dieser Aspekt deutet auf Konflikte zwischen den Geborenen und Autoritätspersonen – den unmittelbaren Vorgesetzten, den Arbeitgebern, der Regierung oder den Eltern. Der Verwirklichung ihrer Ziele stellen sich meist Hindernisse in den Weg, und ihr öffentliches Ansehen ist gefährdet. In gewisser Weise müssen sie ihren individuellen Selbstausdruck opfern, um beruflich Erfolg zu haben und die Anerkennung der Öffentlichkeit zu gewinnen.

In manchen Fällen kennzeichnet dieser Aspekt ein Streben nach Macht.

Ebenso können die Familiensituation und die häusliche Atmosphäre konfliktreich sein, und die Geborenen fühlen sich in ihrem Heim nicht wohl. Vielfach verstärken die häuslichen Schwierigkeiten die beruflichen Probleme und umgekehrt.

Quadrate mit dem Mond

Mond Quadrat Merkur (☽ □ ☿)

Dieser Aspekt hat eine nervöse Veranlagung zur Folge, wobei unbewußte Motivationen das bewußte Denken beeinflussen. Das Denken der Geborenen ist möglicherweise so sehr in der Vergangenheit befangen, daß Objektivität und Aufgeschlossenheit dadurch eingeschränkt sind.

Nichtigkeiten und emotionale Launen können einen so breiten Raum einnehmen, daß für sinnvollere geistige Beschäftigungen nicht mehr viel Platz bleibt. Rührselige Sentimentalität kann klare Gedankengänge verhindern.

Solche Menschen schwatzen oft unaufhörlich belangloses Zeug daher und verschwenden damit unnötige Energien. Familiäre und häusliche Angelegenheiten können sie so stark beschäftigen, daß sie die anderen mit ihrem nicht enden wollenden Gerede über diese Dinge zu Tode langweilen.

Die Geborenen sind mitfühlend mit ihren Freunden und ihrer Familie gegenüber loyal, doch haben sie Schwierigkeiten im Kontakt mit der Öffentlichkeit und laufen Gefahr, mißverstanden oder verleumdet zu werden.

Dieses Quadrat kann Störungen des Nervensystems und Verdauungsapparates oder der Körperflüssigkeiten und der Nerven, die diese Funktion steuern, zur Folge haben.

Mond Quadrat Venus (☽ □ ♀)

Bei diesem Quadrat entstehen oft finanzielle und soziale Schwierigkeiten im häuslichen Bereich.

Der Geborene läßt seine Zuneigung wahllos jedem zuteil werden; das belastet seine Liebesbeziehungen und verhindert ein Glück in der Ehe. Diese Menschen sind ihren Ehegatten und Partnern gegenüber allzu vertrauensselig und werden in der Folge ausgenützt. Typisch sind auch unkluge amouröse und sexuelle Beziehungen. Es können sich bei der Eheschließung Schwierigkeiten und Verzögerungen ergeben, vor allem, wenn Saturn in ähnliche Richtung weist.

Sentimentalität und starke Gefühlsbetontheit führen dazu, daß sich die Geborenen leicht von anderen manipulieren lassen. Das Gefühl des Unglücklichseins und emotionale Spannungen dürften mit der frühen Kindheit und dem häuslichen Leben in Zusammenhang stehen.

Vielfach haben die Geborenen in Gelddingen kein Glück oder gehen zu sorglos damit um.

Mond Quadrat Mars (☽ □ ♂)

Dieser Aspekt deutet auf emotionell unbeständige Naturen hin – die Geborenen sind leicht erregbar und verlieren schnell die Beherrschung. Ihre Neigung, die Dinge allzu persönlich zu nehmen, führt gerne zu Gefühlsausbrüchen.

Sie sind manchmal unabhängiger, als ihnen guttut. Sie wollen ihren eigenen Weg im Leben gehen und lehnen jede Einmischung ab. Schwierigkeiten im Heim und Meinungsverschiedenheiten mit den Eltern sind häufig. Das alles kann sich nachteilig auf ihr berufliches Ansehen, ihren Ruf und ihre Bestrebungen auswirken.

Da sie ungestüm und aggressiv sind, kommen sie mit Frauen meist nicht gut zurecht. Alkohol ist besonders gefährlich für sie, weil sie dann im allgemeinen nicht mehr Herr über ihre Gefühle sind.

Manchmal ist dieses Quadrat auch ein Anzeichen für eine schlechte Gesundheit, die sich in Form von Geschwüren oder Magenleiden äußert. Jene Geborenen, die ihren Ärger hinunterschlucken und in ihrem Innern aufstauen, sind besonders anfällig für psychisch bedingte körperliche Krankheiten. Dieses Merkmal zeigt sich möglicherweise erst dann, wenn wichtige Transite oder Progressionen das Quadrat aktivieren.

Mond Quadrat Jupiter (☽ □ ♃)

Dieser Aspekt kann gefühlsmäßigen Überschwang bewirken. Die Mutter, die ihr Kind allzusehr verzärtelt, ist ein typisches Beispiel. Die Geborenen neigen dazu, auf unkluge Art großzügig zu sein; sie unterstützen Menschen, die ihnen eine rührselige Geschichte aufzutischen verstehen – und verlieren dabei vielfach Geld. Großzügigkeit ist eine Tugend, doch muß sie klug und umsichtig gehandhabt werden, wenn damit Positives erreicht werden soll.

Die Geborenen neigen manchmal zu Unvorsichtigkeit und Extravaganz, da sie von dem Wunsch nach einem prunkvollen Heim beseelt sind. Probleme in Glaubensdingen lassen sich vielfach darauf zurückführen, daß die Geborenen die religiösen Ansichten ihrer Eltern und Familie nicht teilen. Sie sind meist entweder Agnostiker oder Fanatiker. Auf jeden Fall fehlt ihnen in Glaubensfragen eine wohlausgewogene Haltung. Was Jupiter auch tut, er tut es in großem Maßstab; emotionaler Extremismus, gleich welcher Form, ist daher eine Folge dieses Aspekts.

Die Geborenen dürften wanderlustig sein, unbeständig in ihren Zielen und dazu neigen, zuviel zu essen, was sich häufig in Übergewicht niederschlägt. In Extremfällen kann eine übermäßige Flüssigkeitsansammlung im Körper zu einem schwammigen, ungesunden Aussehen führen.

Den Geborenen kann im Ausland in irgendeiner Weise Unglück widerfahren. Falls das Horoskop ganz allgemein nicht stark ist, neigen die Geborenen außerdem zu Faulheit. Sind die Geborenen vermögend, kann dieser Aspekt darauf hindeuten, daß sie sich dem Müßiggang und Wohlleben ergeben. Gelegentlich kann dieser Aspekt zu Größenwahn führen.

Mond Quadrat Saturn (☽ □ ♄)

Melancholie und ein Gefühl der Beelendung sind bei diesem Quadrat häufig gegeben. Wenn nicht andere Faktoren im Horoskop das Gegenteil anzeigen, betrachten die Geborenen das Leben mit freudlosen Augen und ermangeln einer Vitalität der Gefühle. Häufig ist eine starke Mutterbindung vorhanden oder eine andere Hemmung, die auf frühkindliche Erfahrungen zurückzuführen ist: sie sind mit ihren Gefühlen Gefangene der Vergangenheit. Schmerzliche Erinnerungen machen es ihnen unmöglich, in der Gegenwart glücklich zu sein. Aufgrund ihrer negativen Einstellung werden sie von anderen Menschen gemieden. Sie wirken deprimierend, fade und mürrisch. Damit isolieren sie sich und schaffen einen Teufelskreis von Mißgeschick und Einsamkeit.

Weil sich die Progression des Mondes annähernd gleich schnell fortbewegt wie der Transit des Saturn, kann letzterer während langer Zeit im Leben der Geborenen im Quadrat zum progredierenden Mond stehen; eine düstere Wolke schwebt damit ständig über dem Haupt dieser Menschen. Die Enttäuschungen, die auf dieses Quadrat zurückzuführen sind, machen die Geborenen möglicherweise zu sauertöpfischen, ernsten Menschen oder wecken in ihnen das Gefühl, Märtyrer zu sein.

Die Geborenen sollten sich zwingen, die Vergangenheit zu vergessen und jedem Tag vertrauensvoll und zuversichtlich zu begegnen. Nur so wird es ihnen gelingen, ein positives Bild ihrer selbst zu zeigen, mit dem sie anderen Vertrauen einflößen und freundliche Gefühle wecken können.

Mit diesem Quadrat Geborene haben häufig Schwierigkeiten im Umgang mit Frauen, da besonders die Männer in Gegenwart von Vertretern des anderen Geschlechts unbeholfen und schüchtern sind. Damit dürfte der Grund für Minderwertigkeitskomplexe gelegt sein. Die Geborenen sind sich selbst der schlimmste Feind, da ihnen Selbstvertrauen fehlt und sie daher auch anderen kein Vertrauen einflößen können.

Mond Quadrat Uranus (☽ □ ♅)

Mit diesem Aspekt sind eine starke, reiche Phantasie und außergewöhnliche Begabung verbunden. Die Geborenen neigen jedoch zu emotionaler Perversität und zu plötzlichen, unerklärlichen Stimmungswechseln. Manchmal langweilt sie eine bestimmte Tätigkeit, und sie wenden sich einer anderen zu, die aufregender und abenteuerlicher zu sein verspricht.

Oft wird ihr Leben von unglücklichen äußeren Umständen heimgesucht – von Unfällen, plötzlicher schlechter Gesundheit, von Gesellschafts- oder Naturkatastrophen, die die Geborenen am eigenen Leib erleben, oder von einer labilen Heimsituation; häufige Wohnortwechsel sind typisch für diese Menschen. Das häusliche Leben erleidet oft äußerst schädliche und ungewöhnliche Störungen.

Es kann vorkommen, daß Freunde und Verbündete die Gefühle der Geborenen beunruhigen, oder auch umgekehrt. Sie suchen das Ungewöhnliche und geistig Anregende und sehen die Welt meist mit immer neuen Augen. Sie haben ein starkes Verlangen danach, Altes und Vergangenes aufzugeben, und schaffen sich damit den Rahmen und die Gelegenheit zu emotionaler Erregung.

Mond Quadrat Neptun (☽ □ ♆)

Verwirrung und die Neigung, sich von Phantasien überfluten zu lassen, sind mit diesem Aspekt angezeigt. In der Folge sind die Geborenen nicht mehr in der Lage, die Realität in den Griff zu bekommen.

Das häusliche Leben dürfte wirr und chaotisch sein, das Heim unordentlich oder schmutzig.

Vielfach deutet dieser Aspekt auf den Wunsch, in Gefühlen zu schwelgen, was sich als Sucht, oft nach Drogen oder Alkohol, äußert.

Mit diesem Quadrat Geborene zeigen häufig mediumistische und paranormale Neigungen, die durch Einflüsse aus niederen Astralebenen verzerrt werden können. Manchmal führt dies zu Kultanhängerschaft, Größenwahn und unrealistischen Ambitionen.

Wenn das übrige Horoskop in die gleiche Richtung weist, kann es zu Psychosen oder Wahnsinn kommen, wobei das bewußte Ich des Geborenen im Morast des Unbewußten versinkt und in der Folge die Einweisung in eine Anstalt erforderlich wird. Die Geborenen sollten sich vor allen Dingen hüten, sich mit Spiritismus zu befassen.

Häufig erben die Geborenen ein Vermögen und werden zu Schmarotzern der Gesellschaft; in der Folge kann es zu Verfallserscheinungen kommen. Menschen, die alles auf die leichte Schulter nehmen und stets Leute finden, die ihnen bei allen Schwierigkeiten helfend zur Seite stehen, dürften ebenfalls dieses Quadrat in ihrem Horoskop haben.

Mond Quadrat Pluto (☽ □ ♇)

Dieses Quadrat weist auf eine stark emotional geprägte Natur, die ein starkes psychisches Feld schafft, das bei anderen, und hier vor allen Dingen bei Frauen, ein Gefühl der Unsicherheit hervorruft.

Die Geborenen haben den Wunsch, die Vergangenheit zu vergessen oder alle Bande zu zerreißen, die irgendwie beengend für sie sind.

Sie sind meist schroff gegenüber ihren Eltern und ihrer Familie und dulden keinerlei Einmischung von deren Seite. Versuche, die Geborenen in eine Form zu pressen, die der Familie genehm ist, lösen Ärger und Empörung aus.

Mit dieser Stellung können hellseherische Fähigkeiten angezeigt sein, die manchmal dazu führen, daß diese Menschen materielle Dinge verachten und verabscheuen. Nichtigkeiten und unwesentliche Einzelheiten erwecken ihren Ärger, da sie sich nur mit wesentlichen und irgendwie einmaligen Dingen beschäftigen wollen. Häufig erfaßt sie Ungeduld, wenn die Dinge nicht so rasch vorankommen, wie sie eigentlich wünschen.

Sie haben die Tendenz, Taten und Beziehungen zu anderen zu erzwingen. Viele mit diesem Quadrat Geborene werden versuchen, ihr Leben drastisch zu verändern oder für emotionale Schwierigkeiten drastische Lösungen zu finden.

Mond Quadrat Mondknoten (☽ □ ☊ ☋)

Mit diesem Quadrat Geborene befinden sich gefühlsmäßig meist nicht im Einklang mit den Strömungen ihrer Gesellschaft. Oft wirft der Lauf der Geschehnisse kleinere Probleme und manchmal häusliche Schwierigkeiten auf.

Es ist schwierig für die Geborenen, gesellschaftliche Anerkennung zu finden und ehrgeizige Bestrebungen zu verwirklichen, wenn Frauen dabei eine Rolle spielen. Irgendwie fallen die Geborenen bei ihnen meist in Ungnade und bekommen ihre Abneigung zu spüren.

Mond Quadrat Aszendent und Deszendent (☽ □ Asz., Desz.)

Dieses Quadrat deutet auf emotionale Probleme bei der Darstellung der eigenen Persönlichkeit und bei der Umsetzung der Energie in aktives Tun. Zu Schwierigkeiten kommt es auch in den Beziehungen zu anderen Menschen, wobei Partnerschaft und Ehe keine Ausnahme machen.

Gelegentlich kann es geschehen, daß unbewußte Verhaltensmuster den Geborenen die Möglichkeit nehmen, entschlossen zu handeln. Auch verursachen sie Störungen, die Partnern oder andern Menschen, die den Geborenen nahe verbunden sind, in die Quere kommen.

Die Geborenen können diesen Aspekt dadurch überwinden, daß sie sich ihrer Gewohnheitsmuster, Körperbewegungen und persönlichen Eigenheiten im Benehmen äußerst gewissenhaft bewußt werden.

Mond Quadrat Medium Coeli und Imum Coeli (☽ □ M.C., I.C.)

Die Geborenen dürften mit ihren Eltern und ihrer Familie emotionale Schwierigkeiten haben. Manchmal werden ihre häuslichen Probleme ihrer Berufslaufbahn schaden und ihr Ansehen in der Öffentlichkeit gefährden. Oft werden sie in bezug auf ihr Heim und auf ihre Verantwortung im Beruf unbefriedigt sein.

Die emotionalen Gewohnheitsmuster der Geborenen verärgern vielfach Arbeitgeber, Eltern und auch die Familie. Da der Mond zu einem großen Teil mit dem Unbewußten zu tun hat, dürfte es den Geborenen schwerfallen, diese Seite ihres Wesens zu verstehen.

Quadrate mit Merkur

Merkur Quadrat Mars (☿ □ ♂)

Dieses Quadrat verbürgt einen aktiven, energischen Verstand. Diese Menschen neigen dazu, in ihren Ansichten überhitzt, irritierbar, streitsüchtig und rebellisch zu sein. Sehr oft geraten sie über erhaltene Mitteilungen in Wut und reagieren mit harten Worten.

Der Aspekt deutet auf einen Mangel an Takt und ist ungünstig für Public Relations. Die Geborenen ziehen meist voreilig Schlüsse, ohne alle Tatsachen und Standpunkte eingehend in Betracht gezogen zu haben. Ihre Gedankengänge können einseitig sein, da Emotionen mit hineinspielen. Dadurch gelingt es ihnen nicht, die Fakten in einem ausgewogenen Verhältnis zu sehen und auf dieser Grundlage richtige Entscheidungen zu fällen. Sie lieben Debatten und Dispute.

Um die negativen Wirkungen dieses Quadrats zu überwinden, sollten die Geborenen nach größerer Geduld streben, ganz bewußt diplomatisch sein und sich zu guten Zuhörern entwickeln, um die Standpunkte anderer Menschen verstehen zu lernen. Sie sollten sich stets vor Augen halten, daß ihr Urteil nicht unfehlbar ist: Auch wenn ihre Überlegungen richtig sind, kann es vorkommen, daß sie nicht alle Tatsachen kennen.

Manchmal ist es ihnen nicht möglich, ihre Ideen auf angenehme Weise vorzubringen. Diese Menschen müssen ganz allgemein nach Objektivität streben und weniger ichbezogen sein.

Manchmal kann dieser Aspekt die Gesundheit gefährden und zu nervösen Störungen (vor allem Kopfschmerzen) und Nervenzusammenbrüchen führen. Dies kommt daher, daß Merkur mit dem Nervensystem und dem Feld der Gesundheit in Zusammenhang steht und Mars mit dem ersten Feld, das das Gehirn beherrscht.

Merkur Quadrat Jupiter (☿ □ ♃)

Dieses Quadrat wirkt sich nachteilig aus, da die vielfältigen Ideen der Geborenen allzu hochgestochen sind und sich nicht realisieren lassen. Die Ideen werden zu wenig bis in alle praktischen Einzelheiten durchgearbeitet, um brauchbar zu sein, es sei denn, Saturn ist stark gestellt. Die Geborenen zeigen meist mangelnde Organisation, und vielfach fehlen ihnen Ausgeglichenheit und Wirklichkeitssinn.

Sie sind gewöhnlich in allzu großer Eile in ihrem Bestreben, Großes zu erreichen, und versprechen mehr, als sie halten können. Auch auf geistigem Gebiet neigen sie dazu, Dinge in Angriff zu nehmen, die ihre Fähigkeiten weit übersteigen.

Menschen mit dieser Konstellation können in unrealistischer Weise optimistisch sein. *«Fools rush in where angels fear to tread»* (Toren rennen hinein, wo Engel nicht hinzutreten wagen). Vielfach geraten Verstand und Gefühl bei philosophischen und religiösen Fragen miteinander in Widerstreit.

Diese Menschen sind großzügig und voller guter Absichten, doch mangelt es ihnen möglicherweise an gesundem Menschenverstand und am Sinn für Proportionen. Sie können indiskret sein und vertrauliche Informationen zum falschen Zeitpunkt oder ungeeigneten Personen gegenüber ausplaudern. Sie sollten bei der Unterzeichnung von Übereinkommen und Verträgen größte Vorsicht walten lassen, da sie allzuleicht das Opfer von verkaufstüchtigen, aber nicht zuverlässigen Menschen werden.

Manchmal gehen ihre geistigen Bestrebungen in eine esoterische, gelehrte Richtung, und die Geborenen kehren den Alltäglichkeiten des Lebens den Rücken zu, um sich ganz ihren Interessengebieten widmen zu können.

In vielen Fällen neigen die Geborenen dazu, übermäßig viel und hochtrabend zu reden, um andere damit zu beeindrucken. Typisch ist ein hochgradiger Egoismus und geistiger Hochmut.

Merkur Quadrat Saturn (☿ □ ♄)

Dieses Quadrat deutet darauf hin, daß sich die Geborenen übermäßig Sorgen machen. In manchen Fällen sind sie auch geistig behindert oder zu sehr in herkömmlichen Bahnen des Denkens befangen. Möglicherweise mangelt es ihnen an Phantasie, oder aber sie kümmern sich zu sehr um unwesentliche Details. Es ist eine Ironie des Schicksals, daß die Geborenen, wenn sie einmal wirklich eigene Ideen haben, mit Schwierigkeiten bezüglich ihrer Anerkennung zu kämpfen haben, weil ihnen aus den Reihen der konservativ Eingestellten Widerstand erwächst.

Ihre Erziehung ist meist von strenger Disziplin geprägt, was sie zwingt, mit konventionellem Gedankengut konform zu gehen. Ihre schöpferischen geistigen Fähigkeiten stumpfen dadurch ab.

Engherzigkeit, das strikte Befolgen von Recht und Ordnung um jeden Preis und ein unnötig strenges Festhalten an der Disziplin kennzeichnet diese Menschen. Da sie jeden Wechsel fürchten, möchten die älteren Geborenen angesichts der entwicklungsbedingten Veränderungen unbedingt die etablierte Ordnung aufrechterhalten. Sie neigen dazu, ängstlich zu sein, da sie stets in der Erwartung von Gefahr oder Mißerfolg sind. Außerdem sind sie leicht eifersüchtig.

Ihre Lebenseinstellung ist meist pessimistisch. Wenn die Geborenen eine einflußreiche Position innehaben, kann es gelegentlich vorkommen, daß sie die Ideen anderer bekritteln und herabsetzen.

In einigen Fällen, wenn das übrige Horoskop in dieselbe Richtung weist, sind Intrigen und bewußte Unehrlichkeit anzunehmen und wahrscheinlich. Schriftliche Mitteilungen und Verträge bringen die Geborenen mit größter Wahrscheinlichkeit in Schwierigkeiten.

Merkur Quadrat Uranus (☿ □ ♅)

Dieses Quadrat deutet daraufhin, daß die Geborenen geistig rege und originell sind, aber zu Nervosität neigen und vielfach exzentrische und nicht zu verwirklichende Ideen haben. Geistig sind die Geborenen «weit weg» und neigen dazu, voreilige Schlüsse zu ziehen. Sie haben hirnverbrannte Ideen, die zuwenig auf Wissen und praktischer Erfahrung gründen, als daß sie brauchbar wären.

Die Geborenen können geistig verstockt sein und sich von niemandem raten lassen. Sie ändern ständig ihre Ansichten, lassen sich aber keine fremde Meinung aufdrängen. Sie fällen Blitzurteile und sind auf der Suche nach ungewöhnlichen und aufregenden Ideen rein um der Ideen willen; ob sie wahr oder praktisch durchführbar sind, ist ihnen gleichgültig.

Sie befremden andere Menschen gerne durch taktlose Bemerkungen, lächerlich starrsinnige Ansichten und intellektuellen Hochmut.

Gelegentlich halten sich diese Menschen für Genies, obwohl dies in Wirklichkeit bei weitem nicht der Wahrheit entspricht. Falls das übrige Horoskop entsprechend ist, können die Geborenen über außergewöhnliche Einsicht verfügen, doch ist es wenig wahrscheinlich, daß sie klugen Gebrauch davon machen, es sei denn, sie lernen ihren Eigensinn und Egoismus zu überwinden.

Merkur Quadrat Neptun (☿ □ ♆)

Dieses Quadrat deutet darauf hin, daß die Geborenen wahrscheinlich zerstreut sind, sich müßigen Träumereien hingeben und bezüglich Details recht wirre Gedanken haben. Ebenso ist es ein Anzeichen dafür, daß die Geborenen ungewollt unzuverlässig sind.

Gelegentlich spielt das Unterbewußtsein dem Bewußtsein einen Streich, indem das Unterbewußtsein – sobald das Bewußtsein ganz in Anspruch genommen ist – die Geborenen dazu veranlaßt, Fehler zu machen oder Dinge zu vergessen. Dies ist meist die Folge von verdrängten Gefühlen und Empfindungen.

Möglicherweise sind die Geborenen an okkulten und mystischen Dingen interessiert. Wenn das übrige Horoskop entsprechend ist, könnten sie für diese Dinge sogar begabt sein.

Diese Menschen begehen manchmal Indiskretionen. Nicht daß sie vertrauliche Informationen absichtlich preisgeben, es geschieht eher aus Unachtsamkeit.

Die zwischenmenschlichen Beziehungen und der Gedankenaustausch mit anderen gestalten sich manchmal recht schwierig, da die Geborenen zu wenig objektiv sind oder allzu abstrakte oder mystische Ideen vertreten, die sich dem Verständnis der anderen entziehen. Trotzdem kann dieser Aspekt dank der Fähigkeit der Geborenen, die unbewußten Regungen anderer Menschen zu ergründen, Einblick in deren Aktionen und Motivationen gewähren. Neptun vermittelt den Einblick, und Merkur sorgt für das Verstehen. Ob diese Eigenschaften hinterlistig und schlau oder aber konstruktiv genutzt werden, hängt vom übrigen Horoskop ab.

Manchmal entfliehen diese Menschen in Gedanken der Wirklichkeit, obwohl die saturnische Komponente des Quadrats einen Sinn für Realität verbürgt, wenn die Geborenen es nur wollen.

Merkur Quadrat Pluto (☿ □ ♇)

Dieses Quadrat erlaubt es den Horoskopeignern, Gegebenheiten einer Situation dank ihrem durchdringenden Verstand im Kern zu erfassen. Diese Menschen nehmen kein Blatt vor den Mund; sie sind streng in ihrer Sprache und in ihrem Denken. (Und sie setzen diese Eigenschaft bewußter oder berechnender ein als Menschen mit Merkur Quadrat Mars.) Sie sagen, «wie es ist», und kümmern sich nicht darum, wie die anderen auf sie reagieren. Daher halten sie oft besser ihren Mund, um Streitigkeiten zu vermeiden.

Die Geborenen sind meist verschwiegen und lassen nichts verlauten, bis sie zum Handeln bereit sind. Gelegentlich sind sie anderen Menschen gegenüber mißtrauisch oder sie intrigieren oder bedienen sich hinterlistiger Methoden, wo Aufrichtigkeit angebrachter wäre. Möglicherweise sind sie auch vom Wunsch getrieben, die Ideen anderer zu formen – meist so, daß sie den eigenen Anschauungen entsprechen.

Ein starker Wille, wie er für diese Stellung typisch ist, kann entweder falsch eingesetzt oder zu Zerstörungszwecken mißbraucht werden. Ist das letztere der Fall, so erweist sich diese Kraft als besonders destruktiv, da sie so ungeheuer subtil wirkt und weitreichende Folgen hat.

Merkur Quadrat Mondknoten (☿ □ ☊ ☋)

Dieses Quadrat hat zur Folge, daß die herrschenden sozialen Ansichten mit dem geistigen Ausdrucks- und Mitteilungsvermögen der Geborenen nicht übereinstimmen. Diese Menschen können ihre Ideen nicht so zum Ausdruck bringen, wie sie gerne möchten, und laufen daher Gefahr, mißverstanden zu werden.

Häufig erregen sie das Mißfallen der Gesellschaft, weil sie sich am falschen Ort oder zum unrichtigen Zeitpunkt äußern. Möglicherweise stehen sie im Widerspruch zu den gesellschaftlichen Schablonen ihrer Umgebung.

Merkur Quadrat Aszendent und Deszendent (☿ □ Asz., Desz.)

Dieses Quadrat führt oft zu Schwierigkeiten im Selbstausdruck und in der Kommunikation mit Partnern und der Öffentlichkeit. Die Geborenen bringen ihre Gedanken, sei es nun mündlich oder schriftlich, so ungeschickt zum Ausdruck, daß die anderen sie leicht mißverstehen oder nicht mit ihnen einiggehen. Dies kann zu Schwierigkeiten in der Ehe, bei Partnerschaften und in den Beziehungen zur Außenwelt führen.

Merkur Quadrat Medium Coeli und Imum Coeli (☿ □ M.C., I.C.)

Dieses Quadrat erschwert die Beziehungen zur Familie, zu den Eltern, zum Hausherrn und zum Arbeitgeber. Zu Schwierigkeiten kommt es vor allem in beruflichen Angelegenheiten, da eine gute Kommunikation am Arbeitsplatz für Erfolg im Beruf wesentlich ist. Die Wirkung des Quadrats ist ausgeprägter, wenn der Beruf eine schriftstellerische oder andere geistige Tätigkeit miteinschließt.

Quadrate mit der Venus

Venus Quadrat Mars (♀ □ ♂)

Dieses Quadrat führt zu emotionellen Schwierigkeiten, vor allem in amourösen und anderen Beziehungen zum anderen Geschlecht. Manchmal besteht die Neigung, Angehörige des anderen Geschlechts rein zur sexuellen Befriedigung zu gebrauchen oder von ihnen zu diesem Zweck ausgenützt zu werden. Den Geborenen mangelt es möglicherweise an gutem Geschmack oder Takt in ihrem gesellschaftlichen Umgang. Sie sind sehr stark triebbetont, und wenn nicht andere Faktoren im Horoskop das Gegenteil anzeigen, ist Selbstbeherrschung unbedingt notwendig. Ungezügelte Leidenschaft kann den Geborenen großen Schaden zufügen.

Männer, die diesen Aspekt in ihrem Horoskop haben, dürften mit ihren groben Umgangsformen die Frauen verletzen. Frauen mit diesem Aspekt bringen die Männer mit ihrer emotionalen Wesensart häufig auf die Palme.

Wenn Mars stärker gestellt ist, dürften derbe Scherze an der Tagesordnung sein. Ist jedoch Venus stärker, so sind die Geborenen sehr empfindlich, und rauhes oder grobes Benehmen verletzt leicht ihre Gefühle.

Obwohl die Geborenen emotional sehr empfindsam sind, heißt dies noch lange nicht, daß sie sich um die Empfindsamkeit der anderen groß bekümmern. Es gibt keine engen, harmonischen oder befriedigenden Beziehungen zur Familie.

Venus Quadrat Jupiter (♀ □ ♃)

Mit diesem Quadrat Geborene neigen zu Genußsucht, eitler Prachtliebe, Faulheit und zu sinnentleerter gesellschaftlicher Etikette. Die letztere dient häufig dazu, Haßgefühle zu vertuschen, die die Geborenen nicht zugeben oder offen zum Ausdruck bringen wollen – Gefühlsheuchelei ist eine der größten Gefahren dieses Aspekts.

Ganz allgemein führt dieser Aspekt zu übermäßigem Genuß in allen Dingen, die von den Zeichen und Feldern beherrscht werden, in denen die beiden Planeten stehen und regieren. Manchmal erleiden die Geborenen als Folge von rechtlichen Schwierigkeiten, geheimen Verstrikkungen oder Ehe und Partnerschaften finanzielle Verluste.

Frauen mit diesem Aspekt sind vielfach eingebildet wegen ihrer Schönheit oder gesellschaftlichen Stellung und suchen das Rampenlicht. Wenn sich noch andere üble Einflüsse zu diesem Aspekt hinzugesellen, kann es zu Ausschweifungen und einer Auflehnung gegen moralische und religiöse Wertvorstellungen kommen. Da diese Menschen dazu neigen, allzuviel als selbstverständlich hinzunehmen, sind sie leicht verschwenderisch.

Venus Quadrat Saturn (♀ □ ♄)

Mit diesem Quadrat Geborene sind von schwermütiger Wesensart. Sie sind in ihren Gefühlen gehemmt, was sich bei den einen als Scheu, bei den anderen als steife Förmlichkeit äußert. Den Geborenen können Mißgeschicke widerfahren, die sie der Zuneigung berauben oder zu Enttäuschungen und unerfüllten Liebesbeziehungen führen. Dieser Umstand hat oft eine antisoziale Einstellung zur Folge, aufgrund derer die Geborenen die Zuneigung der anderen noch mehr verlieren. So kommt es zu einem Circulus vitiosus.

Manchmal sind diese Menschen berechnend, wenn es darum geht, Vermögen, Macht oder Ansehen zu erwerben. Falls sie über Vermögen oder Einfluß verfügen, benutzen sie dies möglicherweise, um einen jüngeren Gefährten anzuziehen. Auf der anderen Seite kann es vorkommen, daß sich jüngere Menschen mit älteren Leuten einlassen um des Vermögens und der gesellschaftlichen Stellung willen, die sie sich damit eventuell aneignen. Die Geborenen sind in der Folge vielfach unglücklich, und die Beziehung ermangelt einer echten Zuneigung.

Als Künstler verfügen diese Menschen über ein gewisses technisches Können, doch fehlt es ihnen, wenn nicht andere Faktoren im Horoskop dafür sorgen, an Originalität.

Gelegentlich verursacht dieser Aspekt große materielle Not. Übergroße Verantwortung hindert die Geborenen daran, glücklich zu sein. Die Eltern können zur Last fallen oder emotionalen Druck ausüben. Wenn andere Faktoren im Horoskop in dieselbe Richtung weisen, kann es zu Geiz und Eifersucht kommen.

Es fällt einem Menschen schwer, mit diesem Aspekt Frieden und Glück zu erringen: Entweder sind die Lebensumstände ganz besonders hart, oder die Geborenen reagieren überempfindlich auf alltägliche Mißgeschicke.

Venus Quadrat Uranus (♀ □ ♅)

Dieses Quadrat bewirkt oft plötzlich auflodernde Strohfeuer, die, solange die Vernarrtheit anhält, für den Geborenen sehr aufregend sein können. Da die Geborenen sehr labil und raschem Stimmungswechsel unterworfen sein dürften, können sie heute verliebt und morgen schon völlig gleichgültig sein.

Diese Wankelmütigkeit tritt fast mit Sicherheit auf, wenn sich das Quadrat in beweglichen Zeichen findet. Steht es in festen Zeichen, ist mit einer Starrheit der Gefühle zu rechnen, die Vernunftgründen nicht zugänglich ist und auf eine emotionale Befriedigung um jeden Preis hinsteuert. In Kardinalzeichen veranlaßt der Aspekt die Geborenen, gesellschaftlich überaktiv zu sein, so daß sie Schwierigkeiten haben, zu einer Beständigkeit zu gelangen oder in amourösen Beziehungen echte Gefühle zu entfalten.

Manchmal gehen Liebe und Freundschaft durcheinander. Die Geborenen möchten mit jedermann gut Freund sein, dürften aber erfahren, daß dies ein Ding der Unmöglichkeit ist, besonders wenn dabei noch sexuelle Gesichtspunkte eine Rolle spielen. Sie sind in der Regel unfähig, einiges an persönlicher Freiheit zu opfern, um eine dauerhafte Ehebeziehung aufzubauen. Dieser Aspekt zeigt deshalb oft Scheidungen an.

Die Begierden des Geborenen nach ergötzlichen, außergewöhnlichen emotionalen Erlebnissen lassen sich nicht immer mit einem aufs Praktische ausgerichteten Lebensweg vereinbaren. Wenn andere Horoskopfaktoren ebenfalls darauf hinweisen und das fünfte Feld dabei eine Rolle spielt, kann dieses Quadrat manchmal wahllose sexuelle Beziehungen oder Perversion bedeuten. Falls die Geborenen für ihre Begierden keine konstruktiven Äußerungsmöglichkeiten finden, könnten nervöse Störungen die Folge sein.

Venus Quadrat Neptun (♀ □ ♆)

Dieses Quadrat verursacht emotionale Schwierigkeiten, die mit dem Unbewußten und der Einbildungskraft in Zusammenhang stehen. Emotionale und sexuelle Probleme können sich aus vergangenen Erfahrungen, die tief im Unbewußten verborgen liegen, entwickeln. Deshalb kann der Aspekt auch eine karmische Note haben.

Fluchttendenzen könnten die Geborenen dazu veranlassen, in einer Phantasiewelt zu leben, um der eher harten Realität des Lebens zu entgehen. Diese Neigung zur Flucht könnte sich in Alkoholismus oder Drogenmißbrauch äußern.

Solche Menschen dürften ihre Liebe und Zuneigung unklug verschenken. Es besteht die Gefahr eines Skandals wegen zweifelhafter Beziehungen und finanzieller Verwicklungen. Sex ist gewöhnlich der Beweggrund für Angriffe. Das eheliche Glück kann durch einen Mangel an Ehrlichkeit und Offenheit gefährdet werden.

Ihre Einbildungskraft kann sexuelle Visionen hervorrufen, die die Leidenschaften entzünden. Dieser Aspekt kann Gefühlskomplexe verschiedenster Art bewirken. Je nach den anderen Faktoren des Horoskops werden diese Tendenzen unterdrückt oder kommen im Verhalten offen zum Ausdruck, aber zumeist nur in der privaten Sphäre.

Zeitweise sind die Geborenen scheu und zurückhaltend, aber sie neigen zu heimlichen Romanzen. In extremen Fällen kommt es im geheimen zu sexuellen Ausschweifungen. Möglicherweise sind die Geborenen homosexuell veranlagt.

Im positiven Falle schenkt dieser Aspekt künstlerische Fähigkeiten und ästhetisches Empfinden. Saturn muß jedoch in einem solchen Horoskop stark gestellt sein, sonst fehlt es den Geborenen an der nötigen Disziplin, um diese Fähigkeiten auch praktisch anzuwenden.

Manchmal sind die Geborenen überempfindlich; ihre Gefühle sind allzuleicht und vielfach ohne wahren Grund verletzt. Auch zu Faulheit und schlampigen Lebensgewohnheiten kann dieser Aspekt führen, wenn nicht andere Faktoren gegenteilige Tendenzen anzeigen.

Die Geborenen werden oft das Opfer von Menschen, die auf ihr Mitgefühl pochen, sie jedoch nur ausnutzen wollen. Sie sind sehr empfänglich für zweifelhafte Pläne, rasch zu Geld zu kommen, und sollten in finanziellen Dingen wie auch in Liebesbeziehungen Umsicht und Urteilskraft an den Tag legen.

In gewissen Fällen sind sie zu idealistisch und streben nach Verbindungen, die kaum möglich sind. Sie sollten sich vor Kultformen, die zu sehr in den Wolken schweben, und eigenartigen religiösen Glaubensvorstellungen hüten.

Venus Quadrat Pluto (♀ □ ♇)

Dieses Quadrat pflegt die Geborenen intensiv mit emotionalen und sexuellen Dingen in Berührung zu bringen. Manchmal kann dies einen verderblichen Einfluß auf sie haben. Sie können von einer sexuellen Leidenschaft erfaßt werden, die zu stark ist, als daß sie sie beherrschen oder lenken könnten. Oft haftet den Romanzen dieser Menschen etwas Karmisches oder Schicksalhaftes an.

Wie dies manchmal auch bei Venus-Quadraten zu Uranus oder Neptun der Fall ist, zeigt dieser Aspekt an, daß gesellschaftliche Umstände oder unpersönliche kosmische Geschehnisse das persönliche Glück und die emotionale Erfüllung des Geborenen durchkreuzen können. Zum Beispiel könnte ein Mädchen ihren Liebhaber dadurch verlieren, daß er zur Armee eingezogen wird.

Wegen der natürlichen Opposition von Stier und Skorpion (in denen Venus und Pluto herrschen) kann dieser Aspekt den Wunsch nach materiellem Reichtum hervorbringen. Sexualität und Erotik könnten von finanziellen Rücksichten gefärbt sein, was in extremen Fällen zur Prostitution führt. Auch eine Ehe könnte eher aus dem Wunsch nach finanzieller Sicherheit motiviert sein als aus echter und tiefer Liebe.

Dieser Aspekt kann einen hohen Grad von künstlerischer Inspiration und Ausdruckskraft verleihen, worin einige der ebenfalls von ihm hervorgerufenen emotionalen Kräfte sublimiert werden können.

Bei diesem Quadrat könnte Magie im Spiel sein, und zwar als Mittel, die Gunst des andern Geschlechts zu gewinnen oder bei der Öffentlichkeit Ruhm und Glück zu erlangen. Es kann auch heimliche Liebesaffären andeuten.

Venus Quadrat Mondknoten (♀ □ ☊ ☋)

Die gefühlsmäßigen Eigentümlichkeiten dieser Menschen und die Art, in der sie sich gesellschaftlich äußern, dürften den vorherrschenden gesellschaftlichen Sitten und Gepflogenheiten durchaus nicht entsprechen (das sind die Leute, die in der Kirche flirten und bei Begräbnissen kichern). Besonders ihre Ehen und finanziellen Transaktionen können öffentliches Ärgernis erregen.

Venus Quadrat Aszendent und Deszendent (♀ □ Asz., Desz.)

Dieses Quadrat verursacht gefühlsmäßige Schwierigkeiten im Ausdruck der eigenen Person und in den Beziehungen zu andern. Aufgrund von Mißverständnissen zwischen dem Geborenen und seinem Partner kann es zu Eheschwierigkeiten kommen. Dieser Aspekt kann die Geborenen übermäßig sensibel machen; bei Männern könnte dies eine gewisse Verweichlichung zur Folge haben. Manchmal fehlt es ihnen an gesellschaftlichem Geschick.

Venus Quadrat Medium Coeli und Imum Coeli (♀ □ M.C., I.C.)

Dieses Quadrat kann in bezug auf häusliche und berufliche Verantwortlichkeiten emotionale Schwierigkeiten hervorrufen. Die Geborenen könnten sowohl ihre Berufsarbeit als auch ihr Familienleben als etwas Weltliches ansehen und deshalb beiden gegenüber eine gewisse Abneigung haben. Ihre beruflichen und familiären Verpflichtungen könnten die Geborenen an der Erfüllung ihrer gesellschaftlichen, erotischen und ästhetischen Bedürfnisse hindern. Wahrscheinlich dürften auch Mißverständnisse mit den Eltern auftreten.

Vielfach fehlt es diesen Menschen bei der Einrichtung ihres Heims und ihres Büros an Geschmack.

Quadrate mit Mars

Mars Quadrat Jupiter (♂ □ ♃)

Hier kann es sich um einen der verheerendsten Aspekte handeln, da die Geborenen kollektive Macht und gesellschaftliche Billigung dazu benützen, ihre Leidenschaften zu glorifizieren und zu befriedigen.

Dieses Quadrat findet sich im Horoskop von Menschen, die den Krieg verherrlichen. Sie sind bereit, heilige Kriege auszufechten, um für ihre gewalttätigen Neigungen gesellschaftliche Anerkennung zu finden. Rüstungsfabrikanten mögen diesen Aspekt in ihrem Horoskop haben, da sie versuchen, aus Zerstörung und Gewalttätigkeit Kapital zu schlagen. Große Verschwendung und ein Mißbrauch von Mitteln – hierbei handelt es sich meist um das Geld anderer Leute – sind mit diesem Aspekt ebenfalls angezeigt.

Die Geborenen neigen dazu, fanatischen religiösen und sozialen Glaubensmeinungen anzuhängen. Manchmal werden sie in polemische soziale und politische Auseinandersetzungen verwickelt.

Extremismus und Verschwendung zeichnen sich in jenen Bereichen ab, die von den Zeichen und Feldern regiert werden, in denen Mars und Jupiter stehen und herrschen; sie können Unheil und Vernichtung bringen, wenn sich die Geborenen nicht in acht nehmen.

Diese Menschen sind ruhelos und streben ständig nach Aktivität und Anregung. Es fällt ihnen daher schwer, sich zu entspannen.

Die Geborenen sind gesellig, aber in ihrer Handlungsweise nicht unbedingt ehrlich und zuverlässig. Sie neigen stark zu Heuchelei und versuchen, die wahren Hintergründe für ihr Tun zu beschönigen. Auch die Religion dient ihnen manchmal nur als Deckmantel für weitere Heuchelei.

Mars Quadrat Saturn (♂ □ ♄)

Dieses Quadrat deutet auf eine harte und nüchterne Wesensart. Die Geborenen werden möglicherweise bei allen ihren Unternehmungen ständig frustriert, was zu Groll und einer negativen Einstellung führt.

Diese Menschen kennzeichnet vielfach eine mürrische Verdrießlichkeit. Ihre ehrgeizigen Bestrebungen werden häufig behindert, und in der Beziehung zu anderen, vor allem bei Partnerschaften und in der Ehe, ergeben sich Schwierigkeiten. Übermäßige Nüchternheit und Selbstdisziplin können einer normalen und gesunden Entwicklung hinderlich sein.

Manchmal äußert sich der Einfluß dieses Quadrats in körperlichen Leiden, Gewalttätigkeit, Unfällen und Knochenbrüchen. Karriere und Beruf können ernste Einschränkungen erfahren. Dieser Aspekt wird vielfach mit einer politischen oder militärischen Laufbahn in Verbindung gebracht.

Den Handlungen der Geborenen fehlt eine ausgeglichene Steuerung und eine klare Richtung. Im Falle dieser Konstellation erweist sich Saturn als hinderlich für Unternehmungen und zeigt sich nicht als das steuernde und richtunggebende Element, das er bei einem günstigen Aspekt zwischen den beiden Planeten wäre. Viele Geborene führen ihre in Angriff genommenen Projekte nicht zu Ende, da ihnen der Sinn für die Weiterführung eines Vorhabens fehlt.

Dieser Aspekt deutet häufig auf harte, schmutzige, ja sogar gefährliche Verhältnisse im Zusammenhang mit der Beschäftigung der Geborenen. Gelegentlich geschieht es, daß Berufsrisiken den Tod zur Folge haben.

Oft zeigt sich bei Menschen mit diesem Aspekt eine gewisse Kälte und Gefühllosigkeit. Die Geborenen sind vielfach selbstsüchtig und nicht darum bemüht, anderen zu helfen, es sei denn, diese Hilfe gereiche ihnen in irgendeiner Weise zum Vorteil.

Mars Quadrat Uranus (♂ □ ♅)

Dieses Quadrat führt meist zu Rücksichtslosigkeit und gefährlicher plötzlicher Aktivität. Die Geborenen sind impulsiver, als ihnen guttut. Sie ersehnen Spannung und Aufregung in jenen Bereichen, die von den Feldern und Zeichen bestimmt sind, in denen Uranus und Mars stehen und regieren.

Diese Menschen neigen zu Meinungsverschiedenheiten mit Freunden und Verbündeten. Sie sollten mit Apparaturen und elektrischen Geräten sorgfältig umgehen, da für sie das Unfallrisiko groß ist und diese Geräte sogar ihren Tod herbeiführen können. In Extremfällen, vor allem in männlichen Horoskopen, äußert sich diese Suche nach Spannung und Aufregung in rücksichtslosem Autofahren und in einer Vorliebe für Autorennen, andere gefährliche Sportarten und Vergnügungen. Mit dieser Stellung Geborene sollten sich vor Flugreisen hüten, da ihnen auch hier Unglück widerfahren kann.

Jähzorn und Impulsivität sind Charakterfehler, vor denen sich die Geborenen in acht nehmen sollten. Eigensinn und Exzentrizität gehen oft Hand in Hand mit diesem Aspekt. Was die Geborenen brauchen, sind Geduld und die Bereitschaft zur Kooperation. Sie sind vielfach nervös und leicht erregbar. Manchmal kommt es aufgrund der doppelten Skorpionkomponente des Aspekts zu Anfällen oder zu einem plötzlichen, gewaltsamen Tod.

Die Geborenen sind bereit, Risiken auf sich zu nehmen, wenn sie sich davon ungewöhnliche Erfahrungen und Spannung versprechen. Ihre Unternehmungen sind unstet, es fehlt diesen Menschen an Durchhaltewillen. Sie sind im allgemeinen Idealisten, doch der revolutionäre Wunsch, die bestehende Ordnung durch drastische Maßnahmen umzustürzen, erfüllt sie mit Ungeduld.

Mars Quadrat Neptun (♂ □ ♆)

Dieses Quadrat weckt seltsame emotionale Begierden, die aus den tiefen Schichten des Unbewußten aufsteigen. Vielfach werden die Handlungen der Geborenen von unbewußten Gewohnheitsmustern, die der Gegenwart nicht entsprechen, negativ beeinflußt.

Dieser Aspekt kann sich sehr unterschiedlich auswirken, je nachdem, ob die Begierden und Wünsche der Geborenen verdrängt oder zum Ausdruck gebracht werden. Im Falle einer Verdrängung kann sich der Aspekt in Form einer Neurose manifestieren, die eventuell sexueller oder psychosomatischer Natur sein kann. In extremen Fällen kommt es manchmal sogar zu halluzinatorischen Erscheinungen. Falls der Einfluß des Quadrats offen zum Ausdruck kommt, kann er sich in Form von Alkoholismus, Drogenmißbrauch oder sexuellen Ausschweifungen manifestieren. In weniger extremen Fällen werden die Geborenen wirr und konfus handeln oder ihr Tun von verborgenen Beweggründen leiten lassen. Sehr schlecht aspektierte Horoskope können sogar Verrat, Betrug und Unehrenhaftigkeit anzeigen.

Dieser Aspekt kann, wie Venus Quadrat Uranus oder Neptun, sexuelle Andersartigkeit anzeigen. Oft kommt seine Kraft in bildender Kunst, Tanz, Schauspiel, Musik und anderen Tätigkeiten, die der Phantasie breiten Spielraum lassen, positiv zum Einsatz.

Die Geborenen neigen zu Selbsttäuschung, da ihnen die eigenen Beweggründe nicht immer voll bewußt sind. (Es ist darum nicht weiter überraschend, daß sie in ihren Beziehungen zu anderen Verwirrung stiften.)

Um die negativen Wirkungen dieses Aspekts überwinden zu können, ist es für die Geborenen wichtig zu lernen, ihre Phantasie in Zaum zu halten, da eine ungezügelte Phantasie vielfach die Begierden entflammt und die Geborenen damit in Schwierigkeiten geraten.

Dieser Aspekt findet sich häufig im Horoskop von Astrologen, da durch ihn die sublimeren Tendenzen von Neptun besser zum Ausdruck kommen. Dasselbe läßt sich zweifellos auch für das Horoskop von Psychologen sagen, da seelische Kraft vonnöten ist, um sich in die unbewußten emotionalen Probleme anderer Menschen einfühlen zu können. Bei diesem Aspekt ist die Kontrolle der Gefühle sehr wichtig.

Mars Quadrat Pluto (♂ □ ♇)

Dieses Quadrat kann gefährlich sein, da es den Geborenen eine allzu ungestüme Wesensart verleiht. Wenn nicht andere Faktoren im Horoskop einen mildernden Einfluß ausüben, macht die Tendenz der Geborenen, mit Gewalt ihre Ziele zu erreichen, jede sorgfältige Planung, Diplomatie und Liebe zuschanden.

In einem guten Horoskop kann dieses Quadrat Zeichen eines besonderen Mutes sein, doch manchmal äußert es sich nur in einer Haltung von «Handle-oder-stirb». Die Geborenen sollten die Beweggründe, die hinter ihrer Aufopferung stehen, eingehend erforschen. Manchmal entspringt der Wunsch nach einer aufsehenerregenden Tat reinem Egoismus. Dieses Bedürfnis kann zu unsinnigen und überflüssigen Extremen führen.

Mit einem ungünstig aspektierten Horoskop Geborene verlieren leicht ihre Beherrschung und können gewalttätig werden. In extremen Fällen, wenn Mars und Saturn stark verletzt sind, kann der Aspekt Brutalität und kriminelle Tendenzen hervorrufen. Dies ist jedoch bei den Menschen nicht der Fall, die nur die gewöhnlich mit diesem Aspekt verbundenen unangenehmen Neigungen besitzen (obwohl selbst sie auf sexuellem Gebiet übermäßig aggressiv sein können).

Die Willenskraft der Geborenen ist stark entwickelt, aber in der Regel fehlt ihr die Richtung. Wenn das übrige Horoskop nicht dagegen spricht, zeigt dieser Aspekt manchmal einen gewaltsamen Tod an.

Oft werden diese Menschen von gewalttätigen Umständen wie Kriegen, Revolutionen und Aufständen angezogen. Sie können diktatorische Tendenzen haben, die sich aus der Einstellung ergeben, daß die Macht das Recht bestimme.

Bei Menschen mit spirituellen Bestrebungen zeigt der Aspekt im allgemeinen einen Konflikt zwischen ihrem Willen und ihren Begierden an. Kommen Vernunft, Disziplin und Diplomatie dazu, kann dieses Quadrat die nötige Kraft verleihen, um Großes zu leisten.

Mars Quadrat Mondknoten (♂ □ ☊ ☋)

Dieser Aspekt schafft eine Situation, in der die Handlungen und Anregungen der Geborenen mit den geläufigen gesellschaftlichen Maßstäben in Konflikt geraten dürften.

Diese Menschen neigen dazu, ihre aggressiven Tendenzen zur ungeeigneten Zeit am falschen Ort zum Ausdruck zu bringen. Sie erwecken meistens den Eindruck von Pechvögeln, weil ihnen die Fähigkeit fehlt, mit den sie umgebenden Vorkommnissen im Einklang zu handeln. Dadurch gehen sie ihren Mitmenschen auf die Nerven und fühlen sich frustriert.

Mars Quadrat Aszendent und Deszendent (♂ □ Asz., Desz.)

Dieses Quadrat zeigt an, daß sich die Geborenen in aggressiver Weise in ihre Beziehungen – seien es persönliche oder solche zur Öffentlichkeit – hineinstürzen. Diese Tendenz zeigt sich äußerlich gewöhnlich in der Form von Ehe- und Partnerschaftsproblemen und in einer allgemeinen Unbeliebtheit. Manchmal kann die Enttäuschung, die sich daraus ergibt, zu wütenden Auftritten und Wahnvorstellungen führen – die Geborenen glauben, sie müßten für ihre Ziele kämpfen.

Mit sehr ungünstig aspektierten Horoskopen dürften die Geborenen Raufbolde sein und dazu neigen, ihren Wünschen durch Angriffigkeit Nachachtung zu verschaffen.

Die nachteilige Wirkung dieses Aspekts kann dadurch überwunden werden, daß sich die Geborenen in Freundlichkeit und Diplomatie üben und ihre Impulsivität im Zaum halten.

Mars Quadrat Medium Coeli und Imum Coeli (♂ □ M.C., I.C.)

Dieses Quadrat läßt erwarten, daß die Geborenen mit Eltern, Familie, Wohnungsvermietern, unmittelbaren Vorgesetzten oder Arbeitgebern nicht auskommen.

Sowohl ihre beruflichen wie ihre häuslichen Angelegenheiten können durch Streitigkeiten erschüttert werden. Es besteht eine Tendenz, die Konflikte, die sich aus häuslichen Reibereien ergeben, an den Arbeitsplatz zu übertragen und umgekehrt. Auf diese Weise dürften Berufs- oder Familienprobleme auch andere Aktivitätsbereiche des Geborenen belasten. Diese Menschen müssen lernen, weniger ihren Gefühlen und mehr ihrer kühlen Überlegung zu folgen.

Es besteht auch eine Neigung, mit dem Staat und seinen gesetzlichen Vertretern in Konflikt zu geraten. Manchmal werden die Geborenen ohne ihren Willen in militärische Angelegenheiten hineingezogen – sie werden zum Beispiel aufgeboten.

Quadrate mit Jupiter

Jupiter Quadrat Saturn (♃ □ ♄)

Dieses Quadrat verursacht Schwierigkeiten in geschäftlichen und finanziellen Angelegenheiten. Die Geborenen dürften beruflich unter Unglücksfällen oder unter einem Mangel an günstigen Gelegenheiten leiden.

Ihre Beurteilungen bei der Planung und Durchführung weitgesteckter Vorhaben dürften sich als falsch erweisen, besonders in bezug auf die Finanzierung. Manchmal, wenn Saturn stark gestellt ist, fehlt es ihnen an Initiative oder an Vertrauen, um günstige Gelegenheiten, die sich anbieten, zu ergreifen. Oder aber sie übernehmen Aufgaben und Verantwortungen, ohne genügend darauf vorbereitet zu sein. So oder so kann es für sie unglücklich ausgehen.

Ist Jupiter stark und Saturn schwach gestellt, haben die Geborenen zu wenig Disziplin und Erfahrung. Ist Saturn stark und Jupiter schwach gestellt, werden sie hart und geduldig arbeiten, es mangelt ihnen aber an Elan und an der nötigen Zuversicht, um andere zur Zusammenarbeit anzuregen.

Gewöhnlich teilen sie ihre Zeit schlecht ein; sie befinden sich nicht zur rechten Zeit am rechten Platz. Sie verstehen es auch nicht, ihre Anliegen überzeugend vorzutragen.

Sie müssen lernen, Ziele auf weite Sicht mit Ausdauer, aber flexibel zu verfolgen. Sie müssen die Fußangeln dieses Aspekts vermeiden, einerseits übermäßig ehrgeizig zu sein und andererseits zu zögern, wenn es gilt, Verantwortung zu übernehmen.

Man findet die Geborenen oft in untergeordneten Stellen von Verwaltungs- und Geschäftsbetrieben. Allzuoft sind sie Sklaven monotoner Routine und erscheinen den andern als Langweiler. Sie selbst haben das Gefühl, das Leben sei eintönig, woraus sich Melancholie und Depressionen entwickeln.

Manchmal stehen sie unter dem Druck von beruflichen, familiären oder anderen Problemen, die ihre Erweiterungsmöglichkeiten und ihre Handlungsfreiheit einschränken. Es dürften sich auch bezüglich der Religion Schwierigkeiten ergeben: Die Geborenen können zu orthodox, zu konservativ, zu materialistisch oder zu agnostisch sein, um ihren eigenen Interessen zu dienen. In jedem Fall sind sie in ihren weltanschaulichen, erzieherischen und religiösen Wertvorstellungen sehr starr.

Jupiter Quadrat Uranus (♃ □ ♅)

Der Hauptfehler dieses Quadrats ist eine übertriebene Impulsivität. Die Geborenen sind nicht praktisch ausgerichtet, sondern idealistisch und setzen alle ihre Energie für eine Sache ein, die sie aber dann ganz plötzlich wieder aufgeben. Sie neigen dazu, sich für allerhand unklare großartige Ideen zu begeistern und einzusetzen.

Dieser Aspekt ist nicht günstig für Spekulationen, weil eine unvorhergesehene Wendung der Ereignisse die Ausgaben und Anstrengungen zunichte machen dürfte. Viele Menschen haben unter seinem Einfluß Vermögen verloren.

Diese Menschen könnten ausgefallenen religiösen Bekenntnissen und Praktiken und gefährlichen Kultformen frönen. Viele sogenannte Mystiker, Meister und Gurus, die vorgeben, die Menschheit zu retten, während sie sich nur von ihren Anhängern aushalten lassen, haben diesen Aspekt, desgleichen auch Boheme-Typen, die durchs Land und durch die Welt streifen.

Bei den Freunden der Geborenen kann man sich nicht darauf verlassen, daß sie halten, was sie versprechen, und oft führen sie einen in die Irre. Gewöhnlich haben die Geborenen selbst die gleichen Fehler.

Ihre Tendenz zur Ruhelosigkeit wird sich in einem Bedürfnis nach Reisen und Abenteuern zeigen.

Jupiter Quadrat Neptun (♃ □ ♆)

Dieser Aspekt läßt mit einiger Wahrscheinlichkeit auf Gefühlsüberschwang und einen undisziplinierten religiösen Idealismus schließen, der keinen Realitätsbezug hat und seltsame Blüten treibt. Die Geborenen werden Luftschlösser bauen, während in den wichtigen Angelegenheiten ihres Lebens ein Chaos herrscht.

Sie sehnen sich nach außergewöhnlichen Erlebnissen, wie man sie bei Reisen in ferne Länder oder durch die Beteiligung an mystischen Kulten haben kann. Nachdem dieser Aspekt Wanderlust hervorbringt, dürften die Geborenen wohl kaum an ihrem Geburtsort bleiben, sondern werden große, anscheinend ziellose Wanderungen unternehmen, sei es in Wirklichkeit oder in der Phantasie.

Gewöhnlich sind sie freundlich und mitfühlend, aber es fehlt ihnen bei der Zuwendung ihrer Sympathie an Unterscheidungsvermögen. Oft sind sie einfach rührselig, dabei aber nicht zu den notwendigen Anstrengungen bereit, um eine wirkliche Hilfe sein zu können.

Sie versprechen mehr, als sie halten können. In extremen Fällen sind sie ausgesprochen unehrlich. Manche sind glattzüngige Schwätzer, die in leuchtenden Farben ein Vorhaben darstellen können, hinter dem nur wenig Substantielles steckt. Im allgemeinen fehlt ihnen die Disziplin und die natürliche Begabung, diese Projekte aufrechtzuerhalten.

Falls nicht andere Horoskop-Faktoren dagegen sprechen, sind mit diesem Aspekt wahrscheinlich Faulheit und Bequemlichkeit verbunden. Ist der betreffende Mensch reich, so kann dieser Aspekt zu einem eitlen und unerfüllten Leben führen.

Charakteristisch ist übermäßiger Genuß beim Essen. Eine Tendenz zu Übergewicht oder zu übermäßiger Flüssigkeitsansammlung in den Geweben macht, daß die Geborenen sich füllig und schwer fühlen und auch so aussehen.

Jupiter Quadrat Pluto (♃ □ ♇)

Mit diesem Quadrat neigen die Geborenen zu Dogmatismus in Religion und Philosophie, womit sie eine Auflehnung gegen die zeitgenössischen Formen verbinden. Gerne würden sie auf dem Gebiet der Religion und der Erziehung Institutionen erneuern und Ideen reformieren.

Sie neigen dazu, ihr eigener Maßstab zu sein, außer wenn gute Gründe dafür vorliegen, sich den gesellschaftlichen Normen anzupassen. Da die gesellschaftliche Etikette keine große Bedeutung für sie hat, werden sie sich ihr nur unterziehen, wenn sie dazu gezwungen werden.

Sie können einen gewissen geistigen Hochmut und Eigensinn an den Tag legen. Sei diese Haltung der Geborenen nun berechtigt oder nicht, ihrer Beliebtheit ist diese Tendenz nicht eben förderlich.

Ihr Bestreben, etwas Großes und Wichtiges zu vollbringen, kann ihnen den Weg zum Glück verbauen.

Jupiter Quadrat Mondknoten (♃ □ ☊ ☋)

Dieses Quadrat führt zu einer Situation, in der die religiösen, erzieherischen und gesellschaftlichen Einstellungen des Geborenen mit den Strömungen und politischen Grundsätzen der Kultur, in der sie leben, nicht harmonieren. Die Geborenen dürften Schwierigkeiten haben, sich den gesellschaftlichen Institutionen anzupassen.

Jupiter Quadrat Aszendent und Deszendent (♃ □ Asz., Desz.)

Dieses Quadrat behindert das gesellschaftliche Leben der Geborenen, indem es ihnen eine Unbeholfenheit im Ausdruck und bei den zwischenmenschlichen Beziehungen verleiht. Sie dürften als hochtrabend, schwülstig, prahlerisch und «päpstlicher als der Papst» angesehen werden.

Sie versuchen, zu viel aufs Mal zu tun, so daß sie sich entweder überarbeiten oder in Situationen geraten, in denen ihre Unternehmungen nicht zur Reife gebracht werden können. Anders ausgedrückt, sie verzetteln sich zu sehr.

Jupiter Quadrat Medium Coeli und Imum Coeli (♃ □ M.C., I.C.)

Dieses Quadrat verleiht den Geborenen gerne großartige Ideen über ihre möglichen Karrieren und ein prahlerisches Auftreten in der häuslichen Sphäre.

Sie dürften für ihr Heim mehr aufwenden, als sie sich leisten können, und höhere Ambitionen haben, als sie mit ihren Fähigkeiten erfüllen können. Sie sollten mehr Demut, Praxisbezogenheit und gesunden Menschenverstand aufbringen.

Der Aspekt könnte auch auf eine große Familie hindeuten, die für den Geborenen eine Last bedeutet.

Quadrate mit Saturn

Saturn Quadrat Uranus (♄ □ ♅)

Dieses Quadrat sorgt dafür, daß die konservativen und radikalen Tendenzen der Geborenen in Widerstreit miteinander geraten. Es hängt weitgehend davon ab, ob Saturn oder Uranus dominiert. Ist Saturn stärker gestellt, werden die Geborenen bestrebt sein, den Status quo aufrechtzuerhalten, indem sie sich allen Neuerungen und progressiven Strömungen in Gesellschaft und Politik widersetzen. Ist Uranus stärker gestellt, werden sie sich gegen die etablierte Ordnung auflehnen. In beiden Fällen jedoch nehmen sie eine unbeugsame Haltung ein.

Wenn diese Menschen jede Veränderung ablehnen, müssen sie damit rechnen, daß das, was ihnen Sicherheit schenkt, ihnen plötzlich entrissen wird. Wenn sie drastische Neuerungen befürworten, werden sie wahrscheinlich keine Erfolge zu verzeichnen haben, da es ihnen an Erfahrung fehlt und sie praktischen Überlegungen zu wenig Aufmerksamkeit schenken.

Dieses Quadrat kann diktatorische Tendenzen freisetzen. Geborene, die sich für Fortschritt und Freiheit stark machen, können sich gegenüber Menschen, die nicht mit ihnen einiggehen, tyrannisch verhalten.

Sie neigen zu Inkonsequenz und widersprechen mit ihren Handlungen ihren Theorien. Egoismus und Heuchelei können hervorstechende Merkmale sein, und eine Halsstarrigkeit, die exzentrische Formen annimmt, macht sie unbeliebt und zu einem Ärgernis für die anderen. Sie haben aus diesem Grund nur wenig Freunde.

Es ergeben sich oft Rückschläge in der Laufbahn, die möglicherweise den Sturz der Geborenen zur Folge haben und sie in Ungnade fallen lassen. Auch von Unfällen und plötzlichem Mißgeschick bleiben diese Menschen meist nicht verschont. Manchmal können sie andern gegenüber eine recht unangenehme Art an den Tag legen. Im allgemeinen mangelt es ihnen an gesundem Menschenverstand und Anpassungsfähigkeit.

Saturn Quadrat Neptun (♄ □ ♆)

Dieses Quadrat hat eine krankhafte Note und löst bei den Geborenen wahrscheinlich Ängste, Neurosen und Phobien aus, deren Ursprung im Unbewußten liegt. Falls auch das übrige Horoskop in diese Richtung weist, besteht Gefahr, daß die Geborenen wegen einer Geisteskrankheit interniert werden müssen.

Diese Menschen können das Opfer von negativen seelischen Einflüssen werden und sollten sich daher vor astralen paranormalen Praktiken wie Seancen oder Experimenten mit psychedelischen Drogen hüten. Auch besteht die Gefahr von Besessenheit.

In den meisten Fällen dürfte dieser Aspekt als Furcht vor Unzulänglichkeit oder als Minderwertigkeitskomplex zum Ausdruck kommen. Die Geborenen können sich bezüglich beruflicher Laufbahn und ganz allgemein praktischer Verantwortlichkeiten verwirrt fühlen. Manchmal möchten sie jeder Verantwortung entfliehen. Obwohl sie wahrscheinlich hart arbeiten, kann es sein, daß sie nicht tüchtig sind. In manchen Fällen sind sie hinterlistig und bedienen sich krummer Touren, um ihr Ziel zu erreichen. Möglicherweise ziehen sie auch geheime Feinde an und werden in Skandale und Intrigen verwickelt. Ihre Freunde können teilnahmslos oder unbarmherzig sein, oder auch umgekehrt.

Die Glaubensmeinungen der Geborenen dürften eigenartig sein – dogmatisch, unbeugsam oder in irgendeiner Weise tyrannisch. Vielfach haben sie einen Märtyrerkomplex und suchen durch Leiden die Sympathie anderer Menschen zu gewinnen. Da diese Haltung meist nicht eben ansprechend ist, gehen ihnen die anderen aus dem Weg, und die Geborenen fühlen sich noch einsamer und bemitleiden sich selbst. Dieser Teufelskreis kann letzten Endes zu schweren Neurosen, ja sogar Psychosen führen.

Saturn Quadrat Pluto (♄ □ ♇)

Mit diesem Quadrat Geborene haben oft das Gefühl, daß die ganze Last der Welt auf ihren Schultern ruht. Ständig wechselnde, unpersönliche soziale Umstände können zu Enttäuschungen führen und ihnen große Verpflichtungen aufbürden. Etwas Schwermütiges und Geheimnisvolles hindert die Geborenen daran, in jenen Angelegenheiten weiterzukommen, die durch die Zeichen und Felder bestimmt werden, in denen Saturn und Pluto stehen und herrschen.

Es besteht die Gefahr von Verschwörungen und Intrigen, wobei die Geborenen entweder Opfer oder Anstifter sein können. In Extremfällen können sie zu Opfern von bewußt und selbstsüchtig eingesetzten okkulten Kräften werden oder sich dieser Kräfte selbst bedienen.

Die Geborenen können zu extremen Mitteln greifen, um ihre beruflichen Ziele zu erreichen. Ihr persönliches Schicksal ist eng verknüpft mit dem Karma der Massen.

Gelegentlich übernimmt jemand, der den Geborenen nahe steht, die Rolle eines Diktators, oder aber die Geborenen entwickeln tyrannische

Neigungen. Vielfach sind diese Menschen von dem Wunsch beseelt, das Leben anderer zu lenken und umzuformen, und ihr Machtstreben kann extreme Formen annehmen.

Saturn Quadrat Mondknoten (♄ □ ☊ ☋)

Dieses Quadrat zeigt an, daß die Bestrebungen und das Weiterkommen der Geborenen von herrschenden sozialen Kräften vereitelt werden. Ängstlichkeit und konservative Haltung können sie davon abhalten, zur rechten Zeit am rechten Ort zu sein und die Chancen zu nutzen, die ihnen die Gesellschaft bietet. Möglicherweise schließt diese sie aus, oder aber sie ziehen sich selbst in die Einsamkeit zurück.

Saturn Quadrat Aszendent und Deszendent (♄ □ Asz., Desz.)

Mit diesem Quadrat ist die Fähigkeit der Geborenen, sich anderen voller Wärme und Freundlichkeit zuzuwenden, blockiert. Diese Menschen können von sauertöpfischem Wesen und deshalb vom geselligen Verkehr ausgeschlossen sein. Vielfach wirken sie auf andere Menschen kalt und teilnahmslos und haben nur wenig enge Freunde. Sie dürften auch in der Ehe Schwierigkeiten haben oder nur schwer einen passenden Ehepartner finden.

Saturn Quadrat Medium Coeli und Imum Coeli (♄ □ M.C., I.C.)

Dieses Quadrat behindert in der Regel den beruflichen Erfolg, das häusliche Glück und das allgemeine Wohlbefinden der Geborenen.

Häufig lastet eine schwere Verantwortung auf ihnen, die ein persönliches Glück im häuslichen Leben (vor allem in der Ehe) und im Beruf nicht zuläßt und ihren Selbstausdruck einschränkt. Manchmal werden ihnen diese Verpflichtungen seitens der Eltern aufgebürdet, die tyrannisch sein dürften. Auch die eigene Familie kann eine Belastung sein und von ihnen extrem harte Arbeit in ihrem Beruf fordern. Arbeitgeber und Hausherrn können unvernünftig und herrisch sein.

Quadrate mit Uranus

Uranus Quadrat Neptun (♅ □ ♆)

Dieses Quadrat kennzeichnet eine Generation (jene, die in den fünfziger Jahren geboren wurden), deren Schicksal es ist, in einer Zeit außergewöhnlicher sozialer Unruhen zu leben.

Die Geborenen neigen zu emotionaler und seelischer Verwirrung. Die Wirkung dieses Quadrats tritt jedoch beim Durchschnittsmenschen nicht stark zutage, es sei denn, Uranus oder Neptun befinden sich in einem der Eckfelder oder werden von anderen Planeten, die im Quadrat oder in Opposition zu ihnen stehen, stark aspektiert.

Inwieweit und in welcher Weise ein Mensch von diesen Unruhen betroffen wird, hängt davon ab, in welchem Maße das eben Gesagte zutrifft und in welchen Feldern sich die das Quadrat bildenden Planeten befinden. Ebenso muß man jene Belange, die von den Feldern und Zeichen regiert werden, in denen Uranus und Neptun stehen, in die Betrachtung miteinbeziehen, wie auch die Felder, deren Herrscher die beiden Planeten sind. Alle diese Angelegenheiten sind seltsamen, unerwarteten, schwer faßbaren und aufregenden Umständen unterworfen.

Die Geborenen können ziemlich reizbar, eigensinnig und nervös sein. Sie neigen zu starren Ansichten und Meinungen.

Möglicherweise haben sie mit Geheimgesellschaften und Intrigen zu tun. Diese Menschen können stark idealistisch eingestellt sein, doch in einer unklaren und manchmal undurchführbaren Art und Weise; auch dies hängt vom übrigen Geburtsbild ab. Mediumistische und okkulte Angelegenheiten können zu einer Quelle von Problemen werden: Auf diesen Ebenen müssen sich die Geborenen mit widersprechenden und unharmonischen Verhältnissen auseinandersetzen.

Uranus Quadrat Pluto (♅ □ ♇)

Dieses Quadrat kennzeichnet eine Generation (wie die in den frühen dreißiger Jahren geborene), die in Zeiten drastischer Umwälzungen lebt. Sehr oft wird ihr Leben durch Kriege, Revolutionen, wirtschaftliche Zusammenbrüche oder gar Naturkatastrophen zerrissen und verschoben. In welchem Maß dieses Quadrat den einzelnen betrifft, hängt davon ab, ob die Planeten Uranus und Pluto stark gestellt sind, ob sie in einem Eckfeld stehen oder wichtige Aspekte zu Eckfeldspitzen und anderen Planeten bilden. Eigensinn, Überspanntheit, radikale politische Ansichten und revolutionäre Tendenzen charakterisieren diejenigen, die stark unter dem Einfluß dieses Quadrates stehen.

Dieser Aspekt bezieht sich auch auf Angelegenheiten der großen Masse und zeigt an, in welcher Weise das Massenschicksal auf den einzelnen einwirkt. Dies hängt davon ab, welche Planeten Uranus und Pluto aspektieren und in welchen Zeichen und Feldern sie stehen.

Die Geborenen haben eine starke Tendenz, die bestehende Ordnung zu reformieren. Ihre Motive und Ideale sind meistens hochstehend und lauter. Die Tatsache jedoch, daß sie von Geburt an mit schwerwiegenden sozialen Schwierigkeiten fertig werden müssen, gibt ihnen das Gefühl, sie wüßten eigentlich gar nicht, was es bedeute, jung und sorgenfrei zu sein. Mit diesem Quadrat Geborene fühlen sich nie geborgen, auch wenn sie in eine reiche Umgebung hineingeboren werden.

Diese Menschen haben in bezug auf die Sexualität ernste Lektionen zu lernen. Der Aspekt fällt in eine Geschichtsperiode, in der viel sexueller Mißbrauch getrieben wird.

Uranus Quadrat Mondknoten (♅ □ ☊ ☋)

Dieses Quadrat bezeichnet eine Situation, in der das Freiheitsstreben der Geborenen und ihre nonkonformistischen Tendenzen mit den gesellschaftlichen Maßstäben in Konflikt geraten.

Diese Menschen dürften die Sitten ihrer Kultur vergewaltigen und damit das Mißfallen der eher traditionell eingestellten Mitglieder der Gesellschaft erregen. Sie neigen deshalb dazu, Pech zu haben.

Uranus Quadrat Aszendent und Deszendent (♅ □ Asz., Desz.)

Dieses Quadrat bedeutet eine Situation, in der nonkonformistische Tendenzen Unregelmäßigkeiten und krampfartige Unterbrüche im normalen Fluß des persönlichen Ausdrucks und des Sozialverhaltens dieser Menschen hervorrufen.

Die Geborenen neigen zu Scheidungen: Sie wollen das Opfer an persönlicher Freiheit nicht bringen, das nötig ist, um eine Ehe aufrechterhalten zu können.

Ihr überspanntes Verhalten dürfte auch harmonischen Beziehungen zu ihren Eltern und zu der Öffentlichkeit im Wege stehen.

Uranus Quadrat Medium Coeli und Imum Coeli (♅ □ M.C., I.C.)

Mit diesem Quadrat Geborene sind unfähig, sich beruflicher oder häuslicher Routine anzupassen. Sie rebellieren gegen die Autorität – ob es sich um Eltern, unmittelbare Vorgesetzte, Arbeitgeber oder Behörden handelt. Diese Menschen wechseln häufig ihren Arbeitsplatz und ihren Wohnort, und dies nicht immer aus stichhaltigen oder zwingenden Gründen.

Sie haben auch nicht viel für Familienverpflichtungen übrig und neigen manchmal dazu, das Heim als Zeltplatz für exzentrische Freunde zu benützen. Die typische Hippie-Behausung ist charakteristisch für diesen Aspekt.

Quadrate mit Neptun

Neptun Quadrat Pluto (♆ □ ♇)

Dieses Quadrat kennzeichnet eine Generation, die in einer Periode sozialen Aufruhrs und eines kaum wahrnehmbaren Zerfalls der gesellschaftlichen Strukturen lebt. Die individuelle Ausrichtung des Horoskops wird darüber Aufschluß geben, wie dieses Massenschicksal auf den einzelnen einwirkt. (Keiner der heute lebenden Menschen hat diesen Aspekt in seinem Horoskop.)

Diese Menschen können in korrupten sozialen und politischen Institutionen mitwirken oder deren Opfer werden. In den meisten Fällen reagieren die Geborenen unbewußt und automatisch auf diesen Aspekt.

Die Konstellation zeigt an, daß eine spirituelle Erneuerung religiösen und kulturellen Denkens vonnöten ist, wie auch die gesellschaftliche Ordnung, in der diese Menschen leben, einer Erneuerung bedarf.

Neptun Quadrat aufsteigender und absteigender Mondknoten (♆ □ ☊ ☋)

Dieses Quadrat spricht für eine Situation, in der die mystischen Neigungen der Geborenen im Widerspruch zu den prosaischeren, realitätsbezogenen Sitten und sozialen Institutionen ihres Kulturkreises stehen.

Die Gesellschaft dürfte in ihnen versponnene Träumer oder sogar subversive Elemente sehen, die die traditionellen Auffassungen von Religion und Gesellschaft unterminieren. Solche Menschen überfällt inmitten einer Menschenmasse oft ein Gefühl der Einsamkeit; sie fühlen sich von den andern mißverstanden. Da sie sich vorwiegend mit phantastischen, überspannten Zielen beschäftigen, realisieren sie den Ablauf der Ereignisse in ihrer Umgebung nicht so recht.

Neptun Quadrat Aszendent und Deszendent (♆ □ Asz., Desz.)

Mit diesem Quadrat Geborene sind in ihrem Selbstausdruck und ihren Beziehungen zu anderen verwirrt und übermäßig subjektiv. Die anderen betrachten sie manchmal sozusagen als «nicht ganz da»; sie bevorzugen ihre eigene Traumwelt.

Manchmal sind diese Menschen auch in bezug auf Ehe und Partnerschaften unzuverlässig und betrügerisch. Umgekehrt können auch sie selbst das Opfer von Betrügereien werden.

Neptun Quadrat Medium Coeli und Imum Coeli (♆ □ M.C., I.C.)

Dieses Quadrat deutet, wenn nicht andere Einflüsse im Geburtsbild dagegen sprechen, darauf hin, daß auf die Geborenen bezüglich der Erfüllung ihrer beruflichen Verpflichtungen kein Verlaß ist und in ihren häuslichen Angelegenheiten chaotische Verhältnisse herrschen. Das Heim dürfte unsauber und unordentlich sein und manchmal die Szenerie von Alkohol- und Drogenkonsum.

Es kann zu Täuschung und Unverantwortlichkeit am Arbeitsplatz kommen, weil die Geborenen entweder faul oder schlampig oder beides sind. In seltenen einzelnen Fällen allerdings begehen die Geborenen bewußt Unehrlichkeiten und Betrügereien.

Dieses Quadrat kann auch darin zum Ausdruck kommen, daß sich die Geborenen mit Hilfe von Träumereien den häuslichen und beruflichen Pflichten entziehen.

Quadrate mit Pluto

Pluto Quadrat Mondknoten (♇ □ ☊ ☋)

Dieses Quadrat bringt die Tendenz zum Ausdruck, die sozialen und kulturellen Einrichtungen und Lehren reformieren zu wollen. Damit befinden sich die Geborenen im Widerstreit zur bestehenden Ordnung und erregen das Mißfallen der Gesellschaft. Je nachdem, welchen Einfluß andere Faktoren im Horoskop ausüben, kann es sich hierbei um eine leichte Mißbilligung oder aber um eine Angelegenheit auf Leben und Tod handeln, bei der die Geborenen von der Gesellschaft, in der sie leben, als gefährliche Revolutionäre angesehen werden.

Pluto Quadrat Aszendent und Deszendent (♇ □ Asz., Desz.)

Dieses Quadrat zeigt die Neigung an, im persönlichen Verhalten aggressiv und in ehelichen Beziehungen, Partnerschaften und im Umgang mit der Öffentlichkeit antisozial zu sein.

Mit diesem Aspekt liegt eine Scheidung geradezu in der Luft. Auch Prozesse verschiedenster Art sind damit angezeigt.

Die Geborenen sind von dem Wunsch beseelt, andere Menschen umzuformen, während es doch sie selber sind, die sich ändern sollten. Eine solch dominierende Haltung ruft natürlich die Abneigung der anderen hervor und führt zu unharmonischen Beziehungen und einem kämpferischen Messen der Willensstärke. Den Geborenen kann es aber auch geschehen, daß andere, die ihnen im Charakter ähnlich sind, versuchen, sie zu dominieren. «Da steht Schelm wider Schelm», wie das Sprichwort sagt.

Pluto Quadrat Medium Coeli und Imum Coeli (♇ □ M.C., I.C.)

Dieses Quadrat bezeichnet eine Situation, in der der Wunsch, bestehende Zustände zu verändern, zu Konflikten mit dem Arbeitgeber, den unmittelbaren Vorgesetzten, Eltern und Familienangehörigen, Behörden oder Hausbesitzern führt.

Wenn die Geborenen mit ihren Arbeitgebern uneins sind, so wahrscheinlich darum, weil sie das Gefühl haben, sie wüßten besser, wie eine Arbeit auszuführen ist, oder weil sie eine stärkere Einflußnahme bei Entscheidungen wünschen. Wenn Regierung und soziale Institutionen zur Zielscheibe ihrer revolutionären Neigungen werden, können sie sich die Mißbilligung der Behörden zuziehen.

Wenn diese Menschen daheim die Hosen anhaben und beruflich eine einflußreiche Position einnehmen, können sie leicht autokratische und diktatorische Züge zeigen, die meist zu Mißhelligkeiten führen.

15. DIE TRIGONE

Trigone mit der Sonne

Sonne Trigon Mond (☉ △ ☽)

Dieses Trigon verbürgt ein harmonisches Zusammenspiel zwischen den bewußten Willensäußerungen und dem Kraftpotential des Geborenen einerseits und seinen automatischen Gefühlsreaktionen, Erbeinflüssen und Gewohnheitsneigungen andererseits. Mit diesem Aspekt ist gewöhnlich eine starke körperliche Vitalität verbunden; er deutet auf gute Gesundheit, Widerstandskraft und Regenerationsfähigkeit.

Es besteht ein ausgewogenes Gleichgewicht zwischen dem männlichen und weiblichen Wesensanteil (oder dem Yang- und Yin-Prinzip) des Geborenen. Dank der mit diesem Trigon ausgedrückten inneren Harmonie wirken die Geborenen gewöhnlich anziehend auf das andere Geschlecht. Wenn die anderen Horoskop-Faktoren dem entsprechen, können sie ein gutes Verhältnis zu ihrer sozialen Umwelt unterhalten. Dieser Aspekt verleiht Selbstvertrauen und Optimismus.

Die Geborenen verstehen sich meist gut mit ihrer Familie und ihren Eltern, es sei denn, es würden ernsthafte Verletzungen von Sonne, Mond, viertem und zehntem Feld und ihren Herrschern vorliegen, die diese Beziehungen komplizieren könnten. Sie haben Kinder gern und können gut mit ihnen umgehen.

Sonne Trigon Mars (☉ △ ♂)

Dieses Trigon verleiht Mut, Willenskraft, Führerqualitäten und Entschlossenheit. Es ist besonders günstig für Männer, da es die traditionell männlichen Attribute Ehrgeiz und Selbstvertrauen schenkt.

Mit diesem Aspekt sind oft beträchtliche Körperkraft und Ausdauer verbunden. Die Geborenen verfügen über ein hohes Maß an Energie und Ausdauer und haben meist eine Vorliebe für Sport und andere körperliche Betätigungen. Sie werden aber trotz des Trigonaspekts beim sportlichen Wettkampf mehr an ihren eigenen Leistungen interessiert sein als an denen anderer.

Diese Menschen besitzen viel Sinn für Ehre und Redlichkeit. Sie scheuen keine Mühe und nehmen die Herausforderung einer schwierigen Aufgabe mit Freuden an. Ihre praktische Erfahrung und die Gewohnheit, von ihrer Kraft konstruktiven Gebrauch zu machen, erlaubt ihnen, «harte Nüsse» meistens mit Erfolg zu knacken.

Diese Menschen wissen ihre theoretischen Kenntnisse auch praktisch anzuwenden.

Der Aspekt hat eine stark feurige Note, die derjenigen der Feuerzeichen entspricht, denn die Sonne herrscht im Löwen und ist im Widder erhöht, der Mars herrscht im Widder, und der Aspekt selbst hat eine kombinierte Löwe-Schütze-Natur. Diese Stellung des Mars als «rechte Hand» der Sonne bedeutet, daß sich das Kraftpotential der Sonne in schöpferischer, inspirierter Tätigkeit äußert. Deshalb sind solche Menschen auf konstruktive Weise enthusiastisch.

Sonne Trigon Jupiter (☉ △ ♃)

Die Sonne herrscht im Löwen und ist im Widder erhöht, weshalb dieses Trigon die gleiche lodernde Feuerzeichen-Qualität aufweist wie das Sonne-Mars-Trigon. Jupiter herrscht im Schützen und verleiht dem Trigon einen kombinierten Löwe-Schütze-Einfluß.

Mit diesem Aspekt sind das neunte und fünfte Feld ebenfalls betont. Die enthusiastischen, optimistischen und spontanen Eigenschaften des Trigons kommen deshalb in religiösen, philosophischen, gesetzlichen, sozialen und die Gemeinschaft betreffenden Belangen zum Ausdruck und nicht wie beim Mars-Sonne-Trigon lediglich in rein persönlicher physischer Aktivität. In ihrer Haltung sind diese Menschen positiv und altruistisch und gewinnen deshalb das Vertrauen und die Mitarbeit anderer Menschen. Und dies wiederum bringt ihnen Glück und Erfolg.

Geborgen im Schutze spiritueller Kräfte, strahlen diese Menschen Zufriedenheit und Selbstvertrauen aus. Sie lassen sich niemals völlig unterkriegen und helfen ihren Mitmenschen in großherziger Weise.

Mit diesem Aspekt Geborene sind redlich und richten ihr Handeln nach ethischen und religiösen Verhaltensgrundsätzen aus. Sie sehen dank einem an Prophetie grenzenden Weitblick oft zukünftige Entwicklungen voraus. Manchmal ziehen sie sich aus der Welt zurück, um ein beschauliches Leben mit Büchern und vertrauten Freunden zu führen.

Sonne Trigon Saturn (☉ △ ♄)

Dieses Trigon läßt auf eine ehrliche, praktisch ausgerichtete, umsichtige und konservative Veranlagung schließen. Die Geborenen gehen mit Energie und Mitteln sparsam um; sie richten alles auf nützliche und praktische Ziele aus.

Mit diesem Aspekt sind Organisationstalent und Konzentrationskraft verbunden. Die Geborenen sind in hohem Maße diszipliniert und erreichen im allgemeinen ihre hochgesteckten Ziele dank harter Arbeit.

Auch in schwierigen Zeiten werden sie nie Mangel zu leiden haben, weil ihr realistisches Sicherheitsbedürfnis sie immer «etwas auf die hohe Kante legen» läßt. Sie sind sehr geduldig, gehen keine Risiken ein und erreichen meist ein hohes Alter.

Sonne Trigon Uranus (☉ △ ♅)

Dieses Trigon schenkt persönliche Anziehungskraft, spirituelle Einsicht, Führungsbegabung und Kreativität. Die Geborenen stehen mit höheren geistigen Quellen in Berührung. Wenn das Trigon durch Transite oder Progressionen aktiviert wird, kommt es zu intuitiven Geistesblitzen. Diese Menschen neigen zu wissenschaftlichen und okkulten Studien. Gute Astrologen haben häufig diesen Aspekt.

Die Geborenen besitzen einen starken Willen und sind bereit, auf neuen Erfahrungsgebieten zu experimentieren: Sie sind Bahnbrecher neuer Ideen und Erfindungen und rufen Reformbewegungen ins Leben. Aufgrund ihrer humanitären Einstellung erscheint ihnen angesichts der Einheit alles Lebendigen eine allumfassende Verbrüderung der Menschen notwendig.

Sonne Trigon Neptun (☉ △ ♆)

Wie das Sonne-Uranus-Trigon verleiht auch dieser Aspekt intuitive Fähigkeiten. Diese Intuition ist aber gefühlsmäßiger Natur und äußert sich meist als ein Mitempfinden, während jene des Uranus unpersönlicher und eher verstandesmäßiger Natur ist.

Die intuitive Begabung dieser Menschen findet ihren Ausdruck oft in bildender Kunst, Musik, Religion, Mystik und in der spirituellen Führung anderer. Die Geborenen haben die Gabe allumfassender Liebe, die die persönlichen, sexuellen und körperlichen Äußerungsformen dieser Gemütsbewegung transzendiert. Sie kann in ihrer höchsten Form diejenigen, die mit den Geborenen in Berührung kommen, geistig stärken und körperlich heilen.

Wenn ausreichende praktische Qualitäten von Saturn und Merkur fehlen, dürften die Geborenen bloß visionäre Träumer sein. Der Aspekt kann aber auch seine praktischen Seiten haben und Einblick in Geschäfts- und Börseninvestitionen geben. Es besteht auch die Fähigkeit, sich mit den subtilen Strömungen des Lebens treiben zu lassen, so daß diese Menschen instinktiv zur rechten Zeit am rechten Ort sind und zur richtigen Person das Richtige sagen.

Sonne Trigon Pluto (☉ △ ♇)

Mit diesem Trigon Geborene verfügen über eine hochentwickelte Konzentrations- und Willenskraft sowie über die Gabe, alle Seiten des Lebens zu erneuern, zu verbessern und umzuformen. Wenn das übrige Horoskop auf eine hohe geistige Entwicklung hinweist, sind sie zur Führung der Menschen begabt. Sie vermögen Situationen zu durchschauen und herauszufinden, wann oder wo sie ihre Energie und Mittel am zweckmäßigsten einsetzen können.

Vielfach interessieren sie sich für Meditation, Joga oder andere Systeme der geistigen Selbstentwicklung und haben oft hellseherische und intuitive Begabungen. Diese Menschen verfügen über beinahe übernatürliche Kräfte; im Ausdruck ihrer selbst sind sie feurig und schöpferisch.

Sonne Trigon aufsteigender Mondknoten, Sextil absteigender Mondknoten (☉ △ ☊, ✳ ☋)

Diese Konstellation verleiht den Menschen die Gabe, ihren Willen zu stählen und sich in Übereinstimmung mit den vorherrschenden gesellschaftlichen Haltungen und Einrichtungen auszudrücken. Dies sichert ihnen bei all ihren Bemühungen einen schöpferischen und harmonischen Erfolg.

Sie besitzen ein hohes Maß an Führungsqualitäten, die ihnen gewöhnlich Popularität und Gunst beim breiten Publikum verschaffen. Diese Konstellation ist daher günstig für Politiker oder ganz allgemein für Menschen, die im öffentlichen Leben stehen. (Vgl. auch 13. Kapitel ☉ ✳ ☋ △ ☊ Anm. d. Übers.)

Sonne Trigon Aszendent, Sextil Deszendent (☉ △ Asz., ✳ Desz.)

Diese Stellung verbürgt Vitalität, Selbstvertrauen und eine lebensbejahende, optimistische Veranlagung. Die Geborenen verfügen über Willenskraft und überschäumende Energie. Ihre Großzügigkeit läßt sie gewöhnlich die Mitarbeit anderer gewinnen.

Auch für die Ehe und andere Partnerschaften erweist sich der Aspekt als günstig, weil die Kraft der Sonne harmonisierend auf die Beziehungen der Geborenen einwirkt.

Sonne Trigon Medium Coeli, Sextil Imum Coeli (☉ △ M.C., ✳ I.C.)

Dieser Aspekt weist auf Führungsbegabung hin und erhöht die Chancen des Geborenen, in seiner beruflichen Laufbahn Berühmtheit zu erlangen. Er ist günstig für Politik, ein Leben in der Öffentlichkeit und Beziehungen zu Menschen in übergeordneten Stellungen.

Der berufliche Erfolg ermöglicht einen erweiterten Rahmen der häuslichen Sphäre und schafft so die Grundlage für ein glückliches Familienleben.

Trigone mit dem Mond

Mond Trigon Merkur (☽ △ ☿)

Dieses Trigon bedeutet ein gutes Gedächtnis und ein gut funktionierendes Zusammenspiel zwischen dem Bewußtsein und dem Unbewußten. In bezug auf persönliche und häusliche Angelegenheiten – besonders was Gesundheit und Ernährung angeht – denken die Geborenen konstruktiv.

Das Schlüsselwort dieses Aspekts heißt «gesunder Menschenverstand». Die Geborenen urteilen und verständigen sich über die Angelegenheiten des täglichen Lebens zutreffend und vernünftig. Oft sind sie sehr geschäftstüchtig, besonders im Hinblick auf Nahrungsmittel und Haushaltprodukte.

In der Regel wissen sie sich sprachlich gewandt auszudrücken, sind vortreffliche Gesellschafter und haben Glück bei Geschäften, die per Post, Telefon oder mittels anderer Kommunikationsmedien abgewickelt werden.

Mond Trigon Venus (☽ △ ♀)

Dieses Trigon vermittelt eine harmonische, gefällige Veranlagung. Es ist besonders günstig für Frauen, weil es die traditionell weiblichen Tugenden wie Schönheit und Zartheit des Gefühlsausdrucks und der Zuneigung fördert. Die Geborenen zeigen tiefes Mitgefühl und Einfühlungsvermögen, und ihre Gegenwart wirkt beruhigend.

Im allgemeinen besitzen diese Menschen gewisse künstlerische Fähigkeiten, oder sie zeigen zumindest guten Geschmack beim Kochen, beim Ausschmücken des Heims und bei der Pflege ihrer äußeren Erscheinung. Ist dieses Trigon mit einem günstigen Neptunaspekt verbunden, kann es auf eine außergewöhnliche musikalische oder bildnerische Begabung hindeuten.

Dieser Aspekt ist günstig für Sänger, Schauspieler und Vortragskünstler, denn die Venus herrscht im Stier, und der Mond ist in diesem Zeichen erhöht. Die von diesem Trigon beeinflußte Stimme hat einen gefälligen, melodiösen Klang.

Mond Trigon Mars (☽ △ ♂)

Mit diesem Trigon Geborene sind meist gefühlsmäßig aktiv und besitzen psychische Energie in überreichem Maße. Beim Aufbau ihres Heims und des Familienlebens und in Geschäftsdingen sind sie unternehmungslustig.

Diese Menschen haben starke Gefühle, die sie jedoch beherrschen und konstruktiv einsetzen. Sie kämpfen für die gerechte Sache. Sie besitzen auch die Fähigkeit, ihrer Phantasie durch Willens- und Tatkraft Substanz zu verleihen. Ihre robuste Gesundheit und ihre Energie ermöglichen ihnen eine Intensität des Erlebens, die wiederum ihre Einbildungskraft stärkt.

Mond Trigon Jupiter (☽ △ ♃)

Mit diesem Trigon neigen die Geborenen zu Altruismus und religiöser Hingabe. Im allgemeinen sind sie großzügige und freundliche Naturen – sie helfen ihren Mitmenschen nach besten Kräften. Ihre Einbildungskraft ist expansiv.

Die Geborenen widmen sich dem Heim, den Eltern und der Familie mit dem innigen Wunsch, häusliches Glück und Frieden zu gewährleisten. Diese Eigenschaft ist darin begründet, daß der Mond im Krebs herrscht und Jupiter in ihm erhöht ist.

Der Aspekt begünstigt Reichtum, sei er nun vom Geborenen ererbt oder durch eigene Geschäftstüchtigkeit erworben worden.

Mond Trigon Saturn (☽ △ ♄)

Diese Geborenen sind vorsichtig, konservativ und aufrichtig. Sie besitzen viel gesunden Menschenverstand, haben Organisationstalent und können, wenn nötig, manche Härte ertragen, um weitgesteckte Ziele zu erreichen. Sie können schlau und geschäftstüchtig sein.

Dieser Aspekt allein läßt nicht erwarten, daß die Geborenen besonders einfallsreich sind. Sie vermögen aber auf den Grundlagen schon vorhandener oder ererbter Geschäfte oder Institutionen auf- und weiterzubauen. Für Menschen, die mit Bergbau, Immobilien oder anderen mit Grund und Boden in Zusammenhang stehenden Dingen zu tun haben, ist dies ein günstiger Aspekt.

Manchmal ist mit diesem Trigon eine spartanische, strenge und disziplinierte Haltung verbunden. Die Geborenen legen auf die üblichen äußeren Bequemlichkeiten des Lebens keinen großen Wert. Charakteristisch sind persönliche Würde und Pflichtgefühl.

Mond Trigon Uranus (☽ △ ♅)

Menschen mit diesem Aspekt besitzen eine originelle, spontane Vorstellungsgabe und Geschäftstüchtigkeit, wo es um Neuerungen oder Erfindungen geht. Die funkelnde, überschäumende Persönlichkeit der Geborenen wirkt auf andere fesselnd. Diese Menschen strotzen vor Energie und Entschlossenheit.

Ihr Heim, ihre Eltern und ihre häusliche Situation werden wahrscheinlich ganz unorthodox sein. Die Geborenen suchen immer wieder außergewöhnliche Erlebnisse.

Oft besitzen sie auch paranormale Fähigkeiten und interessieren sich für Astrologie und andere okkulte Wissenschaften.

Mond Trigon Neptun (☽ △ ♆)

Für Horoskopeigner mit diesem Aspekt sind starke mediumistische und parapsychologische Neigungen charakteristisch. Je nach dem übrigen Geburtsbild können die Geborenen prophetische oder intuitive Einblikke in das Schicksal von Menschen und in zukünftige Entwicklungen gewinnen.

Sie haben ein Interesse für Psychologie, paranormale Phänomene und verwandte Gebiete. Mit diesem Trigon kann auch eine Hypersensibilität für Umweltfaktoren verbunden sein.

Diese Menschen besitzen eine lebhafte Vorstellungsgabe, die, wenn der Aspekt mit Venus in Verbindung steht, außerordentliches künstlerisches Talent hervorbringen kann. Manchmal sind die Geborenen lediglich phantastische Träumer, sofern nicht andere Faktoren im Horoskop, wie ein stark gestellter oder aspektierter Saturn, Mars oder Merkur eine realistische Note beisteuern.

Mond Trigon Pluto (☽ △ ♇)

Dieser Aspekt verleiht Gefühlsintensität und die Fähigkeit, sich selbst und seine Umgebung emotional zu regenerieren.

Die Gefühle unterstehen der Kontrolle des Willens und können mit ungeheurer Kraft ausgedrückt werden. Die Geborenen besitzen großen Mut und den festen Willen, Hindernisse auf dem Weg zu materiellem oder spirituellem Erfolg zu überwinden.

Oft erfassen sie ganz intuitiv die den objektiven Erscheinungen zugrundeliegenden Ursachen. Sie setzen ihre Willens- und Vorstellungskraft ein, um Gedanken objektiv und realistisch zum Ausdruck zu bringen, denn sie sind sich instinktiv der Macht der Gedanken bewußt, die vom Willen mit Energie gespeist werden.

Mond Trigon aufsteigender Mondknoten, Sextil absteigender Mondknoten (☽ △ ☊, ✶ ☋)

Diese Stellung bedeutet eine harmonische Übereinstimmung der Gefühle und der instinktiven Reaktionen des Geborenen mit den herrschenden gesellschaftlichen Strömungen und Haltungen.

Die Geborenen wissen instinktiv, wie sie ihr Schiff zu ihrem eigenen Vorteil durch die Stromschnellen der wechselnden öffentlichen Meinungen steuern können.

Mond Trigon Aszendent, Sextil Deszendent (☽ △ Asz., ✶ Desz.)

Dieser Aspekt verheißt einen konstruktiven Ausdruck der Gefühle. Die Geborenen sind auch gegenüber den entsprechenden Gefühlsäußerungen ihrer Mitmenschen sehr sensibel.

Sie haben eine aktive Vorstellungsgabe und können sich harmonisch in häusliche und soziale Situationen einfügen. Sie meistern auch die häuslichen Seiten des Ehelebens äußerst geschickt.

Mond Trigon Medium Coeli, Sextil Imum Coeli (☽ △ M.C., ✳ I.C.)

Diese Stellung begünstigt beruflichen Erfolg, weil sie die Fähigkeit verleiht, mit der Öffentlichkeit umzugehen und sich mit den maßgebenden Leuten ins Einvernehmen zu setzen.

Die Geborenen können sich dank diesem Aspekt eine gesicherte und harmonische häusliche Situation schaffen, weil sie gegenüber Heim und Familie emotional sehr feinfühlig sind.

Trigone mit Merkur

Merkur Trigon Mars (♀ △ ♂)

Mit diesem Trigon ist ein Überfluß an mentaler Energie verbunden. Solche Menschen sind zu ernsthaftem Studium und Lernen fähig, weil sie sich gut konzentrieren können. Der Erfolg dieser Anstrengungen hängt jedoch von der Beherrschung ihrer inneren Unruhe ab. Günstige Aspekte von Saturn oder den äußeren Planeten helfen mit, der Konzentration die nötige Stabilität zu verleihen.

Dieser Aspekt allein macht aus einem Menschen noch keinen Gelehrten oder Wissenschaftler, aber für die praktische Anwendung wissenschaftlicher Kenntnisse ist er äußerst vorteilhaft, zum Beispiel für Gewerbe, die sich mit Apparaten befassen. Oft zeigen die Geborenen ein Interesse an Mechanik und Technik. Der Ehrgeiz und Wetteifer des Mars verstärkt die praktischen mentalen Fähigkeiten.

Die Geborenen wissen sich in Schrift und Sprache dramatisch und lebendig auszudrücken und eignen sich daher für eine Tätigkeit als Reporter oder Kommentator. Der Aspekt begünstigt auch die Verfasser von Kriminalromanen. (Diese Hilfe stammt aus der Skorpion-Seite des Mars.)

Weil diese Menschen danach streben, die öffentliche Meinung zu formen, gehen sie oft in die Politik, zum Militär, zur Justiz oder wählen einen andern im öffentlichen Blickfeld stehenden Beruf.

Auf alle mentalen Reize reagieren die Geborenen ganz unmittelbar. Die Erhöhung des Merkur im Wassermann ergänzt den marsischen Eifer zusätzlich durch ein weitgehendes Verständnis oder einen allumfassenden Überblick, der die Sympathien noch vermehrt und die Geborenen bei der Propagierung ihrer Ideale noch mehr beflügelt.

Merkur Trigon Jupiter (☿ △ ♃)

Dieses Trigon ist ganz besonders günstig für Menschen, die mit höherer Bildung zu tun haben – seien es Studenten oder Professoren. (Merkur herrscht über das praktische, logische Denken, Jupiter regiert das mentale Feld der höheren Bildung, und das Trigon an sich hat eine Note der Felder fünf und neun.) Das Trigon ist auch von Vorteil für Verleger, Auslandskorrespondenten und Schriftsteller, ganz besonders für solche, die sich mit religiösen und philosophischen Themen befassen und mit Dingen, die den Feldern neun, drei und sechs zugeordnet sind.

Die Geborenen sind großzügig und tolerant im Denken und rasch in der Auffassung; sie können sich gewandt und leicht verständlich ausdrücken und ihre Ideen gut «an den Mann bringen». Deshalb ist das Trigon günstig für Politiker und andere Leute, die im öffentlichen Leben stehen und öfter Reden halten müssen.

Mit diesem Aspekt sind Aufrichtigkeit und Redlichkeit verbunden, denn die Geborenen haben die natürliche Neigung, die moralischen und ethischen Folgen ihrer Gedanken und Handlungen in Betracht zu ziehen. Deshalb ist dieses Trigon auch für jene Berufe von Vorteil, die mit Recht und Gesetz zu tun haben.

Im allgemeinen reisen die Geborenen gerne in ferne Länder, sei es in Wirklichkeit oder nur in ihrer Phantasie.

Ihren Freunden gegenüber sind sie großzügig und gastfreundlich. Auch Studien werden gerne zu Hause betrieben. Die Geborenen besitzen im allgemeinen eine große private Bibliothek. Sie setzen harte Arbeit daran, ihr Heim für gesellschaftliche Anlässe und geistige Tätigkeit günstig einzurichten.

Dazu sind sie leuchtende Beispiele für das Prinzip «der Kraft des positiven Denkens». Dank ihrem geistigen Optimismus kommen sie zum Erfolg. Manchmal neigen Menschen mit dieser Konstellation allerdings so sehr zu einem kontemplativen Leben, daß sie an weltlichen Erfolgen nicht ineressiert sind. (Diese Haltung müßte noch von anderen Faktoren im Horoskop angezeigt sein.)

Merkur Trigon Saturn (☿ △ ♄)

Dieses Trigon verhilft zu geistiger Disziplin. Es begünstigt besonders Mathematiker, Naturwissenschaftler und andere Berufsleute, die genaue, systematische, sozusagen fehlerfreie Kopfarbeit leisten müssen. Der Aspekt verleiht auch manuelle Geschicklichkeit und wird deshalb oft in Horoskopen von Menschen zu finden sein, die Präzisionsarbeit verrichten. Auch für Managertätigkeit und politische Planung ist dieser Aspekt von Vorteil, weil er die Fähigkeit verleiht, mit organisatorischen Verantwortungen fertig zu werden.

Die Geborenen sind gute Schüler, weil sie Ausdauer haben und zu harter Arbeit fähig sind. Originalität des Denkens ist zwar von diesem Aspekt an sich nicht zu erwarten, aber er trägt dazu bei, diese – wenn vorhanden – praktisch zu verwerten und auszudrücken.

Er ist auch günstig für Schriftsteller und Lehrer, weil er eine praktischere Einstellung und mehr Sinn für Details verleiht, als dies bei Merkur Trigon Jupiter der Fall ist. Dazu haben diese Menschen ein gutes Gedächtnis.

Ganz allgemein ist ein guter Formsinn zu erwarten. Menschen mit diesem Trigon haben gewöhnlich eine ernsthafte Lebensauffassung und neigen zu strenger Zucht. Wenn das übrige Horoskop nicht stark dagegen spricht, verfügen sie über viel Charakterstärke und Selbstbeherrschung.

Diese Geborenen sind loyale Freunde, neigen aber nicht zu Schmeicheleien. Ihre Komplimente muß man redlich verdienen.

Merkur Trigon Uranus (☿ △ ♅)

Dieses Trigon verleiht eine besondere intellektuelle Begabung, die mit den intuitiven Fähigkeiten verbunden ist. Im allgemeinen sind die Geborenen humanitär eingestellt, weil der Aspekt eine doppelte Wassermann-Note besitzt: Uranus regiert im Wassermann, und Merkur ist in ihm erhöht.

Diese Menschen eignen sich für die Erforschung neuer Bereiche des Denkens. Sie haben ein natürliches Verständnis für Energievorgänge und fühlen sich gewöhnlich zu naturwissenschaftlichen oder okkulten Studiengebieten hingezogen. Wenn ihr natürliches Bewußtsein mit dem universellen Bewußtsein in Einklang steht – wozu es eine natürliche Neigung besitzt – werden ihnen blitzartige Intuitionen zuteil.

Vielleicht verfügen sie auf einem Spezialgebiet über eine geniale Begabung, sind aber für Dinge, die sie nicht interessieren, blind.

Für Leute, die auf dem Gebiet der Astrologie tätig sind, ist dies ein ausgezeichneter Aspekt, weil er ein wissenschaftliches Verständnis okkulter Prinzipien verleiht.

Diese Menschen fühlen sich nicht an Traditionen gebunden. Sie ziehen ihre eigenen Schlüsse, unabhängig von den allgemein anerkannten Ansichten. Deshalb sind sie in ihrer Lebensauffassung ihrer Zeit weit voraus. Sie bringen ihre Ideen originell und dramatisch zum Ausdruck und besitzen oft ein phänomenales Gedächtnis. Sie sind begabte Redner.

Ebenso begünstigt der Aspekt jene Geborenen, die mit Elektronik und Computern zu tun haben. Häufig besitzen sie Spezialkenntnisse auf einem Fachgebiet, die ihrer beruflichen Laufbahn zugute kommen.

Merkur Trigon Neptun (☿ △ ♆)

Menschen mit diesem Trigon im Horoskop verfügen über Intuition und eine Art sechsten Sinn für die Gedanken anderer. Wenn andere Faktoren in die gleiche Richtung deuten, kann auch eine prophetische Gabe angezeigt sein.

Die Geborenen sind visuell begabt und vermögen jeden Gegenstand und jedes Ereignis bis in die kleinsten Einzelheiten vor ihrem geistigen Auge Revue passieren zu lassen. Da Neptun über die imaginativen Fähigkeiten herrscht, haben solche Menschen oft Vorahnungen, die sie dank des Intelligenzprinzips des Merkur besser verstehen können als Geborene mit anderen Neptunaspekten.

Dieses Trigon verleiht – besonders wenn Venus noch miteinbezogen ist – künstlerische und musikalische Begabung, die sich vor allem auf dem Gebiet der Komposition zeigt. Dank ihrer lebhaften Phantasie sind diese Menschen geborene Romanschriftsteller, Dichter oder Verfasser mystischer Schriften. Sie sind auch auf dem Gebiet der Fotografie und des Films talentiert.

Dieser Aspekt verleiht äußerst empfindliche und feine Sinne, so daß die Geborenen rauhe Umweltbedingungen meiden.

Diese Menschen haben Erfolg, indem sie das Denken der anderen subtil beeinflussen. Deshalb findet sich dieser Aspekt, wenn das übrige Horoskop günstig ist, bei erfolgreichen finanziellen, politischen oder militärischen Strategen. Diese Geborenen wissen auch die öffentliche Meinung auf unbewußtem Niveau durch einen subtilen Gebrauch der Massenmedien zu manipulieren.

Merkur Trigon Pluto (☿ △ ♇)

Mit diesem Trigon Geborene vermögen die Wirklichkeit als ein Wechselspiel von Kräften zu erfassen und die den äußeren Erscheinungen zugrunde liegenden Ursachen zu verstehen, so wie ein Atomphysiker die Atomstrukturen zu erkennen vermag. Sie werden sich aber nur in wenigen Fällen eingehend mit solchen Dingen beschäftigen, denn dazu müssen noch andere Faktoren beitragen. Für den durchschnittlichen Horoskopeigner ist dieser Einfluß zu subtil, als daß er ihn in seiner ganzen Tragweite verstehen oder ausnützen könnte. Im allgemeinen zeigt der Aspekt einfach eine Fähigkeit an, den Dingen auf den Grund zu gehen.

Die Geborenen interessieren sich für naturwissenschaftliche und okkulte Gebiete. Man findet diesen Aspekt öfters in den Geburtsbildern von Physikern, besonders wenn sie sich mit Kernenergie befassen. Allerdings müssen in einem solchen Falle auch Saturn und Uranus mit dieser Konstellation in Verbindung stehen und die entsprechenden Zeichen- und Felderstellungen vorhanden sein.

Solche Menschen verfügen über eine gute Konzentrationsfähigkeit und vermögen dank ihrer Willenskraft ihre geistigen Fähigkeiten optimal zu entwickeln. Dieser Aspekt ist günstig für Forscher oder für Schriftsteller, deren Lieblingsthemen oft Kriminalromane und Detektivgeschichten bilden.

Merkur Trigon aufsteigender Mondknoten, Sextil absteigender Mondknoten (☿ △ ☊, ✶ ☋)

Diese Stellung verleiht ein besonders ausgeprägtes soziales Einfühlungsvermögen. Solche Menschen können daher aus dem Kontakt mit der Öffentlichkeit Nutzen ziehen. Der Aspekt ist günstig für Menschen, die bei den Massenmedien arbeiten, Reklamefachleute, auch für Politiker und Soziologen – alle, die für ihre Ideen öffentliche Anerkennung brauchen.

Merkur Trigon Aszendent, Sextil Deszendent (☿ △ Asz., ✶ Desz.)

Diese Stellung verleiht einen wachen Sinn und einen raschen Verstand. Die Geborenen können sich fließend ausdrücken und verstehen es, andere vom Wert ihrer Ideen zu überzeugen und als Mitarbeiter zu gewinnen. Dank dieser Begabung eignen sie sich für Tätigkeiten auf dem Gebiet der Public Relations sowie als Vertreter und Diplomaten.

In der Ehe und in anderen Partnerschaften herrscht bei dieser Konstellation ein reger Gedankenaustausch und ein gutes Einvernehmen. Dank ihrem hohen Intelligenzniveau sind diese Menschen begabte Studenten und Forscher, besonders wenn Merkur auch noch von anderen Seiten günstig aspektiert ist.

Merkur Trigon Medium Coeli, Sextil Imum Coeli (☿ △ M.C., ✶ I.C.)

Diese Merkurstellung weist auf eine sehr enge Verbindung zwischen Intelligenz und beruflichem Ehrgeiz hin. Solche Menschen schreiben mit Vorliebe Fachbeiträge und vermögen sich daher bei ihren Vorgesetzten ins rechte Licht zu setzen.

Ihr Heim dient diesen Menschen in der Regel für intellektuelle Unternehmungen und beherbergt meist eine ansehnliche Bibliothek. Die Geborenen möchten ihre intellektuellen und erzieherischen Interessen sowohl mit ihrer Familie teilen als auch in ihrer Berufsarbeit anwenden. Die Konstellation fördert die Harmonie zwischen der häuslichen und beruflichen Sphäre. Gelegentlich helfen Verwandte in Beruf oder Haushalt mit.

Trigone mit Venus

Venus Trigon Mars (♀ △ ♂)

Dieses Trigon beflügelt die Gefühle und fördert künstlerische Neigungen. Die Geborenen lieben Spaß und besitzen Sex-Appeal, es sei denn, daß andere Horoskop-Faktoren dagegen sprechen. Sie wissen, wie sie andere gefühlsmäßig ansprechen können, und sind in ihren Beziehungen zum andern Geschlecht völlig unbeschwert.

Nachdem im natürlichen Horoskop Mars der Herrscher des ersten Feldes ist und Venus das siebente Feld regiert, hat dieses Trigon eine Färbung des fünften Feldes, die Glück in der Liebe und Ehe bringt.

Die Sensibilität der Venus wird von Mars mit Energie gespeist, was der Venus mehr dynamischen Ausdruck verleiht, während die Marskraft verfeinert und dadurch weniger destruktiv wird. Solche Menschen sind dynamisch und wirken auf andere sehr anziehend.

Gewöhnlich besteht schöpferisches Talent auf den Gebieten der Musik, bildender und dramatischer Kunst, und die Geborenen verfügen über die nötige Energie und Willenskraft, um diesem Talent Ausdruck zu verleihen.

Venus Trigon Jupiter (♀ △ ♃)

Dieses Trigon verspricht eine glückliche, optimistische und gesellige Veranlagung. Es begünstigt den Erfolg in der Musik und in anderen Künsten. Oft haben die Geborenen ein besonderes Interesse für religiöse Kunst oder bedienen sich der Kunst, um philosophische und religiöse Ideen zum Ausdruck zu bringen.

In ehelichen und häuslichen Angelegenheiten herrscht Harmonie. Oft sind diese Menschen erfolgreich bei Geschäften, die mit Kunst, kulinarischen Genüssen, Schmuck und der Ausstattung des Heims zu tun haben.

Dieser Aspekt ist günstig für Lehrer und Publizisten auf dem Gebiet der Kunst, wegen der doppelten Beziehung zum neunten Feld, die einerseits von Jupiter und andererseits vom Trigon herrührt. Es kann auch ein Interesse für eine Tätigkeit in Spitälern und ähnlichen Institutionen bestehen, weil Venus in den Fischen erhöht ist, die Jupiter als Mitregenten haben.

Die Stimme der Geborenen hat einen gefälligen und weichen Klang. Ist noch der Mond an diesem Trigon beteiligt, hat der Betreffende ausgezeichnete Anlagen zum Gesangsvirtuosen. Der Aspekt verleiht den Geborenen die Gabe, bei anderen Freude zu verbreiten. Sie haben auch viel Verständnis für weniger begünstigte Mitmenschen, sind sehr zartfühlend und besitzen gute Umgangsformen; sie sind sehr beliebt.

In einem schwachen Horoskop kann diese spezielle Kombination wohltätiger Einflüsse zu Bequemlichkeit führen, besonders wenn die Geborenen noch Reichtum besitzen, den sie nicht durch eigene Anstrengungen erworben haben. In einem ungünstig aspektierten Horoskop, das anzeigt, daß der Geborene viel Schweres zu ertragen hat, kann ein Venus-Jupiter-Trigon ein rettender Lichtblick sein, der dem Geborenen trotz aller Härten ein Gefühl der Lebensfreude vermittelt. Da dieses Trigon an sich kein dynamischer Aspekt ist, hängt es vom übrigen Horoskop ab, ob seine schöpferischen Möglichkeiten voll verwirklicht werden können oder nicht.

Venus Trigon Saturn (♀ △ ♄)

Dieses Trigon bedeutet Sinn für Ordnung, Gleichgewicht und Proportion in bildender Kunst und Musik. Man findet es häufig in Künstlerhoroskopen. Es verleiht ein ausgezeichnetes Gefühl für Rhythmus und strukturelle Beziehungen in Zeit und Raum. Der Aspekt ist von Vorteil für Architekten, Designer, Mathematiker und andere Menschen, die mit Strukturen zu arbeiten haben, die zugleich funktionell und ästhetisch sein müssen.

Die Geborenen besitzen geschäftlichen Scharfsinn, der sich aus der Herrschaft des Saturn im Steinbock und derjenigen der Venus im Stier herleitet. Diese beiden Zeichen stehen ebenfalls in einer Trigonbeziehung.

Saturn ist Mitregent im Wassermann, und Venus herrscht in der Waage, wo Saturn erhöht ist. Diese Beziehungen zeigen an, daß die Geborenen nicht nur ein Gefühl für die praktische Realität haben, sondern auch die Intellektualität der Luftzeichen und den Sinn für Gerechtigkeit und Fair play der Waage besitzen.

Die Erhöhung der Venus in den Fischen, verbunden mit den Einflüssen von Wassermann und Steinbock und mit der der Waage eigenen Zuwendung zum Mitmenschen, bedeutet, daß die Geborenen ein echtes und realitätsbezogenes Verständnis für die Bedürfnisse der weniger begünstigten Mitmenschen haben. Es zeigt sich darin auch eine große Bereitwilligkeit, anderen so zu helfen, daß sie nachher sich selbst helfen können.

Solche Menschen sind loyale Freunde und verläßliche Ehepartner, weil Saturn ihren Beziehungen Dauer verleiht. Dies ist in mehrfacher Hinsicht eine ausgezeichnete Konstellation, weil Schönheit und Harmonie der Venus durch den Einfluß Saturns erhalten und gefestigt werden.

Die Geborenen können aber auch übermäßig ernst und zurückhaltend sein, was oft irrtümlich als Kälte und Unansprechbarkeit taxiert wird. Bei länger dauernden und engeren Beziehungen pflegen jedoch die Geborenen den Leuten immer besser zu gefallen.

Venus Trigon Uranus (♀ △ ♅)

Dieses Trigon deutet auf eine überschäumende, lustige Natur, die voller Überraschungen steckt und dazu neigt, immer die Sonnenseite des Lebens zu sehen. Der Aspekt schenkt eine Spontaneität, die besonders für darstellende Künstler von Vorteil ist. Oft haben die Geborenen aufregende Liebesbeziehungen und Eheverhältnisse, ungewöhnliche Freunde und sind sehr populär. Auch in Geldsachen kann ihnen plötzliches Glück zufallen.

Alles, was sie auf künstlerischem Gebiet unternehmen, wird einen ganz persönlichen Stil aufweisen. Oft haben die Unternehmungen dieser Geborenen etwas mit elektronischen Medien wie Radio, Fernsehen oder Schallplatten zu tun.

Das mit diesem Aspekt verbundene Glück ist die Folge der frohmütigen Lebenseinstellung der Geborenen, die einflußreiche Menschen und Geld anzieht: die Geborenen strahlen die Zufriedenheit aus, die andere suchen.

Im allgemeinen besitzen sie viel Sex-Appeal und haben keine Schwierigkeiten, Liebesbeziehungen anzuknüpfen.

In Horoskopen, die eine Neigung zu tiefer Geistigkeit erkennen lassen, kann dieses Trigon eine hilfreiche Ergänzung sein. Für sich allein genommen, deutet es jedoch nicht unbedingt auf eine tiefgründige Person.

Venus Trigon Neptun (♀ △ ♆)

Dieses Trigon kennzeichnet eine hochgradig romantische Natur. Es verleiht Talent und manchmal sogar geniale Begabung für Musik, bildende Kunst und Poesie. Die Geborenen sind meist nicht eben praktisch veranlagt, wenn nicht andere Horoskop-Faktoren besonders darauf hinweisen.

Die Horoskopeigner dürften höchst ungewöhnliche Romanzen haben und ihre Liebhaber unter ungewöhnlichen Umständen kennenlernen, die irgendwie vorherbestimmt erscheinen und oft von Vorahnungen begleitet sind.

Menschen mit diesem Aspekt sind zu Bedürftigen freundlich und mitfühlend. Vielfach versuchen sie aber, den anderen auf unpraktische Weise beizustehen.

Das Trigon hat eine doppelte Fische-Note, da Neptun in den Fischen herrscht und Venus dort erhöht ist. Dadurch vermittelt der Aspekt die ganze mystische Schönheit der Fische. Solche Menschen haben etwas Mystisches an sich und besitzen ein tiefes gefühlsmäßiges Verständnis. Hochentwickelte Personen üben oft durch ihre beruhigende Gegenwart eine heilende Wirkung aus.

Dieses Trigon kann höchst ästhetische, gefühlsmäßige und sogar spirituelle Feinheit anzeigen.

Venus Trigon Pluto (♀ △ ♇)

Menschen mit diesem Trigon sind ausgesprochene Gefühlsnaturen, die der höchsten Form der Liebe fähig sind. In gewissen Fällen zeigt es spirituelle Regeneration durch Liebe an, oder die Liebesbeziehungen und die Ehe der Geborenen scheinen irgendwie vorbestimmt. Liebe auf den ersten Blick ist nicht selten. Da diese Menschen sehr gefühlsstark sind, kommt ihren engen Beziehungen große Bedeutung zu.

Die Gefühlsbetontheit dieser Menschen ist positiver und realistischer als beim Venus-Neptun-Trigon und beständiger als beim Venus-Uranus-Trigon. Sogar in einem Trigon bedeuten diese beiden Planeten einen starken Sexualtrieb, aber er findet einen aufbauenden Ausdruck. Der ausgesprochene Sinn für Realität und die starke Liebesfähigkeit können auf die Geborenen und deren Mitmenschen einen wohltuenden Einfluß ausüben.

Venus Trigon aufsteigender Mondknoten, Sextil absteigender Mondknoten (♀ △ ☊, ✳ ☋)

Diese Konstellation verspricht verfeinerte gesellschaftliche Umgangsformen. Diese Menschen kennen ihren Knigge und wissen sich in jeder Situation richtig zu benehmen. Sie sind deshalb meist sehr beliebt, begnügen sich aber, sofern andere Horoskop-Faktoren keine Hinweise auf tieferreichende Wertempfindungen anzeigen, oft mit oberflächlichen Beziehungen zu anderen Menschen.

Venus Trigon Aszendent, Sextil Deszendent (♀ △ Asz., ✳ Desz.)

Diese Venusstellung verleiht eine anmutige, harmonische persönliche Ausdrucksweise und Erscheinung. Sie ist besonders vorteilhaft für Frauen, denn sie erhöht ihre Schönheit und ihren Charme. Weil die Geborenen in ihren Umgangsformen gefällig und charmant sind und auf andere Menschen einzugehen wissen, werden ihnen Popularität, Liebesglück, eine vorteilhafte Heirat und die bereitwillige Mitarbeit von anderen zuteil. Solche Menschen ziehen Zufriedenheit und Glück an, weil sie auch an das Wohlergehen ihrer Mitmenschen denken.

Eine musikalische oder andere künstlerische Begabung ist mit dieser Stellung verbunden oder zumindest ein gutes Kunstverständnis.

Venus Trigon Medium Coeli, Sextil Imum Coeli (♀ △ M.C., ✳ I.C.)

Diese Stellung deutet darauf hin, daß die beruflichen Ambitionen der Geborenen und ihre Laufbahn durch den Einsatz von Schönheit, Charme und geselligen Umgangsformen gefördert werden, indem die Geborenen damit die Gunst von Menschen in wichtigen Stellungen gewinnen. Ihre häusliche Harmonie schafft eine günstige gesellschaftliche Atmosphäre, die ihnen beruflich weiterhilft.

Darstellende Künstler mit diesem Aspekt werden zu Berühmtheit gelangen.

Trigone mit Mars

Mars Trigon Jupiter (♂ △ ♃)

Dieses Trigon verbürgt die Fähigkeit, praktische Aufgaben mit Energie und Begeisterung anzupacken. Die philosophischen und humanitären Impulse der Geborenen, von Jupiter verkörpert, äußern sich in konstruktiven Taten, wie Mars sie darstellt. Die Geborenen greifen den weniger vom Glück begünstigten Mitmenschen tatkräftig unter die Arme. Sie beschränken sich nicht darauf, sie bloß zu bedauern.

Diese Menschen setzen ihren Glauben in die Tat um. Die doppelte Feuerqualität des Trigons schenkt ihnen glühenden Enthusiasmus. Mars regiert den Widder, Jupiter den Schützen, und das Trigon selbst hat eine Tönung vom neunten Feld (Schütze). Deshalb erwerben sich die Geborenen Wissen und Verständnis dank positiver Tätigkeit, und zwar auf jenen Gebieten, die den Zeichen und Feldern entsprechen, in denen Mars und Jupiter stehen oder herrschen.

Dieses Trigon zeigt gutes Karma an, das sich die Geborenen durch frühere Leistungen im Dienste der Menschheit erworben haben. Da dieses Trigon auch mit dem zwölften und achten Feld in Beziehung steht, deutet es darauf hin, daß die Geborenen negative, aus der Vergangenheit stammende Bedingungen in positive Aktionen umzuformen und zu regenerieren vermögen.

Mars, im Steinbock erhöht, und Jupiter, im Krebs erhöht, tragen gemeinsam dazu bei, die Ambitionen auszuweiten, und schaffen die Basis für ein aktives und konstruktives Familienleben.

Meist treiben die Geborenen gerne Sport und lieben Reisen und Abenteuer. Sie fühlen sich manchmal zu Aufgaben religiöser Art berufen oder arbeiten mit Vorliebe auf den Gebieten der Jugendpsychologie oder -soziologie.

Mars Trigon Saturn (♂ △ ♄)

Dieser Aspekt vereinigt alle positiven Eigenschaften des Steinbocks in sich. (Saturn regiert den Steinbock, Mars ist in ihm erhöht.) Den Geborenen liegt harte Arbeit und planmäßiges Handeln. Sie vermeiden nach Möglichkeit eine Verschwendung unnötiger Kräfte und achten stets darauf, möglichst brauchbare Ergebnisse zu erzielen. Dieses Trigon verleiht eine gewaltige Willenskraft, die bedacht und systematisch angewendet wird.

Saturn sorgt für mathematische Präzision, weshalb die Geborenen oft über eine Begabung für den Ingenieurberuf verfügen, besonders auf dem Gebiet der optischen und technischen Präzisionsinstrumente. Sie sind meist sehr ehrgeizig und arbeiten hart, um Ansehen und eine leitende Position zu erlangen. Oft sind sie gewandte Politiker oder schlagen eine militärische Laufbahn ein.

Das Trigon verleiht Geduld, verbunden mit praktischem Geschick und Mut zum Handeln. Es ist günstig für Menschen, die große Verantwortungen zu tragen haben, und schenkt den Geborenen die Fähigkeit, Härten zu ertragen und, wenn nötig, gefährlichen Situationen die Stirn zu bieten. Unter Streß beweisen die Horoskopeigner einen hohen Grad von Ausdauer und Widerstandskraft.

Mars Trigon Uranus (♂ △ ♅)

Dieses Trigon verleiht Originalität und Einfallsreichtum. Die Geborenen besitzen genügend Willen und Tatkraft, um das Leben energisch anzupacken. Sie vermögen überholte Verhältnisse und Konzepte abzubauen und durch neue zu ersetzen. Dieser Regenerierungsprozeß liegt in der doppelten Skorpionbetonung dieses Trigons begründet: Mars regiert den Skorpion, und Uranus ist in ihm erhöht. Die Geborenen sind offen und freimütig und schäumen über vor Energie. Um ihren beruflichen Ehrgeiz zu befriedigen, können sie höchst originelle Methoden anwenden. Sie streben nach einer leitenden Stellung in Organisationen oder Gruppen.

Die Geborenen wissen okkulte Gesetze praktisch anzuwenden. Dieser Aspekt verspricht Talent als Erfinder und Ingenieur. Er ist günstig für Leute, die mit elektromechanischen Apparaten arbeiten.

Diese Menschen brauchen Unabhängigkeit und persönliche Freiheit. Sie sind abenteuerlustig und scheuen keine Mühe, um etwas Ungewöhnliches erleben zu können.

Die dauernde nervliche Hochspannung, der diese Menschen ausgesetzt sind, kann – obwohl sie von einem Trigon stammt – nicht leicht zu ertragen sein. Die Geborenen müssen sich Ausgeglichenheit und Selbstbeherrschung angewöhnen.

Mars Trigon Neptun (♂ △ ♆)

Dieses Trigon deutet auf eine energiereiche paranormale Veranlagung, die auf dem Gebiet der Heilkunst oder des Okkulten Anwendung findet. Die Geborenen können aufgrund ihrer Vorahnungen Gefahren abwenden helfen. Ihr feines Empfindungsvermögen verrät ihnen Unaufrichtigkeit bei anderen Menschen.

Die Geborenen können insgeheim sehr entschieden handeln, dadurch ihre Gegner außer Gefecht setzen und ihre Ziele ohne Einmischung von anderer Seite erreichen.

Der Aspekt vereint Durchhaltekraft mit scharfer Wahrnehmung. Es besteht ein Interesse an okkulten Formen der Körperkultur, wie zum Beispiel etwa Hatha-Yoga. Die Geborenen sind künstlerisch begabt, vor allem für den Tanz. Sie dürften in der Regel gesunde Gewohnheiten haben, was ihre Ernährung und Hygiene angeht. Für die emotionale Atmosphäre ihrer Umgebung sind sie außerodentlich empfänglich und spüren deshalb instinktiv, wie sie handeln oder sich verhalten sollen.

Dieser Aspekt ist günstig für Chemiker.

Mars Trigon Pluto (♂ △ ♇)

Dieses Trigon bedeutet eine gut entwickelte Willenskraft und die Fähigkeit, das persönliche Leben und alles, was davon durch entschiedenes, konstruktives Handeln berührt wird, zu regenerieren. Tiefgreifende Einsicht und Realismus sind mit dem Willen und der Kraft zu handeln verbunden.

In einzelnen Fällen besteht ein Interesse an neuen naturwissenschaftlichen Disziplinen, wie zum Beispiel die Nutzung von Atomenergie. Hochentwickelte Individuen können okkulte Kräfte zum Wohle der Menschheit handhaben.

Sollten es die Umstände erfordern, werden diese Menschen unbarmherzig kämpfen und keinen Fußbreit nachgeben bei der Verteidigung dessen, was sie für richtig halten. Sie kennen keine Furcht und lassen sich weder durch Drohungen noch durch Gefahr einschüchtern.

Manche Geborenen sind sich der dynamischen Seite des Lebens bewußt. Sie fassen das Leben eher als Energiefluß denn als eine Reihe feststehender Bedingungen auf.

Sie haben oft eine kräftige und widerstandsfähige Konstitution und verfügen über einen hohen Grad an Ausdauer. Sie besitzen die Fähigkeit, ihre Kräfte zu regenerieren, indem sie Energien von höheren spirituellen Quellen anzapfen.

Mars Trigon aufsteigender Mondknoten, Sextil absteigender Mondknoten (♂ △ ☊, ✳ ☋)

Diese Stellung verleiht die Fähigkeit, seine Handlungen so zu planen, daß sie mit den gesellschaftlich akzeptierten Verhaltensweisen harmonieren. So werden die Geborenen als gesellschaftliche Vorbilder populär. Die Stellung begünstigt Politiker und andere im Rampenlicht der Öffentlichkeit stehende Berufsleute. Sie haben die notwendige Energie zur Verfügung, um mit den gesellschaftlichen Strömungen und Einrichtungen fertig zu werden.

Mars Trigon Aszendent, Sextil Deszendent (♂ △ Asz., ✳ Desz.)

Menschen mit diesem Trigon verfügen über eine kräftige körperliche Konstitution, viel Willenskraft und Entschlossenheit. Durch ihre kraftvolle und direkte Art gewinnen sie das Vertrauen und die Mitarbeit anderer Menschen. Die Geborenen führen ein aktives Leben, reagieren schnell und erreichen viel.

Für Männer ist die Stellung besonders günstig, weil sie die traditionell männlichen Eigenschaften, Körperkraft und Ehrgeiz, fördert.

Mars Trigon Medium Coeli, Sextil Imum Coeli (♂ △ M.C., ✱ I.C.)

Diese Stellung verstärkt den Ehrgeiz und die Entschlossenheit der Geborenen, in ihrer Karriere zu Ruhm und Ansehen zu gelangen. Auf dem von ihnen gewählten Gebiet zeichnen sie sich durch Tatkraft und unermüdlichen Arbeitseinsatz aus. Auf diese Art gewinnen sie das Vertrauen ihrer Vorgesetzten und erlangen die nötigen Mittel, um für sich selbst und ihre Familie eine angenehme häusliche Atmosphäre zu schaffen.

Trigone mit Jupiter

Jupiter Trigon Saturn (♃ △ ♄)

Dieses Trigon spricht für eine verantwortungsvolle Persönlichkeit mit viel gesundem Menschenverstand und Redlichkeit. Es verleiht geschäftliche, finanzielle und organisatorische Fähigkeiten.

Die Geborenen sehen über ihre eigene Nasenspitze hinaus. Sie verfügen über den nötigen Weitblick, um großangelegte, mit schwerwiegenden Verpflichtungen verbundene Aufgaben zu koordinieren. Das Trigon begünstigt eine Karriere in der Politik oder im öffentlichen Leben. Die Geborenen eignen sich vorzüglich zum leitenden Angestellten und Staatsbeamten. Sie genießen in der Öffentlichkeit einen guten Ruf.

Auch für Rechtsanwälte und Richter ist dies ein vorteilhafter Aspekt. Saturn ist in der Waage erhöht, einem Zeichen, das mit Recht und Gesetz zu tun hat, und er herrscht im Steinbock, einem Zeichen, dem die Regierung zugeordnet ist. Jupiter regiert den Schützen und das neunte Feld, dem das Gesetz als kodifiziertes kulturelles Denken zugeordnet ist. Der Aspekt hat eine Färbung vom neunten und vom fünften Feld.

Im allgemeinen sind die Geborenen eher ernster und ausgeglichener Natur. Sie haben eine im orthodoxen Sinne religiöse Lebenseinstellung, außer im Falle stark gestellter äußerer Planeten. Dieses Trigon verleiht dem Leben viel Stabilität. Solche Menschen sind wohltätig, möchten aber selbst bestimmen, wem ihre Wohltaten zugute kommen sollen.

Jupiter Trigon Uranus (♃ △ ♅)

Dieses Trigon verleiht dem Menschen Schöpfergabe und Inspiration. Die Geborenen interessieren sich für Religion, allerdings in progressiver, okkulter oder metaphysischer Richtung. Oft ist ihnen aufgrund karmischer Zusammenhänge unerhofftes Glück beschieden: sie erben oder geraten sonst in eine besonders günstige Lage.

Für diese Menschen sind Optimismus, Intuition und blitzartige spirituelle Inspirationen charakteristisch. Sie vermögen Gelegenheiten beim Schopf zu fassen, an denen andere achtlos vorübergehen.

Sie legen großen Wert auf ihre persönliche Freiheit und verabscheuen deshalb jede Einschränkung. Je nach der Beschaffenheit des übrigen Horoskops brauchen sie viel Abwechslung. Sie werden häufig und plötzlich auf Reisen gehen, in der Regel per Flugzeug oder Schiff. In fremden Ländern erleben sie oft die ungewöhnlichsten Abenteuer.

Die Geborenen können Leiter von Logen, Klubs und gesellschaftlichen oder religiösen Gruppen sein, besonders von solchen okkulter Richtung. Oft haben sie mit Bruderschaften wie den Freimaurern oder Rosenkreuzern zu tun. In der Politik dürften sie sich als liberale Reformer erweisen. Sie verfügen meist über gute Führerqualitäten und werden deshalb dank der von ihnen vertretenen Sache bekannt und populär.

Verstärken andere Planeten Jupiter und Uranus mit günstigen Aspekten, kann sich eine echte geniale Begabung zeigen.

Jupiter Trigon Neptun (♃ △ ♆)

Dieser Aspekt verleiht dem Horoskopeigner in erster Linie mystische Neigungen. Solche Menschen sind für spirituelle Einflüsse sehr empfänglich. Sofern aber Merkur, Saturn oder Uranus nicht stark gestellt sind, dominieren eher intuitive Neigungen gefühlsmäßiger und nicht mentaler Natur.

Die Geborenen lieben großartige Zeremonien, Schauspiele, Mysterien und religiöse Musik. Sie möchten am liebsten in einem Gefühl ehrfürchtigen Staunens versinken und sich in einem Meer religiöser Ekstase verlieren. Vielfach gebricht es ihnen trotz des Trigons zwischen den beiden Planeten an der für eine wahrhaft durchgeistigte Lebensführung notwendigen Unterscheidungsgabe. Wenn andere Faktoren im Horoskop nicht auf Weisheit hindeuten, könnten die Geborenen leicht Opfer von Täuschungen werden.

Diese Menschen sind großzügig und gastfreundlich. Sie möchten diejenigen, die sich ihrem eigenen Glauben oder ihrer Lebensanschauung anschließen, bemuttern. Sie werden von anderen Menschen Hilfe erhalten, selbst wenn sie diese nicht zu verdienen scheinen.

Sie neigen dazu, ein Klosterleben zu führen oder auf dem Land nahe an einem Gewässer zu leben.

Oft unterstützen sie psychiatrische Kliniken, Spitäler, religiöse Vereinigungen und höhere Bildungsanstalten. Ebensooft dürften sie auch ein Wander- oder Bohemien-Leben führen.

Von allen Aspekten ist dies wohl der expansivste. Er verleiht eine grenzenlose Phantasie. Diese Menschen sind daher eher für Religion, Musik, bildende Kunst, Dichtung und Schauspiel begabt als für nüchterne weltliche Unternehmungen. Bei diesem Aspekt besteht eine Neigung zu Überschwang, weil Jupiter und Neptun beide expansiv sind, in den gleichen Zeichen herrschen und erhöht sind, und weil der Trigonaspekt selbst noch eine Tönung von Jupiter, Schütze und neuntem Feld hat.

In einem schwachen Horoskop kann dieser Aspekt auf ein parasitäres Wesen deuten, das zu Trägheit und Genußsucht tendiert. Aber im Falle von hochentwickelten Menschen kann der Aspekt echte geistige Inspiration, Mitgefühl und Großzügigkeit verleihen, die an Heiligkeit grenzen.

Jupiter Trigon Pluto (♃ △ ♇)

In seiner höchsten Ausdrucksform bedeutet dieses Trigon einen Glauben, der Berge versetzen kann. Mit diesem Aspekt sind enorme spirituelle Regenerationskräfte verbunden, die psychisch wie physisch wirksam werden können. Das spirituelle Leben der Geborenen wird von einer konstruktiv ausgerichteten Willenskraft gestärkt.

Die Geborenen besitzen eine solch große Meditations- und Konzentrationsfähigkeit, daß sie ihren spirituellen Inspirationen konkret Ausdruck verleihen können. Weil Jupiter den Schützen, ein Feuerzeichen, regiert und Pluto als Mitherrscher des Widders im Feuerzeichen Löwe erhöht ist, besitzen die Geborenen ungeheure schöpferische Kräfte, die es ihnen erlauben, ihr eigenes Leben und ihre Umgebung zum Wohl der Allgemeinheit zu verändern. Sie besitzen eine tiefe Einsicht und wissen instinktiv, was bei einer Situation nicht stimmt und was getan werden muß, um die Sache wieder in Ordnung zu bringen.

Jupiter Trigon aufsteigender Mondknoten,
Sextil absteigender Mondknoten (♃ △ ☊, ⚹ ☋)

Diese Stellung zeigt, daß die moralischen und religiösen Wertvorstellungen der Geborenen mit denjenigen der Gesellschaft, in der sie leben, übereinstimmen. Deshalb dürften sie bei den religiösen und sozialen Einrichtungen ihrer Kultur Ansehen erlangen. Ihre instinktive Fähigkeit, in den vorherrschenden Strömungen mitzuschwimmen, verschafft ihnen Popularität und finanziellen Gewinn.

Jupiter Trigon Aszendent, Sextil Deszendent (♃ △ Asz., ⚹ Desz.)

Menschen mit dieser Stellung zeichnen sich durch eine aufbauende, optimistische Lebenseinstellung aus. Die Geborenen strahlen Selbstsicherheit, Begeisterung und guten Willen aus und gewinnen so das Vertrauen und die Mitarbeit ihrer Mitmenschen. Diese Stellung begünstigt Glück in der Ehe und Harmonie in Partnerschaften und in Beziehungen zur Öffentlichkeit.

Jupiter Trigon Medium Coeli, Sextil Imum Coeli (♃ △ M.C., ⚹ I.C.)

Diese Konfiguration verbürgt eine konstruktive Arbeitsmoral, die es dem Geborenen erleichtert, in dem von ihm gewählten Beruf zu Ansehen zu gelangen. Dank seiner Redlichkeit und Offenheit vermag er das Wohlwollen von Leuten in übergeordneten Positionen zu gewinnen, die ihm auf seinem Weg zum Erfolg behilflich sind. Dieser Aspekt ist von Vorteil für eine juristische oder politische Laufbahn.

Der berufliche Erfolg sichert die Geldmittel für ein glückliches, gesichertes Familienleben. Die Geborenen lieben ihre Familie.

Trigone mit Saturn

Saturn Trigon Uranus (♄ △ ♅)

Dieses Trigon verleiht dem Menschen intuitive Einsicht in das Wirken der kosmischen Gesetze. Die Geborenen verstehen den Sinn des Karmas und können deshalb ihr Leben entsprechend gestalten.

Eine starke Willenskraft ist kombiniert mit der Fähigkeit, die schöpferische Inspiration praktisch zu nutzen. Der Aspekt ist sehr günstig für Mathematiker, Naturwissenschaftler, Astrologen, Yogis und ganz allgemein für Okkultisten. Die Geborenen vermögen feinste Energien auf exakte, systematische und wissenschaftliche Weise zu beherrschen.

Sie haben ein geniales Organisationstalent, was sie in Verbindung mit ihrem klaren Blick und ihrer Einsicht zu ausgezeichneten Staatsmännern oder Regierungschefs macht oder auch zu tüchtigen leitenden Angestellten und Koordinatoren großer Projekte. Sie sind für Public Relations begabt, denn sie verstehen die Motivationen der Leute. Die Geborenen arbeiten oft mit Hilfe von Gruppen, Organisationen oder Logen, besonders solchen, die sich mit religiösen oder okkulten Dingen beschäftigen.

Die Regentschaft des Saturn im Steinbock, verbunden mit derjenigen des Uranus im Wassermann, ergibt die Fähigkeit, in Gruppen zu arbeiten, während die Erhöhung des Uranus im Skorpion die Gabe verleiht, kollektive Mittel und Kräfte zu organisieren. Die Erhöhung des Saturn in der Waage bedeutet diplomatisches Geschick.

Saturn Trigon Neptun (♄ △ ♆)

Menschen mit diesem Aspekt haben die Fähigkeit, Programme hinter den Kulissen zu planen und zu verwirklichen. Sie sind daher beruflich oft mit Untersuchungen und geheimen Vorhaben, besonders mit staatlichen Projekten beschäftigt. Auch für Militärstrategen, Generäle und Erforscher okkulter Bereiche ist dieser Aspekt günstig. Die Geborenen wissen Geheimnisse auszuforschen und Rätsel zu lösen. Kaum ein Hinweis, und mag er noch so flüchtig sein, entgeht ihrer Aufmerksamkeit.

Solche Menschen können mit einer Geheimgesellschaft mystischer, okkulter oder religiöser Richtung zu tun haben. Das Trigon ergibt einen praktischen kreativen Ausdruck von Weitblick und Einsicht. Die Imagination (von Neptun beherrscht) besitzt eine Präzision der Form, die zur prophetischen Einsicht beitragen kann. Das Trigon ist von Vorteil für Leute, die in der Filmindustrie tätig sind, weil die Fotografie dem Neptun zugeordnet ist, die Beziehung des Trigons zum fünften Feld den Unterhaltungssektor betrifft und Saturn organisatorische Managerfähigkeiten verspricht.

Dank ihrer Ausdauer und ihrer Konzentrationsfähigkeit besitzen diese Menschen die Gabe der Meditation und der Nutzung ihrer intuitiven Kräfte. Sie vermögen auch kaum wahrnehmbare Faktoren zu analysieren, die bei Geldanlagen und an der Börse eine Rolle spielen. Sie besitzen für diese Dinge einen sechsten Sinn, besonders wenn das fünfte und sechste Feld beim Aspekt eine Rolle spielen.

Wie schon beim Trigon Saturn-Uranus wissen diese Geborenen um das Gesetz von Ursache und Wirkung in bezug auf ihre karmischen Umstände sowie diejenigen ihrer Mitmenschen.

Der Einfluß dieses Trigons wird verstärkt, wenn rascher laufende Planeten im Horoskop günstige Aspekte zu Saturn oder Neptun bilden. Andernfalls wird das Trigon bei einem Durchschnittsmenschen kaum deutlich zur Auswirkung gelangen.

Saturn Trigon Pluto (♄ △ ♇)

Dieses Trigon verleiht den Geborenen die Fähigkeit, die Gesetze der Organisation subtiler Energien zu begreifen und bewußt oder unbewußt anzuwenden. Es begünstigt daher Menschen , die auf den Gebieten der Physik, des Okkultismus, der Magie, der Astrologie oder mit Meditationssystemen arbeiten. Sind andere Aspekte zu Saturn und Pluto ebenfalls verheißungsvoll und verrät das Horoskop im ganzen okkulte Neigungen, ist den Geborenen in der Regel ein umfassendes Lebens- und Weltverständnis zu eigen.

Diese Menschen verfügen über eine ungeheure Willenskraft und arbeiten unermüdlich, um ihr Ziel zu erreichen. Dazu kommt Organisationstalent, weshalb sie sich für die Übernahme leitender Funktionen eignen. Sie können sorgfältig und überlegt arbeiten und führen dabei oft grundlegende und irreversible Veränderungen in ihrem eigenen Leben und demjenigen anderer herbei. Oft fühlen sie sich als Sendboten des Schicksals oder eines besonderen karmischen Auftrags, den sie zu erfüllen haben. Dies ist einer der tiefgründigsten Aspekte.

Im Horoskop eines Durchschnittsmenschen wird dieser Aspekt kein großes Gewicht haben, außer Saturn und Pluto stünden in einem Eckfeld, oder andere Planeten wären mit diesem Aspekt verbunden.

Saturn Trigon aufsteigender Mondknoten, Sextil absteigender Mondknoten (♄ △ ☊, ✶ ☋)

Diese Stellung bedeutet, daß die Geborenen vorsichtig und konservativ sind und sich streng an die vorherrschenden sozialen, moralischen und geschäftlichen Grundsätze halten. Sie gelten daher als altmodisch, haben jedoch Erfolg, weil sie die Mitarbeit sozialer Institutionen und der älteren traditionsgebundeneren Mitglieder der Gesellschaft gewinnen, die ihren Konservativismus respektieren. Die Geborenen tendieren darauf, sich in gesicherten Stellungen in etablierten Institutionen einzunisten. Dieser Aspekt ist günstig für Politiker und andere im Rampenlicht des öffentlichen Lebens stehende Personen, die die konservativeren Elemente der Gesellschaft vertreten.

Saturn Trigon Aszendent, Sextil Deszendent (♄ △ Asz., ✶ Desz.)

Diese Stellung gibt den Geborenen eine würdige und etwas vorsichtig-konservative Haltung und hindert sie daran, vorschnell zu handeln. Dank ihrem praktischen Geschick und ihrer Aufrichtigkeit gewinnen sie den Respekt und die Bewunderung ihrer Mitmenschen, obwohl man sie eher für kalt halten mag. Sie sind jedoch imstande, vielversprechende Partnerschaften einzugehen und in Zusammenarbeit mit anderen Plänen in die Tat umzusetzen.

Wenn keine Faktoren im Horoskop vorhanden sind, die dagegen sprechen, kann man sich darauf verlassen, daß die Geborenen ihre Verpflichtungen einhalten.

Die Stellung bedeutet zwar Stabilität in der Ehe, verheißt an sich jedoch nicht günstige Ehechancen.

Saturn Trigon Medium Coeli, Sextil Imum Coeli (♄ △ M. C., ✱ I. C.)

Diese Stellung deutet auf großen beruflichen Ehrgeiz hin. Die Geborenen werden hart und ausdauernd arbeiten, um die gesteckten Ziele zu erreichen. Sie sind in ihrer Arbeit verläßlich und besitzen Organisations- und Managertalent. Auf diese Weise gewinnen sie das Vertrauen ihrer Vorgesetzten und werden befördert.

Die Konfiguration begünstigt einen langsamen und stetigen Aufstieg bis zur Spitzenposition. Sie ist von besonderem Vorteil für politisch Tätige und deutet auf Integrität im öffentlichen Amt, sofern andere Faktoren im Horoskop dies bestätigen.

Der durch harte Arbeit erworbene Berufserfolg trägt zu einem gesicherten und wohlgeordneten Familienleben bei.

Trigone mit Uranus

Uranus Trigon Neptun (♅ △ ♆)

Dieses Trigon verspricht hochentwickelte spirituelle Fähigkeiten. Da dieser Aspekt lange Zeit andauert, betrifft er eine ganze Generation (etwa diejenige, die zwischen 1939 und 1945 zur Welt kam) und ist im persönlichen Horoskop nicht besonders bedeutsam (es sei denn, Uranus oder Neptun stünden in Eckfeldern oder würden von anderen Planeten stark aspektiert, was auf echt geniale Begabung hindeuten würde). Es verleiht den Geborenen eine ausgesprochene Neigung zum Mystischen und Okkulten.

Diese Generation wird zum Hellsehen und zur Entwicklung der Intuition tendieren. Deshalb werden Astrologie, Joga, Magie, das Okkulte, außersinnliche Wahrnehmung und Ähnliches en vogue sein. Es wird die Neigung vorherrschen, Organisationen, die diese Gebiete lehren und verbreiten, beizutreten. Diese Generation hegt utopische Ideale. Es ist ihr Schicksal, das allgemeine Niveau der spirituellen Verwirklichung der Zivilisation auf eine höhere Ebene zu heben.

Uranus Trigon Pluto (♅ △ ♇)

Dieses Trigon kennzeichnet eine Generation von Menschen, die den dynamischen Willen haben, die Zivilisation umzuformen und eine Reform herbeizuführen. Sie besitzen stark wissenschaftliche und okkulte Neigungen.

Sie bewirken große Fortschritte und plötzliche Änderungen, die großenteils durch Wissenschaft und Okkultismus zustande kommen. Diese Menschen werden keine Opposition dulden und nichts gelten lassen, was den Fortschritt hemmt. Dank dieser kollektiven Anstrengungen werden sich neue Formen der Zivilisation herausbilden und höhere Energieformen endeckt werden, womit eine allgemeine Entfaltung der intuitiven Fähigkeiten parallel geht. Allerdings werden diese Wirkungen des Trigons beim einzelnen nicht bemerkbar werden, sollten nicht Uranus oder Pluto in Eckfeldern stehen und stark aspektiert sein.

Diese Menschengeneration bekundet auch ein Interesse am Tod und am Leben nach dem Tode, sowie ein Wissen um eine spirituelle Wiedergeburt und Regeneration. Dieses Trigon hat eine doppelte Skorpionbedeutung, weil Pluto im Skorpion regiert und Uranus in diesem Zeichen erhöht ist. Deshalb finden sich in diesem Trigon alle spirituellen und okkulten Eigenschaften des Skorpions in ihren höchsten Ausdrucksformen.

Uranus Trigon aufsteigender Mondknoten, Sextil absteigender Mondknoten (♅ △ ☊, ✱ ☋)

Diese Stellung schenkt dem Menschen die Gabe, von Veränderungen in den vorherrschenden sozialen Normen und Institutionen zu profitieren. Die Geborenen könnten sogar bei sozialen Reformen eine führende Rolle spielen. In der Politik nehmen sie in der Regel eine liberale Haltung ein.

Sie vermögen sich rasch an neue Gegebenheiten anzupassen und mögliche Chancen zu nutzen.

Uranus Trigon Aszendent, Sextil Deszendent (♅ △ Asz., ✳ Desz.)

Diese Stellung spricht für eine willensstarke Persönlichkeit, die sich selbst auf eine eigenwillige, kluge, prägnante und intuitive Art zum Ausdruck bringt. Oft sind diese Menschen großgewachsen oder sonstwie auffallend in ihrer äußeren Erscheinung.

Recht häufig besteht bis zu einem gewissen Grad ein Vorauswissen und ein besonderes Einfühlungsvermögen.

Die Horoskopeigner sind geborene Führernaturen, weil sie die Begeisterung anderer erwecken und deren Unterstützung und Mitarbeit gewinnen können.

Es besteht eine Tendenz, unter eher ungewöhnlichen Umständen mit anderen in Beziehung zu treten.

Uranus Trigon Medium Coeli, Sextil Imum Coeli (♅ △ M.C., ✳ I.C.)

Diese Stellung bedeutet beruflichen Erfolg, ja Berühmtheit, dank ungewöhnlicher Leistungen auf dem betreffenden Gebiet, das oft recht ausgefallen zu sein pflegt. Der Ruhm kann den Menschen ganz plötzlich zuteil werden.

Diese Stellung ist günstig für Wissenschaftler, Okkultisten, Astrologen und Elektroniker.

Das Familienleben und die häusliche Atmosphäre weisen meist eine unverkennbare persönliche Note auf, sei es, daß das Heim sich durch eine auffällige Bauweise oder durch besondere Einrichtungen auszeichnet.

Trigone mit Neptun

Neptun Trigon Pluto (♆ △ ♇)

Dies ist ein hochgradig okkulter und langdauernder Aspekt. Weil er eine ganze Generation betrifft, wird er sich beim Durchschnittsmenschen als eine Kombination von Haltungen und Wertvorstellungen zeigen, die für seine Generation im ganzen charakteristisch sind. Deutliche Wirkungen wird man bei einem einzelnen Menschen nur dann feststellen können, wenn Neptun oder Pluto einen starken Aspekt zu einer Eckfeldspitze besitzt, in einem der Eckfelder steht oder zu anderen Planeten starke Aspekte bildet.

Dieses Trigon verleiht eine allgemeine Neigung zu Mystik und hellseherischen und intuitiven Fähigkeiten. Es dürfte ein Interesse an den theoretischen Aspekten der Naturwissenschaft und an verschiedenen Themen okkulter Forschungen, besonders an Fragen der Reinkarnation und dem Leben nach dem Tod, bestehen.

Neptun Trigon aufsteigender Mondknoten, Sextil absteigender Mondknoten (♆ △ ☊, ✱ ☋)

Menschen mit dieser Stellung besitzen die Fähigkeit, vorherrschende soziale Strömungen, Haltungen und Verhaltensweisen intuitiv zu erfassen und zu nutzen. Sie gehen mit der Zeit und erlangen dank dieser «Resonanz» Erfolg und Popularität.

Neptun Trigon Aszendent, Sextil Deszendent (♆ △ Asz., ✱ Desz.)

Diese Stellung verleiht den Geborenen ein feines Empfindungsvermögen, sowie vielfach auch hellseherische Fähigkeiten und eine gut entwickelte Intuition. Diese Menschen zeichnen sich meist durch eine ungewöhnliche äußere Erscheinung und ein geheimnisvolles Wesen aus. Es geht ein besonderer Zauber von ihnen aus, und ihre Augen üben eine fast magnetische Anziehungskraft aus.

Ihr großes Mitgefühl und ihre intuitive Fähigkeit, die Stimmung anderer zu erfassen, macht es ihnen leicht, Vertrauen, Beliebtheit und Mitarbeit zu gewinnen. Der Aspekt begünstigt eine enge Verbundenheit mit dem Ehepartner.

Neptun Trigon Medium Coeli, Sextil Imum Coeli (♆ △ M. C., ✱ I. C.)

Diese Stellung zeigt an, daß die Geborenen ihre Intuition im Beruf konstruktiv anwenden können. Sie verhilft ihnen zur konstruktiven Lösung ihrer Probleme und befähigt sie, die Stimmung von Vorgesetzten oder anderen einflußreichen Persönlichkeiten zu ergründen.

Diese Neptunstellung ist besonders günstig für bildende Künstler, Musiker und Schauspieler, weil sie ihnen zu öffentlicher Anerkennung verhilft. Sie fördert auch ein glückliches Familienleben, vor allem eine enge Beziehung zu den Eltern. Das Heim der Geborenen zeichnet sich meist durch eine besondere Note oder künstlerische Gestaltung aus. Diese Menschen wohnen mit Vorliebe in der Nähe eines Gewässers.

Trigone mit Pluto

Pluto Trigon aufsteigender Mondknoten, Sextil absteigender Mondknoten (♇ △ ☊, ✶ ☋)

Menschen mit dieser Stellung spielen meist eine führende Rolle bei Umformungen sozialer und politischer Institutionen. Sie sind gute Demagogen und verstehen es, die öffentliche Meinung zu beeinflussen. Die Stellung ist günstig für Menschen im öffentlichen Leben, Politiker und Gesellschaftsreformer.

Pluto Trigon Aszendent, Sextil Deszendent (♇ △ Asz., ✶ Desz.)

Diese Stellung verleiht Konzentrationsfähigkeit, eine feine Wahrnehmungsgabe, manchmal auch Hellsicht und eine hochentwickelte Willenskraft. Die Geborenen vermögen durch Modifizierung ihrer Zusammenarbeit mit anderen ihr Ausdrucksniveau zu erhöhen. Dies bewirkt auch beim Partner eine intensivere Bewußtheit. Die Kraft und Selbstsicherheit der Geborenen erwecken Vertrauen und regen zur Mitarbeit an. Sie sind daher geborene Führernaturen und Organisatoren. Sie machen Entdeckungen, planen neue Projekte und erfinden verbesserte Arbeitsmethoden. So üben sie auf ihre Umgebung einen dynamischen Einfluß aus.

Pluto Trigon Medium Coeli, Sextil Imum Coeli (♇ △ M. C., ✳ I. C.)

Diese Stellung deutet auf beruflichen und gesellschaftlichen Ehrgeiz. Diese Menschen sind bestrebt, ihre Arbeitsmethoden laufend zu verbessern, und wissen mit Menschen in Machtpositionen umzugehen. Leitenden Angestellten verleiht diese Stellung Überzeugungskraft, Weitblick und Initiative. Sie besitzen den Willen zum Erfolg.

Der berufliche Erfolg ermöglicht eine Regeneration der Familien- und Heimsituation.

Heim und Beruf können zur Basis für okkulte Unternehmungen werden. Diese Stellung ist günstig für Menschen, die in den Naturwissenschaften, in der Politik oder in der Metaphysik tätig sind.

Trigone mit den Mondknoten

Aufsteigender Mondknoten Trigon Aszendent, Sextil Deszendent
(☊ △ Asz., ✳ Desz.)

Absteigender Mondknoten Sextil Aszendent, Trigon Deszendent
(☋ ✳ Asz., △ Desz.)

Menschen mit dieser Stellung haben ein gutes Wahrnehmungsvermögen für die vorherrschenden gesellschaftlichen Tendenzen, die sie geschickt zu nutzen wissen. Sie verstehen es, sich gewandt auszudrücken, und gewinnen dadurch gesellschaftliche Unterstützung und Anerkennung. Sie führen ihre Unternehmungen mit einem Minimum an Reibungen und Widerstand aus, es sei denn, andere Faktoren im Horoskop würden auf das Gegenteil hindeuten.

Aufsteigender Mondknoten Trigon Medium Coeli, Sextil Imum Coeli
(☊ △ M. C., ✳ I. C.)

Absteigender Mondknoten Sextil Medium Coeli, Trigon Imum Coeli
(☋ ✱ M. C., △ I. C.)

Diese Stellung vermittelt dem Menschen einen Spürsinn für gesellschaftliche Zusammenhänge und Strömungen, die sie in beruflicher, gesellschaftlicher und familiärer Hinsicht optimal zu nutzen wissen.

Aufsteigender Mondknoten Trigon Deszendent, Sextil Aszendent
(☊ △ Desz., ✱ Asz.)

Absteigender Mondknoten Trigon Aszendent, Sextil Deszendent
(☋ △ Asz., ✱ Desz.)

Mit dieser Stellung Geborene vermögen sich den herrschenden gesellschaftlichen Strömungen und Meinungen anzupassen und sich ihrer zu bedienen. Diese Fähigkeit ist auf dem Gebiet der Public Relations, bei Partnerschaften, im Verkaufssektor und bei rechtlichen Angelegenheiten von Vorteil. Die Geborenen sind, wie man so sagt «in», das heißt, sie schwimmen mit dem Strom.

Aufsteigender Mondknoten Trigon Imum Coeli, Sextil Medium Coeli
(☊ △ I. C., ✱ M. C.)

Absteigender Mondknoten Trigon Medium Coeli, Sextil Imum Coeli
(☋ △ M. C., ✱ I. C.)

Mit dieser Stellung ist ein Flair für gesellschaftliche Strömungen vorhanden, das diesen Menschen in familiären und beruflichen Angelegenheiten zugute kommt. Charakteristisch ist, daß sich bei dieser Konstellation familiäre und berufliche Dinge stets gut kombinieren lassen.

Die Geborenen sind geschäftstüchtig, da sie aus sozialen Faktoren Kapital zu schlagen vermögen. Sie sichern sich und ihrer Familie dadurch ein gutes Einkommen.

16. DIE OPPOSITIONEN

Oppositionen zur Sonne

Sonne Opposition Mond (☉ ☍ ☽)

Diese Opposition bedeutet in der Regel einen Konflikt zwischen dem bewußten Willen und den unbewußten Motivationen. Oft zeigen sich Spannungen in den Beziehungen zum anderen Geschlecht. Es treten überhaupt ganz allgemein Beziehungsprobleme auf, sei es in häuslichen, amourösen, finanziellen oder ehelichen Angelegenheiten.

Solche Konflikte bewirken oft gesundheitliche Störungen, weil beide Gestirne das Vitalitätsprinzip sehr stark beeinflussen. Es kann eine Tendenz zu Ruhelosigkeit, Nervosität und psychosomatischen Erkrankungen vorliegen. Diese Menschen sind innerlich unausgeglichen, und ihr Energiepotential ist erheblichen Schwankungen unterworfen.

Auch die Erfüllung der Elternpflichten dürfte ihnen angesichts ihrer eigenen schlechten Erfahrungen in der Kindheit nicht leichtfallen. Sie müssen lernen, sich von Vergangenem zu lösen, weil es ihre weitere Entwicklung und ihre Ausdrucksmöglichkeiten hemmt.

Dieser Aspekt ist von mehr genereller Bedeutung. Er betrifft allgemeine psychologische Charakteristiken und nicht spezifische Fähigkeiten und Probleme. Sein Einfluß macht sich in jenen Angelegenheiten geltend, die den Zeichen und Feldern zugeordnet sind, in denen die Sonne und der Mond stehen und herrschen.

Bildet ein Planet zur Sonne oder zum Mond ein Trigon und damit gleichzeitig ein Sextil zum andern, mildert dies die Spannung des Aspekts, da sich dadurch für die Energie der Opposition konstruktive Äußerungsmöglichkeiten ergeben.

Ist die Opposition Teil einer Quadratkonstellation, so wird der zu Sonne und Mond im Quadrat stehende Planet zum Brennpunkt der Spannungen und Konflikte wie auch der Problemlösungen der Geborenen.

Die Geborenen sollten sich nicht an große Projekte wagen, ohne den nötigen Details die erforderliche Beachtung geschenkt zu haben.

Sonne Opposition Mars (☉ ☍ ♂)

Menschen mit diesem Aspekt neigen meist zu Widerspruchsgeist und Streitsucht, was in einzelnen Fällen zu Handgreiflichkeiten führen kann. Die Geborenen sind aggressiv und dürften andere Streithähne anziehen. Ihr Machtstreben bringt sie mit Menschen in Kontakt, die ähnliche Neigungen haben. So kommt es sehr oft zu Willenskonflikten.

Die Tendenz, anstelle von Vernunft und Diplomatie Zwang anzuwenden, schafft natürlich unangenehme Situationen und viel böses Blut.

Die Lebensgebiete, die von dieser Opposition betroffen sind, werden von den Zeichen und Feldern bezeichnet, in denen Mars und Sonne stehen und regieren.

Oft ergreifen diese Menschen für Sondergruppen Partei. Für sie gibt es bei der Beurteilung ihrer Mitmenschen nur Schwarz und Weiß. Sie sind viel zu impulsiv und ermangeln im Umgang mit ihren Mitmenschen jeglichen Fingerspitzengefühls.

Manchmal sind sie auch sexuell zu aggressiv oder werden in Eifersuchtshändel verwickelt.

Durch andauernde Überanstrengung überfordern sie häufig ihr Herz.

Sonne Opposition Jupiter (☉ ☍ ♃)

Diese Opposition deutet auf eine Situation, in der die Geborenen gegenüber anderen Menschen viel zu optimistisch und überschwenglich sind.

Sie pflegen oft mehr zu versprechen, als sie halten können, und verderben sich so ihren guten Ruf. Manchmal fallen sie den anderen auf die Nerven, weil sie sie zu ihren eigenen religiösen oder weltanschaulichen Auffassungen bekehren wollen. Vielfach gebärden sie sich arrogant oder schneiden auf. Es kommt auch vor, daß sie an ihre Mitmenschen unrealistische und unerfüllbare Forderungen stellen.

Sie müssen sich einer praktischen, auf dem Boden der Wirklichkeit fußenden, unpersönlichen Haltung befleißigen und ihre Impulse zu Großspurigkeit und Angeberei im Zaum halten.

Sonne Opposition Saturn (☉ ☍ ♄)

Diese Opposition kann unter Umständen die Ausdrucksmöglichkeiten des Geborenen blockieren. Dies läßt ihn in den Augen seiner Mitmenschen eher unnahbar und kalt erscheinen. Die Zurückhaltung und Förmlichkeit dieser Menschen führt bei Freundschaften und romantischen Beziehungen oft zu Verständigungsschwierigkeiten.

Manchmal werden den Geborenen von Freunden, Partnern oder Gatten schwere Verpflichtungen aufgebürdet. Ihr Selbstausdruck ist gelegentlich durch Mangel an Selbstvertrauen und Kooperation sowie negative Haltungen seitens anderer Menschen gehemmt. Sie müssen tüchtig arbeiten und viele Hindernisse überwinden, um ihre Ambitionen erfüllen zu können.

Menschen mit diesem Aspekt mögen Kinder versagt bleiben, oder es können in Verbindung mit Kindern unglückliche Umstände eintreten. Eine Ehe wird erst spät im Leben oder gar nicht geschlossen. Oft sind die Eltern der Geborenen übermäßig streng oder fallen ihnen zur Last.

Dieser Aspekt verheißt Schwierigkeiten mit den Zähnen und wenig Vitalität.

Solche Menschen müssen Sinn für Humor und eine optimistische Lebenseinstellung entwickeln.

Sonne Opposition Uranus (☉ ☍ ♅)

Diese Opposition deutet an, daß der Geborene mit dem Kopf durch die Wand will. Dazu ist er überempfindlich und pocht auf seine Unabhängigkeit. Kein Wunder, daß es ihm schwerfällt, mit Freunden und Partnern auszukommen. Wenn solche Menschen ihren Standpunkt ändern, tun sie es ganz unerwartet und nicht immer aus vernünftigen Gründen.

Sie dürften nervös und feinbesaitet, stets voller Spannung und leicht erregbar sein, weshalb sich andere in ihrer Gegenwart nicht recht wohlfühlen.

Zeitweise geben sie sich absichtlich betont konventionell, nur um Aufregung und Diskussionen zu entfachen. Es ist schwierig, mit ihnen umzugehen, weil sie oft ganz plötzlich ihr Verhalten ändern, exzentrische Ansichten haben und sich mit ihrem einmal bezogenen Standpunkt völlig identifizieren. Nicht selten halten sie sich für außerordentlich begabt. Aber obwohl sie ungewöhnliche Fähigkeiten besitzen mögen, machen sie von ihnen nicht immer klugen Gebrauch und sind meist bei weitem nicht so talentiert, wie sie es selbst gerne glauben möchten.

Ihre Unstetigkeit und Ungeduld hindern sie daran, Bemühungen über längere Zeit aufrechtzuerhalten, so daß sie sich nicht die nötige Bildung und Erfahrung aneignen können, um ihre Ideen in die Tat umzusetzen.

Sonne Opposition Neptun (☉ ☍ ♆)

Diese Opposition bringt den Geborenen in ihren amourösen, religiösen und privaten Beziehungen Schwierigkeiten. Die Sicht dieser Menschen ist vielfach durch Vorurteile getrübt, die auf engbegrenzten und vielleicht einseitigen Erfahrungen der Vergangenheit beruhen. Dies führt zu Fehlinterpretationen und Mißverständnissen. Die Geborenen sollten sich deshalb in ihrem Umgang mit anderen um Objektivität bemühen.

Infolge ihrer Gefühlsbetontheit investieren sie ein hohes Maß an Phantasie und Wunschdenken in ihre mitmenschlichen Beziehungen, was oft zu Enttäuschungen führt. Manchmal hintergehen sie selbst ganz unbeabsichtigt andere Menschen, weil sie so unzuverlässig sind. Wo es um Liebe und Romanze geht, werden sie besonders leicht das Opfer von Illusionen.

Diese Menschen halten sich vielfach auch als «von oben» inspiriert, während sie in Wirklichkeit Opfer ihrer eigenen Großmannssucht sind. Gelegentlich laufen sie Gefahr, von astralen Wesenheiten und trügerischen psychischen Kräften beeinflußt zu werden. Sie sollten sich vor einer Teilnahme an Seancen und astralen Phänomenen hüten und sich in allen ihren Beziehungen um Offenheit und Ehrlichkeit bemühen.

Sonne Opposition Pluto (☉ ☍ ♇)

Diese Opposition zeigt Gefahren an, die von der überbordenden Willensnatur der Geborenen her drohen. Diese Menschen haben oft Tendenz, Umstände zu erzwingen oder anderen Menschen Vorschriften zu machen. Sie sind gewöhnlich impulsiv, vor allem, wenn es darum geht, die Welt eines Besseren zu belehren. Wenn andere nicht ihrer Meinung sind, kann dies zu heftigen Auseinandersetzungen führen. Dieser Aspekt spricht auch für ein Bedürfnis nach Selbsterneuerung, die dazu benützt wird, erfolgreichere und harmonischere Beziehungen herzustellen.

Die direkte und kraftvolle Art, in der die Geborenen sich äußern, schüchtert andere Menschen oft ein oder verärgert sie, so daß die Geborenen deren Unterstützung oder Mitarbeit nicht gewinnen können.

In ihren Liebesbeziehungen sind diese Menschen oft zu aggressiv. Darüber hinaus sollten sie sich, wenn möglich, niemals in Kriege oder politische und soziale Revolutionen verwickeln lassen, weil diese für sie eine besondere Gefahrenquelle darstellen.

Oppositionen zum Mond

Mond Opposition Merkur (☽ ☍ ☿)

Diese Opposition bringt Verwirrung und Ärger in gesellschaftlichen Beziehungen mit sich, weil die Geborenen endlos über völlig belanglose Dinge reden. Besonders Frauen dürften ihren Freunden mit der Zeit so sehr auf die Nerven fallen, daß diese ihnen aus dem Weg zu gehen versuchen.

Unbewußte Gefühlsmuster können die Fähigkeit der Geborenen, klar und objektiv zu denken und sich mitzuteilen, verzerren. Sie nehmen Kritik allzu persönlich.

Diese Menschen neigen auch zu Nervosität und emotionaler Erregbarkeit. Ihre Gesundheit kann durch ungesunde Ernährung und schlechte Hygiene angegriffen werden, oder sie können in bezug auf sich selbst und ihr Heim geradezu Sauberkeitsfanatiker sein. In beiden Fällen gelingt es ihnen nicht, den goldenen Mittelweg zu finden.

Die Geborenen dürften für unwichtige Dinge Geld verschwenden, meist für Haushaltgegenstände oder Kleider, oder aber solche Dinge können eine übermäßige Bedeutung erlangen.

Die Verständigung im Familienkreis oder mit den Nachbarn klappt nicht sehr gut. Die übertriebene Sorge der Geborenen um ihre Angehörigen gibt immer wieder Anlaß zu Ärger.

Mond Opposition Venus (☽ ☍ ♀)

Menschen mit dieser Opposition sind überempfindlich und fühlen sich oft ungeliebt. Daraus können sich häusliche und materielle Probleme ergeben.

Manchmal neigen die Geborenen zur Bequemlichkeit und kümmern sich allzusehr um materielle Annehmlichkeiten und Luxusgüter. Dieser Aspekt hat eine doppelte negative Stierfärbung. Sexuelle Exzesse sind ebenso denkbar wie ungesunde Eßgewohnheiten – gewöhnlich übermäßiger Genuß von Süßigkeiten und Kohlehydraten.

Manchmal bringt die Familie den Geborenen in eine schwierige Lage, indem sie sich in Eheangelegenheiten einmischt, möglicherweise in Form des sprichwörtlichen Schwiegermutter-Konflikts.

Wenn sich die Geborenen auf allumfassende Bestrebungen konzentrieren, könnten sie die materiellen Bequemlichkeiten eines häuslichen Lebens gering achten.

Mond Opposition Mars (☽ ☍ ♂)

Diese Opposition bedeutet ein unbeständiges Gefühlsnaturell. Die Geborenen verlieren oft wegen geringfügiger Ärgernisse – besonders solcher im Haushalt – die Beherrschung und trüben dadurch die gesellschaftlichen und häuslichen Beziehungen. Männer mit diesem Aspekt dürften gegenüber Frauen zu brüsk sein; Frauen mit diesem Aspekt fehlt manchmal die weibliche Sanftmut.

Auch der Alkoholismus stellt eine Gefahr für diese Menschen dar. Sie neigen dazu, unter dem Einfluß von Alkohol streitsüchtig zu werden.

Die Geborenen müssen Heiterkeit und Selbstbeherrschung entwikkeln. Ihre Impulsivität könnte sie dazu verleiten, unüberlegt zu handeln. Die Tendenz, zuviel Geld auszugeben, kann zu finanziellem Bankrott und zu Schulden führen. Sorglosigkeit im Umgang mit fremdem Geld und Besitz wird Verdruß und Streitigkeiten zur Folge haben.

Es kommt oft zu Konflikten mit den Eltern, besonders mit der Mutter. Das gleiche wiederholt sich später im Zusammenleben mit Ehepartner und Kindern.

Die Geborenen haben nichts übrig für Routine. Es fällt ihnen daher schwer, ihren Verpflichtungen auf lange Sicht nachzukommen. Ihr Erlebnishunger kann zu wenig wünschbaren Verbindungen, Ausschweifungen und manchmal zu Gewalttätigkeit oder anderen ernsten Schwierigkeiten führen.

Solche Menschen könnten auch Familienangehörige durch Krieg oder andere Gewalteinflüsse verlieren. Sie tun gut daran, ihr Heim gegen Feuergefahr zu schützen. In schwerverletzten Horoskopen kann dieser Aspekt auf Unehrlichkeit und kriminelle Neigungen hindeuten.

Mond Opposition Jupiter (☽ ☍ ♃)

Bei dieser Opposition besteht die Tendenz, sich von wohlwollenden Impulsen überwältigen zu lassen. Die Geborenen lassen bei ihrer Wohltätigkeit oft jegliche Klugheit und Kritikfähigkeit vermissen.

Ihre Beziehungen zu den Mitmenschen dürften problematisch sein, weil sie sich von anderen hinters Licht führen lassen oder stets mehr versprechen, als sie halten können. Dieser Aspekt kann auch Trägheit und Bequemlichkeit verheißen. Übermäßiges Essen kann Beschwerden oder Übergewicht zur Folge haben. Die Geborenen neigen zu Lastern wie Zügellosigkeit, Verschwendungssucht und Unordentlichkeit.

Manchmal besteht auch eine rührselige Sentimentalität, sehr oft in Verbindung mit Religion.

Häufig verursacht ihre Überspanntheit Schwierigkeiten in den Beziehungen zu Eltern oder Familienangehörigen, oftmals als Folge von Meinungsverschiedenheiten über religiöse Fragen. Es können auch familiäre Probleme vorliegen, denen die Geborenen nicht objektiv ins Auge sehen wollen.

Oft stehen diese Menschen sich selbst im Wege, indem sie an überholten Haltungen und Gewohnheitsmustern hängen, die ihnen Sicherheit bedeuten.

Mond Opposition Saturn (☽ ☍ ♄)

Menschen mit dieser Opposition in ihrem Horoskop neigen zu Depressionen und Stagnation, weil sie sich an unfruchtbare Beziehungen und Familienbindungen klammern. Oft sind die Eltern dafür mitverantwortlich, weil sie ihren Kindern in frühem Alter eine starre Haltung anerzogen haben.

Diesen Menschen fehlt bei ihren mitmenschlichen Beziehungen Beweglichkeit und Optimismus. Manchmal fühlen sich die andern durch die steife, formelle Art der Geborenen gelangweilt und ungemütlich.

Die Geborenen neigen auch dazu, Beziehungen gleichsam auf die Goldwaage zu legen und mit vergangenen Erfahrungen und Enttäuschungen zu vergleichen. Dies hemmt sie in ihrem geselligen Umgang; sie sind nicht mehr unbefangen und natürlich in ihren Reaktionen.

Manchmal werden Entfaltungs- und Ausdrucksmöglichkeiten der Geborenen durch echte oder eingebildete Eltern– oder Familienpflichten oder finanzielle Schwierigkeiten eingeengt. Es fällt den Geborenen schwer, Freundschaften zu schließen, oder aber die Familie mißbilligt diese Freundschaften.

Sie sind wahrscheinlich nicht sehr reich an Phantasie oder leiden an Komplexen. Da sie in ihren Gefühlen kalt und teilnahmslos sind, finden sie nur schwer Kontakt zu anderen Menschen.

Es ist sehr wohl möglich, daß die häuslichen und beruflichen Verpflichtungen miteinander in Widerspruch geraten. Arbeitgeber oder Vorgesetzte erinnern die Geborenen möglicherweise unbewußt an ihre Eltern, weshalb sie manchmal Schwierigkeiten haben, mit Leuten in übergeordneten Stellungen auszukommen.

Mond Opposition Uranus (☽ ☍ ♅)

Diese Opposition kann Eigensinn und Labilität im emotionalen Bereich andeuten. Häufige abrupte Wechsel in Stimmung und Haltung der Geborenen verwirren die Mitmenschen. Unzuverlässigkeit und Unberechenbarkeit dieser Menschen können deren Familien und Freunde zur Verzweiflung bringen, weshalb diese sich von den Geborenen trennen oder distanzieren. Bestehende nervöse Spannungen machen sich in Form starker Reizbarkeit bemerkbar.

Die Geborenen schließen oft zahlreiche neue und unerwartete Bekanntschaften, die aber in der Regel nur Strohfeuer sind.

Häufig haben diese Menschen ein unstabiles Familienleben oder wechseln öfter ihren Wohnort. Die Tendenz, nach ungewöhnlichen Erfahrungen zu suchen, kann soviel Zeit und Energie beanspruchen, daß die wichtigen Verpflichtungen des Lebens dabei zu kurz kommen und die Geborenen schließlich ihre familiären Bindungen auflösen, um ihrer Abenteuerlust frönen zu können. So vernachlässigen Mütter manchmal ihre Mutterpflichten, weil sie es satt haben, die damit verbundenen Routinearbeiten auf sich zu nehmen. Männer benehmen sich oft äußerst verantwortungslos gegenüber ihrer Geliebten, ihrer Frau und ihrer Familie. Frauen dürften mit ihren Gefühlsschwankungen Männer zur Verzweiflung bringen.

Die Geborenen sollten vorsichtig sein, wenn sie sich mit parapsychologischen Dingen beschäftigen, die nicht einem nützlichen Zweck auf ihrem Weg zur geistigen Entfaltung dienen.

Mond Opposition Neptun (☽ ☍ ♆)

Mit dieser Opposition neigen die Geborenen dazu, ihre innere emotionale Verwirrung auf andere Menschen oder auf die ganze Welt zu projizieren. Da hierbei meist Vorgänge im Unbewußten eine entscheidende Rolle spielen, sind sich die Geborenen nicht klar darüber, ob die Probleme ihre Wurzel in ihnen selbst oder in ihren Partnern haben.

Mit diesem Aspekt ist eine außerordentlich starke Beeindruckbarkeit verbunden, die Geborenen nehmen unwillkürlich die emotionale Stimmung ihrer Umwelt an.

In unserer Zeit besteht Gefahr, daß diese Menschen durch schlechte Gesellschaft ins Drogenmilieu abgleiten. Auch Alkohol kann ihnen zum Verhängnis werden. Sie sollten sich vor zweifelhaften Geldgeschäften und finanziellen Abenteuern hüten.

Ebenso könnte eine Beschäftigung mit astralen und paranormalen Phänomenen riskant sein.

Die häuslichen Angelegenheiten der Geborenen dürften verworren und unordentlich sein, sei es aus Bequemlichkeit und Verantwortungslosigkeit, sei es infolge psychischer Schwierigkeiten, die ihren Ursprung in der Vergangenheit haben. Andere Menschen werden die Geborenen übervorteilen, indem sie mit deren Gefühlen ihr Spiel treiben. Häufig treten psychosomatische Erkrankungen und emotionale Spannungen auf. Bei schwachen Persönlichkeiten kann der Aspekt parasitäre Neigungen erzeugen.

Mond Opposition Pluto (☽ ☍ ♇)

Bei dieser Opposition herrscht oft eine Tendenz vor, Familie und Freunde herumzukommandieren und zu reformieren. Die Gefühlsregungen dieser Menschen äußern sich derart vehement, daß es andern darob oft angst und bange wird.

Uneinigkeit in Geldangelegenheiten und über die Verwendung gemeinschaftlicher Mittel äußert sich oft in der Form von Erbstreitigkeiten innerhalb der Familie. Weitere Familiendispute ergeben sich aus der Dickköpfigkeit der Geborenen, die sich von niemandem etwas vorschreiben lassen.

Diese Opposition kann auch mit Aggressivität oder Nüchternheit in Liebesdingen einhergehen.

Oppositionen zu Merkur

Merkur Opposition Mars (☿ ☍ ♂)

Mit dieser Opposition Geborene sind von streitlustiger Gesinnung. Dies kann, wenn sie sich beleidigt fühlen, zu heftigen Wortgefechten führen. Gelegentlich vertreten sie nur um der Auseinandersetzung willen den entgegengesetzten Standpunkt, was nicht eben zu ihrer Beliebtheit beiträgt.

Solche Menschen sind kritisch, nörglerisch und haarspalterisch in ihren Gedanken und Worten. Dennoch übersehen sie öfters wesentliche Details, weil sie zu impulsiv sind. Sie sind meist vollkommen außerstande, den Standpunkt des andern zu verstehen.

Es besteht eine Neigung, Ideen zu persönlich zu nehmen oder sich mit ihnen zu identifizieren. Die Geborenen sind deshalb oft unfähig, die Dinge von verschiedenen Seiten her zu betrachten. Werden ihre Ansichten in Frage gestellt, fassen sie dies als persönliche Herausforderung auf. Oft kommt ihr Gefühls- und Triebleben ihrem Denken in die Quere.

Diese Menschen neigen zu einem nervösen, übersensiblen Naturell. Sie haben in der Regel eine scharfe Zunge, und wenig kultivierte Horoskopeigner dürften eine recht derbe Sprache führen. Solche Eigenschaften, die der Harmonie und dem Gedankenaustausch abträglich sind, tragen nicht gerade zu freundlichen sozialen Beziehungen bei. Sie können das Verhältnis zu Freunden, Geschwistern, Partnern und Mitarbeitern trüben. Es kann zu Streitigkeiten über die Verwendung gemeinschaftlicher Mittel kommen.

Merkur Opposition Jupiter (☿ ☍ ♃)

Diese Opposition kann die Geborenen in Schwierigkeiten bringen, weil sie dazu neigen, mehr zu versprechen, als sie halten können. Sie werden meist große Worte machen, aber keine entsprechenden Taten folgen lassen. Weitere negative Eigenschaften dieser Opposition sind Zerstreutheit und Träumerei.

Die Geborenen müssen lernen, in ihrem Denken, Planen und in Abmachungen mit anderen gründlicher und zuverlässiger zu werden und den Details die nötige Beachtung zu schenken, damit sie Erfolg haben und in den Augen ihrer Mitmenschen Vertrauen und Respekt gewinnen. In bezug auf religiöse Fragen können sich Schwierigkeiten ergeben, weil diese Menschen entweder agnostisch sind oder unlogischen Glaubenssätzen anhängen. Sie sollten für andere keine Pfandbriefe oder Bürgschaften unterschreiben, da sie unzuverlässig sind.

Vielfach betreiben die Geborenen esoterische, literarische, gelehrte oder philosophische Studien – reine Liebhabereien, die keinen praktischen Wert haben. Gelegentlich vernachlässigen sie zugunsten solcher Tätigkeiten ihre weltlichen Verpflichtungen.

Mit diesem Aspekt kann auch intellektueller Dünkel verbunden sein. Die Geborenen lassen sich jedoch leicht verwirren und sind nicht fähig, ihren Standpunkt logisch zu untermauern, wenn sie ins Kreuzverhör genommen werden, da sie unter Streß ihr Gedächtnis im Stich läßt. Geheimnisse sind bei ihnen nicht gut aufgehoben. Sie können vertrauliche Informationen nicht für sich behalten und geben sie meist zum allerungünstigsten Zeitpunkt preis.

Merkur Opposition Saturn (☿ ☍ ♄)

Unter der Einwirkung dieser Opposition entwickeln die Geborenen eine mißtrauische Einstellung. Sie nehmen allem gegenüber eine Abwehrhaltung ein. Bei stark verletzten Horoskopen muß man sogar mit Intrigen und Hinterlist rechnen.

Die Geborenen neigen zu Pessimismus und sehen bei allen Dingen nur die Schattenseiten. Dies kann sie daran hindern, günstige Chancen zu erkennen und zu nutzen.

Manchmal sind sie nörglerisch und kritisch und haben deshalb wenig Freunde.

Sie besitzen den Ehrgeiz, intellektuelle Anerkennung zu finden, aber auf dem Weg dahin stoßen sie auf viele Hindernisse. Ihre intellektuelle Eifersucht erweckt bei ihren Kollegen feindselige Gefühle. Kommunikationsschwierigkeiten, übermäßig konservatives Denken und eine starre Haltung beeinträchtigen oft ihre Berufslaufbahn und ihre Stellung in der Öffentlichkeit. Bei diesem Aspekt sind Angriffe auf den guten Ruf des Horoskopeigners nicht ausgeschlossen.

In besonders ungünstig aspektierten Geburtsbildern kann dieser Aspekt extreme Engstirnigkeit und Eigensinn bedeuten.

Die Geborenen leiden oft an nervösen Beschwerden und Erkrankungen der Atemorgane. Für sie ist Rauchen besonders schädlich.

Merkur Opposition Uranus (☿ ☍ ♅)

Diese Opposition bedeutet exzentrische Ansichten. Die Geborenen sind inkonsequent im Denken und halten stur an ihren Ideen fest. Niemand kann sie von ihrer Meinung abbringen, aber sie selber können ihre Meinung mehrmals am Tage ändern.

Ihre Ausdrucksweise ist in der Regel plump und taktlos, es sei denn, andere Aspekte verbürgten das Gegenteil. Sie sind arrogant und eingebildet und halten sich oft für Genies oder zumindest für Geistesriesen, während die andern sie in der Regel als unpraktisch und verschroben einstufen. Ihren Mitmenschen kann diese Selbstüberschätzung auf die Nerven fallen, so daß keine echten Freundschaften zustande kommen.

Die Geborenen haben Schwierigkeiten mit Gruppenunternehmungen, da sie allen ihre Ideen aufzwingen wollen und nicht bereit sind, auch die Ansichten der andern gelten zu lassen.

Sie ziehen oft voreilige Schlüsse oder fällen Blitzurteile. Wenn nicht Saturn günstig aspektiert ist, leiden diese Menschen oft unter nervösen Spannungszuständen. Sie haben Mühe, sich über längere Zeit auf eine gedankliche Aufgabe zu konzentrieren, und wenn sie nicht dauernd stimuliert werden, langweilen sie sich.

Die Geborenen dürften zu viele Vorhaben aufs Mal beginnen, und falls Saturn nicht sehr stark und günstig gestellt ist, werden sie keines zu Ende führen. Aus diesem Grund geraten sie gerne in den Ruf der Unzuverlässigkeit.

Merkur Opposition Neptun (☿ ☍ ♆)

Diese Opposition verleiht den Geborenen einen hohen Grad an Einfühlungsvermögen, das sie die Gedanken und Motivationen anderer Menschen durchschauen läßt. Unbewußte Telepathie kann zu betrügerischen Machenschaften führen, die aber nicht in jedem Fall bösartig gemeint sind. Es ist, als würden die Geborenen versuchen, ihre Gegenspieler in einem subtilen telepathischen Schachspiel mattzusetzen.

Wenn diese Menschen offen und ehrlich wären, könnten sie mehr Erfolg haben. Manchmal verderben sie sich durch ihre Intrigen ihre eigenen Vorhaben, und das erweckt bei anderen Menschen Mißtrauen.

Deuten andere Faktoren des Horoskops auf Naivität und wenig Scharfsinn hin, dürften die Geborenen sich von ihren Mitmenschen ein falsches Bild machen. Daraus entwickeln sich unklare Beziehungen, die die Menschen oft zu Opfern von betrügerischen Vereinbarungen werden lassen.

Sie müssen sorgfältig darauf achten, keine geheimen Informationen zu enthüllen.

Ihre Empfindsamkeit macht es ihnen schwer, Umwelteinflüsse von sich fernzuhalten. Sie lassen sich allzu leicht von wichtigen Verpflichtungen abbringen. Im allgemeinen haben sie Mühe, ihre Einbildungskraft im Zaum zu halten, besonders in bezug auf andere Menschen.

Merkur Opposition Pluto (☿ ☍ ♇)

Diese Opposition kann eine große mentale Spannung bewirken, weil sich die Geborenen mit geheimen und möglicherweise gefährlichen Informationen befassen müssen. Forscher, die an Geheimprojekten arbeiten, haben oft diesen Aspekt.

Diesen Menschen werden oft diskrete Mitteilungen anvertraut. In Extremfällen könnten die Geborenen selbst in Spionage- oder Detektivarbeit verwickelt sein und dadurch in Schwierigkeiten geraten. Unter Umständen kann dies ihren Tod zur Folge haben.

Manchmal sind solche Menschen in ihrer Ausdrucksweise schroff und derb, oder aber andere verhalten sich ihnen gegenüber so.

Sie könnten in der naturwissenschaftlichen Forschung tätig sein. Manchmal sind sie andern gegenüber allzu neugierig, was oft Verdruß und schlechte persönliche Bezielungen zur Folge hat.

Oppositionen zu Venus

Venus Opposition Mars (♀ ☍ ♂)

Diese Opposition bringt Beziehungsschwierigkeiten emotionaler Natur mit sich, vor allem im Zusammenhang mit Sex. Die Geborenen sind äußerst empfindlich und fühlen sich durch Unfreundlichkeiten von seiten anderer schnell gekränkt.

Dieser Aspekt kann sich auf zwei Arten auswirken, je nachdem, welcher Planet stärker gestellt ist. Ist Venus stärker, können die Geborenen, besonders wenn es sich um Frauen handelt, Opfer einer schmählichen Behandlung werden. Ist Mars stärker, dürften die Geborenen Angehörige des andern Geschlechts zu ihrer eigenen sexuellen Befriedigung mißbrauchen, ohne auf deren Gefühle und Bedürfnisse Rücksicht zu nehmen.

Dieser Aspekt ist nicht günstig für das Eheglück, weil er meist mit einer Tendenz zu gefühlsmäßiger und sexueller Unverträglichkeit verbunden ist. Oft haben die Ehepartner, abgesehen von der sexuellen Anziehung, überhaupt keine gemeinsamen Berührungspunkte. Im natürlichen Horoskop ist Mars der Regent des ersten Feldes, und Venus regiert das siebente, so daß die Prinzipien des Triebes im Spiele sind.

Hinsichtlich etwaiger gemeinsamer Finanzen können sich Meinungsverschiedenheiten mit dem Ehe- oder Geschäftspartner ergeben.

Manchmal zeigt dieser Aspekt auch eine eheliche Trennung an, falls der eine Partner aus diesem oder jenem Grunde die meiste Zeit abwesend ist und damit den andern unglücklich und unzufrieden macht.

Venus Opposition Jupiter (♀ ☍ ♃)

Diese Opposition kennzeichnet Menschen von einer allzu süßlichen Liebenswürdigkeit, die einen zu Tode langweilen.

Menschen mit dieser Opposition können, besonders wenn sie wohlhabend sind, verweichlicht und genußsüchtig sein. Sie huldigen meist einem hektischen gesellschaftlichen Leerlauf und rennen gerne von einer Party zur andern. Frauen dieser Art dürften übertrieben eitel sein und sich für unwiderstehlich halten. Sie sind meist der Ansicht, daß sich alles nur um ihre Person drehen müsse, besonders wenn sie in Überfluß und Reichtum hineingeboren wurden.

Diese Menschen können übertrieben rührselig sein und sich allzu blumigen religiösen Gefühlen hingeben. Wenn es darum geht, bedürftigen Menschen praktisch unter die Arme zu greifen, entpuppt sich die Haltung der Geborenen oft als Heuchelei.

Die Geborenen nehmen meist zu vieles gerne als selbstverständlich hin. Eheliche Probleme könnten sich um religiöse Fragen drehen.

Die Geborenen stehen gerne im Mittelpunkt des Interesses und sind alles andere als zurückhaltend. Auf irgendeine Weise wird ihnen immer die gewünschte Aufmerksamkeit zuteil.

Dieser Aspekt bedeutet auch einen Hang zur Schlemmerei, insbesondere in bezug auf Süßigkeiten, sowie zu verschwenderischen Geldausgaben für Luxusgüter.

Venus Opposition Saturn (♀ ☍ ♄)

Diese Opposition ist vielfach die Ursache für emotionale Frustrationen und finanzielle Härten. Die Geborenen erleben Enttäuschungen in der Liebe und haben nicht viel Glück im Leben. Oft fühlen sie sich deprimiert, weil Saturn die natürlichen Tendenzen der Venus zu Freude, Schönheit und Glück zunichte macht. Wegen der dauernden Entbehrungen und schweren Verpflichtungen, die die Geborenen auf sich nehmen müssen, können sie zu kalten und verbitterten Menschen werden.

Oft zeigt diese Opposition eine unglückliche Ehe an, wobei der Partner unzugänglich, unglücklich und arm, barsch und gebieterisch oder viel älter als der Geborene sein kann. Vielleicht wurde die Ehe aus finanziellen Erwägungen ohne jedes Gefühl der Liebe geschlossen.

Dieser Aspekt kann auch ein kärgliches Einkommen anzeigen, denn die Geborenen dürften untergeordnete Stellen innehaben, die schlecht bezahlt sind. Ihre Arbeitgeber dürften geizig und egoistisch sein.

Oft werden diese Menschen von ihren Freunden mißverstanden, oder die Freunde sind viel älter als sie selbst.

Auch die Beziehung zur Öffentlichkeit kann durch diese Opposition erschwert werden. Die Geborenen sind nicht populär, weil sie zu reserviert erscheinen.

Eine Heirat mag hinausgezögert oder überhaupt verhindert werden. Die Eltern können auf die Geborenen einen ungünstigen Einfluß ausüben, weil sie arm, zu streng, kalt oder tyrannisch sind. Oder sie könnten die Geborenen vorzeitig dazu zwingen, schwere Verpflichtungen zu übernehmen.

Venus Opposition Uranus (♀ ☍ ♅)

Diese Opposition spricht für eine labile Gefühlsnatur. Sie stachelt die Begierde nach allerlei außergewöhnlichen Erlebnissen an – ohne daß dabei die Folgen genügend berücksichtigt würden.

Sehr oft gehen diese Menschen mehrere Ehen ein, die alle wieder geschieden werden. Sie lassen sich periodisch in neue Abenteuer verwikkeln, die ihnen, solange sie andauern, alles bedeuten. Diese Romanzen brechen jedoch ebenso plötzlich ab, wie sie anzufangen pflegten, und hinterlassen in der Folge ein Chaos. Es ist, als ob die Geborenen einer emotionalen Kraft gehorchen würden, die sie weder beherrschen noch verstehen können.

Diese Menschen werfen ihr Geld zum Fenster hinaus, indem sie es impulsiv bei zufälligen Freundschaften oder für zwecklose Vergnügungen ausgeben.

Oft sind diese Menschen gefühlsmäßig außerordentlich eigensinnig. Sie befolgen nicht einmal die Eingebungen ihres eigenen Gewissens, geschweige denn die guten Ratschläge anderer. Mächtige Begierden treiben sie auf eine wechselvolle und manchmal verderbliche Bahn.

Ihr Verlangen nach persönlicher Freiheit um jeden Preis macht es für sie oft unmöglich, sich in die gegenseitigen Verpflichtungen zu finden, die Ehe, Partnerschaften und Freundschaften verlangen. Aus diesem Grunde dürften andere Menschen darauf verzichten, sich um sie zu kümmern, und sie so dem Schicksal der Einsamkeit und Entfremdung überantworten.

Ihre Vergnügungssucht führt die Geborenen in die Irre, und die nur auf der Befriedigung dieser Begierde aufgebauten Freundschaften und Verbindungen enden unglücklich.

Venus Opposition Neptun (♀ ☍ ♆)

Diese Opposition bedeutet, daß Emotionen und Affekte stark von unbewußten Kräften gesteuert werden.

Manchmal sind diese Menschen in Dingen, die mit Geld, Ehe, Gesellschaftsleben und künstlerischer Kreativität zu tun haben, sich selbst gegenüber die schlimmsten Feinde. Ihre unbewußten Triebwünsche erzeugen ein Wunschdenken und verzerren die Wahrnehmung der Wirklichkeit.

Manchmal lassen sie sich durch Bequemlichkeit und Genußsucht zu Alkohol und Drogenmißbrauch verleiten. Diese sinnlichen Exzesse können ihre finanziellen Mittel erschöpfen, da sie infolge ihrer Süchtigkeit auf eine untergeordnete Stellung versetzt oder ihre Erwerbsmöglichkeiten beeinträchtigt werden.

Wegen heimlicher Liebesaffären oder Verbindungen kann dieser Aspekt Skandale hervorrufen, denn Neptun bewirkt eine Neigung zur Verheimlichung privater Angelegenheiten, bis die Dinge gewaltsam ans Licht gezerrt werden. Manchmal lassen sich diese Menschen zu sexuellen Perversitäten verführen oder verleiten andere dazu. Dies kann sich auch in homosexuellen Tendenzen äußern.

Sind die Geborenen verheiratet, kann der Aspekt eine Scheidung bewirken, und zwar indem die Ehe Schritt für Schritt zerbröckelt und nicht etwa plötzlich auseinanderbricht, wie das bei der Venus-Uranus-Opposition der Fall wäre.

Venus Opposition Pluto (♀ ☍ ♇)

Diese Opposition bringt die Gefahr mit sich, daß die Geborenen in intensive gefühlsmäßige und sexuelle Beziehungen verstrickt werden, die verderblich sein können. Diesen Menschen machen ihrer unbeherrschbaren Leidenschaftlichkeit wegen erotische und sexuelle Probleme viel zu schaffen.

Die Gefühle können den Willen und die Regenerationskraft verzerren. Oft knüpfen die Geborenen unliebsame Verbindungen an. In extremen Fällen unterhalten sie Beziehungen zum Milieu und versuchen, durch Prostitution oder Zuhälterei zu Geld zu kommen.

Diese Opposition kann auch Eheprobleme andeuten, die sich aus dem diktatorischen Gehaben des Geborenen gegenüber seinem Ehepartner oder umgekehrt ergeben. Die Geborenen wollen meist ihre Liebespartner ändern anstatt sich selbst.

Wahrscheinlich werden Schwierigkeiten mit Steuern, Versicherungen, gemeinsamen Finanzen oder Erbschaften auftreten.

Das Leben der Geborenen kann durch karmische Faktoren beeinflußt werden, die sich oft in Form sogenannter Sexualmagie oder Besessenheit bemerkbar machen. Es besteht die Gefahr von Selbstmordversuchen wegen Enttäuschungen in der Liebe.

Oppositionen zu Mars

Mars Opposition Jupiter (♂ ☍ ♃)

Mit dieser Opposition Geborene sind meist verschwenderisch, besonders im Umgang mit dem Geld anderer Leute.

Häufig geben sie sich zuvorkommend und freundlich, aber in der Regel aus rein egoistischen Gründen. Oft sind ihre «heiligen Kreuzzüge» nur darauf angelegt, ihre eigenen materiellen Interessen zu fördern; manchmal wollen sie sich auch nur wichtig machen.

Eigensinnig und aggressiv propagieren sie ihre religiösen und weltanschaulichen Ansichten, eine Eigenart, die andere oft vor den Kopf stößt. Gelegentlich dient dieser Eifer ihrer Überheblichkeit als sozial annehmbare Tarnung, während sie sonst versucht wären, sich ohne die notwendigen Mittel an große Unternehmungen zu wagen.

Dies ist ein Aspekt des Glücksritters. Ruhelosigkeit und der Drang nach Reisen und Abenteuern sind für ihn charakteristisch. In extremen Fällen können Geiz und Unehrlichkeit auftreten.

Dieser Aspekt ist ungünstig für Spekulationen, und die Geborenen sollten sich verläßliche Partner oder Geschäftsteilhaber aussuchen. Sie neigen im allgemeinen dazu, ihre eigene Bedeutung zu betonen und zu überschätzen.

Im allgemeinen mangelt es ihnen an einer regelmäßigen, anhaltenden und wohlangepaßten Leistung und Anstrengung.

Mars Opposition Saturn (♂ ☍ ♄)

Diese Opposition kann eine verdrießliche, tyrannische Natur verleihen. Oft fühlen sich die Geborenen benachteiligt und wollen daher ihre eigene Heldenhaftigkeit oder Überlegenheit durch irgendeine gewalttätige, aggressive Handlung demonstrieren, um ihre Minderwertigkeitsgefühle zu vertuschen. Die Versuche der Geborenen, die Initiative zu ergreifen, wie von der Regentschaft des Mars im ersten Feld angezeigt, werden von anderen vereitelt, wie dies durch den in der Waage (dem Zeichen des siebenten Feldes) erhöhten Saturn dargestellt wird.

Die beruflichen Ambitionen der Geborenen werden durch unglückliche Umstände oder mächtige Leute durchkreuzt. Ihre Beziehungen zu den Eltern, insbesondere zum Vater, dürften nicht gerade gut sein, weil sie von ihrem Vater tyrannisiert werden.

Nachdem Mars im Steinbock, in dem Saturn regiert, erhöht ist, könnten die Geborenen auf unerwünschte oder destruktive Art eine gute Stellung anstreben und dabei auf Hindernisse und Widerstand stoßen. Oder sie könnten auch die Opfer eines solchen Verhaltens seitens anderer werden.

Es können sich Schwierigkeiten mit gemeinsamen Finanzen und Vereinsmitteln ergeben, die gespannte Beziehungen zur Folge haben. Oft sind diese Menschen ausgesprochen unfreundlich und zu keiner Anstrengung bereit, um anderen zu helfen. Umgekehrt wollen auch andere ihnen nicht helfen.

In extremen Fällen machen sich Grausamkeit oder kriminelle Tendenzen bemerkbar. Auch eine Verwicklung in militärische Angelegenheiten ist möglich.

Mars Opposition Uranus (♂ ☍ ♅)

Mit dieser Opposition Geborene neigen zu explosiven Kraftausbrüchen und zetteln gerne Streitigkeiten an. Sie sind häufig schlechter Laune und reizbar und verabscheuen jede Art von Routine oder Disziplin. Manchmal werden sie ganz plötzlich von Arbeitswut überfallen und können sich, wenn sie einmal an der Arbeit sind, regelrecht überanstrengen. Der Pferdefuß dieser Opposition ist der Mangel an Mäßigkeit.

Es besteht auch die Gefahr eines gewaltsamen Todes, weil der Aspekt durch die Erhöhung des Uranus im Skorpion, den Mars regiert, eine doppelte Skorpionnote erhält. In Kriegssituationen kann dieser Aspekt, wenn er durch Transite oder Progressionen aktiviert wird, Gewalttätigkeit bedeuten, wobei die Geborenen deren Urheber oder Opfer sein können.

Wegen ihres Eigensinns und unbändigen Freiheitsdrangs ist es nicht leicht, mit diesen Menschen umzugehen. Gegen ihren Willen kann man ihnen nichts beibringen oder sie anleiten. Sie müssen ihre Lektionen durch harte Erfahrung lernen. Jugendliche mit diesem Aspekt könnten wagemutig sein und sich an revolutionären Bewegungen beteiligen, besonders wenn dies andere Horoskop-Faktoren ebenfalls bestätigen.

Diese Menschen geraten durch ihre Bestrebungen oft in gefährliche und labile Situationen und machen sich durch unüberlegte Unternehmungen ihre Freunde zu Feinden. Es ist schwierig, mit ihnen auszukommen, weil sie unter allen Umständen ihren eigenen Kopf durchsetzen wollen.

Im Leben dieser Menschen können plötzliche, drastische Veränderungen eintreten. Sie streben vielfach selbst danach, den Status quo zu ändern, aber ohne feste Zielsetzung und entsprechende Planung. Dieses unberechenbare Verhalten bringt diejenigen, die damit fertig werden müssen, zur Verzweiflung.

Die Geborenen neigen dazu, ihre Triebwünsche mit ihrem Willen zu verwechseln.

Mit diesem Aspekt droht Gefahr durch Elektrizität und Maschinen.

Mars Opposition Neptun (♂ ☍ ♆)

Diese Opposition kennzeichnet eine subtile und schwerfaßliche Triebnatur. Die Marstendenzen der Aggressivität und Gewalt wirken sich vorwiegend in Form unbewußter Motivationen aus.

Die Gefahr dieser Opposition liegt in ihrem emotionalen Charakter. Die von Neptun und Mars ausgehenden unbewußten Triebe und Handlungen der Geborenen stehen nicht unter Kontrolle des vernünftigen Denkens, außer wenn Planeten von starker mentaler Natur, wie Merkur, Uranus oder Saturn, entweder Mars oder Neptun irgendwie günstig aspektieren. Die Lebensumstände der Geborenen sind daher oft chaotisch.

Gelegentlich vertuschen diese Menschen ihre Vorhaben; im Extremfall sind sie sogar falsch und hinterlistig. Dies ist nicht immer Absicht, es entspricht vielmehr automatischen Reaktionen, weil Neptun das Unbewußte und das zwölfte Haus, das Feld der Selbstvernichtung, regiert.

Manchmal vergiften abnorme oder ungesunde sexuelle Begierden und Verbindungen das häusliche Milieu und schädigen das berufliche Ansehen der Geborenen. Oft suchen diese Menschen nach ungewöhnlicher emotionaler Befriedigung, die sich mit den praktischen Notwendigkeiten des Lebens nicht in Einklang bringen läßt. Sie sollten sich vor

Drogen und Alkohol hüten, durch welche sie in die niederen astralen Ebenen verstrickt werden können.

In den Horoskopen von angesehenen oder sogenannten netten Leuten kann diese Opposition verschiedene Arten von Neurosen hervorrufen, die auf verdrängten Begierden beruhen.

Es können auch psychosomatische oder andere geheimnisvolle und schwer zu diagnostizierende seelische und körperliche Erkrankungen auftreten. Diese Opposition kann, wenn andere Faktoren dies bestätigen, zu einem eigentümlichen und geheimnisvollen Tod führen, weil sie Charakteristika des achten, vierten und zwölften Feldes vereinigt.

Geborene, die sich zu Religion oder Spiritualismus hingezogen fühlen, verfallen oft einer unrealistisch visionären und religiösen Gefühlsseligkeit. Ihre Überschwenglichkeit wurzelt im unbewußten, triebhaften Wunsch, irgendwie außergewöhnlich zu sein.

Von Verbindungen mit unehrlichen Menschen und mit Leuten, die das Wohlwollen der Geborenen ausnützen, können Gefahren drohen.

Neptun ist die Achillesferse des Tierkreises. Wie bei anderen ungünstigen Neptunaspekten sind auch mit dieser Opposition Geborene in der Regel völlig vernünftig, außer auf den Gebieten, die den Feldern und Zeichen entsprechen, in denen Neptun und der ihn aspektierende Planet (in diesem Falle Mars) stehen und regieren. Das kommt daher, daß die von Neptun beeinträchtigten Bereiche dem Einfluß des Unbewußten unterstehen. Mit ungünstigen Mars-Aspekten zu Neptun ist das besonders gefährlich, weil Mars die Tendenz verleiht, zu handeln, ohne vernünftig nachzudenken.

Mars Opposition Pluto (♂ ☍ ♇)

Diese Opposition bewirkt ganz allgemein einen Konflikt zwischen den persönlichen Begierden und Handlungen des Geborenen, die von Mars dargestellt werden, und seinem von Pluto verkörperten Willen.

Mars, Uranus und Pluto sind die Planeten, die am meisten mit dem Handeln und mit grundlegenden Veränderungen zu tun haben. Die Handlungen, die von Mars ausgehen, gründen meist auf persönlichen Begierden, während von Uranus und Pluto bestimmte Handlungen das Ergebnis kosmischer Kräfte, Evolutionstendenzen und des höheren Bewußtseins und geistigen Willens des Geborenen sind.

Bei hochentwickelten Menschen kann diese Opposition eine Prüfung auf ihrem Entwicklungsgang anzeigen, die entscheiden wird, ob vom Standpunkt eines allumfassenden Wohlergehens die persönlichen Begierden oder der geistige Wille der stärkere Faktor ist.

Die Versuchung dieses Aspekts liegt darin, daß die Geborenen kollektive Macht, wie sie von Pluto dargestellt wird, für selbstsüchtige Zwecke mißbrauchen könnten, wie dies durch Mars angezeigt wird. Im Extremfall kann das einen Menschen von teuflischer und äußerst brutaler Wesensart ergeben. Die Geborenen müssen lernen, ihr Machtpotential richtig einzusetzen, da ihre Handlungen für sie selbst und für ihre Mitmenschen weitreichende Folgen haben.

In Kriegszeiten dürfte der Geborene unmittelbar in Kämpfe verwikkelt werden, was die Gefahr von Gewalt und Tod heraufbeschwört, die jedoch auch die Folge anderer Kriegsereignisse, Revolutionen, Verbrechen oder Naturkatastrophen sein können.

Mit dieser Opposition Geborene können entweder Gewalttäter oder Gewaltopfer sein. Sie haben auch eine Tendenz, andere beherrschen und umformen zu wollen. Natürlich verursacht dies Verdruß und Auseinandersetzungen. In extremen Fällen kann es zu Diebstahl und Gewalt kommen.

Oppositionen zu Jupiter

Jupiter Opposition Saturn (♃ ☍ ♄)

Diese Opposition bringt Probleme in Beruf, Ehe, häuslichen Angelegenheiten, Freundschaften, Religion und Gruppengemeinschaften mit sich. In der Regel haben diese Menschen schwere Verpflichtungen zu tragen, und ihr Ansehen in der Gemeinschaft wird davon abhängen, wie wirksam sie damit fertig werden.

Manchmal sind sie gezwungen, Aufgaben zu übernehmen, denen sie in keiner Weise gewachsen sind. Infolge schlechter Planung und Zeiteinteilung können finanzielle und berufliche Schwierigkeiten auftreten.

Es mangelt den Geborenen auch an Phantasie, falls sie ihnen nicht von anderen Horoskop-Faktoren verliehen wird. Sie sind wenig flexibel und sehr konservativ und laufen Gefahr, in einer langweiligen Eintönigkeit zu stagnieren. Ihre Ambitionen lassen sich meist wegen Unfähigkeit, Unglück oder fehlenden Gelegenheiten nur sehr schwer erfüllen.

In ihrer Arbeit sind sie selten glücklich und tun sie nur aus Pflichtgefühl oder Notwendigkeit. Manchmal müssen sie sich strikte den Routinepraktiken einer großen Organisation anpassen, in der sie eine untergeordnete Stelle einnehmen. Um dies mit Erfolg tun zu können, sind sie gezwungen, ihre persönlichen Ideale zugunsten der unpersönlichen Anforderung dieser Organisation zu opfern. Andernfalls sind sie auf sich selbst angewiesen und gezwungen, es mit Organisationen aufzunehmen, die über mehr Geld und Einfluß verfügen als sie selbst. Es bleibt ihnen daher nur die Wahl zwischen Anpassung und Mühsal.

Manchmal machen sich die Geborenen die etablierten gesellschaftlichen Normen zu eigen und werden zu deren engstirnigen Vertretern. Sie dürften in ihrer religiösen Weltanschauung steif, traditionsgebunden und gelegentlich heuchlerisch sein.

Auf ihrem Weg zu einer höheren Bildung haben sie oft beträchtliche Hindernisse zu überwinden, oder sie geraten zu der Bildungsanstalt, die sie besuchen, in Widerspruch. In vielen Fällen müssen sie ein Leben voller Entbehrungen und Kämpfe auf sich nehmen, um auch nur bescheidene Ziele zu erreichen. Sie neigen oft zu Depressionen und ermangeln jeglichen Optimismus. Ihre Eltern könnten sich ihnen gegenüber intolerant und tyrannisch verhalten.

Mit dieser Opposition Geborene laufen Gefahr, in rechtliche Schwierigkeiten und Prozesse verwickelt zu werden. Auch bei Auslandreisen können Schwierigkeiten auftreten.

Jupiter Opposition Uranus (♃ ☍ ♅)

Diese Opposition bedeutet Ruhelosigkeit und unkluge Experimente auf finanziellem, religiösem und gesellschaftlichem Gebiet. Oft bedingen solche Entwicklungsbestrebungen die Investition gewaltiger Geld- und Hilfsmittel, die den Geborenen und deren Freunden gehören. Bei solchen Vorhaben können sich daher unerwartete Schwierigkeiten ergeben, was für alle Beteiligten den finanziellen Ruin mit sich bringen kann. Allerdings müssen andere Horoskop-Faktoren diese Bedeutung unterstützen, ehe sie als ernste Gefahr gewertet werden muß.

Sollte zum Beispiel Jupiter außer seiner Opposition zu Uranus auch noch im Quadrat zu Mars stehen, könnte die Wirkung verheerend sein. Die Geborenen könnten allzu optimistisch oder vertrauensselig sein und leicht das Opfer betrügerischer Machenschaften werden.

Diese Opposition vermittelt zwar einen hohen Grad an Idealismus und Wohlwollen, kann sich aber unter Umständen als einer der gefährlichsten Aspekte entpuppen, der einen Menschen zu einem völlig unrealistischen Höhenflug verleitet und ihn jeglichen vernünftigen Maßstab verlieren läßt.

Diese Menschen huldigen vielfach auch unkonventionellen religiösen Kulturen und Praktiken. Da sie jeweils für solche Glaubensrichtungen und Organisationen Anhänger werben, geraten sie zumeist in den Ruf, exzentrisch zu sein, und machen sich bei Freunden und Bekannten höchst unbeliebt.

Die Geborenen befinden sich oft auch im Widerspruch zu den traditionellen religiösen, erzieherischen, philosophischen und rechtlichen Anschauungen und halten gegen besseres Wissen dickköpfig an ihren Meinungen fest.

Dieser Aspekt dürfte Wanderlust mit sich bringen. Die Geborenen brechen manchmal ganz plötzlich zu Abenteuerreisen auf, die unter Umständen Unheil und finanzielle Verluste nach sich ziehen können.

Diese Menschen können im Umgang mit Freunden und Kollegen oft höchst taktlos und undiplomatisch sein. Dadurch machen sie sich nicht gerade beliebt und rufen Uneinigkeit auf den Plan.

Der Aspekt läßt sich am besten anhand des Bildes einer Seifenblase illustrieren, die beim feinsten Nadelstich zerplatzt. Die Geborenen versprechen meist weit mehr, als sie zu halten vermögen. Sie können auch auf unrealistische oder unehrliche Pläne anderer hereinfallen.

Jupiter Opposition Neptun (♃ ☍ ♆)

Diese Menschen sind nicht absichtlich unaufrichtig, aber sie sind zerstreut und machen Versprechungen, die zu erfüllen sie nicht imstande sind. Sie sind, falls nicht andere Horoskop-Faktoren dagegen sprechen, unzuverlässig und unpraktisch veranlagt. Aber auch im günstigen Falle dürfte sich irgendwo in ihrem Charakter ein blinder Fleck finden, der diejenigen Zeichen und Felder betrifft, die von Jupiter und Neptun besetzt und beherrscht werden. In extremen Fällen findet sich ein religiös übertünchter Größenwahn.

Die Auswirkungen dieser Opposition hängen weitgehend von der Horoskopstellung Merkurs und Saturns ab. Oft neigen die Geborenen zu religiösem Mystizismus, aber ihre Glaubensvorstellungen dürften verzerrt sein. Ihr spiritueller Idealismus bringt der Menschheit selten irgendeinen praktischen Nutzen. Die Geborenen können großzügig und hilfsbereit sein, aber gewöhnlich fehlt ihnen in dieser Beziehung das nötige Urteilsvermögen.

Manchmal verleiht der Aspekt eine rührselige Sentimentalität und überschwengliche Gefühle, die anderen höchst unangenehm sind und sie in Verlegenheit bringen.

Ihre religiösen Neigungen verleiten diese Menschen zu kultischer Verehrung und Anbetung vermeintlicher begnadeter Meister und Idole. Es kann sich dabei um Projektionen im Zusammenhang mit egozentrischen Tendenzen handeln. Die Geborenen fühlen sich als Auserwählte, denen besondere spirituelle Bedeutung zukommt.

Manchmal träumen sie von außergewöhnlichen Reisen zu weit entfernten Orten. Deshalb ist diese Opposition auch ein Aspekt religiöser Pilgerfahrten.

Diesen Menschen droht Gefahr durch Gase, Dämpfe, Drogen und Alkohol.

Ihr Mangel an praktischer Erfahrung ist ein Handikap für geschäftliche oder finanzielle Unternehmungen.

Jupiter Opposition Pluto (♃ ☍ ♇)

Mit dieser Opposition Geborene versuchen oft, anderen ihre religiösen und weltanschaulichen Ansichten aufzudrängen. Sie empfinden es als ihre heilige Pflicht, andere geistig zu reformieren. Da sich der Großteil ihrer Mitmenschen wohl kaum zu ihrem Dogma bekehren läßt, dürften Konflikte nicht ausbleiben.

Manchmal lassen sich die Geborenen in blinder Macht- und Geldgier zu unlauteren Machenschaften verleiten. Ihr Ehrgeiz wird sich entweder auf materieller oder geistiger Ebene kundtun. Auf alle Fälle wird ihr Wunsch nach Ansehen und Bedeutung harmonischen Beziehungen zu andern Menschen im Wege stehen.

Ihr selbstherrliches Gehabe und ihr Mangel an Bescheidenheit kann diese Menschen höchst unbeliebt machen. Treiben sie es in dieser Richtung zu weit, kann ihnen das schließlich zum Verderben gereichen.

Oppositionen zu Saturn

Saturn Opposition Uranus (♄ ☍ ♅)

Menschen mit dieser Opposition neigen zur Inkonsequenz und zu einer diktatorischen Haltung. Sie tun höchst selten, was sie anderen predigen. Meist huldigen sie einer idealistischen Philosophie, verhalten sich aber unduldsam. Obwohl sie für sich selbst Freiheit beanspruchen, sind sie gewöhnlich nicht gewillt, diese auch anderen zuzugestehen. Sie werden bestimmt wenig Freunde haben. (Diese Opposition findet sich im Horoskop der Sowjetunion.)

Bekleiden diese Menschen übergeordnete Stellungen, werden sich ihre Untergebenen bald über sie ärgern und gegen sie auflehnen. Sollten sich die Geborenen jedoch in subalternen Positionen befinden, werden sie den Launen ihrer Vorgesetzten zum Opfer fallen.

Diesen Menschen mangelt es im Leben an Stabilität und Geborgenheit, weil Umstände, über die sie keine Macht besitzen, sie ganz unerwartet all dessen berauben könnten, das ihnen Sicherheit bedeutet.

Es fehlt ihnen an Bescheidenheit. Sie sind nicht bereit, die Unvernunft und Inkonsequenz ihrer Ansichten und Handlungen zuzugeben. Trotz ihrer Fähigkeit, hart zu arbeiten, gebricht es ihnen oft an gesundem Menschenverstand und guter Planung. Auch fehlt ihnen die Geduld und die Fähigkeit zu disziplinierter, ausdauernder Anstrengung. Sie sind launisch und reizbar.

Saturn Opposition Neptun (♄ ☍ ♆)

Mit dieser Opposition Geborene sind häufig mißtrauische, sauertöpfische und kränkliche Menschen. Sie leiden unter grundlosen Ängsten, die aus ihrem Unbewußten und aus vergangenen Erinnerungen stammen und ihre Haltung andern gegenüber beeinflussen. Ihre ängstliche Zurückhaltung erweckt auch in anderen Menschen Mißtrauen.

Die Geborenen sollten sich eines freimütigen und offenen Umgangs befleißigen, denn ein offen besprochener Konflikt kann oft beiseite geräumt werden. In extremen Fällen sind die Geborenen verschlagen und hinterlistig, oder sie gehen selbst Betrügern auf den Leim.

Manchmal verwenden sie hinterhältige Mittel, um ihrem Ehrgeiz Genüge zu tun, oder aber sie geraten in die Hinterhalte anderer, was sich auf ihren guten Ruf auswirken kann. Aus diesen Umständen könnten sich sogar öffentliche Skandale ergeben.

Mit diesem Aspekt können Verfolgungswahn und Märtyrerkomplex verbunden sein, so daß die Geborenen manchmal in Anstalten eingewiesen werden müssen. Ihre psychologischen Schwierigkeiten sind meist tief verwurzelt und schwierig zu diagnostizieren und zu heilen.

Saturn Opposition Pluto (♄ ☍ ♇)

Diese Opposition zeigt ernste karmische Schwierigkeiten an. Die Geborenen können andere unterdrücken, grausam und brutal behandeln oder selbst das Opfer solcher Behandlungen werden, und zwar aufgrund einer persönlichen Verquickung mit widrigen Bedingungen des Massenschicksals, die Ambitionen vereiteln und die Sicherheit gefährden.

Saturn wird als grimmiger Schnitter Unglück in ihr Leben bringen. Menschen, die in Slums aufwachsen, die schwer benachteiligt sind, grausam behandelt werden, in Kriege hineingezogen oder zu Unrecht eingekerkert werden, dürften diese Stellung im Horoskop haben. Die Wirkung wird allerdings nur dann deutlich werden, wenn die Opposition zwei Eckfelder betrifft und Saturn und Pluto von andern Planeten ungünstig aspektiert werden.

Manchmal werden die Geborenen auf eine seltsam schicksalhafte Weise vom Tod ereilt. Ausdrucksmöglichkeit und schöpferische Entfaltung der Geborenen sind stark beschränkt. Menschen mit dieser Stellung brauchen eine Regeneration durch harte Arbeit und Disziplin.

Oppositionen zu Uranus

Uranus Opposition Neptun (♅ ☍ ♆)

Diese Opposition, die über lange Zeit hin bestehen bleibt, kennzeichnet eine Generation, die in einer Zeit sozialer Unrast lebt. Ihr Schicksal zwingt sie dazu, sich in großen religiösen, sozialen und politischen Auseinandersetzungen und Parteifragen klar zu entscheiden.

Der Durchschnittsmensch wird auf diese Opposition automatisch reagieren, oft entsprechend den vorherrschenden gesellschaftlichen Strömungen und Maßstäben seiner Zeitgenossen.

Steht die Opposition in Eckfeldern und wird sie von andern Planeten stark aspektiert, wird sich eine akut bewußte, intuitive Sensibilität bemerkbar machen.

Die Geborenen müssen sorgfältig darauf achten, wie sie ihre psychischen Fähigkeiten anwenden, insbesondere wenn zu Pluto und Neptun im Horoskop noch andere ungünstige Aspekte vorliegen. Destruktive Erlebnisse auf der Astralebene können schädliche Folgen haben.

In ungünstig aspektierten Horoskopen kann diese Opposition zu neurotischen Tendenzen, zur Flucht in den Alkohol oder zu sexuellen Verwicklungen beitragen. Es können Extremismus, eine starre, unvernünftige Einstellung und in einigen Fällen Fanatismus auftreten.

Die Gefühle können im Widerspruch zum Willen und zur Intuition stehen. Mit ziemlicher Sicherheit werden sich bei dieser Opposition psychische Schwierigkeiten ergeben.

Uranus Opposition Pluto (♅ ☍ ♇)

Diese Opposition kennzeichnet eine Generation, die in Zeiten gesellschaftlichen und politischen Umbruchs leben muß. Das Massenschicksal dieser Geborenen ist mit drastischen Veränderungen durchsetzt: Kriege, Revolutionen und Gewalttaten.

Auf vielfache Weise dürfte sich Fanatismus bemerkbar machen, oft in der Form extremer politischer und sozialer Doktrinen. Die Geborenen neigen zu okkulten Interessen, die, sofern sie nicht richtig gelenkt werden, gefährlich sein könnten. Menschen, die stark von dieser Opposition beeinflußt werden, sollten extreme Tendenzen, Wutausbrüche und radikale Handlungen und damit drohende Gewalttätigkeit und andere Gefahren vermeiden.

Manchmal geraten die Geborenen durch wirtschaftlichen Zusammenbruch, Krieg, industrielle Revolution und eine von diesen Umständen hervorgerufene zeitweise Verlegung der Arbeit in eine kritische Lebenssituation.

Die Auswirkungen dieser Opposition werden nicht deutlich erkennbar sein, sofern nicht Uranus und Pluto in Eckfeldern stehen und stark aspektiert sind. Der Durchschnittsmensch wird darauf automatisch und unbewußt, entsprechend dem Zeitenschicksal, reagieren. Dieses Geschick wird den Geborenen durch die Zeichen und Felder beeinflussen, in denen Uranus und Pluto stehen und herrschen.

Oppositionen zu Neptun

Neptun Opposition Pluto (♆ ☍ ♇)

Diese Opposition, die sich in den Horoskopen einer ganzen Generation findet, wird beim Einzelindividuum in ihrer Wirkung nur bemerkbar, wenn sie in Eckfeldern steht und stark aspektiert ist. Dann allerdings wird sich der Geborene deutlich von seinen Zeitgenossen unterscheiden.

Dieser Aspekt bedeutet oft paranormale oder okkulte Neigungen, die zu subtilen emotionalen und mentalen Spannungen führen können.

Ein Zwiespalt zwischen Gefühl und Willen könnte Konflikte zwischen den unbewußten Triebwünschen und dem Machtstreben bewirken. Wie sich diese Spannung äußerlich zeigt, hängt von den Zeichen und Feldern ab, in denen Neptun und Pluto stehen und herrschen.

Die mit dieser Opposition Geborenen dürften mit rassischen, religiösen und sozialen Problemen sowie Konflikten verschiedenster Art zu kämpfen haben.

Kleines Fachwörterverzeichnis

ÄQUINOKTIUM — Zeit der Tagundnachtgleiche, am Frühlingsanfang um den 21. März und am Herbstanfang um den 23. September.

ASPEKTE — Konstellationen (Bestrahlungen), die sich aus bestimmten, als Winkel gemessenen Abständen zwischen Planeten ergeben.

ASZENDENT — Tierkreiszeichen, das im Augenblick der Geburt am Osthorizont aufsteigt.

DEKANAT — Unterteilung der Tierkreiszeichen in Abschnitte von je zehn Grad. Man unterscheidet jeweils drei Dekanate.

DESZENDENT — Tierkreiszeichen, das im Augenblick der Geburt am Westhorizont absteigt.

DOMINIEREN — Vorherrschen eines bestimmten Planeten.

DOMIZIL — Einem bestimmten Planeten zugeordnetes Tierkreiszeichen.

ECKFELD (ECKHAUS) — I., IV., VII. und X. Feld (s. Felder). Durch die Stellung in einem der Eckhäuser wird der Einfluß des Planeten besonders gestärkt.

EKLIPTIK — Scheinbare Sonnenbahn im Lauf eines Jahres; allgemeine Umlaufbahn des Planeten.

EPHEMERIDEN — Tabellen des täglichen Planetenstandes.

ERHÖHUNG — Jeder Planet hat ein Zeichen, in dem er erhöht steht, da es ihm verwandt ist. Er ist hier besonders stark, aber durch den Charakter des Zeichens modifiziert.

EXIL — In seinem Exil ist der Planet «vernichtet», das heißt in seiner Wirkung am meisten gehemmt. Es ist das Tierkreiszeichen, das seinem Herrscherzeichen gegenüberliegt.

FALL — Das Zeichen, in dem der Planet im Fall ist, das heißt in seiner Wirkung beeinträchtigt, liegt dem der Erhöhung gegenüber.

FELDER (HÄUSER) — Das Geburtsbild wird in zwölf Felder oder Häuser aufgeteilt, die auf bestimmte Lebensgebiete Bezug haben. Sie können verschieden groß sein, denn ein Feld umfaßt nicht unbedingt 30°.

HOROSKOP — Geburtsbild mit Tierkreis, Planetenstellungen, Schicksalsfeldern und Aspekten, eingezeichnet in einen Kreis. Zur Aufstellung des Horoskops müssen Geburtsort, Datum und Uhrzeit bekannt sein.

IMUM COELI (I. C.) — Himmelstiefe. Spitze des IV. Eckfeldes. (Fußpunkt oder Nadir der scheinbaren Himmelskugel).

KONJUNKTION — Winkelabstand zweier Planeten 0 Grad (auf demselben Tierkreisgrad) ein sehr starker Aspekt.

KONSTELLATION — Stellung und Bestrahlung der Planeten im allgemeinen.

KULMINATION — Übergang von Planeten oder Tierkreisgraden über den Mittags- oder Mitternachtskreis.

MEDIUM COELI (M. C.) — Himmelsmitte. Spitze des X. Eckfeldes (Scheitelpunkt oder Zenit der scheinbaren Himmelskugel).

MERIDIAN — Der größte Kreis der scheinbaren Himmelskugel, dessen Ebene durch die beiden Pole und durch Zenit und Nadir des Beobachters gehen.

MONDKNOTEN — Man unterscheidet aufsteigenden Mondknoten (Drachenkopf) und absteigenden Mondknoten (Drachenschwanz), deren Stellung und Bestrahlung Bedeutung zukommt. Es sind die beiden Punkte der Mondbahn, in denen sie die Ekliptik durchschneidet.

NADIR — s. Imum Coeli.

OPPOSITION — 180 Grad Winkelstellung zwischen Planeten, allgemein ein Spannungsaspekt.

ORBIT — Umlaufbahn.

QUADRAT — 90 Grad Winkelabstand zwischen Planeten, ungünstiger Aspekt.

SEXTIL — 60 Grad Winkelabstand zwischen Planeten, günstiger Aspekt.

SIGNATUR — Kennzeichnung, Prägung eines Menschen durch Konstellation der Planeten.

SONNENZEICHEN — Tierkreiszeichen, in dem die Sonne im Augenblick der Geburt steht.

SPITZE — Spitze eines Feldes ist der bestimmte Grad eines Tierkreiszeichens.

TRIGON — 120 Grad Winkelabstand zwischen Planeten, günstiger Aspekt.

ZENIT — s. Medium Coeli.

ZODIAKUS — Tierkreis.